工商管理
经典译丛

MANAGEMENT INFORMATION SYSTEMS
管理信息系统

（第13版）

肯尼思·劳东（Kenneth C. Laudon）
简·劳东（Jane P. Laudon） 著
劳帼龄 译

中国人民大学出版社
·北京·

图书在版编目（CIP）数据

管理信息系统：第13版/（美）劳东等著；劳帼龄译．—北京：中国人民大学出版社，2016.1
（工商管理经典译丛）
ISBN 978-7-300-20282-2

Ⅰ.①管… Ⅱ.①劳… ②劳… Ⅲ.①管理信息系统-高等学校-教材 Ⅳ.①C931.6

中国版本图书馆CIP数据核字（2015）第289279号

工商管理经典译丛
管理信息系统（第13版）
肯尼思·劳东
简·劳东 著
劳帼龄 译
Guanli Xinxi Xitong

出版发行	中国人民大学出版社		
社　　址	北京中关村大街31号	**邮政编码**	100080
电　　话	010－62511242（总编室）		010－62511770（质管部）
	010－82501766（邮购部）		010－62514148（门市部）
	010－62515195（发行公司）		010－62515275（盗版举报）
网　　址	http://www.crup.com.cn		
	http://www.ttrnet.com（人大教研网）		
经　　销	新华书店		
印　　刷	北京东君印刷有限公司		
规　　格	185 mm×260 mm　16开本	**版　　次**	2016年1月第1版
印　　张	33 插页2	**印　　次**	2019年3月第4次印刷
字　　数	728 000	**定　　价**	68.00元

《工商管理经典译丛》
出 版 说 明

随着中国改革开放的深入发展，中国经济高速增长，为中国企业带来了勃勃生机，也为中国管理人才提供了成长和一显身手的广阔天地。时代呼唤能够在国际市场上搏击的中国企业家，时代呼唤谙熟国际市场规则的职业经理人。中国的工商管理教育事业也迎来了快速发展的良机。中国人民大学出版社正是为了适应这样一种时代的需要，从 1997 年开始就组织策划《工商管理经典译丛》，这是国内第一套与国际管理教育全面接轨的引进版工商管理类丛书，该套丛书凝聚着 100 多位管理学专家学者的心血，一经推出，立即受到了国内管理学界和企业界读者们的一致好评和普遍欢迎，并持续畅销数年。全国人大常委会副委员长、国家自然科学基金会管理科学部主任成思危先生，以及全国 MBA 教育指导委员会的专家们，都对这套丛书给予了很高的评价，认为这套译丛为中国工商管理教育事业做了开创性的工作，为国内管理专业教学首次系统地引进了优秀的范本，并为广大管理专业教师提高教材甄选和编写水平发挥了很大的作用。据统计，本丛书现已成为目前国内管理院校和企业培训中采用率最高、影响最大的引进版教材。其中，《人力资源管理》（第六版）获第十二届“中国图书奖”，《管理学》（第四版）获全国优秀畅销书奖。

进入 21 世纪后，随着经济全球化和信息化的发展，国际 MBA 教育在课程体系上进行了重大的改革，从 20 世纪 80 年代以行为科学为基础，注重营销管理、运营管理、财务管理到战略管理等方面的研究，到开始重视沟通、创业、公共关系和商业伦理等人文类内容；并且增加了基于网络的电子商务、技术管理、业务流程重组和统计学等技术类内容。另外，管理教育的国际化趋势也越来越明显，主要表现在师资的国际化、生源的国际化和教材的国际化方面。近年来，随着我国 MBA 和工商管理教育事业的快速发展，国内管理类引进版教材的品种越来越多，出版和更新的周期也在明显加快。为此，我们这套《工商管理经典译丛》也适时更新版本，增加新的内容，同时还将陆续推出新的系列和配套的案例教材、教学参考书，以顺应国际管理教育发展的大趋势。

本译丛入选的书目，都是培生教育出版集团、美国麦格劳-希尔教育出版公司、圣智学习出版公司、约翰威立出版公司等世界著名的权威出版机构畅销全球的工商管理教材，被世界各国（地区）的著名大学商学院和管理学院所普遍选用，是国际工商管理教育界最具影响力的教科书。本丛书的作者，皆为美国管理学界享有盛誉的著名教授，他们的这些教材，经过了美国和世界各地数千所大学和管理学院教学实践的检验，被证明是论述精辟、视野开阔、资料丰富、通俗易懂，又具有生动性、启发性和可操作性的经典之作。本译丛的译者，大多是国内各著名大学的优秀中青年学术骨干，他们大都曾留学欧美，在长期的教学研究和社会实践中积累了丰富的经验，具有较高的翻译水平。

本丛书的引进和运作过程，从市场调研与选题策划、每本书的推荐与论证、对译者翻译水平的考察与甄选、翻译规程与交稿要求的制定、对译者质量的严格把关和控制，到版式、封面和插图的设计等各方面，都坚持高水平和高标准的原则，力图奉献给读者一套译文准确、文字流畅、从内容到形式都保持原著风格的工商管理精品图书。

本丛书参考了国际上通行的 MBA 和工商管理专业核心课程的设置，并充分兼顾了我国管理各专业现行通开课与专业课程设置，以及企业管理培训的要求，故适应面较广，既可用于管理各专业不同层次的教学，又可供各类管理人员培训和个人自学使用。

愿这套丛书为我国 MBA 和工商管理教育事业的发展，为中国企业管理水平的不断提升继续做出应有的贡献。

中国人民大学出版社

译者序

继《管理信息系统（精要版）》、《电子商务：商业、技术、社会》后，能够继续翻译劳东教授的《管理信息系统（第13版）》，将这部全球公认的权威著作介绍给国内的读者，是中国劳老师的荣幸。

作为MIS领域的专业人士，同时又与MBA学生亲密接触了近20年，我本人非常赞同劳东教授提出的观点，即今天（或明天）的商界人士——不管他们原本的专业背景是什么——都应该对如何在工作岗位中使用信息系统和信息技术有基本的了解，因为信息系统是企业经营管理者借以实现经营卓越、开发新产品和提供新服务、提高决策水平以及取得竞争优势等企业目标的主要工具之一。

本书自始至终致力于为全球化背景下企业的信息系统应用服务，为全球的“管理信息系统”课程教学服务。本书强调信息系统是由管理、组织和技术三大模块组成的，形成商业问题解决方案，进而应对商业挑战。

本书的内容编排非常合理，全书共四篇，即组织、管理与网络化的企业，信息技术基础设施，数字时代的关键系统应用，系统建设与管理。

第1篇介绍了全书的主题，围绕信息系统在当今商业中的作用，着重从以下几方面来提出问题并予以解答：什么是信息系统？信息系统的管理、组织和技术维度是什么？为什么信息系统对当今企业如此重要？为什么说系统的协同与合作至关重要？信息系统如何帮助企业提升竞争力？信息系统的广泛使用带来了哪些伦理与社会问题？

第2篇介绍了与理解信息系统密切相关的技术基础，包括硬件、软件、数据库和网络技术，以及与安全和控制有关的工具和技术，着重从以下几方面来提出问题并予以解答：当今企业需要什么样的技术来完成它们的工作？为了保证企业的正常运行，我们需要了解这些技术的哪些内容？这些技术将会怎样改变企业的未来？为了确保系统的可靠性与安全性，哪些技术和步骤是必需的？

第3篇分析了当今企业为提高运营效率和决策制定水平而应用的核心信息系统。这些应用系统包括：企业系统、供应链管理系统、客户关系管理系统、协作系统、知识管理系统、电子商务应用系统以及决策支持系统等。围绕这些核心系统，着重从以下几方面来提出问题并予以解答：企业应用软件如何帮助企业提高绩效？企业如何应用电子商务扩大经营范围？信息系统如何帮助企业提升合作水平和决策制定水平，并更好地利用知识资产？

第4篇介绍了企业中系统的开发与管理，着重从以下几方面来提出问题并予以解答：开发一个新的信息系统涉及哪些活动？开发系统解决方案有哪些方法？如何管理信息系统项目才能确保新系统提供真正的商业价值，并且在企业中成功运作？开发和管理全球系统时，必须注意哪些问题？

此外，每一章都包括下列丰富的内容：一个章首案例，通过现实世界的企业案例引出本章的主题和重点；一张流程图，分管理、组织和技术三个模块对章首案例进行分析；一系列学习目标，简要阐明学习要点；两个互动讨论专栏，辅以案例思考题和实践；一个管理信息系统实践项目，包括两个管理决策问题、一个需要动手做的应用软件项目、一个有关网络开发技能的项目；一个章末小结，与学习目标相呼应；若干复习题，用于测试学生对本章内容的掌握情况；若干讨论题，围绕主题引发思考；一个小组练习，使用开源协同工具培养学生的团队合作精神和展示技能；一个章末案例，帮助学生应用所学知识对重要问题进行分析。这就构建了本书“理论概念介绍+实际案例辅助+动手能力培养”的全方位体系。

本书有两个突出的特点。一是结合目前国际上商学院的认证热，提供符合国际高等商学院协会（AACSB）认证标准的内容；二是突出全球化，作为全球版，堪称全球“管理信息系统”课程的全面解决方案，通过来自全球企业的信息系统案例，清晰地阐述了如何在全球化的环境中使用信息系统。

作为在教科书的编写方面硕果累累且积累了丰富经验的著名作者，作为信息系统与信息技术领域的知名学者，同时又是《财富》500 强企业的信息系统管理顾问，劳东教授撰写的这本著作非常适合作为 MBA 以及相关专业的信息管理教材或企业培训教材，也可供所有对企业信息管理感兴趣的人士作为参考书。

本书由劳帼龄主译，参与本书翻译工作的还有刘妍、马承秋、周明炜、王丽丽、许嘉婧、邹蓝、邱诗阳、刘蕾、李能。作为担任了近 20 年 MBA“管理信息系统”课程教学工作的一线教师，翻译本书对我而言是一次难得的学习过程，使我对企业信息管理的理论及其应用的了解进一步加深。不过，由于译者水平有限，书中难免有翻译不当之处，敬请广大读者批评指正。

劳帼龄

前 言

本书的目的是使商学院的学生深入了解当前企业是如何运用信息技术及系统实现企业目标的。信息系统是管理者使用的一种重要工具，能够帮助企业实现卓越运营、开发新产品和提供新服务、提高决策水平以及取得竞争优势。书中包含当今企业信息系统应用的最新最全面的观点。

今天，企业在招聘时往往会录用那些知道如何利用信息系统和信息技术来完成业绩的人员。不管你的专业是会计、金融、管理、运营管理、市场营销，还是信息系统，本书提供的知识和信息在你的整个职业生涯中都将是有价值的。

管理信息系统的新内容

新内容有很多。事实上，将新技术用于经营和管理为企业开启了一个全新的世界。技术、管理和业务流程的持续变革使“管理信息系统”成为商学院最吸引人的课程。（第 1 章详细描述了这些变革。）

信息技术的不断变革正在改变传统的企业界，云计算、基于智能手机和平板电脑的移动数字平台、社交网络等都有助于管理者完成企业目标。大多数变革都是近几年发生的。这些创新能帮助创业者和富有创新精神的传统企业推出新产品和新服务，建立新的商业模式，改变原有的商业行为。在此过程中，原有的企业甚至行业消失了，新的企业则如雨后春笋般涌现。

例如，由众多的喜欢智能手机和平板电脑的用户推动的、基于云存储服务的在线商店（如 iTunes 和亚马逊）的兴起永久地改变了传统的音视频实体设备（如 CD 和 DVD）的商业模式。网络传播的云内容开始挑战有线电视网络的垄断地位。

在经历了一段衰退期后，电子商务热潮又一次掀起。2012 年电子商务创造了 3 620 多亿美元的利润，预计 2016 年将增长到 5 420 多亿美元。近 1.22 亿美国人用智能手机上网。2012 年移动商务的利润增长到 300 亿美元，近几年以每年两位数的速度增长。尽管处于经济萧条期，亚马逊的收入在 2011 年增长了 41%，而线下零售额仅增长了 5%。电子商务正在改变公司设计、生产和销售其产品和服务的方式。电子商务又一次进行了自我创新，它颠覆了传统的营销和广告产业，并使主要的媒体和内容提供商陷入困境。Facebook 和其他社交网站（如 YouTube、Twitter 和 Tumblr 等）展现了 21 世纪电子商务的新面貌。它们出售的是服务。当我们想到电子商务时，通常认为其出售的是实体产品。尽管电子商务的这一标志性特点依然显著，它仍是美国发展最快的零售方式，但随之出现的是一种全新的基于服务而不是商品的价值流。信息系统和技术是这种新的基于服务的电子商务的基础。

同时，公司的管理也随之改变：智能手机、高速无线 Wi-Fi 网络、无线笔记本电脑拉近了原本遥远的距离，销售员能很快回答管理者提出的问题，为管理者提供更全面的视野。处于移动状态的管理者也能更直接、持续地与员工沟通。企业信息系统增长迅速，能储存大量数据，这意味着管理者能在线快速、及时、精确地掌握所需信息，再也不会感觉一头雾水了。网络、私人社交网络、维基和博客已成为公司交流、协作和信息共享的重要工具。

第 13 版全球版：管理信息系统课程的全面解决方案

本书一直致力于定义全球的管理信息系统课程。这一版仍然是权威的，而且更亲近用户、更灵活，能更好地满足不同学校和个人的需求。本书有完整的学习包，包括核心内容以及提供补充材料的网站。

本书的核心内容由 15 章组成，每一章都有与各章的核心话题相关的实践项目。

MyMISlab 网站提供深度内容，涵盖了章节主题、职业资源、额外的案例研究、补充性材料以及实践项目的数据资料。

核心内容

核心内容概括描述了管理信息系统的基本概念，使用整体框架图描述和分析信息系统，即信息系统是由管理、组织和技术因素组成的，关于这一点在学生项目和案例研究中也有所强调。

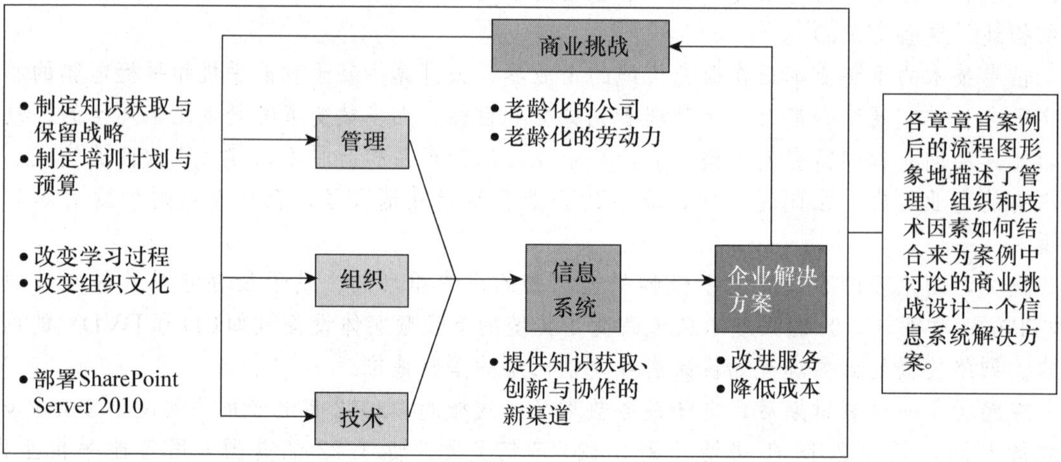

每章的组成

每一章都包括以下内容：

- 一个章首案例，通过对企业的描述引出章节的主题和重点；
- 一张流程图，从管理、组织和技术三个模块对章首案例进行分析；
- 一系列学习目标；
- 两个互动讨论专栏，以及案例思考题和实践；
- 一个管理信息系统实践项目，包括两个管理决策问题、一个需要动手做的应用软件项目、一个有关网络开发技能的项目；
- 一个章末小结，给出基于学习目标的总结；

- 若干复习题，用于测试学生对本章内容的掌握情况；
- 若干讨论题，根据每一章的内容而设置；
- 一个小组练习，使用开源协同工具培养学生的团队合作精神和展示技能；
- 一个章末案例，帮助学生应用学到的知识。

国际高等商学院协会认证指导

国际高等商学院协会（AACSB）是一个由高校、社团和其他机构组成的非营利组织，致力于通过高校商学院认证项目来提高商学院的教育水平。作为认证内容的一部分，AACSB推出了学习计划保证标准，以确定高校是按照所做的承诺来教授学生的。高校必须有清晰的使命，推出与使命相符合的商学院计划，明确学生的学习目标，进而证明学生达到了目标。

本书内容支持AACSB认证标准的教育。章首明确学生的学习目标，章末的项目实践彰显预期结果。在教师资源中心和MyMISLab上提供了更详细的认证指标，明确每一章的学习目标，列出所有可能的评估工具，以确定学生确实实现了目标。但因为不同的高校有不同的使命和学习目标，所以不可能用同一份文档来同时满足所有高校的需求。作者愿意根据不同高校的情况，就如何使用本书提供个性化的建议。教师可以给作者发邮件或者联系当地的教育集团代表获取作者的联系方式。

若想了解更多有关AACSB学习计划保证项目的信息，以及了解本书是如何支持基于认证的学习的，请访问教师资源中心和MyMISLab。

教学辅导材料

教师手册

教师手册中不仅有复习题、讨论题、案例分析和小组练习的答案，还提供了授课大纲、教学目标、关键术语、教学建议和互联网资源。

题库

题库中包含判断题、选择题、填空题以及简答题。所有问题都按照难度分级，并有参考答案。题库的电子版在BlackBoard或WebCT课程管理系统的TestGen部分。所有的TestGen文件都可以从www.pearsonglobaleditions.com/laudon下载。

带有注释的幻灯片

由作者制作的电子彩色幻灯片可以通过Microsoft PowerPoint放映。该幻灯片涵盖了书中的关键概念。

目录

第1篇

组织、管理与网络化的企业

Organizations, Management, and the Networked Enterprise

第1篇介绍了本书的主题，提出了一系列重要问题：什么是信息系统？信息系统的管理、组织和技术维度是什么？为什么信息系统对当今企业如此重要？为什么说系统的协同与合作至关重要？信息系统如何帮助企业提升竞争力？信息系统的广泛使用带来了哪些伦理与社会问题？

第1章 当今全球化背景下的信息系统

学习目标

学完本章后，你将能够回答以下问题：

1. 信息系统是如何改变企业的？信息系统与全球化有怎样的关系？
2. 当今企业的经营和管理为什么离不开信息系统？
3. 什么是信息系统？信息系统是怎样运作的？信息系统的管理维度、组织维度和技术维度分别指什么？
4. 什么是辅助性资产？要充分实现信息系统的价值，辅助性资产为什么不可或缺？
5. 信息系统研究主要涉及哪些学科领域？这些学科对理解信息系统分别有怎样的帮助？什么是社会技术系统视角？

章首案例

信息系统助力伐木企业高效运行

芬兰在伐木机械制造行业中处于领军地位。芬兰公司Ponsse是全球最大的橡胶轮定长切割林业机械制造商之一。伐木企业在进行木料采伐时主要有两种切割方法：定长切割和原长切割。定长切割是指在森林里将伐下的树干基于不同用途切割成不同大小的圆木，如用于锯材的圆木或者用于制造木质纸浆的圆木。原长切割是指在森林里将树干伐下后完整地送去工厂，在工厂里按照用途对树干各部分进行分类。目前全球伐木企业中大约有45%采用的是如Ponsse公司生产的定长切割机这样的设备，这些设备中有35%配备了定长切割系统。这意味着全球大约16%的木材是通过使用定长切割系统得到的。

Ponsse公司主要生产伐木机、采伐机头、传送装置和吊臂。伐木机的外形很像拖拉机，是一种用来切割圆木的机器。它有一个装着采伐机头的吊臂，在伐木时，采伐机头从茎上抓住树干并用锯子锯下第一刀。然后，它移动切下的树干，以找到下一个切口并在移动的过程中去掉所有树枝。传送装置是一种带有吊臂的特殊的森林拖拉机，用来进行高效的树干收集和运输工作。

Ponsse 公司还向它的客户提供一整套相应的复杂信息系统。“Ponsse 希望了解所有客户的业务，因为它向其产业链上的合作伙伴同时提供林业机械和信息系统。”信息系统产品经理汉纳·维尔克曼（Hanna Vilkman）说。这些信息系统支撑起了整个木材采购链。在这条采购链中需要做的第一步是估计不同类型和大小的木材的需求量。一般来说，这项工作是由木材采购公司的区域办事处来完成的。在信息系统的帮助下，我们可以制定一项计划来使特定伐木地区的木材产量最优化，还可借助过去在类似地区伐木所获得的数据来改进这一计划。同时，可制作出伐木地区的地图和提供给伐木机驾驶员的工作指南。在地图上会显示出伐木地区的边界和受保护的区域，其中禁止砍伐的树木会用塑料胶条手工标示出来。

伐木机驾驶员通过一个专门在伐木机信息系统与木材收购公司之间传输信息的电子邮箱系统来获得地图和工作指南，这些内容会显示在伐木机驾驶室内的显示屏上。在伐木机的信息系统中有一个特殊部件，它使伐木机可以用最优化的方案来进行切割。这意味着这套系统能够在树干被切下并穿过采伐机头时计算出最佳的切割位置。在按照指示将树木切割好后，驾驶员将切割信息通过专门的电子邮箱系统传回区域办事处。这些信息通常以五种长度各十种切割方式来分类。伐木机会在木料上涂上不同颜色的点来加以区分，从而使传送装置将不同的木料传送到正确的木堆中。

传送装置借助地图应用程序和 GPS 定位系统来将切割好的木料从森林深处运送到路边。这样既简化了工作也提高了安全性，因为这个系统会在机器发生诸如能源不足等危险情况时向操作员发出警告。接着，会有卡车将木料从路边运送到工厂，驾驶员可借助信息系统选择最佳的行驶路线。

伐木机和林业机械的驾驶员可以通过使用 3D 模拟器来模拟现实环境，以掌握操作机器所需的技能。驾驶员可以坐在模拟器内使用控制杆操作机器，就像他们在现场操作一样，森林的地形图会以 3D 图像的方式呈现在屏幕上，因此操作员可以在伐木区域的任何一个地点移动，并从不同的角度来观察森林。

资料来源：Quotes and other information from interview with Simo Tauriainen，2010，Software Chief Designer，Ponsse，www. ponsse. com.

Ponsse 公司拥有一套功能卓越的协同信息系统，它将诸如森林拥有者、木材采购公司、林业机械拥有者和操作者以及利用切割好的木料进行大规模生产的厂家等木料生产与销售链上的不同成员巧妙地联系起来，并使各个成员都能受益。在这套由 Ponsse 公司提供的信息系统中，有一部分是林业机器的组成部分，比如那些嵌入伐木机和林业机械的程序；其余的则作为商品化软件出售。各种信息在产业链中各参与者之间自动传递。而正是这些信息系统的存在推动了 Ponsse 公司的主要产品——林业机械的销售。

伐木机上的信息系统负责引导机器，并收集机器的操作情况与木料出产的具体信息。拥有林业机械的公司可以通过信息系统对机器进行诸如利用率、工作时间分配以及工作次序等方面的监控。伐木机驾驶员可以根据自己的偏好调整伐木机操作系统的设置。公司的区域办事处会通过伐木机的现场操作、运送木料的卡车、制造工厂等多种渠道来获取信息。这些都是为了使整个木材产业链的各个环节实现高效的管理。此外，伐木机与传送装置的信息系统还能通过标示出保护区域来保护森林的生态环境。

下图指出了上述案例和本章的要点：

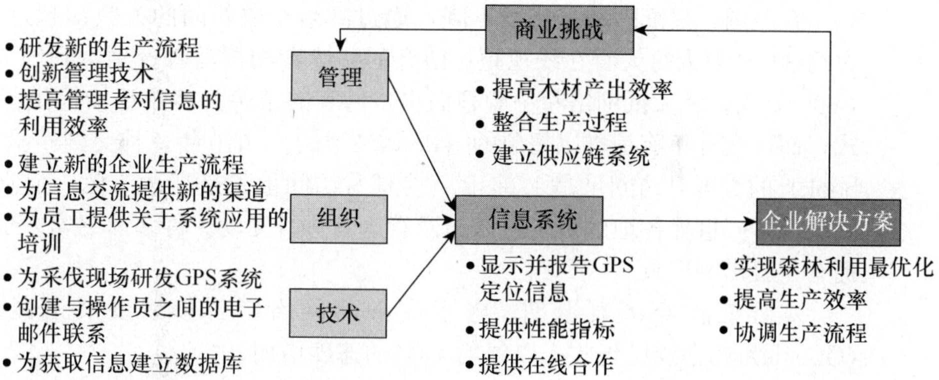

1.1　当今商业中的信息系统

在世界各地，企业的运作方式已今非昔比。2010年，美国企业在信息系统硬件、软件及电信设备上的资金投入达到约5 620亿美元，另外在商务、管理咨询及相关服务方面投入8 000亿美元——其中很大一部分都涉及优化公司的运营方式，从而实现对新技术的充分利用。

如今，企业对信息系统的依赖程度日益增大，对信息技术的投资力度也不断增强。作为未来的管理者，你们中的大多数人将就职于这样的企业。因此，了解如何有效地使用企业在信息技术上的投资至关重要。如果决策正确，公司就能从竞争者中脱颖而出；反之，则会浪费宝贵的资金。本书的目的在于帮助企业在信息技术与信息系统领域做出正确的商业决策。

1.1.1　信息系统与企业转型

观察当今的企业运作方式，便可以一窥信息技术方面的巨额投资所起的效用。今天，移动电话的开户数早已超过固定电话的装机数。蜂窝手机、黑莓手机、苹果手机、电子邮件以及网络会议等都已成为必不可少的商务工具。2010年，美国有超过8 900万人通过移动设备上网，这几乎占了所有上网人群的一半（eMarketer，2010）。在美国有2.85亿手机用户，在全球约有50亿手机用户（Dataxis，2010）。

截至2010年6月，全球注册“.com”域名的企业已超过9 900万家（Verisign，2010）。如今，有1.62亿美国人浏览过购物网站，其中1.33亿人有网上购物的经历；每天有4 100万人上网搜索商品或服务的相关信息。

联邦快递公司（FedEx）在美国国内每天需要配送超过340万件包裹，且几乎都是次日送达；联合包裹服务公司（United Parcel Service，UPS）每天需要在全球范围内配送超过 1 500 万件包裹。如今，客户的需求瞬息万变，企业力求及时响应并做出相应调整，将库存降至最低，并提高运营效率。各类企业依靠准时生产模式来降低间接成本，使产品更快地配送至市场，供应链的节奏也因此变得越来越快。

在美国，报纸订阅量持续下降，通过网络获取新闻的人数却超过了 7 800 万；大约 3 900 万人每天看在线视频；博客的阅读者和撰写者分别达到约 6 600 万人和 1 600 万人，一大批网络写手脱颖而出。博客的繁荣为客户反馈提供了诸多新的形式，而这在五年前是难以想象的（Pew，2010）。2010 年，社交网站脸谱网（Facebook）的美国月访问量是 1.34 亿，全球月访问量更是高达 5 亿，企业也开始通过社交网站同世界各地的员工、客户及管理者进行互动。许多《财富》500 强企业也拥有了脸谱网主页。

尽管处在经济衰退期，电子商务与网络广告依然发展迅猛。谷歌公司（Google）的在线广告收入以年均 10%的速度增加。

依照美国出台的证券与会计事务方面的联邦法律，许多公司需将电子邮件通信记录保存至少 5 年；现行的职业与健康类法规，则要求企业对工作场所接触的化学用品的数据进行存储，最长保存年限达 60 年。这些举措使数字信息量大增。据估计，现在每年新增数据总量已达 5 艾字节（1 艾字节（EB）等于 10^{18} 字节），相当于美国国会图书馆藏书信息量的 3.7 万倍。

1.1.2 管理信息系统的新发展

管理信息系统已成为企业界最令人兴奋的话题，这是因为新技术不断涌现，它在管理层面得到应用，并对企业的成功产生推动作用。随着新兴企业的兴起，传统行业逐渐衰退，只有那些懂得如何利用新技术的企业才能取得最终的成功。表 1—1 总结了商业领域中与信息系统相关的一系列新发展。这些主题将贯穿本书的所有章节，因此，不妨现在就花些时间与老师和同学一起讨论。

表 1—1　管理信息系统的新发展

变革	对企业的影响
技术领域	
云计算平台的应用成为商业创新的重要领域	原先由企业内部计算机完成的工作开始由互联网上的一批计算机来承担。
软件即服务（Saas）的进一步发展	主要商业应用软件不再通过实体形式（盒装软件或定制系统）提供，而是以互联网服务的形式实现。
基于移动数字平台的商务系统崛起并与个人计算机平台进行竞争	苹果公司向第三方开放 iPhone 手机的应用软件开发权。企业用户可通过 iTunes 网站上的应用商店下载丰富的应用程序，借助这些软件与同事进行沟通，开展项目协作，享受移动定位等服务。拥有体积小、携带便利、自重轻、价格低、以网络为中心等特点的小型笔记本电脑已成为笔记本电脑市场中的重要组成部分。而 iPad 更是成为第一台成功结合了商务与娱乐的平板电脑。

续前表

变革	对企业的影响
管理领域	
管理人员使用在线协作软件及社交网络工具提升协调、协作与知识分享的效率和质量	Google Apps、Google Sites、Microsoft SharePoint 和 IBM Lotus Connections 等软件的全球用户超过 1 亿，应用领域涉及网络社区、项目管理、网络会议、社交书签、博客及个人资料页面等。
商务智能软件功能更强	更加强大的数据分析软件及动态仪表板能提供实时的企业运营信息，提升了管理者的决策质量。
虚拟会议数量激增	利用远程呈现视频会议技术和网络会议技术，管理人员既节省了时间又减少了差旅费用，同时还提升了协作和决策的效率。
组织领域	
企业界广泛采用 Web 2.0 应用	借助博客、维基平台、电子邮件、即时通信等网络手段，员工能够以网络社群的形式互相交流、协作。脸谱网、聚友网（MySpace）等社交网站为企业提供了与顾客和供应商合作的新方式。
远程办公日益增多	互联网、上网本、iPad、iPhone、黑莓手机等使越来越多的人可以走出传统的办公室完成工作。现在，55%的美国企业拥有一定形式的远程办公机制。
共创商业价值	商业价值的创造方式发生了改变，由简单的产品销售转变为提供解决方案和优化客户体验，由单一依靠公司内部人员转向与供应商及客户进行协作。供应链与产品开发进一步全球化、协作化；企业与客户进行互动，让客户参与新产品、新服务的设计和研发。

技术领域中，有三方面的变革息息相关：(1) 移动数字平台的出现；(2) 软件即服务的进一步增长；(3) 越来越多的商用软件通过“云计算”经由互联网实现。

iPhone 手机、iPad、黑莓手机和上网本，并不只是单纯的工具或娱乐设备，而是软件及硬件领域一系列新技术的产物，是新型计算平台的代表。越来越多的商务计算工作开始从 PC 端和台式机转向这些可移动设备。这些基于新技术的产品还被企业当做商务工具加以应用，以协调工作、与员工交流、为公司决策提供信息。我们将上述这些新事物统称为“新型的移动平台”。

Web 2.0 技术（包括社交网站、协作工具和维基平台）已成为管理层用来提高决策效率和决策质量的常规工具。在管理方式发生变化的同时，工作的组织、协调和评估方式也发生了改变。社交网站将项目团队的工作人员彼此联结，成为工作和管理的媒介。员工即使身处全球各地，也可以通过网络协作空间会面、开展工作。

云计算和移动数字平台的进一步发展让企业可以更多地依靠远程办公和分布式决策；企业也可以利用这一平台将更多的工作外包，依靠市场（而非员工）创造价值。此外，该平台还令企业与供应商及客户之间的协作成为可能，使供应商和客户一同参与新产品的开发和老产品的改进。

下面的“互动讨论：管理”专栏介绍了这些变革。许多管理者高度依赖数字平台来协调供应商和运货商、满足客户需求、管理员工。对当今企业而言，没有移动设备和网络是不可想象的。在阅读这个案例时，请仔细观察移动平台的出现是如何提高决策制定的准确性、高效性和丰富性的。

互动讨论：管理

口袋中的管理信息系统

仅仅掏掏口袋，就可以运营一家公司吗？也许不能完全做到。但是如今，公司的许多业务已经可以通过 iPhone 手机、黑莓手机以及其他一些可移动掌上设备来完成。这些智能手机被称为“电子时代的瑞士军刀”。只要动动指尖，这些设备就能化身为网络浏览器、电话、照相机、音乐视频播放器、电子邮件及短信传输器，甚至被用作协同系统的网关。而为社交网络及销售队伍研发的新型软件更是将这些设备打造成了更为多样化的商务工具。

黑莓是一款致力于优化电子邮件以及信息服务、有着极高安全性和极佳内部协同系统接入的移动设备。它曾是商务人士的最爱。但如今，黑莓已风光不再。许多企业——无论规模如何——更多地开始使用 iPhone 手机来完成工作。而对于某些人来说，这些巴掌大小的设备更是成了日常工作的必需品。

多伊尔斯顿医院（Doylestown Hospital）是邻近费城的一家社区医疗中心，拥有 360 位独立医师，他们可以通过移动办公来为病人诊疗，如可以通过 iPhone 3G 网络，全天候地与医院、同事及病人保持信息畅通，也能通过微软的 Exchange ActiveSync 访问电子邮件、日历和联系人，并且能接收医院的紧急邮件。当然，语音交流也很重要，通过 iPhone 手机，医生们可以做到随叫随到。

多伊尔斯顿医院为医师提供定制的 iPhone 手机，不管他们在世界哪个地方，都能进入医院的 MEDITECH 电子医疗记录系统，这些定制的手机确保了信息的安全性。MEDITECH 会将重要的信息，包括用药记录、临床记录、过敏记录、护理记录、诊疗记录甚至病人的饮食记录，传送到手机屏幕上。医院的副院长兼首席医疗官斯科特·利维（Scott Levy）说：“iPhone 手机可以查到病人的每一张 X 光影像图和每一份诊断记录。”病人的病床边也放置了 iPhone 手机，通过里面的医疗应用（如 Epocrates Essentials），医生可以查看用药信息以及观察临床结果。

多伊尔斯顿医院的信息系统部门连接了医院所有基于网络的医疗应用，能建立高安全标准的用户验证系统，并跟踪用户的活动信息，这些信息被安全地存储在医院自己的服务器上。

D. W. Morgan 公司的总部设在加利福尼亚的普莱森，是一家供应链、运输和物流咨询服务提供商，为美国电话电报公司（AT&T）、苹果、强生、洛克希德·马丁（Lockheed Martin）和雪佛龙（Chevron）等公司提供服务，业务遍及四大洲的 85 个国家。公司使用准时生产（just-in-time，JIT）战略将关键库存信息送达厂家。借助 JIT 系统，零售商和制造商几乎不必持有多余的库存，只在需要时由供应商将原材料、半成品或成品送来。

在这种环境中，知道货物的确切到达时间至关重要。过去，为顾客提供这种精确到分钟的信息不仅需要拨打大量的电话，还需要大量的人力劳动。因此，Morgan 公司推出了一项名为“ChainLinq Mobile”的应用，来帮助公司的 30 名送货者更新货物信息、签到、为每件货物提供全球定位服务。

Morgan的送货者使用ChainLinq记录并更新送货信息。每经过一个站点，送货者都会在iPhone手机上签到。这些从每一个站点收集到的数据，会连同标注了GPS定位与到达各站点时间的Google地图，一同上传到公司的服务器，这样顾客就能在公司网站上查看这些数据。同样是提供送货信息，Morgan的竞争者要花20分钟到半天的时间，而Morgan能做到即时更新。

TCHO是一家刚刚起步的公司，它的创意是使用定制机器来做出风味最为与众不同的巧克力。公司创始人蒂莫西·蔡尔兹(Timothy Childs)设计了一款iPhone手机应用，使得它可以远程登录每一台巧克力制造机，控制制造时间和温度，开启或关闭机器，或者设置闹钟提醒对制造温度进行调整。这款应用还与几个安装在TCHO公司风味实验室中的摄像头相连接，以便他监控工作进度。TCHO公司的员工也可以通过这款应用来交换照片、写邮件、发短信。

苹果公司的iPad也开始越来越多地被人们当作商务工具来进行网上记录、文件共享、文字编辑以及数据处理等工作。许多商务应用程序正不断涌现，包括用于在线会议、文字编辑、电子表格以及电子展示等的工具。在合适的配置下，iPad甚至能安全地在飞机上连接企业网络以收发电子邮件、获取商务日程、进行相关联系。

资料来源："Apple iPhone in Business Profiles," www.apple.com, accessed May 10, 2010; Steve Lohr, Cisco Cheng, "The Ipad Has Business Potential," *PC World*, April 26, 2010; and "Smartphone Rises Fast from Gadget to Necessity," *The New York Times*, June 10, 2009.

[思考题]

1. 该案例描述了哪些应用？它们支持哪些商务功能？它们是如何提高运营效率和决策水平的？

2. 列出案例中通过使用移动数字设备解决的问题。

3. 什么样的企业可以通过为员工配备诸如iPhone手机和黑莓手机之类的移动数字设备而获利？

4. D. W. Morgan的CEO说："iPhone手机创造的不是游戏，而是一个产业。它改变了企业与客户、企业与供应商的交互方式。"讨论这句话的含义。

[MIS实践]

上网搜索iPhone手机、iPad、黑莓手机和摩托罗拉Droid，然后回答下列问题：

1. 描述每种设备的性能，并思考怎样将它们用于企业活动中。

2. 列出并具体描述每种设备的三种可下载的企业应用，指出它们能为企业带来的利益。

1.1.3 全球化的机遇与挑战：世界是平的

1492年，哥伦布再次确认了天文学家长久以来的论断——世界是圆的，人们大可放心地在海上航行。由此人们得知，这个星球上有多个民族，讲千差万别的语言，彼此之间近乎孤立，经济和科学的发展水平也差异巨大。由哥伦布航行所催生的国际贸易拉近了这些民族和文化间的距离，贸易的扩张则为全球范围内的"工业革命"提供了动力。

2005年，新闻工作者托马斯·弗里德曼（Thomas Friedman）的新书面世。在这部颇具影响力的著作中，他宣称：世界是"平的"——互联网和遍及全球的通信网络已极大地削弱了发达国家在经济、文化方面的领先优势。为了保持经济活力，获得更多的就业机会、市场份额、自然资源乃至知识创意，美国和欧洲各国正同一些经济发展相对滞后的地区展开竞争。这些地区的薪资水平较低，却拥有大量满怀热情、受过良好教育的人才（Friedman，2007）。从这一意义上讲，全球化既带来了挑战，也带来了机遇。

美国及亚欧一些发达工业国家的经济构成中，进出口商品所占的比重逐渐加大。2010 年，包括进出口在内的外贸占到美国经济的 33%以上；而在亚洲和欧洲，这个比重更是超过了 50%。在位列《财富》500 强的许多美国企业中，一半的收入来自本土以外的市场。比如，2010 年英特尔公司（Intel）海外市场微处理器的销售额占到其年收入的一半以上。在美国销售的玩具中，有 80%产自中国；而在中国制造的个人电脑中，有 90%使用了美国英特尔或 AMD 公司（Advanced Micro Device）的芯片。

在国与国之间流动的不只是商品，还有工作岗位和就业机会，其中包括一些高层次、高报酬、高门槛的工作。在过去的 10 年里，美国有数百万制造业工作岗位流向劳动力成本更低的国家。然而，制造业只是美国就业市场中的很小一部分（所占份额不到 12%）。美国每年大约有 30 万个服务岗位流失海外，其中大多属于对技术要求低的信息系统类工作，但也包括建筑、金融服务、客户呼叫中心、咨询、工程乃至放射医疗诊断等"流通服务"领域的工作。

从积极的方面来看，美国每年（在正常的未发生经济衰退的情况下）能创造 350 多万个工作岗位。信息系统和其他服务业领域的就业机会大增，且薪资水平稳定。事实上，生产外包极大地加快了新系统在美国以及世界各地的发展。

而作为商学院的学生来说，当前要务是通过学习和工作经验来掌握无法外包的高层次技能。对于公司来说，则是避开可以外包的产品和服务领域。虽然挑战严峻，但机会同样巨大。本书提供了诸多成功或者失败的案例，反映了企业以及个人运用信息系统应对全球新环境的情况。

全球化究竟与管理信息系统有着怎样的关系？答案是显而易见的：方方面面都有关系。作为一套成熟的全球通信系统，互联网极大地削减了企业的国际化运营成本。位于上海的生产车间和位于美国南达科他州的配送中心之间能实现及时交流，而成本几乎为零。客户全天 24 小时都可以通过网络获取产品价格和质量信息，并在线采购。跨国公司则通过网络寻找报价更低的供应商，管理位于他国的工厂，显著降低了成本。诸如谷歌、eBay 等网络服务公司能将商业模式和服务复制到多个国家，而无须重新设计固定成本高昂的信息系统基础设施。2011 年，eBay 和通用汽车公司约有一半的利润来自美国以外的海外市场。简言之，没有信息系统，就无法实现全球化。

1.1.4 新兴的数字化企业

前文所述的各种变革，加上与之相应的企业组织结构再设计，使出现纯数字化企业成为可能。**数字化企业**（digital firm）应具备以下特征：企业的重要商业关系（如与客户、供应商及员工等的联系）全部用数字化方式建立并以数字化媒体为中介；企业的核心业务流程经由连通整个企业内部及不同企业间的数字化设备实现。

业务流程（business process）指企业为实现某一业务目标而执行的一系列具有逻辑关联性的任务和行动，以及用来组织和协调这些活动的独特机制。新产品的研发、订单的生成与交付、市场营销计划的制定、员工的雇佣等都是业务流程的一部分。这些业务流程的实现方式会对企业的竞争力造成影响（有关业务流程的详细论述见第 2 章）。

关键企业资产——知识产权、核心竞争力以及人力资源和金融资产等是以数字化方式进行管理的。数字化企业能随时随地获得对重大商业决策有益的信息。

较之传统企业，数字化企业对商业环境的感知和反馈要迅速得多，拥有更强的应变能力。数字化企业使得全球化的组织和管理成为可能，使得工作时间和空间的延展成为一种常态。时间延展是指工作时间不再局限于朝九晚五的硬性规定，而是一周 7 天、每天 24 小时；空间延展是指工作地点不再局限于本土，而是在全球范围内，强调在最合适的地点完成最合适的工作。

思科（Cisco）、3M、IBM 等公司都已经十分接近数字化企业的标准，其各个业务部门都得到互联网支持。大多数企业虽尚未完全实现数字化，但它们正在加紧对供应商、客户和员工进行数字化整合。比如，许多公司正逐渐用视频会议、网络会议等虚拟会议来代替传统的面对面会议（详见第 2 章）。

1.1.5　信息系统的企业战略目标

信息系统为什么不可或缺？企业为什么在信息系统和信息技术方面投入大量资金？在美国，有 2 300 多万管理者和 1.13 亿工人的工作离不开信息系统。在大多数发达国家，信息系统对于完成日常工作和达成企业战略目标起到至关重要的作用。

如果没有信息系统方面的大量投资，当今的世界经济将难以想象：首先，亚马逊（Amazon）、eBay、谷歌和亿创理财（E* Trade）等电子商务企业根本不会出现；其次，现代服务业将寸步难行，而这一行业关系到金融、保险、房地产、旅游、医药、教育等诸多领域；最后，诸如沃尔玛（Wal-Mart）、西尔斯（Sears）等零售企业，以及诸如通用汽车（General Motors）、通用电气（General Electric）等制造企业的繁荣与发展同样离不开信息系统。正如在 20 世纪，办公室、电话、文件柜和现代化写字楼是必需品一样，21 世纪的商业活动已离不开信息系统这一重要基石。

企业战略的实施及其目标的实现将越来越多地受制于企业对信息技术的应用能力（见图 1—1）。一个企业在五年内发展得怎样，很大程度上取决于企业的信息系统能否提供相应的支持。无论是扩大市场份额、提高产品质量、降低生产成本、研发新的产品还是提高工作效率，都越来越依赖企业所使用信息系统的种类和可靠性。对这种互相关系理解得越充分，你作为管理者为企业创造的价值就越大。

具体而言，企业在信息系统方面的大量投资着力于实现六大商业目标：实现卓越运营；开发新的产品、服务和商业模式；亲近客户和供应商；优化决策能力；获得竞争优势；维持企业生存。

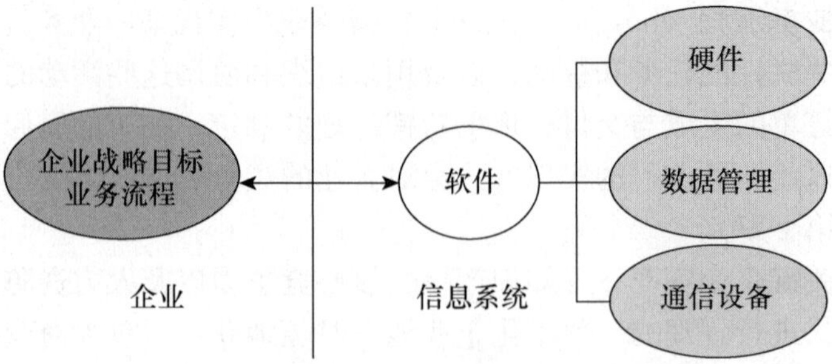

图 1—1　企业与其信息系统间的互相依存关系

说明：当下，企业的业务能力与其信息系统的关系日益密切。在调整战略计划、规章制度和业务流程的同时，企业也需对其信息系统的硬件、软件、数据库及通信设备进行相应的调整。大多数情况下，企业在未来能有怎样的作为，将取决于企业的信息系统能否提供相应的支持。

实现卓越运营

为了获取更高的利润，企业都力求不断提升运营效率。对于管理者而言，信息系统和信息技术就是达成这一目标的两种重要工具。如果能利用这些技术对经营方式和管理模式做出相应调整，就能取得更为可观的效益。

作为世界上最大的零售商，沃尔玛成功地将信息系统与优秀的经营方式和相适应的管理模式相结合，提升了运营效率，达到了世界领先水平。在 2010 财年，沃尔玛的销售额达 4 080 亿元，几乎占到美国国内零售业收入的 1/10。这很大程度上归功于沃尔玛的 Retaillink 系统。该系统可以通过数字化的方式将供应商与每一个沃尔玛的超市相连接。供应商监控着所有商品，超市每卖出一件，就立即补货。沃尔玛是行业内效益最高的零售企业，每平方英尺店面的销售额达 28 美元。相比之下，它的头号竞争对手塔吉特（Target）每平方英尺店面的销售额为 23 美元，而其他的零售企业更是不足 12 美元。

开发新的产品、服务和商业模式

信息系统与信息技术可以大大增强企业开发新产品、新服务甚至全新商业模式的能力。**商业模式**（business model）指一家公司生产、配送、销售产品或服务的方式。

今天的音乐产业与 10 年前有着很大的不同。以 iPod 音乐播放器为技术平台，苹果公司开发出一种不侵犯版权的新型在线音乐销售模式，取代了以黑胶唱片、磁带或光盘为媒介的传统商业模式。借助 iPod 音乐播放器、iTunes 在线音乐服务、iPad、iPhone 等系列产品与技术创新，苹果公司获得了巨大的成功。

亲近客户和供应商

企业如果能真正了解客户的需求，并提供优质的服务，就会迎来更多的回头客，进而提高收入与利润。同样，企业与供应商的关系越密切，供应商就越能满足企业所需，从而降低企业成本。对于拥有庞大的线上以及线下客户群的企业来说，如何真正了解客户和供应商，是一个十分关键的问题。

纽约曼哈顿的文华东方酒店（Mandarin Oriental Hotel）及一些豪华宾馆，通过实践向我们证明了使用信息系统来增进企业与客户亲密度的可能性。这些宾馆会通过电脑来记录宾客的个人偏好（如喜好的房间室温、习惯的入住时间、经常拨打的电话号码和经常看的电视节目）并将这些数据存储在大型数据库中。宾馆的每一个房间都通过网络与中央服务器相连，以便对房间进行远程调控。客人入住时，系统会根据该客人的电子资料来对房间进行调整，如调暗房间的灯光、设定室内温度、选择合适的音乐等。另外，酒店管理人员还能对客户的数据进行分析，来识别酒店的常客，并根据这些客人的偏好制定个性化的市场营销策略。

杰西潘尼公司（JC Penney）则利用信息系统与供应商紧密合作，成功降低了成本。美国各地的杰西潘尼连锁店每售出一件衬衫，相关的销售信息就能立即显示在位于香港的 TAL 服装集团的计算机屏幕上（TAL 集团是一家规模庞大的制造企业，在美国销售的每 8 件衬衫中就有 1 件是该公司生产的）。取得相关销售数据后，TAL 集团会将数据输入自己开发的计算机模型，确定需要追加生产的衬衫数量、款型、颜色及尺码。成衣不必经过零售商的库房，而是由 TAL 集团直接配送至杰西潘尼旗下的各家商店。因此，杰西潘尼公司几乎没有库存，从而使库存成本几乎为零。

优化决策能力

许多企业管理者都是在信息模糊不清的情况下工作的，他们缺少做出正确决策所需的准确信息，只能依靠推测、估计以及运气进行判断。而这样做的后果往往是决策速度缓慢、资源配置不当、产品/服务过剩或不足，从而导致成本提高、顾客流失。然而近 10 年来，信息系统与信息技术已使基于实时市场数据的决策成为可能。

举例来说，Verizon 通信公司（美国最大的电信服务提供商之一）就采用了一套基于网络的数字仪表盘系统，为管理人员实时提供各类精确的管理信息，包括客户投诉，各地区网络运行状况、线路故障或被飓风损坏的线缆等。根据这些信息，管理人员可以迅速分派维修人员到故障区域进行处理，并将维修状况告知相关用户，尽快恢复中断的服务。

获得竞争优势

如果能实现以上四个商业目标（实现卓越运营，开发新的产品、服务和商业模式，亲近客户/供应商，优化决策能力）中的一个或多个，那么该企业就已经具有了一定的竞争优势：能够比竞争对手更出色地完成任务；能提供物美价廉的产品；能对客户以及供应商做出及时响应。这些都会帮助企业提升销售业绩，让企业的竞争者望尘莫及。苹果、沃尔玛、UPS 等公司都是通过对信息系统的充分应用而成为行业巨头的。详细情况会在后面几章中加以讨论。

维持企业生存

企业之所以在信息系统与信息技术方面大量投资，是因为它们是商业竞争的必需品。而行业内重大的变革可能会催生出一些新的“必需品”。以银行业为例，花旗银行（Citibank）于1977年在纽约地区率先引进了第一批自动柜员机（ATM）；随后其他竞争对手也纷纷跟进，开始提供ATM服务以追赶花旗银行。如今，几乎所有美国银行都拥有与全国及全球ATM网络联网的地区ATM系统（如CIRRUS网络）。ATM已成为零售银行在业内生存和立足的必备设施。

美国联邦和各州的多项法律法规都要求企业及其员工依法保留某些书面及电子记录。比如，《有毒物质管理法》（Toxic Substances Control Act，1976）对工人可能接触到的7.5万多种有毒化学品做出了规定，并要求各企业将员工接触化学品的记录保存30年。《萨班斯–奥克斯利法案》（Sarbanes-Oxley Act，2002）旨在完善与上市公司及其审计者相关的责任机制，并规定参与上市公司审计的注册会计师事务所必须将有关的审计工作文件、审计记录及所有的电子邮件等保留至少5年。许多关于医疗保险、金融服务、教育、隐私保护等领域的法律也要求相关企业对重要信息予以保留或进行申报。信息系统与信息技术则为企业提供了满足类似规章法令要求的能力。

1.2　理解信息系统

"信息系统"与"信息技术"在前文中反复出现，却尚未加以定义。**信息技术**（information technology，IT）是企业实现其商业目标所需的所有软件和硬件，其中不仅包括计算机主机、磁盘驱动器和便携式移动设备，还包括Windows或Linux操作系统、Microsoft Office桌面办公套装软件以及其他上千种企业常用的应用软件。信息系统则更加复杂。为了更好地加以理解，我们分别从技术和商业两个角度对其进行分析。

1.2.1　什么是信息系统

信息系统（information system）是由一系列相互关联的组件构成的，是通过信息收集（或检索）、信息处理、信息存储及信息发布，为组织决策和组织控制提供支持的系统。另外，信息系统还可以帮助管理者和员工分析问题、简化复杂项目以及研发新产品。

信息系统包含公司内部以及周围环境中所有重要人员、重要地点和重要事务的信息。在这里，我们把**信息**（information）定义为经过整理，以某种有意义且有效用的形式呈现的数据。**数据**（data）则是持续生成的原始资料，是记录公司或其周边环境中不断发生的事件的符号表示；这些资料没有经过组织和整理，人们无法直接理解和应用。

一个简单的例子可以说明信息与数据的不同。超市的收银台每天都会扫描大量的条码，得到有关售出商品的大量数据。将这些数据进行整合、分析，即可得到许多有意义的信息，比如，某家商店的清洁剂销量、该商店或所属销售区最畅销的清洁剂品牌、该品牌清洁剂的总销售额等（见图1—2）。

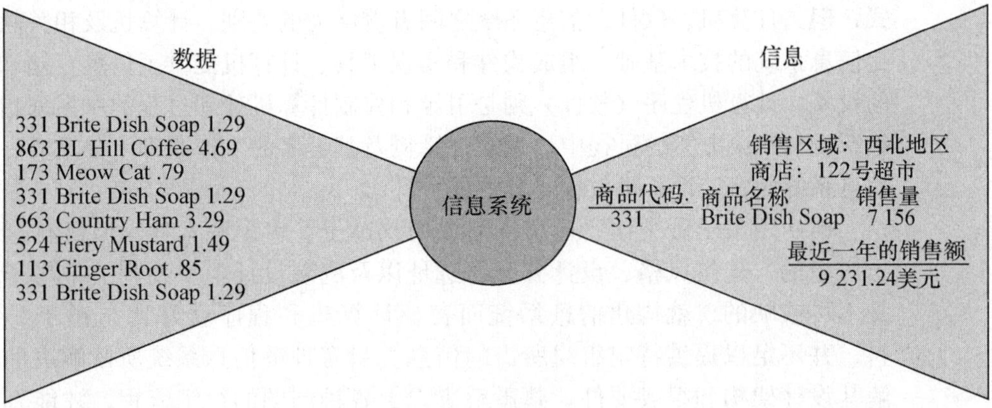

图1—2　数据与信息

说明：对超市收银台的原始数据进行处理，可得到诸多有意义的信息，如某特定商店或销售区域的清洁剂销售量、销售额等。

信息系统通过三个环节生成所需信息，为组织决策、运营控制、问题分析、新产品及服务的研发提供支持。这三个环节分别是输入、处理和输出（见图1—3）。**输入**（input）是指从组织内部或周围环境获取或收集信息。**处理**（processing）是指将输入的原始数据转换为有意义的形式。**输出**（output）是指将处理好的信息传送至使用者或需要使用该信息的活动的过程。此外，信息系统还需要**反馈**（feedback），即将输出信息回送给组织中的合适人员，以对输入环节进行评估和调整。

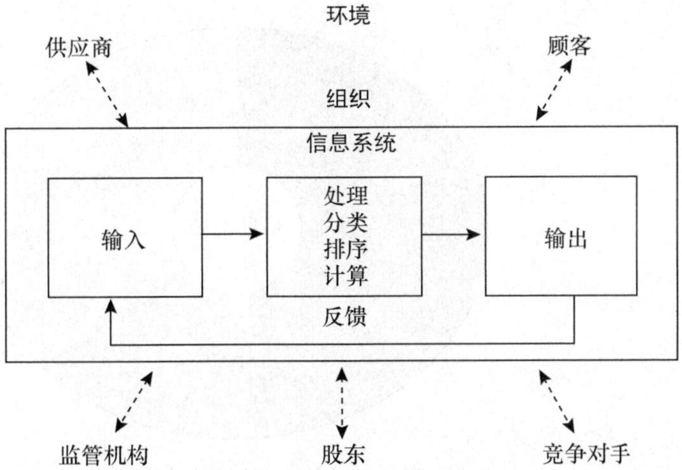

图1—3　信息系统的功能

说明：信息系统包含组织及其周围环境的相关信息，通过输入、处理、输出这三个基本环节为组织提供所需的信息。反馈是指将输出信息回送至组织中合适的人员或活动，对输入环节进行评估和调整。环境因素（如顾客、供应商、竞争对手、股东和监管机构）与组织及其信息系统互相作用、互相影响。

对一个传统的在线售票网站而言，原始输入数据就是订票信息，包括订票人姓名、地址、信用卡号、订票数以及所订票的使用时间。电脑记录下这些信息，并计算出总金额、追踪票的销售状况并通知信用卡公司进行扣款。输出内容包括票的打印、订单发票以及在线订票的报告。系统还会提供诸如某场比赛的票务销售情况、年总售票量及订票常客等有价值的信息。

虽然基于计算机的信息系统利用计算机处理原始数据并将之转化为有意义的形

式，但是计算机、软件、信息系统之间有着巨大的差别。计算机及相关软件是现代化信息系统的技术基础、组成构件和实现工具。计算机提供了信息存储和处理所需的设备，计算机程序（软件）则是引导和控制计算机处理过程的一系列指令。在为组织设计解决方案的过程中，理解计算机及其程序的工作原理十分重要；然而，对信息系统而言，计算机仅仅是其中的一环。

不妨用房子做类比。造房子需要用到锤子、钉子和木料，但仅有这些是造不出房子的。建筑风格、设计方案、选址以及庭院设计等一系列关乎房子的决策都是不可或缺的。就构建信息系统而言，计算机和程序就好比是锤子、钉子和木料，并不足以提供特定组织所需的信息。只有理解信息系统所欲解决的问题，理解其设计架构和组成要件，熟悉解决以上各种问题的组织流程，才能真正理解信息系统。

1.2.2 信息系统的三个维度

要充分了解信息系统，我们必须理解信息系统的组织维度、管理维度和技术维度（见图 1—4）及其赋予企业解决问题、应对商业挑战的能力。我们将这种对信息系统更加全面的认知（包括组织、管理、技术三个维度）称为**信息系统文化**（information systems literacy）；相应地，**计算机文化**（computer literacy）则主要强调信息技术这个单一维度的知识。

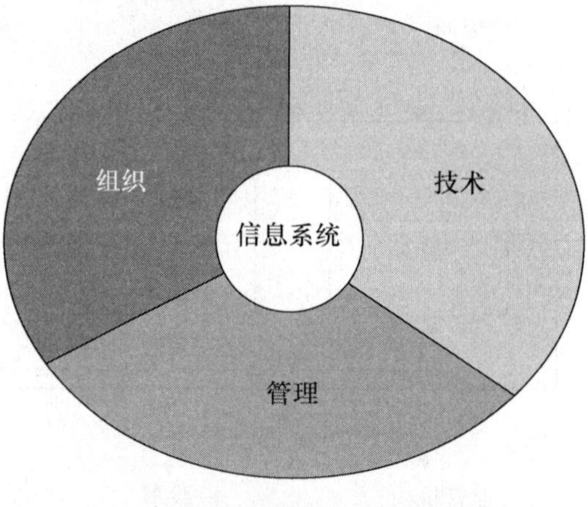

图 1—4 信息系统不仅仅是计算机

说明：高效地使用信息系统，要求对构成系统的组织、管理和技术有全面的理解。信息系统通过解决企业组织和管理方面的问题，帮助企业应对周边环境中的各种挑战，为企业创造价值。

管理信息系统（management information system，MIS）这一学科所努力实现的，正是建立这种更加全面的信息系统基本素养。与企业的信息系统的开发、应用及影响相关的行为与技术问题均是管理信息系统所关注的。

下面我们依次分析信息系统的三个维度——组织、管理和技术。

组织

信息系统是组织不可或缺的组成部分。对于征信机构这样的企业而言，没有信息系统就无法开展工作。一个组织的要素包括人员、结构、业务流程、政策和文化。在此，我们仅对这些要素进行简要的介绍，在第 2 章、第 3 章中会对这些要素详细论述。

组织由不同层级和专业化领域构成，分工清晰明确。在企业中，权力和责任的组织形式是金字塔式的等级结构。金字塔上层由管理人员、专业人士和技术专家组成，下层则由操作人员组成。

高级管理层（senior management）负责制定与产品和服务有关的长期战略，并保证企业财务状况良好；**中级管理层**（middle management）负责执行高层管理人员制定的项目和计划；**运营管理层**（operational management）负责检查企业日常业务运作；工程师、科学家及建筑师等属于企业的**知识型员工**（knowledge workers），负责设计和开发新产品、新技术，为企业创造新的知识；秘书、文员等**数据工作者**（data workers）的职责是协助企业各个层次完成文书、资料工作；实际的产品生产和服务递送则由**生产或服务工作者**（production or service workers）完成（见图 1—5）。

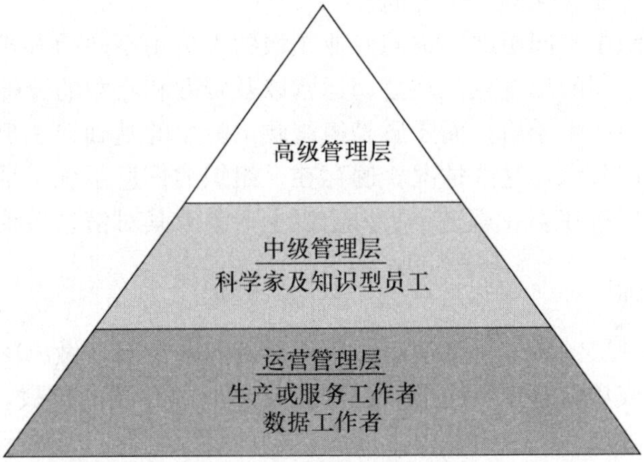

图 1—5　企业的层次结构

说明：企业的组织形式是等级制的，由高级管理层、中级管理层和运营管理层三个主要层级组成。信息系统为企业的每个层级提供服务。科学家及知识型员工通常与中层管理人员一同工作。

企业通常雇用并培训不同的专业人士以实现不同的业务职能。主要的**业务职能**（business functions），或商业组织所履行的一系列专门任务，大多由销售与营销、制造与生产、财务与会计以及人力资源这四部分组成（见表 1—2）。本书第 2 章对这些业务职能作了详细论述，并分析了信息系统是如何对这些职能提供支持的。

表 1—2　企业主要业务职能

职能	作用
销售与营销	销售企业的产品与服务
制造与生产	生产并提供产品与服务
财务与会计	管理企业的财务资产，保存财务记录
人力资源	招募员工，提升企业的劳动力水平，管理已有劳动力；保存员工档案

组织通过业务流程和等级化制度来协调工作。在这里，业务流程指组织为完成工作而执行的一系列具有逻辑关联的任务和行动。研发新产品、交付订单以及雇用新员工都可以称为业务流程。

多数组织的业务流程（包括正式的规章）是在长期经营中逐渐形成的。从开具一张发票到回复客户投诉，员工都必须根据规章制度完成一系列的作业程序。业务流程既包括成文的规定，也包括不成文的非正式商务惯例（比如及时回复漏接的客户或同事的电话）。信息系统使许多业务流程实现了自动化。例如，企业经常使用整合了正式业务流程的信息系统来决定具体客户的付账或收账方式。

每个组织拥有独特的**文化**（culture），或被大多数员工所接受的一系列基本假设、价值以及行为方式。观察你所就读的学校，便可一窥其组织文化。教师比学生的学识更加渊博，学生上大学的目的在于学习，课程依照一定的时间表开设，等等，这些都是大学生活的一些最基础的前提。

组织的一部分文化也深嵌在其信息系统中。比如，从本节稍后介绍的有关 UPS 的案例中我们可发现，该公司的包裹追踪系统所体现的顾客至上的服务理念正是其企业文化的一个方面。

组织中不同层次、不同专业领域的人员用不同的方式为组织创造收益，考虑问题也有不同的出发点。在公司运营以及资源和收益的分配问题方面，这些不同的观点经常会产生矛盾。而矛盾是组织政策诞生的基础。视角各异、意见相左、彼此妥协、达成共识，这些情况普遍存在。组织的信息系统正是在这样的过程中构建起来的。我们将在第 3 章进一步讨论以上现象及其对信息系统的发展的影响。

管理

管理层的工作是认清组织所面对的各种情况，做出决策，制定行动方案来解决问题。成功的管理者应能认识到商业环境中存在的挑战，并对组织战略进行调整；还应能合理调配人力及财力资源，协调组织工作，自始至终认真负责，发挥领导才能。本书介绍的企业信息系统反映了部分管理者的愿望、期待及其现实状况。

管理不仅限于现已存在的事务，管理者要做的还有很多。他们必须负责开发新产品和新服务，还要不时地重新构建整个企业组织。运用新信息、新知识创造性地开展工作是管理职责的重要组成部分。在信息系统的帮助下，管理者得以设计并实现新产品和新服务，还能对组织进行重新构建与重新定向。本书第 12 章将对管理决策问题加以详细论述。

技术

信息技术是管理者应对变革的众多工具之一。在信息系统中，**计算机硬件**（computer hardware）是用来进行输入、处理、输出的实体设备。它由以下部件组成：外形、尺寸各异的计算机（移动手持设备也是其中之一），多种输入、输出、存储设备，以及连接多台计算机的通信设备。

计算机软件（computer software）是一系列详细的、预先设置好的指令，用以控制信息系统中的计算机硬件。第 5 章详细介绍了当今企业的软件及硬件平台。

数据管理技术（data management technology）由用于管控存储在物理媒介上

的组织数据的软件组成。数据的组织与访问方式的更多介绍参见本书第 6 章。

网络与通信技术（networking and telecommunications technology）由实体设备和软件组成，连接不同硬件并实现不同地点间的数据传输。计算机以及通信设备均可接入网络，实现语音、数据、图片、音频、视频等信息的共享。一个**网络**（network）可以连接两台或两台以上的计算机，实现信息或资源（如打印机）共享。

互联网（Internet）是世界上规模最大、使用最为广泛的网络。互联网是一个全球性的"网络的网络"，它依照通用标准（参阅第 7 章）来连接，拥有超过 14 亿网民，遍布 230 个国家。

互联网为新产品、新服务、新战略以及新的商业模式创造了一个全新且"普适"的技术平台。该平台也可为企业内部服务，连接企业内的不同系统和网络。这种基于互联网技术的企业内联网络称为**内联网**（intranet）。经拓展供组织外部授权用户使用的内部专用网叫做**外联网**（extranet），企业利用这种网络与其他公司进行协调采购、协作设计等跨组织活动。对于当今的大多数企业而言，信息技术的应用既是一种商业需求，也是竞争优势的保证。

万维网（World Wide Web）是一种互联网服务，它利用通用标准以页面形式在互联网上对信息进行存储、检索、编排并显示。一张网页包括文本、图片、动画、音频及视频，并与其他网页链接。单击网页上标记的文字或按钮，可以链接到网络的其他位置并获得额外信息。万维网可以作为企业信息系统的基础，比如在下面的"互动讨论：技术"专栏中提到的 UPS 公司的包裹追踪系统便是基于万维网构建的。

所有这些技术以及运行和管理这些技术所需要的人，作为可以在组织中共享的资源，组成了公司的信息技术基础设施。**信息技术基础设施**（information technology（IT）infrastructure）为企业建立自己的信息系统提供了基础或平台。每个公司都必须谨慎地设计和管理信息系统基础设施，以便为利用信息系统完成工作提供一系列技术服务。从第 5 章到第 8 章将详细阐述信息技术基础设施的每个主要的技术组件，并且介绍这些组件如何协同工作创建组织的技术平台。

下面的"互动讨论：技术"专栏介绍了在当今的计算机信息系统中应用的典型技术。美国 UPS 公司在信息系统技术上投入巨资，目的是提高工作效率，一切为顾客服务。它使用了一系列信息技术，如条形码扫描系统、无线网络连接、大型主机、便携式电脑、互联网，以及许多用来跟踪包裹、计算费用、维护客户账户、管理物流的不同软件。

互动讨论：技术

UPS 公司利用信息技术进行全球竞争

1907 年，UPS 公司在一间狭小的地下室创立，创办者是两个来自西雅图的青年——吉姆·凯西（Jim Casey）和克劳德·赖安（Claude Ryan），他们当时不满 20 岁，仅靠两辆自行车和一部电话起家。两个人当时的承诺是：最好的服务，最低的价格。UPS 公司坚持这一理念，成功运营了一个世纪，如今已经成为全球最大的集陆地与航空配送于一体的包裹配送公司。公司拥有 41.5 万名员工、9.9 万辆配送车，公司的航空运输部门在全球排名第九。

如今，UPS 的业务遍及全球 200 多个国家和地区，每天要配送 1 500 万件包裹和文件。面对联邦快递和 Airborne Express 公司的竞争，UPS 在先进的信息技术方面投入了巨资，在小型包裹运送服务领域一直保持领先地位。UPS 每年投资 10 亿美元来提高服务水平，同时保持较低的成本和运作的自动化。

UPS 的每件包裹上都贴有可扫描的条形码，存储了寄件者的详细资料、目的地以及包裹到达的时间。客户可以使用 UPS 提供的软件或者进入 UPS 的网站下载并打印自己的标签。在包裹寄出之前，智能标签上的信息就被传送到位于新泽西州马瓦或佐治亚州爱尔法利塔的某个计算机中心，然后被送往目的地附近的配送中心。调度员下载标签中的数据，用特定的软件分析交通、天气和停靠站等信息，为每位司机规划出最优的运输路径。据估计，依靠系统提供的优化路径，UPS 的配送车辆每年可少跑 2 800 万英里的运输路程，节约 300 万加仑燃油。为了进一步降低成本、提高安全性，UPS 还为配送车司机提供一种名为“340 Methods”的培训。该培训项目是由行业工程师设计的，可以对配送车司机从搬起所接收的箱子，到从车上的架子中选取包裹等一系列工作进行绩效最优化的培训。

UPS 的司机每天上班做的第一件事就是使用一种名为“配送信息获取设备”（Delivery Information Acquisition Device，DIAD）的手持电脑接入移动无线网络。一旦司机接入网络，分配给他的配送路线就会被下载到手持电脑中。DIDA 也会自动获得客户的签名以及收件和配送信息。包裹跟踪信息被传输到 UPS 的计算机网络中进行存储和处理。员工可以随时随地访问网络中的信息，告知顾客包裹的运送状态，回答顾客的咨询。从司机在 DIAD 上按下“完成”按钮到相应信息上传到网络，花费的时间不超过 60 秒。

通过包裹自动跟踪系统，UPS 能够对包裹的运输进行全程监控，甚至能在包裹没有按预定的路线配送时重新规划一条最优路线。从发送到接收的整个路程中，每到一个地点，条形码设备就会扫描包裹标签上的配送信息，随后将这些信息传送到中央计算机。客户服务代表用与中央计算机相连的电脑就能查到任何包裹的信息，从而快速响应顾客的查询。UPS 的顾客也可用自己的电脑或手机从公司的网站上获得这些信息。

客户可以访问 UPS 的网站，追踪包裹的配送信息，查询配送路线，计算运费，决定配送时间，打印条形码，安排取件时间。UPS 网站上的信息会先传输到中央计算机上，经过处理后再返回给顾客。UPS 还向客户提供一些可以嵌入 UPS 功能的工具，如思科就把跟踪包裹、计算费用的功能嵌入自己的网站，这样员工无须登录 UPS 的内联网站就能追踪包裹的信息了。

2009 年 6 月，UPS 推出了新的基于 Web 的售后订单管理系统（Order Management System，OMS），用来管理全球服务订单和关键零部件库存。该系统使高科技电子公司、航空公司、医药设备公司和全球其他公司能够快速评估关键零部件库存，制定满足顾客需求的最优配送路径策略，在网上直接下单并跟踪零部件从仓库到最终用户的整个过程。一旦运输检查点以及运输零部件的航班的飞行计划发生任何改变，OMS 系统都能自动发送邮件和传真告知客户。订单完成后，公司能够将标签、账单之类的文件用多种文字打印出来。

UPS现在将其几十年的专业化全球运输网络管理经验运用到其他公司的物流和供应链管理中。公司成立了UPS供应链方案部门，该部门为其他要建立自己的系统和基础设施的公司提供一整套标准化的服务，除物流管理外，还提供包括供应链设计和管理、提货方支付运费、客户代理、邮件服务、多模式联运以及金融等方面的服务。

位于美国伊利诺伊州的扣件制造商Servalite，向软件商店和大型家装店提供4万种不同的商品。该公司建立了多个仓库，以便能在全国范围内提供两天内到货的运输服务。UPS为该公司制定了一个新的物流计划，帮助它缩短在途库存和联合库存的运货时间。做出这些改进后，Servalite能够在降低库存成本的同时兑现两天内到货的承诺。

资料来源：Jennifer Levitz, "UPS Thinks Out of the Box on Driver Training," *The Wall Street Journal*, April 6, 2010; United Parcel Service, "In a Tighter Economy, a Manufacturer Fastens Down Its Logistics," *UPS Compass*, accessed May 5, 2010; Agam Shah, "UPS Invests $1 Billion in Technology to Cut Costs," *Bloomberg Businessweek*, March 25, 2010; UPS, "UPS Delivers New App for Google's Android," April 12, 2010; Chris Murphy, "In for the Long Haul," *Information Week*, January 19, 2009; United Parts Service, "UPS Unveils Global Technology for Critical Parts Fulfillment," June 16, 2009; and www.ups.com, accessed May 5, 2010.

[思考题]

1. UPS包裹跟踪系统的输入、处理、输出分别是什么？

2. UPS利用了哪些技术？这些技术与UPS的商业模式和商业目标有什么关系？

3. UPS的信息系统想要实现的商业战略目标是什么？

4. UPS的信息系统解决了哪些问题？如果没有这些系统会怎样？

[MIS实践]

访问UPS的网站（www.ups.com），回答以下问题：

1. 列出该网站上能为个人和不同规模的企业提供的信息和服务。

2. 访问UPS的商业解决方案模块，按类别浏览UPS的商业解决方案（如货物退回和国际贸易），描述UPS为某个类别提供的所有服务，解释企业怎样从这些服务中获利。

3. 解释该网站怎么帮助UPS完成本章开头描述的那些战略目标。如果没有该网站，会对UPS产生什么影响？

下面，我们就以UPS公司的包裹追踪系统为例，熟悉一下构成组织、管理和技术维度的各种元素。UPS包裹追踪系统的组织维度涉及该公司的销售及生产职能（UPS的主要产品是包裹配送服务）。对于包裹发件人与收件人的信息识别、盘存、对包裹的追踪、为客户及客户服务代表提供包裹状态报告等行为，系统都预设了具体的操作程序。

另外，系统还必须满足管理者和员工的需求，为他们提供信息。UPS的配送车司机需要接受有关包裹收寄与配送程序的培训，学习使用包裹追踪系统，从而高效率地开展工作。UPS的客户也要进行一些学习，以使用UPS的内部包裹追踪系统或访问UPS的网站查询信息。

公司管理人员负责掌控服务的质量与成本，以低成本＋高质量的服务来推进公司战略。他们将计算机系统应用于业务流程的决策，简化了包裹寄送和配送过程查询的流程，从而降低了配送成本，提高了利润。

支撑该系统的技术包括：手持计算机、条形码扫描仪、有线及无线网络、台式计算机、UPS 数据中心、包裹配送数据存储技术、UPS 专用包裹追踪软件和万维网接入软件。以上一系列元素组成了一个信息系统解决方案，帮助企业应对商业挑战，并在激烈竞争的环境中提供高质量、低成本的服务。

1.2.3 不只是技术：从商业视角看信息系统

企业之所以投资信息系统和信息技术，是因为能从中获得切实的经济利益。将资金用于建立并维护信息系统这一决策是建立在这么做的回报优于投资厂房、其他设备的情况下，比如能为企业带来生产效率的提升及营业收入的增加（进而提升企业的股票市值），或可为企业在某些市场谋得更有利的长期战略定位（为企业未来的收入增长奠定基础）等。

由此可知，从商业视角来看，信息系统是一种为企业创造价值的重要工具。信息系统提供信息，优化公司决策，提高业务流程效率，增加公司利润，降低公司成本。例如，分析超市收银台数据的信息系统（见图 1—2）为管理者提供信息，确定应当采购和促销的商品种类，从而提高公司利润。

每个企业都有一条信息价值链。如图 1—6 所示，系统收集的原始信息经过一系列处理、转化过程，价值不断提升。信息系统对企业的价值有多大，企业是否会投资于新的信息系统，很大程度上取决于信息系统能为管理决策带来多大改善，对业务流程的效率有怎样的优化，对企业的盈利能力又能有多少提升。尽管构建信息系统的理由不同，但它们的首要作用还是为企业创造商业价值。

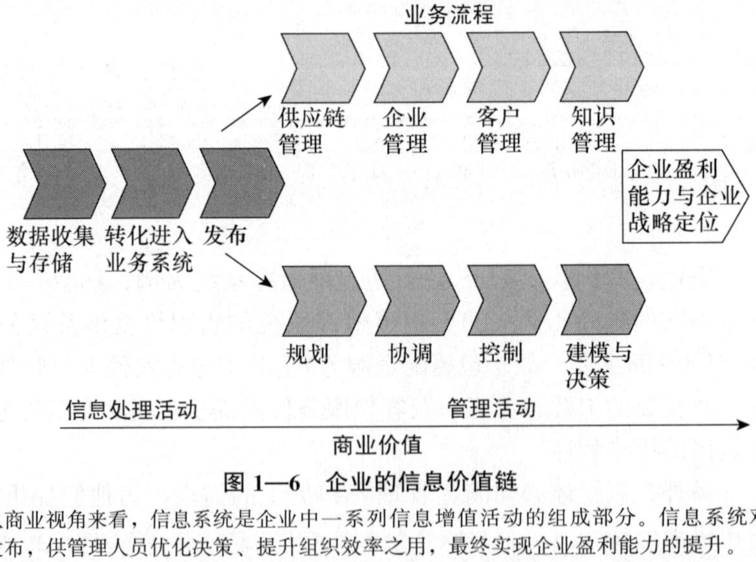

图 1—6　企业的信息价值链

说明：从商业视角来看，信息系统是企业中一系列信息增值活动的组成部分。信息系统对信息进行收集、转化和发布，供管理人员优化决策、提升组织效率之用，最终实现企业盈利能力的提升。

信息系统的商业意义与其组织和管理维度密切相关。信息系统利用信息技术帮助企业应对周边环境中的挑战和问题，是一种基于信息技术的组织及管理解决方案。本书每章的开头都有一个章首案例，它们无一例外地印证了这一观点。每个案例后面给出的图则阐述了企业所面对的商业挑战与将信息技术作为应对方案对管理和组织方式进行调整之间的关系。可以以这张图为出发点，分析后面提到的所有信息系统及其相关问题。

回顾本章开头提到的图。首先，该图描绘了 Ponsse 公司研发的系统是如何解决公司因需要整合生产与制造流程而产生的商业问题的。这些系统通过借助最新的数字整合技术以及其他技术（如 GPS）来提供解决方案。公司也采用新的方法来协调生产、制造以及销售过程。该图还描绘了公司是如何将管理、技术和组织这三个要素相结合来给出问题的解决方案的。

1.2.4　辅助性资产：组织资本与合适的商业模式

对信息系统的组织和管理维度的认知可以帮助我们理解为什么有些公司从信息系统中获益较多，有些公司则相对较少。相关研究表明，在信息技术方面，各企业间的投资回报存在相当大的差异（见图 1—7）。有些企业投资大，收益也大（区域 2）；有些企业投资相当，却收益较少（区域 4）；还有些企业投资较少，但回报颇丰（区域 1）；当然也有些企业的投资与收益都有限（区域 3）。这意味着在信息技术方面的投资与回报不一定呈正相关关系。那么是什么造成了各公司之间投资回报的差异呢？

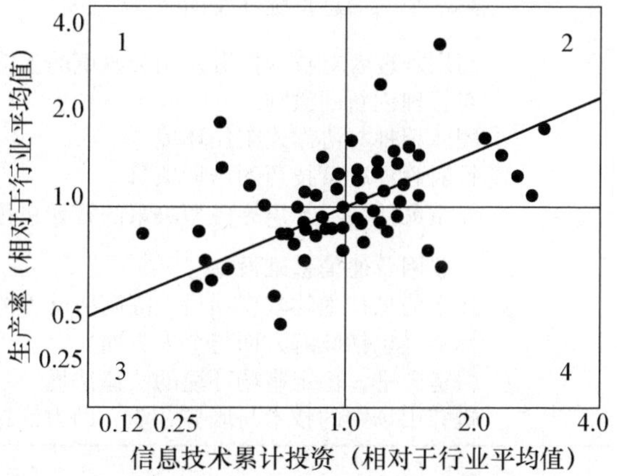

图 1—7　信息系统投资的回报差异

说明：总体而言，信息技术投资的回报率远高于其他投资，但不同企业间的回报率存在显著差异。

要回答这一问题，就必须了解辅助性资产这一概念。仅投资信息技术并不能提高公司组织和管理上的效率，要发挥其功用，企业必须具备与之相适应的价值观、结构和行为方式等辅助性要素。企业要想收获新技术带来的甘甜果实，必须先对经营模式做出调整。

有些企业未能选择与新技术相匹配的正确商业模式，或者试图保留被新技术淘汰的传统模式。唱片公司就是一个例子，它们坚持传统模式，以实体店作为销售渠道，不愿接受新兴的在线销售模式。结果只能坐视在线合法音乐销售渠道被苹果公司所独占。

辅助性资产（complementary assets）指为实现主要投资价值而必备的要素

（Teece，1998）。比如，要实现汽车业投资的价值，就必须在高速公路、公路、加油站及维修站的建设方面进行大笔辅助性投资。此外，还需要出台相关的法律法规并制定标准来对驾驶员的行为进行规范。

相关研究表明，从信息技术投资中取得优异回报的企业，往往同时进行了相应的辅助性资产投资，比如建立新的商业模式、业务流程、管理方式、组织文化以及对员工进行培训等；那些收益较少或未能获益的企业，则大都忽视了相关的辅助性投资（Brynjolfsson，2003；Brynjolfsson and Hitt，2000；Davern and Kauffman，2000；Laudon，1974）。这些在组织和管理方面的投资也被称为**组织和管理资本**（organizational and management capital）。

表 1—3 列举了充分利用信息技术投资所需的主要辅助性投资。虽然辅助性资产包括厂房、机器设备和工具等有形资产，但信息技术投资的价值主要还是通过管理和组织上的无形资产来体现。

表 1—3　　优化信息技术投资回报所需的组织、管理、社会方面的辅助性资产

组织资产	注重效率和效用的组织文化
	合适的商业模式
	高效的业务流程
	分权
	分布式决策权
	高水平的信息系统开发团队
管理资产	高层管理者对技术投资及相关改革的支持
	对管理创新的激励
	团队精神与协作式工作环境
	针对管理决策技巧的培训项目
	注重灵活性与知识导向型决策的管理文化
社会资产	互联网及通信基础设施
	注重信息技术的教育项目，提高劳动力的计算机基本素养
	标准（包括政府方面与个人方面）
	营造公平、稳定市场环境的法律法规
	毗邻市场中的技术与服务企业，助力信息技术的实施与应用

组织方面的关键辅助性投资包括：注重效率和效用的组织文化、合适的商业模式、高效的业务流程、分权、分布式决策权和高水平的信息系统开发团队。

管理方面的重要辅助性投资包括：高层管理者对相关改革的支持、关注并奖励个人创新的激励机制、对团队精神与协作的强调、员工培训项目及注重灵活性与知识的管理文化。

社会方面的投资（并非企业自己出资，而是来自社会、政府、其他企业或其他关键性市场因素）包括：相应的互联网基础设施、互联网文化、教育体制、网络与计算标准、法规以及技术和服务企业。

本书强调通过技术资产、管理资产、组织资产及三者的互相作用来构建分析框架。无论是解决信息系统的相关问题，还是要从信息技术的投资中取得丰厚回报，管理者都应从组织及管理维度更加全面地进行思考。这种意识反映在本书的每一个案例和每一组习题中，是贯穿全书的最为重要的主题。你将从中看到，在信息技术投资的过程中，对这些维度给予重视的企业大都获得了丰厚的回报。

1.3 信息系统的研究方法

信息系统的研究是一个融合多学科的领域，不存在唯一的研究视角。图 1—8 展示了主要的学科，这些学科各有贡献，丰富了信息系统研究中的问题、思路及解决方案。总的来说，信息系统的研究方法可以分为技术和行为两大类。尽管信息系统的组成部分是机器、设备等“硬性的”实体技术，但它需要大量的社会、组织及知识方面的投资来正常运作。因此，信息系统是一种社会技术系统。

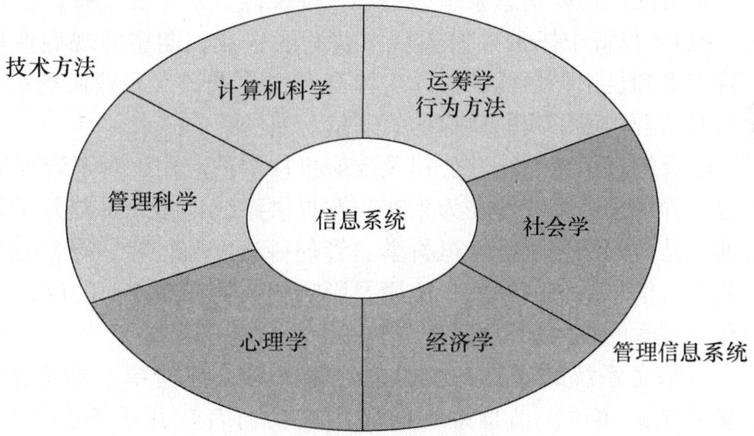

图 1—8　信息系统的当代研究方法

说明：信息系统的研究议题及论述来自技术和行为两大领域。

1.3.1 技术方法

信息系统研究的技术方法强调数学模型的应用，侧重信息系统的实体技术及其理论功能的研究，涉及的领域包括计算机科学、管理科学和运筹学。

计算机科学注重构建可计算理论、运算方法以及高效的数据存储与读取；管理科学注重决策模型与管理模型的开发；运筹学致力于应用数学技巧来优化特定的组织行为（如运输、仓储控制、交易成本等）。

1.3.2 行为方法

在信息系统的开发和长期维护工作中，我们常会遇到一些行为方面的问题，比如战略性业务整合、设计、实施、应用和管理等。这些问题是信息系统研究的重要组成部分，而技术方法给出的研究模型却无法解答。所以，行为科学在这一方面为信息系统的研究提供了重要的概念和方法。

例如，社会学家关注团体与组织对信息系统开发的影响，以及信息系统对个人、团体、组织的作用；心理学家研究人类决策者对正式信息的认识与应用；经济学家更多地关注数字产品的生产、数字市场的运行原理，以及新型信息系统对企业控制与成本结构产生的影响。

采用行为方法并不代表忽略技术维度的作用；事实上，与信息系统相关的行为问题通常都是由技术问题引发的。行为方法只不过是将重心放在了由技术带来的态度、行为以及企业的管理与组织政策的变化方面，而非仅仅着眼于技术层面的解决方案。

1.3.3　本书采用的方法：社会技术系统

本书的论述以信息系统为中心，围绕以下四个要素展开：软硬件的提供商（技术专家），投资于技术并渴望从中获利的企业，期望实现商业价值（或其他目标）的管理者和员工，目前的法律、社会及文化背景（企业所处的环境）。上述四个要素相互结合构成了我们所称的管理信息系统。

随着管理信息系统在公司及政府机构中的应用，对于管理信息系统的研究逐渐兴起。管理信息系统旨在为现实问题提供系统化的解决方案并对信息技术资源提供管理，是一门结合了计算机科学、管理科学以及运筹学的应用学科。管理信息系统也关注与信息系统的开发、应用及影响相关的行为方面的议题，并以社会学、经济学和心理学的视角加以探讨。

从信息系统的研究与实验的经验来看，任何单一的方法都不能有效地概括信息系统的实质。信息系统的应用成功与否，几乎不会只取决于技术或行为。因此，我们建议学生对所关涉的多个视角及多个学科都加以了解。事实上，研究信息系统的挑战及有趣之处就在于，它要求我们对诸多不同的研究思路做到兼收并蓄。

我们将本书采用的观点称为**社会技术视角**（socialtechnical view），即通过同时调整生产过程中的社会及技术系统，来实现组织绩效的最优化。

采用社会技术视角有助于我们避免将信息系统问题纯粹技术化。比如，虽然信息系统的成本不断降低，功能不断增强，但并不代表能轻易提高企业生产率或最终利润。又如，企业虽能为各部门安装财务报告系统，但不一定会及时、有效地使用。同理，当公司引进了一套新的生产流程却忽视了对启用该流程所需的信息系统进行投资时，员工的效率也不一定能够提高。

在本书中，我们强调将企业视为一个整体来进行优化，无论对技术方面的问题还是行为方面的问题，都应给予重视。这意味着必须遵循适应组织及个人需要的原则来进行技术的变革与设计，有时甚至要不惜对一些技术进行“去优化”处理。比如，当手机用户接纳移动技术来实现自己的个人需求时，生产厂家很快就会对这种技术做出调整以迎合客户的要求。另一方面，组织和个人也必须做出改变，通过有计划地调整组织机制、培训及学习等，实现技术应有的效益。图 1—9 说明了社会技术系统的这种互动校调过程。

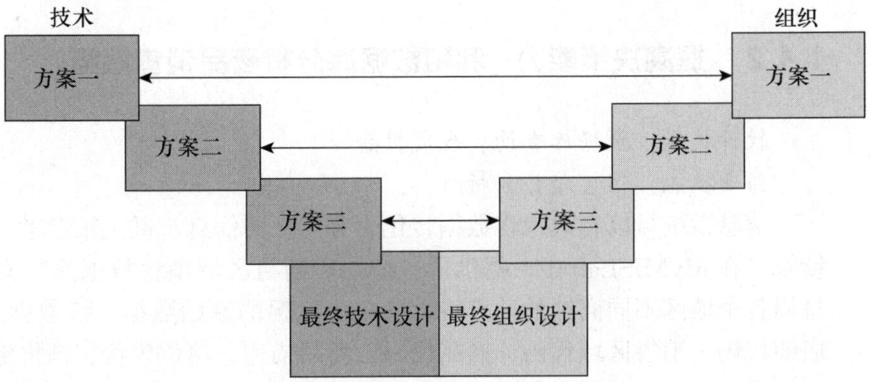

图 1—9　信息系统的社会技术视角

说明：从社会技术视角来看，信息系统的技术与组织之间是一种互动关系：互相校调，彼此适应，直到形成令人满意的契合，信息系统的表现即达到最优。

1.4　管理信息系统实践项目

这一部分的实践项目涉及三个方面的内容：财务报告及库存管理问题分析，利用数据管理软件优化管理决策以增加销售收入，利用互联网上的软件编制货物运输费用预算。

1.4.1　管理决策问题

1. 汉诺威施耐德公司（Snyders of Hanover）每年售出 1 800 多万包椒盐脆饼干、薯片及有机零食等产品。该公司的财务部门通过人工方式，用电子表格收集数据并制作财务报表。公司的财务分析师需要从全球 50 多个部门的负责人手中收集表格，这往往需要花费整整一周的时间。随后还要将所有的数据重新输入一张新的表格，形成公司当月的利润表。如果某个部门在提交电子表格后需要更新数据，分析员就必须退还原表格，待该部门重新提交新表格后才能将数据合并到最终表格中。请分析以上问题对企业业绩及管理决策可能产生的影响。

2. 美国达乐公司（Dollar General Corporation）旗下的高折扣零售商店主营家庭用品、清洁用品、服装、保健与美容产品及包装食品等，大部分商品的售价仅为 1 美元。这种商业模式决定了企业必须将成本降到最低。尽管企业也使用了信息系统（比如一种可跟踪销售情况的销售点系统），但为了减少支出，这些系统的配置极其有限。达乐公司没有实现零售店库存管理自动化。进货时，管理人员只能了解每种货物的大概数量，但无法对箱子进行扫描，也无法确认箱中物品的具体数量。因盗窃和其他问题导致的商品损失不断增加，经济损失占总销售额的 3%以上。如果企业决定投资新的信息系统来解决这一问题，那么在投资前需要做哪些准备工作？

1.4.2 提高决策能力：利用数据库分析商品销售趋势

软件技能：数据库查询、生成报告

商业技能：销售趋势分析

信息系统可以有效地将数据转化为有意义的信息，供决策参考，进而提高公司绩效。在 MyMISLab 中，提供了一个“店铺与区域销售数据库”文件，其中包括每周各个地区不同商铺的计算机设备销售状况的原始数据。该数据库的字段包括：店铺代码、销售区域代码、商品代码、商品描述、单位售价、销售量和商品销售所在的周。请设计数据库查询和报告，将数据转化为对企业运营有用的信息。尝试通过数据库中的信息做出以下决策：哪些商品应补充存货？如果开展额外的营销及促销活动，哪些商铺和销售区域能获得收益？全年哪几个月应该全价出售商品，哪几个月应该打折？如果有必要，调整数据库，显示你需要的所有信息。最后，将查询结果和报告打印出来。

1.4.3 提高决策能力：利用互联网工具寻找需要信息系统知识的职位

软件技能：使用基于互联网的软件

商业技能：寻找职位

浏览诸如 Monster. com 或 CareerBulider. com 这样的招聘网站，花点时间仔细研究会计、财务、销售、市场营销及人力资源等方面的职位，并且详细阅读其中2～3个需要信息系统知识的职位的介绍。这些职位要求申请者掌握哪些信息系统方面的知识？申请这些职位需要做哪些准备工作？写一份1～2页的报告来总结你的发现。

小　结

1. 信息系统是如何改变企业的？信息系统与全球化有怎样的关系？

电子邮件、在线会议和蜂窝电话已成为商务活动的重要工具。信息系统是形成快速供应链的基础。互联网使许多公司得以在线采购、销售、宣传并取得客户反馈。为了提升竞争力和工作效率，企业正努力尝试将核心业务流程数字化，争取成为数字化企业。互联网的出现极大地降低了企业在全球范围内生产、采购及销售的成本，推动了全球化的进程。信息系统的新趋势包括新兴的移动数字平台、在线的软件即服务和云计算等。

2. 当今企业的经营和管理为什么离不开信息系统？

信息系统是当今商业活动的基石。对许多行业而言，企业如果不能广泛应用信息技术，就难以生存，更无法实现其战略目标。企业利用信息系统实现六大目标：实现卓越运营；开发新的产品、服务和商业模式；亲近客户/供应商；优化决策能力；获得竞争优势；维持企业生存。

3. 什么是信息系统？信息系统是怎样运作的？信息系统的管理维度、组织维度和技术维度分别指什么？

从技术视角来看，信息系统由一系列互相关联的组件构成，通过从组织内部及周边环境中收集（或检索）、处理、存储及发布信息，为各组织职能提供支持，协助组织进行决策、沟通、协调、控制、分析及实现可视化的系统。信息系统通过输入、处理和输出这三个环节将原始数据转化为有用的信息。

从商业视角来看，信息系统是应对企业面临的问题和挑战的解决方案，由管理、组织和技术元素共同构建。信息系统的管理维度涉及领导层、战略及管理行为等；技术维度涉及计算机硬件、软件、信息管理技术以及网络/通信技术（包括互联网）；组织维度涉及组织层级、职能分工、业务流程、组织文化及组织政治等。

4. 什么是辅助性资产？要充分实现信息系统的价值，辅助性资产为什么不可或缺？

为充分实现信息系统的价值，企业必须在组织及管理方面进行适当的辅助性投资，为技术投资提供支持。这些辅助性资产包括新的商业模式与业务流程、相应的组织文化与管理行为、合适的技术标准与规章制度以及相关法规。企业必须在管理及组织层面进行适当的调整，使之适应新技术的运作方式，这样才能从信息技术投资中取得优异的回报。

5. 信息系统研究主要涉及哪些学科领域？这些学科对理解信息系统分别有怎样的帮助？什么是社会技术系统视角？

信息系统的研究涉及技术与行为两大领域。技术方法主要研究信息系统的理论模型和功能，涉及计算机科学、管理科学及运筹学。行为方法主要研究信息系统的设计、应用、管理及商业影响，涉及心理学、社会学及经济学。社会技术视角重视信息系统的技术与社会两个方面，关注由二者的最佳契合所形成的解决方案。

复习题

1. 信息系统是如何改变企业的？信息系统与全球化有怎样的关系？

● 描述信息系统如何改变了企业的运营方式，又如何改变了企业的产品和服务。

● 指出信息系统的三个发展趋势。

● 描述数字化企业的特点。

● 描述“平的”全球化世界所带来的机遇与挑战。

2. 当今企业的经营和管理为什么离不开信息系统？

● 列出信息系统对当今企业经营至关重要的六大原因，并加以讨论。

3. 什么是信息系统？信息系统是怎样运作的？信息系统的管理维度、组织维度和技术维度分别指什么？

● 给出信息系统的定义，描述其主要活动。

● 描述信息系统的组织维度、管理维度和技术维度。

● 指出数据与信息、信息系统文化与计算机文化之间的区别。

● 解释互联网及万维网与信息系统其他技术组件之间的关联。

4. 什么是辅助性资产？要充分实现信息系统的价值，辅助性资产为什么不可或缺？

● 给出辅助性资产的定义，描述它与信息技术之间的关系。

● 从社会、管理和组织三个方面，分别描述优化信息技术投资所需的辅助性资产。

5. 信息系统研究主要涉及哪些学科领域？这些学科对理解信息系统分别有怎样的帮助？什么是社会技术系统视角？

● 信息系统研究的技术方法涉及多个学科领域，列举并分别描述。

● 信息系统研究的行为方法涉及多个学科领域，列举并分别描述。

● 简述信息系统研究的社会技术视角。

讨论题

1. 信息系统的重要性决定了它不能仅由计算机专家负责。你是否同意这种观点？为什么？

2. 如果你负责为一支大联盟棒球队建设网站，在管理、组织和技术方面可能会遇到哪些问题？

3. 从组织、管理和社会三个方面指出帮助 UPS 公司的信息系统取得成功的辅助性投资项目。

小组练习：创建团队协作网站

三四名同学一组，使用 Google Sites 提供的工具创建一个网站。你需要创建一个谷歌账户，并界定允许访问和编辑的协作者（团队的队员）名单。将教师设为站点的浏览者，以便他评估你们的工作。给网站起个名字，选定主题，再调整页面的字体及配色。为网站添加项目公告功能，并建立一个库，用于存放团队感兴趣的文档、素材、图示、电子幻灯片和网页。另外，也可以尝试添加其他功能。最后，再用 Google Calendar 为团队建立日历。完成本练习后，你就可以利用创建好的网站和日历来开展本书中的其他团队项目了。

章末案例

科威特国家银行

科威特国家银行（National Bank of Kuwait，NBK）成立于 1952 年，是海湾地区第一家本土银行。如今，科威特国家银行已是中东地区最大的金融机构，也是银行业的领头羊。由于出色的表现，2008 年科威特国家银行被欧洲货币基金会授予“科威特及中东地区最佳银行”的称号。公司跻身全球 100 强最成功银行，在所有阿拉伯银行中排名前三。

科威特国家银行的宗旨是：发现并满足科威特的国家需求，加快国家经济增速，保证客户存款安全。科威特国家银行执行总裁埃哈卜·法齐·马达纳特（Ehab Fawzi Madanat）说：“科威特国家银行一直以阿拉伯地区最优秀的银行为目标。我们为股东们源源不断地赚取大量回报，并为客户提供世界级的服务与产品。”

科威特国家银行是一家股份制商业银行，不仅向国内外客户提供银行业务、金融业务以及投资服务，还向个人、企业及机构客户提供大范围的金融整合服务。公司业务主要包括四个领域：个人领域、公司领域、私人领域以及投资领域。此外，科威特国家银行还拥有一个特殊的地区级跨国网络。

在海湾地区及科威特国内，银行业一直是竞争十分激烈的行业。为了保证市场份额并与最近的竞争对手保持距离，科威特国家银行必须通过开展宣传活动及增加业务来满足客户需求，以使自己立于不败之地。但是该公司旧的信息系统由于功能有限，无法满足它面向现有及潜在用户的发展战略的需求；市场部门使用旧的客户数据库向客户发送纸质信件，通过移动系统发送短信联系客户；客户服务系统在识别有利可图的客户以及潜在客户方面的效用也极其有限。

尽管科威特国家银行成功地保住了它在中东地区及科威特国内最优秀银行的商业地位，但 2008 年的世界经济危机给该银行带来了巨大的挑战。由于多年没有升级信息技术系统，银行内部出现了许多问题，其中最主要的是各部门的信息系统互相分离、各自独立，致使系统不能完成整合，无法满足公司的全部需求。

这些分离的系统给许多方面，尤其是指导委员会及高层管理队伍造成了诸多困扰，比如，管理团队无法将最先进的技术应用于他们的系统；系统由于无法进行信息交流而过于死板，不够灵活；不同部门间信息及数据的交流困难；等等。另外，从客户服务的视角来看，各个部门的系统因陈旧而经常断线或偏离组织和团队的思路，造成许多问题。公司管理层的思想不够统一，在应对市场变化时经常做出耗时长、成本高的决策。如今，银行业的变化迅猛，为了更好地生存下去，科威特国家银行需要对市场情况有更加深入的认识。

科威特国家银行希望通过技术革新继续领跑行业，以巩固其在中东及科威特地区第一银行的地位。2003 年，科威特国家银行的管理层开始考虑使用新的企业资源计划系统，以此覆盖整个银行的所有部门，掌管银行的所有业务流程，并消除高层管理者与操作管理队伍之间的鸿沟。科威特国家银行的高层相信，通过实施新的企业资源计划系统，可以紧密协调各个业务流程、整合团队操作来促进资源管理和客户服务，并提高银行的灵活性及高效性。

2010 年，该银行开始使用一套名为“SHOROUQ”

（阿拉伯文，意为“日出”）的新系统。这套新系统可以轻松升级；无须高额的维护费，即可增加额外的业务处理器。由于在废弃的旧系统里存有大量珍贵数据，在设计新系统时考虑了拥有整合旧系统以实现数据挖掘目的的能力。这一能力使 SHOROUQ 系统在应对不同种类的信息及新产品时有更大的灵活性与活力。

应用新系统之后，科威特国家银行在本地市场上快速扩张，在科威特国内相继开设了 71 家分支机构。SHOROUQ 系统还帮助公司走出阿拉伯半岛和中东地区，在全球扩张。如今，该银行在纽约、伦敦、巴黎、日内瓦、贝鲁特、吉大、迪拜、上海等国际化大城市，以及约旦、巴林、卡塔尔、新加坡、越南、伊拉克等国家设有地区办事处。SHOROUQ 系统帮助科威特国家银行保持了竞争优势，如果没有这个系统，科威特国家银行根本无法实现地区乃至全球的业务扩张。

资料来源：www. nbk. com，accessed November 19，2010.

[思考题]

1. 科威特国家银行是如何从 SHOROUQ 系统中获利的？

2. 指出科威特国家银行 SHOROUQ 系统的优缺点。

3. 如果没有 SHOROUQ 系统，科威特国家银行将怎样拓展它的业务？

第2章 全球电子商务与协作

学习目标

学完本章后，你将能够回答以下问题：

1. 什么是业务流程？它们与信息系统之间有什么关系？
2. 系统是如何为不同的管理层提供服务的？
3. 系统是如何提高企业绩效的？
4. 为什么支持协作和团队的系统对企业如此重要？一般采用哪些技术来实现？
5. 信息系统部门在企业中发挥着什么样的作用？

章首案例

2010年美洲杯帆船赛：美国队依靠信息技术获胜

2010年2月18日，第33届美洲杯帆船赛在西班牙巴伦西亚举行，美国宝马-甲骨文帆船队（BMW Oracle Racing）取得胜利。此队由软件技术行业的亿万富翁拉里·埃里森（Larry Ellison）带领，击败了由瑞士亿万富翁埃内斯托·贝尔塔雷利（Ernesto Bertarelli）带领的瑞士阿灵基帆船队（Alinghi），最终夺得冠军。两大富翁争夺一个奖项，吸引了众人的眼球。这场比赛耗资巨大，汇聚了全球一流的人才，应用了世界顶级的技术和信息系统。最后，美国队轻松地在三局两胜的比赛中取得前两场的胜利。比赛时，帆船的速度达到每小时35英里，比风速还快3倍。据专家计算，美国队创造了帆船史上最快的速度。

究竟是哪些技术打造了这艘价值3亿美元的帆船？先从物理结构来看：它是由碳纤维制造的三体船，长114英尺，船体极其轻便，静置于水面时船身仅有6英寸浸没水中。船体的设计没有采用传统的桅杆和帆。想象一下，一个高233英尺的由碳纤维制成的类似机翼的帆在甲板上支起，大概有20层楼那么高；一个可伸展的、具有碳纤维框架的航空织物，完全由液压控制，能够改变成你想要的任何形状，就像是有弹性的衣服包裹着身体的骨骼。这完全就是机翼，而不是帆。它能够像机翼那样从平直的变为弯曲的。

要想控制这艘帆船，需要的是快如闪电的数据收集速度、强大的数据管理能力、快速实时的数据分析能力，以快速决策并实时测量结果。总之，这几乎汇聚了一家现代化企业所需的所有信息技术。如果你能在短短一小时内将上述所有任务完成数千次，就能快速改善你的表现，相对于比赛当天那些IT能手较少的团队来说，你就具有了压倒性的优势。

美国队在帆船的帆、船体和船舵上安装了250个传感器，收集有关压力、角度和载荷的实时数据，并及时监测每次调整的成效。传感器以每秒10次的速度跟踪4 000个变量，每小时产生9 000万个数据点数据。

管理这些数据的是Oracle Database 11g数据管理软件。这些数据经过无线传输，传递至一艘运行着Oracle Database 11g的补给船，通过一系列速度预测公式（用于解析如何提升航行速度）进行实时分析。甲骨文公司的Application Express演示图形软件对几百万个数据点进行汇总，随后以图表的形式向管理者传递各信息的含义。这些数据也会发送到甲骨文公司的奥斯汀数据中心进行更深入的分析。在功能强大的数据分析工具的帮助下，美国队的管理者找到了之前从未想到的内在联系。从初次尝试到比赛前一天，经过几年的实践，美国帆船队的成绩获得了稳步提高。

所有这一切都意味着“帆船”已经变了，或许可以说是被信息技术改造了。每个队员的手腕上都佩戴着一个小型移动掌上电脑，显示着根据每个人的职责量身定制的关键绩效变量，比如：某一根特定绳索的负载均衡，或者帆目前的空气动力性能，等等。与以前帆船航行时队员只是用眼睛盯着帆或大海不同，参与航行的队员必须经过专门的培训。舵手就像盯着仪表盘的飞行员，时刻注意他的墨镜上显示的数据，偶尔才瞄一眼甲板上的队员、海况以及竞争对手。

世界各地的专业和业余运动员都感到十分惊讶：这项技术是否已经将帆船这项运动变成了其他东西？赢家拉里·埃里森的举动则无形中为以后的比赛设定了新的规则。在博客上，大家都在猜想：这位亿万富翁是否会寻求回归？回归到简单传统的帆船比赛，只需要依靠运动员来驾驶，而不是像现在这样如驾驶飞机一般。但是，几乎没有人认为，埃里森会放弃IT在数据收集、数据分析、数据演示和以性能为基础的决策中所体现出来的重要优势。

资料来源：Jeff Erickson, "Sailing Home with the Prize," *Oracle Magazine*, May/June 2010; www. America's cup. com, accessed May 21, 2010; and www. bmworacleracing. com, accessed May 21, 2010.

美国宝马-甲骨文帆船队在2010年美洲杯帆船赛中的经验向大家说明了如今的组织该如何依靠信息系统来提高其性能，并保持竞争力。即使在传统的体育比赛（如帆船比赛）中也能看到这一变化。这个案例也说明了信息系统能改变一个组织的创新力和执行力，对于商业企业而言，则能带来利润的提升。

美洲杯帆船赛的参赛者都面临挑战和机遇。挑战在于，参赛团队都配备了世界上最好的运动员，但仅仅有航行能力是不够的。机遇在于，他们可以尝试利用信息系统改变和重新设计竞赛船只以提高航行性能。

甲骨文是全球领先的信息技术供应商之一，因此，该公司自然会选择利用最先进的信息技术来提高美国队参赛船只的性能。但是，仅仅依靠信息技术仍不能铸就一支成功的船队。为了发挥信息技术的最大优势，甲骨文团队不得不改变许多航行的流程和程序，包括对有经验的水手进行培训，使之能够像飞行员那样使用高科技仪器和传感器工作。甲骨文之所以能赢得美洲杯帆船赛，是因为他们已经学会了如何应用新技术改善帆船的设计和航行流程。

下图指出了上述案例和本章的要点：

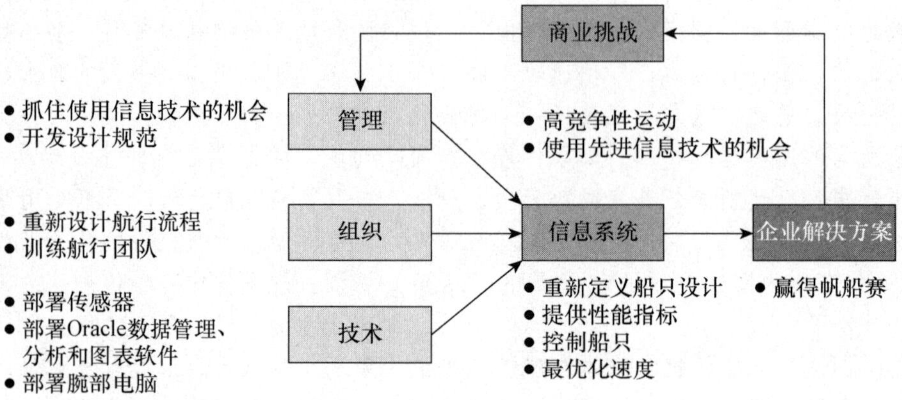

2.1 业务流程与信息系统

企业在经营过程中需要处理不同的信息，这些信息涉及供应商、消费者、员工、票据和支付款项，以及企业提供的商品和服务。企业必须采取相关措施利用这些信息来开展工作，提高经营效率和整体绩效。借助信息系统，企业将能更有效地管理全部信息，做出更优的决策，提升业务流程的执行力。

2.1.1 业务流程

我们在第 1 章已介绍，业务流程是指为了提供有价值的产品和服务，企业组织并协调各项工作的方式。业务流程是生产一个产品或提供一项服务所需的一系列活动的集合，这些活动的进行源于原料、信息和知识（业务流程参与者所具备）的流动。业务流程也指企业协调工作、信息和知识的独特方式，以及管理层所选择的协调工作的方式。

企业绩效很大程度上取决于业务流程的设计和协调情况。如果一个企业的业务流程能够促使该企业的创新精神和执行力强于竞争对手，那么它将成为企业竞争力的源泉。相反，如果企业采取落后过时的业务流程，那么企业的反应及时性和工作效率都将降低。此时的业务流程将会成为企业的负担。本章的章首案例很好地说明了这一点，对业务流程的重新思考帮助美国队赢得了 2010 年美洲杯帆船赛。类似的情况在本章的其他案例中也有体现。

每个企业都可以看成是一系列业务流程的集合。有些流程包含在更大的业务流程中。例如，设计一个全新的帆船模型、制造元件、组装成品船、修改设计和施工都是整个生产过程中的一部分。有些业务流程的推进依赖于某个特定的职能部门。

例如，市场营销部门主要负责寻找目标客户，人力资源部门主要负责招聘员工。表2—1 描述了各职能部门典型的业务流程。

表 2—1　　各职能部门的业务流程

职能部门	业务流程	职能部门	业务流程
制造与生产	产品组装 质量检验 生成物料清单	财务与会计	偿还债务 创建财务报表 管理现金账户
销售与营销	寻找目标客户 让顾客了解产品 销售产品	人力资源	招聘员工 评估员工业绩 制定员工福利计划

有些业务流程跨越不同职能部门，需要各部门的协作与配合。例如，一个看似简单的业务流程——处理客户订单（见图 2—1）就是如此。首先，销售部门接收一个订单，并在第一时间转送财务部门。财务部门将审核客户信用，或要求客户在发货前付款，以确定客户是否具备支付能力。一旦确认客户有支付能力，生产部门需要从库存中调货，若无货则需要安排生产。之后将发货，运送产品（可能需要通过物流公司，如 UPS 或联邦快递）。财务部门还需要开具账单或发票，同时要向客户发送发货通知单，告知客户产品已发出。销售部门也应收到发货通知，准备为客户提供售后服务，如受理电话投诉或保修期索赔等。

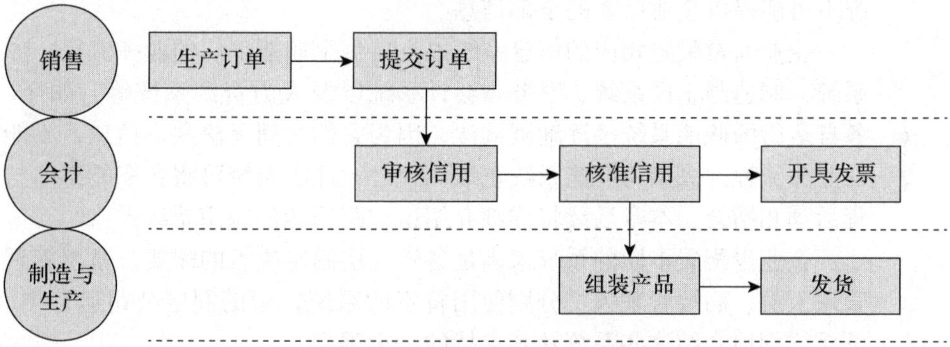

图 2—1　订单实现过程

说明：完成客户订单包括一系列复杂的环节，需要销售、会计以及制造与生产部门的密切配合。

整个订单执行流程看似简单，实际上却是一系列复杂的业务流程，需要企业内部主要职能部门密切协作。此外，为了有效进行订单执行流程中的每个环节，还需要大量信息。这些信息需要在企业内部各决策者之间、企业外部各合作伙伴（如快递公司等）之间，以及企业和客户之间迅速流动。基于计算机处理的信息系统将使之成为可能。

2.1.2　信息技术如何改善业务流程

信息系统如何改善业务流程？在信息系统的帮助下，业务流程中许多原先需要手动完成的步骤可实现自动化，比如审核客户信用，开具发票和运货单。但是今天，信息技术能做的更多。新技术能够改变信息流，方便更多的人存取和共享信息，能够将先后进行的环节转变为可并行处理的任务，从而有效地避免决策延误。新技术甚至能够改变企业的商业模式，形成全新的商业模式。从亚马逊网站下载 Kindle 电子书，在百思买（Best Buy）在线商城购买电脑，以及从 iTunes 音乐商城下载音乐，这些都是基于全新商业模式的新的业务流程。如果没有信息技术，这些是无法实现的。

这就是我们不仅要在信息系统课堂上，还要在未来的工作中密切关注业务流程的原因。通过分析业务流程，你可以清楚地了解一个企业是如何运作的，也能了解如何通过改善业务流程，使企业的效率更高，效益更好。本书中，我们对业务流程进行考察，旨在了解如何通过信息技术改善业务流程，以获得更高的效益，实现创新和优质的客户服务。

2.2 信息系统的类型

现在，你已经对企业的业务流程有了一定的了解，下面我们将深入探讨信息系统是如何支持业务流程的。一个企业可能有数百甚至数千种不同的业务流程，而且各部门在职能、分工和级别上也各不相同，因此会有不同类型的信息系统。单个系统不可能提供企业所需的全部信息。

企业通常配置相应的信息系统以支持每个职能部门的业务流程，如销售与营销系统、制造与生产系统、财务与会计系统以及人力资源系统等。如今，相互独立、各自运行的职能系统已逐渐被淘汰，因为它们之间无法共享信息，不能支持跨职能的业务流程。大型跨职能系统正取而代之，此类系统可将各职能部门与相关业务流程活动相结合。本章后续将详细介绍这类跨职能的应用系统。

企业也配置不同的系统来满足各管理层制定决策的需要。基层管理人员、中层管理人员、高层管理人员分别使用特定的系统，帮助制定公司运营中面临的决策。下面详细地介绍这些系统及其支持的决策类型。

2.2.1 针对不同管理层使用的系统

企业通常配置不同的系统支持不同层级的管理人员，包括事务处理系统、管理信息系统、决策支持系统、商务智能系统。

事务处理系统

基层管理人员需要借助该系统掌握企业的基本活动和业务的处理情况，如销售额、收入款项、现金存款、员工工资、信贷决策和原料供应情况等。**事务处理系统**（transaction processing systems，TPS）可以为企业提供此类信息。事务处理系统是一个基于计算机的系统，可记录和处理企业日常事务，例如录入销售订单、预订宾馆、核算薪金、保存人事档案、记录货物运送情况。

这类系统主要用于解决企业日常问题，并追踪企业内部的事务流。现在仓库有多少零件？史密斯先生的付款出了什么问题？要解决此类问题，必须确保信息的易获取性、及时性和准确性。

一般而言，操作运营层的任务、资源和目标都已预先设定，且结构化程度高。例如，在决定是否将产品赊销给某位客户时，基层管理者仅需判断该客户是否符合预先设定的标准。

图 2—2 所示为工资事务处理系统，该系统追踪记录员工的工资支付情况。员工考勤卡上记录了员工姓名、社保号码（SSN）以及每周的工作时长，每张员工考勤卡代表一个待处理事务。一旦该事务被录入系统，系统主文件或数据库（见第 6 章）就会自动更新。系统主文件或数据库能永久保存员工信息。系统数据能以不同形式组合，创建所需的报表提交给管理层和政府机构，或生成薪金支票发给相应员工。

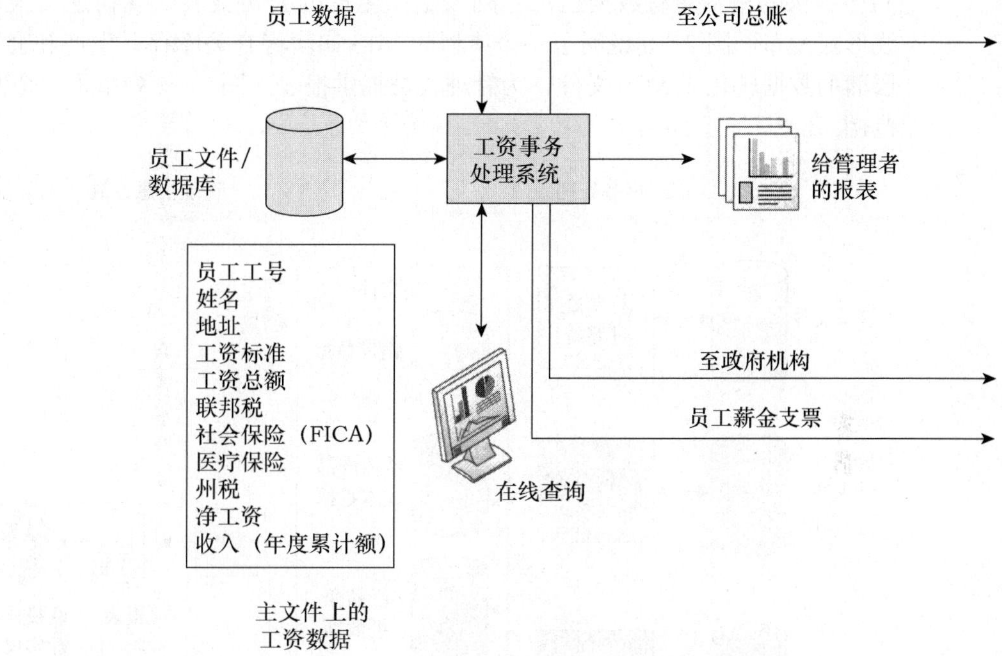

图 2—2　工资事务处理系统示意图

说明：工资事务处理系统处理与支付员工工资相关的数据（如考勤卡数据）。系统数据的输出形式包括提交给管理者的电子或纸质报表。

管理者通过 TPS 监控公司内部运营情况和公司外部环境。TPS 为各职能部门及其他系统提供主要信息。以图 2—2 所示的工资事务处理系统为例。该系统与其他会计类事务处理系统一起为公司总账系统（总账系统的功能是记录公司的收支情况并提供数据报表，如利润表和资产负债表等）提供数据。同时，该系统还能为公司的人力资源系统提供员工历史工资数据，用于保险金、养老金和其他福利的核算，向美国国内税务署（U. S. Internal Revenue Service，IRS）和美国社会保障总署（U. S. Social Security Administration，SSA）等政府机构提供该企业员工薪酬等相关数据。

事务处理系统对于企业运营至关重要，如果系统有数小时发生故障，整个企业将陷入瘫痪，甚至殃及相关的其他企业。试想，如果包裹追踪系统出现故障，会给 UPS 公司带来什么样的后果？如果没有计算机预订系统，航空公司又将如何？

应用于决策支持的商务智能系统

中层管理者也需要借助相关系统进行监控、制定决策以及完成日常行政工作。这类系统解决的主要问题是：各项工作是否顺利进行？

在本书第 1 章，我们将管理信息系统定义为对商业和管理活动中的信息系统的研究。管理信息系统（MIS）也可以指一类服务于中层管理者的特定的信息系统。MIS 向中层管理者反映企业当前的运营状况。这些信息有助于监控企业活动，预测未来运营绩效。

MIS 根据事务处理系统提供的数据，总结并报告公司的基本运营情况。由 TPS 提供的基本交易数据经汇总列入定期生成的公司报表。现在这类报表多以在线形式发布。图 2—3 说明了一个典型的 MIS 如何将有关库存、生产和会计等交易层面的数据转化成 MIS 文件，为管理人员提供报表。图 2—4 列举了一个 MIS 报表范例。

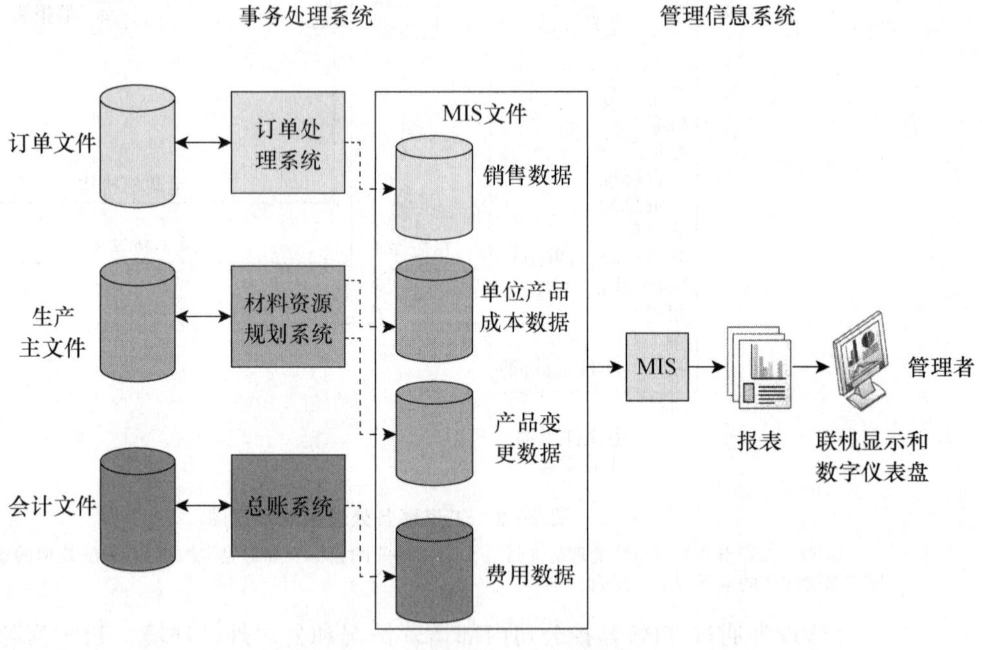

图 2—3　MIS 如何从 TPS 中获取数据

说明：该图所示系统中，三个 TPS 在每个周期末将交易数据汇总后送至 MIS。管理人员通过 MIS 获取企业数据，这些数据以报表形式呈现。

MIS 主要为管理人员提供周报、月报以及年报。此类系统通常解答一些事先设定好的常规问题，并有预先定义的解答程序。例如，MIS 报表能够罗列这一季度快餐店消费的生菜总磅数，也能将某类产品的年度实际销量与其预期销量进行对比（见图 2—4）。MIS 系统通常不够灵活，且分析能力有限。多数 MIS 系统仅进行简单的汇总、对比分析，并没有用到复杂的数学模型和统计方法。

根据产品和销售区域生成的消费品公司销售报表：2011 年

产品代码	产品详述	销售区域	实际销量	预期销量	实际销量/预期销量
4469	地毯清洁剂	东北部	4 066 700	4 800 000	0.85
		南部	3 778 112	3 750 000	1.01
		中西部	4 867 001	4 600 000	1.06
		西部	4 003 440	4 400 000	0.91
	总计		16 715 253	17 550 000	0.95
5674	空气清新剂	东北部	3 676 700	3 900 000	0.94
		南部	5 608 112	4 700 000	1.19
		中西部	4 711 001	4 200 000	1.12
		西部	4 563 440	4 900 000	0.93
	总计		18 559 253	17 700 000	1.05

图 2—4　MIS 报表示例

说明：本报表所示为年度销售总数据，由图 2—3 中的 MIS 系统生成。

与 MIS 不同，**决策支持系统**（decision-support systems，DSS）支持更多非常规决策。这类系统关注的问题比较独特，变化迅速且无法事先定义解决问题的步骤。它们试图解决以下问题：假如要在 12 月份使销量翻倍，会对生产计划产生什么影响？假如工厂的进度延迟 6 个月，我们的投资收益会产生怎样的变化？

虽然 DSS 通常使用 TPS 和 MIS 提供的内部信息，但也需要从外部获取信息，如当前股价、竞争者的产品定价。此类系统运用多种模型进行数据分析，并通常设计成便于用户直接操作的软件。

美国一家大型钢铁公司旗下子公司所使用的航次评估系统，就是一个很小但功能强大的 DSS。该子公司主要为母公司运送大宗散装货物，如煤炭、石油、矿石以及成品。该公司拥有自己的船舶，也会租用一些船舶。该子公司在为母公司提供服务的同时，也会在自由市场上竞标，承接其他公司的运输业务。航次评估系统能够计算整个航行过程中的财务支出，以及需要注意的技术指标。财务支出涉及每航次或单位时间的成本（燃料、人工、资本）、不同货物的运价以及进出港口的费用。技术指标涉及船舶的载货能力、航行速度、港口距离、燃料和淡水的消耗量以及装载模式（不同港口的卸货位置）等。

该系统可以回答以下问题：在客户给定交货日期和运费率的情况下，为使利润最大化，应该选用哪些船舶，如何设定运费？在使利润最大同时符合客户交货日程的前提下，最佳航速是多少？将货物从马来西亚运往美国西海岸，最佳装载模式是什么？图 2—5 介绍了该公司的 DSS，该系统在功能强大的计算机上运行，提供菜单系统，方便用户输入数据、获取信息。

该航次评估决策支持系统主要利用分析模型。其他一些支持非常规决策的决策支持系统不会过多地依赖模型，而是由数据驱动的，即通过从大量数据中提取有用信息来支持决策。例如，北美最大的滑雪场运营商 Intrawest 利用其网站、客服中心、住宿预订中心、滑雪学校和滑雪装备出租店，收集和存储大量的顾客数据，并采用专门的软件分析这些数据，以确定每个顾客的价值、回报潜力以及潜在忠诚度。根据这些数据，管理人员可以针对营销目标制定更好的销售决策。基于顾客的

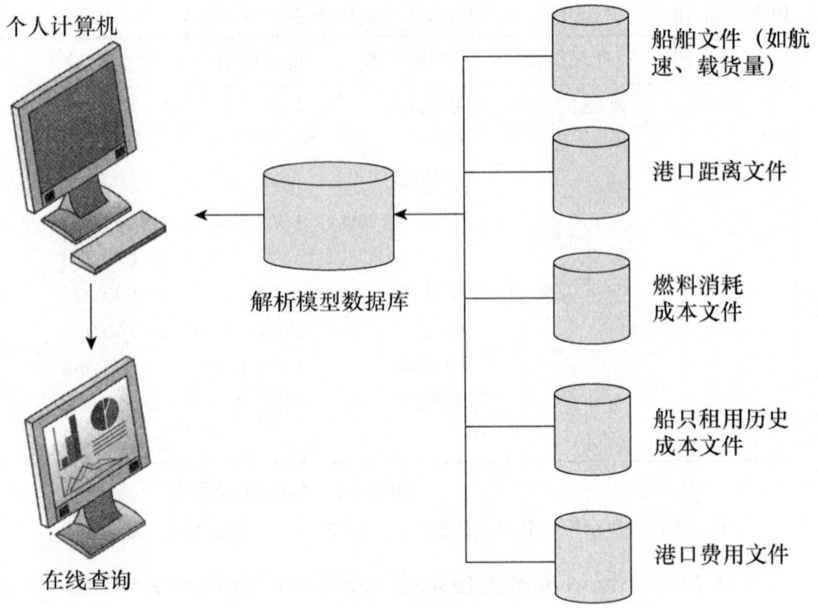

图 2—5 航次评估决策支持系统

说明：该 DSS 系统在功能强大的计算机上运行，为竞标航运合同，管理人员每天都会使用该系统。

需求、态度和行为，该系统将客户分为七类，包括“充满激情的专业滑雪者”、“注重价值的家庭度假者”等。公司随即将有望吸引各类客户群的视频短片以电子邮件形式发送给客户，以增加滑雪场的客流量。

上述所有管理系统均是商务智能系统。**商务智能**（business intelligence）是一个专业术语，主要指为帮助企业管理者和其他用户制定决策，组织、分析和提供数据访问的软件工具。本书第 6 章和第 12 章将对此进行详细介绍。

商务智能系统并不局限于为中层管理者提供服务，在组织的各个层级（包括高级管理层）均可找到它的影子。高层管理者需要相关系统处理公司内部和外部环境中的战略问题，分析企业的长期发展趋势。他们往往关注这类问题：五年后的就业水平如何？行业中的平均成本的长期趋势如何？公司对成本如何定位？五年后公司应该生产怎么样的产品？采取什么新措施可以避开周期性的商业波动？

主管支持系统（executive support systems，ESS）能够协助高层管理者就上述问题做出决定。做出此类非常规决策需要管理者的判断、评估和洞察力，因为无法设定获得解决方案的统一程序。ESS 的图表和数据来源广泛，这些图表和数据都会显示在一个界面中，方便高层管理者使用。通常，**门户**（portal，即一个 Web 接口）将信息转化为集成的个性化业务内容，展示给高级管理者。第 11 章会详细介绍门户网站应用系统。

ESS 不仅收录了外部数据（如新税法或竞争对手动态），还收录了内部管理信息系统和决策支持系统提供的汇总信息。ESS 对重要数据进行过滤、压缩和跟踪，将更加重要的数据传递给高层管理者。如今，越来越多的系统包含了商务智能分析功能，用于分析未来趋势并进行预测，或不断“向下钻取”获取数据的更多细节。

例如，Leiner Health Products 公司（美国最大的维生素和营养剂制造商）的总裁利用 ESS 在计算机上实时监测最新的财务状况，包括运作资金、应收和应付账款、现金流和库存情况。这些信息以**数字仪表盘**（digital dashboard）的形式呈现出来。数字仪表盘上陈列着公司各关键绩效指标的图表。数字仪表盘日益流行，广受管理者欢迎。

下面的“互动讨论：组织”专栏介绍了一个提供在线开源软件的企业，该企业主要为世界各地的网站设计师提供开源网页模板。请注意案例中出现的系统类型，以及它们在改善公司运营、提升企业竞争力方面发挥的作用。

互动讨论：组织

RocketTheme：在Web的海洋中畅游

每当谈及全球数字业务，RocketTheme公司便是口口相传的典型例子。RocketTheme销售的数字产品主要是Joomla（开源的内容管理系统）模板及其扩展形式。在Joomla CMS的帮助下，任何人都可以构建网站，即使你是初学者，在网站构建方面知识有限，缺乏互联网技术，也可游刃有余。据估计，目前全球有1.5万～2万个网站使用了Joomla模板。

安迪·米勒（Andy Miller）曾是Joomla开发小组的核心成员，他创办了RocketTheme模板俱乐部，其目标是使一般的互联网用户也能开发设计专业的网站。面对激烈的行业竞争，RocketTheme试图借助极具独创性、满足用户需求且设计灵活的网页模板在本行业脱颖而出。目前公司业务已经拓展至其他CMS市场，为其他的开源内容管理系统解决方案提供模板，如Drupal、WordPress和phpBB3模板。

RocketTheme通过会员系统直接向客户销售产品。俱乐部的发展属于有机增长。[①] 针对不同类型的会员，RocketTheme收取不同的费用。RocketTheme根据产品使用频率区分会员（例如，普通会员与开发者会员），在价目表上也有所体现。市场推广工作主要集中于在线社区，同时还使用会员系统和Google广告吸引新客户。

RocketTheme模板俱乐部成立于2006年，之后成长迅速。米勒说：“创办RocketTheme模板俱乐部时，公司仅能提供三个模板。随着模板数量的不断增加，会员人数也稳步增长。这两者的增长是相对同步的。同时，我认为增长的主要原因在于Joomla模板的推出及其受欢迎程度的不断提升。当然会存在部分模板比其他模板更受欢迎的情况。我尽量保证每个月都会提供一个非常完善的设计模板，而不是‘老掉牙’的模板。”

为什么想要创办这样一个俱乐部？米勒说：“我一直致力于Web开发工作。这可以追溯到20世纪90年代初我的大学时代，当时，超文本是一个全新的概念，Gopher是通过网络共享信息的最常用方法，我是计算机工程专业的学生，对互联网具有浓厚的兴趣。简而言之，从那时开始我便一直从事Web开发。”

RocketTheme是一家私人企业，米勒是RocketTheme有限责任公司的唯一合伙人。正因如此，他也是公司的日常业务经理。米勒很重视对员工的激励，为员工制定了共同追求的目标——让RocketTheme模板俱乐部获得成功。该企业可以被定性为扁

① 有机增长（organic growth）是指公司依托现有资源和业务，通过提高产品质量、销量与服务水平，拓展客户以及扩大市场份额，推进创新与提高生产效率等途径，获得的销售收入及利润的自然增长。——译者注

平化组织和非官僚化组织，公司拥有 12 名专职人员和 14 名支持人员。支持人员主要包括部分分包商和几名志愿者。新加入的工作人员都是被 RocketTheme 社区或在线广告吸引而来的。因此，公司的组织结构是不固定的且弹性化的。该组织中还包括来自世界各地、在各自的领域技术娴熟的专家。

目前，RocketTheme 拥有超过 4 万注册会员。公司的成功取决于其全球化的定位和内部协作。负责开发和扩展新模板的团队是一个国际化团队，成员来自世界各地（美国、英国、意大利、荷兰、德国、印度、加拿大、波兰、希腊和日本），拥有不同的背景，年龄不一。RocketTheme 内部员工之间、RocketTheme 与客户之间的所有沟通和信息交换均通过电子化高速公路实现。RocketTheme 吸引了世界各地的客户，他们也拥有不同的背景，年龄不一，来自不同的国家。实际上，公司的目标客户群体是所有希望使用 Joomla CMS 运行网站的人。

RocketTheme 主要侧重于为不同的内容管理系统开发合适的模板，同时提供支持领域的部分服务。客户支持主要通过一个在线论坛提供，RocketTheme 俱乐部会员可以在论坛上发布与模板和拓展相关的问题，以及与 Joomla 相关的一般问题。RocketTheme.com 上的在线社区以及企业内部的协作氛围都体现着开源的理念。这是 RocketTheme 获得成功的原因之一。

资料来源："How Many Websites Are Using Joomla: A Closer Look," Finish Joomla, July 4, 2010 (www.finishjoomla.com/blog/6/how-many-websites-are-using-joomla-a-closer-look/, accessed October 31, 2010); RocketTheme (www.rockettheme.com, accessed October 31, 2010); "Interview with Andy Miller from RocketTheme," Alledia, January 22, 2007 (www.alledia.com/blog/interviews/interview-with-andy-miller-from-rockettheme, accessed October 31, 2010); direct interviews with RocketTheme's owner, Andy Miller, and staff held on different occasions over a period of two years, from November 2008 to November 2010.

[思考题]

1. RocketTheme 公司有哪些业务流程？哪些信息系统可支持这些业务流程？
2. 这些信息系统如何提升 RocketTheme 公司的绩效？
3. 对于 RocketTheme 公司的业务来说，至关重要的信息系统是什么？
4. 哪些信息系统有可能提升 RocketTheme 公司的绩效？

[MIS 实践]

访问 RocketTheme 公司主页（www.rockettheme.com）并关注其客户支持流程。

1. 对于改善 RocketTheme 公司的客户支持流程，你有何建议？
2. 你认为 RocketTheme 公司可以采用哪些协作技术与工具？

2.2.2　贯穿整个企业的系统

回顾我们前面介绍的不同类型的系统，你可能会问：企业如何处理不同系统中的信息？维护这么多不同的系统将耗费多少成本？这些系统是如何实现信息共享的？管理者和员工如何通过这些系统协调工作？这些问题对于当今企业来说至关重要。

企业应用软件

让所有不同类型的系统在一个公司内协同工作是一项巨大的挑战。通常情况下，不同企业通过业务增长或收购开展合作。与此同时，不同的系统也因此整合到一起，其中大部分系统已使用多年。如何使这些系统能够彼此“顺畅交流”并协同工作是企业面临的重大挑战。这个问题有多种解决方案。

安装**企业应用**（enterprise applications）软件是一种解决方案。这是一种跨职能部门的系统，主要用于执行业务流程，涉及各个管理层。通过协调业务流程并增强紧密性和一体化，企业应用软件有助于提高企业的灵活性和生产率，从而实现高效的资源管理和客户服务。

企业应用软件主要分为四类：企业系统、供应链管理系统、客户关系管理系统和知识管理系统。每一类企业应用软件都将相关功能与业务流程相结合，以提高企业的整体绩效。图 2—6 展示了企业应用软件的架构模型，此类软件贯穿整个企业的业务流程，在某些情况下还涵盖了企业的外部因素，包括客户、供应商和其他主要商业合作伙伴等。

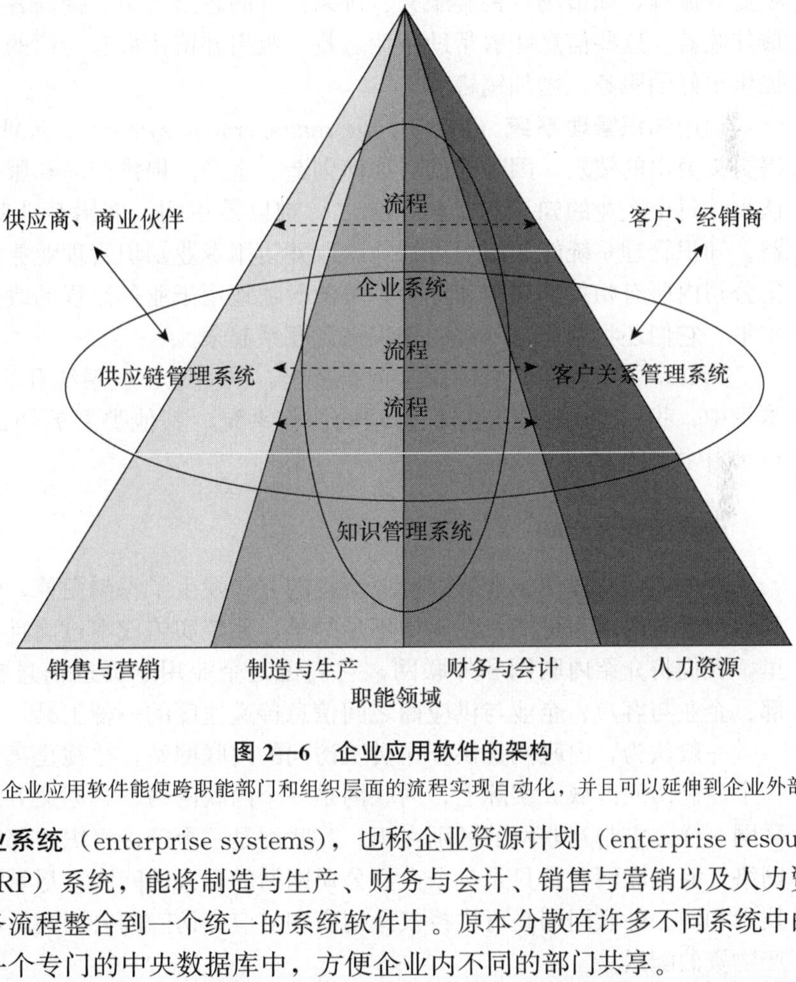

图 2—6　企业应用软件的架构

说明：企业应用软件能使跨职能部门和组织层面的流程实现自动化，并且可以延伸到企业外部。

企业系统（enterprise systems），也称企业资源计划（enterprise resource planning，ERP）系统，能将制造与生产、财务与会计、销售与营销以及人力资源等部门的业务流程整合到一个统一的系统软件中。原本分散在许多不同系统中的信息将存储在一个专门的中央数据库中，方便企业内不同的部门共享。

例如，客户下单后，订单数据会自动传送到公司相关部门。仓库管理部门根据订单查找所订产品，并安排发货。如有缺货，仓库管理部门将通知生产部门尽快生产。财会部门给客户开具发票。客服代表追踪订单的每个环节，及时将订单情况告知客户。管理者根据公司内部所用信息，为企业日常运营和长期规划制定更加精准、及时的决策。

供应链管理系统（supply chain management systems，SCM）帮助企业管理它们与供应商之间的关系，在供应商、采购公司、经销商和物流公司之间共享订单、生产、库存水平、产品及服务交付等方面的信息，从而提高企业采购、生产和运送产品的效率。该系统的最终目标是，在最短的时间内以最低的成本掌握从工厂到销售点的产品准确数量。这类系统通过降低运送和制造产品的成本，帮助管理者在组织和安排采购、生产和销售时优化决策，从而提高公司的盈利能力。

供应链管理系统是**跨组织系统**（interorganizational system）的一种，因为它使各种信息在不同组织之间自由流动。本书稍后将介绍其他形式的跨组织系统，这些系统能帮助企业与客户进行电子化沟通，方便企业进行业务外包。

客户关系管理系统（customer relationship management systems，CRM）帮助企业管理它们与客户之间的关系。CRM 系统能够提供信息，协调与客户相关的各项业务流程，如市场营销和服务、维系良好的客户关系、提高客户满意度，以实现最佳收益。这些信息能够帮助企业寻找、吸引并留住最有价值的客户，为现有客户提供更好的服务，增加销售额。

运用**知识管理系统**（knowledge management systems，KMS）的企业能够取得更为突出的绩效，因为它们对如何创造、生产、提供产品和服务有更好的了解与认识。每个企业的知识都是独一无二、难以效仿的，能给企业带来长期的战略效益。知识管理系统能使组织更好地获取并运用专业知识管理业务流程。这些系统收集公司内所有相关的知识和经验，可随时随地用于业务流程的改进，提高管理决策水平。它们还将企业与外部的知识来源联系起来。

第 9 章中，我们将具体探讨企业系统、供应链管理系统和客户关系管理系统。本章中，我们将讨论支持知识管理的协作系统，其他类型的知识管理应用将在第 11 章中详细介绍。

内联网和外联网

企业应用软件使企业管理业务流程的方式发生了深刻变革，使各业务流程集成到一个系统内成为可能。但美中不足的是，系统实施成本过高且技术难度较大。这里，我们将介绍内联网和外联网，它们也是企业用于促进信息整合，加快企业内部、企业与客户、企业与供应商之间信息传递速度的一种工具。

一般认为，内联网是供公司员工访问的内联网站，往往是某大型公司网站上的一个专有访问区域。实际上，内联网是一个内联网络，其创建方式和通信标准与互联网一样。它与互联网的区别在于，互联网是一个链接组织内部和外联网络的公用网络，而内联网通常只是一个大型公司网站的私人访问区，尽管它与互联网使用的技术相同。外联网则是可供授权经销商和供应商访问的公司网站，通常用于协调生产物资的配送。

例如，Six Flags 是主题公园连锁品牌，旗下 19 个主题公园遍布北美各地。该公司拥有一个强大的内联网，为公司 2 500 名员工提供与公司相关的新闻以及每个公园日常运作的相关信息，包括天气预报、绩效进度表以及有关团体和知名人士参观公园的详细信息。此外，该公司还利用外联网向 3 万名临时员工发布相关日程更改信息和公园中发生的事件。第 7 章将对内联网和外联网技术进行更详细的介绍。

2.2.3　广义电子商务、狭义电子商务与电子政务

前面描述的几种系统和技术，将公司与客户、员工、供应商和物流合作伙伴的关系转变为依靠网络和互联网的数字化关系。许多商业活动目前都建立在数字网络的基础上，本书中也多次使用广义电子商务和狭义电子商务两个术语来形容此类商业活动。

广义的**电子商务**（electronic business，e-business）是指利用数字技术和互联网执行企业中的主要业务流程。电子业务包括企业内部管理活动，以及企业与供应商和其他业务伙伴的协作。其中包括狭义的电子商务。

狭义的**电子商务**（electronic commerce，e-commerce）是广义电子商务的组成部分，主要指通过互联网实现产品和服务的买卖，还包括支持市场交易的各类活动，包括广告、市场营销、客户支持、安全、商品配送以及支付等。

电子商务相关技术也给公共部门带来了类似的变革。各级政府部门利用互联网技术向公众、员工和有关企业发布信息，提供服务。**电子政务**（e-government）是指通过采用互联网和网络技术，加强政府和公共部门同公众、企业和其他政府部门之间的联系。

电子政务不仅方便政府提供服务，还能提高政府部门的工作效率，使公众更加方便地了解政府发布的信息，加强公众之间的网上交流。例如，有些州的公民可以在线更新驾照或申请失业救济金。互联网已经成为动员利益群体参与政治活动、筹募活动资金的有力工具。

2.3　协作与团队合作系统

面对所有的系统和信息，你也许会疑惑怎样才能让它们产生价值？公司的员工是如何将它们整合在一起，使其朝着共同的目标，协调计划并采取行动的？信息系统仍有很多不能完成的工作，比如制定决策，雇用或解雇员工，签订合同，与他人达成协议，以及根据市场调整商品价格等。除了之前描述的各类系统，商业活动还需要专门的系统来支持协作和团队工作。

2.3.1　什么是协作

协作（collaboration）是指与他人合作实现明确的共同目标。协作的重点在于完成任务，协作通常发生在一家公司或一个组织内部，甚至可以是跨组织进行的。比如，你与一位身处东京的同事协作完成工作，他对于你不懂的方面很擅长；你与许多同事协作管理公司的博客。如果你在一家律师事务所工作，为了处理委托人的税务问题，你会与会计师事务所的会计人员协作。

协作的时间可能很短，仅持续几分钟，也可能很长，这取决于任务本身以及参与者之间的关系。协作可以是一对一的，也可以是多对多的。

协作也可以在非正式群体内部进行，即使这些非正式群体不属于公司组织架构中的正式部门。在这种情况下，一般会将它们组建成一个正式的团队。**团队**（teams）是公司业务架构的一部分，需要完成特定任务。团队肩负着企业分配的特定使命。团队成员需要通过协作完成具体任务，共同实现团队的使命。团队的使命可能是“赢得比赛”、“在线销售额增长 10%”或者“防止绝缘泡沫塑料从航天飞机上滑落”。团队通常是短期存在的，存在的时间长短主要取决于他们所跟进的问题以及找到解决方案和完成使命需要的时间。

由于以下各种原因，如今协作和团队工作变得越来越重要。

● 工作性质的改变。与以前的工厂生产方式和无电脑时代的办公室工作相比，现在的工作性质已经发生了改变。以前，生产过程中的每个步骤都是相互独立的，生产流程由生产监理进行协调。工作被组织成一个孤岛，在孤岛内，工作从一个机床转移到另一个机床，从一个桌面转移到另一个桌面，直到工作完成。今天，各项任务的完成需要参与生产的各方进行更加密切的协调与互动。麦肯锡咨询公司的一份报告显示：在美国 41%的劳动力从事的工作中，交互（谈话、电子邮件、演示和游说）成为主要增值活动。即使在工厂里，也经常将工人组建成生产小组。

● 专业岗位的增加。工作中需要“交互”的岗位往往是服务行业中的专业岗位，服务行业需要密切协调和协作。专业岗位需要经过大量的培训，且完成工作需要共享大量信息和意见。每个员工都具备解决问题的专业知识，同时也能充分听取他人的意见。

● 组织架构的变化。工业时代，管理者以分层管理的方式开展组织工作，各项命令按照层级下达，再按照层级层层反馈。如今，工作的完成依靠群体和团队，团队成员按照自己的方式完成任务。高级管理人员观察和评估结果，但并不下达任何具体的指令或操作程序，部分原因在于专业知识的普及和决策权的下放。

● 公司规模的改变。公司从拥有一个办公地点发展为拥有多个办公地点，办公室、工厂遍布某个地区、整个国家甚至全球。例如，亨利·福特在美国密歇根州迪尔伯恩建立了第一个大规模生产汽车的工厂。2010 年，福特汽车生产约 300 万辆汽车，并在全球 90 个工厂雇用 20 多万名员工。随着公司全球化进程的加快，设计、生产、营销、分销和服务等方面的密切配合显得更为重要与突出。大型的全球化企业需要基于全球的团队合作。

● 对创新的重视。我们常常将商业和科学上的创新归功于某一位伟人，但是这些伟大的成果很可能是这位伟人与一个团队合作的结果，也是站在许多前人的肩膀上。想想比尔·盖茨和史蒂夫·乔布斯（微软和苹果的创始人），他们两人都高度重视创新者，在公司内组建强有力的合作团队以培育和支持创新工作。他们最初的创新就来自同事和团队的密切合作。换言之，创新是一种群体和社会行为。大部分的创新来源于某一实验室、企业或政府机构内部员工的协作。强有力的协作行为和技术能够加快创新的速度、提高创新的质量。

● 企业文化的改变。关于协作的大多数研究表明：相对于个人工作，多样化的团队能够提供更快、更好的产出。群体观念（“众包”和“群众智慧”）的流行也为协作和团队合作提供了文化支撑。

2.3.2　团队协作带来的好处

研究协作的文章和书籍很多，其中一部分出自企业高管和咨询顾问，大部分出自各行各业的学术研究人员。几乎所有的研究都是以发生在企业中的事件为蓝本的。然而不论是商界还是学术界，都有一个相同的观点，即：越注重协作的企业越容易获得成功，企业内部以及企业之间的合作相比以前显得更为重要。

一项针对全球企业和信息系统管理者的调查发现：在协作技术方面的投资能提高企业效益，其收益是投资额的四倍。这一研究成果为销售、营销和研发部门提供了巨大帮助（Frost and White，2009）。另一项对协作价值的研究也发现：协作的整体经济效益十分显著，员工之间通过电子邮件沟通协作，每个单词能产生 70 美元的额外收入（Aral，Brynjolfsson，and Van Alstyne，2007）。

表 2—2 总结了一些专家学者提出的协作给企业带来的好处。图 2—7 形象地说明了协作如何影响企业绩效。

表 2—2　协作给企业带来的好处

好处	概述
生产力	相对于各自独立工作，团队协作能够更快地完成复杂的任务，出错更少。
质量	相对于各自独立工作，团队协作能够交流错误，更快地纠正错误，减少各工作单元间的缓冲和时间延迟。
创新	相对于各自独立工作，团队协作能够刺激成员为生产、管理和营销想出更多有新意的点子。
客户服务	相对于各自独立工作，团队协作能够更快、更有效地解决客户投诉。
财务绩效（利润、销售额和销售增长）	相对于各自独立工作，团队协作能够创造更出色的销售业绩，促进销售增长。

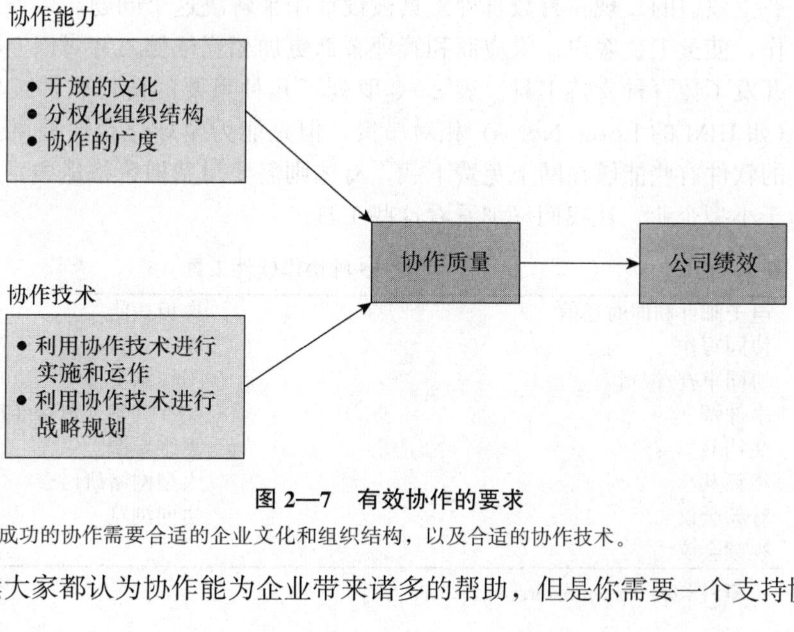

图 2—7　有效协作的要求

说明：成功的协作需要合适的企业文化和组织结构，以及合适的协作技术。

虽然大家都认为协作能为企业带来诸多的帮助，但是你需要一个支持协作的企业文化和正确的业务流程，这样协作才能实现其真正的价值。你还需要在协作技术上进行正确的投资。现在，我们来研究这些必要条件。

2.3.3 构建协作的企业文化和业务流程

协作不会在企业内自发形成，特别是当企业没有一个支持协作的企业文化或业务流程时，就更加无法开展协作。过去，大部分企业（特别是大型企业）的组织形式都是命令和控制式的，组织中的高层领导处理企业内所有的重要事件，然后命令基层员工执行高层下达的计划。中层管理者的工作是在组织层级间来回传递消息。

命令和控制式企业只需要基层员工执行上层命令，不需要他们过问太多，也不需要他们改善业务流程，在团队绩效方面对他们也没有任何赏罚。你的工作团队是否需要另一个团队的帮助，完全由老板决定。组织内只进行垂直方向的交流，完全没有水平方向的沟通，因此管理者可以控制整个流程。他们对员工的要求仅仅是出现在工作场所并圆满完成任务。管理层和员工的期望形成了企业文化，是一组关于共同目标和大家应如何行动的假设。现在，仍然有许多企业按照以上方式运作。

支持协作的企业文化和业务流程是完全不同的。高层管理人员负责接收结果，而员工团队负责实现结果。企业的政策、产品、设计、流程和系统依靠组织的各级团队去策划、制定和建立。团队奖励依据团队的整体表现，个人奖励依据个人在团队中的表现。中层管理者的职能是组建团队，协调员工的工作，并监督他们的表现。在具有协作文化的组织内，高层管理人员之间的协作对于企业至关重要，这实际上是企业高级业务之间的协作。

2.3.4 团队协作的工具与技术

如果没有信息系统来实现协作，仅有支持协作和团队导向的企业文化，是不会产生效益的。现在有数百种工具被设计用来解决这个问题，以帮助我们顺利开展工作，使员工、客户、供应商和管理者都更加相互依赖。针对以上事实，软件供应商开发了数百种支持工具。表 2—3 罗列了几种重要的协作软件工具。一些高端软件（如 IBM 的 Lotus Notes）相对昂贵，但是能为全球化企业提供强大的帮助。其他的软件有些能够在网上免费下载，有些则需要付费但价格适中，这些软件比较适用于小型企业。让我们仔细看看这些工具。

表 2—3　15 种协作软件工具

电子邮件和即时通信	白板功能
协同写作	Web 呈现
协同审查/编辑	工作调度
事件调度	文件共享（包括维基）
文档共享	思维导图
视频共享	大型网络研讨会
音频会议	协同浏览
视频会议	

资料来源：mindmeister. com，2009.

电子邮件和即时通信

电子邮件和即时通信已经成为很多公司进行交互工作的主要通信和协作工具。此类软件可通过电脑、手机和其他无线手持设备进行操作，其功能包括共享文件以及传送消息。许多即时通信系统允许多个参与者进行实时对话。Gartner 公司的技术顾问预测，在未来几年内，即时通信将成为 95%的企业员工进行语音、视频、文字聊天的实用工具。

社交网络

我们大都使用过 MySpace 和 Facebook 等社交网站与他人分享信息，交流感兴趣的话题。社交网络正迅速成为企业交互类岗位分享信息、开展协作的重要工具。Linkedin. com 这类社交网络专门为商务人士提供网络服务，与此同时，专门针对律师、医生、工程师乃至牙科医生的社交网站大量涌现。IBM 也在其 Lotus Notes 协作软件中添加了社交网络功能，用户可以通过即时消息向公司其他人提问，并获得答案。

维基平台

维基平台实际上是一种网站类型，用户即使不了解网页开发和编程技术，也能在网站上创建或编辑文本和图形。最知名的维基平台莫过于维基百科，它是全球最大的协作编辑的百科全书项目。其参与者主要是志愿者，网站为非营利组织，不发布任何商业广告。维基平台是企业积累知识、共享信息的理想工具。企业软件供应商 SAP 使用维基平台向客户及软件开发商等公司外部人员提供信息，这些人员所实施的项目多与 SAP 软件相关。他们过去主要通过 SAP 在线论坛提问或解答，但论坛系统效率并不高，相同的问题总是会被重复提出或多次解答。

英特尔公司的员工创建了内部维基平台，该网站至今已进行了约 10 万次编辑，浏览次数超过 2 700 万。搜索频率最高的是英特尔公司的一些首字母缩写词，如 EASE（employee access support environment，员工访问支持环境）和 POR（plan of record，记录方案）。其他较受欢迎的资源还有介绍公司软件流程的网页。未来五年内，维基平台注定会成为存储零散的企业知识的主要记忆库，这主要是因为网站具有更好的灵活性和时效性，且成本比正式的知识管理系统要低得多。

虚拟世界

虚拟世界——如“第二人生”（Second Life）——是指在线虚拟 3D 环境中，“居民”以虚拟形象在这个环境中生活。一些企业和院校，如 IBM 公司和欧洲工商管理学院（Insead，一所国际商学院，在法国和新加坡均设有分校），利用虚拟世界召开网络会议，开设培训课程，开展休闲娱乐活动。在这些虚拟场所中，现实世界的人依靠虚拟形象会面、交往、交流想法。人们通过发送类似于即时消息的文本信息进行交流。

基于互联网的协作环境

现在有许多软件套件为不同地点的团队成员开展协作提供多功能平台。有许多协作工具可供选择，但应用最广泛的是基于互联网的音频会议和视频会议系统，如在线软件服务（Google Apps/Google Sites）、企业协作系统（Lotus Notes 和 Microsoft SharePoint）。

虚拟会议系统 对于许多企业（包括投资银行类、会计类、法律类、技术服务类、管理咨询类企业）而言，商务差旅是极常见的事情。近年来，由于能源成本上升，公司的差旅成本也不断上升。为了节省差旅开支，许多公司都开始采用视频会议和网络会议技术。

亨氏、通用电气、百事可乐和 Wachovia 公司均已使用虚拟会议系统，进行产品介绍、课程培训和战略宣讲，甚至励志的会谈。

先进的高端视频会议系统通常具备**远程呈现**（telepresence）功能。远程呈现是一种集成的音频和视觉环境，可以让远在其他地方的参与者出席会议，给人身临其境的感觉。下面的“互动讨论：管理”专栏介绍了远程呈现和其他能够提供虚拟会议的技术以及相关的例子。

互动讨论：管理

虚拟会议：智能化管理

为了参加在达拉斯举行的一个会议，你不得不搭乘早上 6:30 的飞机前往。如果你不用离开自己的办公桌仍能准时参加这些活动，那该多好呀！现在，你可以做到了。这主要归功于视频会议和在线会议技术。全球电子可持续发展倡议组织（Global e-Sustainability Initiative）和气候组织（Climate Group）发布的一份报告显示：多达 20%的商务旅行可以由虚拟会议取代。

视频会议允许位于两个或多个地方的个体通过双向视频和音频传输系统进行同步通信。视频会议的关键特征是将音频和视频流通过一个被称为编解码器的装置进行数字化压缩，然后分装成数据包，通过网络或互联网传输。但是，该技术传递的音频和视频效果较差，且成本高得惊人，只有实力雄厚的大公司才负担得起。大多数公司认为视频会议是一个糟糕的替代品，是在无法举行面对面会议的情况下的无奈之选。

但是，视频会议以及相关技术的巨大进步重新吸引了人们对这种工作方式的关注。目前，视频会议正在以每年 30%的速度不断普及。该技术的支持者声称：它不仅降低了成本，而且提高了会议的质量。它能够让公司与来自世界各地的合作伙伴、供应商、子公司及同事进行更加频繁的交流。在大多数情况下，很多会议根本无法通过派人出差来合理安排。借助视频会议技术，你可以和任何人“面对面”。

例如，Rip Curl 是位于美国加利福尼亚州科斯塔梅萨的冲浪设备生产商，该公司的设计师、市场营销者和制造商通过视频会议合作开发新产品。光辉国际猎头公司（Korn/Ferry International）使用视频访谈筛选潜在候选人。

目前，最先进的视频会议系统能够显示高清晰度的电视图像。顶级的视频会议技术是远程呈现。远程呈现能够使用户切实感受到身临其境。你要做的仅仅是坐在桌子前，面对一个大屏幕。即使与会者身处布鲁塞尔或香港，屏幕上显示的人像也非常清晰，如同面对真人，只是不能握手和交换名片。远程呈现是目前市场上最新、质量最高的视频会议技术。世界各地 500 多个公司安装了思科公司的远程呈现系统。设备配置齐全的远程呈现会议室可能需要花费 50 万美元。

能够负担这项技术成本的公司均表示，在其他方面可节省大量开支。例如，技术咨询公司埃森哲（Accenture）声称，一个月内减少了 240 次国际航班和 120 次国内航班的差旅支出。远程呈现技术也使企业增强了与客户及合作伙伴的合作能力。其他商务旅客表示，他们接触的顾客和合作伙伴的数量是先前的 10 倍，而平均每位顾客和合作伙伴的成本仅是以前的一小部分。美国大都会人寿保险公司（MetLife）在芝加哥、纽约和新泽西州三个会议室安装了思科公司的远程呈现系统，他们表示，这项技术不仅节省了时间和费用，还帮助公司减少了 20%的碳排放，实现了"绿色"环保目标。

由于成本原因，视频会议技术仍未能在小型企业中普及。但是另一家公司 LifeSize 推出了经济实惠的视频会议产品，其价格仅为 5 000 美元。总体而言，该产品易于使用，为许多小公司带来了高品质的视频会议。

还有很多基于互联网的免费视频会议软件，比如 Skype 和 ooVoo。与传统视频会议软件相比，这类产品的性能较差，具有针对性，只能与使用相同系统的用户进行交互。大多数视频会议和远程呈现产品能够与其他设备进行交互。高端系统还具有以下功能：召开多方会议，视频邮件无限量，不收取长途通信费用，提供详细的通话记录等。

各种规模的公司都在尝试使用基于 Web 的在线会议工具，如网迅（WebEx）、微软的 Office Live Meeting、Adobe Acrobat Connect，此类工具对于培训和销售演示特别有用。这类产品能让与会者召开音频会议和进行视频直播，一起共享文档和演示文稿。商业软件开发商 Cornerstone Information Systems 位于印第安纳州布卢明顿市，拥有 60 名员工。该公司通过网上产品演示削减了 60%的差旅成本，并且把获得一份新订单的平均时间缩短了 30%。

在配置视频会议或远程呈现系统之前，公司需要确定自己是否真的能够通过这项技术来创造利润。同时，公司应该清楚，平时自己的员工是如何召开会议、如何沟通的，采用了哪些技术，是否经常出差，以及他们的网络技术能力如何。如果在召开视频会议的同时，仍然能保证多次面对面沟通，就再好不过了。毕竟，与客户正面交流对于培养客户和完成订单都是至关重要的。

视频会议技术还对世界商业运作的其他方面产生了巨大影响。越来越多的员工可以选择在离家较近的地方工作，更有效地平衡工作与个人生活；传统的办公环境和企业总部正在不断减少甚至消失；自由职业者、承包商以及来自其他国家的员工将成为全球经济的重要参与者。

资料来源：Joe Sharkey, "Setbacks in the Air Add to Lure of Virtual Meetings," *The New York Times*, April 26, 2010; Bob Evans, "Pepsi Picks Cisco for Huge TelePresence Deal," February 2, 2010; Esther Schein, "Telepresence Catching On, But Hold On to Your Wallet," *Computerworld*, January 22, 2010; Christopher Musico, "Web Conferencing: Calling Your Conference to Order," *Customer Relationship Management*, February 2009; and Brian Nadel, "3 Videoconferencing Services Pick Up Where Your Travel Budget Leaves Off," *Computerworld*, January 6, 2009; Johna Till Johnson, "Videoconferencing Hits the Big Times…. For Real," *Computerworld*, May 28, 2009.

[思考题]

1. 某咨询公司预测，视频及网络会议将使商务差旅消失。你是否同意这种观点？为什么？

2. 视频会议和远程呈现的区别是什么？

3. 视频会议为企业创造价值的途径有哪些？视频会议能否称为智能化管理？说明理由。

4. 如果你是一家小型企业的管理者，是否会采用视频会议技术？决策时你会考虑哪些因素？

[MIS 实践]

浏览 WebEx 网站（www.webex.com），回答下列问题：

1. 列举 WebEx 系统对中小型企业和大型企业的功能并分别加以描述。WebEx 是否实用？它如何帮助企业节省时间、节约开支？

2. 对比 WebEx 的视频功能和本案例描述的视频会议功能。

3. 简述召开网络会议前的准备工作。与传统的面对面会议相比有哪些不同之处？

Google Apps/Google Sites　Google Apps/Google Sites 是使用最广泛的免费在线协作服务。谷歌协作平台（Google Sites）允许用户快速创建在线网站。协作平台是谷歌企业应用套件（Google Apps）的一部分。谷歌协作平台的使用者即使没有任何先进的技能，也能在几分钟内完成网站的设计和填充，上传各种文件（包括日历、文本、电子表格）和视频（供私人、团体或公众观看和编辑的视频）。

谷歌企业应用套件的工作原理与谷歌协作平台相同，包括典型的桌面办公软件，如文字处理、电子表格、演示文稿、联系人管理、短信和邮件功能。专业版的收费标准为每年 50 美元，将为用户提供 25G 的邮件存储空间，保证电子邮件的正常运行时间达到 99.9%，提供与公司现有的基础设施相集成的工具以及全天 24 小时的电话服务支持。表 2—4 描述了 Google Apps/Google Sites 的一些功能。

表 2—4　Google Apps/Google Sites 的协作功能

功能	概述
谷歌日历（Google Calendar）	私人日历、共享日历；种类多样
Gmail 邮箱	免费的在线电子邮件服务，可与移动设备相连接
谷歌语音即时通信软件（Google Talk）	即时通信、文本和语音聊天
谷歌文档（Google Docs）	在线的文字处理、演示文稿、电子表格和绘图软件，可在线编辑和共享
谷歌协作平台（Google Sites）	用于共享文档、安排日程的团队协作平台；分享文档，创建企业维基平台
谷歌视频（Google Video）	共享私人视频
谷歌群组（Google Groups）	依据邮件列表创建用户组，共享日历、文档、网站和视频；搜索档案

谷歌公司开发了另一款基于 Web 的实时交流和协作平台，称为 Google Wave。“wave” 意为“平等地交流、编辑文档”，在这里，每一位参与者可以在任何地方恢复、编辑内容，也可以在协作过程中的任一时间点增加或移除参与者。用户能够看到其他参与者在回复时输入文字的过程，加快了讨论速度。

例如，Clear Channel Radio（位于美国北卡罗来纳州格林斯博罗市）使用 Google Wave 进行广播和网络推广。推广活动需要销售人员、销售经理、电台项目总监、推广导演、在线内容协调员以及网络管理员的参与。如果没有 Google Wave，这些参与者需要来回收发无数次邮件，需要向对方发送图片请求批准，并要花费大量时间通过电话跟进。在 Google Wave 的帮助下，仅用较少的时间就完成了整个项目（Boulton，2010）。

Microsoft SharePoint　它是使用最广泛的、针对中小型公司的协作系统，使用了微软的服务器和网络产品，好几家大公司都使用了该产品。SharePoint 是基于浏览器的合作平台和文件夹管理平台，结合了安装在服务器上的功能强大的搜索引擎。

SharePoint 有一个基于网页的接口，并与 Microsoft Office 桌面软件产品等常用工具紧密结合。微软的目标是通过 Microsoft Office 和 Windows 产品的桌面所有权获利。对于微软来说，企业合作可从使用 Office 桌面和微软网络服务器开始，SharePoint 软件使员工共享 Office 文件以及利用 Office 文件进行项目合作变得可行。

SharePoint 产品和技术为企业中基于网页的合作提供了平台。SharePoint 可以作为网页主机在中央单元安排和存储信息，以促进团队协作，维护任务清单，合作创建文件，执行工作流程，并通过维基和博客来分享信息。因为 SharePoint 会在某处存储和组织信息，用户围绕一个任务、项目和文件工作时可以快速而有效地找到相关信息。

下面是 SharePoint 的主要功能清单：

- 在公司内或通过外联网为团队提供简单的工作场所，以进行日程安排、文件整理、集体研讨。
- 提供文档创建和管理功能，同时提供文档版本控制、检查修订、文档保护、文档库维护等功能。
- 当需要采取行动或者改动现有文件夹或信息时，会通过公告、警告和讨论板来告知用户。
- 支持个性化目录以及个人和公众视角的文件和申请。
- 提供微博和维基的模板来帮助团队分享信息和开展集体研讨。
- 提供工具来管理文件目录、列表、日历、任务和线下讨论板，以便在重新连接网络时同步更新。
- 为企业提供搜索工具来定位人、专门知识和内容。

索尼电子是全球领先的消费电子和专业电子产品提供商，拥有遍布全球的 17 万名员工。该公司使用微软公司 SharePoint 2010 版改善了信息存取能力，加强了团队协作能力，并更好地利用了公司内部的专家。SharePoint 的维基工具帮助索尼公司捕获并组织员工的想法和意见，将其转化为全公司的知识；人员搜索功能帮助确定具备某一项目和研究领域相关知识的员工。该公司还利用 SharePoint 建立了一个中央文件共享存储库，这有助于员工进行协作来编写、编辑和交换文件，减少电子邮件的来回传递。所有这些改进将重点项目的开发时间从 3～6 个月缩短到 3～6 个星期（Microsoft，2010）。

Lotus Notes　对于超大型企业（《财富》1 000 强和罗素 2 000 指数公司）来说，IBM 的 Lotus Notes 是应用最广泛的协作工具。Lotus Notes 是群件的一个早期产品，作为协同软件系统，它提供了共享工作日历、共享对数据库的操作以及举行电子会议等功能，集书写和编辑功能于一体，让每个参与者都可以看到其他人的操作并展示相关信息。现在，Lotus Notes 提供的是基于 Web 的服务，强化了对于社交网络（Lotus Connection）的支持功能，提供脚本和应用开发环境，以便用户根据自己的特殊需求来开发定制的应用。

IBM 的软件部门对 Lotus Notes 的定义是"运行在 IBM Lotus Notes 服务器之上，综合了电子邮件、工作日历和各类应用的桌面客户端软件"。Lotus Notes 软件可以安装在用户的客户端电脑上，提供了电子邮件、即时通信（使用 Lotus Sametime）、网页浏览、日历/资源安排等平台服务，同时还可以与其他协同应用系统互动。如今的 Lotus Notes 还具备博客、维基、RSS 聚合器、CRM 以及帮助桌面系统等功能。

在数百家诸如东芝、法兰西航空（Air France）、环球凯悦集团（Global Hyatt）这样的大公司中，均有数千名员工将 Lotus Notes 作为他们主要的合作和团队协作工具。对于《财富》1 000 强企业来说，在全公司安装使用 Lotus Notes 的成本是每年数百万美元，并且需要公司设有相应的信息系统部门提供支持。所以，在线软件服务越来越受企业青睐，因为不需要在公司服务器上安装任何软件，甚至不需要公司有自己的信息系统部门。不过，现有的诸如谷歌协同服务等在线工具还无法提供像 Lotus Notes 那么强大的功能，而且这类工具是否适用于大规模的全球性公司目前也并不清楚。较大型的企业都倾向于采用 IBM 的 Lotus Notes，因为它承诺更高级别的安全性和可靠性，并保证对企业敏感信息的控制能力。

例如，俄罗斯最大的农用化学品生产商，同时也是欧洲排名前三位的肥料生产商 EuroChem 公司，就使用 Lotus Notes 创建了一个标准化平台，用于支持协作和文件管理。该软件帮助分散在各地的生产中心进行协调和合作，并且为文件交换提供了一个自动的安全平台。借助 Lotus Notes，EuroChem 可以登记和管理所有文件，建立文件审批的传递路径，维护与文件传递和修改有关的历史记录。系统的安全特性使得公司可以为每个用户创建个性化的工作环境，避免未经授权的用户访问敏感信息。

大公司通常觉得在"战略性"应用方面使用普通的在线软件服务不够安全，这是因为依赖外部服务提供商提供计算机资源存在安全隐患。不过，大部分专家认为，随着在线工具的不断完善，这些担忧会消失，一些成熟的在线软件服务提供商正在不断提高这类产品的安全性，同时也在降低其脆弱性。表 2—5 介绍了其他几种流行的在线合作工具。

评价和选择协作软件工具

面对如此众多的协作工具和服务，你如何为自己的公司选择合适的协作技术？为了回答这个问题，你需要一个分析框架来了解这些工具是用来解决什么问题的，这是一个有助于讨论协作工具的框架，称为时间/空间协作工具矩阵，于 20 世纪 90 年代初由一批从事协同研究的学者提出（见图 2—8）。

表 2—5　　其他几种流行的在线协作工具

工具	概述
Socialtext	基于服务器协作的企业环境，提供社交网站、类似 Twitter 的微博客、维基工作场所、集成博客、分布式的电子表格，每个用户有自己的个人主页。各种交付式托管云服务以及现场设备能够在满足企业客户安全需求的同时，提供灵活多变的配置选项。
Zoho	收集和协同文本、线图、网页、视频、RSS 订阅源。进行项目管理（任务管理、工作流、报告、时间跟踪、论坛、文件共享）。该服务基本免费，只有特色服务才收取费用。
BlueTie	通过 e-mail、时间安排、工作清单、联系人管理、文件共享实现在线协作。每个用户每月需付 4.99 美元。
Basecamp	共享工作清单、文件、留言板；监控项目进程。单个项目免费，15 个项目每月付 24 美元可拥有 5G 存储空间。
Onehub	共享文件、日历、网络书签；e-mail 整合和 IM。管理核心资源、电子公告栏。
WorkZone	协同文件共享，进行项目管理，实现用户个性化，确保安全。

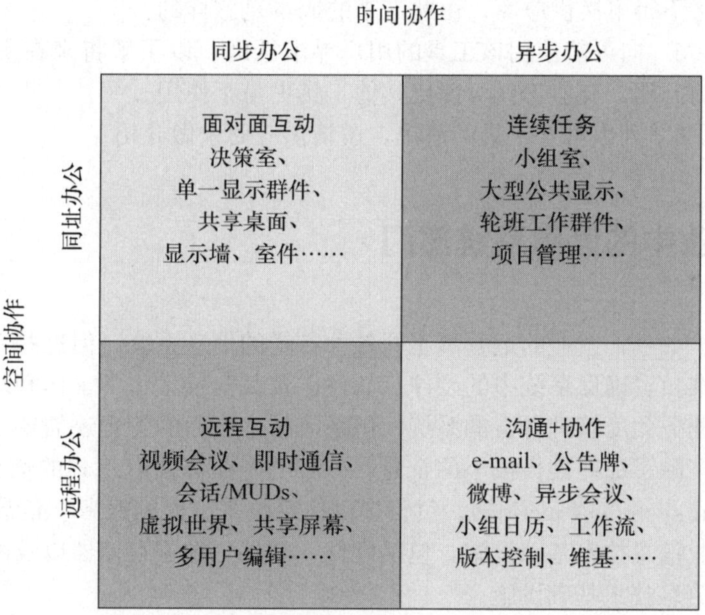

图 2—8　时间/空间协作工具矩阵

说明：协作技术可以根据其是否支持不同时间或者地点的交互、这种交互是远程办公还是同址办公进行分类。

时间/空间协作工具矩阵聚焦于协作问题的两个维度：时间和空间。比如，你需要和不同时区的人进行合作，又不能在同一时间会见所有人。纽约的半夜是孟买的正午，所以即使召开视频会议，也会变得很困难，地处纽约的人将过于疲劳。时差是全球化合作的一个明显障碍。

地点也是制约全球化甚至全国性和地域性公司合作的一个因素。召集人员开会的困难在于，各分公司相对分散（公司有多个办公地点），出差的成本较高，管理人员的时间有限。

上述协作技术是克服时间、空间难题的一种方法。使用时间/空间协作工具矩阵会帮助你选择最适合的合作和团队协作工具。请注意，有些工具可使用于有一个以上时间/地点的情形。比如，像 Lotus Notes 这样的软件可以同时用于同步的互动（即时通信、电子会议工具）和非同步的互动（电子邮件、维基、文件管理）。

这里有一张步骤清单，试着按照这张清单来做。按照这张清单的六个步骤，可以引导你以可接受的价格和可承担的风险来购买合适的协作软件。

1. 公司开展合作时，面临哪些时间和空间上的挑战？定位公司在时间/空间协作工具矩阵上的位置，公司在矩阵上的位置可以不局限于一个单元内。每个单元有不同的协作工具需求。

2. 针对公司所处的矩阵单元，明确哪些解决方案是可行的，列出产品清单。

3. 分析每个产品对公司而言的成本和效益，注意在成本预估中应包括培训成本以及可能需要成立信息系统部门的成本。

4. 明确每个产品的安全风险和弱点。公司是否愿意把信息通过互联网交给外部服务提供商？公司是否愿意面对将重要系统的运行交给其他公司控制所带来的风险？供应商是否有财务风险？3～5 年后该供应商还存在吗？一旦供应商倒闭，公司将不得不换供应商，由此带来的成本是怎样的？

5. 向可能使用该工具的用户寻求帮助，以了解将来在实施和培训中可能会遇到的问题，有些工具可能比其他工具更易于使用。

6. 列出可选工具的清单，邀请供应商来做介绍。

2.4　企业中的信息系统部门

如今，企业的运营离不开各种各样的信息系统，但这些系统由谁负责运行？又由谁负责确保系统中的硬件、软件以及其他技术正常工作和及时更新？最终用户仅从业务角度管理各自的系统，但系统技术方面的管理还需要专业的信息系统部门。

除了那些规模极小的企业，一般的企业都设有正式的**信息系统部门**（information systems function），负责提供信息技术方面的服务。信息系统部门也负责维护企业信息技术基础设施，包括硬件、软件、数据存储器以及网络。第 5 章将详细介绍信息技术基础设施。

2.4.1　信息系统部门

信息系统部门中有各类专业人才，如程序员、系统分析员、项目主管和信息系统主管等。**程序员**（programmers）是训练有素的技术人员，负责为计算机软件编写代码。**系统分析员**（systems analysts）主要负责信息系统团队与企业其他部门之间的沟通与交流。他们所做的工作是将企业实际运行中的问题与需求转译成信息化的需求，并通过系统功能加以实现。**信息系统管理员**（information systems managers）是信息团队的领导者，其团队成员包括程序员、系统分析员、项目管理员、设备管理员、通信管理员和数据库管理员等。信息系统管理员同时还负责管理计算机操作员和数据录入人员。此外，企业的外部专家，如硬件供应商和制造商、软件公司以及顾问等，也经常参与企业的日常运作和信息系统的长期规划。

许多企业的信息系统部门由**首席信息官**（chief information officer，CIO）直接领导。首席信息官是企业高层管理人员，监管企业内部信息技术的使用。如今的首席信息官需要有强大的商业背景和丰富的信息系统知识，在把信息技术融入企业经营决策的过程中发挥主导作用。一些大型企业还设有首席安全官、首席知识官和首席隐私官等职位，以便与首席信息官密切配合。

首席安全官（chief security officer，CSO）主要负责企业的信息系统安全，以及企业信息安全政策的执行（见第 8 章）。（有时为了将信息系统安全与物理安全加以区分，首席安全官也可称为**首席信息安全官**（chief information security officer，CISO）。）首席安全官主要负责对用户和信息系统技术人员进行信息安全方面的教育与培训，警惕和防范安全威胁与安全故障，维护工具，执行和完善安全政策等。

信息系统安全与个人资料保护在企业中至关重要，因此那些涉及大量个人资料的企业设立了**首席隐私官**（chief privacy officer，CPO）一职。首席隐私官主要负责贯彻落实与个人隐私相关的现行法律。

首席知识官（chief knowledge officer，CKO）主要负责企业的知识管理项目。首席知识官帮助设计项目和系统，以求挖掘新的知识，或更好地利用现有知识。

最终用户/终端用户（end users）是信息系统团队之外的部门代表，也是应用程序的目标用户。这些用户在信息系统的设计和开发过程中将发挥越来越大的作用。

计算机技术发展初期，信息系统团队的成员主要由程序员组成，他们从事的技术工作专业性强，但其作用的发挥有限。如今，信息团队中系统分析员和网络专业人员所占比重不断增大，信息系统部门也成为推动企业变革的强大动力。信息系统部门关注信息化的产品和服务，提倡建立全新的企业经营理念，建议企业充分协调企业变革与技术发展的关系。

2.4.2　信息系统部门的组织形式

公司有多种类型，公司内部的信息技术管理部门也有多种组织形式。小规模的公司一般没有正式的信息系统团队，可能只有一位员工负责网络的维护和应用程序的运行，也可能通过外聘顾问负责这些工作。规模较大的公司会有专门的信息系统部门，根据公司的性质和利益，其组织形式也会多种多样。

信息系统部门的组织形式属于信息技术治理这一更大主题的范畴。**信息技术治理**（IT governance）包括企业内信息技术的使用策略与政策。它明确了决策权和问责制框架，以确保信息技术的使用支持企业的战略目标。信息系统部门的集中化程度应如何设置？应该如何制定决策来确保信息技术的有效管理和使用（包括信息技术的投资回报）？由谁来制定这些决策？应该如何制定决策并监督决策的执行？信息技术治理水平高的企业将对以上问题进行认真思考（Weill and Rose，2004）。

2.5 管理信息系统实践项目

本节中的实践项目涉及以下三个方面：分析利用新的信息系统完善业务流程的可能性，使用电子表格软件提高遴选供应商的决策水平，利用互联网软件制定高效的运输路线。

2.5.1 管理决策问题

1. Don's 木材公司是纽约州历史最悠久的木材零售商，位于哈德逊河岸边。主要经营各类木质材料，包括地板、舱板、模具、窗户、墙板和天花板等。由于木材和其他建筑材料的价格不断变化，因此每当客户询问预加工木地板的价格时，销售代表都需要查询手工价格单，然后通过电话向供应商了解最新报价。接着供应商会查询一份每日即时更新的报价表，然后给销售代表回电，告知其最新价格。之所以需要如此复杂的过程，是因为 Don's 公司手头的报价表无法及时更新。请评价这种情况对企业的影响，谈谈如何利用信息技术改善这一过程，并说明为解决这个问题需要如何制定决策，应该由谁负责制定决策。

2. 亨利在加利福尼亚的萨克拉门托经营一家小型的家族五金店，两位店主需要利用有限的店面空间获得尽可能多的利润。他们从来不记录库存和销售情况。新货一到，便马上上架销售。供应商开具的发票也仅仅是为纳税而用。一旦商品被买走，他们就将商品编号和价格录入收银机。他们依靠自己的判断决定是否需要进货，需要进哪些货。这么做对他们的业务有什么影响？信息系统将如何帮助店主经营业务？系统需要哪些数据？系统能提高哪些决策能力？

2.5.2 优化决策：利用电子表格软件遴选供应商

软件技能：电子表格软件的数据功能、数据筛选、DAVERAGE 函数

商业技能：分析供应商的情况与报价

在本次练习中，你将学习使用电子表格软件，来提高管理者遴选供应商的决策水平。现有一张大表单，记录着供应商的原始交易数据，请你依据不同的标准，利用电子表格软件筛选数据，为公司挑选出最合适的供应商。

比如，你经营着一家飞机零部件制造公司，许多竞争对手争先恐后地为客户提供优质低价的服务，你正在尝试能否从更好的供应链管理中获利。在 MyMISLab 中，你会找到一个电子表格文件，里面记录着公司过去三个月内从供应商处订购的所有产品的信息。下面有一个电子表格文件的截图，在网站上可以找到最新版本的表格文件。电子表格的字段包括供应商名称、供应商编号、订单编号、产品编号和产品名称（从供应商处订购的每一款产品）、单价、数量、每笔订单的总价、付款期限、每笔订单的订购日期以及实际到货日期。

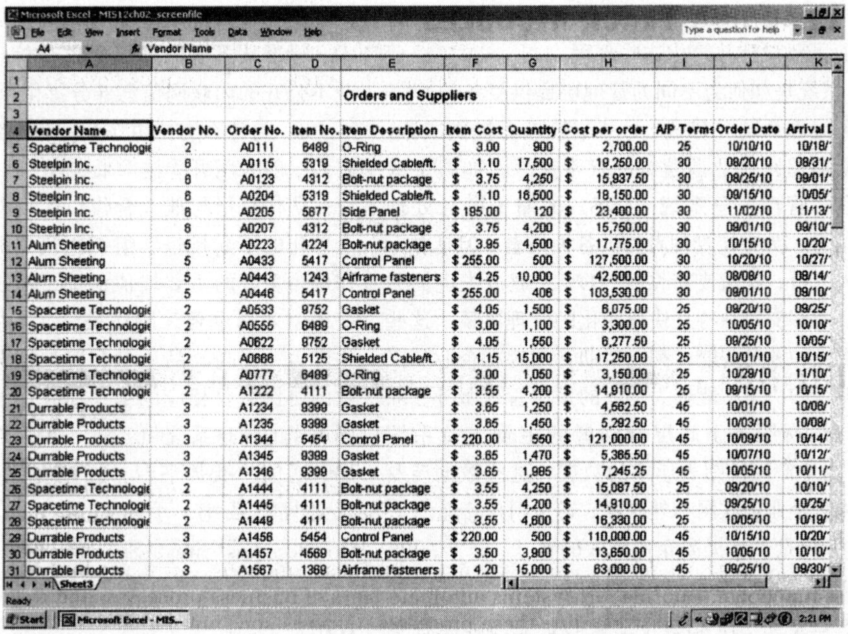

Orders and Suppliers

Vendor Name	Vendor No.	Order No.	Item No.	Item Description	Item Cost	Quantity	Cost per order	A/P Terms	Order Date	Arrival D
Spacetime Technologie	2	A0111	6489	O-Ring	$ 3.00	900	$ 2,700.00	25	10/10/10	10/18/
Steelpin Inc.	8	A0115	5319	Shielded Cable/ft.	$ 1.10	17,500	$ 19,250.00	30	08/20/10	08/31/
Steelpin Inc.	8	A0123	4312	Bolt-nut package	$ 3.75	4,250	$ 15,937.50	30	08/25/10	09/01/
Steelpin Inc.	8	A0204	5319	Shielded Cable/ft.	$ 1.10	16,500	$ 18,150.00	30	09/15/10	10/05/
Steelpin Inc.	8	A0205	5677	Side Panel	$ 185.00	120	$ 23,400.00	30	11/02/10	11/13/
Steelpin Inc.	8	A0207	4312	Bolt-nut package	$ 3.75	4,200	$ 15,750.00	30	09/01/10	09/10/
Alum Sheeting	5	A0223	4224	Bolt-nut package	$ 3.95	4,500	$ 17,775.00	30	10/15/10	10/20/
Alum Sheeting	5	A0433	5417	Control Panel	$ 255.00	500	$ 127,500.00	30	10/20/10	10/27/
Alum Sheeting	5	A0443	1243	Airframe fasteners	$ 4.25	10,000	$ 42,500.00	30	08/08/10	08/14/
Alum Sheeting	5	A0446	5417	Control Panel	$ 255.00	406	$ 103,530.00	30	09/01/10	09/10/
Spacetime Technologie	2	A0533	9752	Gasket	$ 4.05	1,500	$ 6,075.00	25	09/20/10	09/25/
Spacetime Technologie	2	A0555	6489	O-Ring	$ 3.00	1,100	$ 3,300.00	25	10/05/10	10/10/
Spacetime Technologie	2	A0622	9752	Gasket	$ 4.05	1,550	$ 6,277.50	25	09/25/10	10/05/
Spacetime Technologie	2	A0666	5125	Shielded Cable/ft.	$ 1.15	15,000	$ 17,250.00	25	10/01/10	10/15/
Spacetime Technologie	2	A0777	6489	O-Ring	$ 3.00	1,050	$ 3,150.00	25	10/29/10	11/10/
Spacetime Technologie	2	A1222	4111	Bolt-nut package	$ 3.55	4,200	$ 14,910.00	25	09/15/10	10/15/
Durrable Products	3	A1234	9399	Gasket	$ 3.65	1,250	$ 4,562.50	45	10/01/10	10/08/
Durrable Products	3	A1235	9399	Gasket	$ 3.65	1,450	$ 5,292.50	45	10/03/10	10/08/
Durrable Products	3	A1344	5454	Control Panel	$ 220.00	550	$ 121,000.00	45	10/09/10	10/14/
Durrable Products	3	A1345	9399	Gasket	$ 3.65	1,470	$ 5,365.50	45	10/07/10	10/12/
Durrable Products	3	A1346	9399	Gasket	$ 3.65	1,985	$ 7,245.25	45	10/05/10	10/11/
Spacetime Technologie	2	A1444	4111	Bolt-nut package	$ 3.55	4,250	$ 15,087.50	25	09/20/10	10/10/
Spacetime Technologie	2	A1445	4111	Bolt-nut package	$ 3.55	4,200	$ 14,910.00	25	09/25/10	10/25/
Spacetime Technologie	2	A1449	4111	Bolt-nut package	$ 3.55	4,600	$ 16,330.00	25	10/05/10	10/19/
Durrable Products	3	A1456	5454	Control Panel	$ 220.00	500	$ 110,000.00	45	10/15/10	10/20/
Durrable Products	3	A1457	4569	Bolt-nut package	$ 3.50	3,900	$ 13,650.00	45	10/05/10	10/10/
Durrable Products	3	A1567	1369	Airframe fasteners	$ 4.20	15,000	$ 63,000.00	45	09/25/10	09/30/

准备一份建议书，说明你如何利用电子表格软件数据库中的数据提高决策水平，遴选出最佳供应商。提出相应标准，作为确定最佳供应商的参考标准，如准时交货记录最多的供应商、能提供最佳付款条件的供应商以及同等产品报价最低的供应商等。利用电子表格软件准备相关报表，作为附件支持你的建议书。

2.5.3　实现卓越运营：利用互联网软件制定高效的运输路线

如今，企业能够通过某些软件制定运输路线，选择最佳路径。本次练习将介绍类似的在线软件。MapQuest 网站（www.MapQuest.com）就具有制定路线的交互功能。该网站上的软件能够计算两地之间的距离，并提供到某地的详细行驶方案。

假设你刚到俄亥俄州克利夫兰市的 Cross-Country 运输公司担任调度员，这是一家新开的货运快递公司。你的第一项任务就是制定路线，将一些办公设备和家具从印第安纳州埃尔克哈特市（E. Indiana 路和 Prairie 街的路口处）运到马里兰州黑格斯敦市（Eastern Blvd. N. 街和 Potomac 路的路口处）。你需要了解两个城市之间的最佳行驶路线，以便货车司机在规定的时间内将货物送达。在 MapQuest 网站上找出两地之间距离最短的行驶路线，再找出两地之间用时最少的行驶路线。比较两个结果，考虑应采用哪一种路线。

小　结

1. 什么是业务流程？它们与信息系统之间有什么关系？

业务流程是一系列逻辑上相关的活动，明确企业业务的执行方式，代表企业协调工作、信息和知识的一种独特方式。管理者应该重视业务流程，因为业务流程能够决定企业如何经营业务，而且有可能成为企业战略优势的来源。有一些业务流程能够执行某特定业务职能，也有一些业务流程是跨业务职能的。信息系统能使部分业务流程实现自动化，帮助企业重新设计并简化这些流程。

2. 系统是如何为不同的管理层提供服务的？

事务处理系统（TPS）为基层管理者提供服务，该系统能够追踪企业运营中的日常交易，如薪金或订单流程。管理信息系统（MIS）浓缩了事务处理系统的信息，为中层管理者提供各种报表，但是并不涉及深入分析。决策支持系统（DSS）通过先进的分析模型，能够支持独特且快速变化的管理决策。这些系统所提供的商务智能，都能帮助管理者和企业员工做出更明智的决策，能够为企业的多层管理服务。除此之外，还有服务于高层管理者的主管支持系统（ESS），为他们提供图表形式的数据，这些数据涉及的信息来自企业内联网和外联网，通过门户传递。

3. 系统是如何提高企业绩效的？

企业应用软件用于协调企业内部各职能部门和业务流程。企业系统能够将主要的企业内部流程整合到单一的软件系统中，使之更为协调、高效，有利于提升决策水平。供应链管理系统帮助企业管理与供应商之间的关系，优化各个环节，包括产品和服务的规划、采购、制造以及递送。客户关系管理系统帮助企业协调与客户相关的所有业务流程。知识管理系统能够促进企业创造、共享和传播知识。内联网和外联网是企业自己的网络，利用互联网技术和标准从不同的系统中整合信息。外联网能将企业不公开的内联网信息部分提供给企业以外的人。

4. 为什么支持协作和团队的系统对企业如此重要？一般采用哪些技术来实现？

协作是指与他人合作以实现共同的目标。随着全球化的不断推进、组织决策的分权化，交互类工作成为企业的主要增值活动，组织协作和团队精神变得越来越重要。协作被认为是提升企业创新力、生产力，提高产品质量和客户服务水平的动力。有效的协作需要相应的组织文化的支持，以及支持协同工作的信息系统和工具。协作工具包括电子邮箱、即时通信、维基平台、视频会议系统、虚拟世界、社交网络系统、手机以及互联网协作平台，如 Google Apps/Sites、SharePoint 和 Lotus Notes。

5. 信息系统部门在企业中发挥着什么样的作用？

信息系统部门是正式的组织部门，主要负责提供信息技术服务。信息系统部门也负责维护企业的信息技术基础设施，包括硬件、软件、数据存储器和网络等。该部门通常由首席信息官领导，由各类专业人员构成，如程序员、系统分析员、项目主管以及信息系统主管等。

复习题

1. 什么是业务流程？它们与信息系统之间有什么关系？

- 简述什么是业务流程，以及它们在企业中的作用。
- 简述信息系统与业务流程之间的关系。

2. 系统是如何为不同的管理层提供服务的？

- 描述事务处理系统的特征，以及它们在企业中的作用。
- 描述管理信息系统的特征，并说明它们与事务处理系统和决策支持系统的区别。
- 描述决策支持系统的特征，以及它们在企业中的作用。
- 描述主管支持系统的特征，并说明它们与决策支持系统的区别。

3. 系统是如何提高企业绩效的？

- 解释企业应用系统是如何提高企业绩效的。
- 描述企业系统、供应链管理系统、客户关系管理系统、知识管理系统，以及它们在企业中的作用。
- 解释内联网和外联网如何帮助企业整合信息和业务流程。

4. 为什么支持协作和团队的系统对企业如此重要？一般采用哪些技术来实现？

- 描述协作和团队，以及它们在如今的企业中变得如此重要的原因。
- 描述协作在企业的作用。
- 描述支持协作的组织文化，以及支持协作的业务流程。
- 列举并描述各种协作系统。

5. 信息系统部门在企业中发挥着什么样的作用？

- 描述信息系统部门是怎样支持企业的。
- 比较程序员、系统分析员、信息系统主管、首席信息官、首席安全官与首席知识官。

讨论题

1. 信息系统如何支持图 2—1 所示的订单流程？这些系统所能获得的关键信息是什么？解释你的答案。

2. 描述借书（从大学图书馆挑选并借阅某一本书）所需的步骤，以及在每个步骤之间流动的各种信息。绘制这一流程图。可以如何改善流程来提高学校图书馆的效率？绘制改进后的流程图。

3. 在美洲杯帆船赛中，宝马-甲骨文团队如何通过协作系统提升成绩？系统的哪些功能是最重要的？

小组练习：识别管理决策与系统

三四名同学一组，从《商业周刊》（*Business Week*）、《财富》（*Fortune*）、《华尔街日报》（*The Wall Street Journal*）或其他商业杂志和网站上寻找一个企业，了解其管理者的相关信息。需要收集的信息包括这位管理者所在的公司及其职位。确定这位管理者所处的组织层级及其所属的业务职能领域。列出这位管理者应制定的各类决策，以及他制定这些决策所需的各类信息。请就信息系统如何提供这些信息给出建议。如有可能，使用 Google Sites 发布网页的链接、团队沟通平台和工作任务，集思广益，合作完成项目文档。尝试使用 Google Docs 在课堂上展示成果。

章末案例

职总英康公司的现代化

职总英康公司（NTUC Income）是新加坡最大的保险公司之一，参保用户超过 180 万，总资产达 213 亿美元，公司拥有约 3 400 名保险顾问和 1 200 名员工，多数员工供职于 8 家分公司。2003 年 6 月 1 日，职总英康公司成功地将其传统的保险系统转变为数字网络系统。完成这项艰巨的任务不仅需要对硬件和应用程序升级，还要求公司简化那些已存在 10 年之久的业务流程和信息技术工作。

几年前，职总英康公司的保险流程非常烦琐，而且都是依靠纸质材料来进行。首先，客户与保险代理人会面，填写表格并提交相关资料，整个保险流程由此开始。之后，代理人将表格提交到分公司，再转送到办公服务部。这一系列表格资料收集工作需要 2～3 天。办公服务部的工作人员会对资料进行登记、分类，然后送到承保部门。投保书通常随机分配给承保部门的工作人员。投保书一经接收，便被送到计算机服务部门复印，然后重新分配。所有材料原件都需要打包整理，送到档案室。2～3 天后，7 名工作人员会将这些材料原件登记并存档。三间档案室里共有 16 000 箱保险单，文件数量达 4 500 万份。如果要找到某份文件并送达指定地点，要花将近 2 天时间，文件重新归档还要再花 2 天时间。

虽然公司定期投入资金，对运行着核心保险系统以及会计和管理信息系统的 HP3000 大型主机进行升级，但在 2002 年，系统仍频频出现崩溃现象。职总英康公司的首席信息官詹姆斯·康（James Kang）说："系统故障简直就像噩梦一般。各项工作都得停下来，员工不得不进行数据校正或数据备份。然而，HP3000 备份系统只允许恢复前一天备份的数据。如果当日数据备份不能完成，系统崩溃当天的数据就会丢失，不得不进行烦琐的数据更新，耗费大量人力、财力。"每次遇到硬件故障，都要花几个月来恢复丢失的数据。HP3000 系统共经历过 3 次大的硬件故障，共造成 6 天的彻底停机。

还有更加糟糕的情况。20 世纪 80 年代初期开发的通用商业语言（COBOL）程序由公司的信息技术小组负责维护，但经常出现故障，造成系统暂时中断。此外信息技术小组还发现，利用 COBOL 程序开发新产品，效率十分低下，用时长达几周甚至几个月。

同时，保险单承保交易处理仍然采用批处理方式，保险代理人和顾问都无法在第一时间获取信息。结果，员工在处理新的汽车保险客户申请时，并不清楚申请人是不是职总英康公司的现有客户，这会导致跨产品业务机会的丧失。对于代理人面临的问题，詹姆斯·康说："如果代理人想通过计算机提交材料，会遇到许多问题。HP3000 在连接到这些设备时性能并不稳定。随着越来越多的保险顾问采用远程办公方式，如何保证设备的可用性成了一大问题。"此外，各部门手中没有最新信息，不得不通过纸质材料来交流信息。

这一切都在 2003 年 6 月发生了改变，职总英康公司开始采用易保网络技术公司（eBao Technology）开发的基于 Java 的易保寿险核心业务系统（eBao LifeSystem）。该软件系统包括三个子系统：保险单管理、销售管理和附加资源。关于该系统的特点，詹姆斯·康介绍说："它能够满足我们的需求，包括以客户为中心的设计理念，图像和条形码无缝结合技术，以及支持新产品、新渠道和业务流程变化的产品定义模块等。"

新旧系统的切换工作开始于 2002 年 9 月，仅用短短 9 个月便完成了。到 2003 年 5 月，客户化定制、公司所有个人和团队寿险业务的数据迁移以及员工的培训工作均已完成。

新系统能在高可用性平台上立即运行。所有应用程序均位于两个或多个服务器上，每个服务器至少有两条通信线路，均采用"负载均衡"技术。这种系统架构的稳定性强，能够减少由硬件或操作系统故障而引起的停机。

作为易保应用软件实施过程的一部分，职总英康公司决定将其整套信息技术基础设施都更换为稳定性和扩展性更强的设备。例如，在所有服务部门统一配备扫描仪；统一换成 20 英寸显示器；计算机内存升级到 128MB；为应用服务器、数据库服务器、Web 服务器和磁盘存储系统安装新的软硬件设备。此外，将局域网电缆更换为高速电缆、光纤主干线，或采用无线功能替代。

另外，职总英康公司还更新了其业务连续性计划和灾难恢复计划。设立实时热备份灾难恢复中心，备份机全面投入使用，且运行情况良好。数据能够从主数据中心实时传递到备份机的数据存储器。如果数据中心站点无法访问，在无须恢复前一天数据的情况下，能够迅速切换到灾难恢复站点。

然而，要想实现无纸化的办公环境并非易事。职总英康公司必须抛弃所有纸质记录，包括纸质法律文件。有了新系统，所有文件都可被扫描并存储于"可靠的"存储设备——安全可靠的数字保险库，可确保严格遵守了各项法律法规。职总英康公司还需要对员工进行培训，让那些习惯于纸质办公环境的员工熟悉易保系统，改变原有的工作方式。

实施易保寿险核心业务系统后，500 名员工和 3 400 名保险顾问能够随时随地访问系统。即使是远程办公的员工也能快速访问系统，远程访问速度与在办公室里几乎没有差别。

詹姆斯·康说："基于多产品、多渠道的客户资料，我们将对每位客户有更加全面的了解，为其推荐更合适的人寿保险以及其他普通保险。这为公司进行交叉销售、改善客户服务提供了机会。此外，直通式的工作流处理方式为公司节约了 50%的保单处理成本和时间。基于规则的图表驱动式产品定义模块也大大节省了设计、开发新产品的时间，从几周缩短到几天。"

职总英康公司的前总裁陈钦亮（Tan Kin Lian）在评价易保系统时说："易保寿险核心业务系统拥有最好的直通式处理方式和较强的灵活性，能将新产品的推出时间从几个月缩短到几天，还能让代理人、经纪人和客户轻松地参与和享受在线服务。采用这么棒的系统真是明智之举，不仅能降低成本，还能缩短时间。不得不说，这真是一场革命！"

资料来源：Melanie Liew，computerworld，July 2004；"NTUC Income of Singapore Successfully Implemented eBaoTech Lifesystem，" ebaotech. com，accessed November 2008；Neerja Sethi & D G Allampallai，"NTUC Income of Singapore（A）：Re-architecting Legacy Systems，" asiacase. com，October 2005.

[思考题]

1. 职总英康公司面临哪些问题？新的数字系统是如何解决这些问题的？

2. 在采用全数字化系统之前，职总英康公司使用什么类型的信息系统和业务流程？

3. 请描述在采用全数字系统之后，职总英康公司使用的信息系统和信息技术基础设施。

4. 采用新系统给职总英康公司带来了哪些帮助？

5. 面对未来，职总英康公司是否已经做好准备？案例中出现的问题还会再次出现吗？

第3章 信息系统、组织与战略

学习目标

学完本章后，你将能够回答以下问题：

1. 为了成功地建立和应用信息系统，管理者需要了解组织的哪些特征？信息系统对组织有哪些影响？
2. 公司如何借助波特五力分析模型，利用信息系统制定竞争战略？
3. 价值链和价值网模型如何帮助企业抓住机遇，应用战略信息系统？
4. 信息系统如何帮助企业发挥协同作用与核心竞争力，实施基于网络的战略，以获取竞争优势？
5. 战略信息系统带来了哪些挑战？如何应对这些挑战？

章首案例

Verizon和AT&T——谁的数字化战略更佳

Verizon和AT&T是美国最大的两家电信公司，除了传统的电话服务外，它们还为顾客提供网络服务。用户可以上网发送邮件、信息和视频，分享照片，观看视频和高清电视，召开全球视频会议。上述所有产品与服务都是数字化的。

电信行业的竞争格外激烈，市场瞬息万变。Verizon和AT&T两大巨头都在着力改善自己的无线网络、有线网络和高速互联网络，拓展产品、应用和服务的种类，想方设法超过对方。所有业务中，无线服务是最赚钱的。AT&T野心勃勃地要进军无线市场，目标瞄准了前沿的高端设备，如iPhone手机。Verizon则将赌注压在了提升无线和有线网络的可靠性、负载能力和服务范围，以及久负盛名的高质量客户服务上。

几年来，Verizon在有线和无线网络上进行了大量的技术投资，想借此增强自身的竞争力，其无线网络被公认为美国境内覆盖范围最广、最可靠的。Verizon在4G移动通信技术上投资了上亿美元，该技术能支持高数据密集型应用（如在智能手机上下载视频、音乐等大数据流）和其他网络设备。但是，这项投资的回报到底如何目前尚不清楚。

从财务角度看，Verizon所采取行动的风险比AT&T更大，因为Verizon的前期投入成本很高。AT&T的战略则相对保守，其基本原则是与其他公司合作，利用它们的技术创新。AT&T与苹果公司合作，成为iPhone手机的独家网络供应商。尽管AT&T向使用iPhone手机的顾客收取一定的费用，但是这仍然无法阻止iPhone手机一炮走红，因为iPhone手机拥有流线型外观设计、灵敏的触摸屏，顾客能通过iPhone手机访问iTunes音乐商店，还能下载使用超过25万个应用程序。此外，AT&T也为其他网络设备提供移动通信服务，如亚马逊的Kindle电子书阅读器、上网本。

iPhone手机成为AT&T收入增长的主要来源，与苹果公司的合作关系使得AT&T成为美国智能手机运营商中的领头羊。AT&T的用户占据美国智能手机市场的43%，而Verizon只有23%。这些智能手机用户很值得争取，因为他们每月会比别的用户支付更多的无线数据服务费用。

由于iPhone手机广受欢迎，庞大的用户量超出了AT&T的网络负载能力，造成人口密集地区（如纽约和旧金山）服务迟缓、连接中断。要想应对激增的需求，AT&T可以通过升级无线网络来提升负载能力，但是此举会大大削减其利润。专家估计，如果AT&T将其网络升级到同Verizon相当的质量，需要花费50亿～70亿美元。最终AT&T没有选择升级网络，而是对新的iPhone手机用户采取分层定价的模式，根据用户实际使用的数据来收取费用，以控制用户过度使用网络。

然而，让AT&T更加困窘的是，它对iPhone手机的垄断结束了。2010年，苹果公司和Verizon达成协议，生产与Verizon网络相兼容的iPhone手机。这一合作会使苹果iPhone的市场份额扩大一倍多，当然也毫无疑问地会使一部分AT&T的客户转移到Verizon公司的门下，毕竟Verizon提供的网络服务更好。同时，为了避免大量技术投资的风险，Verizon还同步开拓了基于安卓系统的尖端智能手机市场，以期与iPhone相抗衡。所以，无论将来用不用iPhone手机，只要Verizon的安卓手机销量持续增长，竞争的天平就会发生逆转。

资料来源：Roger Cheng，"For Telecom Firms，Smartphones Rule，" *The Wall Street Journal*，July 19，2010；Brad Stone and Jenna Wortham，"Even Without iPhone，Verizon Is Gaining，" *The New York Times*，July 15，2010；Roben Farzad，"AT&T's iPhone Mess，" *Bloomberg Businessweek*，April 25，2010；Niraj Sheth，"AT&T Prepares Network for Battle，" *The Wall Street Journal*，March 31，2010；and Amol Sharma，"AT&T，Verizon Make Different Calls，" *The Wall Street Journal*，January 28，2009.

Verizon和AT&T的案例说明了信息系统能够帮助企业提高竞争力，以及企业为保持竞争优势而面临的一些挑战。这两家企业所处的电信行业竞争十分激烈，电信公司的竞争对手除了有线电视公司以外，还有行业内的后起之秀和老牌巨头。电信公司不仅要提供语音传输服务，还要提供一系列数字化服务。为了在激烈的竞争中寻求发展，Verizon和AT&T对信息技术的应用分别采取了不同的竞争策略。

Verizon和AT&T都采用了信息技术来提供新的产品与服务。AT&T为iPhone提供了高端无线服务，而Verizon最初只注重提高网络服务的负载能力和质量。AT&T的策略是在保持低成本的同时利用其他供应商的创新技术，Verizon的策略则是在前期投入较高成本以建立高负载能力的网络基础设施，提供高可靠性网络和高质量的客户服务。

章首案例清楚地表明了保持竞争优势的难度有多大。垄断 iPhone 的网络服务给 AT&T 带来了成千上万的新客户，使它获得了竞争优势。但是，如果 AT&T 被迫投入巨资升级网络，或者苹果公司授权 Verizon 也可以发布 iPhone，或者 Verizon 旗下的智能手机与 iPhone 势均力敌，那么 AT&T 的竞争优势将不复存在。服务定价方式的改变也会影响几大无线运营商之间的竞争关系。

下图指出了上述案例和本章的要点：

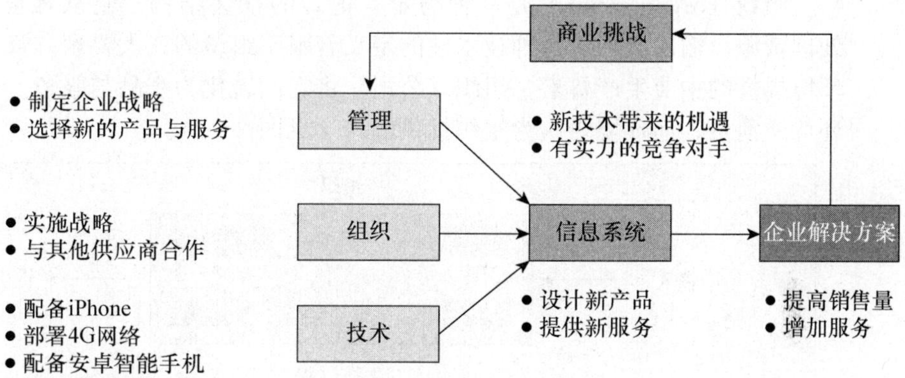

3.1 组织与信息系统

信息系统与组织相互影响。管理者建立信息系统，为企业利益服务。同时，组织必须认识到信息系统带来的影响并接受它们，才能更好地从中获益。

信息技术和组织之间的相互作用十分复杂，受到许多中介因素的影响，包括组织结构、业务流程、政治、文化、周边环境和管理决策等（见图 3—1）。管理者必须理解信息系统是如何改变企业的工作方式和生活方式的。如果不了解组织，就无法认识现有系统，也无法成功设计新系统。

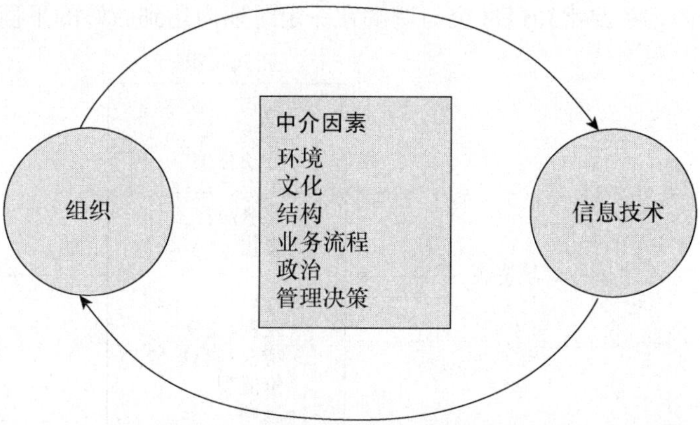

图 3—1 组织与信息技术的双向关系

说明：这一复杂的双向关系受许多中介因素影响，管理决策是其中一个重要因素。

管理者需要决定建立什么系统，系统应具备哪些功能，如何实施系统，等等，而这些决策带来的结果难以预测。信息技术的投资给企业带来的某些变化是无法预料的，其结果有好有坏，不一定达到管理者的预期。就好比在 15 年前，有谁能想到电子邮件和即时通信会成为当今企业主要的沟通方式，许多经理每天都要处理 200 多封邮件呢？

3.1.1 什么是组织

组织（organization）是一种稳定、正式的社会结构，它从环境中获取资源，处理资源，输出成果。这种技术性的定义着眼于组织的三大要素。资本和劳动力是环境提供的主要生产要素，组织（公司）将它们转化为产品与服务。产品与服务被环境所消费，而环境再次为组织提供输入（见图 3—2）。

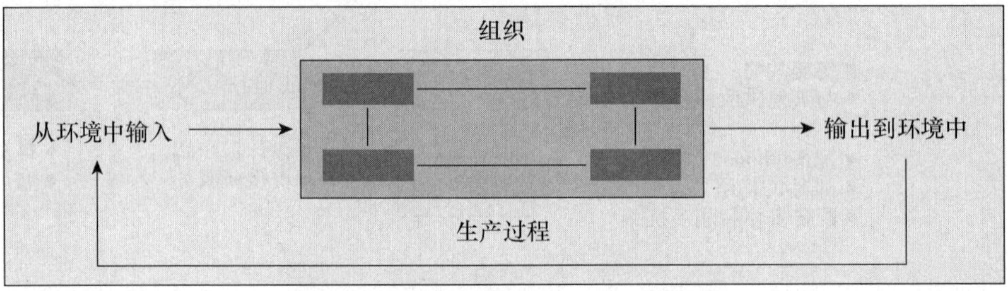

图 3—2 微观经济学对组织的技术性定义

说明：微观经济学认为，资本和劳动力（环境提供的两个主要生产要素）经过生产加工，转化为产品和服务（输出到环境中）；产品和服务被环境所消费，以提供更多的资本和劳动力输入，形成一个反馈环路。

从持续时间和工作的例行性来看，组织比一般的非正式群体（如一群每周五都聚餐的朋友）更稳定。组织是正式的法律实体，其内部规定和运作受法律约束。组织也是一个社会结构，是许多社会元素的集合体，它就像一台结构完整的机器，其阀门、凸轮、轴以及其他零件都有特定的排列规则。

上述定义虽说简单有力，却无法说清真实世界中组织内部的情况，人们也难以做出推测。而行为学对组织的定义更切合实际：组织是一个权利、特权、义务和责任的集合体，各要素经过冲突与调解在一定时期内达到微妙的平衡（见图 3—3）。

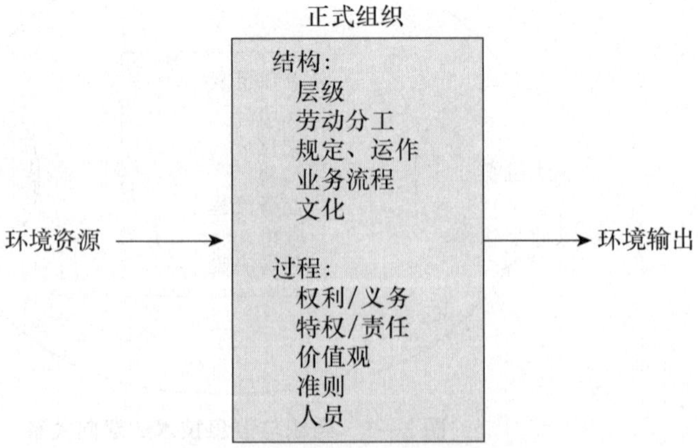

图 3—3 行为学对组织的理解

说明：从行为学的角度理解组织，强调的是群体的关系、价值观和结构。

行为学观点认为，在组织中工作的人们逐渐养成了习惯，对既存的工作关系形成了依赖，对上下级之间的工作方式、工作量与工作条件做了安排。但大多数的安排和情感因素在正式的规则手册中都不会提及。

上述对组织的定义与信息系统又有何关联？技术性的定义引导我们关注的是：在引进新技术时，公司会如何重组输入、创造输出。由于资本和劳动力很容易互相替代，公司可以说具有无限的可塑性。相比之下，行为学对组织的定义更有实际意义，它表明：不论是建立新的信息系统，还是重建旧系统，要做的工作远不止从技术上重新部署机器和员工那么简单，因为信息系统可能会打破组织长期运作中业已形成的权利、特权、义务、责任和情感因素之间的平衡。

调整这些因素可能颇费时日，引起较大变动，而且学习使用新系统和培训员工也要耗费不少资源。譬如说，若要有效地实施一套新的信息系统，所需时间通常会远远超过预期，这是因为要想运行一套系统，先得让员工和管理者学会使用，从而存在时滞。

技术变革往往会导致一系列改变，包括信息的拥有者和管理者、访问和更新信息的权限、管理者制定决策的时间和地点，以及涉及的人物和途径。如此复杂的情况迫使我们重新审视既定的工作方式和实现输出的业务流程。

组织的技术性定义和行为学定义并不是相互对立的，实际上两者相辅相成。技术性定义告诉我们，在竞争性市场中，成千上万的公司是如何整合资本、劳动力与信息系统的；行为学定义则让我们看到，在各个公司中，技术是如何影响组织内部工作的。3.2 节将描述组织的这两种定义怎样帮助我们理解信息系统与组织的关系。

3.1.2 组织的特征

现代组织有一些显著的特征。它们都是层级制组织，劳动分工明确，专业化程度高。组织按照权限高低来分配专员并为其安排负责人。专员的职权仅限于特定的工作，而工作必须按照既定的规则和程序来进行。这些规则构建了一个公平的通用决策系统。组织会尽量依据技术资格和专业水平（而非私人关系）来决定员工的任用和升迁。这样一来，组织就能专心提高效率，利用有限的输入实现最大化输出。组织还具有业务流程、组织文化、组织政治行为、周边环境、结构、目标、客户群体和领导风格等方面的特征。一个组织所使用的信息系统会受到上述各因素的影响。

标准程序与业务流程

所有组织（包括公司）经过一段时间的发展，都会变得非常有效率，因为组织成员逐渐形成了生产产品和提供服务的标准程序。**标准程序**（routine）也称标准操作程序（standard operating procedure，SOP），是一些明确的规定、程序和惯例，用来应对几乎所有可预见的状况。员工如果学会了标准程序，工作效率就会提高，公司的成本也会降低。比方说，去看医生，前台会有一套完备的标准程序来登记患者的基本信息；护士有另一套不同的程序为患者就诊做好准备；医生也有一套完备的程序来诊断病情。本书前两章介绍的业务流程也是标准程序的集合，公司则是业务流程的集合（见图 3—4）。

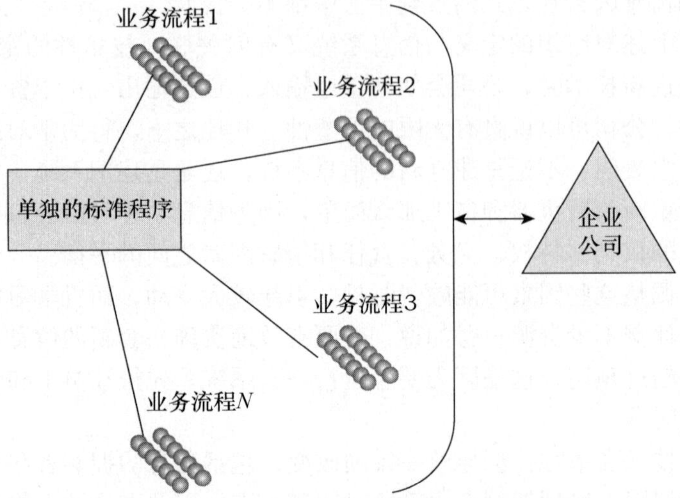

图 3—4　标准程序、业务流程和公司

说明：所有组织都有特定的标准程序和行为方式。标准程序和行为的集合组成了业务流程，业务流程的集合构成了组织。应用新的信息系统需要改变一些标准程序和业务流程，以获得更高的组织绩效。

组织政治行为

组织中不同岗位的人员有不同的专长、关注点和视角，因而他们对资源分配和奖惩的看法自然也存在分歧。无论管理者还是员工都无法避免这些分歧，从而导致组织内部产生争夺资源的矛盾、竞争甚至冲突。政治阻力是组织变革的最大阻力之一，尤其是在新信息系统的开发阶段。事实上，任何重大的信息系统投资都必然带来企业的重大变革（包括战略、企业目标、业务流程和标准程序），这些事件都带有政治色彩。在信息系统的实施过程中，一个成功的管理者应该知道如何恰当地处理组织的政治行为。本书中有政治行为阻碍信息系统运行的例子。

组织文化

在任何一个组织中通常都有令其成员坚信的基本理念。组织文化由一系列理念构成，包括生产什么样的产品，如何生产，在何处生产，以及为谁生产。一般而言，这些文化理念得到了组织上下的普遍认可，却很少公之于众，为外人所知。业务流程是一个企业创造价值的实际途径，也常常被纳入组织文化。

只需观察你所在的院校，就不难发现组织文化的影子。在学校里，教授的知识要比学生渊博得多，学生上学的目的就是学习知识，课程必须按计划安排，这些都是大学生活的基本理念。组织文化具有强大的凝聚力，可以抑制政治冲突，统一认识，协调工作程序和惯例。如果大家都认可相同的文化理念，对待其他事情也更容易达成一致。

然而，组织文化也会成为变革尤其是技术性变革的强大阻力。大多数组织都会竭尽全力维护基本理念，因此，任何威胁到文化理念的技术变革都会面临强大的阻力。有时新技术会与一个组织的文化发生直接的冲突，然而，公司若想发展就必须引进这项新技术。一旦出现这种情况，公司唯有慢慢调整组织文化才能适应新技术。

组织环境

组织从所处的环境中获取资源并回馈产品与服务。组织和环境相互影响。一方面，组织向周边的社会环境和自然环境开放，并依赖这些环境。如果没有资金和人力资源，组织将无法生存。人力资源是指组织内的员工，他们为组织尽职尽责地工作，始终如一，依靠赢得客户获得固定的工资或收入。组织必须遵守政府的法规和相关要求，同时也要及时响应客户和竞争对手的行为。另一方面，组织也可以影响周围的环境。例如，公司之间可以通过结盟来影响政治进程，公司也可以通过广告宣传让顾客认可其产品。

图 3—5 展示了信息系统如何帮助组织察觉环境变化，如何作用于周围环境。信息系统是分析环境的重要手段，它帮助管理者认清外部环境的变化，以便组织及时应对。

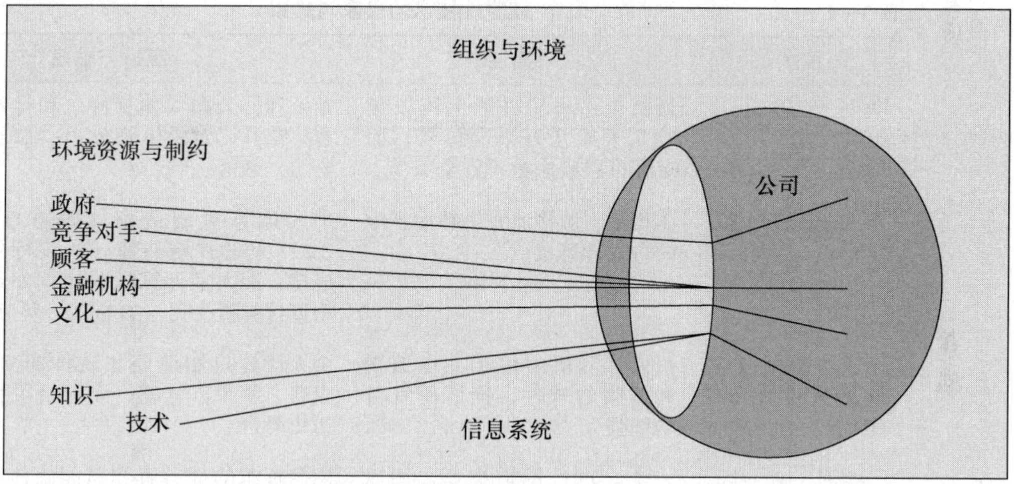

图 3—5　环境与组织之间的互惠关系

说明：环境决定组织能做些什么，而组织也能影响环境、改变环境。其中信息技术的作用十分重要，它使组织认清环境的变化，及时做出反应。

环境的变化总是快于组织的变化。新技术、新产品、大众品味和价值取向的变化（许多都是由政府规章制度的改变引起的），无一不对组织文化、政治和人员造成压力。面对瞬息万变的环境，组织大多感到难以适应。阻碍组织做出重大变革的因素比比皆是，例如，标准操作程序运行中存在的惯性，改变既有秩序引发的政治冲突，变革对传统文化价值带来的威胁，等等。由于资源有限，刚成立不久的公司即使在短期内陷入困境也难以应对。1919 年的《财富》500 强企业能存活到今天的不到 10%，不足为奇。

颠覆性技术：掀起改革的浪潮　有时，一项技术带来的商业创新会彻底改变整个商业环境，这类创新被称为“颠覆性的”（Christensen，2003）。在某些情况下，**颠覆性技术**（disruptive technology）是指那些与现有的任何产品相比，性能相同或更好（通常是好得多）的替代性产品。生活中有很多颠覆性技术的例子，比如：

汽车代替了马车，文字处理器代替了打字机，苹果公司的 iPod 代替了便携式 CD 播放器，数码摄影代替了胶片摄影，等等。

上述例子中，颠覆性技术抢了整个行业的生意。还有一些颠覆性技术，通常比现有的产品功能更少、成本更低，凭借以上优势，它们不断拓展市场，最终成为现有产品的低成本竞争对手。磁盘驱动器就是一个例子：个人计算机中使用的小型硬盘驱动器，为小型文件提供了廉价的数字存储设备，受到了大家的欢迎。小型硬盘驱动器的出现扩大了磁盘驱动器的市场，并最终成为磁盘驱动器市场中最大的细分市场。

有时新技术的兴起如同一场海啸，所及之处必破坏殆尽。有的公司正是海啸的发动者，它们乘风破浪，将高额利润收入囊中；有的公司能够快速跟进，紧随潮流，分得一杯羹；有的公司由于产品、服务和商业模式陈旧过时，被潮流所淘汰；还有的公司即使做得再多，效率再高，做的也是无用功。当然，有时技术不会给任何企业带来好处，只有消费者才是唯一的获益者。这类例子数不胜数。表 3—1 展示了过去和将来可能会出现的一些颠覆性技术。

表 3—1　　颠覆性技术的赢家与输家

技术	描述	赢家与输家
微处理器芯片（1971 年）	最初在一小块硅片上可以集成几千或几万个晶体管，而现在可以集成数千万个	微处理器公司（如英特尔和得州仪器公司）获益，而晶体管公司（如通用电气公司）衰落。
个人计算机（1975 年）	体积小、价格便宜、功能齐全的台式计算机	个人计算机制造商（如惠普、苹果、IBM）和芯片制造商（如英特尔）大获成功，而大型计算机公司（如 IBM）和小型计算机公司（如 DEC）势衰。
个人计算机文字处理软件（1979 年）	个人计算机中用于文本编辑和排版的软件，价格便宜且功能强大	个人计算机制造商和软件商（如微软、惠普、苹果）兴盛，而打字机行业退出历史舞台。
万维网（1989 年）	一个全球性的数据库，用以存储数字文件和即时可用的页面	网络资源的拥有者和新闻媒体获益，而传统发行商（报纸、杂志和广播电视）日渐式微。
互联网音乐服务（1998 年）	存储音质可靠的音乐并提供下载的网站	音乐收藏网（如 MP3. com；iTunes）、拥有网络中枢的电信运营商（如 AT&T、Verizon）和本地互联网服务提供商获益，而唱片公司和音乐零售商（如 Tower Records）衰落。
PageRank 算法	一种网页排名的方法，根据网页的流行程度排名，弥补了以关键词排序的搜索引擎的不足	谷歌是大赢家（拥有专利权），而传统的关键词搜索引擎（如 Alta Vista）势衰。
网络服务软件	利用互联网提供可远程访问的在线软件	在线软件服务公司（如 Salesforce. com）获益，而传统盒装软件公司（如微软、SAP、甲骨文）受损。

颠覆性技术实在难以驾驭。开发出颠覆性技术的“先行者”公司不一定总能从

技术中获益，它们可能因为缺乏应用技术所需的资源而错失良机。比如，MITS Altair 8800 是公认的第一台个人计算机，但发明者并没有很好地利用其优势，结果让 IBM 和微软这些“快速追随者”后发制人，收获了成功的果实。花旗银行发明了自动柜员机，使零售银行业发生了变革。各大银行纷纷效仿，最后所有银行都使用了自动柜员机，在这次革新中受益最大的是顾客。谷歌虽然不是搜索引擎的发明者，但也算得上是一个富有创新精神的追随者，创造出了名为“PageRank”的强大搜索算法。到目前为止，谷歌在搜索引擎领域一直保持领先地位，而其他的搜索引擎不断衰败，只占有极小的市场份额。

组织结构

所有组织都有其结构或形态。明茨伯格将组织结构分为五种基本类型（见表 3—2）（Mintzberg，1979）。你会发现，一个公司使用什么信息系统，信息系统会出现什么问题，都与组织结构有关。比如在医院这样的专业层级清晰的组织中，往往有数套并行的记录系统，有的由行政管理人员使用，有的由医生使用，还有的为护士、护工等专业人员所用。小型创业公司最初都会采用仓促设计的简易系统，但随着公司的发展，原先的系统很快就不再适用。而对于多部门、跨地域的大型企业来说，通常不会上下通用一套单一的集成系统，而是每个区域、每个部门都有自己的信息系统。

表 3—2　　**组织结构的分类**

组织结构	特征描述	例子
创业型结构	设立时间短、规模小，身处快速变化的环境中；结构简单，由创业者自己经营管理。	小型创业企业
机械式层级结构	规模大，身处变化缓慢的环境中，生产标准化产品；由一个集中式团队管理，实行集中决策。	中等规模的制造企业
部门式层级结构	由多个机械式层级组合而成，各层级生产一种不同的商品，或提供不同的服务；由公司总部集中领导。	《财富》500 强企业，如通用汽车公司
专业层级结构	以专业知识为基础的组织，产品和服务由专业人员的知识技能决定；由部门领导管理，权力相对分散。	律师事务所、教育系统、医院
灵活型结构	特别工作组，应对快速变化的环境；由多个领域的专家组成多学科性团队，集中管理较弱。	咨询公司，如兰德公司（Rand Corporation）

组织的其他特征

每个组织都有自己的目标，也有各自实现目标的方式。有些组织的目标是强制性的（如监狱），有些组织的目标是功利性的（如企业），还有些组织的目标是规范化的（如大学和宗教团体）。组织还服务于不同的人群，或者说拥有不同的客户群。有的组织主要为组织成员谋利，有的则为顾客/股东或者公众谋利。不同组织的领导风格相差悬殊，有的比较民主，有的则比较专制。组织工作方式和技术的不同也会造成组织之间的差异。一些组织主要执行常规的任务，并可简化成正式的规则，不需要员工做出太多的判断（如生产汽车配件），另一些组织（如咨询公司）的工作则基本上是非常规性的。

3.2 信息系统对组织和企业的影响

如今的信息系统已经成为一种集成的、在线的交互式工具，深刻影响着众多大型组织每分每秒的运营和每个决策的制定。在过去的 10 年里，信息系统已从根本上改变了组织的经济状况，为组织开展工作带来了极大的便利。经济学和社会学的理论和概念有助于我们更好地理解信息技术带来的变革。

3.2.1 经济影响

从经济学的观点来看，信息技术改变了资本的相对成本和信息的成本。信息系统技术可视为一种生产要素，可以替代传统的资本和劳动力。长期以来，信息技术的成本不断降低，逐步代替了成本日益上升的劳动力。因此，信息技术的使用会导致中层管理人员和文职人员的减少（Laudon，1990）。

随着信息技术的成本降低，信息系统还会替代其他形式的资本，例如费用高昂的经营场所和机器。我们将会看到管理者不断增加信息技术方面的投资，因为相比之下它的成本较低。

同样，信息技术也显著影响着信息本身的成本和质量，并改变了信息经济学。当公司从市场上购买自己无法生产的产品时就会产生交易成本，而信息技术可以帮助公司降低交易成本。根据**交易成本理论**（transaction cost theory），公司和个人都会想方设法降低交易成本，正如他们竭力降低生产成本一样。开拓市场渠道的成本较高（Coase，1937；Williamson，1985），因为需要联系异地供应商，监督合同的履行，购买保险，获得产品信息等，所有环节都耗费甚多。一般而言，公司会通过纵向整合、扩大规模、增聘员工及收购供应商和分销商等方式来降低交易成本，正如通用汽车公司和福特汽车公司过去所做的那样。

信息技术尤其是网络的应用可以使公司降低市场参与成本（交易成本），因此公司更愿意与外部供应商签单，这样做要比使用公司内部资源划算得多。如此一来，公司的规模就会缩小（员工减少），因为与其雇用更多的员工，不如将工作外包。

例如，通过使用与外部供应商相连接的信息系统，克莱斯勒公司有 70%的零件来自外部供应商。思科公司和戴尔公司将它们的产品生产完全外包给伟创力公司（Flextronics），也正是信息系统的功劳。

图 3—6 显示，交易成本降低会导致公司规模缩小（员工数量减少），因为与其自己生产产品、提供服务，不如将产品和服务外包，既带来便利又降低了成本。这样做可在促使公司收入增长的同时，保持公司规模不变，甚至缩小规模。

信息系统也可以降低公司内部的管理成本。根据**代理理论**（agency theory），公司是由自利的个体组成的“契约集合体”，而不是统一的利益最大化实体（Jensen

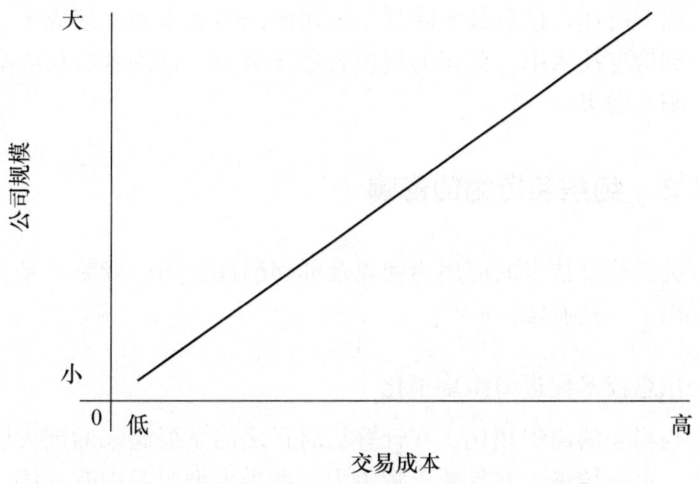

图 3—6　从交易成本理论视角看信息技术对组织的影响

说明：当市场参与成本（交易成本）较高时，公司一般通过扩大规模来降低交易成本。在信息技术的帮助下，公司可以依赖外包公司和外部承包商，在维持原规模不变的情况下降低交易成本，甚至可以在缩小规模的情况下保持收入增长。

and Meckling，1976）。负责人（雇主）雇用“代理人”（员工）为其工作。然而，代理人需要接受监督和管理；否则，他们只会追求自己的利益，而忽视雇主的利益。随着公司规模和经营范围的扩大，代理成本（或称为协调成本）会上升，因为雇主必须花更多的精力去监督和管理员工。

信息技术降低了获取信息和分析信息的成本，让管理者能够更容易地监督更多的员工，从而降低代理成本。图 3—7 显示信息系统从整体上降低了管理成本，公司可以一边保持收入增长，一边裁减中层管理人员和文职人员。在前面的章节中我们见到过这样的例子：信息技术让人手不足的小型组织也能得心应手地协调不同业务，如处理订单和跟踪库存，从而拓展了组织的协同能力和管理范围。

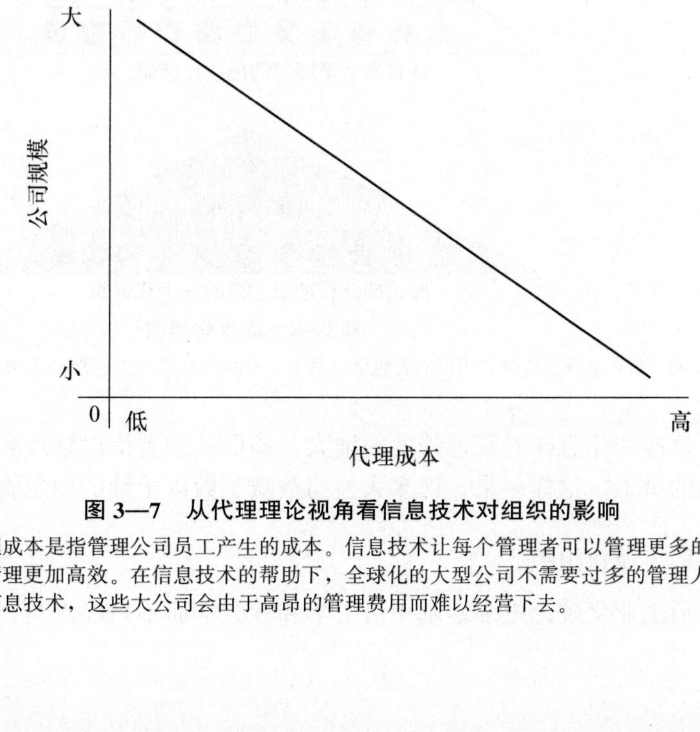

图 3—7　从代理理论视角看信息技术对组织的影响

说明：代理成本是指管理公司员工产生的成本。信息技术让每个管理者可以管理更多的员工，从而降低代理成本，使管理更加高效。在信息技术的帮助下，全球化的大型公司不需要过多的管理人员就能够高效运作。如果没有信息技术，这些大公司会由于高昂的管理费用而难以经营下去。

综上所述，信息技术降低了公司的交易成本和代理成本。随着未来更多的资本投入到信息技术中，公司的规模会逐步缩小，管理者会相应减少，每个员工创造的收入则会增多。

3.2.2　组织和行为的影响

关于信息技术的应用为何以及如何引起公司的变革，基于复杂组织的社会学理论提出了一些看法。

信息技术促进组织扁平化

与当今的组织相比，在计算机时代之前发展起来的庞大层级制组织，通常效率低下，更新缓慢，并且缺乏竞争力。此类大型组织中有一些已经缩小规模，裁减员工，减少了组织层级。

行为学研究者认为，信息技术通过拓宽信息发布渠道，赋予基层员工更多权力，从而使组织层级趋于扁平化（见图 3—8），管理效率提高。信息技术推动了组织中权力的下放，因为基层员工能接触到第一手信息，并能及时据此做出决策而无须通过上级。（劳动力受教育水平的提高也是促成权力下放的一个原因，高素质的基层员工完全可以自主做出明智的决策。）而且，如今的管理者能更及时准确地接收信息，更快地做出决策，因此组织需要的管理人员减少。管理成本与公司收入之比降低，层级制组织的效率提高。

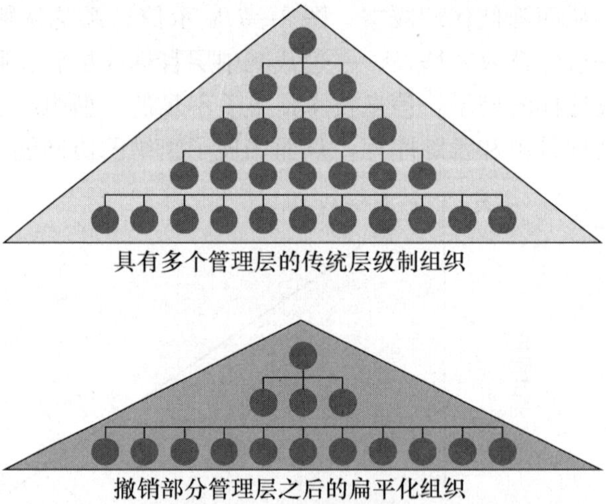

图 3—8　扁平化组织

说明：信息系统让管理者可以监管更多的员工，也赋予基层员工更多的决策权，从而减少了组织的管理层级。

这些变化意味着管理跨度的增大，高层管理者得以管理和控制分布更广、距离更远的员工。这样一来，许多大公司裁减了数以千计的中层管理者。

后工业化组织

后工业化理论更多地基于历史学和社会学而不是经济学，该理论也支持信息技术会使组织扁平化的观点。在后工业化社会中，管理者的权威更多地来自知识和能力，而不是职位。专业的员工善于自我管理，而随着知识和信息在公司中更加普及，决策权也应当分散开来，因此组织的形态趋于扁平化（Drucker，1988）。

信息技术也能促进组织内形成网络化的工作组，工作组由专业人员组成，成员或聚在一起工作，或通过电子通信方式互相联系，在短时间内完成指定项目（如设计新车型）。一旦任务完成，相关的工作组就会解散，其成员加入其他工作组。全球最大的管理咨询公司埃森哲就是一个实例。它没有运营总部，没有正式的分支机构。公司 19 万名员工在 49 个国家之间流动，为各地的客户完成不同的项目。

谁来确保自我管理的团队朝正确的方向前进？谁来分配各成员的任务？当某人频繁转换工作组时，管理者如何考核他的绩效？员工如何了解自己的职业前景？组织需要新的方法去评价、组织和联系员工，而且不是所有公司都能有效率地以虚拟形式运作。

理解组织变革的阻力

信息系统必然与组织政治行为紧密相连，因为它影响到组织对信息这一关键性资源的使用。信息系统会改变组织的运作，包括人员分配、工作内容、客户对象以及工作的时间、地点、方式。许多新的信息系统会改变单个工作的标准程序，因此会令相关员工难以适应；使用新的信息系统还需要对员工进行再培训，并且要投入额外的精力，但有时不一定见效。由于信息系统可能会改变组织的结构、文化、业务流程和战略，引进系统时总会遇到不少阻力。

组织变革的阻力可以用许多不同的模型来说明。莱维特（Leavitt，1965）曾用一个菱形模型来说明组织与技术之间相互关联、相互调整的特性（见图 3—9）。如图所示，技术的变革能否为组织所接纳，是否会失败，取决于组织的任务安排、结构及人员。在模型中，推动变革的唯一途径是同步改变技术、任务、结构和人员。也有一些学者认为，在引入一项新技术之前，先要将组织“解冻”，快速实施该技术后，将组织“再冻结”，或者说是将变革制度化（Alter and Ginzberg，1978；Kolb，1970）。

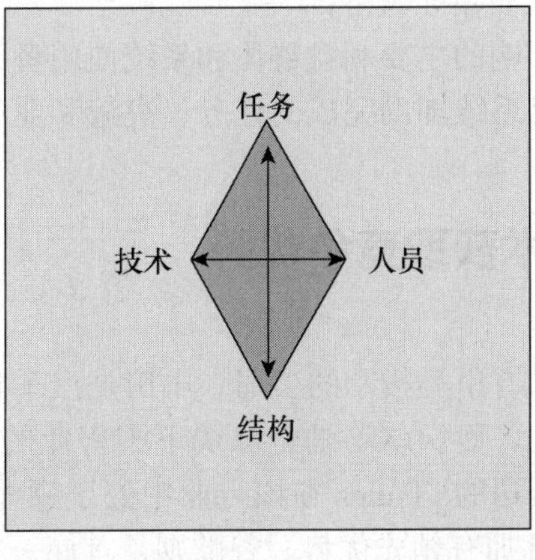

图 3—9　组织变革的阻力及技术和组织间相互调整的关系

说明：引进信息系统会对组织的任务安排、内部结构及人员带来影响。如模型所示，若要实施变革，这四个组成部分必须同时进行改革。

资料来源：Leavitt（1965）.

组织内阻碍变革的力量非常强大，因此许多信息技术的引进虽几经挣扎，却仍未能提高企业的生产率。调查研究显示，导致大型项目失败的普遍原因并不是技术失误，而是组织内阻碍变革的力量（详见第 14 章）。所以，作为一个将来要投身于企业信息技术建设的管理者，必须具备与人打交道和协调组织的能力，这种能力丝毫不亚于专业技术和知识。

3.2.3 互联网与组织

互联网（尤其是万维网）对公司与其外部实体间的关系，以及公司内部业务流程的安排产生了重要影响。互联网增强了组织获取、存储和发布信息的能力。从本质上讲，互联网能够大幅降低组织的交易成本和代理成本。例如，纽约的经纪公司和银行已经将其内部的操作程序手册放到了公司网站上，供各地的员工参阅，节省了上百万美元的邮递费用。全球各地的营销人员通过互联网就可以即时接收最新的产品价格信息，也能收到上级通过电子邮件发来的指示。大型零售商的供应商可以直接访问零售商的内联网站，获取实时的销售信息，再据此来补充订货。

许多企业利用互联网技术快速地重塑了主要的业务流程，并让互联网技术成为信息技术基础设施建设的关键组成部分。网络化的关键作用就在于简化业务流程，裁减员工，使组织趋于扁平化。

3.2.4 设计和了解信息系统对组织和企业的影响

组织在建立信息系统时，首先必须对自身有清晰的认识，才能真正从中获益。从以往的经验来看，一个组织在建立新系统时应关注以下核心问题：

- 组织运作的环境；
- 组织的结构：层级、专业分工、标准程序和业务流程；
- 组织文化及政治行为；
- 组织类型和领导风格；
- 受系统影响的主要利益群体和系统使用者的态度；
- 需要信息系统辅助完成的任务、决策和业务流程的类别。

3.3 利用信息技术获取竞争优势

每个行业都有出类拔萃的公司。丰田是汽车制造业的佼佼者。亚马逊在网络零售业中一马当先，而沃尔玛是全球线下零售业的领跑者。凭借 75%的网络音乐下载份额，苹果公司的 iTunes 在该行业中处于领先位置，而在相关的数码音乐播放器领域中，iPod 拥有领先优势。谷歌则是首屈一指的网络搜索引擎。

上述公司之所以出类拔萃，是因为它们拥有竞争优势：它们要么拥有同行没有的特殊资源，要么能够更有效地利用资源——一般来说，只有优异的知识与信息资产才是成功的关键。不管怎样，这些公司收入增长更快，盈利能力和生产率（效率）更高，最终使得公司的股票市值超过竞争对手。

为什么这些公司能超越对手，它们又是如何取得竞争优势的？如何分析企业并识别出企业的战略优势？如何为自己的公司创造战略优势？信息系统如何帮助组织获得战略优势？要回答这些问题，我们得借助迈克尔·波特（Michael Porter）的五力分析模型。

3.3.1　波特五力分析模型

在分析竞争优势时，迈克尔·波特的五力分析模型是应用最广的**竞争力模型**（competitive forces model）（见图 3—10）。该模型描述了公司、竞争对手和公司所处环境的总体概况。前面我们提到过企业环境的重要性，以及企业对于环境的依赖性。波特的模型就是关于企业总体商业环境的模型。模型中体现了决定公司命运的五种竞争力量。

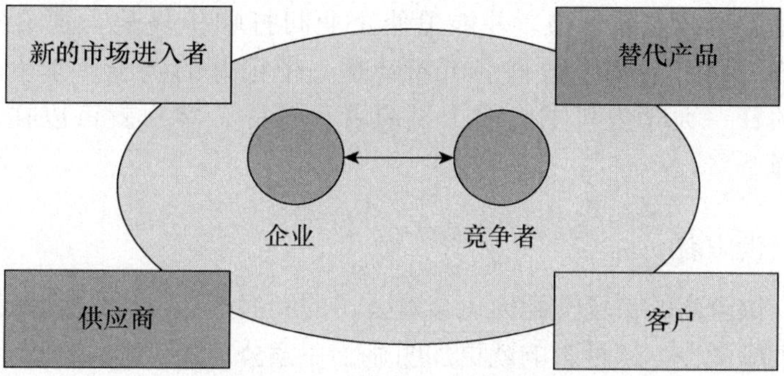

图 3—10　波特五力分析模型

说明：在波特五力分析模型中，公司的战略地位及其战略部署不仅取决于公司原有竞争对手的策略，而且取决于行业大环境中的其他四种力量：新的市场进入者、替代产品、客户和供应商。

原有竞争对手

每家公司都有竞争对手，为了争夺市场，竞争对手也在不断地开发新产品和新服务，寻求高效率的生产方式，提升品牌以吸引顾客，或提高转换成本以留住顾客。

新的市场进入者

在自由经济体中，劳动力和资金可以自由流通，因此不断有新的市场参与者进入市场。有些行业准入门槛较低，有些行业则很难进入。比如，卖比萨或做一些小额零售生意起步比较容易，要进入计算机芯片市场则不仅费用高昂，而且困难重重，一方面资金成本高，另一方面所需的专业知识技术较难获得。新公司有一些潜在的优势：不受旧的厂址和设备的束缚，可以雇用薪酬较低且富有创造力的年轻员工，有崭新的品牌名称，与行业老牌企业相比更有进取心。然而这些优势也会成为它们的弱点：新公司需要从外界筹资来建造厂房和购买设备，投资很大；员工大多工作经验较少；公司不具有品牌效应。

替代产品与服务

如果你提供的产品或服务的价格太高，那么顾客会寻找相应的替代品，几乎每个行业都是如此。新技术总在创造新的替代品。就连石油也有替代品：酒精可以替代汽油用作轿车燃料；植物油可以替代柴油用作卡车燃料；风能、太阳能、煤炭、水力都可以替代石油燃料用来发电。同样，互联网电话代替了传统电话，接入家庭的光纤电话线路代替了原有的有线电视线路，提供音乐歌曲下载的网络音乐服务代替了 CD 音像店。行业中的替代产品与服务越多，价格就越难掌控，利润率也就越低。

客户

一家公司要想获利，首先要有能力吸引客户，留住客户（与竞争对手争夺客户），然后在此基础上收取合适的价格。如果客户可以随意地更换产品与服务，或者说在一个**产品差异化**（product differentiation）较小的透明市场里，客户能即时获悉所有产品价格，并能迫使企业间打响价格战，那么客户就会变得越来越强势。网上的二手教科书市场就是一个很好的例子，学生（客户）能够找到所需的任一大学教科书的多个供应者。这样，客户就可以在不同的卖家之间做出选择。

供应商

供应商的市场支配力也会对公司的利润产生巨大的影响，如果公司的涨价速度比供应商慢，这种影响就更加明显。一家公司的供应商越多，公司就越能控制进货的价格、货品质量和交付时间。例如，生产笔记本电脑的公司都有多个供应商提供关键零部件（如键盘、硬盘、显示器等），供应商之间则会相互竞争。

3.3.2 信息系统战略与企业竞争力

面对各种竞争力量，企业该如何应对？企业应如何利用信息系统与这些竞争力量相抗衡？如何避免被替代的命运，如何同新的市场参与者竞争？一般而言，有四种通用策略要通过信息技术和信息系统来实现，它们是：低成本领先、产品差异化、关注补缺市场、加强与客户和供应商的联系。

低成本领先

通过信息系统将运营成本降至最低，可以把价格降至最低。沃尔玛就是一个典型的例子。沃尔玛之所以能成为美国的零售巨头，全靠一套出众的库存补货系统来保持丰富的货品、低廉的价格。顾客在沃尔玛的收银台刚付款，持续补货系统就会直接给供应商发送订单，预订新货物。每件商品经过收银台时，销售终端都会记录下商品的条形码，然后将交易记录直接发送给总部的计算机。计算机从沃尔玛各大卖场收集订单，再将订单发给供应商。通过网络技术，供应商也可以访问沃尔玛的销售库存数据库。

整套系统实现货物补给的速度快如闪电，因此沃尔玛没有大量的商品库存，不需要在仓库管理上花费过多资金。利用这套系统，沃尔玛还可以及时掌握顾客需求，对销售的商品做出调整。其竞争者如西尔斯公司（Sears）的常规开销一般占销售收入的 24.9%，而通过使用这套库存补货系统，沃尔玛将这一比例降至 16.6%（零售业的运营成本一般占销售收入的 20.7%）。

沃尔玛的持续库存补货系统还是一个有效客户反应系统。**有效客户反应系统**（efficient customer response system）可将消费行为直接与生产、分销和供应链相连，这样沃尔玛的补货系统就可以提供高效的顾客响应。

产品差异化

通过信息系统可推出新的产品和服务，或者使顾客能更便利地获取现有的产品与服务。比如，谷歌会不时地推出新颖独特的搜索服务，如谷歌地图。2003 年，eBay 收购了电子支付系统 PayPal，不仅方便了消费者付款，而且拓展了自身的拍卖业务。苹果公司开发了一款便携式数码随身听 iPod，又开发了独特的网络音乐下载服务，购买一首歌曲的价格从 69 美分到 1.29 美元不等。之后，苹果开发出视频播放器 iPod、多媒体智能手机 iPhone 和平板电脑 iPad。本章的章首案例讲述了 AT&T 是如何尝试数字化创新这一企业发展战略的。

利用信息系统，制造商和零售商正向顾客提供更多可定制的、个性化的产品和服务，以满足每个顾客的具体需求。例如，耐克公司通过其网站上的 NIKEiD 项目销售定制的运动鞋。顾客可以选择鞋子的款式、颜色、材质、外底，还可以定制最多有 8 个字母的 logo。耐克公司通过电脑将这些订单交给有特殊机器的中国和韩国工厂生产。定制的运动鞋价格只贵 10 美元，顾客在 3 周后就可以收到鞋子。这种大批量生产个人定制产品或提供个性化服务的能力被称为**大规模定制**（mass customization）。

表 3—3 所列公司都利用信息技术开发出了产品与服务，这些产品与服务是其他公司难以效仿，或者说很长时间内无法企及的。

表 3—3　　基于信息技术的新产品、新服务给企业带来竞争优势

一键式购物：亚马逊	亚马逊拥有一键式购物的专利，它向其他在线零售商授权。
网络音乐：苹果的 iPod 和 iTunes	iPod 是一款集成的随身播放器，拥有包括 1 300 多万首歌的音乐库。
定制高尔夫球杆：Ping	顾客可以从 100 多万种高尔夫球杆中选择自己需要的球杆；按单定制系统会在 48 小时内将定制球杆送到顾客手中。
网上缴费：CheckFree.com	仅 2010 年一年就有 5 200 万个家庭通过 CheckFree.com 支付账单。
网上个人对个人支付：PayPal.com	PayPal 允许不同个人的银行账户之间、银行账户与信用卡之间自由转账。

关注补缺市场

利用信息系统帮助公司专注于某一特定市场，在这个狭小的目标市场中超过竞争对手。信息系统为这项战略提供了强大的支撑，它可以收集和分析数据以调整营销策略。信息系统可以细致分析顾客的消费方式、品味和喜好，公司据此调整广告投放和营销活动，来适应补缺市场。

数据来源可以多种多样——信用卡交易记录、客户基本资料、从超市收银台和零售店收集的数据以及网站的访问记录。先进的软件能从海量数据中找出规律和内在联系，据此指导决策。数据分析结果可以推动基于个人喜好创建个性化信息的一对一营销。例如，希尔顿酒店（Hilton Hotel）的 OnQ 系统可以全方位地分析顾客信息，测定顾客的喜好，确定能从顾客那里获取多少收益。根据系统提供的信息，希尔顿酒店可以为最有价值的顾客提供特权，比如推迟退房时间。如今的客户关系管理系统具有分析密集数据的能力（见第 2 章和第 9 章）。

下面的“互动讨论：组织”专栏将介绍信用卡公司是如何巧妙地使用这一战略来预测哪些持卡人是最有价值的。信用卡公司收集了顾客消费及其他行为的海量数据并进一步挖掘，以构建详细的用户档案，识别持卡人的信用风险。这些做法提高了信用卡公司的盈利能力，但是会不会损害消费者的利益呢？

互动讨论：组织

信用卡公司对你的了解有几分

凯文·约翰逊（Kevin Johnson）度完蜜月回来后，收到了一封来自美国运通公司（American Express）的信件。信中告知约翰逊，公司将他的信用额度削减了 60%。这是为什么呢？并不是因为约翰逊没有及时还款或者有不良信用。信中写道：“您最近消费的地方曾接待美国运通卡持卡人，其中部分持卡人有不良的还款记录。”而约翰逊最近开始去沃尔玛购物。这表明我们已经进入了信用卡分析的新时代！

你每使用一次信用卡购物，该交易就会记录到信用卡发行商的海量数据存储库中。每笔交易都有一个四位数的类别代码，用于记录交易类型。涉及杂货店、快餐店、诊所、酒吧、保释金和债券支付、交友和陪护服务的交易都有不同的代码。通过这些代码，信用卡公司可以深入了解自己的客户。

这些数据对于信用卡公司来说有多种用途。首先，通过这些数据，信用卡发行商可以精确定位新产品的目标客户，进行更精准的促销。例如，购买过飞机票的客户可能会收到常旅客里程的促销。其次，通过与历史购买数据进行比较，信用卡发行商能够识别出持卡者的异常购买情况，从而避免信用卡诈骗的发生。信用卡发行商也会标记出那些经常透支消费或消费习惯不稳定的客户。此外，执法机构也会使用这些数据来追踪罪犯。

那些从来没有还清过欠款的持卡人每月要支付利息和其他一些费用，这是信用卡发行商主要的利润来源。但是，金融危机和信贷紧缩使这些客户成为信用卡发行商的累赘，很多用户拖欠付款，有的甚至申请破产。因此，目前信用卡发行商正致力于挖掘信用卡数据来预测风险最高的持卡人。

借助复杂的数学公式和一些行为科学理论，信用卡公司正在构建更加精细的档案，希望对用户有更加深入的了解。这些数据能够帮助信用卡公司分析出某种交易类型与客户的支付能力、还款能力之间的关系。根据上述信息，信用卡发卡商可以拒绝高风险客户的信用卡申请，或者削减其信用额度。

由于信用卡发行商是基于某些交易类型进行归类的，因此可能会将某些可靠的持卡人错认为风险用户。尽管你每月都及时还款，但是如果你有以下消费记录：购买二手服装、支付保释金、按摩、赌博等，仍有可能被误认为是风险用户。还有其他一些行为也会引起怀疑：使用信用卡给轮胎翻新、在酒吧购买饮料、进行婚姻咨询或者预借现金。如果你收到超速行驶的罚单，也会引起怀疑，因为信用卡发卡商会认为你是一个不理智、冲动的人。鉴于次贷危机，信用卡发行商甚至会认为，如果客户来自佛罗里达、内华达、加利福尼亚以及其他受到取消抵押品赎回权重创的州，他们就是风险客户。

前面提到的精细档案还能识别出具有良好信誉、值得信赖的持卡人。例如，信用卡发行商发现，那些购买高质量鸟饲料、雪耙（用来清扫房顶上的积雪）的客户，通常都会及时还款。信用卡公司还会利用有关持卡人行为的详细信息，与拖欠款项的客户建立良好的关系。一位来自密苏里州的49岁妇女正深陷离婚的痛苦中，她欠不同的信用卡发行商共4万美元，其中欠美国银行（Bank of America）2.8万美元。美国银行的客服代表在研究了这位妇女的档案后，与她保持联系，并向她指出有一次她交重了费用。这位客服代表与持卡人之间建立了情感纽带，最终尽管这位妇女无法偿还多家信用卡发行商的大部分欠款，但是她还清了美国银行的2.8万美元欠款。

上述案例表明，只要持卡人对信用卡发行商有好感，无论是因为客服代表与客户建立了更好的关系还是其他原因，这些客户都会更愿意还款。

信用卡发行商通过档案信息来更好地理解消费趋势，这无可厚非，但他们是否可以利用这些信息先发制人，拒绝客户的信贷申请、修改协议条款呢？法律上是不允许对个人建档的，但是似乎很多信用卡发行商都在这么做。

2008年6月，美国联邦贸易委员会起诉CompuCredit公司。该公司是一家次贷信用卡营销商，采用了复杂行为评分模型来识别购买行为具有风险的客户，并降低了这些客户的信用额度。最后，CompuCredit公司向这些所谓高风险客户的账户中存入1.14亿美元，并支付了250万美元的罚款，才结束了这场官司。

美国国会打算出台法案来规范信用卡发行商使用档案信息确定利率和政策的行为。美国总统奥巴马于2009年5月签署了新的信用卡改革法案，该法案要求联邦监管机构研究上述问题，并且必须查明，是否会有一小部分持卡人因为这些归档标准而受到不利影响。新的立法还禁止信用卡发行商对客户任意地、随时地加息。

以后，你收到的信用卡促销邮件将会越来越少，那些在最初的宽限期免息，但期限过后利息飞涨的免息卡也会逐渐减少。欺诈顾客的政策会渐渐消失，如对未还款用户提供现金返还奖励政策，这一政策实际上鼓励持卡人不要还款。但是，信用卡发行商表示，为了应对这些变化带来的影响，它们不得不全面加息，甚至对那些信用良好的优质客户也是如此。

资料来源：Betty Schiffman, "Who Knows You Better? Your Credit Card Company or Your Spouse?" Daily Finance, April 13, 2010; Charles Duhigg, "What Does Your Credit-Card Company Know about You?" *The New York Times*, June 17, 2009; and CreditCards.com, "Can Your Lifestyle Hurt Your Credit?" MSN Money, June 30, 2009. Boudette.

[思考题]

1. 信用卡发行商实施的是哪种竞争策略？信息系统如何支持其实施竞争策略？

2. 信用卡发行商分析客户消费数据并建

立行为档案有什么商业价值？

3. 信用卡发行商的这些行为合乎道德吗？是否侵犯了客户隐私？为什么？

[MIS 实践]

1. 如果你拥有一张信用卡，请将该卡过去6个月的消费记录制成一张详细清单，并用文字描述，信用卡发行商可以从这些消费记录中了解你的哪些兴趣爱好和行为习惯。

2. 信用卡发行商在获取上述信息后，如何从中获益？还有哪些公司会对这些信息感兴趣？

加强与客户和供应商的联系

利用信息系统，公司可以加强自己与供应商的联系，并与客户保持密切关系。克莱斯勒汽车公司的信息系统允许供应商直接访问以了解其生产进度，甚至允许供应商决定在什么时间、以什么方式为克莱斯勒装运配件。这样一来，供应商就有了更充裕的交货时间。在客户关系方面，亚马逊的做法可圈可点，它能记录顾客买书和CD的偏好，以便向他们推荐其他商品。公司与客户和供应商走得越近，**转换成本**（switching costs）（指客户从一种产品转向其竞争产品所付出的成本）就越高，客户和供应商对公司的忠诚度也就越高。

表3—4是对上述四种策略的总结。有的公司偏重这些策略中的某一项，有的公司则同时实施好几项策略。例如，戴尔一方面努力实现低成本运营，另一方面努力生产可定制的个人计算机。

表3—4　四种提高企业竞争力的策略

策略	描述	实例
低成本领先	利用信息系统降低产品和服务的价格，提高质量	沃尔玛
产品差异化	利用信息系统将产品差异化，开发新产品和服务	谷歌、eBay、苹果、Land's End
关注补缺市场	利用信息系统聚焦单一的补缺市场；专业化	希尔顿酒店、哈利士酒店（Harrah's）
加强与客户和供应商的联系	利用信息系统同客户和供应商建立稳固忠实的关系	克莱斯勒、亚马逊

3.3.3 互联网对企业竞争优势的影响

在互联网时代，传统的竞争力量依然存在，而竞争对手的实力也得到了空前的提升（Porter，2001）。互联网技术是基于通用标准开发的，任何公司都可以使用，这使竞争对手可以轻而易举地发动价格战，同时也降低了新的竞争者进入市场的门槛。互联网上的信息对于所有人都是开放的，因此顾客可以很方便地找到价格低廉的商家，这就增强了顾客的议价能力，而商家的利润受到了影响。在表3—5中，波特总结了互联网可能为企业带来的负面影响。

表3—5 互联网对竞争力和行业结构的影响

竞争力	互联网的影响
现有竞争对手	互联网使得企业不再受地理因素的制约，拓展了市场，竞争对手增多，而竞争对手间的差异减小；如此一来，企业更难获得竞争优势，于是竞争对手之间不得不打响价格战
新的市场进入者	互联网降低了市场进入门槛，市场参与者更容易获取销售人员、渠道和实物资产；互联网技术让业务流程更简单易用
替代产品与服务	互联网赋予替代产品以新功能、新方法来满足客户需求
客户的议价能力	互联网可以让客户随时了解全球同类产品的信息和价格，赋予客户议价能力
供应商的议价能力	企业通过互联网采购提高了供应商的议价能力；互联网降低了供应商进入市场的门槛，因为网络消除了供应商和采购方之间的分销商等中间环节

互联网的出现已经摧毁了一些行业，并对更多的行业造成威胁。比如，网络替代品的出现，让纸质百科全书和旅行社几乎销声匿迹。同样，互联网给零售、音乐、图书、房产中介、软件、通信和新闻出版行业也带来了不小的冲击。

然而，互联网的出现同时也开辟了许多崭新的市场，为成千上万的新产品、新服务、新商业模式奠定了基础，为企业打造品牌、争取庞大而忠实的客户群创造了契机。亚马逊、eBay、iTunes、YouTube、Facebook、Travelocity和谷歌都是很好的例子。如此看来，互联网在所有行业掀起了"转型"的浪潮，迫使它们转变经营策略。

对于大多数媒体来说，互联网的出现都威胁到它们的商业模式和盈利性。随着新形式的娱乐活动占据消费者越来越多的时间，除教科书和专业刊物以外的图书销售增速变缓。报纸和杂志受到的冲击更大，读者人数不断减少，广告客户也因此缩水，越来越多的人喜欢在网上阅读免费新闻。电视和电影行业被迫应对盗版，损失了不少利润。

当苹果公司宣布发布新的iPad平板电脑时，所有媒体行业的佼佼者在看到威胁的同时，也看到了巨大的契机。事实上，iPad和类似的移动设备或许是它们的救世主——前提是传统媒体要与技术提供商（如苹果、谷歌）达成合理的协议。对于有些公司而言，如果它们无法调整自己的商业模式，用新的方式为用户提供内容，iPad的出现或许会带来威胁。

3.3.4 企业价值链模型

虽然波特的五力分析模型可以帮助我们识别竞争力，制定通用策略，但是它没有指明具体该如何操作，未提出一套取得竞争优势的方法论。要想实现卓越运营，到底应该从何做起？为解决这一问题，需要借助企业价值链模型。

价值链模型（value chain model）能够让企业了解在哪些具体活动中应用竞争策略会有最大收益（Porter，1985），在何处应用信息系统最有可能带来战略影响。该模型可以为公司找准关键支点，以有效利用信息技术，提升竞争地位。价值链模型将公司视为由一系列基本活动构成的链条，每项活动都为产品或服务增值。这些活动可以分为基本活动和支持活动（见图 3—11）。

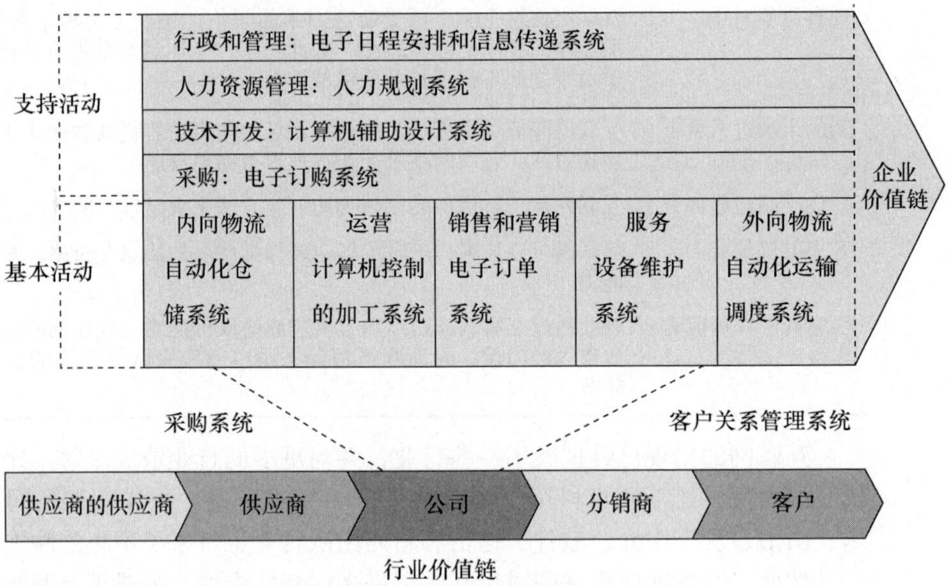

图 3—11　价值链模型

说明：本图列举实例说明分别用于公司及其价值伙伴的基本活动和支持活动的系统，它们可以为产品和服务增加边际价值。

基本活动（primary activities）直接关系到公司产品和服务的生产与分销，即为顾客创造价值的过程。基本活动包括内向物流、运营、外向物流、销售和营销以及服务。内向物流包括原料的接收和储存，为生产做准备。运营环节将输入转化为产成品。外向物流包括产成品的储存和配送。销售和营销包括公司产品的推广与销售。服务包括对产品和服务的维护与修理。

支持活动（support activities）支持基本活动的开展，包括组织的基础架构建设（行政和管理）、人力资源管理（员工招募、培训）、技术开发（改善生产流程、提升产品质量）和采购（购买原材料）。

有了价值链模型，又该如何借助信息系统来提升运营效率，改善公司与顾客、供应商的关系？价值链模型促使人们审视为产品增加价值的各个环节，想方设法改善业务流程。顾客与供应商处于公司价值链之外，但属于公司的扩展价值链，与公司的成败息息相关，如何利用信息系统改善公司与二者的关系？供应链管理系统可以协调输入公司的物资流，客户关系管理系统可以协调销售人员和服务人员与顾客的关系，这两套系统是最常用的，它们的应用是对价值链进行分析的结果。我们将在第 9 章详细论述这些企业级应用。

公司还可以借助价值链模型，与竞争对手进行比较，对业务流程进行标杆管理，以确定行业最佳实践。**标杆管理**（benchmarking）是指企业以严格的标准来对比自身的效率和效益，衡量企业绩效。而行业**最佳实践**（best practices）一般由咨询公司、研究机构、政府机构和行业协会确定，作为最成功的解决方案来帮助企业实现商业目标。

一旦分析了企业价值链的各个阶段，就能确定企业需要什么样的信息系统。一旦确定所需的信息系统，企业就可以着手去做了。在竞争对手价值链的薄弱环节增强自身实力，就可以与顾客和供应商保持良好关系，降低成本，提高利润率，从而实现卓越运营。如果企业的竞争对手也做出了类似的改进，那么企业至少不会处于竞争劣势。

价值链的扩展：价值网

图 3—11 显示，公司的价值链与其供应商、分销商及客户的价值链紧密相连。毕竟，公司的绩效不仅取决于内部运营，而且依赖于公司的供应商、送货公司（联邦快递、UPS 等物流伙伴）以及客户。

如何应用信息系统在行业内获取战略优势？在一个行业中，公司之间可以通过信息技术开展合作，制定电子化信息交换和交易的行业标准，迫使所有市场参与者接受这些标准。这样做可以提高效率，降低产品的可替代性，提高入行门槛以阻抑新的参与者进入市场。行业成员还可以在行业内部建立基于信息技术的联盟和沟通网络，举办专题研讨会，来协调与政府机构、国外竞争者以及竞争企业之间的活动。

行业价值链能帮助公司应用信息系统更有效地联络供应商、战略伙伴和顾客。公司将自己的价值链与商业伙伴的价值链紧密结合，在这个过程中，公司也就获得了战略优势。比如，亚马逊的系统就有如下特点：

- 使供应商更容易在亚马逊网站上开设店铺，展示商品。
- 简化客户的支付手续。
- 开发快递系统，更好地为客户递送货物。
- 为客户开发送货跟踪系统。

互联网技术造就了价值网，使行业各成员的价值链实现高度同步。**价值网**（value web）是独立公司的集合，各公司使用信息技术协调各条价值链，共同为市场生产产品、提供服务。与传统价值链相比，价值网多为非线性运作，并且大多是由客户驱动的。

图 3—12 显示，不管是在一个行业内，还是在相关行业中，价值网都可以让公司的价值链与客户、供应商及合作伙伴的价值链同步。价值网适应性强，能很快适应供需变化。价值网中的联系可以快速打破和重组，以适应瞬息万变的市场行情。公司可以优化价值网中的联系，快速确定所需产品和服务的价格、交付方和交接地点，以及时应对市场和客户的变化。

3.3.5　协同作用、核心竞争力和基于网络的战略

典型的大公司一般有多种业务。从总体上看，公司就是战略业务单元的集合体，因此公司的盈利与各个单元的业绩息息相关。信息系统可以提升各业务单元的协同作用与核心竞争力，从而改善公司的整体效益。

协同作用

协同作用是指把某些业务单元的输出作为另一些单元的输入，或者两个组织合

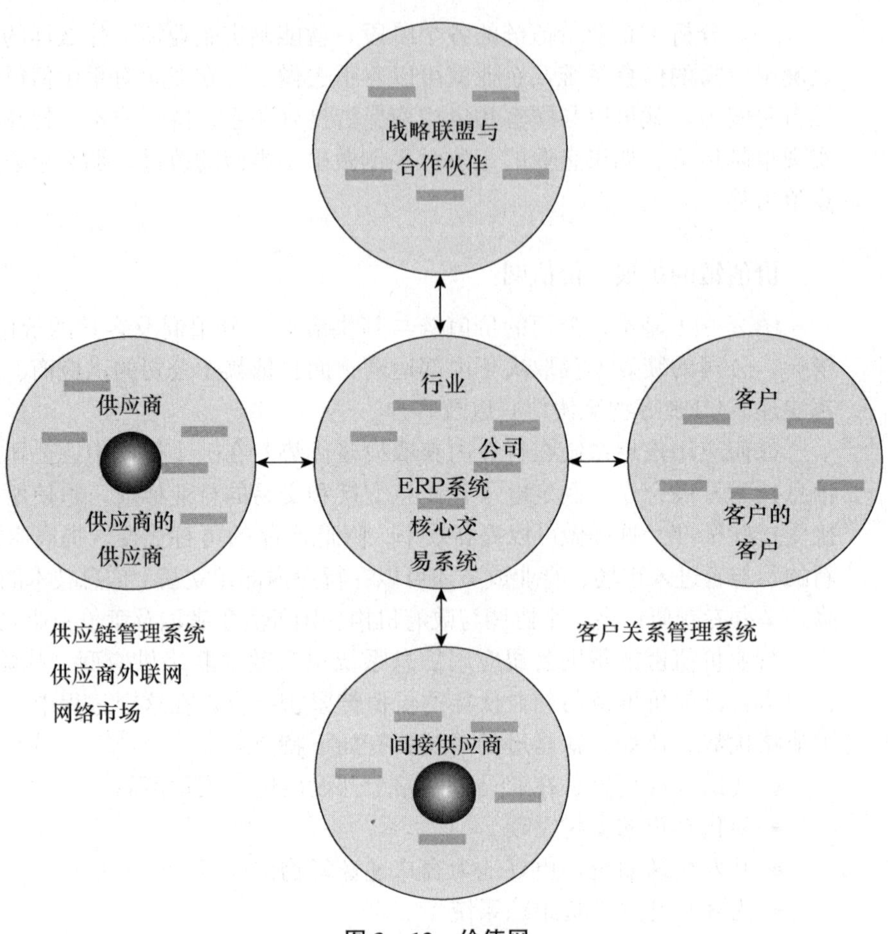

图 3—12　价值网

说明：价值网可以让行业内各商业伙伴的价值链同步，以快速应对市场的供需变化。

伙经营某一市场，通过共享某些专有技术来降低成本，增加收益。JP 摩根大通（JP Morgan Chase）和纽约银行（Bank of New York）的合并，以及美洲银行（Bank of America）和美国国家金融服务公司（Countrywide Financial Corporation）的合并，都是出于这个目的。

信息技术可以将不同的业务单元结合起来，实现整体运作。例如，美洲银行在收购了美国国家金融服务公司后，进一步拓展了按揭贷款业务，获得了一批新客户。这些新客户可能会对其信用卡业务、个人银行业务和其他金融产品感兴趣。信息系统能帮助合并后的企业整合业务，降低零售成本，促进金融产品的交叉营销。

核心竞争力

信息系统还能用于增强企业的核心竞争力。只要各业务单元发展壮大，形成了企业的核心竞争力，所有单元的整体效益都会有所提升。一家公司若想跻身世界领先地位，必须拥有自己的核心竞争力。**核心竞争力**（core competency）是指能使企业成为世界级领导者的因素。设计世界上最好的微型部件，或者提供最好的包裹递送服务，或者生产最好的薄膜，都能成为一家企业的核心竞争力。总之，核心竞争力的形成需要长年的知识经验积累，这离不开长期的研发工作和忠诚的员工。

无论什么信息系统，只要能促进各业务单元之间的知识共享，就能帮助企业增强核心竞争力。这类系统能帮助员工了解最新的外部知识，以增强企业现有的竞争力，或者帮助企业凭借现有竞争力进军新的相关市场。

例如，在品牌管理和产品创新上处于世界领先地位的宝洁公司，使用一系列系统来增强核心竞争力。宝洁公司拥有一套名为“InnovationNet”的内联网，用于解决难题，分享想法和知识。该系统提供了一个门户，人们通过浏览器就可以访问文档、报告、图表、视频和其他各种资源，从而将全球从事研发、工程设计、采购、营销、法律事务和商业信息等工作的人联系在一起。系统包括一个专家通信录，在需要合作解决问题和开发产品时都可以在线咨询专家。此外，通过该系统还能接触到全球范围内的外部研究人员和正在寻找创新产品的企业家。

基于网络的战略

互联网和网络技术让企业能够结合自身实力建立网络或参与网络。基于网络的经营战略包括应用网络经济学、创建虚拟企业模式和建立商业生态系统。

网络经济学　利用**网络经济学**（network economics）的知识，建立基于网络的商业模式，有助于公司制定发展战略。传统的经济学（多用于工厂和农业生产中）认为，生产是收益递减的。生产过程中投入的资源越多，输出产品的边际收益越少，当到达某一阈值后，再增加投入将无法获得更多的产出。这就是边际收益递减规律，它是许多现代经济学理论的基础。

然而在某些情况下，边际收益递减规律并不适用。例如在网络中，增加一个参与者的边际成本是零，而因此获得的边际收益却相当可观。电话网络或者互联网的用户越多，每位用户就可以与更多的人交流互动，用户得到的价值也就越大。与一家只有 1 000 位用户的电视台相比，一家拥有 1 000 万用户的电视台的经营成本并不会高多少。群体的规模越大，其价值也就越高，而增加新成员带来的成本完全可以忽略不计。

从网络经济学的视角看，信息技术对于企业实施战略颇有益处。企业可以创建互联网网站，建立用户社区，让志同道合的用户分享各自的经验。这样不仅可以培养忠实的客户群，给他们带来乐趣，还能拉近公司与客户的关系。网上拍卖巨头 eBay 和网上女性社区 iVillage 就是很好的例子。两家公司都在互联网上建立了社区，拥有数百万用户，并以此为基础开展业务。在 eBay 上卖东西的人越多，eBay 对于用户的价值也就越大，因为提供的商品增加，卖家会因为竞争而降低商品价格。网络经济学也为商业软件供应商带来了战略利益。使用软件及配套产品的顾客越多，软件的价值就越大，软件的持续使用和供应商的后续服务能创造出的利润也就越多。

虚拟企业模式　运用虚拟企业模式来提高企业竞争力，是另一种基于网络的战略。**虚拟企业**（virtual company）又称虚拟组织，通过网络连接人员、资产和想法，与其他公司结盟，从而使生产和分销产品、提供服务都不受传统组织界限和地理位置的限制。一家公司在地理位置上不必靠近另一家公司，却仍可以自如地使用另一家公司的资源。当一家公司要从外部供应商手中购买更廉价的产品和服务时，或要迅速捕捉新的市场机遇但自身缺乏时间和资源时，虚拟企业模式就能派上用场。

像 GUESS、Ann Taylor、李维斯和锐步等时尚用品公司，都通过香港的利丰贸易服务有限公司（Li&Fung）管理服装的生产和运送。利丰负责开发产品、购买布料、规划生产流程、监控质量以及货运。利丰自己没有布料，没有机器和工厂，它将这些工作都外包给一个网络，该网络拥有超过 7 500 家供应商，遍及世界 37 个国家。客户通过利丰的专有外联网下达订单，然后利丰向特定的原料供应商和服装厂下达指令，生产服装。利丰的外联网会跟踪记录每单服装生产的每一个环节。

虚拟企业的运作方式让利丰变得更灵活、适应性更强，使其能在短时间内设计和生产出客户需要的产品，紧跟日新月异的时尚潮流。

商业生态系统：基石企业和补缺企业 互联网和数字化公司的出现使行业竞争力模型不得不做出调整。传统的波特模型假设行业的环境是静态的，行业间有明确的界限，有一批稳定的供应商、替代产品和客户，企业将行业中的其他参与者视为对手。如今，越来越多的公司意识到它们参与的不是单个行业，而是几个行业的集合，这些行业提供相关的服务和产品（见图 3—13）。**商业生态系统**（business ecosystem）也可以指由供应商、分销商、外包公司、物流服务公司和技术开发商组成的结构松散却又相互依赖的网络（Iansiti and Levien，2004）。

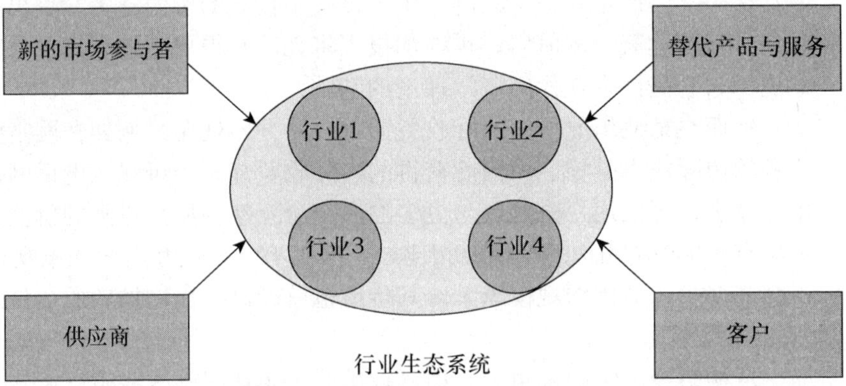

图 3—13 生态系统的战略模型

说明：在数字化公司时代，由于商业生态系统中的各个行业集合间存在竞争，行业、公司、客户和供应商之间的界限是动态变化的。在生态系统模型里，多个行业互相协作，为客户创造价值。信息技术促使网络中的各公司紧密互动。

商业生态系统的概念是基于前述价值网提出的，两者的差别在于商业生态系统中的协作存在于不同行业之间，而价值网中的协作只关系到各个公司。例如，微软和沃尔玛都有信息系统、技术和服务平台，供其他行业中成千上万的公司使用，以增强自身实力。据微软估测，有超过 4 万家公司使用 Windows 平台来管理其产品运送。它们在使用微软产品的同时，也增加了微软自身的价值。沃尔玛的订单输入系统和库存管理系统为数以万计的供应商所用，以即时获取顾客需求，追踪货运，掌控库存。

商业生态系统具有这样的特征：由一家或几家基石企业主宰整个生态系统，它们提供平台供其他补缺企业使用。在微软的生态系统中，微软、英特尔和 IBM 是基石企业，补缺企业则包括成千上万的应用软件公司、软件开发商、服务公司、网络公司、咨询公司等所有应用微软产品的公司。

信息技术在建立商业生态系统时起到了重要作用。显而易见，许多公司通过开发基于信息技术的平台供其他公司使用，成为基石企业。我们可以预见，在数字化公司时代，信息技术将在建设行业生态系统方面发挥更重要的作用。因为随着平台的发展，生态系统中所有公司的参与成本将会降低，而收益会迅速增长。

在基石企业创建的生态系统中，各个补缺企业应该仔细考虑如何应用信息系统在市场中获利。例如，在决定生产什么产品、提供什么服务时，公司应该考察与产品、服务相关的现有商业生态系统，弄清如何应用信息技术参与到这些生态系统中。

当今的移动互联网平台正在快速发展，它就是一个强有力的生态系统实例。这个生态系统涉及四个行业：设备制造商（苹果、RIM、LG 等）、无线通信公司（AT&T、Verizon、T-Mobile、Sprint 等）、独立的应用软件供应商（一般是出售游戏、应用程序和手机铃声的小公司）和互联网服务提供商（为移动平台提供互联网服务的公司）。

上述四个行业都有自己的历史、利益和驱动力。这几个行业时而相互合作，时而相互竞争，形成了一个名为“移动数字平台生态系统”的新兴行业。苹果公司成功地将这些行业结合到一个体系中。苹果生产的电子产品（如 iPhone 手机）几乎与个人计算机具有同样强大的功能。这些电子产品只有在由无线运营商提供的高速宽带网络中才能正常使用。为了吸引更多顾客，iPhone 手机必须具备比传统手机更多的功能。苹果将 iPhone 打造成了一款“智能手机”，它能运行上千种不同的应用程序。苹果自己不能独立开发所有应用程序，因此它让小型的独立开发商来提供应用程序，让顾客在 iTunes 商店中购买。只要 iPhone 手机用户连接上互联网，互联网服务提供商就会从中获利。

3.4 利用信息系统获取竞争优势：管理问题

战略信息系统通常能改变组织的产品、服务和经营流程，促使组织革新行为模式。利用信息系统成功获取竞争优势是一项颇具挑战性的任务，需要技术、组织和管理之间的精确协调。

3.4.1 保持竞争优势

通过战略信息系统获得的竞争优势是不稳定的，谁也无法保证竞争优势能让企业长期盈利。竞争优势不是一劳永逸的，再好的战略系统终究会被竞争对手效仿和超越。全球化加速了市场、顾客和技术的变化，还使这些变化变得越来越难以预测。互联网使竞争优势越发难以维持，因为几乎谁都可以使用这些技术。比如美国航空公司的 SABRE 计算机订票系统、花旗银行的 ATM 系统以及联邦快递的包裹追踪系统，都是经典的战略系统，曾在各自的行业中处于领先地位，为企业带来丰厚的效益。但是后来，其竞争对手开发出了与之相匹敌的系统。前面提到的亚马逊曾是电子商务的领军企业，而今却不得不面对 eBay、雅虎和谷歌等后起之秀的挑战。想要保持竞争优势，仅借助信息系统是不够的。原先用来获取战略优势的系统会逐渐沦为企业维系生计的工具，每家企业都依靠它生存，但是有的系统已经阻碍了企业对未来发展战略的调整。

3.4.2 信息技术与企业目标

研究发现，能将信息技术与企业目标相结合的公司往往能取得成功，获得更多盈利，而仅有 1/4 的公司能将二者紧密结合。企业将近一半的盈利都是信息技术与业务相结合的产物。

大多数公司都错误地认为：信息技术的发展是独立的，并不是为管理层和股东利益服务的。经营者不但没有积极地组建企业信息系统，反而对信息技术视而不见、漠不关心，还自称不懂信息技术，对于信息技术领域的失败盲目容忍，认为引入信息技术是一件麻烦事。这类企业为其糟糕的绩效付出了惨痛的代价。成功的公司管理者深知信息技术的重要作用，他们积极地应用信息系统，精心评估信息技术对公司收益和利润的影响。

实施战略系统前的分析

为了将信息技术和公司业务相结合，有效利用信息系统保持竞争优势，管理者必须在实施战略系统前进行分析。要想确定一个企业需要什么系统来获取竞争优势，管理者应当先弄清以下问题：

1. 公司所在行业有怎样的结构？

- 行业中存在哪几种竞争力量？是否有新的参与者？供应商、客户及替代产品与服务对价格有何影响？
- 竞争是基于品质、价格还是品牌？
- 行业内在发生什么变化，变化有什么趋势？变革的力量从何而来？
- 目前行业中其他企业是如何使用信息技术的？组织应用信息系统的水平在整个行业中处在什么位置？在平均水平之上还是之下？

2. 公司有什么样的业务、合作伙伴和行业价值链？

- 公司如何为客户创造价值，是通过降低价格和交易成本还是提高产品质量？公司业务可以在价值链的哪个环节为客户创造更多价值，为公司带来更多收益？
- 在采用最佳运作方式时，公司是否真正理解和管理好了自己的业务流程？公司是否已充分利用供应链管理系统、客户关系管理系统和企业级系统？
- 公司能否充分发挥自己的核心竞争力？
- 行业供应链和客户群的变化是否有损公司利益？
- 公司能否从战略伙伴关系与价值网中获利？
- 信息系统在价值链的哪个环节可以发挥最大作用，为公司带来最大收益？

3. 公司是否已将信息技术与企业战略和目标相结合？

- 公司的战略和目标是否明确？
- 信息技术能否改善企业业务流程和经营活动，进而推动企业战略的实施？

● 公司用来评估目标的进展情况的标准是否恰当？

3.4.3　管理战略转型

一般来说，采用前面提到的战略系统都会改变企业的目标，同时也会改变企业与客户和供应商的关系，以及企业的业务流程。这些变化被视为**战略转型**（strategic transition）。组织的社会技术系统的变化会同时影响组织的社会要素与技术要素。

战略转型还会使组织内部和外部的界限变得更加模糊。供应商和客户可能会互相分担一些职责，二者的联系会更加紧密。管理者需要设计新的业务流程来协调企业与客户、供应商以及其他组织之间的活动。实施新的信息系统所必需的组织变革至关重要，这一点在本书中到处都有体现。第 14 章将详细论述组织变革的问题。

3.5　管理信息系统实践项目

本节中的实践项目涉及以下几个方面：了解信息系统如何支撑企业战略，分析会对合并企业的信息系统造成影响的组织因素，利用数据库改善企业战略决策，以及利用网络工具进行汽车配置和定价。

3.5.1　管理决策问题

1. 梅西百货（Macy's，Inc.）在全美拥有 800 多家分店。其零售店出售的商品包括服装、饰品、化妆品、家具和家居用品等。梅西百货的高层管理者认为，应当调整商品结构来迎合当地顾客的喜好，每家零售店都应该根据当地的销售模式调整服装和其他商品的颜色、尺寸、品牌及风格。举个例子，与纽约的分店相比，得克萨斯州的分店可以进一些尺码更大、颜色更亮丽的服饰，芝加哥市政街的分店则可以通过出售各种化妆品来吸引追求时尚的顾客。信息系统会如何帮助梅西百货的管理层实施这项新战略？为了实施新战略，信息系统应该收集哪些数据来协助管理层确定各地适合销售的商品？

2. 如今的全美航空公司（US Airway）是原全美航空公司和美国西部航空公司（America West Airline）合并的产物。原全美航空公司成立于 1939 年，合并前有一套传统的业务流程，采用层级制结构，运作迟缓，其信息系统服务外包给了美国电子数据系统公司（Electronic Data Systems），运行起来也比较僵化死板。而美国西部航空公司成立于 1981 年，员工普遍比较年轻，企业文化较为轻松自由，有一套自己管理的信息系统。原全美航空公司有丰富的管理经验，在美国的东海岸有发达的交通网，而美国西部航空公司的组织结构成本低，信息系统先进，航线主要集中在美国西部，两家公司的联合会产生强大的协同作用。在两家公司和两套信息系统合并的过程中，管理层应该考察组织的哪些特征？为了使合并战略行之有效，管理层需要做出哪些决策？

3.5.2 优化决策：利用数据库明确企业战略

软件技能：数据库查询和报告、数据库设计

商业技能：预订系统、顾客分析

在此练习中，你将利用数据库分析旅馆的预订系统，根据有关信息调整旅馆的企业战略和营销活动。

Presidents' Inn 是一家三层小旅馆，坐落于新泽西州著名的旅游胜地梅角。10 间客房临街；10 间客房朝向港口，可远眺大海；另外 10 间是海景房，在旅馆正面。房价根据房间的位置、顾客入住天数和入住人数而定。若一间房入住 1～4 人，房价不变。若入住 5～6 人，则每增加一个人多收 20 美元。客人入住达到或超过一周就能享受九折优惠。

过去 10 年，该旅馆一直稳步发展。如今旅馆装修一新，针对已婚夫妇推出了浪漫周末套餐，针对新婚夫妇推出了度假套餐，针对商务旅客推出了工作日折扣套餐。旅馆经营者采用的人工预订和登记系统目前遇到了不少问题。有时，两个家庭同时被安排在了同一间客房。管理者无法了解到旅馆日常运营情况及收入的即时数据。

在 MyMISLab 中，为本章提供了一个用微软 Access 开发的旅店订房数据库。该数据库如下图所示。

Reservations

ID	Guest First Name	Guest Last Name	Room	Room Type	Arrival Date	Departure Date	No of Guests
1	Barry	Lloyd	Hayes	Bay-window	12/1/2010	12/4/2010	2
2	Michael	Lunsford	Cleveland	Ocean	12/1/2010	12/9/2010	3
3	Kim	Kyuong	Coolidge	Bay-window	12/4/2010	12/7/2010	1
4	Edward	Holt	Washington	Ocean	12/1/2010	12/3/2010	4
5	Thomas	Collins	Lincoln	Ocean	12/9/2010	12/13/2010	2
6	Paul	Bodkin	Coolidge	Bay-window	12/1/2010	12/3/2010	2
7	Randall	Battenburg	Washington	Ocean	12/4/2010	12/12/2010	2
8	Calvin	Nowotney	Lincoln	Ocean	12/2/2010	12/4/2010	1
9	Homer	Gonzalez	Lincoln	Ocean	12/5/2010	12/7/2010	5
10	David	Sanchez	Jefferson	Bay-window	12/5/2010	12/7/2010	2
11	Buster	Whisler	Jackson	Ocean	12/5/2010	12/8/2010	2
12	Julia	Martines	Reagan	Bay-window	12/10/2010	12/15/2010	1
13	Samuel	Kim	Truman	Side	12/20/2010	12/30/2010	3
14	Arthur	Gottfried	Garfield	Side	12/13/2010	12/15/2010	2
15	Darlene	Shore	Arthur	Ocean	12/24/2010	12/31/2010	5

Record: 1 of 30 No Filter Search

请分析数据，撰写一份报告，帮助管理者提升业务竞争力，增加盈利。报告需回答以下问题：

- 每种客房的平均客人入住天数是多少？
- 每种客房的平均客人入住人数是多少？
- 在某一特定时间段内，每间客房的基本收入是多少（即入住天数乘以每天的房价）？
- 重要的顾客群是哪些人？

弄清这些问题之后，写一份简要报告，描述数据库所揭示的当前经营状况。哪种具体战略可以提高入住率，增加收入？应该怎样改善数据库来为战略决策提供更有用的数据信息？

3.5.3 优化决策：利用网络工具为汽车选择配置和定价

软件技能：网络软件

商业技能：研究产品信息、定价

此练习要求你登录售车网站，选中一款汽车，找到相关的产品信息，然后根据收集的信息做出购车决定。你需要在售车网站中任选两个网站进行评价。

假设你有意购买一辆新的福特公司的福克斯汽车（如果你对另一款汽车感兴趣，也可以以其作为研究对象，选择国产车或者进口车都可以）。访问 CarsDirect 的网站（www.carsdirect.com）进行调查研究。找到福特公司的福克斯车型，浏览该车型的各种配置，根据自己的喜好确定汽车的配置。考察该车型的各种信息，包括报价、标配和可选项。浏览至少两条评论。美国国家公路交通安全管理局会对车辆进行撞击测试，如果该车型的撞击测试结果在网上可以查到，请根据结果考察该车型的安全性。查找汽车在何处有现货，可以直接购买。最后，考察 CarsDirect 网站的其他功能，看是否可以提供融资。

记录或者打印从 CarsDirect 网站获取的交易信息，然后登录汽车制造商的网站，也就是福特公司的网站（www.ford.com）查询。比较福特公司网站和 CarsDirect 网站上福克斯车型的信息。查看福特公司网站上的报价和促销政策（需特别注意是否与 CarsDirect 一致）。然后在福特公司网站上找到一家本地的经销店，以便在购买之前去看一下车。研究福特公司网站的其他特点。

尽量在本地经销店中找到你要购买的车型的最低价格。你更愿意通过哪家网站购车？为什么？分别为 CarsDirect 和福特公司的网站提出建议。

小 结

1. 为了成功地建立和应用信息系统，管理者需要了解组织的哪些特征？信息系统对组织有哪些影响？

所有现代组织都是层级制的、专业化的和公正的，通过标准程序来提高工作效率。所有组织都有自己的文化和利益群体间的政治行为，并受到周边环境的影响。不同的组织有不同的社会角色、目标、客户群、领导方式、动力、任务和结构。正因为组织的特征各不相同，每个组织使用的信息系统也不相同。

信息系统和组织互相影响、互相制约。引入新的信息系统会改变组织的结构、目标、价值观念、工作方式、决策和日常业务，而且组织内部利益群体间的竞争也会有所变化。与此同时，信息系统的设计必须满足组织中核心群体的利益需求。而且，组织结构、业务流程、目标、文化、政治和管理方式都会反过来对信息系统的构建产生影响。信息技术可以削减交易成本和代理成本，互联网的应用尤其如此。新的信息系统会打破现有的工作和权利关系，因此引进新技术时会遇到一些阻力。

2. 公司如何借助波特五力分析模型，利用信息系统制定竞争战略？

在波特五力分析模型中，虽然公司的战略地位和具体战略是在与对手的竞争中确定的，但很大程度上也受到新的市场参与者、替代产品与服务、供应商和客户的影响。信息系统从以下几个方面增强企业的竞争力：降低成本，使产品或服务多样化，关注补缺市场，加强与客户和供应商的联系，通过卓越运营抬高进入市场的门槛。

3. 价值链和价值网模型如何帮助企业抓住机遇，应用战略信息系统？

价值链模型可以帮助企业找准关键环节，实施竞争策略，引进信息系统，以获得最大收益。在这一模型中，公司活动由一连串的基本活动和支持活动组成，这些活动都为公司的产品和服务增值。基本活动直接关系到生产和分销，支持活动则辅助基本活动的实现。公司的价值链与供应商、分销商和客户的价值链相连接。价值网由不同的信息系统组成，这些信息系统将行业内的企业联系在一起，并结成行业共同体，推广行业标准，这样各企业就能更有效率地同伙伴合作，提升行业整体竞争力。

4. 信息系统如何帮助企业发挥协同作用与核心竞争力，实施基于网络的战略，以获取竞争优势？

每个公司都由多个业务单元组成，信息系统能将不同的业务单元紧密相连以提升工作效率，提高服务质量。信息系统能让企业内各业务单元之间共享信息，帮助企业获得核心竞争力。有了信息系统，企业还能根据网络经济学，建立更宽广的网络，获得更多的客户。采用虚拟企业策略，一家公司可以利用其他公司的资源为自己生产和销售产品，提供服务。在企业生态系统中，多个行业协同起来，为客户创造价值。信息系统让各公司间的交流互动更为密切。

5. 战略信息系统带来了哪些挑战？如何应对这些挑战？

实施战略系统会导致组织内部的大幅变动，这也是组织由一个社会技术层面向另一个层面的过渡。这些变动叫做战略转型，完成转型的过程总是伴随着困难和痛苦。此外，不是所有的战略系统都会带来好处，系统的建立可能耗资甚巨。由于其他公司会争相效仿优良的信息系统，因此企业也可能随时失去自身的战略优势。

复习题

1. 为了成功地建立和应用信息系统，管理者需要了解组织的哪些特征？信息系统对组织有哪些影响？

- 给出组织的定义，比较组织的技术性定义和行为学定义之间的异同。
- 简述组织的特征，解释为何不同组织使用不同的信息系统。
- 运用经济学理论解释信息系统对组织的影响。
- 运用行为学理论解释信息系统对组织的影响。
- 解释为何在引进信息系统时会遇到来自组织内部的阻力。
- 简述互联网和其他颠覆性技术对组织的影响。

2. 公司如何借助波特五力分析模型，利用信息系统制定竞争战略？

- 定义并解释波特五力分析模型。
- 简述竞争力模型对竞争优势的解释。
- 简述公司可实施的四种基于信息系统的竞争策略。
- 简述信息系统在这四种竞争策略中发挥的作用，并举例说明。
- 解释为何信息技术和企业目标的结合对策略的实施至关重要。

3. 价值链和价值网模型如何帮助企业抓住机遇，应用战略信息系统？

- 定义并简述价值链模型。
- 解释价值链模型如何帮助企业抓住机遇，改善信息系统。
- 给出价值网的定义，简述价值网和价值链的联系。
- 解释价值网如何帮助企业抓住机遇，应用战略信息系统。
- 简述互联网如何改变竞争力和竞争优势。

4. 信息系统如何帮助企业发挥协同作用与核心竞争力，实施基于网络的战略，以获取竞争优势？

- 解释信息系统如何提升企业间协同作用与企业的核心竞争力。
- 简述协同作用与核心竞争力的提升为何能增强企业的竞争优势。
- 解释网络经济学怎样使企业获益。
- 定义并简述虚拟企业，虚拟企业策略能带来哪些好处。

5. 战略信息系统带来了哪些挑战？如何应对这些挑战？

- 列出并简述战略信息系统给管理带来的挑战。
- 解释如何在实施战略系统前进行分析。

讨论题

1. 有人说，可持续的战略竞争优势是不存在的。你同意该观点吗？为什么？

2. 有人说，对于戴尔和沃尔玛等世界领先的零售商来说，优势不在于技术而在于管理。你同意该观点吗？为什么？

3. 对于"互联网能否为你的企业带来竞争优势"这一问题，应该考虑哪些方面？

小组练习：抓住机遇引进战略信息系统

三四名同学一组，从《华尔街日报》、《财富》、《福布斯》或其他出版物上选择一家公司作为研究对象。访问公司网站，查询公司的详细信息，考察公司对网站的使用情况。根据所得信息，分析公司的经营状况。简述公司的组织特征，例如重要的业务流程、企业文化、组织结构和周边环境，并考察公司的发展战略。为公司某项业务设计合适的战略信息系统，可结合互联网技术。如有可能，使用 Google Sites 发布网页的链接、团队沟通公告和工作任务，集思广益，合作完成项目文档。尝试使用 Google Docs 在课堂上展示成果。

章末案例

Soundbuzz 在线音乐的亚太区战略

Soundbuzz 是亚洲最大的在线移动音乐公司之一，提供音乐和视频的下载、数字版权许可证以及音乐出版商和唱片公司出售的许可证。该公司旗下的品牌分布在 13 个市场，并与音乐播放器制造商、宽带运营商和电信运营商开展合作。公司的在线音乐商店的分销渠道包括 soundbuzz. com、创新科技公司（Creative Technology）（和自己的 MP3 播放器绑定）以及 Windows Media Player 10。Soundbuzz 总部设在新加坡，公司的数据库中拥有超过 75 万首曲目及 50 万个移动音乐衍生品，音乐来源于 60 多家独立的地方唱片公司。这些公司中既有主流唱片公司索尼、贝塔斯曼、华纳唱片、百代和环球，也有一些美国、欧洲、澳大利亚和亚洲的独立唱片公司。Soundbuzz 提供下载的音乐都是安全可靠的，因为公司借助数字版权管理技术，使所有音乐都由位于新加坡的后端设施传输，这套基础设施包括网页服务器、许可证服务器、数据库服务器和媒体服务器。

Soundbuzz 成立于 1999 年 11 月，创始人是横跨音乐、互联网和金融行业的四位专业人士。提及 Soundbuzz 的门户网站，创始人夏楠 · 梅瓦妮（Shabnam Melwani）说："soundbuzz. com 不仅提高了唱片公司的销售量，增加了推广渠道，还为民间音乐人提供了展示自己的舞台，让他们也可以出售自己的音乐。" soundbuzz. com 网站有一个艺人上传界面，音乐家和制作人可以将自己的音乐和简介添加到 soundbuzz. com 的档案库中。

2000 年 2 月，Soundbuzz 与门户网站 Lycos Asia 签订了数码音乐协议。此后，在新加坡、马来西亚、中国大陆、中国香港、中国台湾和印度等地都可通过 Lycos Asia 发售音乐。到 2000 年 3 月，Soundbuzz 已经与 13 家亚洲唱片公司签订许可协议，其中包括马来西亚的 Synchronized 和 The Phiz & Psychic Scream 公司、菲律宾的 Viva 公司，以及印度尼西亚的 Music Studios 公司等。这些协议保证唱片公司旗下艺人的音乐能以加密 MP3 的形式在 soundbuzz. com 上供下载和购买。

2000 年 10 月，Soundbuzz 与百代亚洲分公司签订了协议，这是 Soundbuzz 首次与主流唱片公司签订协议。提及与唱片公司建立伙伴关系，公司创始人、CEO 苏当舒 · 萨龙瓦拉（Sudhanshu Sarronwala）说："Soundbuzz 成为亚洲唯一与国际唱片公司合作的数字音乐销售商，并且提供安全可靠、可供下载的数字音乐，这的确是亚洲音乐行业的里程碑。”随后，Soundbuzz 又很快与贝塔斯曼亚太地区分公司开展合作。合作协议的签订让 Soundbuzz 成为亚太地区首家也是唯一一家与两家全球主流唱片公司合作发售数字音乐的公司。之后，Soundbuzz 又陆续与索尼、华纳唱片和环球签订了合作协议。

为了向消费者提供多种支付手段，Soundbuzz 与付费技术供应商 Trivnet 有限公司合作。采用 Trivnet 的支付手段后，Soundbuzz 可以通过互联网服务提供商和移动运营商为消费者提供多种付费方式。

到 2000 年底，技术泡沫的出现和对等网络的兴起让音乐产业陷入危机，Soundbuzz 也遭受损失。音像店的唱片销量锐减，而通过 Napster 等软件分享的 MP3 歌曲逐渐增多。尽管仍有上万用户通过 Soundbuzz 下载音乐，但他们下载的大多是免费的音乐。免费内容成了 Soundbuzz 唯一吸引用户的地方。尽管 Soundbuzz 做出各种努力，但不尽如人意的商业模式还是让公司举步维艰。

2001 年，Soundbuzz 管理层决定放弃 B2C 模式（企业对消费者模式），回到以前与 Lycos 合作时的 B2B 模式（企业对企业模式），其实两家的合作早在一年前就已终止。为了与商业模式的变化步调一致，公司建立起新的 B2B 收入模式。在该模式之下，Soundbuzz 收集了大量的音乐专辑，为各门户网站提供技术平台和资源管理服务。2001 年 11 月，Soundbuzz 开始为惠普的数字音乐服务提供终端对终端的解决方案，包括开发一个用户自定义的在线音乐商店，收集数字音乐资源，以及为惠普的产品应用提供独特的推广方案。此后不久，Soundbuzz 与其他本地门户网站解约，不再为它们提供数字音乐。

2002 年初，Soundbuzz 决定进行多元化发展，进军无线和设备领域。公司着手为移动设备开发一套集成了音乐、娱乐、短信和彩信，并提供手机铃声和其他数字化服务的软件。谈及 Soundbuzz 的技术重心，萨龙瓦拉说：“我们的技术主要是关于音乐、许可证和音乐传输的。我们并没有放弃为消费者提供音乐下载的模式。但是，如果要回归到这个模式，我想应该要等到好几年以后了。”

2004 年 7 月，Soundbuzz 决定重新启用 B2C 模式，在新加坡启动数字音乐服务并宣布其亚太地区数字音乐零售战略。由于 Soundbuzz 放弃了一部分 B2B 模式的业务，在其较高的销量中，仍是个人客户占大头。越来越多的唱片公司开始授权给销售商，由销售商向消费者发售音乐。这样一来，Soundbuzz 等提供“白标服务”① 的公司要想获得音乐资源就变得越来越困难。面对多种不确定因素，Soundbuzz 决定同时实施 B2B 和 B2C 两种模式。

Soundbuzz 继续与音乐播放设备制造商结盟，将 Soundbuzz 商店与播放设备绑定。2005 年 8 月，Soundbuzz 与 MP3 播放器制造商创新科技、Reignocom 结成同盟，用户可以通过它们生产的播放器访问 Soundbuzz 的音乐商店。与互联网服务提供商的合作为顾客的小额支付提供了新的选择。在新加坡，Soundbuzz 与 SingNet 及 Pacific Net 结成合作伙伴，这是其零售战略的一部分。这样一来，SingNet 和 Pacific Net 的计费系统就能为 Soundbuzz 所用。ISP 的注册用户可以使用 Soundbuzz 的网站下载音乐，ISP 的专用设备每月会将购买音乐的费用计入 ISP 账单。

2005 年末，Soundbuzz 开始进军美国市场，同年推出新的音乐视频服务。2005 年 11 月和 2006 年 1 月，Soundbuzz 分别在新加坡和香港设立音乐视频商店。

2008 年 1 月 6 日，摩托罗拉收购了 Soundbuzz，将 MOTOMUSIC 业务从中国市场拓展到了印度、东南亚、澳大利亚和新西兰。说到这一收购，Soundbuzz 的 CEO 苏当舒·萨龙瓦拉说：“摩托罗拉致力于提升亚洲的数字音乐体验，这与我们的目标不谋而合，是我们的理想合作伙伴。”

资料来源：“Soundbuzz. com-New Portal Launched to Pioneer Downloadable Music in Asia,” soundbuzz. com, December 10, 1999; “Lycos Asia Signs Digital Music Deal with Soundbuzz,” soundbuzz. com, February, 2000; “Soundbuzz Announces Strategic Partnership with EMI Recorded Music,” soundbuzz. com, October 2000; “Soundbuzz Announces Asia-Pacific Digital Music Rollout,” soundbuzz. com, July 2004; “Soundbuzz Blazes a Trail Through Hong Kong's Music World”, soundbuzz. com, October 2005; “Motorola to Enhance Music Delivery Capabilities in Asia through Acquisition of Soundbuzz,” motorola. com, accessed November 2008.

［思考题］

1. 用五力模型分析 Soundbuzz 及其企业战略。Soundbuzz 采用什么战略来应对竞争力量？

① 指一方提供产品，由另一方用自己的品牌进行销售。——译者注

2. 在线音乐服务的关键要素是什么？运用价值链模型分析 Soundbuzz 的业务流程。

3. 摩托罗拉为何要收购 Soundbuzz？两者的联合产生了怎样的协同作用？

4. 访问 Soundbuzz 的网站（www. soundbuzz. com)。简述它的产品、技术平台、支付手段和收入模式。

5. 你认为 Soundbuzz 是成功的企业吗？哪些措施可以帮助 Soundbuzz 改善商业模式？Soundbuzz 可以向 iTunes 学习什么？

第4章 信息系统中的伦理与社会问题

学习目标

学完本章后，你将能够回答以下问题：

1. 信息系统引起了哪些伦理、社会与政治问题？
2. 有哪些具体的行为准则可以用来指导伦理决策？
3. 为什么现代信息系统技术和互联网对个人隐私和知识产权保护提出了挑战？
4. 信息技术如何影响日常生活？

章首案例

应用于老年社区的信息技术产生的伦理问题

澳大利亚政府对应用于老年社区直接或间接护理中的信息技术有浓厚的兴趣。间接护理包括老年人的疗养和社区老年护理的行政方面的事务。毫无疑问，信息技术的应用很可能提高老年人的生活品质。例如，通过访问互联网，老年人可以与世界其他地区更紧密地连接，很多情况下，互联网可以为老年人的日常生活提供帮助，如网上购物、在线支付、核对银行账单等。然而，这些能否实现取决于多个因素，比如是否习惯使用计算机，是否具备计算机知识和技能，以及是否信任在线交易，等等。

近来，在对慢性病（如心脏病、糖尿病）的研究与探索过程中产生了越来越多的新观点。尤其是技术的应用，给保健服务提供商和消费者带来大量的伦理问题方面的担忧。“智慧家居”（Smart House）首先在悉尼市被提出，这是一项用于帮助未来的老年人在家中安度晚年的倡议，使用了一系列“远程护理”传感技术。

“智慧家居中的技术包括红外探测器和门禁系统，可以让主人通过电视看到谁在门外，可以远程操控开门。该技术还包括紧急呼叫系统、拉线触发紧急监控系统和床椅感应系统。未来，智慧家居还将纳入中控锁系统、电动门窗、电动窗帘、百叶窗开关器以

及其他设备。”(BCS，2006)

这类技术的应用涉及的伦理问题是对老年消费者隐私的侵犯。尽管这类系统的好处颇多，但是很多人不愿意每天 24 小时连在自己家中也被监控。此外，对于收集到的老年消费者的数据，还存在知晓、同意、所有和访问的问题。与健康相关的数据尤为敏感，因此，在没有充分考虑隐私、安全等因素之前，不能对外公布。从社会和文化角度来说，这类系统或许不能替代传统的人工看护（多数情况下由亲密的家庭成员负责），因为后者能提供更加个性化的护理服务。在澳大利亚，许多老年护理机构的服务对象聚焦于不同的少数族裔群体（如中国人和韩国人），并愈发认识到，为该类群体提供的技术必须符合其社会风俗与文化，并且可以针对不同群体的社会和文化需求进行调整（比如，使用适当的语言——声音或文本——界面，或在技术的设计过程中体现出对其生活习惯和偏好的理解）。

资料来源：BCS (2006). Smart House holds key to future aged care needs, Baptist Community Services NSW & ACT, Media Release, 1st May 2006, http://www.bcs.org.au/resource/R0058Corp.pdf.

章首案例强调了老龄人口医疗保健中的一系列伦理问题。然而，其中有些问题（如隐私和安全）在其他医疗保健领域或一般性的组织内部也频繁出现。比如，通过监控客户而产生的数据从商业角度来看是有益的（章首案例证明其能提高老年人的生活品质，或者提高对老年人的临床护理水平），但同时这种行为可能侵犯客户的隐私，也可能对其造成伦理虐待。新的信息系统在商业运作中有望提高效率和疗效，但在建立该系统的过程中会产生类似的伦理困境。本章提醒人们在关注信息系统积极作用的同时，需要增强对其负面影响的认识。在许多案例中，管理层需要在系统实施之前，与各利益相关者确定适当的政策与标准，达成各方均能接受的协定。

下图指出了上述案例和本章的要点。

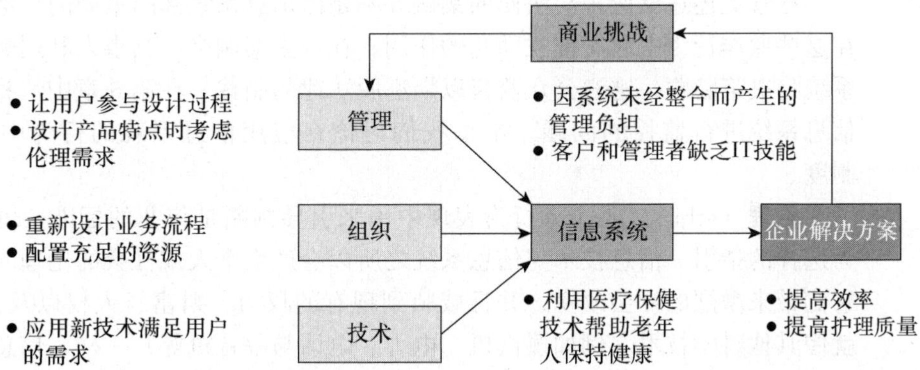

4.1 理解与系统有关的伦理和社会问题

过去的 10 多年可以说是美国和全球企业伦理受到严峻挑战的时期。表 4—1 列举了中高层管理者伦理判断失误的几个案例。这些伦理管理和商业判断失误的现象在各行业都存在。

表 4—1　中高层管理者伦理判断失误的案例

雷曼兄弟（2008—2010 年）	美国最早的投资银行，于 2008 年倒闭。它使用信息系统和会计花招来掩盖不良投资。
WG 贸易公司（2010 年）	WG 贸易公司的对冲基金经理以及普通合伙人保罗·格林伍德，欺诈投资者超过 13 年，金额高达 5.54 亿美元；格林伍德被没收 3.31 亿美元的财产，并判处 85 年有期徒刑。
美国矿业管理局（2010 年）	管理者接受石油公司的贿赂，让石油公司操纵员工撰写检验报告，并且对墨西哥湾近海钻井平台放松监管。其员工经常篡改信息记录系统的内容。
辉瑞公司、美国礼来公司、阿斯利康制药有限公司（2009 年）	这些大型制药公司生产的临床实验的抗精神病和止痛药物不适合儿童，它们花费了数十亿美元来应对联邦政府的指控，并企图通过宣称没有因此获利来掩盖给公司带来的负面影响。
帆船集团（2009 年）	帆船集团的创始人被指控内线交易，他以 2.5 亿美元向华尔街银行换取其他投资者没有的市场信息。
西门子（2009 年）	这个全球最大的工程公司向德国和美国政府贿赂 40 多亿美元，在全球行贿数十年，并且这种行贿是经高层批准的。

在当今新的法律环境下，触犯法律的管理者极有可能面临牢狱之灾。1987 年实行的《美国联邦量刑指南》（U.S. Federal Sentencing Guidelines）规定，基于以下几点来考量对企业管理者的犯罪行为是否施以重刑：涉案金额大；故意隐瞒涉案事实；使用复杂的金融工具进行交易以掩饰案情；拒绝与检查人员合作（美国判决委员会，2004）。

过去，企业经常为陷入民事指控与刑事调查的员工支付辩护费。而现在，企业倾向于与检察人员合作以避免给企业带来妨碍调查的指控。这些新的情况意味着无论你是管理者还是员工，都要自己判断什么是合法的、合乎伦理的行为。

尽管上述违反伦理与法律的案例并不是由信息系统部门策划的，但是信息系统在这些欺诈行为中起着推波助澜的作用。在许多案例中，当事人利用财务报告信息系统将决策隐藏，逃避公众监督以期逃脱法律的制裁。在第 8 章中，我们将探讨对信息系统进行监控的问题。本章我们讨论在应用信息系统的行为中涉及的伦理制度。

伦理（ethics）是个人行为表现中用来引导判断是与非的标准，可作为个人行为选择的指引。信息技术与信息系统之所以会产生个人或社会的伦理问题，是因为它们带来激烈的社会改变，并且威胁到现有的权力、财富、人权以及义务的分配。就像其他科学技术（例如蒸汽机、电力、电话与收音机等）一样，信息技术可以推动社会的进步，但也可能被用来从事犯罪并威胁人们所珍视的社会价值观。信息技术的发展使一些人获益，同时也使另一些人付出代价。

互联网与电子商务已唤起人们对于信息系统在伦理与社会方面的影响的关注。互联网和数字化企业所采用的技术让我们可以更容易地收集、整合并传播信息，也让我们对妥善使用客户信息、保护个人隐私与保护知识产权等方面给予新的关注。

其他因为广泛使用信息系统而引发且迫切需要解决的伦理问题还包括：建立针

对信息系统后果的责任机制，建立保护个人及社会安全的保障系统质量标准，维护对信息社会中的生活质量极为重要的价值观与制度。我们在使用信息系统时必须问问：“什么才是符合伦理和社会责任的做法？”

4.1.1　伦理、社会与政治问题的思考模式

伦理、社会与政治问题三者密切相关。信息管理者所面临的伦理难题，通常可由社会与政治的争论反映出来。图 4—1 可供我们思考这三者之间的关系。若将社会视为夏日里一汪平静的池塘，人、社会体制与政治体制就构成了微妙的生态平衡。池塘中的每个人都应知道如何做才是对的，因为社会体制（家庭、教育及组织）已提供了行为规范，并且通过政治的运作制定法律来规范人们的行为，严惩违反社会制度的人。现在向池中央掷入一块大石头，会发生什么呢？毫无疑问，会产生一串串的涟漪。

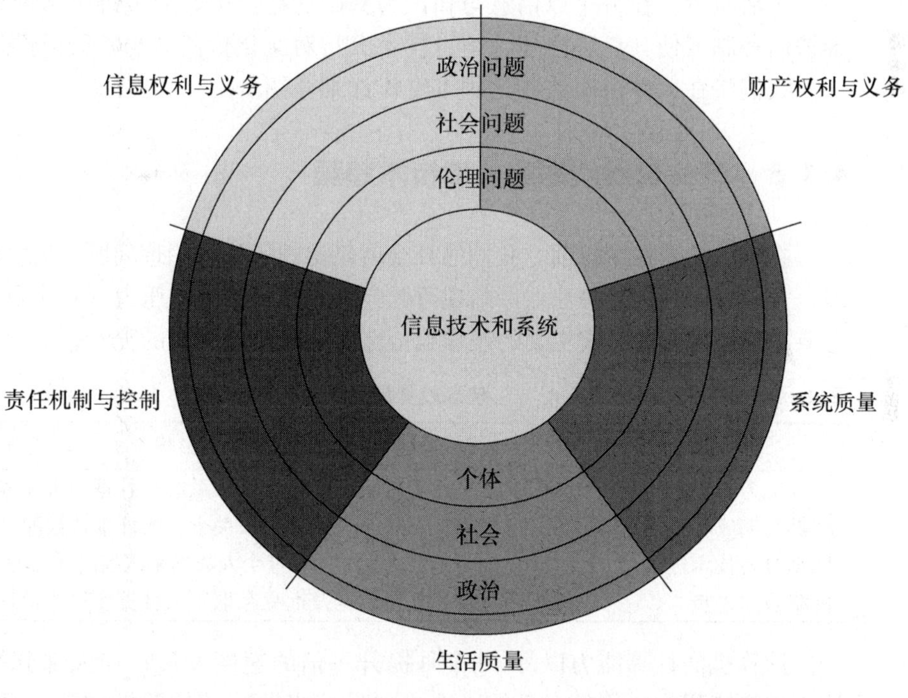

图 4—1　信息社会中伦理、社会与政治三个问题之间的关系

说明：引入信息技术产生的涟漪，涉及新的伦理、社会与政治问题，可以从个人、社会与政治三个方面讨论。这些问题包含五个伦理维度，分别是信息权利与义务、财产权利与义务、系统质量、生活质量，以及责任机制与控制。

现在，信息技术和信息系统带来的强烈震荡就好像往湖中心扔进了一块石头，冲击着原本平静的社会。当个人突然面临并非由旧规则引发的新情况时，社会制度无法立刻做出反应，它可能需要花几年时间才能规范礼仪、明确期望值、履行社会责任、表明正确的政治态度或改进规则。政治机构也得花一些时间来制定新的法律或者在行动之前证明它的危害性。但这时，难免有些行为处在法律的灰色地带。

我们可以用此模型来描述伦理、社会与政治三者之间的动态关系，该模型跨越

了个人、社会与政治三个不同层次的行为，可以用来确认“信息社会”的伦理维度。

4.1.2 信息时代的五个伦理维度

信息系统引发的主要的伦理、社会与政治问题包括以下几个伦理维度。

信息权利与义务：个人或组织对与其相关的信息具有什么**信息权利**（information rights）？这些权利可以保护什么？

财产权利与义务：在数字化社会中，很难追溯和确定所有权，而且这类问题常被忽视，应该如何保护传统的知识产权？

责任机制与控制：如果个人或团体的信息权利或财产权利遭受侵犯，是否可以明确，谁可以或应该负责任？

系统质量：为保护个人权利与社会安全，数据和系统需要什么样的质量标准？

生活质量：在一个以信息与知识为基础的社会中，应该维护何种价值观？应该维护何种制度使其免受破坏？信息技术又将对文化价值观与实践提供怎样的帮助？

我们将在 4.3 节对这些伦理维度作详细介绍。

4.1.3 产生伦理问题的关键技术趋势

在信息技术发明以前，我们的社会就已出现了许多伦理问题。随着信息技术的发展，它们成为社会的关注点，给现行社会秩序带来很大的压力，并使现有法律过时或严重缺失。到底是哪些主要的技术趋势造成这些伦理压力的呢？表 4—2 归纳如下。

表 4—2　　技术趋势所导致的伦理问题

趋势	影响
计算能力每 18 个月提升一倍	越来越多的组织依赖计算机系统来处理关键任务
数据存储成本快速下降	组织可以很容易地维护有关个人的详细数据库
数据分析技术进步	公司分析所收集的大量个人数据来概括出详细的个人行为表现
网络技术进步	从他处复制数据及远程存取个人数据变得非常容易

计算机的计算能力以每 18 个月提升一倍的速度发展，使大部分的组织纷纷在核心生产流程中采用信息系统，造成对计算机系统的依赖性增强，系统错误增加，数据质量下降。社会规范与法律尚未对此依赖性有所调整，对于如何确保系统的可靠性与正确性的标准，并未被普遍接受或执行（参阅第 8 章）。

数据存储技术快速发展，存储成本快速下降，因此不论是私人企业还是公共部门都大量地使用数据库来存储个体（如员工、客户和潜在客户）的资料。借助数据存储技术，侵犯个人隐私变得快捷且成本低。海量数据存储系统的价格非常低，连区域性或地方性的零售商都可以用它们来记录客户的详细数据。

大型数据库的数据分析技术的发展是引起伦理关注的又一科技趋势，它让公司和政府机构可以找到更详细的个人信息。利用现代数据管理工具（参阅第 5 章），公司比以前更容易收集和整合大量个人数据。

你的各种活动都可以在计算机中产生相关的信息：信用卡消费记录、通话记录、杂志订阅记录、录像带租借记录、邮购记录、银行记录，以及地方、州及联邦政府的记录（包括法院与警方的资料）。将这些数据放在一起并且适当地进行挖掘，除了可得到你的信用信息之外，还会得到你的驾驶习惯、兴趣、社交行为与政治倾向等方面的信息。

有些想要出售产品的公司会从以上来源购买相关的消费信息，以便更准确地制定营销计划。第 3 章和第 6 章描述了厂商如何在大量不同来源的数据中，利用数据挖掘技术快速地识别客户的购物风格并提出建议。使用计算机整合有多处来源的数据，并将之结合，产生个人的详细的电子档案，这项技术被称为**概况分析**（profiling）。

例如，数百个网站允许互联网广告经纪公司 DoubleClick（谷歌旗下）去追踪它们网站上访客的活动，并利用分析结果来争取广告以增加收入。DoubleClick 公司利用获取的信息来产生每一位在线访客的概况，并随着访客参观与 DoubleClick 公司有关联的网站，在其概况中增加更详尽的数据。随着时间的推移，DoubleClick 公司能够产生个人在网站上消费及使用计算机习惯的电子档案，并将之卖给厂商，以帮助其更加精准地投放广告。

ChoicePoint 公司收集数据的途径包括：警察局信息、犯罪记录和机动车驾驶记录；信用卡信息和就业经历信息；原居住地址与现居住地址；职业执照；保险卷宗（收集并更新几乎所有美国成年人的信息）。它将个人信息出售给公司或政府机构。对个人信息的极大需求促使像 ChoicePoint 这样的数据经纪公司繁荣发展。

一项称为**模糊关系认知**（nonobvious relationship awareness，NORA）的新的数据分析技术，可以为政府和私人机构带来更为强大的概况分析能力。NORA 可以从不同的来源（如求职申请书、通话记录、客户名单、“通缉人员”名单等）提取相关的个人信息，分析其中的关联，以找出有助于辨识罪犯或恐怖分子的模糊的隐性关联（见图 4—2）。

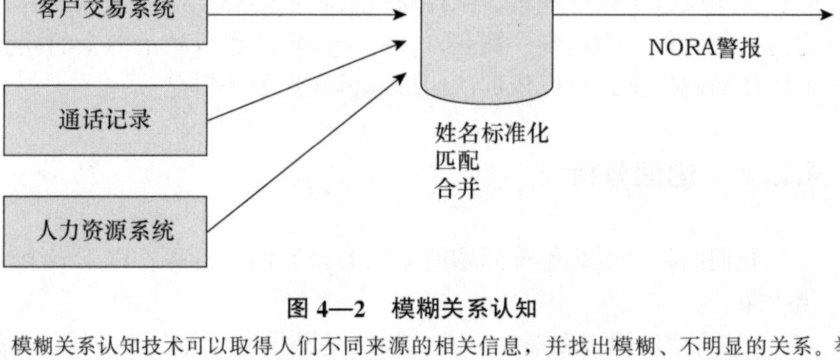

图 4—2　模糊关系认知

说明：模糊关系认知技术可以取得人们不同来源的相关信息，并找出模糊、不明显的关系。举例来说，这项技术可以发现一家赌场求职者与一名罪犯的电话号码相同，从而向招聘经理发出警示信息。

NORA 技术可以在数据产生的过程中扫描数据、提取信息，因此可能会立即发现登机口的某个男性与一名恐怖分子的电话号码相同，从而在他登机前及时阻止。这项技术在国防安全方面有着重大意义，但由于它涉及太多的个人行为与社交信息，因此有侵犯个人隐私之嫌。

最后，包括互联网在内的网络的快速发展大幅降低了数据的移动与获取成本，利用小型台式个人计算机就能从远程挖掘大量数据，信息的精准度与对个人隐私的侵犯都达到了前所未有的程度。

4.2 信息社会的伦理

伦理为拥有自由选择权的人们所关注。伦理关乎个人抉择：面临许多不同的行为方案时，什么才是正确的伦理选择？伦理选择有哪些主要特征？

4.2.1 基本概念：责任、责任机制与法律责任

伦理选择是可以为自己的行为后果承担责任的个体所做出的决定。**责任**（responsibility）在道德行为中至关重要，也就是你接受你所做出的决定带来的潜在成本、责任和义务。**责任机制**（accountability）是系统和社会机构的一个特征，即该机制决定了谁采取负责任的行为以及谁将对行为负责。一些系统和机构表示，在责任机制中不能找出谁采取了什么行为，因为这些行为在本质上都是不能进行伦理分析或不能算作伦理行为的。与一般的责任相比，法律责任的外延更广。**法律责任**（liability）是政治系统的一个特征。在该系统中，有一系列法律条文允许人们就其他行为人、系统或组织对他们造成的损害要求赔偿。**法定诉讼程序**（due process）是法治社会的一个相关功能，在该程序中，法律被广泛知晓和理解，允许人们向更高层的权威机构申诉以确保法律运用得当。

这些基本概念构成信息系统与系统管理者的伦理分析的基础，包括以下几点：第一，信息技术是经由社会制度、组织或个人的筛选而得到发展的。系统本身不会产生影响。任何信息系统若存在影响，都是制度、组织、个人层面的举措造成的。第二，若信息技术产生任何不良后果，责任应当归属于当初选择使用信息技术的制度、组织或者个人管理者。秉持对社会负责的态度使用信息技术，意味着你有能力为自己的所作所为负责。第三，在一个注重道德且政治健全的社会里，若个人或其他团体受到伤害，可以依据法律提起诉讼来保护自己。

4.2.2 伦理分析

我们面临会引起伦理问题的情境时该如何分析呢？以下五个步骤可以引导你做出决策。

1. 清楚地识别和描述事实。找出是谁损害了别人的利益，以及是何地、何时及如何做的。在许多实例中，通常令你感到惊讶的是起初报告的事实中有那么多错

误，然而，只要厘清事实，问题就很容易得到解决。让伦理冲突中针锋相对的各方认清事实，也是有帮助的。

2. 确认冲突或困境，并辨认隐藏其中的更高层次的价值观。伦理、社会与政治问题总是涉及更高的价值观。争论的双方都认为他们在追求更崇高的价值观（例如自由、隐私权、财产保障及自由企业体系）。典型的情况是，陷入伦理问题争论的对立双方所支持的价值观均令人信服。

3. 确认利益相关者。每一个伦理、社会或者政治问题的发生都牵涉到利益相关者，包括谁是获利者、谁在该情况下介入、谁表达了意见。找出这些人或团体并确认他们的需求是什么，对于未来设计解决方案会有很大帮助。

4. 确定各种合理的行动方案。伦理困境的特点是没有一种方案可以满足所有的利益相关者，但是有些方案会较其他方案好。有时形成一个好的或合乎伦理的方案，并不一定能平衡利益相关者的利益关系。

5. 确认所选择方案执行后的可能后果。某些方案可能在伦理上是正确的，但从另一个角度来看可能糟糕至极。有些方案只能适用于某些情况，而不适于其他类似情况。因此必须经常问问自己："如果我坚持这一选择，结果会怎样呢?"

4.2.3　备选的伦理原则

在完成分析后，你应该使用哪些伦理原则或法则来制定决策？哪些较高层次的价值观会影响你的判断？尽管只有你自己可以决定遵守何种伦理原则，以及如何排列其优先次序，但是借鉴传承多年的伦理原则，对于你做出决定会有所帮助。

1. "己所不欲，勿施于人"（**黄金法则**（Golden Rule））。换位思考，把自己当成决策中的对象，可以帮助你做出公正的决定。

2. "我所要做的要符合世间普遍的行为准则"（**康德的绝对律令**（Immanuel Kant's Categorical Imperative））。问问你自己："如果每个人都这样做，那么组织、社会能否继续存在?"

3. "如果一种行为不能被反复做，那么在任何时候都不应该做"（**笛卡儿变化规则**（Descartes' rule of change））。该原则又被称为滑梯原则（slippery-slope rule）：一种行为在短期内带来的小改变是可接受的，但长期重复会带来不可接受的变化。简言之，"一旦走下坡路，就可能停不下来"。

4. 采取受益最大的行动（**实用原则**（Utilitarian Principle））。该原则假定人们可排列价值观的优先等级，并知道不同的行动会造成哪些后果。

5. 采取危害最小或潜在成本最低的行为（**风险规避原则**（Risk Aversion Principle））。有些行为具有极高的失败成本但其失败的几率非常小（如在市区兴建核电厂）；或者风险中等但失败的成本很高（如超速与车祸）。避免这些高失败成本的行为，要将注意力从这些高失败成本的行为转向有一定失败的可能性但成功率适中的行为。

6. "所有有形的或无形的物品，除非有特别说明，都归某些人所有"（**伦理上的"无免费午餐"原则**（ethical "no free lunch" rule））。假若某人创造的某个东西对你有用，它便有价值，并且你应该假设该创造者会向你要求相应的报酬。

以上六个伦理原则不是行为的所有准则，但是如果有些行为不符合这些原则，就应当特别注意并予以警惕，因为这表明这些不合乎伦理的行为对你和公司可能会造成危害。

4.2.4　职业行为准则

当某个团体声称自己是专业人士时，就表示他们因在某个方面的博学、睿智与荣誉而拥有特定的权利与义务。许多专业团体，例如美国医师协会（American Medical Association，AMA）、美国律师协会（American Bar Association，ABA）、信息技术专业人员协会（Association of Information Technology Professionals，AITP）、美国计算机协会（Association for Computing Machinery，ACM）都制定了自己的职业行为准则。通过决定会员的入会资格与能力，这些专业组织对部分职业规定负有责任。要求专业人员遵守这些考虑到公众利益而制定的道德准则是各行各业的自律承诺。例如，ACM 的伦理与职业守则中的一般道德规定包括：避免侵害他人、保护财产权（包括知识产权）、尊重他人的隐私权等。

4.2.5　现实世界中的伦理困境

信息系统让利益团体之间彼此对立，造成伦理困境。例如，美国的许多大型电话公司开始使用信息技术来减少人力需求。语音识别系统可以代替接线员回答客户的一系列程式化问题，从而减少了接线员的人数。许多公司监控员工在互联网上的所作所为，防止他们使用公司资源干工作之外的事情。

在每一个例子中，你会发现工作场所中可能存在价值观冲突，争论的双方背后有不同的利益群体。公司宣称它们有权使用信息系统来提高生产率、减少人力、降低成本以求生存。被信息系统所取代的员工则要求获得他们应有的福利。企业负责人也许感到他们有义务监督员工对电子邮件与互联网的使用，以使消耗的资源最少，但员工认为他们可以在上班时使用电脑代替电话来处理一点个人的小事情，这是应该被允许的。细致分析这些情况可能会找到一个折中的方案，双方各退让一步。运用前面描述的原则来分析这些案例，怎样做才是正确的呢？

4.3　信息系统的伦理维度

本节将探讨图 4—1 所描述的五个伦理维度，对于每个维度，我们都从伦理、社会和政治三个方面来分析，并用实例说明所涉及的价值观、利益相关者和所选方案。

4.3.1　信息权利：互联网时代的隐私与自由

隐私权（privacy）是指个人拥有独立空间，不受他人或组织甚至政府的监督或干涉的权利。在工作场所也常有侵犯隐私权的情形：许多员工受到电子或其他形式的高科技的监视（Ball，2001）。由于信息技术和信息系统的发展使入侵个人信息变得成本低、快速且有利可图，因此个人隐私权受到了严重威胁。

美国、加拿大和德国在宪法中都以不同的方式来保护隐私权，其他国家也有各种法规来保护隐私权。美国对隐私权的保护源于《宪法第一修正案》（First Amendment），它保障公民言论及结社的自由，《宪法第四修正案》（Fourth Amendment）保护个人的文档、住宅免受无正当理由的搜查、扣押，并保证执行正当的司法程序。

表4—3描述了美国主要的联邦法令，列出了在处理个人信息上的限制，涉及信用报告、教育、财务记录、报刊记录与电子通信等方面。1974年的《隐私权法案》（Privacy Act）是这类法案中最重要的一部，它规范了联邦政府收集、使用和发布信息等方面的内容。目前，大多数美国联邦隐私权法仅应用于联邦政府，监管私营部门中的极少数领域。

表4—3 美国联邦隐私权法

普通的联邦隐私权法	对私营部门有影响的隐私权法
1966年提出的关于信息自由的修正法案	1970年的《公正信用报告法案》（Fair Credit Reporting Act）
1974年提出的关于隐私权的修正法案	1974年的《家庭教育权利和隐私权法案》（Family Educational Rights and Privacy Act）
1986年提出的关于电子通信方面的隐私权法案	1978年的《财务隐私权保护法案》（Right to Financial Privacy Act）
1988年的《计算机对抗与隐私权保护法案》（Computer Matching and Privacy Protection Act）	1980年的《隐私权保护法案》（Privacy Protection Act）
1987年的《计算机安全保护法案》（Computer Security Act）	1984年的《光纤通信政策》（Cable Communications Policy Act）
1982年的《联邦管理层财务综合法案》（Federal Managers Financial Integrity Act）	1986年的《电子通信隐私权保护法案》（Electronic Communications Privacy Act）
1994年的《驾驶员隐私保护法案》（Driver's Privacy Protection Act）	1988年的《视频隐私权保护法案》（Video Privacy Protection Act）
2002年的《电子政府法案》（E-Government Act）	1996年的《健康保险流通与责任法案》（Health Insurance Portability and Accountability Act，HIPAA）
	1998年的《儿童在线隐私权保护法案》（Children's Online Privacy Protection Act，COPPA）
	1999年的《金融服务现代化法案》（Financial Modernization Act/Gramm-Leach-Bliley Act）

美国和欧洲的大多数隐私权法是以**公平信息惯例**（Fair Information Practices，FIP）为基础的，该原则在1973年美国联邦政府顾问委员会的一份报告中首次提出。公平信息惯例是一套规范收集和使用个人信息的原则，其理念是信息持有者和个人彼此尊重对方的利益。个人会因从事交易而获利，而信息持有者（通常是企业或政府机构）需要个人的信息才能完成此交易行为。一旦获得信息，也就得到了相

关利益的记录，未经本人同意，该记录不得另作他用。1998 年，美国联邦贸易委员会（Federal Trade Commission，FTC）重申并扩展了既有的公平信息惯例原则，提出了保护在线隐私权的指导方针。表 4—4 描述了美国联邦贸易委员会的公平信息惯例原则。

表 4—4　　美国联邦贸易委员会的公平信息惯例原则

1. 通告/提醒（核心原则）。网站必须在收集数据前公开它们的信息策略，包括收集者的身份、使用的数据、其他获得的数据、现有的或非现有的数据、拒绝的结果、保护数据可靠性及完整性的措施。
2. 选择/许可（核心原则）。个人信息除了用于办理相关事务外，能否用于内部其他部门或与第三方共享，客户对此有选择的权利，必须提供一种制度来保护这种权利。
3. 参与/共享。客户应该能够及时、方便地查看自己的信息是否被完整地、准确无误地收集了。
4. 安全性。数据收集者有责任确保所收集的客户信息的正确性，并且对非授权机构的使用来说是安全的。
5. 实施。必须有一种机制来保证公平信息惯例原则的实施，这涉及自我规范、当客户权益受到侵害时的法律援助、联邦政府的法律法规等。

美国联邦贸易委员会的公平信息惯例原则是促使隐私法案改革的指导方针。1998 年 7 月，美国国会通过《儿童在线隐私权保护法案》（COPPA），要求网站在收集 13 岁以下儿童的信息时必须先取得其父母的同意（这项法案有被推翻的风险）。联邦贸易委员会已立法保护广告网络中在线消费者的隐私。消费者的在线活动往往被记录，用于其他公司为精准投放广告制定详细计划。其他保护网络隐私的议案有：保护个人身份识别号码（如社保号码）的在线使用；保障处于 COPPA（1998）范围之外的个人信息收集；限制以国土安全为目的的数据挖掘的使用。

2009 年 2 月，美国联邦贸易委员会开始进行关于行为追踪的立法，举行听证会讨论关于行为追踪规范的产业准则。网络广告贸易组织——网络广告促进协会（Network Advertising Initiative）积极响应联邦贸易委员会的号召，制定了自己的自律准则。然而，政府、隐私组织和网络广告公司仍然对两个问题相持不下。隐私拥护者希望出台知情同意进入政策、发布全国范围内的不跟踪清单；网络广告产业对此表示反对，认为知情同意退出是避免追踪的唯一办法（联邦贸易委员会，2009）。尽管如此，各方都认为更高的透明度和用户控制（尤其针对追踪和默认选择制定知情退出政策）是处理行为追踪的必要准则。

现今在解除金融服务监管与保护个人健康信息的存储和传播的法律中，也加入了隐私权保护的内容。美国 1999 年通过的《金融服务现代化法案》，解除了银行、证券公司与保险公司等相互间跨行业经营的限制，同时提供对于金融服务客户的一些隐私权保护。所有的金融机构必须披露它们保护非公开个人信息的隐私权的政策和做法，并允许客户拒绝将自己的信息与第三方共享。

1996 年提出的《健康保险流通与责任法案》明确了有关医疗档案隐私权保护的规范，自 2003 年 4 月 14 日开始实施。这部法案让病人可以存取由健康护理机构、医院或健康保险公司等维护的个人医疗档案，并有权决定如何使用或公布其受保护的个人信息。

欧洲有关数据保护的指令

欧洲有关隐私权保护的指令比美国更加严谨。与美国不同，欧洲国家不允许企业在获得客户同意前使用可用来识别个人身份的信息。1998 年 10 月 25 日，欧盟执行委员会的数据保护指令正式生效，扩大数据保护在欧盟国家的范围。这项指令要求公司在收集个人信息时必须告知当事人，并公布如何存储和使用这些信息。公司必须告知客户并取得客户的同意之后才可以合法地使用其相关信息，同时客户有权访问他们的信息，进行修改以及限制公司获取更多资料。**知情同意**（informed consent）是指在知道制定合理决策所需的所有事实之后表示同意。欧盟成员国必须将这个原则贯彻到自己的法律中，且不能将个人数据传送到没有类似隐私权保护规范的国家。

美国商务部与欧盟执行委员会合作，为美国的企业制定“安全港”协议。**安全港**（safe harbor）是一种由企业自己制定规范政策并执行的机制，它符合政府管理者和立法者的目的，但又不需要由政府来管理和强制执行。如果美国企业制定的隐私权政策符合欧盟的标准，它就可以使用来自欧盟国家的个人数据。因此，在美国企业自己制定政策、自我监管的情况下，政府需要强制执行的是贸易公平。

互联网对隐私权的挑战

互联网技术的使用给个人隐私权的保护提出了新的挑战。信息在到达目的地之前，可能会经过许多不同的计算机系统，其中每个系统都具备监控、抓取及存储所经过信息的能力。

许多在线活动可能被记录下来，包括搜索内容、访问网站、在线查看内容以及上网浏览和购买商品。这种监控与追踪网站访问者的行为大多是在访问者不知情的情况下发生的。除了网站外，还有像 DoubleClick 这样可以了解网站浏览情况的网络广告公司在监控和追踪访问者。用来查看访问者在万维网上活动的工具大受青睐，它们帮助企业了解谁正在浏览其网站及如何更好地迎合客户的需求。（一些公司甚至利用工具来监控员工对互联网的使用，看他们如何利用公司网络资源。）这种针对个人信息的商业需求是巨大且贪婪的。

如果访问者自愿在网站上注册，购买商品、服务或享受某些免费的服务，那么网站即可获知访问者的身份。网站也能够在访问者不知情的情况下使用 cookie 技术来获取个人信息。

cookie 是用户访问特定网站时存储在计算机硬盘上的小文件，它记录访问者浏览器的类型和访问网站的路径。当访问者再度访问该网站时，由于其计算机存有该网站的 cookie 文件，故网站的软件会自动搜寻访问者的计算机，找到它的 cookie 文件，得到访问者以前在网站上的活动信息。网站亦可在访问者浏览网站的过程中更新其 cookie 文件。通过这种方式，网站能根据每位访问者的兴趣设计出他所需的内容。例如，如果你从亚马逊购买了一本书，之后又用相同的浏览器再度访问，网页上便会显示你的名字来欢迎你，并根据你过去的购买习惯推荐你可能感兴趣的书籍。本章前面介绍过的 DoubleClick 公司，就使用了 cookie 文件来建立网站访问者的采购、行为方面的详细档案。图 4—3 说明了 cookie 是如何工作的。

图 4—3 cookie 如何识别网站访问者

注：1. 网络服务器读取用户的网络浏览器信息，确认操作系统、浏览器名称、版本号、互联网地址以及其他信息。

2. 服务器传回一个 cookie，即包含用户身份信息的小型文本文件，经由用户的浏览器接收之后存储在用户的硬盘上。

3. 当用户再度访问这个网站时，服务器会先接收之前存储在用户计算机上的 cookie。

4. 网络服务器读取这个 cookie，确认访问者身份，调出用户数据。

说明：cookie 是通过网站写入计算机硬盘的文件。当用户再度访问该网站时，网站服务器会从 cookie 中找出识别码，并找出硬盘中访问者的数据。网站利用这些数据来显示个性化的相关信息。

虽然使用 cookie 技术并不能直接获得访问者的姓名和地址，但是，如果一个人已经在网站上注册过，这些信息就可以和 cookie 数据结合来识别这个访问者的身份。网站所有者也可以结合他们从 cookie 中收集的信息，利用其他的网络监视工具以及其他来源（如由问卷调查或纸质目录营销所获得的离线数据），概括出网站访问者的详细信息。

现在还有许多监控互联网用户的隐蔽工具。**网络信标**（Web beacons）又称网络爬虫，是一种嵌入电子邮件或网页中的非常小的图形文件。它会将有关用户及其浏览过的网页等相关信息传送给负责监控的计算机。

其他**间谍软件**（spyware）隐藏于较大的应用程序之中，偷偷安装在用户的计算机上。一旦安装成功，间谍软件就会触发网站发送标语式广告和未经请求的信息，并且将用户在互联网上的一举一动报告给其他计算机。关于更多入侵软件的信息参见第 8 章。

现在，谷歌根据用户的搜索活动锁定行为目标，有针对性地投放广告。在其中的一个项目中，广告商可以根据谷歌用户的搜索历史或谷歌自己能获得的信息，如用户的年龄、人口特征、地区或其他网络行为（如博客）等，有针对性地推送广告。谷歌的另一个项目可以让广告商根据搜索历史选择关键字，为不同的细分市场设计不同的广告，例如帮助服装网站设计并测试针对少女群体的广告。

此外，谷歌还利用免费邮件服务 Gmail 获取用户的邮件信息内容。用户读邮件时，看到的广告就与邮件主题相关。基于这些邮件内容，谷歌建立用户的个人档案。2008 年，谷歌推出 Chrome 浏览器，其“建议”功能可以在用户输入搜索条目后自动推荐相关搜索和网站。批评者指出，这是一个按键记录器，存储用户的每一次键盘敲击行为。随后，谷歌宣布将在 24 小时内对这些信息进行匿名处理。

美国允许企业收集市场中产生的交易信息，并使用这些信息来达到它的营销目的，而无须取得用户的知情同意。美国的电子商务网站在其网页上都有大量详尽的公告，告知访问者他们的信息将被如何使用。有些网站会在其信息政策公告之处加入一个选择不接受的选项。知情同意的**选择退出**（opt-out）是指除非客户明确要求其信息不允许被收集，否则允许收集其个人资料。隐私权保护团体希望知情同意的**选择加入**（opt-in）被广泛应用。这种模式和选择退出恰恰相反，在此情况下，不允许组织收集任何个人信息，除非客户明确地表示同意信息的收集和使用。

在线行业倾向于采用自我规范的方式来保护客户。在线行业于 1998 年成立了在线隐私联盟（Online Privacy Alliance），为其成员建立一套隐私指南来鼓励自我规范。这个团体声称使用诸如 TRUSTe 提供的在线"图章"，依据某些隐私政策来对网站进行验证。包括 DoubleClick 在内的广告网络行业成员，另外成立了一个名为"网络广告计划"（Network Advertising Initiative，NAI）的行业协会，来发展这个行业独有的隐私政策，帮助处理网络广告方面的消费者投诉和赔偿事件。

美国在线、雅虎和谷歌等几家企业针对大众对于在线数据追踪的日益关注，都推出了新的政策。美国在线推出的选择退出政策能使用户避免被追踪；雅虎的 NAI 指南能使用户不被追踪、拒绝网络爬虫；谷歌也缩短了追踪数据的保留时间。

总的来说，大部分互联网企业很少采取措施来保护客户的隐私，用户也没有尽力保护自身信息。许多网站没有隐私政策，即便有隐私政策，半数以上没有监督其是否实施到位。尽管绝大多数在线用户声称对隐私问题感到担忧，但是他们当中阅读网站的隐私声明的人数还不到一半（Laudon and Traver，2010）。

伯克利大学的学生对网络用户进行了调查，研究消费者对网络隐私保护的态度，以及对联邦贸易委员会的隐私保护条例的抱怨。下面列举了一些调查结果。用户方面：人们觉得对自己的信息失去了控制，而不知道应该向谁申述。网站方面：网站收集了这些信息，但是拒绝用户访问；政策不明确；它们与公司共享信息，但是从不清楚是哪些公司以及数量是多少。（NewsCorp 旗下的 MySpace 网站与超过 1 500 家公司共享在线信息。）网络爬虫方面：它们无处不在，而且当页面存在网络爬虫时，也没有人通知用户。这类研究表明消费者并没有说"拿走我的隐私，我不介意，只要给我免费服务"，反之，他们在说"我们想访问这些信息，想控制它们，知道它们的用途，可以选择退出追踪；不管政策究竟是怎么说的，只要没有我们的参与和支持，这些政策就行不通"。

技术解决方案

除了立法保护外，新技术也可以用来保护互联网上用户的隐私。这类工具通常被用于加密电子邮件，隐匿发送电子邮件或网络活动时的身份，甚至阻止用户的计算机接受 cookie，以便识别和阻止间谍软件。

现在有许多工具能帮助用户决定哪些个人数据可以被网站使用。**隐私偏好平台**（Platform for Privacy Preferences，P3P）为电子商务网站及其访问者提供关于隐私声明的自动通信平台。P3P 提供让用户了解网站隐私声明的标准，并将该政策与用户的偏好或其他标准（如 FTC 的新 FIP 方针或欧洲有关数据保护的指令）进行比较。用户与网站互动时，可以使用 P3P 来选择理想的隐私公开程度。

P3P 标准允许网站以计算机能理解的形式来公布其隐私声明。一旦根据 P3P 规则编入系统，这个隐私声明就会变成网页浏览软件的一部分（见图 4—4）。微软 IE 浏览器的用户可以存取并阅读 P3P 网站的隐私声明和一份来自网站的所有 cookie清单。IE浏览器允许用户调整计算机设置以过滤掉所有cookie或者根据保密程度来选择特定的cookie。例如，中等安全水平接受来自有选择加入或选择退出政策的第一方主站的cookie，但拒绝没有基于选择加入政策来使用个人识别信息的第三方cookie。

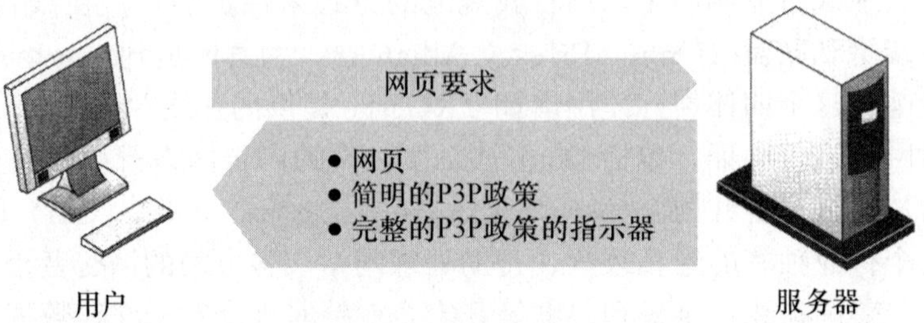

图4—4　P3P标准

注：1. 配有P3P网页浏览器的用户请求访问网页。

2. 网页服务器传回网页的同时附带简明的网页政策，指向P3P协议。如果网站不兼容P3P协议，则不会回传P3P数据。

3. 用户的网页浏览器软件对网站隐私声明与用户的隐私偏好进行比较。如果网站不兼容P3P协议，或该政策与用户的隐私水平不匹配，浏览器将发出警告，或拒绝来自该网站的cookie。如果相符，网页会正常加载。

说明：P3P使网站把隐私声明转换成可以被用户的网络浏览器软件阅读的标准格式。用户的网页浏览器软件可以查看网站隐私声明，以确定它是否与用户的隐私偏好吻合。

然而，P3P只能在属于万维网联盟（W3C）成员、将其网站隐私政策转换成P3P格式的网站上运行，这项技术对于不属于W3C成员的网站依然会显示其cookie，但用户不能获得传送者的信息或隐私声明。许多用户需要学习如何解读公司隐私声明与P3P隐私保护水平。批评者指出，只有小部分受欢迎的网站使用P3P，很多用户不知道浏览器的隐私设置，而且P3P标准也没有得到强制实施——公司可以任意规定自己的隐私政策。

4.3.2　产权：知识产权

当前的信息系统给保护个人知识产权的法律与社会惯例带来了严峻的挑战。**知识产权**（intellectual property）是指个人或组织创造的无形资产。由于数字信息可以在网络上轻易被复制和传播，因此信息技术使知识产权的保护变得很困难。知识产权有许多不同的保护方式，在法律惯例中通常分为三种：商业机密、版权和专利权。

商业机密

任何知识工作的成果，如果不能通过公开方式获得，则不管它是处方、设计、流行样式还是数据的汇编，只要用于商业用途，均可归为**商业机密**（trade secret）。商业机密的保护在美国各州各不相同。一般来说，商业机密主要是授予产品拥有者独占权，但这种权利是非常有限的。

软件包含了新奇或独特的元素、程序或编译，因此也算是商业机密。商业机密法保护的是工作成品中蕴含的实际想法，而不只是保护外在成品。为此，开发者或拥有者必须与员工及客户达成不公开机密的协议，以防止机密外泄。

保护商业机密执行上的限制在于，虽然任何复杂程度的软件程序都有其独特之处，但当软件被广泛使用时，想保护软件的独特性是很难的。

版权

版权（copyright）是法律赋予知识产品所有者的，保护其知识产品不因任何目的被复制的权利，法律保护期限为作者的一生及其死后 70 年。如果作品的拥有者是公司，版权保护期从产品被创造之日起延续 95 年。美国国会将知识产权保护的范围已经扩展到书籍、期刊、演讲、戏剧、音乐作品、地图、绘画、其他种类的艺术作品、动画等。版权法旨在确保发明者得到他们应得的经济回报和利益，激励发明创造和创作。大部分工业化国家都有自己的版权法，还有若干国际惯例和双边协定，以使各国协调和加强法律。

20 世纪 60 年代中期，美国专利局（Copyright Office）开始接受软件程序的注册。1980 年美国国会通过《计算机软件版权法案》（Computer Software Copyright Act），其中清楚地规定，商业用途的软件出售，要对原始程序和目标程序加以保护，并明确了创作者具有所有权，购买者有权使用软件。

版权保护禁止程序被全部或部分拷贝。毁坏或删减程序也将被认为是侵权。版权保护的欠缺在于不能保护软件背后的思想，而仅保护了软件的表现形式。竞争者使用软件，了解它是如何运行的，然后按照同样的思想去开发新的软件，这样的行为不被认为是侵犯版权。

侵犯版权的"观外与感知"的诉讼就是关于软件思想和表现形式的争论。例如，20 世纪 90 年代早期，苹果公司起诉微软公司和惠普公司侵犯了 Macintosh 界面，声称被告复制了重叠视窗的表现形式。而被告反驳说，重叠视窗只能由一种方式表现，因此不能得到版权法的合并理论的保护，即当思想和形式合而为一时，表现形式不能被授予版权。

总的来说，法院借鉴了 1989 年 Brown Bag 软件公司诉赛门铁克公司一案的推理。在这个案件中，法院分析了声称被侵犯的软件部分。法院发现相似的概念和功能、一般功能特征（如下拉菜单）和颜色都没有得到版权法的保护（Brown Bag Software vs. Symantec Corp.，1992）。

专利权

专利权（patent）是指法律赋予专利所有者对其发明享有 20 年的专有权。在专利权法的背后，美国国会的真正意图是：确保新机器、新设备或新方法的发明者可以因其所付出的劳动得到足额的报酬或其他方面的奖励，同时也便于专利拥有者将专利发明的详细图样和资料的使用权授予希望使用该专利的人，从而使发明得到广泛使用。专利权的授予归属美国专利和商标局，依据法院判决执行。

专利权的关键概念是独特性、新颖性和创造性。直到 1981 年美国最高法院通过了准予计算机程序纳入专利申请对象的决议后，专利局才开始接受常规的软件专利申请。从那时起，有成百上千的专利获得了批准，并且每年还有成千个专利在等待批准。

专利保护的好处在于，它给软件的内在概念和思想以垄断权。其难点在于确定非显而易见性（如作品必须具有特殊的理念和贡献）、新颖性和独创性的严格标准，并且软件专利一般需要等待几年的时间才能得到专利保护。

知识产权面临的挑战

当前的信息技术，尤其是软件，给现有的知识产权保护带来了严峻的挑战，从而引发了一系列显著的伦理、社会和政治问题。数字媒体与书籍、期刊及其他媒体不同，它易于复制、传播、更改，并且很难像程序、图书或音乐一样进行分类，容易被窃取，很难确立其唯一性。

电子网络（包括互联网）的激增加大了知识产权保护的难度。在网络普及之前，软件、书籍、杂志文章或影片的复制或抄袭必须借助有形介质（如纸张、计算机磁盘或录像带），为复制品的发行设置了一道屏障。而网络的使用使信息更快、更广地复制和传播。

互联网使信息（包括有版权的信息）自由地在世界范围内传播。利用万维网，你可以轻易复制任何信息，将它发送给世界各地成千上万的人，即使他们使用不同型号的计算机系统。即使他们不愿侵权，信息也能够从一个地方通过其他系统和网络进行非法复制和传播。

多年来，互联网的个人用户一直利用互联网非法复制和散发数字 MP3 文件。文件共享服务提供商，比如 Napster 以及晚些时候出现的 Grokster、Kazaa 和 Morpheus，可以帮助用户寻找和交换数字音乐文件，包括那些受版权保护的音乐文件。非法的文件共享严重威胁到唱片业的生存。虽然唱片业打赢了一些官司，使非法的文件共享服务的数量减少了，但还不能完全阻止这种服务。随着越来越多的家庭开始使用高速互联网，非法的影像文件共享给动画产业带来了类似的威胁。

使书籍、文章以及其他知识财产能在互联网上合法出售、传播的机制逐渐被制定出来。1998 年《**千禧年数字版权法案**》（Digital Millennium Copyright Act，DMCA）出台，提供了一些知识产权保护方案。《世界知识产权组织版权公约》（World Intellectual Property Organization Treaty）明确指出，逃避利用技术方法保护版权的行为是非法的。互联网服务提供商被要求，一旦发现它们托管的网站出现了侵犯版权的问题，应立即关闭这些网站。

软件和信息产业协会（Software and Information Industry Association，SIIA）代表微软等软件和信息公司致力于推动新法律的出台和现行法律的实施，以保护全球知识产权。SIIA 开通了反盗版投诉热线来接受有关盗版活动的投诉，帮助相关组织开展反盗版软件的教育项目，并提供软件使用指南。

4.3.3 责任机制、法律责任和控制

随着盗版和知识产权法的出现，新的信息技术正冲击着现有的法律及社会规则中对个人和组织责任的界定。如果一个人被受控制的机器伤害，或者说被软件伤害，那么谁应该为此负责并承担法律责任呢？是否应该允许美国在线之类的公司通

过公告牌或电子服务传输色情或暴力的内容（像广播一样）呢？是否允许它们不对用户传输的内容承担法律责任（就像普通的传输服务，例如电话系统）？对于互联网应怎样规定呢？如果你把信息处理外包，你能要求外部的承包商承担对客户的损失赔偿责任吗？一些现实中的例子也许能回答这些问题。

与计算机有关的法律责任问题

由于软件是计算机的一部分，当计算机造成了使用者的人身或经济损害时，软件出版商和操作员应该对计算机造成的损失负责。通常法院不得不要求作者、出版商和售书商对书籍内容负责（涉及诈骗和诽谤的内容除外），由于软件扮演了与书籍类似的角色——它们都可以存储、展示信息——因此法院出于谨慎的考虑，要求软件发明人对软件内容负责。

通常，当把软件产品看作书籍类产品时，不论导致的是人身的伤害，还是经济的损失，要求软件出版商对其产品负责都是非常困难的。过去，出版商因为担心发表责任声明会干涉美国《宪法第一修正案》所保障的言论自由，而不对所发行的书籍内容承担法律责任。

将软件看作服务会怎样呢？自动柜员机就是银行为客户提供的一种服务，如果客户因不能及时拿到资金而遭受经济损失，那么这种服务是失败的吗？是否应该将责任扩展到软件出版商以及金融、会计和营销系统的操作员呢？

软件和书籍有很多不同之处，例如：软件使用者期望软件产品绝对可靠；软件不像图书那样容易检查，很难与其他软件进行质量比较；软件要求真实地执行任务而不像图书那样描述一个任务。人们逐渐开始依赖建立在软件基础上的服务，考虑到软件在日常生活中的中心化趋势，即使软件仅提供信息服务，相关法律也应当借此机会将承担责任的范围扩大到软件领域。

因为电话系统被作为普通载体进行监管，所以电话系统还未被要求对其传播的信息承担责任。作为对这项权利的回报，电话系统提供商要以合理的价格提供电话系统接入，并提供一定程度的可靠性。广播和有线电视在内容和设备上必须接受联邦和地方的监管。网站的所有者应对其网站上的暴力内容负责；对于在线服务，诸如美国在线等公司应对用户发布的信息负责。虽然美国政府已经免除了网站和互联网服务提供商对第三方发布信息承担的责任，但诉讼仍威胁着小公司或个人，因为他们难以承担诉讼费用。

4.3.4　系统质量：数据质量和系统错误

对系统使用中无意造成的后果应承担什么责任与义务？由此产生的争论引发了一个相关的但独立的道德层面的问题：怎样才算得上是可以接受的、技术上可行的系统质量水平？系统经理什么时候可以说“停止测试，我们已经完善了该软件，可以运行”？个人和组织应该对可避免和可预见的结果负责，对此，他们有责任察觉和纠正。然而，预见和纠正有些系统的错误要付出很大的代价，这种支出是如此之大，以至于在经济上不可行，没有人可以承担得起。

比如，尽管软件公司尽量在产品投放市场前反复调试软件，它们还是心照不宣地将有小错误的产品投放市场，因为它们认为花费时间和资金修正这些小错会延迟产品的上市。如果产品不投放市场会怎样呢？整个社会会停止发展甚至会倒退吗？进一步说，计算机服务提供商的责任究竟是什么？它们是应该撤下永远无法完善的产品、警告用户，还是忽视这些风险（将责任转嫁给用户）？

系统表现不佳有三种原因：（1）软件的漏洞和错误；（2）硬件或设备功能失常；（3）输入数据质量差。

虽然软件漏洞和硬件故障可能被媒体广泛报道，但目前，大多数商业系统失败的原因应归于数据质量问题，很少有公司定期评估它们的数据质量，但研究报告显示：数据的错误率为 0.5%～30%。

4.3.5 生活质量：公平、访问和界限

引进信息技术和信息系统的消极的社会影响与技术力量息息相关，很多负面的社会影响虽然没有侵犯个人权利或财产，但对个人、社会和政治团体造成了极大的伤害。计算机和信息技术会逐渐侵蚀文化和社会中有价值的因素，即使它在其他方面让我们收益颇丰。是否存在信息系统消极影响和积极影响的平衡点？谁将对消极影响负责？接下来，我们简要探讨系统带来的一些负面的社会影响，包括个人、社会和政治反应。

中心与周边的平衡

对计算机最初的恐惧来自巨大的、集中控制的计算机主机将会使公司总部、国家首都的权力集中化，导致“老大哥社会”，就像 1984 年乔治·奥韦尔（George Orwell）的小说中描述的那样。随着计算机由集中式向分布式转变，成千上万的工人得到更多授权，同时决策权向组织低层下放，人们对公司集权的恐惧逐渐减少。但是大多数商业杂志认为各种授权是微不足道的。低层次的员工也可能被授权做出小决策，但重大战略性决策权仍像过去一样非常集中。

闪电式变化：对竞争的快速反应

信息系统的应用使我们能够创建高效率的国内、国际市场。过去，企业需要花许多年的时间适应竞争环境的变化，如今高效的国际市场大大缩短了这一缓冲期。“与时间赛跑”有其消极的一面：你的公司也许没有足够的时间来应对来自全球市场的竞争，也许在一年之内就会垮掉，而你也会失去工作。我们要承担“即时社会”的风险，将拥有“即时的工作”和“即时的办公室”，甚至“即时的家庭和假期”。

分清界限：家庭、工作和休闲

本书的部分内容是在火车上、飞机上、度假时，或者在其他应是“家庭时间”的时间撰写的。随着计算机、远程通信、便携式计算机的普及，“在任何地方做任何事情”也许真的将成为现实，传统的工作时间与闲暇时间的界限会变得模糊。

虽然作家可以在任何时间、任何地点工作（便携式打字机也是在近一个世纪才出现的），但随着信息系统的应用以及脑力工作的增加，越来越多的人在本应该与亲人、朋友游玩或交流的时间工作。如今，每天实际的工作时间已经远远超过 8 小时。

在计算机上打发闲暇时间不利于维护亲近的社会关系。过度使用网络，即使是为了休闲娱乐，也会使人疏远朋友和亲人。在中学生和青少年群体中，这可能会引起其反社会的有害行为，如最近出现的大量的网络欺凌。

工作时间与闲暇时间的模糊界限带来了明显的危机。过去，家庭和朋友给予个人莫大的支持，他们作为社会的平衡点，保护个人的私人生活，为人们提供了一个可以整理他们的想法的地方，让他们为自己的梦想而不是雇主思考。

依赖性和脆弱性

如今，我们的企业、政府、学校和私人社团都对信息系统有着惊人的依赖性，因此，如果系统出现故障，它们的正常运转将受到威胁。目前系统像电话一样普及，但令人难以置信的是，信息系统行业并没有像电话、电子、广播、电视和其他公共设施等领域那样有监管制度和行业标准。由于行业标准的缺失以及信息系统的重要性，出台国家标准或设立监管机构迫在眉睫。

计算机犯罪和滥用

在工业时代，许多新技术的出现都为罪犯提供了新机会和新手段。包括计算机在内的新技术创造了新的可以被偷窃的物品、新的行窃方式以及其他危害他人的方法。**计算机犯罪**（computer crime）是指通过使用计算机或破坏计算机系统而进行的非法行为。计算机和计算机系统既可以是犯罪目标（毁坏公司计算机中心或电脑文件），又可成为犯罪工具（使用家庭计算机进入计算机系统非法盗取计算机文件）。现在，未经授权进入计算机系统、蓄意侵入计算机系统，甚至偶然进入计算机系统都触犯了联邦法律。

计算机滥用（computer abuse）是指使用计算机时合法的但被视为不道德的行为。互联网和电子邮件的广泛使用使计算机滥用的一种形式——垃圾邮件——变成严重影响个人和企业的问题。**垃圾邮件**（spam）是由组织或个体发送给互联网用户的推销其产品或服务的邮件，而用户对此并不感兴趣。垃圾邮件发送者通常推销色情作品、欺骗性的交易和服务、欺诈性的或其他的未被社会普遍认可的产品。很多国家都通过了法律，将发送垃圾邮件视为违法行为并加以限制。在美国，如果垃圾邮件不涉及欺诈，并且邮件的发送者和主题能够被识别，则发送垃圾邮件是合法的。

由于向互联网用户发送上千条信息宣传商品只需几美分，因此垃圾邮件的数量迅速增长。全球领先的安全软件供应商 Sophos 表示，2010 年第二季度垃圾邮件占所有商业邮件的 97%（Schwartz，2010）。因为成千上万的垃圾邮件占用了计算和网络资源，并且对其进行处理也需耗费时间，所以垃圾邮件的成本很高（预计超过 500 亿美元/年）。

网络服务提供商和个人可以使用垃圾邮件过滤软件阻止这些邮件进入邮箱。但是，过滤软件可能会阻止合法的邮件。垃圾邮件制造者也可以通过不断变更邮件账户、将邮件压缩成图片、将垃圾邮件放在附件和电子贺卡中、使用植入了僵尸网络的电脑来跳过过滤软件的监控（见第 7 章）。有的垃圾邮件网站可以从别的国家发送垃圾邮件。

欧洲对发送垃圾邮件的管制要比美国严厉得多。2002 年 5 月 30 日，欧盟议会通过的一项有关主动提供商业信息的法案规定：电子商务营销的对象只能是事先已经同意接受该信息的人。

美国《反垃圾邮件法案》（CAN-SPAM Act）于 2003 年颁布，自 2004 年 1 月 1 日起生效，不禁止垃圾邮件，只禁止欺诈邮件，要求电子邮件注明准确的主题、收件人并为收件人提供一种将他们从电子邮件名单中删除的简易办法，禁止使用虚假的回信地址。已经有一些人受到这部法律的指控，但是这对垃圾邮件没有影响。尽管 Facebook 和 MySpace 在审判中赢了垃圾邮件制造者，但很多批评者仍指出法律有很多漏洞，而且没有得到有效实施（Associated Press，2009）。

电脑技术的另一个负面影响是信息技术应用的增长导致对员工或普通市民的监控不被认为是违法行为，这是值得关注的。下面的“互动讨论：组织”专栏将探讨这一话题。

互动讨论：组织

工作场所的监控

一场足球比赛的赛场上只有 11 名运动员，而英国布莱克本足球俱乐部（Blackburn Rovers Football Club）却拥有超过 800 名员工。对于任何现代企业来说，计算机都是使业务高效运营的核心。俱乐部的大部分计算机在埃伍德公园球场办公室内，其他计算机则用于俱乐部训练中心和足球学校。

俱乐部决定安装一个名为“Spector 360”的软件产品，该产品来自总部位于曼彻斯特的 Snapguard 公司。根据 Snapguard 的销售说明书，该产品提供“全公司范围的对员工的监控，覆盖员工活动和员工使用公司电脑、网络的情况”。过去，俱乐部曾尝试引入一个可接受的使用政策（AUP），但是与员工的讨论刚刚开始便使该计划止步不前，该政策最终未能实施。Spector 360 较早的追踪结果显示，某些员工滥用工作中的自主权，将大多数时间用来浏览网页、访问社交网站，并严重地占用带宽下载个人需要的资料。

在正式启用监控软件之前，AUP 被重新提出。公司将它作为邮件附件发送给员工，并添加到员工手册中。该政策也是雇佣条款和条件的一部分。可以理解的是，许多员工因为要受到监控而感到恼火，但该软件还是如期安装了。根据布莱克本的系统高级管理员本·海勒（Ben Hayler）所说，Spector 360 确实有助于维持公司的工作秩序，“你可以看到，生产率提高了……如果你查看一个员工在工作时间打开的应用程序，会看到所有应用程序都是和业务有关的”。

Spector 360 提供的报告可以为管理者显示如下内容：是否过多使用 Facebook、Twitter 和其他社交网站；是否访问成人网站或购物网站；聊天软件的使用情况；打印或存储机密信息的情况；员工登录和退出的时间。管理者也可以使用该软件来深入研究员工的使用模式，生成屏幕快照，甚至记录个人击键。

该软件也可以使员工获益。例如，由于它可以记录员工正在进行的工作，因此系统可以帮助培训员工或检修故障——它容易检测到导致具体的故障发生的原因。

该软件的另一个好处是可以帮助俱乐部与支付卡行业（Payment Card Industry，PCI）数据安全标准相兼容。如海勒所说，“一部分PCI标准需要所有信用卡信息的权限。由于Spector 360监控、记录并可得到每笔交易数据，它是我们PCI合规性的重要组成部分”。

那么，对员工在工作场所进行监控，有哪些更广泛采用的方法呢？公民咨询局（Citizens Advice Bureau，为英国居民免费提供信息咨询服务）称，管理者常通过以下几种方式对员工进行工作场所的监控：在工作场所安装监控摄像头；查看信件或电子邮件；使用自动软件检查电子邮件；检查通话记录或对通话进行录音；查看网页访问记录；在室外工作场所进行录像；从信用调查机构获取信息；从“销售点终端”收集信息。

尽管这个清单看起来很可怕，但管理者对于保证其员工不做违法或有损公司利益的事负有不可推卸的义务。然而，在英国数据保护法下，雇佣者必须保证其监控是合理的，并且要考虑到监控对员工可能造成的任何负面影响。没有合理缘由的监控是不允许的。不为员工所知的秘密监控同样也是违法的。

在2007年欧洲人权法庭（英国科普兰）的一个案例中，卡马森郡大学（Carmarthenshire College）的员工科普兰（Copeland）女士认为她的隐私权受到了侵犯。她是校长的私人助理，并与副校长的工作有密切关联，副校长将她的电话账单、网页访问记录以及电子邮件都进行了监控和分析。副校长想知道科普兰女士是否滥用了学校的资源。欧洲法庭做出了对她有利的判决，她对互联网的使用被认为遵守了《保护人权公约》的关于“私人生活”的规定。应该注意到，尽管该案的审判时间是2007年，但监控行为发生在1999年——英格兰和威尔士的《2000调查权规范法案》（Regulation of Investigatory Power Act 2000）和《2001电信条例》（Telecommunications Regulations 2001）（合法商业惯例）被引入之前，《2001电信条例》旨在明确有关通信拦截的规定。

卡马森郡大学的主要错误在于没有恰当地使用政策。管理者和员工之间应该将双方一致同意的政策写入员工合同，来明确在工作场所中哪些是可被接受的电脑应用，哪些是不可接受的。这样当员工在工作场所以合同中未经允许的方式使用设备时，雇主可以通过正常的纪律程序来处理。

不论具体的法律条文是如何规定的，有一点非常清楚，即信息技术在工作场所的使用可能会引发意想不到的问题。一封电子邮件一旦被发送，就可能变成一份合法发布的文档，而被用作法庭上关于诽谤、违约和其他问题的呈堂证供。大部分企业依赖于自身的公司数据在市场竞争中取胜。因此，数据的丢失、窃取以及破坏比同类的硬件问题更具危害性。如果在停车场丢失了一个闪存盘，更换硬件只需花费几美元，但如果它存有公司的机密数据，那么它造成的损失甚至可能让公司破产！

很多公司将大量精力放在提高员工的生产率上。阻止对某些网站（如YouTube、Facebook等）的访问是相对容易的，但当员工有合理的访问需求时，对这类网站地毯式的阻止就可能会造成问题。此外，在午休时间是否也要阻止访问呢？无论如何，如今在台式机上阻止访问网站已经不能确保提高生产率了，因为现在员工大多可以使用智能手机来上网。

资料来源：Information Commissioners Office, "Employment Practices Data Protection Code-Supplementary Guidance" (www. ico. gov, uk/upload/documents/library/data _ protection/practical _ application/coi _ html/english/supplementary_guidanee/monitoring_at_work_3. html, accessed October 25, 2010); "Spector 360 Helps Blackburn Rovers Show Red Card to PC and Internet Abuse," Snapguard (www. snapguard. co. uk/blackburn _ fc. html, accessed October 25, 2010); "Citizens Advice Bureau Advice Guide, Basic Rights at Work," Adviceguide (www. adviceguide. org. uk/index/your _ money/employment/basic _ rights at work. htm, accessed October 25, 2010); "Employee Monitoring in the Workplace: What Constitutes 'Personal Data'?" Crowell and Moring (www. crowell. com/NewsEvents/Newsletter. aspx? id = 654, accessed October 25, 2010).

[思考题]

1. 你认为布莱克本俱乐部对待员工的方式过于严厉还是很宽松，抑或正合适？

2. 联系本书前文中描述的五个伦理维度，分析英国的科普兰案例涉及哪些维度。

3. 考虑以下情境：你的 14 岁的儿子在足球训练营参加培训。在训练营时，他下载了不适当的图片并把这些图片卖给了他的朋友。他过去在家时不能下载这些图片，因为你安装了家长控制软件。谁应该为他的不当行为负责？

[MIS 实践]

1. 上网搜索世界各国实施的法律。它是如何影响跨国企业的？

2. 记录你在一个工作日的电脑使用情况。你进行了多少与工作无关的活动，它们占用了多长时间？与电脑无关的活动（如接听电话和上洗手间）的时间又有多长？

就业：渗透式技术以及流程再造的损失

流程再造通常被认为是信息系统得益于新的信息技术的典型应用。人们很少关注流程再造可能会使数百万的中层管理者和从事文书工作的员工失去工作。一位经济学家已经提出了这种可能性：推动社会的将是一小部分"高等工学院的精英组成的专业公司……整个国家将永远陷于失业中"（Rifkin，1993）。

其他经济学家则对潜在的失业问题显得更乐观。他们相信聪明且受过教育的工人将会在高速发展的行业中找到更好的工作。失去工作机会的只会是那些没有技能的蓝领、老人以及没有受过良好教育的中层管理者。很难确定这些群体能否很轻松地接受再教育而从事高质量（高薪）的工作。详细的计划以及灵活地对待员工的需求将使因公司的流程再造而失业的人数最少。

公平和访问：种族和社会阶层的分化加剧

是否每个人都有平等的机会进入数字时代呢？信息系统技术会减小社会、经济和文化方面的差异，还是会使优秀的人更优秀，从而增大这种差异？

这些问题还没有完整的答案，因为没有对不同社会层级所受的信息技术的影响进行研究。现在所知道的就是信息、知识、计算机以及通过教育机构和公共图书馆来获得这些资源的机会在各种族和社会阶层之间的分配并不公平，这与很多其他的信息资源一样。一些研究发现，虽然电脑拥有者的数量在过去的几年里剧增，但某些族群和收入群体的电脑、网络使用量并没有增加。虽然差距正在缩小，但是每个族群的高收入者比低收入者更有可能拥有家用电脑和互联网。

类似的**数字鸿沟**（digital divide）还存在于美国的学校，高贫困率地区的学校很少有计算机、高质量的技术教育项目，学生访问互联网的可能性很小。如果不对这种情况加以改变，将导致社会中同时存在信息拥有者、计算机技能拥有者、数量更多的信息缺乏者以及没有计算机技能的人。公益组织希望通过使所有人都能真正得到数字信息服务（包括互联网，就像现在的基本电话服务一样）来减小这个鸿沟。

健康风险：RSI、CVS 和重压技术

现在最重要的职业病是**重复性劳损**（repetitive stress injury，RSI）。RSI 发生在肌肉组织被迫重复做高强度的动作（比如打网球）或重复做大量的低强度动作（比如敲击键盘）时。

造成 RSI 的重要因素就是电脑键盘。与电脑相关的最普遍的 RSI 是**腕管综合征**（carpal tunnel syndrome，CTS），当压力作用于通过腕关节的骨组织即腕隧道的正中神经时，就会产生疼痛感。产生这个压力的原因就是持续地重复敲击键盘：一次文字处理操作可能需要敲击键盘 23 000 次。腕管综合征的症状包括麻木、短暂的疼痛、不能抓取物品、刺痛。数百万工作者被诊断患有腕管综合征。

RSI 是可以避免的。在设计工作电脑时增加一个腕骨支架（使用一个腕骨架来支撑腕骨），或使用姿势矫正器、搁脚板，都能使工作人员的姿势更加正确，从而减少 RSI。使用依据人体工程学改造的键盘也是一种选择。但是要使这些方法发挥效力，还需要工作人员多休息或者轮岗。

电脑用户的职业病不仅包括 RSI，背和颈椎的疼痛、腿部的疾病、脚的疼痛也是由于工作电脑不符合人体构造学造成的。**计算机视觉综合征**（computer vision syndrome，CVS）是指长时间使用计算机显示器屏幕导致的眼睛疲劳。它的症状经常是暂时性的，包括头疼、视物模糊、眼睛干涩和疼痛。

最新的与电脑使用相关的疾病是**技术压力**（technostress），这是由于使用电脑而引发的压力。它的症状包括易怒、对人的敌视、缺乏耐心和疲劳。专家们认为，当人们持续使用电脑工作时，会希望其他人的行为也像电脑一样，能够即时响应、专心并且不掺杂感情因素。技术压力被认为与计算机行业的高跳槽率、计算机密集行业的高提前退休率，以及较高的毒品和酒精的滥用水平有关。

技术压力的患者数量现在还不清楚，但据说在美国此类患者数以百万计，并且仍在迅速增长。在一些发达国家，与电脑相关的工作在健康统计中被列为压力很大的工作。

迄今为止，电脑显示器发出的辐射对职业病的影响还没有得到证明。显示器的终端（VDTs）会发出低频非电离辐射和磁场辐射，这些射线进入人体，对人体的酶、分子、染色体、细胞膜的影响尚不清楚。许多长期研究正试图发现低频电磁辐射与胎儿先天缺陷、生育压力、婴儿出生体重过轻以及其他疾病的关系。从 20 世纪 80 年代初开始，所有的制造商都在减少显示器的辐射。在一些欧洲国家（比如瑞士），已经设定了严格的辐射标准。

除了这些疾病之外，电脑技术还可能危害我们的认知功能。尽管互联网使人们易于获取、创造和使用信息，一些专家认为它同样阻碍人们集中注意力以及清醒地思考问题。下面的“互动讨论：技术”专栏着重讨论这一问题。

互动讨论：技术

技术太多了？

你认为管理者得到越多的信息，他们就能够做越好的决策吗？再想想。大多数人或许无法想象，如果没有网络，没有最心爱的工具——不管是 iPad、智能手机、笔记本电脑还是电话，这个世界将会怎样。然而，尽管这些设备开启了协作沟通的新纪元，它们同样带来了人与技术关系的新问题。一些研究者认为，网络和其他数字技术从根本上改变了我们的思考方式——却不是朝着更好的方向。网络真的使我们变得“愚蠢”了吗？我们使用的技术已经太多而达到饱和了吗？或者说互联网提供如此多的发现信息的新机会而真的使我们变得“聪明”了吗？在互联网时代，我们要如何定义“愚蠢”和“聪明”呢？

你可能会说，这怎么可能呢？网络史无前例地让我们获取和共享几乎所有种类的信息，媒介的创造和传播从未像现在这样简单，像维基和谷歌这样的资源帮助我们梳理知识，并让全世界都可以获取。没有网络，这一切都不会发生。其他的数字媒体技术也已成为我们生活中不可或缺的部分。乍看起来，这样的进步使我们变得聪明，这是再清楚不过的。

但是，一些权威人士认为，让成千上万的人可以进行创造——写博客、发照片、拍视频——降低了媒体的质量。博主们极少会去写原创报告或进行研究，而是直接从专业来源处复制。YouTube 新手发布的视频的质量远不及专业视频。由于博主提供的免费内容质量很不稳定，报纸在商业竞争中举步维艰。

在印刷术的发展过程中也曾经敲响过同样的警钟。随着古腾堡的活版印刷技术传遍欧洲，当代文学爱好者不断涌现，但其中多数是平庸的知识分子。这样的情形出现在巨大变革的早期阶段，并未使文学遭到破坏。随着人们开始掌握新的技术和新的规范来进行管理，报纸、科学杂志、小说以及其他的文学形式开始帮助形成知识氛围，而不是减少知识。

数字媒体的拥护者认为，当我们熟悉了互联网和其他的新技术后，历史将会重演。印刷术促进了相互合作，同行评审刺激了科技革命。许多数字媒体供应商认为，互联网将会开启一场新的出版和合作方面的类似的革命，这对整个社会来说都将是巨大的成功。

这些可能都会成真，但从认知的角度来看，互联网和其他数字设备的影响未必是正面的。新的研究发现，数字技术正在破坏我们清醒思考和关注的能力。数字技术的使用者不可避免地产生多任务需求，使用其设备同时做若干件事。

尽管电视、网络和视频游戏有效地开发了我们的视觉处理能力，但有研究认为，它们减弱了我们深入思考和记住信息的能力。互联网确实可以让用户轻松获取全世界的信息，但这种传播信息的媒介也危害了我们深入思考和批判性地读和听的能力。通过阅读一本书，你可以变得更“聪明”（从一定意义上说是描述事物内容的能力），一边看同一主题的视频，一边给朋友发短信是无法达到这一目的的。

使用互联网使事物变得多任务化。网页上的文字被超链接接入其他页面；分页浏览让我们可以在两个窗口之间迅速转换；我们可以在看电视的同时浏览网页，随时随地给朋友发短信、打电话。但是不断的打扰和分心，是在线体验中使我们无法对主题形成完整理解的罪魁祸首。相反，传统的印刷媒体使我们所受的打扰较少，从而容易将注意力集中在内容上。

最近，斯坦福大学的学者开展的一项研究发现，多任务执行者不仅仅容易分散注意力，令人惊讶的是，与很少执行多任务的人相比，他们竟然更不擅长执行多任务。该研究小组还发现，多任务执行者在面对一条新的信息，或者接到新的电话、短信或电子邮件时，会产生兴奋感。

大脑的细胞结构高度适应我们使用的工具，所以多任务执行者会很快地依赖于遇到新任务时所体验的兴奋感。这意味着即使多任务执行者与最常使用的设备完全隔离，他们也容易继续分心。

斯坦福大学该研究小组的认知学家埃亚尔·奥菲尔（Eyal Ophir）设计了一个测验来测量这种现象。多任务执行者被要求在一系列图片中追踪红色矩形。在引入蓝色矩形后，多任务执行者很难辨识每张图片中的红色矩形是否发生了位置的改变。而正常测试者的表现明显优于多任务执行者。只有不到3%的多任务执行者（可称为“超级工作者”）可以同时管理多条信息流；对大多数人来说，多任务同时执行不能带来更高的生产率。

神经学家迈克尔·梅策尼西（Michael Merzenich）认为，我们的大脑正在因为我们经常且日益增多地使用电脑而被“大规模重新塑造”。不只是网络形成了这一趋势，智能手机和其他数字技术也削弱了我们集中注意力的能力。电视和视频游戏同样如此。另一研究发现，在两种情形下播放电视节目，其中一种情形是在屏幕下方有新闻滚动条，另一种情形则没有，结果观众记住的不含滚动条的节目的信息更多。这些技术对儿童造成的影响远大于对成人的影响，因为儿童的大脑正在发育，确定优先级和抵制冲动很耗费精力。

最近，关于 Web 2.0 社交技术对管理决策的影响的研究给了我们重要的启示。研究表明，“永不断线”迫使主管们匆忙穿梭于机场和火车站，同时在几种移动设备上通过多种语音或文字与客户和同事交流，这可能会影响他成为一个优秀的决策制定者。事实上，随着渠道增多带来的数字信息数量的增加，决策制定的质量趋于下降，并使管理者失去批判性思考的能力。同样，就管理生产力来说，对于工作场所网络使用的研究表明，Web 2.0 社交技术提供给管理者的是浪费时间的新途径，而不会帮助他们将注意力集中在职责上。今天查看你的 Facebook 主页了吗？显然，我们需要了解更多有关移动和社交技术对管理工作产生影响的信息。

资料来源：Randall Stross，“Computers at Home：Educational Hope vs. Teenage Reality，” *The New York Times*，July 9，2010；Matt Richtel，“Hooked on Gadgets，and Paying a Mental Price，” *The New York Times*，June 6，2010；Clay Shirky，“Does the Internet Make you smarter?” *The Wall Street Journal*，June 4，2010；Nicholas Carr，“Does the Internet Make you Dumber?” *The Wall Street Journal*，June 5，2010；Ofer Malamud and Christian Pop-Echeles，“Home Computer Use and the Development of Human Capital，” January 2010；and “Is Technology Producing a Decline in Critical Thinking and Analysis?” Science Daily，January 29，2009.

[思考题]

1. 对于数字媒体的使用，有哪些支持和反对的观点？

2. 大脑如何受到数字媒体的持续使用的影响？

3. 你认为这些关于数字媒体使用的讨论是否过于乐观？请解释原因。

4. 对于儿童使用数字媒体，有哪些其他担忧？不到8岁的儿童应该使用电脑或电话吗？为什么？

[MIS 实践]

在一周的时间里，每天记录你借助数字技术（如电话、电脑、电视机等）所做的事情，将每件事情所用的时间加总。注意多任务的执行情况。平均来说，你每天在数字技术上花费多少时间？其中有多少时间是多任务状态的？你认为你的生活中是否存在技术过密的现象？证明你的结论。

电脑已经成为我们生活的一部分——不论对个人，还是对社会、文化和政治。随着计算机技术不断改变我们的世界，我们的问题和选择会变得更加复杂。互联网和信息经济的增长预示着：未来伦理和社会问题将会随着我们进入第一个数字时代而增加。

4.4 管理信息系统实践项目

本节中的实践项目涉及以下几个方面：分析使用数据代理商存在的隐私问题，为员工使用网络制定公司政策，用博客创建工具建立一个简单的博客，使用互联网新闻组进行市场调查。

4.4.1 管理决策问题

1. USAData 的网站连接了很多数据库，可以得到成千上万的个人资料。任何持有信用卡的人都可以购买按照地理位置、年龄、收入水平或兴趣爱好划分的市场细分清单。点击消费指南订购一份消费者邮件清单，你可以查到居住在特定地点的潜在客户的姓名、地址和电话。你可以利用这个功能得到位于纽约皮克斯基尔的任何一个人的信息，它每年带来的收入超过 15 万美元。USAData 这类数据代理商会带来隐私问题吗？为什么？如果在数据库中有你的姓名等个人信息，为了保护你的隐私，你想设置什么限制？考虑下面的数据使用者：政府、员工、私人企业和其他人。

2. 作为一家只有六名员工的小型保险公司的老板，你必须考虑怎样高效率地使用网络和人力资源。预算很紧张，而且你正在努力满足员工的工资要求，因为他们经常加班。你不相信员工的工作需要那么多的时间来完成，所以正在了解他们上网花费的时间。员工使用网络进行工作，你要求信息系统部门提交员工的每周网络使用报告。

每周网络使用报告

用户名	在线时间	访问的网址
Kelleher，Claire	45	www. doubleclick. net
Kelleher，Claire	107	www. yahoo. com
Kelleher，Claire	96	www. insweb. com
McMahon，Patricia	83	www. itunes. com
McMahon，Patricia	44	www. insweb. com
Milligan，Robert	112	www. youtube. com
Milligan，Robert	43	www. travelocity. com
Olivera，Ernesto	40	www. CNN. com
Talbot，Helen	125	www. etrade. com
Talbot，Helen	27	www. nordstrom. com
Talbot，Helen	35	www. yahoo. com
Talbot，Helen	73	www. ebay. com
Wright，Steven	23	www. facebook. com
Wright，Steven	15	www. autobytel. com

- 计算员工每周上网的总时间和使用公司电脑的时间，按照上网时间为员工排序。
- 通过报告，你发现员工有任何道德问题吗？监测员工的网络使用量合乎伦理吗？
- 使用本章描述的伦理分析指南，为你面临的问题提供解决方法。

4.4.2　实现卓越运营：创建一个简单的博客

软件技能：博客创建

商业技能：博客和网页设计

在此项目中，你将会用 Blogger. com 的在线博客创建软件按照自己的设计建立一个简单的博客。为你的博客选择一个主题，可以与运动或者兴趣爱好有关。为博客取个名字，选择一个模板。写至少四篇文章，张贴之前先做个标签。上传一张图片，可以是自己的照片（谷歌有 Open Photo，可以编辑图片）。为注册的用户增加可以评论的权限。简要描述该博客如何用于与你的博客主题相关的公司产品和服务的销售。列举并描述哪些工具对公司业务有用。保存博客并给指导老师看。

4.4.3　提高决策水平：使用互联网新闻组来进行在线市场调查

软件技能：网络浏览器软件和网络新闻组

商业技能：用网络新闻组识别潜在客户

此项目能提高使用新闻组进行营销的网络技能。你还要思考其中涉及的伦理问题。

目前你正在生产登山鞋，并通过几个商店进行销售。你认为你的产品比竞争者的产品更加舒适。如果你可以显著地提高产量、增加店铺数量，你相信自己可以以低于竞争者的价格出售产品。你想通过那些关于徒步旅行、爬山、露营的讨论组来推销你的产品并且使你的产品广为人知。访问 group. google. com，该网站保存了数以千计的来自新闻组的讨论记录。通过这个站点，你可以查找所有的相关的新闻组，可以用关键词、作者姓名、论坛、时间和主题来寻找它们。选择一条信息并且仔细检查它，记录所有你能得到的信息，包括作者的信息。

- 你如何使用这些新闻组来推销鞋子？
- 如果你使用得到的信息来推销鞋子，将会违反什么伦理原则？你认为使用新闻组的方式会不会有伦理问题？解释你的理由。
- 接下来，去谷歌或雅虎网站搜索登山鞋行业相关信息，并且找到将帮助你寻找其他的联系潜在购买者的新办法。
- 利用你在本章和前几章学到的知识准备一个计划，使用新闻组和其他的方法来吸引访问者访问你的网站。

小　结

1. 信息系统引起了哪些伦理、社会与政治问题？

信息技术引起了一些变革，但对这些变革还未制定相关的法律法规。计算机功能和网络技术的增强，使计算机渗透到个人和组织的活动中，造成了一定的影响。系统的易用性和匿名性使得网络系统的交流、复制和操作存在隐私和产权保护问题。对信息系统引起的主要的伦理、社会和政治问题的讨论围绕着信息权利与义务、财产权利与义务、责任机制与控制、系统质量以及生活质量展开。

2. 有哪些具体的行为准则可以用来指导伦理决策？

用于判断行为的六个伦理原则包括黄金法则、康德的绝对律令、笛卡儿变化规则、实用原则、风险规避原则、伦理上的“无免费午餐”原则。这些原则应该用于伦理分析。

3. 为什么现代信息系统技术和互联网对个人隐私和知识产权保护提出了挑战？

当代数据存储和数据分析技术使公司能够很容易地收集不同来源的私人数据，并分析这些数据，从而构造一个详细描述个体及其行为的用户描述文件。互联网中的数据流可以在不同的节点被监控。网页访问者的行为可以用 cookies 或者其他的工具来跟踪。不是所有的网站都有严格的隐私保护措施，而且它们在使用个人信息时并不总是关注是否得到了客户的同意。传统的版权法不足以保护软件的版权，因为数字资料可以轻易地被复制并且通过网络同时发送到不同的地方。

4. 信息技术如何影响日常生活？

虽然电脑系统是效率和财富的源泉，但它们也有些负面影响。计算误差会对个人和组织造成很严重的影响，业务的中断和数据丢失经常是由数据质量差引起的。当电脑可以替代员工或者在流程再造中不再需要一些业务时，将会造成失业。拥有和使用计算机的能力可能会加剧不同族群和社会阶层在社会经济学意义上的不平等。电脑的广泛应用将会加大计算机犯罪和计算机滥用的可能性。电脑的使用还会造成健康问题，比如重复性劳损、计算机视觉综合征和技术压力。

复习题

1. 信息系统引起了哪些伦理、社会与政治问题？

- 解释伦理、社会和政治问题之间有什么关系，并举例说明。
- 列出并描述可以提高道德水平的关键技术趋势。
- 区分责任、责任机制和法律责任的不同。

2. 有哪些的具体行为准则可以用来指导伦理决策？

- 列出并描述伦理分析的五个步骤。
- 识别和描述六种伦理原则。

3. 为什么现代信息系统技术和互联网对个人隐私和知识产权保护提出了挑战？

- 给出隐私权和公平信息惯例的定义。
- 解释网络对个人隐私和知识产权的挑战。
- 解释知情同意、立法、行业自律和技术工具怎么保护网络用户的个人隐私。
- 列出并定义保护知识产权的三种方式。

4. 信息技术如何影响日常生活？

- 解释为什么很难对软件服务造成的失败或伤害问责。
- 列出并描述系统质量问题的主要原因。
- 列出并描述四种由计算机和信息系统造成的生活质量问题。
- 定义并描述技术压力和重复性劳损，解释它们和信息技术的关系。

讨论题

1. 以软件为基础的服务（例如 ATM）提供商是否应该为它们的系统失败所造成的经济损失负责？

2. 公司是否应当为由信息系统所造成的失业负责？为什么？

3. 讨论允许计算机为行为营销积累个人数据的利弊。

小组练习：编制一个企业伦理准则

三四名同学一组，编制一个关于隐私的企业伦理准则。其中既包括员工的隐私，也包括客户的隐私和公共网站使用者的隐私。同时还要考虑电子邮件的隐私和雇主对网站的监控，以及企业对员工信息的使用，包括他们的非工作行为（例如生活方式、婚姻状况等）方面的信息。如有可能，使用 Google Sites 发布网页的链接、团队沟通公告和工作任务，集思广益，合作完成项目文档。尝试用 Google Docs 在课堂上展示成果。

章末案例

致人死亡的放射治疗

当某种成本高昂的新医疗方法问世，并承诺将帮助人们治愈相关疾病时，人们一般会认为，涉及该医疗方法的制造商、医生、技术人员以及医院、国家监管机构，都会对该医疗技术的申请和使用给予十二分的关心。但很多时候并非如此。现代放射治疗技术就是没能很好地估计和控制其负面效应的突出例子，因为这是一种一旦失控将足以致人死亡的技术。

对于那些正在与癌症搏斗的病人和他们的家庭来说，放射治疗领域的技术进步给他们带来了恢复健康的希望。但是当这些用来治疗癌症的极其复杂的机器出错，或医疗技术人员和医生没有按照正确的安全程序运行时，可能会导致比所想要治愈的疾病更糟糕的结果。一连串骇人听闻的事件均与此有关，警示我们关注医院不能为癌症病人提供安全的放射治疗的后果。在许多这样的耸人听闻事件中，欠佳的软件设计、不良的人机界面以及缺乏适当的培训，都是造成问题的根源。

纽约医院的病人斯科特·杰尔姆-帕克斯（Scott Jerome-Parks）和亚历山大·杰恩-查尔斯（Alexandra Jn-Charles）的死亡，是放射治疗失败的典型案例。杰尔姆-帕克斯在曼哈顿南部的世贸中心附近工作，袭击发生之后，他患上了舌癌，被怀疑可能与他接触到有毒粉尘有关。最初他的病情并不明确，但他比较乐观，因为他选择了圣文森特医院，可接受最先进的线性加速器的治疗。但在接受了几次剂量不正确的放射治疗之后，他的病情急剧恶化。

大多数情况下，最先进的线性加速器技术的确可以为癌症病人提供安全有效的治疗，美国人每年接受的在可控安全范围内的放射治疗数量呈增长趋势。放射治疗可以帮助诊断和治疗几乎所有类型的癌症，挽救了许多病人的生命，并被多于半数的癌症患者认为是安全的治疗手段。不过，老的放疗仪器只能对肿瘤进行二维成像，发出直射波，新型线性加速器放疗仪则可以对癌症肿瘤进行三维成像，并塑造出符合肿瘤形状的辐射波。

放射治疗中最常需要解决的问题是，在保护健康细胞的前提下找到消灭癌细胞的方法。使用这种射束成形技术，放射线在抵达癌变区域时不会穿过较多的健康组织，从而避免了对健康细胞的误伤。由于射束成形方法的精确度高，很多医院大力推广这类新型加速器，称其可以治愈之前无法治疗的癌症。确实，使用以前的老机器，由于设备的精确度不够，且癌细胞距离重要的身体组织太近，因此进行放射治疗十分危险。

可是为什么在线性加速技术进步之后，与放射治疗相关的医疗事故却更加频发呢？在杰尔姆-帕克斯和杰恩-查尔斯的案例中，是机器故障和人员操作错误共同导致了可怕结果的发生。在杰尔姆-帕克斯的案例中，由于一个计算机错误，使得病人的脑干和脖子在三个不同场合分别暴露于剂量过大的辐射之下。用来为杰尔姆-帕克斯进行治疗的线性加速器配备了多叶瞄准仪，这是一种新的、更强大的模块，它使用 100 多片“叶子”来调整光束的形状和强度。圣文森特医院的瞄准仪是由放射仪器领域领先的供应商——瓦里安医疗系统公司（Varian Medical Systems）制造的。

圣文森特医院的首席放射肿瘤专家安东尼·班森（Anthong M. Berson）博士重新制定了针对杰尔姆-帕克斯的放射治疗方案，以加强对他的牙齿的保护。负责为杰尔姆-帕克斯实施放射治疗计划的，是医用物理学家尼娜·卡拉赫（Nina Kalach），她使用了瓦里安公司提供的软件来修正这一方案，以使方案更精确。州文件记录显示，卡拉赫在试图对她的修正工作进行存盘时，遭遇了系统故障，显示出错。电脑询问卡拉赫，是否想在程序终止前保存更改，她选择了“是”。随后，班森博士批准了该方案的实施。

在又一次发生电脑崩溃六分钟后，第一波放射性核束被激活并射向杰尔姆-帕克斯，在接下来的几天里还有几轮额外的放射治疗。在第三次治疗后，卡拉赫做了一个测试来核查治疗方案是否按预定的执行，结果却发现，本应精确瞄准杰尔姆-帕克斯肿瘤部位的多叶瞄准仪其实是完全开放的，病人的整个颈部完全暴露。而这时，杰尔姆-帕克斯已经做了 7 次放射治疗。

由于过度放疗，杰尔姆-帕克斯丧失了听力，几近失明，他的嘴巴和喉咙也发生溃烂，并伴有持续的恶心和剧痛。他的牙齿开始脱落，不能进行吞咽，最终无法呼吸。杰尔姆-帕克斯很快去世，年仅 43 岁。

32 岁的杰恩-查尔斯女士遭遇了相似的悲剧。她来自布鲁克林地区，已有两个孩子，被诊断出患有恶性乳腺癌。但在进行了切除手术和化疗之后，从外表上看，她的状态良好，只需要完成剩下的 28 天放疗就可以了。然而，在杰恩-查尔斯接受治疗的布鲁克林医院，使用的线性加速器没有多叶瞄准仪，而是一台较老的机器，它使用称为“楔子”的设备来阻止射线到达身体中的非目标区域。

在杰恩-查尔斯的第 28 个也是最后一个放疗日，技术人员发现出了问题。杰恩-查尔斯的皮肤开始缓慢剥落，并且似乎无法愈合。当医院调查治疗方案以寻找原因时，他们发现，线性加速器缺少插入楔子这一重要指令，而该指令要由用户来设置。在过去的 27 次放疗中，技术人员都没有注意到屏幕上显示的缺少楔子的出错信息。这意味着杰恩-查尔斯已经暴露在 4 倍的正常辐射量之下达 27 次之多。

杰恩-查尔斯接受的过度放疗造成了无论使用多少次高压氧舱、进行多少次手术都无法挽回的后果。尽管伤口在一年后开始愈合，但她很快便去世了。

这看起来似乎是具体进行治疗的医疗技术人员的疏忽或懒惰所造成的，他们应该为此惨剧负主要责任，但其中也包含了许多其他因素。新的线性加速技术的使用很复杂，但是与此相配套的软件更新、人员培训以及安全程序没有相应跟上。而且，圣文森特医院称，在类似杰尔姆-帕克斯的案例中所遇到的系统崩溃现象“在瓦里安的系统运行中并不少见，而且这些问题已经被多次传达给瓦里安方面”。

这些医疗仪器的制造商声称，它们的仪器可以为越来越多的病人安全地进行放射治疗，但医院很少能调整人员来应对越来越大的工作量，或在新仪器投入使用前加强对技术人员的培训。医疗技术人员错误地认为新的系统和软件工作一切正常，但实际上它们已经很久没接受检测了。

如果仪器操作员认真负责的话，许多这样的错误是可以发现并避免的。事实上，许多错误报告极其简单，如将病人所患的癌症搞错了。有一个例子就是，脑癌的患者得到的是针对乳腺癌的放射治疗。此外，对于如今的线性加速器所释放的辐射量，同样缺乏必要的保护措施。例如，当辐射剂量远超过有效破坏恶性肿瘤的必要量时，许多线性加速器没有对用户发出警告。虽然最终的责任在医疗技术人员身上，但该软件的开发人员在设计产品时，也许并没有考虑到最终使用该软件的技术人员的需求。

新仪器的复杂性暴露出医院为放射治疗所采取的安全措施上的不足，而接受放射治疗的患者数量的增加，以及仪器的运转能力也带来了诸多其他问题。许多医院的放疗技术人员发生相关错误是长期疲劳过度所致，他们常常每天要治疗 100 多位病人。对于这些已经忙得不可开交的技术人员来说，不可能去检查他们所操作的线性加速器的设置，而且计算机系统中的早期错误不易被发现。结果，相同的错误治疗被反复执行了多次，直到医生和放疗技术人员因为某个其他原因对仪器进行检查。此时，病人通常已遭受到严重伤害。

更加复杂的问题是，每年与放射治疗相关的事故总量实际上是不为人知的。没有一家机构会对这些事故进行全国范围的数据收集，许多州甚至不要求报告此类事故。即使州要求报告，医院通常也会因为担心导致潜在病人流失、触及病人的底线，而拒绝报告所犯的错误。某些实例中，医院的错误很难被察觉，因为可能在接受治疗一段时间后才会显现，并且由于接受辐射治疗而没有易观察到的外部伤口。纽约关于事故报告的执行制度是最严格的，要求医院匿名报告以鼓励其共享数据，但即使是这样，纽约的大部分事故也未能报告——也许是很大的一部分。

当然不仅仅纽约是这样的情况，在新泽西州的一家医院，36名病人因技术人员团队经验不足而被过度照射，并且因为缺乏可以发现治疗错误的系统，导致该错误持续数月之久。在路易斯安那州、得克萨斯州和加利福尼亚州，都有病人因反复接受不正确的放射剂量治疗而导致其他严重疾病的事例。在巴拿马州，国家癌症研究所（National Cancer Institute）的28名病人接受了针对不同癌症的过量辐射。医生让医学物理学家在线性加速器上增加第五片阻挡物，即类似于多叶瞄准仪的“叶片”的金属片，但该加速器的设计只能支持4片阻挡物。当医疗人员试图为仪器添加额外的阻挡物时，导致剂量被错误计算，从而对病人造成过度放射。

由于缺乏对放射治疗进行监督管理的中央机构，导致在出现放射错误的事件中，所有相关群体都能够逃避最终责任。医疗器械和软件制造商声称，医生和放疗技术人员有责任正确使用仪器，医院的职责就是合理分配时间和资源来培训员工。负责具体操作的技术人员认为，他们人手不足且过度疲劳，没有适当的程序对工作进行检查，更没有时间这样做。医院则称，新的仪器缺乏适当的防故障机制，并且由于预算已颇为紧张，不太可能进行设备制造商所说的培训。

现在，管理这类事故的责任落到了州政府身上，而各个州的落实情况各不相同。许多州根本不要求报告，即使是在俄亥俄州，虽要求在医疗事故发生后15天内提交事故报告，但相关规定也经常得不到落实。此外，俄亥俄州像其他许多州一样，不要求放疗技术人员持证上岗。

从事全球放疗事故调查的放射治疗专家弗雷德·梅特勒（Fred A. Mettler）博士说：“尽管发生了许多事故，但你不应该用可能的死亡来恐吓病人放弃放射疗法。”进行放射治疗，需要花费大量的时间，进行多次重复的照射，才能最终将病人从癌症的魔爪中拯救出来。技术人员、医院管理者、设备制造商和软件系统的开发商以及政府管理部门，应该共同制定一整套安全措施、软件规范、报告标准以及对于技术人员的资质要求，以减少放射事故的发生。

资料来源：Walt Bogdanich，“Medical Group Urges New Rules on Radiation，” *The New York Times*，February 4，2010；“As Technology Surges，Radiation Safeguards Lag，” *The New York Times*，January 27，2010；“Radiation Offers New Cures，and Ways to Do Harm，” *The New York Times*，January 24，2010；and “Case Studies：When Medical Radiation Goes Awry，” *The New York Times*，January 21，2010.

[思考题]

1. 本案例列举了哪些概念？放射技术涉及哪些伦理问题？

2. 哪些管理、组织和技术因素造成了案例中的问题？解释每一个因素的影响。

3. 你认为与问题有关的哪些群体（医院管理者、技术人员、医疗设备和软件制造商）应该为这些事故负最主要责任？解释你的理由。

4. 收集放射相关事故数据的中央报告机构，在今后如何帮助减少放射疗法的错误？

5. 如果你负责设计线性加速器的一个软件，会考虑哪些特性？会避免哪些特性？

第 2 篇

信息技术基础设施

Information Technology Infrastructure

第2篇介绍了与理解信息系统密切相关的技术基础，包括硬件、软件、数据库和网络技术，以及与安全和控制有关的工具和技术。这一部分主要回答了以下几个问题：当今企业需要什么样的技术来完成它们的工作？为了保证企业的正常运行，我们需要了解这些技术的哪些内容？这些技术将会怎样改变企业的未来？为了确保系统的可靠性与安全性，哪些技术和步骤是必需的？

第5章 信息技术基础设施和新兴技术

学习目标

学完本章后，你将能够回答以下问题：

1. 什么是信息基础设施？它的构成部分有哪些？
2. 信息基础设施的发展经历了哪几个阶段？各阶段的技术驱动力是什么？
3. 现代计算机硬件平台的发展趋势是什么？
4. 现代计算机软件平台的发展趋势是什么？
5. 信息基础设施带来的管理挑战是什么？其解决方案是什么？

章首案例

BART借助新的IT基础设施实现飞速发展

旧金山湾区快速交通系统（Bay Area Rapid Transit，BART）主要解决从加利福尼亚州的旧金山到奥克兰以及从其他相邻城市到东南岸的运输需求。BART已经连续35年为乘客提供快速、可靠的运输服务，目前每天的载客量超过346 000人，运行超过104英里，经停43站。它使得人们在自驾车之外有了第二种出行选择，不仅缩短了出行时间，还为湾区原本就拥堵的公路减少了通行量。它是美国第五大快速交通系统。

BART最近开始了一项宏大的现代化工程，包括购置新的列车，以及延长行车路线等。这项工程也将涵盖BART的信息技术基础设施。BART的信息系统已经略显老旧，并开始影响到其提供优质服务的能力。陈旧的财务和人力资源系统已经无法为实时决策提供准确、快速的信息，同时难以满足提供全天候服务的需求。

BART同时升级了硬件和软件。它用甲骨文公司的PeopleSoft企业应用程序代替了原来的传统大型机应用程序，并配置了甲骨文企业版Linux操作系统，以及惠普公司的集成刀片式服务器。这一架构为其提供了更大的灵活性以及增长空间，从而使得BART在运行PeopleSoft软件的同时，还可以配合使用其他一些新的应用程序。

BART希望可以利用网格计算来创造一个高可用性的IT基础架构，使得其计算和存储能力与实际需求更加匹配。BART 选择在应用网格架构的一簇服务器上运行其应用程序。多重操作系统环境共享那些按照网格内的需求可配置、分配乃至重新分配的计算资源和能力。

目前，大多数的数据中心都是在一个单独的服务器上运行特定的程序，因而只应用了服务器中很小一部分的能力。BART 使用虚拟化技术在同一台服务器上同时运行多个应用程序，将服务器的容量利用率提高了50%以上。这意味着仅用少量几个服务器就可以完成大部分的工作。

在应用了刀片式服务器之后，如果 BART 需要更多的计算能力，只需要在主机系统中再添加一个服务器即可。这帮助 BART 最大限度地减少了能源的消耗，不需要购买目前不必要的计算能力，同时刀片式服务器精炼的模块化设计也减少了所需的物理空间和能源。

通过减少硬件的使用，并更加充分地利用现有的计算资源，BART 的网格环境为其节约了能源和冷却成本。将不同的应用程序整合到一组共享的网格服务器上，预计可以降低大约 20%的能源消耗。

资料来源：David Baum，"Speeding into the Modern Age，" *Profit*，February 2010；www. bart. gov，accessed June 5，2010；and Steve Clouther，"The San Francisco Bay Area Rapid Transit Uses IBM Technology to Improve Safety and Reliability，" ABC Advisory Group，October 7，2009.

作为一个成功的现代化快速交通系统，BART 赢得了广泛的赞誉，但它的实际操作和增长能力受限于老旧的 IT 基础设施。BART 的管理层觉得，最好的解决方案就是投资于性价比更高、更加高效节能的新型硬件和软件技术。

管理者意识到，想要为湾区居民提供可持续的高水平服务，就要对操作系统以及其依附的软硬件基础设施进行现代化改造。针对 IT 基础设施进行的投资能够充分支持 BART 的商业计划，提高其表现水平，并实现其他一些目标，包括降低成本、降低能源与材料消耗的"绿色"目标等。

通过用基于网格的刀片式服务器和其他现代化商业软件代替传统的软件平台和计算机，BART 提高了计算机资源的利用率，节约了成本并降低了能源消耗。新的软件工具使得开发新的应用程序和服务变得更加容易。BART 的 IT 基础设施更容易管理，并且具有足够的可扩展性来适应不断增长的处理负载和应对新的业务机遇。这一案例说明，正确的软硬件投资不仅可以提高企业的表现水平，还能够帮助其实现很多重要的社会目标，例如节约能源和材料。

下图指出了上述案例和本章的要点。

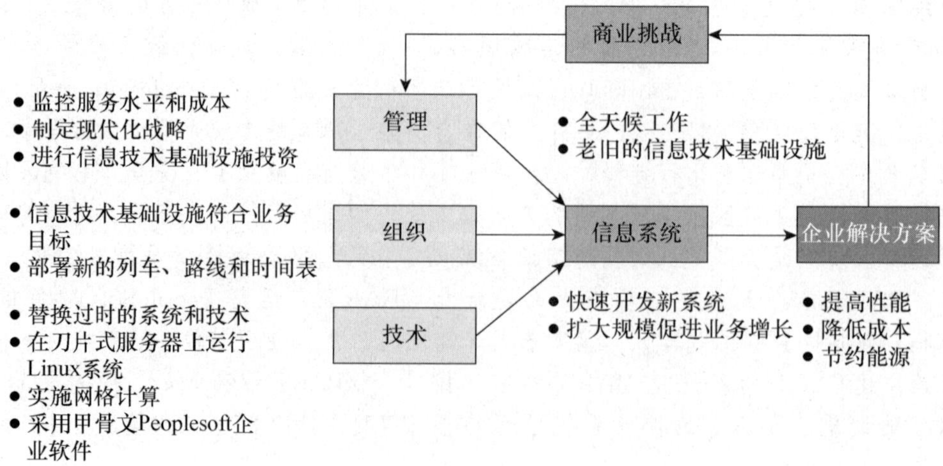

5.1　信息技术基础设施

在第 1 章中，我们给出了信息技术基础设施的定义：为企业特定的信息系统应用程序提供平台的共享技术资源。信息技术基础设施包括在硬件、软件、服务（如咨询、教育和培训）等方面的投资，这些资源可在整个企业或各个业务部门间实现共享。企业的信息技术基础设施为服务客户、联系供应商以及管理企业内部流程奠定了基础（见图 5—1）。

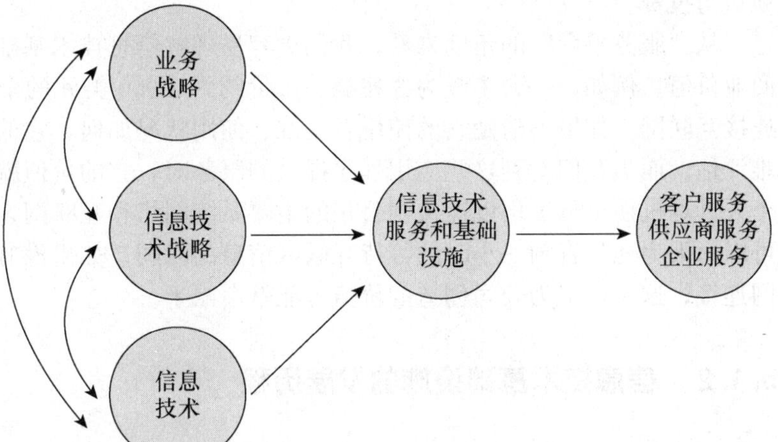

图 5—1　企业间的联系、信息技术基础设施与业务能力

说明：公司为客户、供应商、员工提供的这些服务是多方面的，且都是信息技术基础设施的直接功能。最理想的状况是，这些基础设施还能支持公司的业务与信息系统战略。新的信息技术对业务和信息技术战略以及客户服务的影响巨大。

如果将电信、网络设备、电信服务（互联网、电话和数据传输）考虑在内，在 2010 年为美国企业提供信息技术基础设施（软件和硬件）所创造的行业估值已经高达 1 万亿美元。其中还不包括信息技术和相关的业务流程咨询服务，这两项价值 8 000 亿美元。大企业在基础设施方面的投资约占公司信息技术投资的 25%～50%，其中金融服务类企业的信息技术投资约占其总投资的一半（Weill et al.，2002）。

5.1.1　信息技术基础设施的定义

信息技术基础设施包括企业运作所需的一系列硬件设备和软件程序。同时，它又是一系列覆盖整个企业的服务，涵盖了管理、组织、技术三方面的内容。具体包括：

- 提供计算服务的计算平台，如大型主机、中型计算机、台式计算机、便携式计算机和移动手持设备，可以把员工、客户和供应商置于同一数字环境下。
- 提供员工、客户和供应商之间的数据、音频和视频连接的通信服务。
- 存储、管理和分析企业数据的数据管理服务。

● 提供企业各部门共享的企业资源计划、客户关系管理、供应链管理、知识管理等系统应用软件服务。

● 运算、通信和数据管理等硬件设施管理服务。

● 规划和开发信息技术基础设施的管理服务，包括部门协调、预算管理、项目管理等。

● 建立相应的信息技术标准和政策，明确使用相关信息技术的时间及操作流程。

● 提供员工如何使用系统及管理者如何规划和管理信息技术投资的培训服务。

● 提供信息技术研究与开发服务，研究未来可帮助企业增强竞争力的信息技术项目与投资。

从"服务平台"的角度来看，我们更容易理解信息技术基础设施投资所带来的商业价值。例如，一台主频为3兆赫、市价约为1 000美元的个人计算机，可高速连接互联网。如果不清楚它的使用者是谁、使用状况如何，它的实际商业价值就很难评估。而当我们看到这些应用程序提供的服务时，它的价值就很容易评估。新的个人计算机使得员工可以连接到公司的主要系统网络和互联网，高速的互联网服务可以每天为他节省约一小时的等待互联网信息的时间。如果没有这台计算机与互联网连接，这位员工为公司创造的价值可能就会减半。

5.1.2 信息技术基础设施的发展历程

信息技术基础设施是过去50多年计算机技术发展的结果，共经历了五个发展阶段，在每个阶段有不同的计算能力、配置与构成（见图5—2）。这五个阶段分别为：通用大型主机和小型计算机阶段、个人计算机阶段、客户机/服务器阶段、企业计算阶段、云计算和移动计算阶段。

需要指出的是，一个新阶段的开始并不意味着之前的技术完全被淘汰。例如，一些公司至今仍在使用传统的通用大型主机和小型机计算系统，或者用大型主机来充当大量的服务器以支持大型网站和企业应用系统的运行。

通用大型主机和小型计算机阶段（1959年至今）

1959年，IBM 1401和7090晶体管计算机的出现标志着**大型主机**（mainframe）进入了大规模商用阶段。1965年，IBM推出了IBM 360系列，标志着通用商业主机时代的正式开始。IBM 360是第一款拥有强大操作系统的商用计算机，拥有分时、多任务、虚拟内存等多种功能。IBM公司从1965年至今一直占据着这个市场的霸主地位。大型主机逐渐发展为可支持多个远程终端的中央主机系统，它通过专用的通信协议和专用的数据线把多个远程终端连接在一起。

大型主机时代的计算机系统由专业的程序员和系统操作员高度集中控制，包括硬、软件在内的各个组件几乎无一例外地都由同一生产商提供。

这一模式直到1965年数据设备公司（Digital Equipment Corporation，DEC）推出**小型计算机**（minicomputers）后才得到改变。DEC生产的小型计算机（PDP-11以及后来的VAX）功能强大，但价格远低于IBM主机，这也使非集中式计算成为

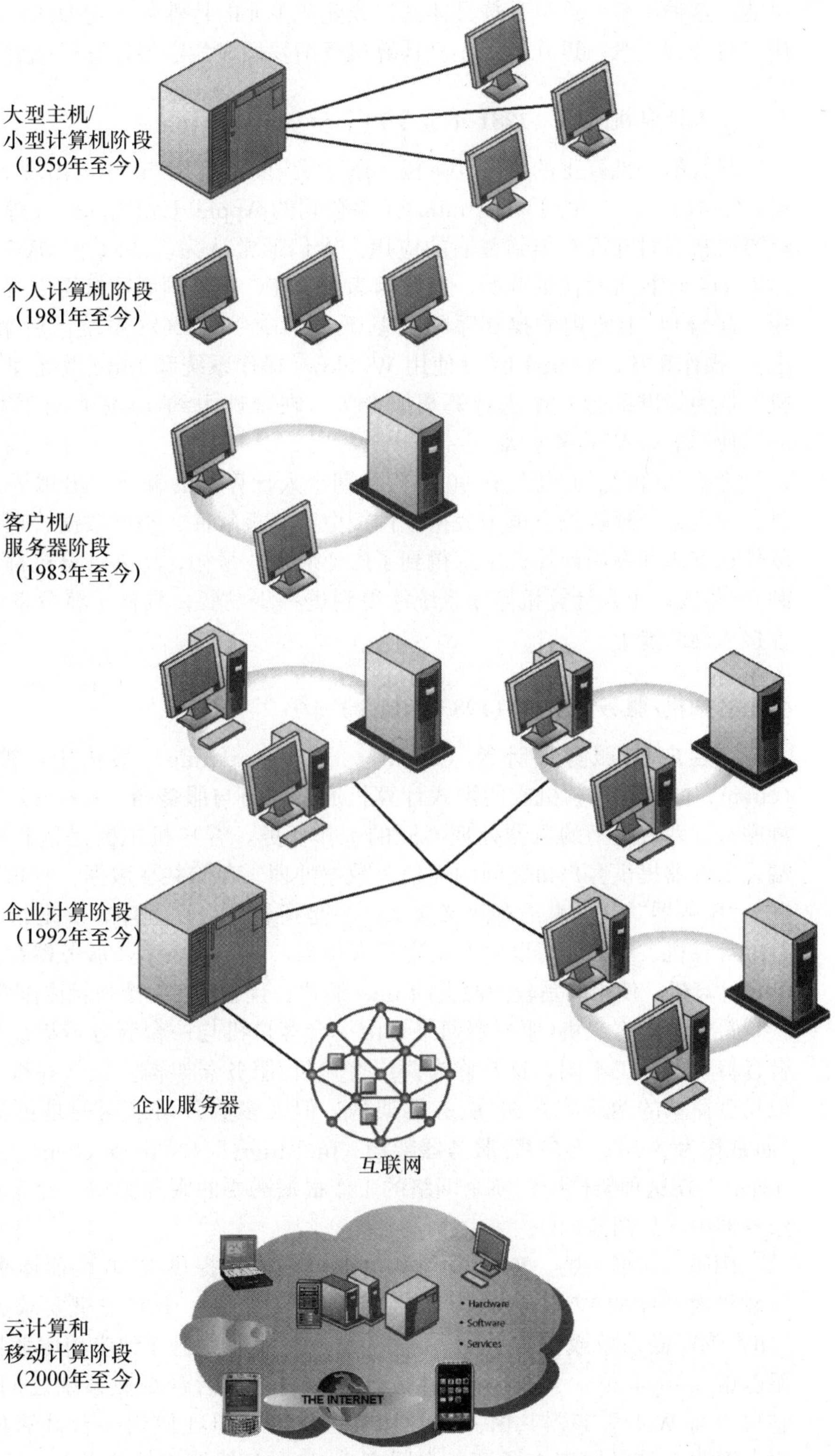

图 5—2　信息技术基础设施的发展阶段

说明：图中列举了信息技术基础设施的五个发展阶段中的典型计算配置。

可能。这种小型计算机是按具体部门或业务单元的特殊需求定做的，而不是分时共用一台大型主机。近几年，小型计算机逐渐发展成为中型计算机或者服务器。

个人计算机阶段（1981 年至今）

尽管第一批真正的个人计算机（PC）是在 20 世纪 70 年代出现的，例如，Xerox 公司的 Alto、MIT 和 Altair，苹果公司的 Apple Ⅰ和 Apple Ⅱ等，但这些个人计算机在当时并没有得到普遍的应用。人们通常认为，1981 年 IBM PC 的出现标志着个人计算机时代的开始，这是因为 IBM PC 在美国商业机构中首次得到广泛应用。起初 PC 上使用的操作系统是基于文本命令的 DOS 系统，后来发展为 Windows 操作系统，**Wintel PC**（使用 Windows 操作系统和 Intel 微处理器的个人计算机）成为标准的台式个人计算机。今天，在全球大约 10 亿台计算机中，有大约 95％使用的是 Wintel 标准。

随着 20 世纪 80 年代和 90 年代初期个人计算机的普及，出现了大量的软件工具，如文字处理软件、电子表格软件、电子简报软件、小型数据管理软件等，这些软件在家用和商用计算机中都得到了广泛应用。最初，个人计算机都是独立的，直到 90 年代，个人计算机操作系统才得到进一步发展，具备了将分散的个人计算机连接入网的能力。

客户机/服务器阶段（1983 年至今）

在**客户机/服务器计算**（client/server computing）架构中，被称为**客户机**（client）的台式计算机或便携式计算机通过网络与**服务器**（server）连接，获得各种服务。两种类型的机器处理不同的工作任务，客户机主要是信息输入的用户终端，服务器提供客户机之间的通信、数据处理、存储共享数据、管理网络活动等服务。“服务器”这一术语有两层含义，一是指软件应用程序，二是指有网络软件运行的计算机。服务器可以由大型主机来担当，但今天大多数服务器都是功能强大的个人计算机，使用的是较为便宜的 Intel 芯片，且通常在一个机箱内配置多个处理器。

最简单的客户机/服务器网络是由一台客户机与一台服务器组成的，只不过两台计算机的分工不同，这被称为两层客户机/服务器架构。虽然在很多小型企业可以见到简单的两层客户机/服务器架构，但大多数公司采用的是更为复杂的**多层**（通常称为 **N-层**）**客户机/服务器架构**（multitiered（N-tier）client/server architectures），在这种架构中，整个网络的工作根据需要的服务类型，分布在多层不同的服务器中（见图 5—3）。

例如，在第一层，Web 服务器负责向客户机提供 Web 页面服务，Web 服务器软件对存储的 Web 页面进行定位和管理。如果一个客户机要求进入一个系统（如查询产品清单或价格系统），这个请求首先会被引导到应用服务器那里。**应用服务器**（application server）软件负责用户与企业后台企业系统之间的所有操作，它可以与 Web 服务器共用一台计算机，也可以单独使用一台计算机。第 6 章和第 7 章将会涉及用于电子商务多层客户机/服务器架构的软件的更多内容。

客户机/服务器架构使企业可以将计算任务分散到一些成本相对较低的小型计算机上，与采用单一的小型计算机或大型主机系统相比，其成本大大降低。客户

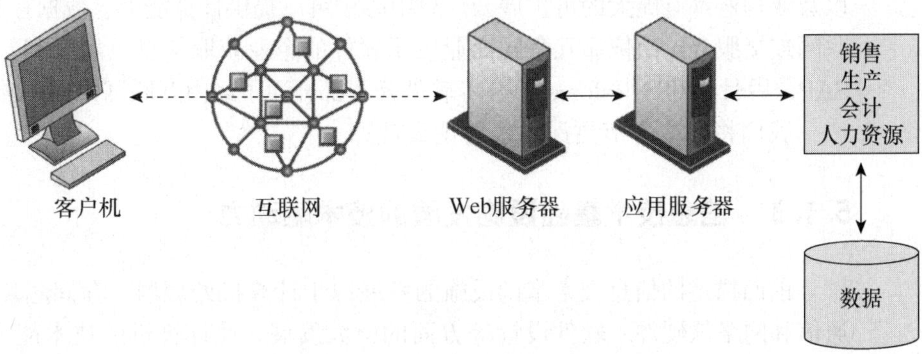

图 5—3　多层（N-层）客户机/服务器网络

说明：在一个多层客户机/服务器网络中，客户机的服务请求由不同层次的服务器负责处理。

机/服务器架构的出现使得企业的计算能力迅速增长，相应的计算机应用程序也得到快速发展。

Novell NetWare 公司在客户机/服务器架构刚出现时曾经是市场领导者。而现在，微软公司凭借其 **Windows** 操作系统（Windows Server、Windows7、Windows Vista、Windows XP）成为市场领导者。

企业计算阶段（1992 年至今）

20 世纪 90 年代初期，企业开始应用一些网络标准和软件工具对分散的网络和应用程序进行整合，形成了一个覆盖整个企业的基础设施网络。1995 年以后，当互联网发展成为一个可信赖的通信环境时，企业开始使用 TCP/IP 协议作为连接分散的局域网的网络标准。我们将在第 7 章进一步讨论 TCP/IP 协议。

随之形成的信息技术基础设施把不同类型、不同品牌的计算机硬件连接成一个覆盖整个企业的小型网络，使信息可以在公司内部以及不同企业之间自由流动。这一网络连接着不同类型的计算机硬件，如大型主机、服务器、个人计算机、移动电话以及其他手持电子设备等，它还可以进一步与公共基础设施（如电话系统、互联网和公共网络服务）建立连接。企业基础设施还要求软件能够连接不同的应用程序，如企业应用程序（见第 2 章和第 9 章）和 Web 服务（见 5.4 节），使得数据可以在不同业务部门之间自由传输。

云计算和移动计算阶段（2000 年至今）

互联网日益增大的带宽使客户机/服务器模式得到进一步发展，出现了“云计算”模式。**云计算**（cloud computing）是指在一个网络中，通常是互联网中，实现计算资源（计算机、存储、应用程序和服务）共享。这些“云”计算资源可以被任意一台具有基本功能的联网设备在任何地点获得。目前，云计算是增长最快的计算模式。

在云数据中心一般有数十万甚至数百万台计算机，它们可以被连接到网络中的任意设备（如台式机、笔记本电脑、上网本、娱乐中心、移动设备以及其他设备）访问，目前个人和企业正越来越多地通过移动平台访问云计算中心。IBM、惠普、戴尔以及亚马逊都有庞大的可扩展云计算中心，可以提供计算能力、数据存储和高速的互联网连接服务，使依靠互联网商业应用软件的企业获取信息更加便利。谷歌、微软、SAP、甲骨文和 Salesforce.com 等软件公司都开通了经由互联网传递的软件服务。

我们将在 5.3 节更深入地讨论云计算。

5.1.3 信息技术基础设施发展的技术驱动力

前面描述的信息技术基础设施的发展源于计算机处理器、存储芯片、存储设备、通信和网络软硬件、软件设计等方面的巨大发展，使计算机的技术能力呈指数级上升，而成本却呈指数级下降。下面介绍信息技术基础设施在技术上的重大发展。

摩尔定律和微处理能力

戈登·摩尔（Gordon Moore）是早期制造集成电路的 Fairchild 半导体实验室的负责人。1965 年，他在《电子学》（*Electronics*）杂志上发表了一篇文章，指出自 1959 年微处理器芯片诞生以来，每个芯片中集成元器件（晶体管）的数量每年翻一番。这一论断随后成了著名的**摩尔定律**（Moore's Law）。后来，摩尔把摩尔定律修订为每两年翻一番。

摩尔定律提出之后，人们从不同的角度对其加以解读。现在至少有三个版本：（1）微处理器的性能每 18 个月翻一番；（2）计算机的计算能力每 18 个月翻一番；（3）计算成本每 18 个月下降一半。但没有一个是摩尔本人曾提到的。

图 5—4 显示了微处理器晶体管的数目和每秒执行指令的条数（MIPS，以百万计）之间的关系。图 5—5 表明晶体管成本呈指数级下降与计算性能呈指数级上升。例如，在 2010 年，Intel 八核 Xeon 处理器包含 23 亿个晶体管。

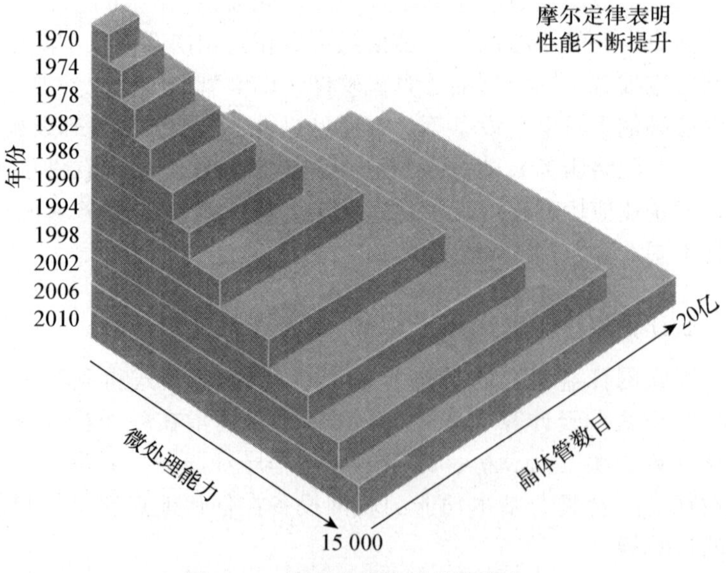

图 5—4 摩尔定律和微处理能力

说明：在一个微处理器中集成超过 20 亿个晶体管使得其处理能力得到了极大的提高，其每秒钟执行的指令数可高达 5 000 万条。

资料来源：Intel，2010；authors' estimate.

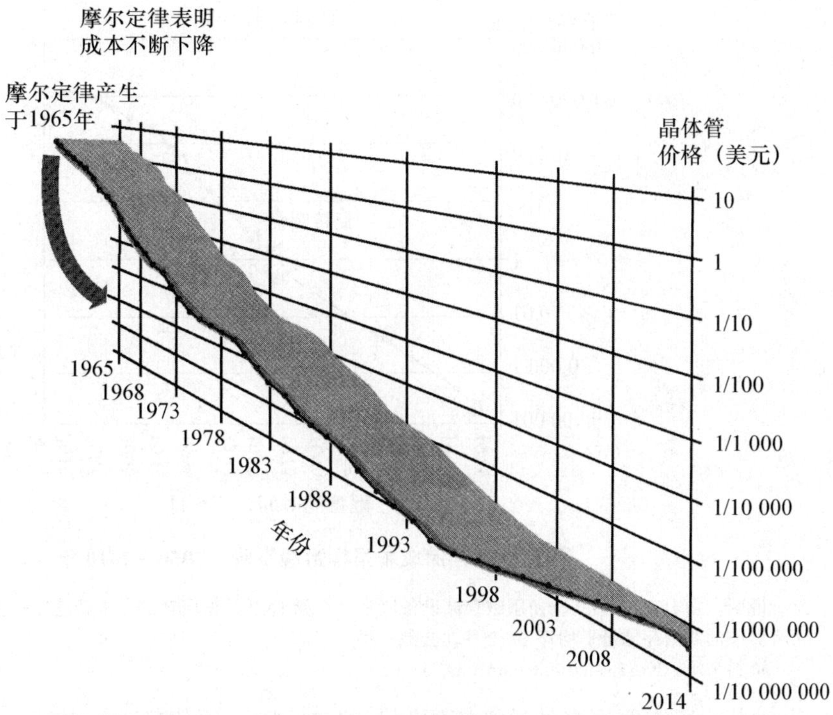

图 5—5　芯片成本下降曲线图

说明：在有限的空间内安装更多的晶体管，使晶体管成本及产品成本大幅下降。
资料来源：Intel，2010；authors' estimate.

晶体管数目和处理器性能呈指数级增长，计算成本呈指数级下降，这种趋势将会持续下去。芯片制造商将继续制造更微型的晶体管，今天的晶体管的大小已不再与人的头发丝进行比较，而可以与最小的生命有机体——病毒——相提并论。

芯片制造商借助纳米技术，可将晶体管缩小到几个原子那么大。**纳米技术**（nanotechnology）使用单个的原子和分子群建立计算机芯片和其他装置，其尺寸可达到目前技术所允许规格的几千分之一。芯片制造商都试图研发一套能够更经济地生产纳米管处理器的流程。IBM 已经开始利用这一技术在生产环境中制造微处理器。

大规模数据存储定律

信息技术基础设施发展的第二个驱动力是大规模数据存储定律。目前全世界每年的新增信息大约有 5 艾字节，数字化的信息量差不多每年翻一番（Lyman and Varian，2003）。幸运的是，存储数字化信息的成本以每年减少一半的速率呈指数级下降。图 5—6 显示，从 1950 年至今，每一美元磁性存储介质能存储的千字节（KB）数大约每 15 个月翻一番。

梅特卡夫定律与网络经济学

摩尔定律和大规模数据存储定律表明今天的计算资源已经非常丰富了，可是为

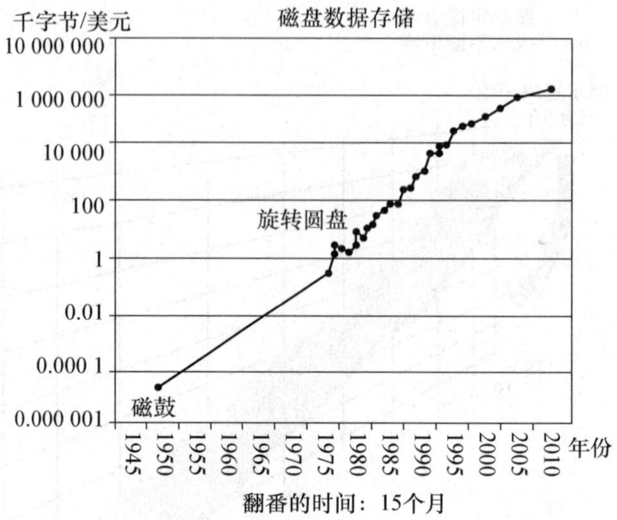

图 5—6 存储成本呈指数级下降：1950—2010 年

说明：自 1955 年第一次使用磁存储设备以来，存储 1KB 数据所耗的成本就已经开始呈指数级下降，1 美元所对应的数据存储量平均每 15 个月就会翻一番。

资料来源：Kurzweil 2003；authors' estimates.

什么人们还需要更多的计算资源和存储空间呢？网络经济学和互联网的发展或许可以给出答案。

1970 年，以太网技术的发明者罗伯特·梅特卡夫（Robert Metcalf）称，网络价值或网络能力随着网络用户的增加而呈指数级增长。梅特卡夫等人指出，随着越来越多的人加入网络，将会出现规模效益递增的现象。如果网络成员呈线性增加，整个网络的价值将呈指数级增长，并且随着网络成员数的增加而持续增长。数字网络的社会价值与商业价值促使人们对信息技术的需求不断增加，网络成员之间的实际链接数与潜在链接数也随之成倍增长。

通信成本递减与互联网

推动信息技术基础设施不断发展的第四个驱动力是通信成本的迅速下降及互联网规模的迅速扩大。据估计，在全球范围内大约有 8 亿互联网用户（Internet World States，2010）。互联网和电话网的通信成本呈指数级下降，当通信成本下降到一个非常低的水平，甚至接近于零时，通信设备和计算设备的数量就会急剧增加。

要想通过互联网为公司增加收益，就必须努力增加包括无线网络在内的互联网连接，并且不断增强客户机/服务器网络、台式计算机和移动计算设备的性能。我们有充分的理由相信，这种趋势将继续发展下去。

标准和网络效应

如果制造商和消费者就普遍采用的标准难以达成一致，那么今天的企业基础设施和互联网计算就不会有长足的发展。**技术标准**（technology standards）是指能够实现产品兼容和网络传输能力的规范标准（Stango，2004）。由于制造商把目光锁定在单一的技术标准上，从而导致规模经济的出现，使产品价格不断下降。如果没有这些巨大的规模经济效应，任何一种计算类型的价格都要比现在高得多。表 5—1 列举了一些信息技术基础设施的重要标准。

表 5—1　　计算中的重要标准

标准	意义
美国信息互换标准代码（ASCII）（1958 年）	不同制造商生产的计算机可相互交换数据；之后作为一种通用语言连接计算机的输入和输出设备，如键盘和鼠标。1963 年，被美国国家标准研究所采用。
普通商用语言（COBOL）（1959 年）	一款易于使用的软件编程语言，极大地提高了程序员编写业务相关程序的能力，同时也降低了软件的成本。1959 年，由美国国防部研发成功。
Unix（1969—1975 年）	可同时执行多项任务，由多个用户操作，是一款功能强大且可移植的操作系统。它最初是由贝尔实验室研制成功的（1969 年），后来供其他用户使用（1975 年）。它可以在不同供应商制造的各种类型的计算机上运行。20 世纪 80 年代，Unix 被 Sun、IBM、惠普以及其他公司采用，成为使用最广泛的企业级操作系统。
传输控制协议/网际协议（TCP/IP）（1974 年）	一系列的通信协议和通同寻址机制的集合，使成千上万的计算机连接到一个全球的大网络（互联网）中。后来，它成为局域网和企业内联网的默认网络协议。20 世纪 70 年代早期，由美国国防部研发成功。
以太网（1973 年）	把台式计算机连接到局域网的网络标准，使客户机/服务器计算技术和局域网得到广泛应用，从而进一步促进个人计算机的应用。
IBM/微软/英特尔个人计算机（1981 年）	个人桌面计算的标准，Wintel 的设计基于标准英特尔处理器和其他标准设备，如微软的 DOS 和之后的 Windows 系统软件。这一标准的出现与低成本产品的推出，奠定了全球企业在计算领域长达 25 年爆炸式增长的基础。现在，每天有超过 10 亿台个人计算机为商业和政府活动提供支持。
万维网（1989—1993 年）	全球范围内的电子网页存储、检索、排版以及展示信息的标准，网页中可以包括文本、图片、音频和视频，全球已建成数十亿个网页。

20 世纪 90 年代初期，公司开始朝标准计算和通信平台方向迈进。使用 Windows 操作系统的 Wintel 个人计算机和微软桌面应用程序成为标准的客户计算移动平台和桌面应用程序。广泛采用 Unix 作为企业服务器的操作系统，替代了原先享有专利权且价格高昂的大型主机基础设施。在通信领域，以太网标准使个人计算机可以连接到小型的局域网（见第 7 章），TCP/IP 协议标准允许这些局域网连接到企业的所有网络，最终连接到互联网。

5.2　信息技术基础设施的构成

今天的信息技术基础设施主要由七个部分组成。图 5—7 显示了这七个组成部分及每个组成部分的主要供应商。这些组成部分相互协调，相互合作，为企业提供统一的基础设施。

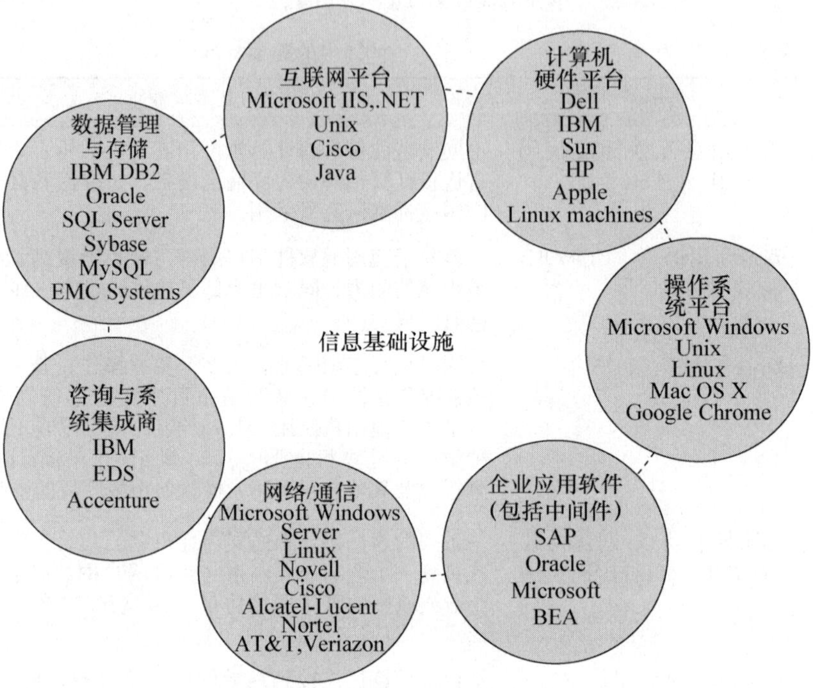

图 5—7　信息基础设施

说明：这七个组成部分经整合，为企业提供统一的基础设施。

过去，提供这些基础设施的技术供应商通常会彼此竞争，给采购 IT 设备的企业提供一些无法兼容、有专利权限且不完整的解决方案。后来越来越多的供应商在大客户的强烈要求下开始进行合作，建立战略伙伴关系。比如硬件及服务提供商（如 IBM）与所有主要的企业软件供应商联手合作，与系统集成供应商（通常是会计师事务所）建立战略伙伴关系，并保证只要客户需要，任何数据库产品的供应商都可能成为它的合作对象（尽管它也销售自己的数据库管理软件 DB2）。

5.2.1　计算机硬件平台

2010 年，美国企业在计算机硬件上的花费大约为 1 090 亿美元。这些计算机硬件包括客户端的计算机设备，如台式计算机、移动计算设备（如上网本和笔记本电脑，但并不包括 iPhone 和黑莓手机），以及服务器端的计算机设备。客户端使用的主要是英特尔或 AMD 公司生产的微处理器。2010 年，有大约 900 亿台个人计算机出售给了美国的用户（全球大约 4 000 亿台）（Gartner，2010）。

服务器市场比较复杂，刀片式服务器主要使用英特尔或 AMD 生产的处理器，有些服务器则专门使用 Sun 公司生产的 SPARC 微处理器和 IBM 生产的 PowerPC 芯片。**刀片式服务器**（blade server）是指在标准高度的机架式机箱内可插装多个卡式服务器单元，具有实用性强、密度高的特点。它是由一个带有处理器的电路板、存储器和存储在机箱内的网络连接组成的超薄计算机。与传统的机箱式服务器相比，它占用的空间更小。辅助存储可由每个刀片式服务器里的硬盘或外部大型的海量存储硬盘提供。

计算机硬件平台市场目前集中在几个主要的供应商手里，如 IBM、惠普、戴尔、Sun（已被甲骨文收购）等，英特尔、AMD 和 IBM 三家则是主要的芯片供应商。计算机行业把英特尔的处理器作为行业标准，但 Unix 和 Linux 服务器市场除外，它们可以使用 Sun 或 IBM 的 Unix 处理器。

虽然目前客户机/服务器架构占据了主导地位，但大型主机并没有完全消失。虽然大型主机的生产商只剩下 IBM 一家，但在过去的一段时间里，大型主机市场甚至还在不断扩大。这主要是因为 IBM 把大型主机重新定位为大型企业网络和公司网站的巨型服务器。一台 IBM 主机可以运行 1.7 万个 Linux 或 Windows 服务器软件，可以取代成千上万个小型刀片式服务器（见 5.3 节中关于虚拟化技术的讨论）。

5.2.2　操作系统平台

2010 年，微软 Windows 服务器操作系统的市场占有率高达 75%，其他 25% 的企业服务器使用的是某种形式的 **Unix** 或 **Linux** 操作系统。Linux 是一款与 Unix 相关的操作系统，且价格低廉、功能强大、源代码开放。微软 Windows Server 能够提供企业级的操作系统和网络服务，对那些信息技术基础设施是以 Windows 系统为基础的公司有很大的吸引力。

Unix 和 Linux 的操作系统有扩展性大、可靠性强以及比大型主机操作系统价格低廉等优点，它们还可以在不同类型的处理器上运行。目前，Unix 操作系统的主要供应商有 IBM、惠普和 Sun，它们的各个版本略有差异，且并不完全兼容。

在客户机层面，90%的个人计算机都在使用某种类型的微软 Windows **操作系统**（operating system）（例如，Windows 7、Windows Vista、Windows XP）来管理电脑的各种资源以及活动。不过，现在操作系统的种类要比过去多得多，还包括应用在手持移动数字设备或“云”电脑上的新型操作系统。

谷歌的 **Chrome OS** 为使用云计算的上网本提供了一种更灵活的操作系统。在这种操作系统中，用户不必将程序安装在自己的电脑上，他们只需打开 Chrome 浏览器就可以使用互联网上的各种程序，用户的数据也可以通过互联网存放在服务器上。微软也已经为其云服务平台引进了 Windows Azure 操作系统。**Android** 是由安卓公司（已被谷歌收购）开发的移动操作系统，并已成为一个灵活的、可升级的、开源的手持设备操作系统平台。

传统的客户端操作系统软件都是围绕着鼠标和键盘进行设计的，但现在越来越多的软件设计开始使用触屏技术，操作时更加自然、直观。IPhone OS 是现在十分流行的苹果 iPad、iPhone 和 iPod Touch 装载的操作系统，它具有**多点触控**（multitouch）的用户界面，用户可以通过手势操作来控制屏幕上的对象。在下面的“互动讨论：技术”专栏中，我们将继续探索通过多点触控技术来操作电脑的应用。

互动讨论：技术

触控技术的新时代

当史蒂夫·乔布斯第一次展示“指尖滑动”——在 iPhone 手机上用两根手指同时作用来放大或缩小图片和网页时，这项技术不仅震撼了移动电话行业，更引起了整个数字化行业的关注。iPhone 手机的多点触控功能，使利用触摸来与软件和设备交互的新方式变得更加吸引人。

触控界面并不是新的技术。人们在 ATM 机上取钱或在机场换登机牌时都会用到这一技术。学术和商业界的研究人员花了多年时间来研究多点触控技术。苹果公司所做的就是让多点触控技术的应用更加令人兴奋和有意义，使它像 20 世纪 80 年代的鼠标和图形用户界面那样受欢迎。（这些技术已经应用到其他方面。）

多点触控界面可能比单点触控界面有更多的用途。利用多点触控技术，你只需要用一根或多根手指来控制屏幕上的列表和对象，而不需要移动鼠标、按按钮、转动鼠标滚轮或敲击键盘。多点触控技术是根据感应到的手指数和用户的动作来执行任务的。

iPhone 手机的多点触控界面和软件可以让你用手指来控制任何东西。玻璃外屏下的面板通过电场来感应用户的触摸，然后将信息传递到面板下的 LCD 屏幕。利用特殊的软件去识别多个同步触点（与单点触摸屏截然不同，单点触摸只识别单个触点），你可以很快地使网页和图片前后滑动，或使用三根手指将图片和网页迅速地移向一边，也可以通过两根手指做捏的动作来缩小图片。

苹果公司正在集中精力为所有的产品添加多点触控功能，但同时许多其他企业也在向市场推出多点触控的产品。Synaptics 是一家为便携式电脑制造商提供触摸板的供应商，与苹果公司是竞争对手关系。它已经宣布，公司正在将一些多重触控的功能添加到它们的触摸板中。

微软推出的 Windows 7 系统拥有多点触控功能：当一台触屏电脑配置 Windows 7 系统后，你可以只用手指来浏览电子报纸、翻动相册、移动文件和文件夹。将手指放在支持多点触控的台式电脑屏幕上，然后慢慢将手指往相反方向分开，就可以将查看的内容放大。用一根手指触碰，然后在屏幕上快速轻敲一下就可以完成点开文件的操作。

目前，部分微软 Windows 个人电脑装配有触摸屏，但是只有一小部分笔记本电脑具有与苹果电脑以及手持设备一样的多点触控功能。微软之后推出了基于 Windows 7 操作系统的 Surface 计算机，这款计算机能让商业用户使用多点触控。利用多点触控技术，酒店、娱乐场所和零售商店的顾客可以使用手指来移动诸如图片等数字对象、玩电子游戏以及浏览网页。戴尔的 Latitude XT 台式个人电脑就使用多点触控技术，来帮助那些无法使用鼠标但又想要使用电脑的人（他们可以用手指或一根尖笔来使用电脑）。为安卓智能手机配备的安卓系统“天生”就支持多点触控，现在已经有很多手持设备具有这项功能了，如 HTC Desire、Nexus One 以及摩托罗拉的 Droid。

惠普现在也有了使用触控技术的电脑。其 TouchSmart 系列电脑就采用了多点触控技术，你可以使用两根手指去控制图片，或通过手势来执行特定命令，而无须使用光标或滚动条。当你直接把手放在屏幕上时，就不需要光标来显示指向。如果要移动一个对象，你可以用一根手指触碰它，然后将其拖到新的位置上。另外，手指上下或斜着平滑就可以上下滚动屏幕。

TouchSmart让家庭用户享受到了一种新型的休闲生活方式——为家庭成员保留文稿、音频和录像，在离开家之前快速地找到目的地，在准备正餐时播放音乐。消费者和企业也都在利用TouchSmart的其他用途。惠普副总裁兼公司台式电脑市场部总经理艾伦·里德（Alan Reed）称："触控技术在市场上有未开发的潜力，可以让用户体验一种前所未有的方式。"

芝加哥奥黑尔机场在"搜索芝加哥"旅游信息站点使用了一组TouchSmart电脑，方便旅客在网上查找旅游信息。此外，TouchSmart曾帮助一个患有自闭症的学生与别人交流，这是他在14年的时间里第一次与人交流。即使不用TouchSmart的无线键盘和鼠标，用户也可以通过其内置的摄像头和麦克风与相距遥远的员工进行视频聊天，还可以收发电子邮件，进行网上冲浪，管理联系人、日历和照片。

可触控的台式机同样引起了小学教育机构的注意，因为教育工作者正在为低年级的学生寻找一种易用的计算机，或为家长和访问者提供壁挂式的信息设备。触控系统让顾客能够选择商家，同时能够与商家互相沟通。利用触控技术，顾客可以向零售商订货，经营虚拟视频服务业务，或者使用社交软件。

新的多点触控界面会不会像鼠标驱动的图形用户界面那样强大，我们还不得而知。虽然在手机市场上触屏已经是"炫酷"的方式，但在台式机上仍然没有辅助触控式的万能应用程序。但已经得到证明的是，触控式应用在一些不能或不便使用鼠标，或使用长达数十年的菜单操作设备上还是有一定优势的。

资料来源：Claire Cain Miller，"To Win Over Today's Users，Gadgets Have to be Touchable，" *The New York Times*，September 1，2010；Katherine Boehret，"Apple Adds Touches to Its Mac Develops，" *The Wall Street Journal*，August 4，2010；Ashlee Vance，"Tech Industry Catches Its Breath，" *The New York Times*，February 17，2010；Kathy Sandler，"The Future of Touch，" *The Wall Street Journal*，June 2，2009；Suzanne Robitaille，"Multitouch to the Rescue?" Suite1001. com，January 22，2009；and Eric Lai，"HP Aims TouchSmart Desktop PC at Businesses，" *Computerworld*，August 1，2009.

[思考题]

1. 多点触控技术能解决哪些问题？
2. 多点触控界面分别有哪些优点和缺点？这些优点是怎样发挥作用的？请说明。
3. 描述从多点触控界面获得益处的三种业务应用。
4. 如果你或你的企业正考虑配置多点触控界面的系统和计算机，需要考虑有关人员、组织和技术方面的哪些问题？

[MIS 实践]

如果你的台式机支持多点触控的话，你将能做哪些不一样的事情？多点触控技术会让你使用计算机的方式有多大的变化？

5.2.3 企业应用软件

除了特殊团体或企业使用的应用软件外，美国企业2010年在企业应用软件上的花费大约是1 650亿美元。我们在第2章介绍了不同种类的企业应用软件，在第9章还会继续详细讨论。

最大的企业应用软件供应商是SAP和甲骨文（2004年甲骨文收购了仁科）。同时，企业应用软件还包括中间件，由BEA这类供应商提供，通过连接企业现有的应用系统，实现企业内部系统的全面集成。微软正试图拓展这一领域，向尚未使用企业应用软件的中小企业市场进军。

5.2.4 数据管理与存储

企业数据库管理软件负责组织和管理企业数据，以供公司用户高效访问和使用（第6章将详细介绍软件的具体操作与使用）。主流的企业数据库管理软件供应商——IBM（DB2）、甲骨文（Oracle）、微软（SQL Server）、Sybase（Adaptive Server Enterprise）——占据了美国数据库市场超过90%的市场份额。MYSQL是一个基于Linux环境的开源的关系型数据库产品，现在由甲骨文拥有。

在数据存储市场上，大型数据存储系统的市场几乎被EMC公司垄断，而在个人计算机硬盘市场上占主导地位的是希捷（Segate）、迈拓（Maxtor）和西部数据（Western Digital）。

据估计，数字化信息每年的增加量为1.2ZB。2010年，所有的推文、博客、视频、邮件、Facebook帖子以及传统的企业数据加起来相当于几千个美国国会图书馆的信息量（EMC Corporation，2010）。

随着全球数字化信息快速增加，在过去的5年里，数字数据存储设备市场以每年至少15%的增长率迅速发展壮大。除了传统的磁盘阵列和磁盘存储之外，大企业开始把目光转向基于网络的存储技术。**存储区域网络**（storage area network，SAN）通过专用的高速存储网络把多个存储设备连接在一起，使多个服务器可快速访问中央数据存储池。

5.2.5 网络/通信平台

2010年，美国企业在网络和通信硬件上投入了1 000亿美元，在网络服务上投入了7 000亿美元（主要包括电信和电话公司的语音线路和上网费用；本章暂不讨论这些内容）。在第7章中，我们将进一步介绍包括互联网在内的企业网络环境。Windows Server是占主导地位的局域网操作系统，紧随其后的是Linux和Unix。大型企业广域网使用的主要是Unix各种版本的操作系统。几乎所有的局域网和广域网都使用TCP/IP协议作为网络标准（详见第7章）。

网络硬件设备的主要供应商有思科、朗讯（Lucent）、北电（Nortel）和瞻博（Juniper）等。通信平台主要由提供语音和数据连接、广域网和互联网服务的电信/电话公司提供。主要的电信服务提供商有AT&T和Version等公司（见第3章章首案例）。这个市场涌现出一大批新的网络通信供应商，提供蜂窝无线、Wi-Fi网络以及网络电话服务等。

5.2.6 互联网平台

互联网平台与企业的通用网络基础设施及软硬件平台息息相关，并有部分重叠。美国公司每年要在互联网的相关基础设施上花费大约400亿美元，主要集中在硬件、软件、维护公司网站的管理服务（包括网络主机服务）以及路由器、电缆或无线设备上。**网络主机服务**（Web hosting service）是指通过一个大型网络服务器或一连串的服务器，向网络用户提供付费空间以用于维护其网站。

互联网革命使企业真正进入了服务器计算机时代，许多企业把数千台小型服务器集中在一起，管理自己的互联网业务。服务器市场的发展一直都很稳定，但随着服务器计算机的规模不断扩大，能力不断增强，其数量逐渐减少。互联网硬件服务器价格急剧下降，导致越来越多的市场份额集中到戴尔、惠普/康柏和 IBM 等少数几个大公司手里。

网络应用软件开发工具的供应商主要包括：微软（它的. NET 系列开发工具通过使用动态服务器页面来创建动态内容的 Web 网站）、Sun（它的 Java 程序是当前使用最广泛的网络工具，用于开发服务器和客户机的交互式网页应用程序）以及其他一些独立的软件开发商，如 Adobe（Flash 和文本工具，例如 Acrobat）和 Real Media（媒体软件公司）。第 7 章将详细讨论企业网络平台的组成部分。

5.2.7　咨询与系统集成服务

现在，即使是大企业，也往往没有能力来自行建立一套完整的信息技术基础设施，因为其缺乏所需的专业人才、项目资金和可借鉴的经验。建立和实施新的基础设施（本书第 13 章、第 14 章将具体谈到）需要在业务流程、培训教育以及软件集成方面进行大刀阔斧的改革。这也使一些大型咨询公司有机会提供专业知识服务，这些公司包括埃森哲、IBM 全球服务部、惠普企业服务部、Infosys 以及 Wipro 技术公司等。

软件集成是指将新的基础设施与旧的企业遗留系统相结合，实现新旧系统的无缝衔接。**遗留系统**（legacy system）通常是指为大型主机建立的处理系统可被继续使用，从而避免因替代和重新设计应用系统投入高额成本。如果这些旧的系统能够被集成到当前的基础设施中，就没有必要替换遗留系统，从而可以节省成本。

5.3　硬件平台的发展趋势

计算机硬件和网络技术的迅速发展在很大程度上改变了企业建立其计算能力的方式，它们将更多的计算能力分配到网络以及移动手持设备上。在本节，我们将讨论七种硬件发展趋势：新兴移动数字平台、网格计算、虚拟化、云计算、绿色计算、自主计算和高效节能的多核处理器。

5.3.1　新兴移动数字平台

第 1 章指出，随着网络计算的应用日益频繁，新的数字计算移动平台应运而生。一些通信设备（如移动电话、黑莓和 iPhone 等智能手机）已经具备了便携式电脑的许多功能，包括数据传输、上网冲浪、发送电子邮件和即时消息、展示数字化内容以及在企业内部信息系统交换数据等。新的移动平台还包括轻便小巧且成本不高的小型笔记本电脑，也称**上网本**（netbook），它优化了无线网络通信与互联网接入，并拥有文字处理之类的核心计算功能；其他的数字化电子阅读器，如亚马逊的 Kindle，也具有一些网络访问能力。

在不久的将来，随着商业计算逐渐从个人电脑、台式机转移到移动设备，智能手机、上网本和平板电脑会成为人们连接互联网的主要工具。例如，通用汽车公司的高级经理使用智能手机的应用来查看汽车的销售信息、财务数据、生产标准以及项目管理情况。在医疗用品生产厂家 Astra Tech，销售代表在会见客户之前都会用他们的智能手机登录 Salesforce. com 的客户关系管理系统，来查看销售数据以及返厂产品和整体利润趋势。

5.3.2 网格计算

网格计算（grid computing）是指把多台远程计算机连接成一个计算机网络，并将它们的计算能力集中起来，从而形成一个虚拟的超级计算机。网格计算充分利用了这样一个事实：在美国，大多数计算机 CPU 的平均使用率只有 25%，因此，闲置的资源可供处理其他任务。正是由于高速互联网使企业更加经济地与远程计算机建立连接，并传送大量的数据信息，网格计算才得以实现。

网格计算需要软件程序来控制和分配网格中的资源。客户端软件与服务器软件应用程序进行连接。服务器软件先将数据和应用程序代码分割成若干小块，再分给网格系统中的计算机。客户端可在网格应用程序运行的同时，执行其原有的任务。

正如在章首案例中提到的，使用网格计算具有节约成本、计算速度快且灵活性强等特点。开章案例表明，通过在网格中的集群服务器上运行应用程序，BART 减少了闲置的计算机资源，更加有效地利用了现有资源，并且降低了成本和能源消耗。

5.3.3 虚拟化

虚拟化（virtualization）是指一系列的计算资源（如计算能力或数据存储）实现共享的一个过程，摆脱了物理配置或地理位置的限制，用户可自由访问其中的资源。虚拟化使得单一的物理资源（如一个服务器或存储设备）可以被用作多个逻辑资源。例如，一个服务器或大型主机可以运行多个操作系统，就像是有多台不同的机器一样。相应地，虚拟化也可以使多个物理资源（如多个存储设备或服务器）“聚合”为单一的逻辑资源，正如存储区域网络和网格计算一样。虚拟化使得企业可以在远程计算机上进行计算和存储。VMware 是 Windows 和 Linux 系统服务器虚拟化软件的主要供应商。微软也提供自己的虚拟服务器产品，并在最新版本的 Windows Server 中添加了虚拟化功能。

虚拟化给企业带来的益处

通过提供在一个物理设备上运行多个系统的功能，虚拟化可以帮助企业提高设备使用率、节约数据中心的空间和降低能源消耗。大多数服务器的使用率只有 15%～20%，而虚拟服务器的使用率可以达到 70%甚至更高。较高的使用率意味着处理同等数量工作所需的计算机相应减少，正如章首案例中提到的 BART 使用虚拟化的经历一样。

除了可以降低硬件成本和能源消耗外，虚拟化还允许企业在同一台服务器上运行其原有操作系统的遗留程序，就像运行新的应用程序那样。同时，虚拟化还有利于硬件集中管理。现在，企业和个人都可以使用虚拟化的信息系统基础设施来完成所有的计算工作，就像我们接下来要谈到的云计算那样。

5.3.4　云计算

在本章的一开始，我们就提到了“云计算”这个概念。企业和个人可以通过网络（主要是互联网）来从虚拟化的资源中获取各种服务，比如计算处理、存储、软件等。这些资源是按照用户的需要为其提供的，不受用户的物理位置或者物理地点的限制。美国国家标准和技术协会（U. S. National Institute of Standards and Technology，NIST）对云计算的定义包含如下重要特性：

- 按需自主服务：个体可以自己获得计算能力，如所需服务时间或者网络存储。
- 普遍的网络连接：用户可以使用标准的网络或互联网设备（包括移动平台），来获取云资源。
- 位置无关性：计算资源被聚合起来为多个用户服务，不同的虚拟资源可以依据用户的需求进行动态分配。用户并不清楚计算资源的具体存放位置。
- 高度灵活性：可以按照用户的需求快速提供、增加或减少计算资源。
- 效用服务：按照实际使用的资源量来收费。

云计算包含三种不同类型的服务：

- 将云基础设施作为一种服务：指客户通过使用云服务提供商的程序、存储、上网和其他计算资源来运行自己的信息系统。例如，亚马逊利用其信息基础设施的多余运行能力为顾客提供一种宽广的基于云计算的环境，并销售这种信息技术基础设施服务。这些服务包括存储各种数据的“简单存储服务”（S3）和运行客户应用程序的“弹性计算云”服务。用户只需为他们实际使用的计算量和存储容量支付费用。
- 将云平台作为一种服务：指客户使用基础设施和服务提供商发布的编程工具来开发自己的应用程序。例如，IBM 提供了一个类似的智能企业应用程序开发和测试服务，使软件开发和测试可以在云环境中进行。另一个例子是将在章末案例中提到的 Salesforce. com 的 Force. com，它允许开发者在其提供的服务器上自己开发应用程序。
- 将云软件作为一种服务：指客户通过互联网使用服务提供商在其硬件设备上发布的软件。具有代表性的例子有：Google Apps，它提供常见的企业在线应用程序；Salesforce 通过网络发布客户关系管理系统和一些相关的软件服务。虽然 Google Apps 也有精简免费版，但前面介绍的两个公司的两种服务都需要用户支付年费。用户可以通过浏览器获得这些应用程序服务，但其数据和软件均存储在供应商的远程服务器上。

云可以是私有的，也可以是公共的。**公共云**（public cloud）是由外部服务提供商（如亚马逊网络服务部）维护的，任何用户都可以通过互联网来获取其服务。

私有云（private cloud）则是一个专有的网络或者数据中心，它将多个服务器、存储设备、网络、数据以及应用程序连接起来作为一系列虚拟化服务，从而可以被一个企业中的用户共享。与公共云一样，私有云也可以将存储空间、计算能力或者其他资源进行无缝连接，然后按需分配这些计算资源。金融机构和医疗保健服务提供商大多倾向于私有云，因为这些组织需要处理许多敏感的金融信息和私人信息。我们将在第 8 章讨论云计算的安全问题。

因为企业使用云计算，而且普遍都没有属于自己的基础设施，所以它们不必在硬件和软件上大量投资。取而代之，它们从远程供应商处购买所需的计算服务，并只支付其实际使用的计算量（**效用计算**，utility computing）或支付月费、年费。**"按需计算"**（on-demand computing）这一术语被用来形容诸如此类的服务。

例如，Envoy 媒体公司是一个在多种渠道（包括电视、广播和互联网）提供专业媒体广告的市场营销公司，它使用 Azimuth 网络服务来实现自己所有的网络需求。"实时计费"的价格模式使得公司可以在不进行大量硬件投资的基础上随意地快速增加服务。云服务为其减少了大约 20%的成本，因为 Envoy 不必再维护自己的硬件或者拥有自己的 IT 人员了。

云计算也有许多缺点。除非用户明确要求本地存储数据，否则数据存储和控制的权力仍然掌握在提供商的手里。一些企业担心核心数据和系统交给外部企业存在一定的安全风险，并且这个外部企业还和其他企业有合作关系。同样，还存在系统可靠性问题。企业都希望自己的系统能一周 7 天、每天 24 小时正常运行，不想因为信息技术基础设施出现故障而遭受业务能力损失。2008 年 7 月，亚马逊的云系统突然出现故障，导致用户有 8 小时无法正常使用自己的系统。云计算的另一个局限就是可能导致用户完全依赖于云计算提供商。

有些人相信云计算代表了计算领域的一个巨大变化，它将被企业作为商业计算，结束私有数据中心时代，走进"云"中心（Carr，2008）。这个观点仍存在争议。云计算能迅速吸引那些因缺乏资源而无法购买和拥有软硬件的中小型企业的关注。相对而言，大型企业有能力投资复杂的合适的系统，来支持其特殊的业务流程，使企业自身获得战略上的优势。其实对于大企业来说，最理想的方案是一种混合的计算模式，即：对一些最基本、最核心的活动使用自己的基础设施，对次要的系统和业务高峰期的额外处理能力采用云计算的方式。云计算会逐渐让企业从拥有固定的基础设施转变为拥有灵活的基础设施，其中部分是属于企业自己的，部分是从计算机硬件提供商的大型计算中心租来的。

5.3.5 绿色计算

通过控制硬件数量以及能源消耗，虚拟化成为推进绿色计算的主要技术之一。**绿色计算**（green computing）或者**绿色信息技术**（green IT）是指通过设计、生产、使用和处置计算机、服务器以及相关设备（如显示器、打印机、存储设备、网络和通信系统）来减少对环境的不利影响的实践和技术。

减少计算机能源消耗是绿色计算的首要目标之一。企业通常有数百甚至数千台服务器，花在为系统提供电力以及冷却系统上的费用，往往与购买硬件的费用一样多。美国环境保护协会（U. S. Environmental Protection Agency）称，数据中心在 2011 年耗用的电量超过全美供电总量的 2%。信息技术要为全球 2%的温室气体排放负责。减少数据中心的能源消耗是重要的商业以及环境挑战。在下面的“互动讨论：组织”专栏中，我们将继续讨论这一话题。

互动讨论：组织

Nordea 走向绿色 IT

2007 年秋季的一个清晨，丹尼斯·琼森（Dennis Jönsson）正在阅读最新一期关于环境变暖的报告，他想，应该有人为此做点什么了。突然间，他意识到，拥有航空金卡和候机室通行权的自己和在 Nordea 工作的同事们也是导致这一问题的元凶——尤其是当 Nordea 的员工占据了每天早上 7：10 从哥本哈根到赫尔辛基的大部分舱位之后。

Nordea 是北欧以及波罗的海地区最大的银行集团。它拥有大约 1 000 万个客户、1 400 个分支机构，并且以在网上银行领域拥有 610 万客户占据领导地位。Nordea 在 23 个国家有大约 34 000 名员工。Nordea 的历史可以追溯到 1820 年，多年来，它合并了包括丹麦银广通（Danish Unibank）、芬兰梅丽塔银行（Finish Merita）、瑞典北方银行（Swedish Nordbanken）、挪威克里斯蒂安信用银行（Norwegian Christiania Kredikasse）在内的大约 250 家银行。公司的并购也增大了银行的地域分散性，使得很多员工需要在不同的分支机构间进行大量的跨国旅行。

一个乘客搭乘飞机从北欧一个国家的首都到达另一个国家的首都大约会释放 200 千克的二氧化碳，这相当于四个人驾车行驶相同距离排放二氧化碳量的两倍。长途和短途航空旅行所排放的二氧化碳量占据了 Nordea 二氧化碳排放总量的 1/3。减少旅行总量不仅是环境保护的要求，而且可以节约成本，公司每年都有大量资金花费在航空旅行上。此外，对于那些需要频繁出差的 Nordea 员工来说，减少旅行时间就意味着能够有更多的时间与家人和朋友在一起。

2008 年上半年，丹尼斯·琼森也曾乘坐 7:10 飞往赫尔辛基的航班。他被 IT 管理团队请去完成一场关于“Nordea 和全球变暖”的讲座，致力于探讨 Nordea 可以为全球变暖所采取的行动。这个讲座要探讨的潜在问题就是，Nordea 能否通过提高技术利用效率来同时降低成本和减少对环境的影响。讲座主要研究了与 IT 部门有关的两个领域，其一是在北欧不同分支机构之间的航空旅行，其二则是关于计算机能源消耗，其在 IT 密集型企业（如，银行）的能源消耗总量中占据了相当大的一部分。2008 年，琼森被提名为 Nordea 的“绿色 IT”经理。

利用 IT 技术来减少航空旅行的措施主要由两部分组成。其一是在各分支机构的会议室配备专用的、高质量的视频会议设备。其二是为台式机和笔记本电脑配置网络摄像头、耳机以及支持双方视频的软件。Nordea 希望能够借助视频会议设备和视频通话来减少出差，并提高协同工作的质量。

在计算机能源消耗方面，Nordea 从控制计算机运行能耗和创新冷却方式这两方面双管齐下。Nordea 在其资产管理系统中安装了一个可以监控能源消耗的部件，通过分析其整理出的办公能耗表，Nordea 的管理者惊讶地发现晚间办公室的能源消耗极大。原因很简单，许多计算机没有关机。随后，

Nordea 在 23 100 台电脑上安装了能源管理软件，该软件到了晚上可以强制关闭那些未使用的计算机。此外，还精心设计了关闭显示器和将电脑设置为睡眠或休眠状态的功能。这一举措每年为 Nordea 节约的行程减少了 647 吨二氧化碳的排放。在服务器方面，IT 部门通过采用虚拟化技术减少了物理机器消耗的能源。

对于像 Nordea 这样的 IT 密集型企业，冷却计算机的费用也是一项很高的支出。企业在为冷却机房而支出成本的同时，也要为加热其他设备而支出成本。对于这个问题有两个解决方案，一是将机房安置在可以把多余的热量用于需要加热的地方，二是采用环境更加友好的方式来进行冷却。现在，Nordea 的一个主要的计算机大厅就位于海边，寒冷的北欧海水可以有效地对其进行冷却。通过降低冷却过程的能源消耗，Nordea 不仅节约了资金，还降低了对环境的不良影响。

Nordea 意识到降低成本和减少对环境的影响通常是相互促进的，因为减少公司对环境的影响意味着消耗更少的资源，从而在资源上少花钱。换句话说，在商业案例中很难发现绿色 IT 的不良后果。绿色 IT 最大的障碍就是改变人们的行为和已有的实践。

承担企业社会责任（包括降低环境影响）已经成为 Nordea 吸引和留住客户及有经验的员工的战略的一部分。根据欧盟能源利用指导委员会的建议，Nordea 列出了降低 15%的能源消耗、减少 30%的旅行以及 50%的纸张消耗的目标。虽然指导委员会的建议是在 2020 年之前实现这些目标，但 Nordea 把目标定在了 2016 年。如果企业要想成功地达成这些目标，IT 将以各种形式发挥重要作用——不管是作为问题本身的一部分，还是作为解决问题的方案。

资料来源：Based on 15 personal interviews with representatives of Nordea during 2010；http://www.nordea.com.

[思考题]

1. 在哥本哈根和赫尔辛基之间进行航空旅行涉及哪些企业、人员和社会成本？

2. 在本案例中，如何理解 IT 既是环境问题的罪魁祸首，又是问题的解决方案？

3. 关于企业的社会责任问题有哪些争论？

4. 为什么企业应该致力于让这个世界可持续发展？

[MIS 实践]

找到碳信息披露项目（CDP）的首页，并回答下列问题：

1. 碳信息披露项目背后有哪些企业和组织？碳信息披露项目的目标是什么？

2. 碳信息披露项目指数是如何与谷歌融资（Google Finance）整合起来的？

3. 使用由 SAP 分析得出的 CDP 的组织后果是什么？

5.3.6 自主计算

大型系统包含的网络设备已成千上万，如今计算机系统变得越来越复杂，一些专家认为，不久它们将会超出人们的操控范围。解决这个问题的途径之一就是采用自主计算。**自主计算**（automatic computing）是行业范围内集体努力开发出来的计算系统，可实现自我设置、自我优化和自我调整，并且当遭遇外部入侵或自身突发事故时，能够实现自我保护和自我恢复。

台式计算机的操作系统也拥有前面所提及的一些功能。例如，病毒防护软件和防火墙保护软件可以检测出个人计算机上的病毒，自动清除病毒并向用户发出警报。由于这些软件程序与病毒防护服务公司（如 McAfee）已经联网，因此它们可以自动升级与更新。目前，IBM 和其他供应商正在开发大型系统产品的自主计算。

5.3.7 高效节能的多核处理器

降低能源消耗和硬件成本的另一种方法就是使用多核处理器。现在的微处理器在一个芯片上就有多个处理器（对计算机指令进行解读和操作）。**多核处理器**（multicore processor）是指一个集成电路为提高效率同时连接两个或多个处理器，从而降低能源消耗，更高效地同时处理多个任务。在这项技术下，能耗低且散热快的两台处理器完成任务的效率，要高于只有一个处理核心且资源匮乏的芯片。今天，你可以找到采用双核或者 4 核处理器的个人计算机，以及 8 核、10 核、12 核甚至 16 核处理器的服务器。

英特尔和其他芯片生产厂家还开发出了将能耗最小化的微处理器。低能耗对延长智能手机、上网本和其他移动设备的电池续航时间至关重要。你可以在上网本、数字媒体播放器和智能手机中找到超级节能的微处理器，如 ARM、苹果的 A4 处理器以及英特尔的 Atom。在 iPhone 和 iPad 中使用的 A4 处理器只消耗大约 0.5～0.8 瓦特的能源，这是双核笔记本能耗的 1/50～1/30。

5.4 软件平台的发展趋势

目前软件平台的发展主要集中在以下四个方面：

- Linux 和开源软件；
- Java 和 Ajax；
- Web 服务和面向服务的架构；
- 软件外包和云服务。

5.4.1 Linux 和开源软件

开源软件（open source software）是由全球各地众多的程序员共同开发的。开源职业协会 OpenSource.org 的相关人士称，开源软件是免费的，用户可以对其任意更改。初始源代码的获取是免费的，并且在用户中传播不需要额外的许可。虽然目前大多数开源软件都基于 Linux 和 Unix 操作系统，但从严格意义上讲，它并不受任何操作系统和硬件技术的限制。

开源技术已有 30 多年的发展历史，经过多年的不懈努力，现在已可以生产出比较实用的高质量商业软件。比较受欢迎的开源软件工具有 Linux 操作系统、Apache HTTP 网络服务器、Mozilla Firefox 网络浏览器、甲骨文 Open Office 办公软件套装。开源工具正逐步取代微软办公系统，成为上网本所青睐的低价替代品。一些主要的硬件和软件供应商（包括 IBM、惠普、戴尔、甲骨文、SAP）的产品都可以与 Linux 操作系统兼容。

Linux

最有名的开源软件要属 Linux 操作系统。它最初是由芬兰程序员莱纳斯·托沃兹（Linus Torvalds）编写，并于 1991 年 8 月在互联网上发布。现在的移动电话、智能手机、上网本以及其他电子设备都装有 Linux 的应用软件。人们可以从互联网上下载免费版本或购买低价的商务版，其中商务版包括 Red Hat 等供应商提供的使用工具和技术支持。

虽然 Linux 操作系统目前在台式计算机上的普及程度不高，但它在后台局域网、网络服务器和高性能计算的运行过程中起着非常重要的作用，占有服务器操作系统市场 20%的份额。像 IBM、惠普、英特尔、戴尔以及 Sun 公司都把 Linux 操作系统作为企业产品的重要组成部分。

开源软件（特别是 Linux 和基于 Linux 的应用软件）的快速发展，给企业软件平台带来了深远的影响：成本降低、可靠性和适应性增强、集成度加深，因为 Linux 可以在大型主机、服务器和客户机等各种硬件平台上运行。

5.4.2　网络软件：Java 和 Ajax

Java 是一种独立于操作系统和处理器的面向对象的编程语言。它已经成为当今最主要的互联网互动编程语言。1992 年，Java 由 Sun 公司的詹姆斯·格斯林（James Gosling）及其领导的 Green Ram 团队开发。2006 年 11 月 13 日，Sun 公司依据 GNU 通用公共条款（General Public License，GPL）将 Java 的大部分程序作为开源软件公布，这个过程一直持续到 2007 年 5 月 8 日。

今天，几乎所有的 Web 浏览器都嵌入了 Java 平台，不少移动电话、智能手机、汽车、游戏机、音乐播放器以及付费数字电视等也开始采用 Java 平台。不管系统使用的是什么类型的微处理器和操作系统，Java 应用软件都可以运行。这是由于在使用 Java 的各种技术环境中，Sun 公司都设计了 Java 虚拟机，通过 Java 虚拟机为不同的机器解读 Java 代码。这样，Java 程序编写完成之后，就可以在任何一台安装了 Java 虚拟机的机器上运行。

Java 开发者可以开发能够嵌入网页，并下载到万维网浏览器上运行的小型应用程序。**网络浏览器**（Web browser）是一款使用方便的软件工具，它的图形用户界面可用以显示网页，访问网站和其他互联网资源。微软的 Internet Explorer、Mozilla Firefox 和 Netscape 都属此类浏览器。在企业层面，Java 被用于更复杂的电子商务应用程序，负责连接企业后台交易处理系统。

Ajax

你是否曾填错一张网页订单，只好重新申请，结果需要等待很长时间？或者点击浏览一个地图网站，点击向北走的箭头后，下载新页面仍需一段时间？**Ajax**（Asynchronous JavaScript and XML）就是又一项万维网开发技术，它可以创建互动的万维网应用程序，解决前面所遇到的问题。

Ajax 允许客户机和服务器在后台交换小数据块，因此，当用户想要查看部分内容时，就不需要每次都下载整个网页。如果你在地图网站（比如谷歌地图）上点击向北走的箭头，它的服务器需下载的仅仅是应用程序的一部分，而不需要重新下载整个地图。你还可以利用地图应用程序，用鼠标按住地图朝任意方向翻转，而不需要重新下载整个网页。Ajax 通过使用下载到客户端上的 JavaScript 程序确保与服务器的持续通话，用户操作起来也更加顺畅。

5.4.3 Web 服务和面向服务的架构

Web 服务（Web Service）是指一组松散连接的软件，通过 Web 通信标准和语言实现信息共享和交流。Web 服务不局限于特定的操作系统和编程语言，因此，不同系统之间也可以实现相互通信。它们可以建立开放标准的互联网应用程序，把两个不同的企业系统连接起来，还可以建立把同一公司的几个系统连接起来的应用程序。Web 服务不局限于任何操作系统和编程语言，不同的应用程序都可通过建立标准实现信息共享，而不会在解读客户代码上花费太多时间。

Web 服务所依托的基础技术是**可扩展标记语言**（Extensible Markup Language，XML）。它于 1996 年由万维网联盟（World Wide Web Consortium，W3C，负责监管网络发展的国际组织）研发，比超文本标记语言功能更强大、操作更灵活。**超文本标记语言**（Hypertext Markup Language，HTML）是一种页面描述语言，用于指示如何将文本、图表、音频和视频放在一个网页文件中。HTML 只能描述怎样把数据显示在网页上，而 XML 还可以执行数据的展示、传播和存储。在 XML 中，数字不仅仅是简单的数字，它们通过相应的标记，可以代表价格、日期或者邮政编码等。表 5—2 举例说明了 XML 标记。

表 5—2　　可扩展标记语言举例

简单的英语	XML
Subcompact	<AUTOMOBILETYPE= “Subcompact” >
4 passenger	<PASSENGERUNIT= “PASS” >4</PASSENGER>
$16,800	<PRICE CURRENCY= “USD” >$16,800</PRICE>

通过规定标记内容的具体所指，XML 使计算机能够自动操控和处理数据，而不需要人为干预。万维网浏览器和计算机程序，如订单处理软件或企业资源计划软件，可以遵循为申请和展示数据而编制的规则。XML 为数据交换提供了一个标准格式，使 Web 服务可以实现处理器之间的数据传输。

Web 服务在标准的 Web 协议下通过 XML 信息进行通信。简单对象访问协议（Simple Object Access Protocol，SOAP）是一组信息构造协议，它允许在不同应用程序之间进行数据和指令的传输。Web 服务描述语言（Web Services Description Language，WSDL）是一种常用架构，用于描述 Web 服务所执行的任务与所接受的指令和数据，因此，它也可以应用于其他程序。通用描述、发现与集成框架（Universal Description，Discovery，and Integration，UDDI）通过构建一个类似于黄页电话号码簿的 Web 服务列表，使企业可以迅速找到所需的 Web 服务。通过这些协议，一个软件应用程序可以免费连接到其他应用程序，无须额外编写专门的连接程序就可以达到信息共享的目的。这样，所有应用程序共享同一个标准。

所有用来构建企业软件系统的 Web 服务组成了面向服务的架构。**面向服务的架构**（service-oriented architecture，SOA）是一套完备的服务，通过相互交换信息而创建可操作的软件应用程序。只有执行了这一系列的服务项目，业务任务才算完成。软件开发人员对这些任务进行重组，建立其他所需的应用程序。

几乎所有主要的软件供应商都提供开发和整合软件应用程序的工具和平台。IBM 在 WebSphere 电子商务软件平台上提供 Web 服务工具，微软的 Microsoft. NET 平台也有 Web 服务工具。

美国的汽车租赁公司 Dollar Rent A Car 通过 Web 服务把企业的在线服务系统与美国西南航空公司的网站连接起来。虽然两家公司的系统使用的技术平台不同，但客户可以在西南航空的网站（SouthwestAir. com）上预订航班，也可以在网站上预约 Dollar 公司的汽车，而不需要访问 Dollar 的网站。Dollar 公司使用的 Microsoft. NET 网络服务技术平台，实现了两个不同技术平台之间的数据交换。西南航空公司的预订信息首先转换为网络服务协议，之后被转换成 Dollar 公司计算机系统可以识别的格式。

其他的汽车租赁公司也曾将信息系统与航空公司的网站连接在一起，但是由于没有 Web 服务，一次只能完成一个连接。Web 服务提供了一个标准，可以使 Dollar 公司与其他公司的信息系统进行“对话”，而不需要建立一对一的连接。现在 Dollar 公司正不断扩大 Web 服务连接，小型旅行操作系统、大型旅行预订系统以及供移动电话和掌上电脑使用的无线网络都是它的合作伙伴。它不必为每个新伙伴的信息系统和每个新的无线设备额外编写软件代码（见图 5—8）。

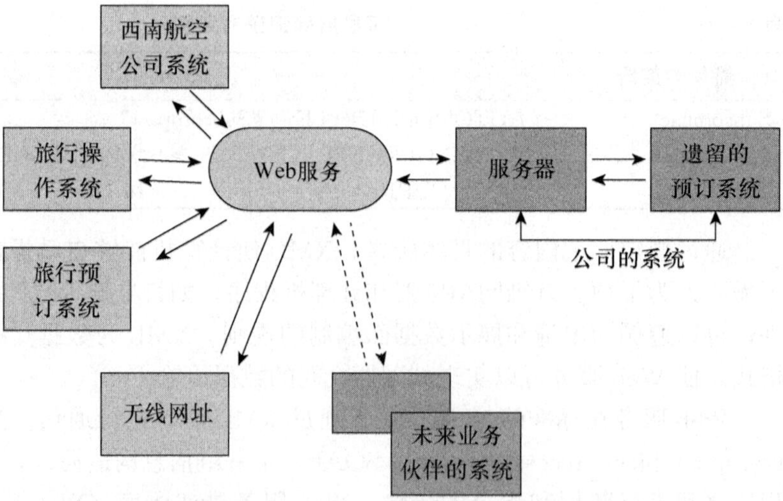

图 5—8　Dollar Rent A Car 公司使用 Web 服务的运作模式

说明：Dollar Rent A Car 公司使用 Web 服务提供一个标准的中间层软件，一次连接到其他公司的信息系统。在不需要与每个公司一一建立连接的情况下，Dollar Rent A Car 公司使用这套网络服务就可与其他公司的信息系统建立连接。

5.4.4　软件外包和云服务

如今大多数企业仍在使用的遗留系统能够继续满足业务的发展要求，而且如果对其进行更新，公司需要投入的资金相当大。但同时公司也在不断地从外部购买新的应用软件。图 5—9 展示了美国企业对外部来源软件需求的急剧增长。

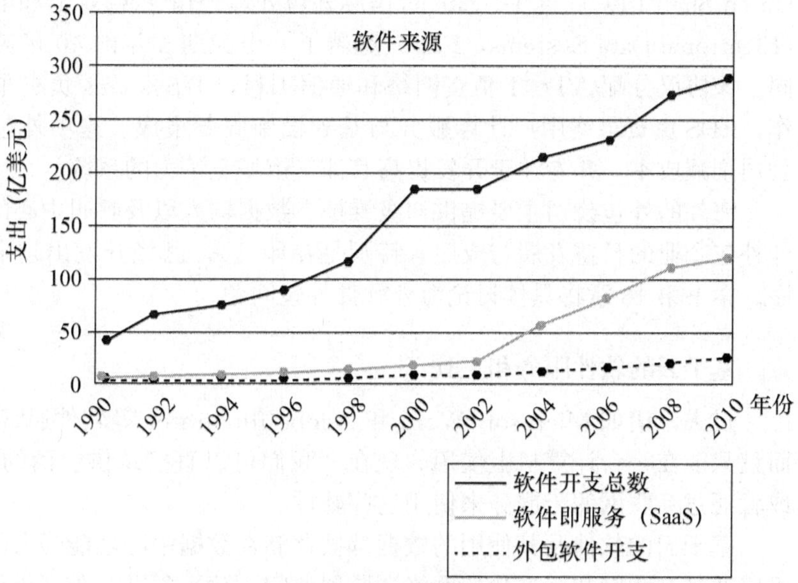

图 5—9　企业软件的来源变化

说明：2010 年，美国企业在软件上的投资超过 2 910 亿美元。大约 40%的软件（1 160 亿美元）是从公司外部获得的，如企业软件供应商提供的企业化应用，或者个体应用服务提供者发布或者销售的软件模型。另外 10%（290 亿美元）是由 SaaS 供应商提供的在线云服务。

资料来源：BEA National Income and Product Accounts，2010；Gartner Group，2010；author estimates.

企业从外部来源获得软件程序通常有三个途径：商业软件供应商提供的商用软件包，外部公司提供的外包定制应用程序，基于云的软件工具和服务。

商用软件包和企业软件

我们在前面已经讲过，企业应用软件是当今企业信息技术基础设施的重要组成部分。**软件包**（software package）是指为企业的业务功能（例如薪酬处理和订单处理）提前编写的软件程序套装，从而避免企业自己开发程序。

企业应用软件供应商（如 SAP、甲骨文等公司）都提供功能强大的企业软件包，支持企业的主要业务流程，包括仓储管理、客户关系管理、供应链管理、财务管理和人力资源管理等。企业购买这些一体化的商业软件包，与自行开发相关软件程序相比能节省一大笔开支。在第 9 章，我们将会详细介绍企业系统。

软件外包

软件外包（outsourcing）使得企业将定制软件开发或现有遗留程序的维护工作

外包给其他公司，并与其签订合同，通常签约公司都是一些工资成本低的海外企业。根据行业分析，2010 年美国离岸外包的收益约为 500 亿美元，而本土外包收益约为 1 060 亿美元（Lohr，2009）。其中最大的金额支付给了美国的本土公司，它们提供中间件、集成服务以及其他软件支持，这些都是运行大型企业系统所必需的。

例如，2008 年 3 月，作为世界第三大石油公司的荷兰皇家壳牌公司（Royal Dutch Shell PLC）与 T-Systems 国际外包处理公司、AT&T 和电子数据系统公司（Electronic Data Systems，EDS）签署了一份为期 5 年的 40 亿美元的软件外包合同。该协议分配 AT&T 负责网络和通信项目，T-Systems 负责主机服务与存储工作，EDS 负责最终用户计算服务与基础设施服务集成。这项外包工程有助于壳牌公司削减成本，并专注于开发提高其油气市场竞争力的系统。

海外的外包公司主要提供初级维护、数据输入以及呼叫中心的运作。但随着海外外包企业的日益发展与成熟（特别是在印度），已经开发出越来越多的新软件程序。本书第 13 章将具体讨论海外软件外包问题。

基于云的软件服务和工具

过去，诸如 Microsoft Word 和 Adobe Illustrator 等软件通常都是按套出售的，而且只能在一台计算机上使用。现在，我们可以直接从供应商的网站上下载软件，或者通过互联网的云服务来使用这些软件。

基于云的软件及其使用的数据都被存储在数据中心功能强大的服务器上，并且可以通过互联网和标准化的网络浏览器访问。除了谷歌、雅虎提供给个人和小企业的免费或廉价工具之外，企业软件和其他复杂的业务功能软件通常都是由一些主要的商业软件供应商来提供的。企业不需要自己购买和安装此类软件，它们只需从服务提供商那里租用相同的服务功能，同时支付相应的服务费或按每笔交易明细列单付费。这种传输和提供远程软件的网络服务被称为**软件即服务**（software as a service，SaaS）。这方面的一个典型案例是 Salesforce. com 公司，正如章末案例中描述的，它能够提供关于客户关系管理的随需应变的服务。

为了加强与外包服务提供商或技术服务提供商的关系，企业需要与它们签订相关的合同，其中包括**服务等级协议**（service level agreement，SLA）。服务等级协议是雇佣双方之间的正式合同书，明确规定服务提供商的具体职责与客户对服务的期望标准。SLA 通常会明确规定服务的性质与水平、业绩衡量标准、支持选项、安全与灾难恢复条款、硬软件的所有权与升级、客户支持、账单支付、终止协议条件等。

糅合和应用程序

我们平常为了私人或者商业用途使用的软件中，可能有大量的自包含程序，或者可以和互联网上其他应用程序自由整合的可替代组件。为了开发自定义应用程序和实现信息共享，个人用户和企业对这些软件组件进行自由组合，由此产生了**糅合**（mashup）。这一理念把不同的软件进行重组，并确保重组后的应用程序比之前简单相加的功能更加强大。如果你曾经在 Facebook 个人页面或博客上进行过个性化设置，使它能够显示图像或者播放视频，那么你已经使用过糅合了。

网络糅合通过把两个或两个以上的在线应用程序组合在一起，形成一种新的混合程序，以创造出更大的商业价值。例如，EveryBlock Chicago 把谷歌地图与芝加哥城的犯罪数据结合在一起。用户输入想查询的地区进行搜索时，相关的犯罪案件和犯罪类型等搜索结果就会在谷歌地图上以彩色圆点的形式显现出来。亚马逊使用糅合技术将产品描述和合作站点以及用户档案整合起来。

应用程序（apps）是指可以在互联网、电脑、手机上运行的小型软件，并通常通过互联网传输。谷歌将它的在线服务称为应用程序，其中包括谷歌桌面生产力工具应用程序包。但是，当我们谈到应用程序时，通常是指为了移动数字平台而设计的应用程序。这些应用程序将智能手机以及其他移动手持设备变成了通常意义上的计算工具。

大多数应用程序都是为 iPhone、安卓和黑莓操作系统平台而设计的，并大都免费或者收取少量费用（比传统软件便宜得多）。现在，针对苹果 iPhone 和 iPad 平台已经有超过 250 000 个应用程序，而且有超过 80 000 个应用程序在使用谷歌安卓平台的智能手机上运行。这些移动平台的成功很大程度上取决于它们所能提供的应用程序的数量和质量。应用程序将用户“绑定”到特定的硬件平台上：随着用户在他们的手机上安装的应用程序的增加，他们转移到其他移动平台的转换成本就会越来越高。

现在，最常被下载的应用程序是游戏（65%），其次分别是新闻和天气（56%）、地图/导航（55%）、社交网络（54%）、音乐（46%）以及视频/电影（25%）。同样，也有很多“严肃”的商业应用程序，例如创建并编辑文件、连接到企业系统、安排日程以及参加会议、跟踪货物、语音服务等。此外，还有大量电子商务应用程序提供在线搜寻和购买商品的服务。使用应用程序的用户数量持续增加。

5.5 管理问题

建立和管理信息技术基础设施面临诸多挑战：平台与技术的更新（包括云计算和移动计算）、IT 基础设施的管理与治理，以及进行明智的基础设施投资。

5.5.1 平台与基础设施的更新

一旦公司发展壮大，就会迅速超出其基础设施的承载能力；而当公司规模缩小时，就会受累于业务景气时购置的大量基础设施。当公司的信息技术基础设施的大部分都是以固定的费用购买或取得许可时，公司应如何保持灵活性？如何实现基础设施的可扩展性？**可扩展性**（scalability）是指一台计算机、一个产品或一个系统在不中断运行的前提下，向更多用户提供服务的扩展能力。新应用程序、企业并购以及业务量变化都会影响计算机的工作负荷，在规划硬件能力时必须加以考虑。

使用移动计算和云计算平台的公司需要新的政策和措施来管理这些新平台。它们需要列明在业务中使用的移动设备的清单，并设计相应的政策和工具对其进行跟踪、更新和保护，对所运行的数据及应用程序进行控制。采用云计算和软件即服务的公司需要与远程供应商签订新的协议，以确保关键应用程序的硬件和软件随时可用。这需要上升到企业管理的高度，来确定可接受的计算机响应时间，确保关键任务系统的高可用性，从而达到企业所期望的业务性能目标。

5.5.2 IT 基础设施的管理与治理

长期困扰企业高层领导者及信息系统管理者的一个问题是：该由谁来管理信息技术基础设施？第 2 章引入了信息技术管理的概念，并阐述了一些与之相关的问题。关于信息技术管理方面的其他问题还有：是由各部门自己负责，还是集中管理？集中的信息系统管理与各部门分散的信息系统管理之间是一种怎样的关系？信息系统基础设施的成本在各个业务部门之间该如何分配？每个公司都需要根据自己的实际情况回答上述问题。

5.5.3 进行明智的基础设施投资

信息技术基础设施是企业的一项主要投资。如果在这方面投资过多，会导致设备闲置浪费，并可能影响企业的业绩；如果在这方面投资过少，则会导致某些业务难以开展（从而在竞争中落后于在这方面做得好的竞争对手）。究竟该在信息技术基础设施方面投入多少成本呢？这是一个很难回答的问题。

一个与之相关的问题是：企业是投资建立自己的信息技术基础设施，还是从外部供应商处租用，包括从提供云服务的供应商处租用？是自己购买信息技术资产，还是从外部供应商处租用，这是一个典型的租/买决策问题。

云计算可能是一种低成本的增加可扩展性和灵活性的方式，但是企业在做决定之前应该对其安全需求、对企业业务流程和工作流的影响进行仔细评估。在某些情况下，租用软件的成本加起来可能会超过企业自己购买并维护应用程序的费用。但是，使用软件即服务（SaaS）还是有很多好处，比如它使得企业可以将注意力集中在核心业务问题上，而不被技术问题所困扰。

技术资产的整体拥有成本

拥有一项技术资源的实际成本，包括软硬件的购买和安装、升级与维护、技术支持、人员培训成本，甚至包括运行此技术的房地产成本。**整体拥有成本**（total cost of ownership，TCO）模型可以用来分析这些直接成本与间接成本，帮助企业确定实施某项技术的实际成本。表 5—3 描述了整体拥有成本的重要组成部分。

表 5—3 整体拥有成本的主要构成

基础设施内容	造价构成
硬件	购买计算机硬件（包括计算机、终端、储存设备、打印机等）的费用
软件	购买软件或软件使用许可的费用
安装	安装计算机和软件的费用
培训	培训系统管理员和用户的费用
支持	技术支持费用
维护	硬软件升级、维护的费用
基础设施	相关基础设施，如网络、专用设备（包括存储备份）等的费用
停机时间	因系统软硬件出现问题导致无法工作的损失
空间和能源	房租成本、水电费

如果将各组成部分的成本累计起来，一台个人计算机的整体拥有成本相当于其购买成本的三倍。虽然为一个公司员工购买一台无线手持设备的价格可能仅为几百美元，但是这台设备的整体拥有成本要高得多，依据不同的顾问估计，金额为 1 000～3 000 美元不等。配备了移动计算设备的员工所提高的生产力和效率，必须与将这些设备整合到企业信息技术基础设施中以及提供技术支持所带来的成本增加相平衡。其他成本包括无线通话、最终用户培训、咨询台支持以及特殊应用系统的软件方面的费用。如果这些移动设备要运行许多不同的应用系统或者需要整合到后台系统（比如企业应用程序）中，那么成本会更高。

软硬件的购买成本只占整体拥有成本的 20%。因此，管理人员必须高度重视管理成本，了解公司软硬件的全部费用，通过加强管理来减少其中的一些支出。目前许多大公司都有一些多余且不可兼容的硬件和软件，因为它们允许下面的部门自行进行技术采购。

除了转向云服务之外，这些公司还可以通过将它们的软硬件资源高度集中化和标准化来降低整体拥有成本。如果公司能够减少不同计算机型号的数目，减少员工使用软件的种数，就可以减少支持基础设施的信息系统人员的数量。集中化的信息技术基础设施架构，便于对处于中心位置的信息系统进行维护，也便于在发生问题后及时处理。

信息技术基础设施投资的竞争力模型

图 5—10 中的竞争力模型可以帮助回答下列问题：我们在信息技术基础设施上应投入多少资金？

对公司服务的市场需求 将企业当前为客户、供应商以及员工提供的服务列出一份清单，进行调查，了解目前企业提供的服务能否满足他们的需求。例如，是否有客户抱怨在查询数量和价格时很难得到及时答复？是否有员工抱怨难以找到工作中所需的有用信息？是否有供应商抱怨难以了解企业的产品需求？

公司的业务战略 分析企业未来五年的发展战略，找出实现该战略需要提供哪些服务或具备哪些新能力。

公司的信息技术战略、基础设施及成本 仔细研究企业未来五年的信息技术规划，并分析其与业务战略的匹配程度。列出现有各项信息技术基础设施的成本，然

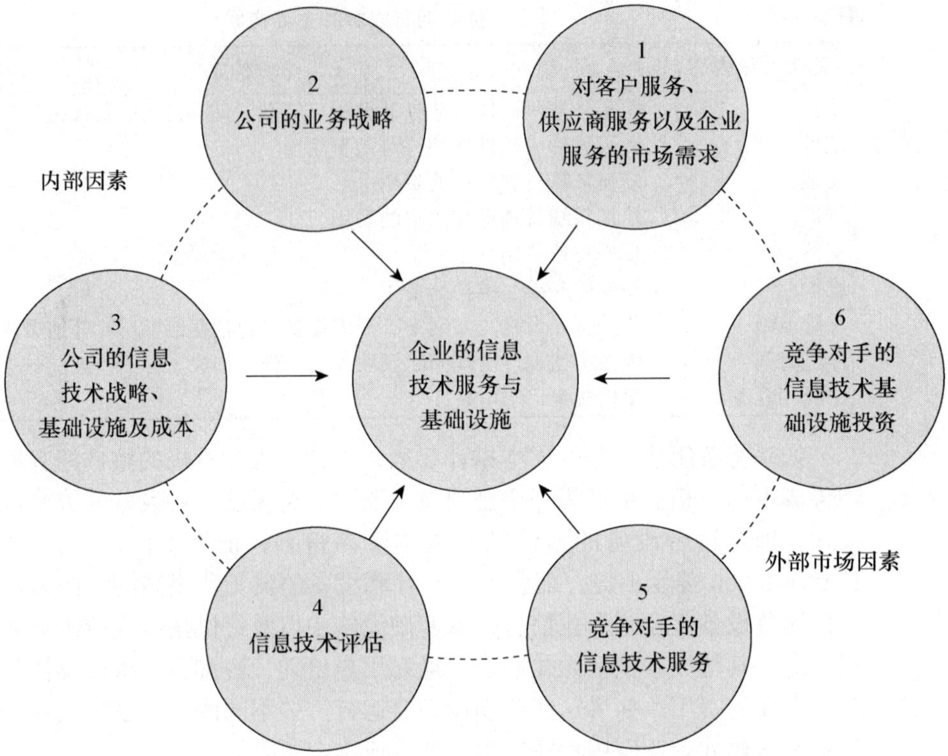

图 5—10　信息技术基础设施投资的竞争力模型

说明：利用以上六个因素回答："我们公司在信息技术基础设施上应投入多少资金?"

后进行整体拥有成本分析。如果企业没有信息技术战略，那么需要建立相应的战略，并考虑做好企业未来发展的五年战略规划。

信息技术评估　企业所用的信息技术是否落后或者过于超前？这两种情况都应当避免。人们一般不愿使用目前处于试验阶段的新技术，因为这些新技术通常不稳定，而且价格十分高昂。企业希望投资于已建立通用标准的技术，此时信息技术供应商是在价格而不是设计上进行竞争，并且会有多个供应商可供选择。当然，你也不希望拖延对新技术的投资，或让竞争对手研制出基于新技术的商业模式和竞争力。

竞争对手的信息技术服务　评估竞争对手向客户、供应商和员工提供的服务。对它们进行定量和定性的分析，并与自身相比较。如果公司的信息技术服务水平在某一方面落后于对手，则表明在这方面存在竞争劣势，需找出公司在服务水平上可提升的空间。

竞争对手的信息技术基础设施投资　根据竞争对手在信息技术基础设施上的投资，确定自身信息技术基础设施的投资标准。很多企业在信息技术创新方面的支出都是对外公开的。如果竞争对手对投资保密的话，也可以通过上市公司的财务报告分析，或者对相关行业的业务数据分析获得财务支出信息。

在具体投入上，企业没有必要跟竞争对手同样多，甚至比他更多。也许可以找到提供的服务水平相同而价格更优惠的信息技术，这样就会有成本优势。另外，如果企业与竞争对手在投资方面相差很大，也会带来诸多问题，如工作效率低下和市场份额不断下降等。

5.6 管理信息系统实践项目

本节中的实践项目涉及以下几个方面：为管理信息技术基础设施和信息技术外包制定解决方案，使用电子表格软件评估桌面系统，使用网络搜索为销售会议编制预算。

5.6.1 管理决策问题

1. 匹兹堡医疗中心大学（UPMC）依赖其信息系统管理着 19 家医院、一个保健连锁店以及多家国际和商业机构，该信息系统对服务器和存储的需求以每年 20%的速度增长。匹兹堡医疗中心大学为每一个应用系统配备了独立的服务器，在服务器和其他计算机上运行着多个操作系统，其中包括不同版本的 Unix 和 Windows 操作系统。匹兹堡医疗中心大学需要掌握惠普、Sun、微软和 IBM 等多个供应商提供的技术。评估此种情形对公司运行绩效的影响，以及在解决这个问题时需考虑的因素和管理决策。

2. Qantas 是澳大利亚最大的一家航空公司，近期由于油价上涨和乘客减少而面临巨大的成本压力。如何既能降低成本，又不降低服务水准，是 Qantas 当前面临的最主要挑战。Qantas 决定重建已有 30 年历史的数据中心。公司有两种选择：一是重建一个数据中心；二是把数据中心外包出去。Qantas 是否应将其外包给一个云服务提供商？公司管理层在决定是否外包时，需要考虑哪些因素？如果 Qantas 决定实施外包，请列出和详细描述在服务等级协议中需要注意的要点。

5.6.2 优化决策：使用电子表格软件对计算机的硬件和软件估价

软件技能：电子表格软件的公式运用

商业技能：技术定价

在这个练习中，运用电子表格软件计算所选择的桌面系统、打印机和软件的费用。

你需要了解相关价格信息，为一个拥有 30 名员工的办公室配置计算机软硬件。在联想、戴尔和惠普的网站上，寻找 30 台台式个人计算机（包括显示器、计算机和键盘）的报价（通常报价会包含预装软件的价格，在本练习中忽略此价格，即认为其报价就是相关硬件的报价）。再从惠普、佳能和戴尔的网站上，寻找 15 台桌面打印机的价格。所选择的计算机必须满足下表的规格要求：

处理器速度	3 GHz
硬盘	350 GB
RAM	3 GB
DVD-ROM 驱动器	16 x
显示器（对角线长度）	18 英寸

所选打印机必须满足下表的最低配置要求：

打印速度（黑白）	每分钟 20 页
打印分辨率	600×600
是否可连接网络	是
最高单价	700 美元

之后，再查询 30 套最新版本的 Microsoft Office、Lotus SmartSuite 和 Oracle Open Office 软件的报价，以及 30 套 Microsoft Windows 7 Professional 的报价。办公软件中要求包括文字处理软件、电子表格软件、数据库软件和演示软件等。

最后，以电子表格的形式把你对桌面系统、打印机和软件的调查结果呈现出来。在电子表格中，对各种硬件、软件、打印机进行评估，为员工提供具有最佳性价比的计算机软硬件组合。由于两人合用一台打印机（15 台打印机/30 套系统），因此在表格中每位员工只承担一半的打印机费用。另外，假设你的公司将与各产品供应商签订标准的保修和服务合同。

5.6.3 优化决策：使用网络搜索为销售会议编制预算

软件技能：基于互联网的软件

商业技能：调查交通和住宿成本

Foremost Composite Materials 公司准备于 10 月 15— 16 日召开为期两天的销售会议，会务接待从 14 日晚上开始，到时将有 125 名销售代表和 16 名销售经理参会。你需要为每个销售代表预订一间客房，另外还需预订两间会议室：一间能容纳 200 人，另一间能容纳 100 人。公司租房的预算是 12 万美元。入住的酒店需要配备计算机、投影仪、商务中心、宴会厅等，还需要为代表们提供室内办公设备，以及游泳池、健身房等休闲娱乐场所。公司希望在佛罗里达州的迈阿密或马尔科岛召开这次会议。

公司通常在希尔顿酒店或者万豪酒店举行这类会议。访问希尔顿酒店和万豪酒店的网站，根据上述要求选定一家酒店作为会议地点，同时保证费用不超出会议预算。

查看两个网站的主页，找一家满足上述条件的酒店。选定酒店后，需要查看会议前一天下午当地航班的到达情况，因为与会人员会在那天到达、登记入住，并参加晚上的欢迎仪式。与会人员将来自洛杉矶（54 人）、旧金山（32 人）、西雅图（22 人）、芝加哥（19 人）以及匹兹堡（14 人）。你需要了解从这些城市到达当地的机票的价格。完成之后，编制本次会议的预算。预算应包括机票价格、房费以及参会人员每天的就餐费用 60 美元。

- 你的最终预算是多少？
- 你认为哪家酒店是最合适的会议场所？为什么？

小　结

1. 什么是信息技术基础设施？它的构成部分有哪些？

信息技术基础设施是为企业特定的信息系统应用程序提供平台的共享技术资源。信息技术基础设施包括整个企业所共享的硬件、软件和服务。信息技术基础设施主要包括计算机硬件平台、操作系统平台、企业软件平台、网络和通信平台、数据库管理软件、互联网平台、咨询和系统集成服务等。

2. 信息技术基础设施的发展经历了哪几个阶段？各阶段的技术驱动力是什么？

信息技术基础设施经历了五个发展阶段：通用大型主机和小型计算机阶段、个人计算机阶段、客户机/服务器阶段、企业计算阶段、云计算和移动计算阶段。摩尔定律表明计算能力呈指数级上升，计算成本呈指数级下降。微处理器的性能每 18 个月翻一番，而计算成本下降一半。大规模数据存储定律使存储数字化信息的成本以指数级不断下降，其中一美元磁盘可以存储的数据约每 15 个月翻一番。梅特卡夫定律说明网络的价值随着用户数量的增加而呈指数级增长。推动计算机日益普及的动力还有通信成本迅速下降以及使用计算与通信标准的技术产业协议不断增加。

3. 现代计算机硬件平台的发展趋势是什么？

计算正逐渐转移到移动数字平台上。网格计算涉及把不在同一地点的计算机连接到同一网络，从而创造一个计算网格。这个网格可以把网络中所有计算机的计算能力结合在一起来解决较大的计算问题。通过虚拟化方式组织的计算资源不局限于自身配置和地理位置。云计算是公司和个人从网上获得计算能力和应用程序的一种计算模型，这种模型不需购买或在自己的计算机上安装硬件和软件。多核处理器是指一个集成电路为提高效率同时连接两个或多个处理器，从而提高处理效率。绿色计算是指通过设计、生产、使用和信息技术硬件来减少对环境的不利影响的实践和技术。在自主计算中，计算系统具有自我保护和自我修复的能力。节能处理器可以显著减少移动数字设备的能耗。

4. 现代计算机软件平台的发展趋势是什么？

开源软件是由世界各地数以万计的程序员共同开发和维护的，而且提供免费下载。Linux 是一个强大、灵活的开源操作系统，可在多个硬件平台上运行，并可广泛应用于 Web 服务器。Java 是一种与操作系统和硬件无关的编程语言，这是万维网上最主要的交互式编程环境。

5. 信息技术基础设施带来的管理挑战是什么？其解决方案是什么？

当前面临的主要挑战有平台与基础设施的更新、基础设施的管理与治理、进行明智的投资决策等。解决方案包括运用竞争力模型来决定我们应投入多少资金用于建设信息技术设施，以及在哪些方面进行战略投资，确定技术资产的整体拥有成本。整体拥有成本包括：计算机硬件和软件的购买费用、升级和维护费用、技术支持与培训成本。

复习题

1. 什么是信息技术基础设施？它的构成部分有哪些？

- 从技术和服务的角度定义信息技术基础设施。
- 列举企业需要管理的信息技术基础设施组成部分。

2. 信息技术基础设施的发展经历了哪几个阶段？各阶段的技术驱动力是什么？

- 列出信息技术基础设施发展的各个阶段，并描述每个阶段的特征。
- 定义和描述下列概念：Web 服务器、应用服务器、多层客户机/服务器架构。
- 描述摩尔定律和大规模数据存储定律。
- 描述网络经济、通信成本的下降及技术标准对信息技术基础设施的影响。

3. 现代计算机硬件平台的发展趋势是什么？

- 描述移动平台、网格计算和云计算的概念。
- 自主计算、虚拟化技术和多核处理器给企业带来怎样的效益？

4. 现代计算机软件平台的发展趋势是什么？

● 给出开源软件即 Linux 的定义，并解释它们给企业带来怎样的益处。

● 给出 Java 和 Ajax 的定义，并说明其重要性。

● 给出 Web 服务的定义，说明 XML 在 Web 中起的作用。

● 描述软件的三个外部来源。

● 给出软件糅合与应用程序的定义。

5. 信息技术基础设施带来的管理挑战是什么？其解决方案是什么？

● 描述信息技术基础设施带来的管理挑战。

● 解释如何通过竞争力模型和整体拥有成本分析信息技术基础设施投资。

讨论题

1. 为什么选择计算机硬件和软件是一项重要决策？在选择计算机软硬件时，需要考虑哪些管理、组织和技术因素？

2. 软件程序供应商能满足企业的所有软件需求吗？请给出解释。在做决策时，需要考虑哪些管理、组织和技术因素？

小组练习：比较服务器和手机的操作系统

三四名同学一组，选择相应的服务器操作系统和手机操作系统，进行评估。你可以搜索 Linux 系统的性能和价格，与最新版的 Windows 系统或 Unix 系统进行比较。也可以将 Android 手机操作系统的性能，与最新版的 iPhone 操作系统（iPhone OS）进行比较。如有可能，使用 Google Sites 发布网页的链接、团队沟通平台和工作任务，集思广益，合作完成项目文档。尝试使用 Google Docs 在课堂上展示成果。

章末案例

Salesforce. com：云计算服务成为主流

Salesforce. com 是过去几年里最具颠覆性的技术型企业之一，其创新的商业模式和令人瞩目的成就对整个软件产业具有很大影响。Salesforce 以“软件即服务”的理念，提供客户关系管理和其他应用软件解决方案，这与购买软件或本地安装软件的方式是截然不同的。

该公司由前甲骨文执行官马克·贝尼奥夫（Marc Benioff）于 1999 年创立，现已跃居全球软件企业前 50 名。Salesforce. com 拥有超过 5.5 万个合作客户，超过 150 万个订购用户。Salesforce. com 的成功主要归功于随需应变的软件销售模式。

随需应变模式可以让企业节省大量的前期投资，省去耗时的计算机安装过程。公司提供给小型销售团队的 Group 简化版，订购费最低为每月每位用户 9 美元，而提供给大型企业的较高级版本，每月每位用户要支付 65 美元。

例如，位于明尼亚波利斯的哈根达斯专柜（美国雀巢所有）计算了一下，为了帮助企业特许零售店更好地沟通而专门设计的数据库软件需要花费 6.5 万美元。而现在公司只需支付 2 万美元与 Salesforce 建立合作关系，再加上每月为 20 个用户支付 125 美元，这些用户就可以使用无线手持设备，或利用网络来远程管理在美国的各家特许零售店。

Salesforce. com 的安装时间最长不超过 3 个月，通常不到 1 个月。不需要用户购买、检测和维护硬件，不需要安装操作系统、数据库或应用服务器，不需要咨询顾问和工作人员，也不需要高昂的许可费和维护费，只需要一个标准的浏览器就可以使用系统。Salesforce. com 还会不断更新其后台软件。为满足企业特殊业务流程的需要，Salesforce. com 还推出了用户自定义软件功能的工具。如果使用后业绩不佳或有更好的系统出现，用户可以解除与 Salesforce的订购合约。如果公司解雇了一些员工，也可以减少软件订购数。

Salesforce在继续扩大市场、优化业务时，也遇到了巨大的挑战。首先是面对激烈的竞争，其中有传统行业领先者，也有想要复制Salesforce成功之路的新的挑战者。为了与Salesforce竞争，微软、SAP和甲骨文都已不再推出客户关系管理产品的订购版。为了抢占Salesforce的市场份额，一些小型竞争者，如NetSuite、Salesboom.com和RightNow，已经采取了一些行动。

Salesforce的市场规模和份额与其强大竞争者相比仍有很大差距。2007年，SAP的市场份额是Salesforce的四倍；IBM的客户数是9 000家软件公司，与采用Salesforce产品相比，这些客户更愿意选择IBM提供的解决方案，利用IBM软件来处理自己的业务。

Salesforce需要不断地向客户证明，它用于远程控制企业的数据和应用程序是安全可靠的。但是，企业也出现了多次服务中断的情况。2009年1月6日，一个核心的网络设备出现长达38分钟的故障，导致欧洲、日本和南美的数据无法处理，超过1.77亿件事务受到影响。Salesforce曾向客户承诺他们可以全天使用云服务，但这次事件的发生，使一些客户和评论家对云计算的稳定性和安全性产生了质疑。2月，又发生了一次类似事件，不仅影响了欧洲，几小时后还对北美造成了影响。

迄今为止，Salesforce只遇到过一次安全破坏事件。2007年11月，一位员工的电脑遭受钓鱼网站的侵袭，将公司密码泄露给了钓鱼网站的骗子，泄露了Salesforce的客户名单。Salesforce的客户端经常因为强目标攻击而发生阻塞，或遭到非法入侵。虽然这起事故很严重，但是许多客户对Salesforce处理和控制事故的结果很满意。现在，Salesforce的所有重要客户都定期派审计人员到Salesforce进行安全检查。

Salesforce遇到的另一个挑战就是如何将其商业模式拓展到其他领域。目前，Salesforce开始对销售信息和客户名单进行跟踪。与谷歌合作或者利用特有的Google Apps，可以作为企业提供其他功能的一种方式。Salesforce正将其服务与Gmail、Google Docs、Google Talk和Google Calendar绑定，从而让客户可以通过网络完成更多的任务。Salesforce和谷歌公司都希望通过Salesforce.com与Google Apps的合作在提供软件的按需服务方面有更好的进展。

Salesforce已经与苹果公司合作，发布了用在iPhone上的应用程序。企业希望利用庞大的iPhone用户市场，提高Salesforce应用在任何时间、任何地点的使用率。此外，Salesforce还引进了一个与Facebook社交网站相集成的开发工具，使得客户可以用Facebook网站上的功能来创建新应用。（Salesforce在2010年初就开发了自己的社交网络应用Chatter，它允许用户创建档案、更新状态并显示在好友的页面上，跟Facebook和Twitter类似。）

为了使收入达到行业观察者和华尔街所预想的水平，Salesforce需要将注意力从销售软件应用套装向更为广阔的云计算平台转变，在云计算平台上许多软件企业都可以发布应用。在过去的10多年里，Salesforce的总裁贝尼奥夫一直在做一件事——“我们将注意力放在软件服务上”。在未来的10年里，Salesforce.com“将真正把注意力放在平台服务上”。

企业已经增强了向客户提供云计算服务的能力。新的Salesforce网站将更多的重心放在云计算上，将产品按三种云模式——销售云、服务云和客户（定制）云分类。销售云和服务云分别包含改进销售和客户服务的应用，而客户云是Force.com应用开发平台的另一个名字，在该平台上，客户可以通过Salesforce网络开发需要的应用。

Force.com提供了一套开发工具和信息技术服务，使得用户可以定制自己的客户关系管理应用程序或创建新的应用，并且能够在Salesforce的数据中心基础设施上运行。Salesforce向其他独立软件开发人员开放Force.com，并在AppExchange上列出他们的程序。

小企业可以通过AppExchange在线轻松下载950多种应用软件，包括一些Salesforce上的附送应用，与Salesforce无直接关系的其他应用，甚至一些不直接面向客户的应用，如人力资源应用。基于Force.com开发环境，Force.com Sites可以让用户开发网页和注册域名，其价格根据网站流量来确定。

Salesforce的云计算基础设施主要包括三个数据中心，其中两个在美国，一个在新加坡，另外，它还计划未来在欧洲和日本建立数据中心。Salesforce与亚马逊也有合作，使得Force.com的客户可以利用亚马逊的云计算服务（弹性计算云和简单存储服务）。亚马逊的服务承担着Force.com应用的“巨云计算”任务——需要更大的处理能力或存储量。

国际数据中心（International Data Center，IDC）的一份报告估计，使用Force.com平台创建并运行商业应用程序以及网站，速度要比其他非云服务提供商快五倍，而价格只有后者的一半。例如，RehabCare是一个国家级医疗康复服务中心，它使用Force. com为患者建立了一个移动手机临床应用。RehabCare的信息系统团队只花4天时间就在Force. com上建立了一个原型应用程序。如果使用微软的开发工具，建立一个相似的移动应用程序大概要6个月的时间。现在大约有400个患者在使用这个应用程序。

Author Solutions选择Salesforce作为其系统平台，就不用维护和管理自己的数据中心，其成本节省率高达75%。以前工作流程系统的修改要花30～120小时，现在只需1/4的时间。引入新产品过去需要120～240小时，成本为6 000～12 000美元，现在均减少了75%。在与Salesforce签约5个月后，Author Solutions开始运行新的“出版企业资源计划系统”，这样就可以协调出版一本书的所有流程——客户跟踪、编辑授权管理和修改。在相同员工人数的情况下，新平台处理的工作量比旧系统多30%。

目前的问题是：Salesforce AppExchange和Force. com平台能否帮助Salesforce不断成长达到公司期望的规模；企业是否会加大投入，建设像谷歌或亚马逊那种规模的云计算服务，而且能收回投资成本。这些问题的答案现在还不明确。

一些分析家认为，Salesforce的平台不可能吸引那些有应用需求的大企业。一个挑战就是提供服务的实时性。订购者需要全天候服务，但是由于前面提到的事件，许多企业会重新考虑使用软件服务模式。为了向客户保证其系统的可靠性，Salesforce提供了一系列工具，并提供可在线下工作的应用程序。

有些企业还是愿意尝试软件服务模式和云计算。此外，从长期来看，通过网络发布软件的成本是否会更低，这一问题还不明了。Gartner公司分析师罗布·迪西斯托（Rob DiSisto）称，早些年订购Salesforce. com软件服务的成本不高。但是之后又会发生怎样的变化呢？更新和管理软件所支出的成本是否会超过使用这些软件所节省的金额呢？

资料来源：“How Salesforce. com Brings Success to the Cloud,” *IT BusmessEdge. corn*, accessed June 10, 2010; Lauren McKay, “Salesforce. com Extends Chatter Across the Cloud,” *CRM Magazine*, April 14, 2010; Jeff Cogswell, “Salesforce. com Assembles an Array of Development Tools for Force. com,” *eWeek*, February 15, 2010; Mary Hayes Weier, “Why Force. corn Is Important to Cloud Computing,” *Information Week*, November 23, 2009; Jessi Hempel, “Salesforce Hits Stride,” CNN Money. com, March 2, 2009; Clint Boulton, “Salesforce. com Network Device Failure Shuts Thousands Out of SaaS Apps,” *eWeek*, January 7, 2009; J. Nicholas Hoover, “Service Outages Force Cloud Adopters to Rethink Tactics,” *Information Week*, August 18/25, 2008; and Charles Babcock, “Salesforce Ascends Beyond Software As Service,” *Information Week*, November 10, 2008.

[思考题]

1. Salesforce. com是如何运用云计算的？

2. 公司发展过程中，Salesforce会面临哪些挑战？Salesforce需要如何应对？

3. 使用Salesforce的服务对哪类企业有帮助？为什么？

4. 在决定是否使用Salesforce. com服务时，需要考虑哪些因素？

5. 一家企业能否只通过Salesforce. com、Force. com和AppExchange来运营？请说明理由。

第6章 商务智能基础：数据库与信息管理

学习目标

学完本章后，你将能够回答以下问题：

1. 传统文件管理环境下，管理数据资源会遇到哪些问题？数据库管理系统如何解决这些问题？
2. 数据库管理系统的主要功能是什么？为什么关系型数据库管理系统如此强大？
3. 数据库设计有哪些重要原则？
4. 为了提高企业绩效和决策能力，主要有哪些工具和技术可用来从数据库中获取信息？
5. 为什么信息政策、数据管理和数据质量对公司的数据资源管理至关重要？

章首案例

当纳利公司尝试用主数据管理来主宰数据

此时此刻，你可能正在使用当纳利公司(Donnelley)的产品。当纳利公司是一家位于芝加哥的大型商务印刷服务提供商，提供包括商务印刷、表单和标签、直邮在内的多项服务。近年来，该公司通过一系列并购得以迅速扩张。2005年全面收购商业印刷公司Moore Wallace，2007年1月成功收购印刷和供应管理服务提供商Banta。当纳利公司的年收入已从2003年的24亿美元猛增到如今的98亿美元。

然而，这一增长给公司的信息管理提出了巨大挑战。每家被并购的企业都有一套自己的信息系统，维护着各自的客户、供应商和产品数据。这些数据来自众多分散的源系统，因而经常出现不一致、重复或者不完整的问题。例如，对于“客户”这一实体，企业的不同部门可能会赋予其截然不同的含义。有的可能将“客户”定义为某个特定的收费地址，有的则可能将其定义为某家公司的控股母公司。由于客户可能与公司的多个部门都有业务往来，因此需要从整个公司的层面全面、准确地了解每个客户的信息，当纳利公司不得不手工处理众多系统中的数据，使其协调一致。这样的人工流程很费时，而且会降低效率、增加成本。

当纳利公司的规模如此之大，以至于将所有部门的信息存储到单一系统中是不现实的。然而，它仍需要一套在整个公司内保持准确一致的简明数据集。为解决这一问题，当纳利公司开始使用主数据管理（master data management，MDM）。主数据管理将分散的数据记录整合到单个授权的元数据文件中，尽可能地确保同一数据块在公司各部门间保持统一的格式。元数据文件一旦生成，员工运用应用程序就能够访问单个的综合数据视图。主数据管理方案尤其适用于像当纳利这样因并购而导致数据集成问题的企业。

主数据管理方案的实施过程包括多个步骤：业务流程分析、数据清洗、数据整合与统一以及将数据移入元数据文件。在该过程中，企业必须明确每块数据应为哪个群体“所有”，以及由谁负责解决数据定义分歧和其他的不一致问题。2005 年底，当纳利公司启动主数据管理项目，开始为有关客户和供应商的核心数据建立唯一的标识符集。当纳利公司选择的是基于注册模型的 Purisma Data Hub 主数据管理方案。该方案仍将客户数据存储在源系统中，同时在主数据中心注册这些数据，并创建交叉索引。这样，应用程序就可以在不影响源系统的情况下找到所需的数据。

近一年后，当纳利公司开发出了自己的客户主数据存储系统。该系统将分散在多个系统中的数据集成，对那些过时、不完整或者格式有误的数据进行更正或删除。系统中每一项注册都会指向相应数据的实际存储位置。有了基于共同定义和标准而形成的在全企业范围内保持一致的单一数据集，管理者可以方便地查到与某个特定客户开展业务的类型及业务量，识别顶级客户，发现潜在销售机会。而当公司并购某家企业时，利用系统能快速地查看一张客户列表，表中列出了当纳利与目标企业的所有共同客户。

资料来源：John McCormick，“Mastering Data at R. R. Donnelley”，*Information Management Magazine*，March 2009；www. rrdonnelley. com，accessed June 10，2010；and www. purisma. com，accessed June 10，2010.

当纳利公司的成功经历深刻表明了数据管理对企业的重要性。通过并购，当纳利公司取得了惊人的增长。然而，此时公司的绩效取决于它将如何处理数据。可以看出，企业如何存储、组织并管理数据会对组织效率产生极大的影响。

管理者意识到企业必须集中管理数据。然而，企业的数据（包括客户、供应商、产品及其他关键实体的信息），历来都存储在众多不同的系统和文件中，难以检索和分析。这些数据通常还存在冗余、不一致等问题，这会限制其可用性。管理者无法获取单个包含所有被并购公司客户数据的企业级视图，从而会影响产品和服务的营销，降低服务支持水平。

过去，当纳利公司为从企业整体的视角来管理信息，采用了极其烦琐的手工纸质流程，所集成的是冗余的、不一致的数据。随着组织规模的扩大，折中方案已不再适用。更为恰当的方案是通过主数据管理，对有关客户的核心数据进行识别、合并、清洗、标准化，再将其注册到主数据中心。除采用恰当的技术外，公司还必须对数据进行修改和重组，以使其保持一致、标准的格式，同时创建数据更新与使用的规则、权限和程式。

主数据管理系统帮助当纳利公司更方便地识别客户和销售机会，大大提高其盈利能力。此外，该系统中的客户数据比以往更加准确、完整、有效，能减少整合冗余的、不一致的数据所需的时间，进而提高企业的运营效率和决策水平。

下图指出了上述案例和本章的要点。

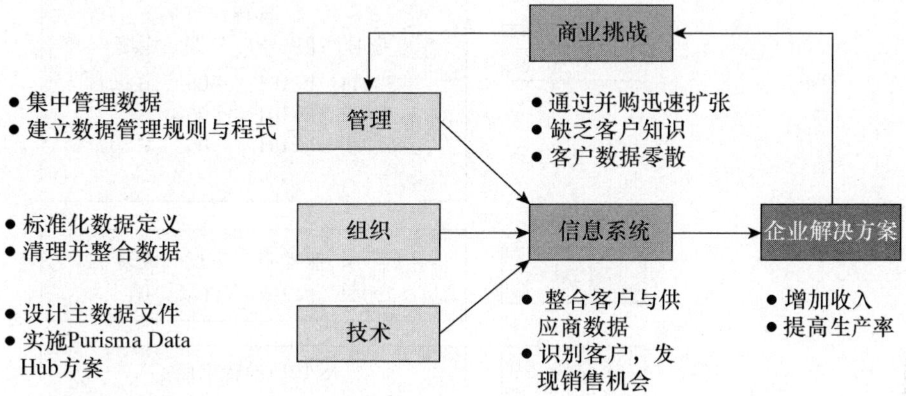

6.1 传统文件管理环境下的数据管理

高效的信息系统可以为使用者提供准确、及时且相关的信息。准确是指信息没有错误。及时是指当决策者需要信息时可以随时找到。当信息有用并且恰为工作或决策所必需时，就是相关信息。

你也许会惊奇地发现：许多公司并没有及时、准确和相关的信息，那是因为其信息系统中数据的组织和维护都很混乱。因此，数据的管理至关重要。为了理解这一问题，我们先来看看信息系统是如何对计算机文件的数据进行管理的，了解一下传统的文件管理方式。

6.1.1 文件管理的术语和概念

计算机系统对数据进行分层管理，依次从位、字节、字段、记录、文件到数据库（见图 6—1）。位代表计算机可处理的最小单位数据。一组位称为一个字节，代表单一字符，可以是字母、数字或其他符号。一组字节组成一个词、一个词组或一个完整的数值（例如人的名字或年龄），称为一个**字段**（field）。一组相关联的字段，例如学生姓名、选修课程、日期以及成绩，组成一个**记录**（record）。一组相同类型的记录则称为**文件**（file）。

例如，图 6—1 中的学生记录就形成选课文件。一组相关文件则形成一个**数据库**（database）。图 6—1 说明了学生选课文件可以和学生的个人信息及经济状况组合，建立起学生数据库。

一个记录描述一个实体。**实体**（entity）是指需要保存或维护其信息的人、地

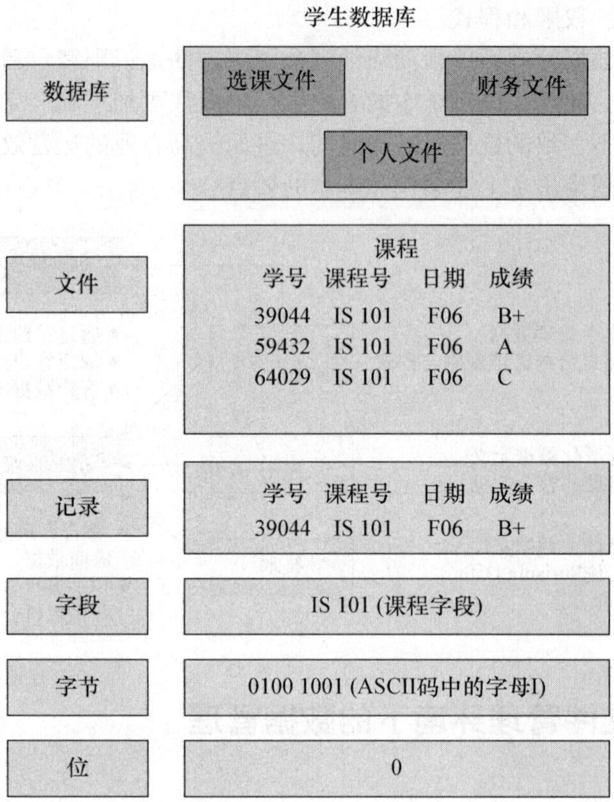

图 6—1　数据的层级结构

说明：计算机系统以层级方式管理数据，从位开始，位要么是 0，要么是 1。一组位称为一个字节，代表单一字符，可以是字母、数字或其他符号。一组字节可组成一个字段，相关联的字段可组成一个记录。相关记录组合起来可形成文件，相关文件可整理成数据库。

点、事物或事件。所描述的某一特殊实体的特征或性质称为**属性**（attribute）。例如，学号、课程号、日期、成绩都是课程这一实体的属性。这些属性的特定的值可从描述课程的记录的各个字段中找到。

6.1.2　传统文件管理的问题

在大多数组织成立之初，各系统都是独立开发的，没有整体规划。会计、财务、生产、人力资源以及销售和营销等部门，都开发出各自的系统，拥有各自的数据文件。图 6—2 显示了信息处理的传统方法。

每个应用程序都需要与之匹配的文件，并由相应的计算机操作。例如，人力资源部门可能存储着个人数据主文件、薪资文件、医疗保险文件、退休金文件、邮寄清单文件等数十个甚至上百个文件与程序。从整个企业来看，这样会导致建立和维护多个主文件，并且由不同的部门或部门分支机构操作。当这种过程持续 5～10 年后，公司会被数以百计难以维护和管理的程序与应用系统所牵制。后果就是数据重复和不一致，程序与数据的依赖性强，缺乏弹性，数据安全性差，而且应用系统之间无法共享数据。

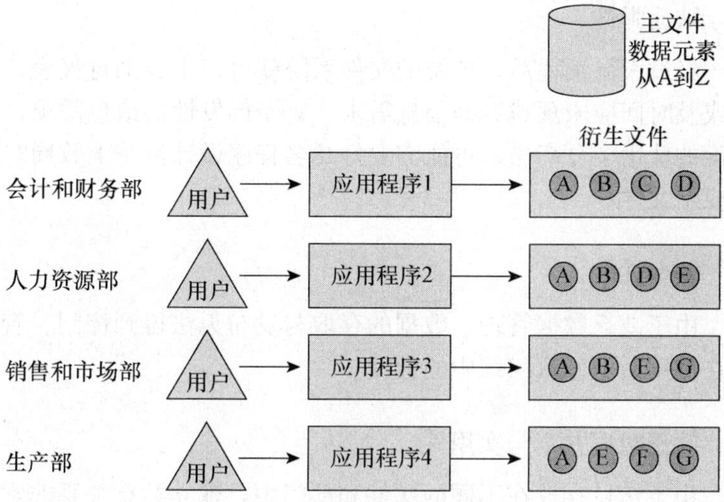

图 6—2　传统的文件处理

说明：传统的文件处理方法鼓励公司的每个业务部门开发各自的应用程序。每个应用程序都要有独立的数据文件，而这些文件实际上都是主文件的子集，导致数据冗余、不一致、处理不灵活，而且浪费了大量存储空间。

数据冗余与混乱

数据冗余（data redundancy）是指多个数据文件中存在相同的数据。当公司的不同部门、业务单元与团队独立收集相同的数据时，数据冗余就会发生。数据冗余会浪费存储空间，导致**数据混乱**（data inconsistency），即同样的属性有不同的值。以图 6—1 中的实体“选课”为例，一些系统中的“日期”可能已经更新，另一些则可能没有更新。同一属性，如“学号”，在整个组织的不同系统中会有不同的名称与之对应。例如，一些系统也许会用“学生号码”，另一些则可能会用“号码”。

用不同的编码系统表示属性值，也可能引起混乱。例如服装经销商的销售、存货和生产系统可能会使用不同的编码表示衣服尺寸。一个系统可能用“extra large”表示加大号，另一个系统也许会用“XL”表示同一概念。这种混乱会导致企业难以建立整合了不同来源的数据的客户关系管理系统、供应链管理系统或企业系统。

程序—数据依赖

程序—数据依赖（program-data dependence）是指当文件和程序需要更新与维护时，存储在其中的数据也需要更新与维护，反之亦然。每个传统计算机程序中必须描述所运作数据的位置与特性。在传统文件管理环境中，任何软件程序的改变都要求该程序所访问的数据也做出改变。以一个程序中五位数的邮政编码改成九位数为例，如果原始数据文件中的邮政编码也由五位数改成九位数，那么其他需要五位数邮政编码的程序就会无法正常运行。完成类似的改变，可能需要花费数百万美元才能让整套程序重新正常运转。

缺乏弹性

经过大量编程后，传统的文件系统就可以生成例行报表，但是无法生成即席报表或及时回应未预料到的信息需求。对于偶发性的信息需求，系统虽有数据，但是检索的费用十分高昂，可能需要好几名程序设计员花上数周时间才能将所需数据汇总成新文件。

安全性差

由于缺乏数据管理，数据的存取与发布无法得到控制。管理层几乎无从得知谁正在使用甚至修改组织中的数据。

缺乏数据共享与实用性

由于信息存放在不同的文件和部门中，建立共享关系非常困难，要做到信息共享或及时获取信息几乎是不可能的。信息也无法在不同领域或不同部门中自由流动。如果用户在两个不同的系统中发现同一信息有不同的值，也许就不会再使用这些系统了，因为他们不再相信这些数据的准确性。

6.2 运用数据库进行数据管理

数据库技术可以避免许多传统的文件管理方式所产生的问题。有关数据库的严格定义是：**数据库**（database）是指通过集中和控制冗余数据，有效地为多个应用程序服务的数据集合。运用数据库管理，各应用系统的数据不再存放在单个文件中，在用户看来，所有的数据只有一个存储点。一个数据库可以为多个应用系统服务，例如，公司不再把员工数据存储于围绕人员、薪资和福利建立的不同的信息系统和文件中，而是建立单一共享的人力资源数据库。

6.2.1 数据库管理系统

数据库管理系统（database management system，DBMS）是一种用来对数据进行集中组织和有效管理的软件，便于应用程序访问所存储的数据。DBMS 扮演着应用系统与实体数据文件接口的角色。当应用系统需要某个数据项（例如工资总额）时，DBMS 就会从数据库中调出此项并呈现给应用系统。使用传统数据文件的程序设计员必须详细说明程序中使用的每个数据的大小、格式，并指明计算机数据存放的位置。

DBMS 将数据的逻辑视图与物理视图区分开来。借助 DBMS，程序员或终端用户无须了解数据实际存放的方式与位置。逻辑视图代表终端用户或业务专家所能理解的数据组织形态，物理视图则表示数据在实体存储媒介中的组织与构建方式。

借助数据库管理软件，用户可以根据所需的不同逻辑视图来访问物理视图。例如图 6—3 所展示的人力资源数据库，福利专员可能需要包含员工姓名、社保号码和医疗保险覆盖面的视图。薪资部门工作人员也许需要如下数据：员工姓名、社保号码、总收入和净收入。所有的数据都存放在一个数据库中，公司更容易管理。

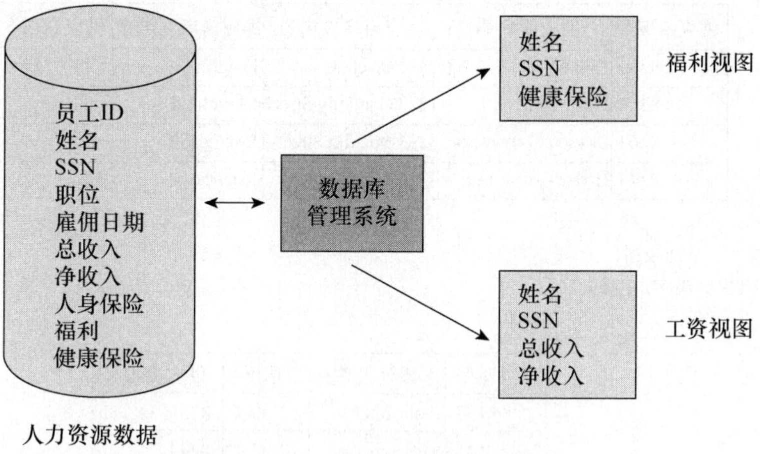

图 6—3　人力资源数据库的多种视图

说明：根据用户的信息请求，单一的人力资源数据库可从多个视图查看数据。这里显示了两种视图，一种是福利专员感兴趣的，另一种是薪资部门工作人员感兴趣的。

DBMS 如何解决传统文件管理的问题

DBMS 通过最大限度地减少存放重复数据的单独文件，减少了数据的冗余和不一致。虽然冗余还不能完全消除，但得到了控制。虽然这类数据仍存在，但由于 DBMS 能够确保它们具有相同的值，因此消除了数据的不一致。DBMS 把程序与数据分开，确保数据可以单独存在。访问信息的途径增加，信息的实用性增强，程序开发和维护费用降低，这些都归功于用户和程序员能够随时快速地查询数据库中的数据。通过 DBMS，组织可以安全地集中管理数据并使用数据。

关系型数据库管理系统

现代 DBMS 使用不同的数据库模型记录实体、属性与关系。**关系型数据库管理系统**（relational DBMS）是当今在个人计算机、大型计算机与大型主机上使用最广泛的 DBMS。关系型 DBMS 用二维表（称为关系）代表数据。也可以把二维表称为文件。每张表包含一个实体及其属性的数据。Microsoft Access、DB2、Oracle Database 和 Microsoft SQLSERVER 都是关系型 DBMS，前面一个适用于台式机系统，后面三个则适用于大中型计算机。MySQL 是一款非常受欢迎的开源 DBMS，Oracle Database Lite 则是一款适用于小型掌中计算设备的 DBMS。

我们来看看关系型数据库是如何组织有关供应商和零件的数据的（见图 6—4）。这个数据库有单独的表格表示实体“供应商”，还有一张单独的表格表示实体“零件”。每张表格都包含纵列和横行数据。每个实体中的单个数据都作为独立字段存储，每个字段都代表这个实体的属性。在关系型数据库中，字段也被称为列。对于实体“供应商”，供应商编号、名称、所在街道、城市、州以及邮编都作为独立字段存储在供应商表里，每个字段都代表了该实体的属性。

供应商

列（属性、字段）

供应商编号	供应商名称	供应商所在街道	供应商所在城市	供应商所在州	供应商邮编
8259	CBM Inc.	74 5th Avenue	Dayton	OH	45220
8261	B.R.Molds	1277 Gandolly Street	Cleveland	OH	49345
8263	Jackson Composites	8233 Micklin Street	Lexington	KY	56723
8444	Bryant Corporation	4315 Mill Drive	Rochester	NY	11344

行（记录，元组）

关键字段（主关键字/主键）

零件

零件编号	零件名称	单价	供应商编号
137	Door latch	22.00	8259
145	Side mirror	12.00	8444
150	Door molding	6.00	8263
152	Door lock	31.00	8259
155	Compressor	54.00	8261
178	Door handle	10.00	8259

主关键字/主键　　外部关键字/外键

图 6—4　关系型数据库中的表

说明：关系型数据库以二维表形式组织数据。本图中的实体为“供应商”和“零件”，展示了每个实体及其属性。供应商编号在供应商表中是主关键字，在零件表中是外部关键字。

单个供应商存在表格里的真实信息称为“行”。行指的就是记录，或者用专业术语称为**元组**（tuple）。实体“零件”的数据也有独立的表。

在供应商表中，字段“供应商编号”与每个记录一一对应，每个记录都可以被检索、更新、分类，这样的字段称为**关键字段**（key field）。每个关系型数据库的表中都有一个字段被指定为**主关键字/主键**（primary key）。主关键字是表中所有记录的唯一标识，主键不能重复。

供应商表中，“供应商编号”是主关键字；零件表中，“零件编号”是主关键字。请注意，“供应商编号”字段同时出现在供应商表和零件表中，在供应商表中，“供应商编号”是主关键字，而当它出现在零件表中时，被称为**外部关键字/外键**（foreign key），这是查找某种零件的供应商信息时所必需的字段。

关系型数据库管理系统的操作

关系型数据库中，只要两张表之间存在共同属性，用户就能方便地连接这两张表以获取所需的数据。假设要在数据库中查找编号为 137 或 150 的零件的供应商的名称，此时要用到供应商表和零件表的信息。注意，这两张表有共同属性：供应商编号。

如图 6—5 所示，关系型数据库中，产生有用数据集的常用基本操作有三种：

零件

零件编号	零件名称	单价	供应商编号
137	Door latch	22.00	8259
145	Side mirror	12.00	8444
150	Door molding	6.00	8263
152	Door lock	31.00	8259
155	Compressor	54.00	8261
178	Door handle	10.00	8259

选择零件编号=137或150

供应商

供应商编号	供应商名称	供应商所在街道	供应商所在城市	供应商所在州	供应商邮编
8259	CBM Inc.	74 5th Avenue	Dayton	OH	45220
8261	B.R.Molds	1277 Gandolly Street	Cleveland	OH	49345
8263	Jackson Components	8233 Micklin Street	Lexington	KY	56723
8444	Bryant Corporation	4315 Mill Drive	Rochester	NY	11344

根据供应商编号连接

零件编号	零件名称	供应商编号	供应商名称
137	Door latch	8259	CBM Inc.
150	Door molding	8263	Jackson Components

投影所选择的列

图6—5　关系型DBMS的三项基本操作

说明：选择、连接和投影三项操作可以从两张不同的表中合并所需的数据，且只显示所需的属性。

选择、连接、投影。“选择”操作用来生成由数据表中满足给定条件的记录（行）所组成的数据子集。换言之，“选择”操作建立满足一定条件的行集合。本例中，我们希望从零件表中选择零件编号为 137 或 150 的记录（行）。“连接”操作将两张表相连，提供比单张表更丰富的信息。本例中，我们希望将已简化的零件表（只包含零件编号为 137 或 150 的记录）与供应商表合并形成一张新表。“投影”操作生成表中列的子集，允许用户选择仅包含所需信息的列。本例中，我们希望从新表中提取以下各列：零件编号、零件名称、供应商编号和供应商名称。

面向对象的数据库管理系统

如今许多应用程序要求数据库不仅能够存储和查询结构化的数字和字符，而且能够支持图画、图片、照片、声音以及全动画视频类型的数据。多数 DBMS 被设计用来支持以二维表的形式组织的结构化数据，它们已无法适应基于图片和多媒体的应用程序的需求，于是面向对象的数据库应运而生。

面向对象的数据库管理系统（object-oriented DBMS）以数据和数据处理程序作为存储对象，它们可以被自动检索和共享。网页应用程序通常需要将很多的信息资源整合到一起，而面向对象的数据库管理系统能够管理网页应用程序所需的多媒体文件和 Java 程序，因此变得越来越流行。

与关系型数据库相比，面向对象的数据库能够存储结构更复杂的信息，但它的效率不及关系型系数据库，尤其是在处理大量事务时。混合的**对象—关系型数据库管理系统**（object-relational DBMS）则综合了这两者的优点。

云计算中的数据库服务

假如你们公司有云计算服务需求，那么有在云计算中管理数据的方法吗？答案是肯定的，毋庸置疑。云计算服务提供商提供数据库管理服务，但是它们提供的这些服务通常不如那些专门的数据库服务提供商。目前，云计算数据管理的主要客户群包括一些网络初创企业或者中小企业，它们正在寻找比标准的关系型数据库管理系统价格更低的数据库功能。

在亚马逊公司提供的 Web 服务中，既包括一种叫做 SimpleDB 的非关系型数据库，也包括关系型数据库服务，这种服务是基于一个在线的 MySQL 开放源码数据库来实现的。Amazon 关系型数据库服务（Amazon RDS）所提供的服务与 MySQL 的功能相当，其价格是基于用户的使用情况而定的。（收费标准从 11 美分/小时到 3.1 美元/小时不等，使用 1.7GB 服务器内存的小数据库的费用为 11 美分/小时，而使用 68GB 服务器内存的大数据库的费用为 3.1 美元。）此外，还有其他一些收费方式，例如：根据存储的数据量收费，根据输入输出的请求数目收费，根据写入数据库的数据的数量收费，根据从数据库中读取的数据的数量收费。

Amazon Web 服务还提供 Oracle 使用者在 Amazon EC2（弹性云计算）平台上运行 Oracle Database 11g、Oracle Enterprise Manager 和 Oracle Fusion Middleware 的选项许可。

微软的 SQL Azure 数据库提供的是一个在微软 SQL Server 数据库管理系统的基础上利用云计算的关系型数据库服务。它在云端提供了具有高度可用性和可伸缩性的数据库服务，该服务由微软公司管理。SQL Azure 数据库通过整合现有的软件工具以及提供对称的内部部署和云数据库降低成本。

TicketDirect 是一家在澳大利亚和新西兰售卖演唱会门票、体育赛事门票、剧院演出票和电影票的公司，它采用了 SQL Azure 数据库云端平台来提升自己在票务销售高峰期的系统负载能力。TicketDirect 公司已将它的数据迁移到 SQL Azure 数据库中。通过转向云解决方案，TicketDirect 公司在扩展其实时需求以响应资源投入的同时对成本进行了有效控制。

6.2.2　数据库管理系统的功能

DBMS 提供组织、管理及存取数据所需的功能和工具，其中最重要的功能有数据定义、数据字典和数据操纵语言。

数据定义（data definition）功能用于指定数据库内容的结构，包括创建数据库表，定义各表的属性字段。数据库的定义信息记录在**数据字典**（data dictionary）中。数据字典存储数据元素的定义及特性，可由电脑自动生成，也可手工创建。

Microsoft Access 提供最基本的数据字典功能，以表格的形式显示各字段的名称、描述、大小、类型、格式及其他属性信息（见图 6—6）。大型的企业级数据库系统中，数据字典还记录其他信息，如用途、责任人（组织中谁负责维护数据）、授权、安全性以及使用者（个人、业务、程序和报告）。

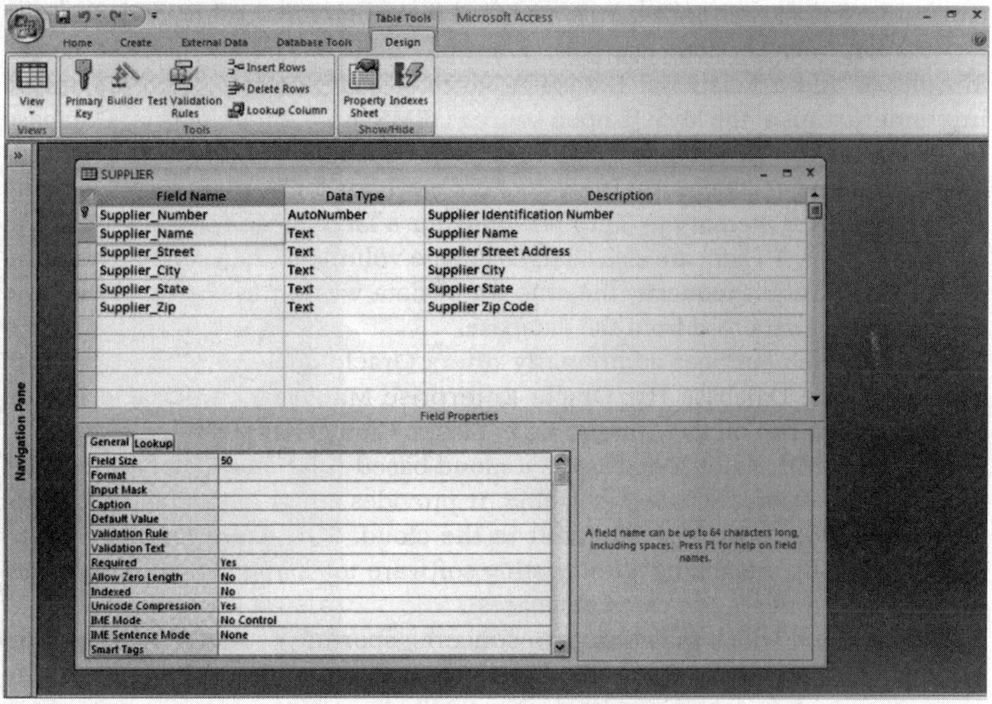

图 6—6　Microsoft Access 数据字典的特征

说明：Microsoft Access 内置的数据字典可显示表中各字段的大小、格式和其他特征信息。图中显示的是供应商表的字段信息。左侧的小钥匙图标表明该字段是关键字段。

查询和报告

DBMS 包含访问和控制数据库信息的工具。大多数 DBMS 都拥有专门的**数据操纵语言**（data manipulation language），用于完成对数据库的插入、修改、删除以及查询操作。数据操纵语言包含从数据库中提取数据的命令，供最终用户和程序员检索信息或开发程序使用。目前最常用的数据操纵语言是**结构化查询语言**（Structured Query Language，SQL），图 6—7 给出了能生成图 6—5 中所示结果的 SQL 查询语句。

```
SELECT PART. Part_Number，PART. Part_Name，SUPPLIER. Supplier_Number，
SUPPLIER. Supplier_Name
FROM PART，SUPPLIER
WHERE PART. Supplier_Number = SUPPLIER. Supplier_Number AND
Part_Number = 137 OR Part__Number = 150；
```

图 6—7　一个 SQL 查询的例子

说明：该 SQL 语句生成的结果是零件编号为 137 或 150 的零件的供应商，和图 6—5 中的结果一致。

诸如 DB2、Oracle Database 及 SQL Server 等在大中型计算机上使用的 DBMS 软件都采用 SQL 作为数据库查询语言。尽管 Microsoft Access 也使用 SQL，但它同时提供一套自己开发的工具集，方便用户检索数据库、编制报表。

Microsoft Access 为用户提供查询向导功能，用户只需指定所需的表、字段及结果，再选择满足特定条件的数据行即可。这些操作被逐一转换成 SQL 命令。图 6—8 说明了如何使用 Access 的查询工具完成与图 6—7 中 SQL 查询相同的任务，对零件和供应商进行选择。

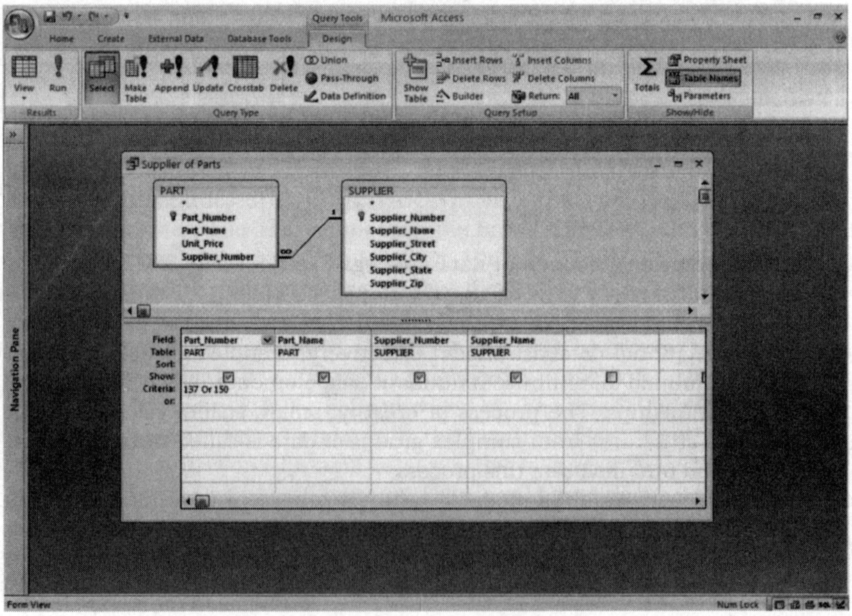

图 6—8　一个 Access 查询

说明：该图描述了图 6—7 是怎样用 Access 查询工具来进行查询的，显示了查询的表、字段和查询条件。

除了单纯的查询功能之外，DBMS 一般还具有生成报告的功能，可将用户感兴趣的数据以更结构化、更正规的格式呈现出来。水晶报表（Crystal Reports）是大型的企业级 DBMS 的主流报告生成器，它在 Access 中也可以使用。Access 还具有开发桌面系统应用的功能，包含可生成数据录入窗口、报告及开发事务处理逻辑的工具。这些功能主要为信息系统专家所使用。

6.2.3　数据库的设计

为了建立数据库，需要了解数据之间的关系、数据库中维护的数据种类、数据如何被使用以及如何从公司全局出发来管理数据。数据库需要两种设计：概念设计和物理设计。数据库的概念或逻辑设计是指从业务角度建立数据库抽象模型，物理设计则是指如何将数据库安装在直接存取数据的存储设备上。

规范化与实体关系图

数据库的概念设计描述数据库中的数据元素如何组合。设计过程将界定数据元素之间的关系，识别组合数据元素的最高效方式，以期达到商业信息要求。此过程还将界定重复的数据元素，以及具体应用软件程序的数据元素组合。数据组合将被整理、加工和简化，直到数据库中所有数据呈现出整体的逻辑关系。

为了更有效地建立关系型数据库模型，需要把复杂的数据组合进行简化，尽可能地减少冗余和多对多的数据关系。将复杂的数据组合简化成小型、稳定、灵活和适应性强的数据结构的过程称为**规范化**（normalization）（见图 6—9 和图 6—10）。

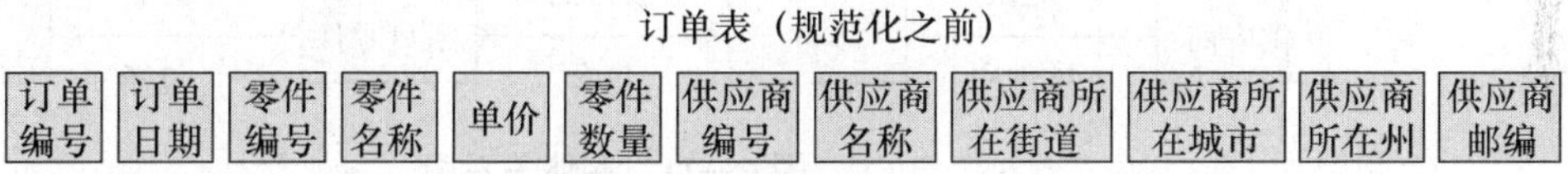

图 6—9　订单中的未规范关系

说明：未规范的关系/表里包含了重复的组。比如，每份订单可以有很多个零件和供应商。只有订单编号和订单日期之间是一对一的关系。

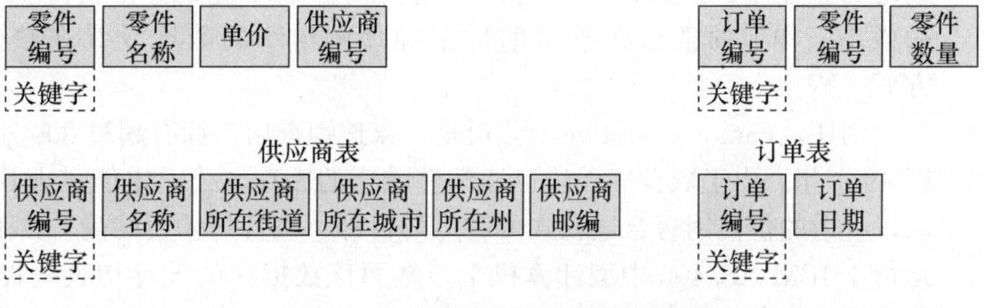

图 6—10　订单问题规范化后创建的表

说明：经过规范化，原来的订单关系/表被拆分为四张更小的关系/表。其中，订单关系/表只剩下两个字段，所订零件关系/表被称为交叉关系或关联表，其关键字是由订单编号和零件编号共同构成的。

这里所展示的业务中，一份订单中可包含一种以上的零件，但一种零件只能由一个供应商供应。如果我们建立一张订单表，包含例子中的所有字段，那么，即使这份订单上的所有零件都来自同一家供应商，我们也不得不在每份订单里都重复输入供应商的名称和地址。这种关系就包含了重复组，因为每份订单中的许多零件可能只有一个指定供应商。整理数据更为有效的方法是将订单表拆散为若干更小的表，每一张表都描述一个实体。如果我们逐步规范化订单表，就会得到图 6—10 说明的关系。

关系型数据库系统中还执行**参照完整性**（referential integrity）规则，以确保各关联表间的数据保持一致。当某张表中有外部关键字指向另一张表时，除非在被指向的表中已存在相应记录值，否则无法向表中外部关键字段插入该记录值。前文提到的数据库中，“供应商编号”作为外部关键字，将零件表连接到供应商表。除非在供应商表中事先存在供应商编号为 8266 的记录，否则无法向零件表中插入供应商编号为 8266 的新零件记录。同样，如果要删除供应商表中编号为 8266 的记录，也必须先将零件表中编号为 8266 的所有记录都删除。换言之，零件不可能由不存在的供应商提供。

在进行数据库设计时通常使用**实体—关系图**（entity-relationship diagram）来表示数据模型（见图 6—11）。该图显示了实体“订单”、“零件”、“所订零件”以及“供应商”之间的关系。矩形框代表实体，连接矩形框的直线代表实体之间的关系。直线末端标注的两条短线表示一对一的关系，直线末端以鸡爪符号标注的表示一对多关系。图 6—11 表示一份“订单”可以有多个“所订零件”（在一份订单中只要有订购的零件，“零件”就可以被多次订购和出现）。每一种零件只能有一个供应商，而一个供应商可以供应多种零件。

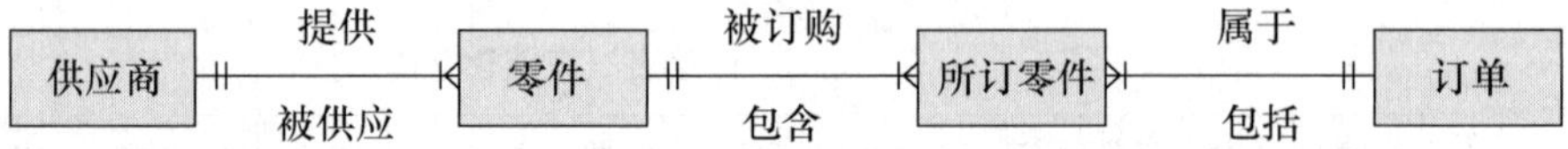

图 6—11　实体关系图

说明：该图显示了实体“订单”、“零件”、“所订零件”和“供应商”之间的关系，可用来作为图 6—10 的数据库模型。

需要再次强调的是：如果企业未能设计正确的数据模型，信息系统就不能有效地为企业服务。数据不准确、不完整或者难以检索，都会降低企业信息系统的效率。本节的重点在于帮助你正确理解组织的数据及其在数据库中的存储方式。

例如，Famous Footwear 公司是一家连锁鞋店，拥有超过 800 家分店，遍布美国 49 个州。由于数据库无法迅速调整鞋店的库存，公司未能实现其“在合适的商店以合适的价格销售合适款式的鞋”的目标。该公司采用的是 Oracle 关系数据库，运行于 IBM AS/400 中型计算机上。然而该数据库的设计初衷是提供标准管理报告，而非及时响应市场变化。因此，管理人员无法获取每家分店中特定产品的准确库存数据。为解决这一问题，该公司建立了新的数据库，使销售和库存数据能更好地得到整理，以便于分析和管理库存。

6.3 利用数据库提升企业绩效和决策能力

企业既利用数据库跟踪基本交易，如采购支付、订单处理、客户服务和薪酬发放等，也借助数据库提供必要信息，以提高运营效率，辅助管理人员和员工制定更优决策。如果企业想知道哪款产品最受欢迎、与哪个客户合作利润最大，在数据库里都可以找到答案。

例如，位于洛杉矶的餐饮连锁店 Louise's Trattoria，通过分析顾客信用卡的消费记录发现，这些顾客更注重质量而非价格，他们大都受过高等教育，偏爱高档酒。通过对此信息的分析，餐厅引入素菜，增加了精品海鲜，出售更加昂贵的酒水，使销售额提高了 10%以上。

大型企业中的大型数据库或系统分管不同的功能，比如生产、销售和财务，因此就需要专门工具和特殊工具来访问多个系统并分析海量数据。这些功能包括数据仓库、数据挖掘和通过万维网访问内部数据库。

6.3.1 数据仓库

假设你需要了解公司目前的经营状况、发展趋势以及各种变化的准确可靠的信息。如果你在一家大公司工作，要获得这些信息就非常困难了，因为数据通常存储在分散的数据库（比如销售、生产或财务数据库）中。你需要的信息可能一部分在销售数据库中，另一部分在生产数据库中。这些系统大多年代久远，数据管理技术已过时或使用的仍是老式文件系统，导致用户难以访问这些数据。

你可能不得不浪费大量时间寻找和收集需要的信息，而且被迫利用这些不完整的信息做出决策。如果你需要研究企业发展趋势，那么你可能找不到过去的信息，因为大部分公司只有当前的数据可以立即访问。数据仓库就是为解决这些问题应运而生的。

什么是数据仓库

数据仓库（data warehouse）是存储公司管理层认为有潜在利用价值的当前和历史数据的数据库。这些数据来自多个核心运营系统，例如销售、客户、生产等系统，也包含网上交易的数据。通过将不同交易数据库中的信息加以整理和规范化，数据仓库可为整个公司的管理分析和决策制定提供支持。

图 6—12 说明了数据仓库的工作原理。借助数据仓库，任何人都可以访问相关数据，但不能更改数据。数据仓库系统也提供一系列特制的标准化搜索和分析工具以及图形报告工具。许多企业利用内联网让数据仓库中的信息在全企业得到广泛使用。

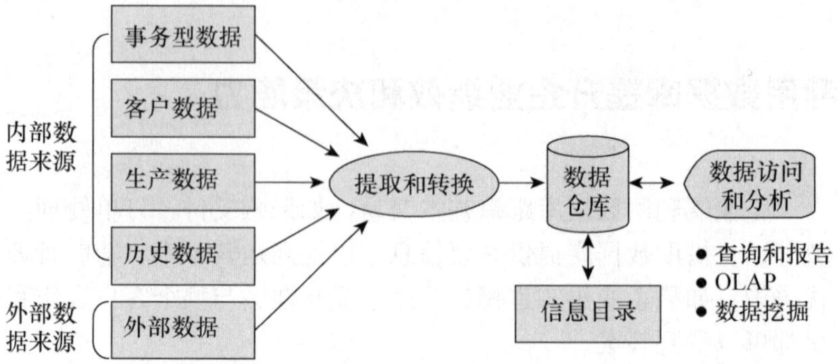

图 6—12 数据仓库的组成

说明：数据仓库从组织的多个事务处理系统中提取当前和历史数据，这些数据与来自外部资源的数据组合，被重新整理为中心数据库，用于管理分析和报告。信息目录向用户提供数据仓库中可用数据的相关信息。

Catalina Marketing 是一家为主要的快速消费品公司和零售商经营一个巨大数据仓库的全球性营销公司，它的数据仓库包括 1.95 亿美国客户忠诚计划会员在超市、药店和其他零售商处三年的采购数据。它是世界上最大的有关客户忠诚计划的数据库。Catalina 的零售商客户通过分析数据库中客户的历史购买记录来确定每个客户的购买偏好。当一名客户在任意一家 Catalina 零售商处结账时，这笔交易连同数据仓库中客户的历史购买数据会立即被分析，以确定客户结账时除收据外还会获得哪些优惠券。

美国国内税务署（IRS）管理着一个交互式数据仓库，它将之前存储在众多不同遗留系统中的分散的纳税人数据集中起来，包括纳税人的个人信息和已存档的纳税申报表。这些系统在处理纳税申报表方面的设计很有效，但系统数据的查询和分析极为不便。交互式数据仓库将纳税人数据从众多分散的资源集成到一个关系结构中，这将使查询和分析更加容易。通过纳税人的一个完整和可理解的视图，数据仓库可以帮助 IRS 的分析师和员工识别出哪些人更有可能在纳税上做手脚并且可以更快地回应纳税人的查询。

数据集市

公司除了可以建立整体数据仓库为整个机构服务外，还可以建立另一种规模较小的分布式数据仓库，称为数据集市。**数据集市**（data mart）是数据仓库的子集，可作为单独的数据库存储已汇总的或特定的数据，供特殊用户使用。例如，企业可以开发营销与销售数据集市，用来处理客户信息。在实现企业级数据仓库之前，巴诺书店（Barnes & Noble）维护着一系列数据集市——一部分用于零售商店销售，一部分用于大学书店销售，还有一部分用于在线销售。由于数据集市只专注于某一个领域或某一种业务，因此与面向整个企业的数据仓库相比，建设周期更短，成本更低。

6.3.2 商务智能工具：多维数据分析和数据挖掘

数据一旦经过处理存储到数据仓库和数据集市，就可用商务智能的工具进行深入分析。关于商务智能，我们在第 2 章已作简要介绍。用户可以借助这些工具进行数据分析，洞悉数据之间的潜在模型和关系，指导决策制定。

商务智能的主要工具包括：数据库查询和报告软件、多维数据分析工具（联机分析处理）和数据挖掘工具。本节只简要介绍这些工具，更多有关商务智能分析和应用的细节会在第 12 章中介绍。

联机分析处理

假设你所在公司向东部、西部和中部三个地区销售四种产品，分别是螺帽、螺栓、垫圈和螺丝钉。如果你需要了解上个季度垫圈的销售情况，通过搜索销售数据库，就能很容易地找到答案。但如果你需要知道每个地区垫圈的销售情况，并且需要对实际销量和目标销量进行比较，该怎么办？

要解决上述问题，需要用到**联机分析处理**（online analytical processing, OLAP）。OLAP 支持多维数据分析，用户可从不同角度透视同一数据。本例中，信息的每个方面——产品、价格、成本、地区和时间——代表不同的维度。因此，产品经理可使用多维数据分析工具来了解 6 月东部地区垫圈的销量，并与上月甚至去年同期进行比较，也可与预期销量对比。即使销售数据存储在超大型数据库中已有好几年，通过 OLAP 也能在极短的时间内联机获取某些特定问题的答案。

图 6—13 展示了一个多维数据模型，表示产品、地区、实际销量和目标销量等。实际销量矩阵可以放在目标销量矩阵之上，形成一个六面立方体。如果你将立方体朝一个方向旋转 90°的话，就会呈现不同产品的实际销量与目标销量那一面。如果你沿着同一个方向再旋转 90°的话，呈现的就是不同地区的实际销量与目标销量那一面。如果你刚开始就直接旋转了 180°，就会看到目标销量、产品和地区在一面上。立方体和立方体叠加，看数据的角度就会更加复杂，从而形成更复杂的视图。对一家企业而言，既可以采用特定的多维数据库，也可以使用关系型数据库创建多维视图的工具。

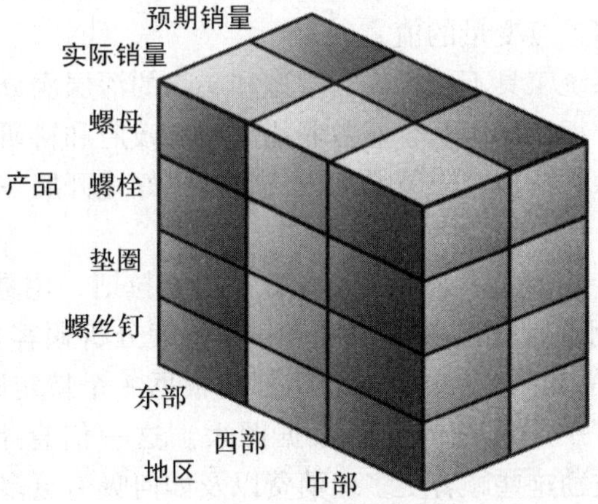

图 6—13　多维数据模型

说明：视图显示的是产品和地区的二维图。如果你将立方体旋转 90°，正面将呈现不同产品的实际销量与预期销量。如果再旋转 90°，将会看到不同地区的实际销量与预期销量。其他视图界面均可由相同的方法得到。

数据挖掘

传统数据库查询可回答如下问题："2010 年 2 月发出的编号为 403 的产品数量是多少？" OLAP 或者多维分析则支持更复杂的信息请求，例如："按季节和销售区域比较过去两年编号为 403 的产品的实际销量与预期销量。" 在应用 OLAP 和以查询为导向的数据分析之前，用户必须对所要查找的信息有充分的认识。

数据挖掘（data mining）是由探索驱动的。数据挖掘通过挖掘大型数据库中隐藏的模型和关系以及总结数据规律来预测未来的行为，使企业获得对数据更深层次的认识。OLAP 做不到这一点。这些模型和规则可用于指导决策制定，预测决策的影响。通过数据挖掘获得信息的方法有：关联规则、序列、分类、聚类和预测等。

- 关联规则指单个事件相互关联、同时发生的可能性。例如，一项关于超市购买模式的研究表明，在购买玉米片时，同时购买可乐的概率是 65%；而当有促销活动时，同时购买可乐的概率是 85%。这些信息能帮助管理人员制定更优的决策，因为他们知道可通过促销获利。
- 序列中，事件按时间先后联系在一起。例如，我们可能发现，如果购买了一套房子，两周内将有 65%的可能性会购买一台电冰箱，一个月之内有 45%的可能性会购买一台烤箱。
- 分类指通过考查已分类的现有数据项，并应用一定的规则来判别某一项应归入哪一类。例如，信用卡或电话公司常会担心失去固定客户，于是通过分类发现即将流失的顾客的共同特征，管理层据此预测哪些用户有此类迹象，找出对策挽留这些客户。
- 聚类的工作原理与分类相似，但它没有事先定义的类别。数据挖掘的聚类工具能够发现数据内部的不同分组，比如发现银行卡的相似用户组或者基于人口统计学和个人投资类型将数据库中的客户分成不同的组。
- 虽然这些应用都用到预测的手段，但预测与其相差甚远。预测使用一系列已知的值来预测未知变量。例如，通过预测发现数据内部的模式，帮助管理人员估计诸如销量等连续变量的值。

这些系统工具不仅提供对模型和趋势的深层次分析，而且可以深入挖掘细节数据。数据挖掘广泛用于企业各职能部门、政府和科研机构。数据挖掘的常见应用之一是提供深入分析客户数据的模式，以更好地开展一对一营销或者识别出有价值的客户。

例如，美国娱乐业第二大博彩公司哈拉斯，用数据挖掘来识别其最赚钱的顾客，同时用这种方法增加了收入。它持续分析顾客玩老虎机或在其旗下赌场、宾馆消费的信息记录。公司的营销部门根据一个特定顾客在本公司不间断的消费信息，建立了一个详细的博彩数据图表。这一信息指导公司如何开发最大方的顾客，如何鼓励这些顾客更多地消费以及如何吸引更多具有消费潜力的顾客。商务智能极大地提高了公司的利润，成为公司决策中最重要的一环。

预测分析（predictive analysis）使用数据挖掘技术、历史数据和对未来情况的假设来预测事件的结果，诸如客户对价格的反应或购买某一产品的可能性。例如，美体小铺国际集团（Body Shop）的美国分公司通过对数据库中的目录、网上和零售点客户的数据进行预测分析，识别出哪些客户最有可能根据收到的邮寄目录购买产品。该信息帮助公司更准确地定位邮寄目录的目标客户群体，提高了邮寄目录的反馈率，增加了目录销售收益。

文本挖掘和网络挖掘

商务智能工具主要用于处理系统或文件中的结构化数据。然而，80%的对组织有用的信息是非结构化的，这些数据通常存储在文本文件中。对企业而言，电子邮件、备忘录、呼叫中心记录、调查回访、法律案件、专利说明书和服务报告等是非常有价值的，利用它们可发现一些特殊的模式和趋势，从而提高员工的决策水平。如今企业可利用**文本挖掘**（text mining）工具来分析这类数据。文本挖掘工具从大型的非结构化数据集中提取关键信息，发现隐藏的模式和关系，然后对这些信息进行归纳总结。企业可以使用文本挖掘工具对其客户服务中心的呼叫记录进行分析，来识别主要的维修服务问题。

文本挖掘是相对较新的技术，但真正的新东西是消费者和企业使用非结构化的数据的方式。下面的“互动讨论：技术”专栏讨论了有关文本挖掘的企业应用。

互动讨论：技术

企业可从文本挖掘中学到什么

文本挖掘旨在从大量非结构化数据中发现模式和关系，电子邮件、电话交谈、博客、在线客户调查和微博中所产生的数据都属于非结构化数据。移动数字平台放大了数字信息的爆炸式增长，数亿人在打电话、发短信、搜索、使用 App、购买商品或者饶有兴致地写电子邮件。

今天的消费者不仅仅是消费者：他们有更多的方式进行合作、共享信息并影响他们的朋友和同龄人的意见，他们在这样做时所创建的数据对企业有很大的价值。不同于结构化数据，例如完成一项交易所产生的数据，非结构化数据没有明显的格式。然而，经理人相信这样的数据可以提供客户行为和态度方面的独特见解，而这些见解在数年前是难以确定的。

例如，2007 年 2 月，捷蓝航空公司（JetBlue Airways）遇到了前所未有的客户不满事件，因为一场暴风雪导致许多航班被取消，飞机滞留在肯尼迪机场的跑道上。当天捷蓝航空公司收到 15 000 封来自客户的邮件，远远高于平常每日 400 封的邮件接收量，以至于公司没有简单的方法来读取所有邮件。

幸运的是，捷蓝航空公司刚刚与 Attensity 公司签订了合同。Attensity 公司是文本分析软件的主要供应商，借助该分析软件，捷蓝公司可以分析所有在两天内收到的电子邮件。捷蓝航空公司研究分析师布赖恩·杰普森（Bryan Jeppsen）称，利用该软件提供的“顾客反馈的感觉清晰度分析”（VoC）功能，公司能快速提取客户情绪、偏好和请求等信息，这是采用其他方法几乎不可能做到的。该工具采用了一种专有技术，可以自动识别那些从调查反馈、服务记录、电子邮件、网络论坛、博客、新的文章和其他客户沟通非结构化文本中得到的事实、意见、要求、趋势和问题。该技术能够准确、自动地识别许多客户表达他们反馈的不同“声音”（如消极的声音、积极的声音或有条件的声音），这可以帮助企业确定关键的事件和人际关系，如有意购买、试图离开或客户“希望”的事件。它可以揭示特定产品和服务的问题，以反映市场营销和公共关系方面的努力，甚至是购买信号。

Attensity公司的软件与捷蓝航空公司的其他客户分析工具（如Satmetrix的净推荐指标）集成在一起，将客户按对公司产生积极反馈、消极反馈或没有任何反馈分为不同的组。捷蓝航空公司在使用Attensity公司的文本分析工具的过程中，还开发出了一个解决客户与公司主要问题的客户权利清单。

目前，诸如Gaylord和Choice等连锁酒店也都在使用文本挖掘软件，从数以千计的客户满意度调查中收集见解或意见。Gaylord酒店正在使用Clarabridge公司的文本分析解决方案，将互联网作为一种托管软件服务器来收集和分析顾客的反馈，而这些反馈来自调查、电子邮件、聊天记录、呼叫中心，以及在公司的会议地点与客人和会议策划者举行的在线论坛。Clarabridge公司的软件通过连锁酒店的客户调查收集正面和负面评论，并把它们分类以发现那些不太明显的问题。例如，与投诉客房噪音大相比，客人抱怨其他很多事情更频繁，调查结果却揭示，客房噪音大与客人不愿再次光顾酒店最相关。

过去，分析顾客调查的结果常常需要花费数周的时间，但是有了Clarabridge软件后，只需要几天就可以完成。当地管理者和企业高管现在也开始利用从文本挖掘中获得的发现，来做出改进酒店管理的决策。

温迪国际公司（Wendy International）采用Clarabridge软件来分析它每年收集的近50万条消息，这些消息来自基于网络的反馈论坛、呼叫中心记录、电子邮件、调查和社交媒体等。连锁店负责顾客满意度的团队曾使用电子表格和关键词搜索来查看客户评论，这是一种速度非常缓慢的人工方法。温迪的管理层正在寻找一种更好的工具，以加速分析、检测新出现的问题，并找出商店、地区或企业层次的问题。

借助Clarabridge技术，温迪公司可以及时追踪商店层次的用户体验。这一及时的信息可以帮助商店、地区和企业层次的管理者发现和解决与餐饮质量、清洁和服务速度相关的问题。

文本分析软件最初应用于能正确使用复杂软件的政府机构和大型企业的信息系统部门，但Clarabridge的产品现在提供了一个面向小型企业的版本。这项技术已经被搜索工具接口和“倾听平台”所使用，就像尼尔森在线（Nielsen Online）一样。倾听平台是一种文本挖掘工具，它专注于品牌管理，使公司可以确定消费者如何看待公司的品牌，并采取措施应对负面情绪反应。

即使有了文本分析，结构化数据分析也不会过时，相反，那些能够综合使用这两种方法来揭示更清晰的顾客态度的公司，将能更轻松地建立和发展自己的品牌并且收集到顾客的见解，而这将会增强公司的盈利能力。

资料来源：Doug Henschen, “Wendy's Taps Text Analytics to Mine Customer Feedback,” *Information Week*, March 23, 2010; David Stodder, “How Text Analytics Drive Customer Insight” *Information Week*, February 1, 2010; Nancy David Kho, “Customer Experience and Sentiment Analysis,” *KMWorld*, February 1, 2010; Siobhan Gorman, “Details of Einstein Cyber-Shield Disclosed by White House,” *The Wall Street Journal*, March 2, 2010; www.attensity.com, accessed June 16, 2010; and www.clarabridge.com, accessed June 17, 2010.

[思考题]

1. 目前非结构化数据的增加对于企业而言有什么挑战？

2. 文本挖掘技术是如何改善决策的？

3. 什么类型的公司最有可能从文本挖

掘软件中获益？

4. 在何种方式下文本挖掘可能会使个人隐私受到侵犯？

[MIS 实践]

访问一个网站，例如 QVC. com 或 TripAdvisor. com，浏览那些带有顾客评论的产品或服务的详细介绍。选择一个至少有 15 名顾客评论的产品、酒店或其他服务，阅读那些正面和负面的评论。网络内容挖掘技术是如何帮助这些公司更好地提供这些产品或服务的？公司应该强调哪些信息？

如今，网络已成为重要信息的另一丰富来源，对来自网络的数据进行挖掘可发现其中的模式和趋势，深入洞察客户的行为。**网络挖掘**（Web mining）指的是对从万维网中收集的数据进行分析，发现有用的模式或信息。网络挖掘可帮助企业理解客户行为，评价某个特定网络站点的效率，或者量化某些营销活动的效果。例如，营销人员可利用 Google Trends 和 Google Insights for Search 等分析工具来发现人们感兴趣的事物及乐意购买的产品，因为这两个工具会跟踪记录在 Google Insights for Search 中经常使用的词语。

网络挖掘通过内容挖掘、结构挖掘和使用记录挖掘三种方式来发现数据中隐含的模式信息。网络内容挖掘是一个从网页内容中提取知识的过程，这些内容可能包括文字、图片、音频及视频数据。网络结构挖掘是对与某个特定网络站点相关的结构数据的分析。例如：指向某个文件的链接数目表明了该文件的受欢迎度，而由某个文件指出的链接数目说明了该文件中所含主题的丰富性和多样性。网络使用记录挖掘分析用户的交互数据，这些数据在用户请求网站资源时被记录在网络服务器中。比如，用户浏览网站或进行业务操作时的行为会被记录在服务器的网络日志中。分析这些数据能帮助企业评价特定客户的价值及产品交叉销售策略和促销活动的有效性。

6.3.3　数据库与万维网

你有通过网络下订单或者浏览产品目录的经历吗？如果有，那么你可能通过网址连接了一个公司内部的数据库。如今许多公司都利用万维网将内部数据库的部分信息向顾客与合作伙伴开放。

例如，假设客户有网络浏览器，希望通过零售商的网上数据库搜索到价格信息。图 6—14 显示了顾客通过万维网会以哪种途径访问零售商的内部数据库。用户在客户机上使用网络浏览器，通过万维网访问零售商的网址。用户的网络浏览器软件可以通过 HTML 指令与万维网服务器联通，向数据库查询数据。

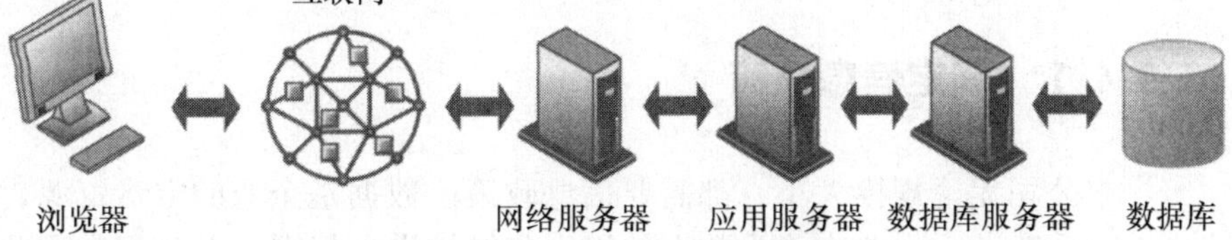

图 6—14　连接内部数据库至网络

说明：用户使用台式机上的网络浏览器软件访问组织的内部数据库。

由于许多后端数据库并不接受由 HTML 编写的指令，万维网服务器将数据查询传送给特定的软件，由该软件将 HTML 指令翻译成 SQL，这样就可以由数据库的管理系统处理。在客户机/服务器环境中，DBMS 通常会放在一台特定的计算机中，称为**数据库服务器**（database server）。DBMS 接收 SQL 查询指令并提供所需的数据。中间件可以将内部数据库的信息传回万维网服务器，并以网页形式传给用户。

图 6—14 描述了万维网服务器与 DBMS 之间的中间件，它是运行在指定计算机上的应用服务器（见第 5 章）。应用服务器是一种软件程序，介于浏览器端的计算机与公司后端商业应用程序或数据库之间，可以处理所有的应用操作，包括交易处理和数据存取。应用服务器读取来自万维网服务器的要求，根据这些要求通过商业逻辑来处理交易，并提供与组织后端系统或数据库的链接。也有另外一种可能：处理这些操作的软件可能是定制软件或者通用网关接口脚本。通用网关接口脚本（Common Gateway Interface，CGI）是利用通用网络接口专门处理万维网服务器数据的程序。

使用万维网访问组织的内部数据库有许多优点。首先，相对于专门的搜索工具，网络浏览器软件使用起来更方便。其次，万维网接口不需要对内部数据库做更改。相对于重新设计和建立一套方便用户访问的系统，在旧系统中增加万维网接口的成本更低。

通过网络访问公司数据库能够提高效率，创造新的商机，甚至在某些情况下改变企业的商业模式。ThomasNet. com 提供了多达 60 万个工业品供应商的产品目录信息，涉及化学制品、金属、塑料、橡胶和汽车设备等。公司以前名叫 Thomas Register，当时主要通过邮寄方式提供产品目录信息。现在，公司通过自己的网站在线向用户提供这些信息。

还有些公司创造了全新的基于网络在线访问数据库的商业模式。社交网站 MySpace 就是其中之一，它帮助用户彼此保持联系或结识新朋友。MySpace 以音乐、视频、幽默故事和个人简介为特色，个人简介是指 1.22 亿用户提供的自己的年龄、所在地、交友条件、婚姻状况及兴趣爱好等信息。该系统使用庞大的数据库，存储和管理上述信息。Facebook 也有一个类似的数据库。

6.4 管理数据资源

建立数据库仅仅是个开始。为确保企业中数据准确、可靠并随时可用，企业还需要制定特殊的政策和程序对数据资源进行管理。

6.4.1 制定信息政策

公司无论规模大小，都需要信息政策。数据是企业的宝贵资源，因此不能让他人随意改动。企业应该为数据的组织和维护设立规则，并且规定哪些人有权查看或修改数据。

信息政策（information policy）具体规定了企业中信息共享、传播、获取、标准化、分类以及存储的规则。信息政策规定具体的流程和责任，明确企业中哪些部门和人员有权共享信息，界定信息传送的对象，以及确定由谁负责更新和维护信息。例如，典型的信息政策会规定：只有人力资源部门的特定人员才有权查看和修改员工的敏感信息，这些信息包括员工工资、社保号码等，相关部门还要对数据的准确性负责。

如果是一个小公司，信息政策通常由企业主和管理者建立并实施。而在大公司中，就需要正式的数据管理职能部门来负责管理和规划公司的信息资源。**数据管理**（data administration）部门负责制定和实施信息政策和流程，有效管理数据，以使之成为企业的资源。其职能具体包括：开发信息政策，规划数据，监督数据库的逻辑设计和数据字典的开发，以及监控信息系统专家和用户对数据的使用。

数据管控（data governance）这一术语用来描述上述活动。数据管控由IBM提出，指处理在管理数据的可靠性、整体性和安全性的过程中涉及的政策和程序，主要是为了增强隐私性和安全性，提高数据质量，以及符合政府法规。

大公司的信息系统部门一般会有一个负责数据库设计和管理的团队，其主要职能是：定义数据库结构，组织数据库内容，并维护数据库。通过与用户密切配合，设计小组建立物理数据库，设计元素之间的逻辑关系、访问规则和安全程序。这一功能被称为**数据库管理**（database administration）。

6.4.2　确保数据质量

设计良好的数据库和信息政策对于满足企业的信息需求有很大帮助。但是，为确保企业数据库中数据的准确性和可靠性，还必须采取额外的措施。

如果顾客的电话号码或账户余额不准确怎么办？如果数据库中销售的产品的价格错误或者销售系统和库存系统中同一产品的价格不一致，会有什么影响？不准确、时间不正确或与其他信息来源不一致的数据会导致错误的决定、产品召回和经济损失。刑事司法和国家安全数据库中不准确的数据甚至有可能让你遭受不必要的监视或拘留。

Forrester研究表明，由于姓名和地址错误，美国20%的邮寄品和商业包裹被退回。Gartner公司报告称，《财富》1 000强企业的数据库中，有超过25%的关键信息不准确、不完整，包括错误的产品编码、产品描述、库存描述、财务数据、供应商信息和员工数据。

设想一下你一天之内收到几份从同一地址寄来的广告邮件。这很可能是由于一个数据库中存了数次你的名字，或者拼错了你的名字，或者你有时用中间名字的首字母，有时又不用，也有可能是信息录入时是写在纸上的，但后来没有正确扫描到系统中。由于这些不一致，数据库就会认为你是不同的人。

如果数据库的设计合理，而且建立完整的企业范围的数据标准，重复或不一致的数据信息可以降到最低。但大多数数据质量问题，如名字拼写错误、数字错位、编码错误或遗漏，都是在数据输入时造成的。特别是如今越来越多的公司将业务转移到互联网上，允许客户和供应商直接在网站上输入数据，类似的问题有日益严重的趋势。

建立新的数据库之前，组织需要找出并纠正错误的数据。一旦数据库开始运行，就应该建立更严格的数据录入规则。对数据质量的分析通常从**数据质量审核**（data quality audit）开始。数据质量审核是对信息系统中数据的准确性和完整性的审核，可以审核整个数据文件，也可以抽样审核，还可以调查终端用户对数据质量的感知情况。

数据清洗（data cleaning/data scrubbing）是指发现和纠正数据库中不正确、不完整、格式不对或冗余的数据的过程。数据清洗不但可以纠正错误数据，还可以增强来自不同信息系统的数据的一致性。可以使用专门的数据清洗软件自动检查数据文件，更改数据中的错误，并将所有的数据整合为公司统一的格式。

数据质量问题不仅仅是商业问题，还会对个人造成严重的影响，比如影响个人的财务状况，甚至让人丢了工作。下面的"互动讨论：组织"专栏详细讨论了收集和报告信用卡数据的公司中存在的数据质量问题。阅读本案例时，请识别与问题相关的管理、组织、技术因素，并判断现有的方案是否恰当合理。

互动讨论：组织

信用局数据错误困扰消费者

你决定购买看中的汽车。你拥有一份不错的工作，因而有足够的现金支付首付，但需要申请一笔 14 000 美元的汽车贷款。你平时有少量的信用卡账单，但每个月都尽量还清。然而你的贷款申请被拒绝了，经询问后得知，你在一个从未听说过的银行有一笔逾期贷款。你成为数百万名因信用局信息系统中数据错误或过时而被冤枉的公民之一。

美国消费者的绝大部分历史信息数据是由三家国家信息报告机构收集和维护的，它们分别是 Experian、Equifax 和 TransUnion。这些机构从大量的数据源收集个人信息，创建一份记录贷款和账单支付习惯的详细档案。这些信息能帮助出借方评估贷款人的信用状况和还款能力，同时也会影响贷款是否被优先发放。这些信息甚至会影响个人的工作机会，因为雇主越来越倾向于在雇用新员工前查阅他们的信用报告。

美国信用局从众多数据源收集个人的信息和财务数据，这些来源包括债权人、出借方、公用事业单位、收债公司以及法院。所收集的数据被整合并存储到由信用局维护的大型数据库中。信用局再将这些信息出售给其他公司，以作信用评级之用。

信用局声称自己掌握如下信息：每个消费者的账户与哪些信用卡相关联；有多少金额的抵押贷款已到期；电子账单是否得以准时支付。不论是因为身份盗用还是出借方传送的数据有误，一旦错误信息进入信用局的系统，就要特别小心——混乱将不可避免！

信用局已意识到向出借方和消费者提供准确信息的重要性。然而，它也承认自身的信息系统出现了较多的信用报告错误。有些错误是在将贷款与个人信用报告相匹配的过程中发生的。

大量的信息需要在债权人和信用局之间传输，这大大增加了错误发生的可能性。例如，Experian 公司每天需要更新 3 000 万份信用报告。它要将信用卡程序或信用账户中的个人身份信息与消费者信用档案中的个人身份信息进行匹配。这些个人身份信息包括名字、姓氏、中间名、目前地址的全称和邮政编码、先前地址的全称和邮政编码以及社保号码等。新的信用信息会被记录到与之最匹配的消费者信用档案中。

信用局极少得到各个数据项都完全匹配的信息，因此它必须决定在容许存在多大偏差的情况下仍可视为匹配。不完善的数据导致不完美的匹配。消费者提交给信用局的信息可能是不完整或者不准确的。出借方提交给信用局的数据也可能如此。如果最佳匹配的信息恰好是错误的，数据就会不幸被记录到错误的账户中。

消费者在申请账户时可能内容填写得不够清楚，因不同信息账户间的姓名差异而导致不够完美的匹配。以“Edward Jeffrey Johnson”这个姓名为例，可能在某个账户中叫“Edward Johnson”，在另一个账户中叫“Ed Johnson”，在其他一个账户中却叫“Edward J. Johnson”。假如这个人的社保号码的后两位发生调换，出现匹配错误的可能性就会增加。

如果另一个人账户的姓名或社保号码与你档案中的数据部分匹配，计算机可能会将该用户的数据添加到你的记录中。如果那些提供税收和破产数据的公司的员工在整理法院和政府部门的数据记录时不慎移动一位数字或者读错一条记录，你的档案同样会出错。

信用局声称，审核每月收到的 35 亿条信用账户信息的准确性是不切实际的。它必须时刻防范消费者的假索赔，这些消费者通常伪造出借方的信息，或者利用从事信息修复的黑公司来修改信用报告上的所有负面信息，而不管其是否有效。为区分信用报告中的真实信息和虚假信息，信用局采用一套自动 e_OSCAR（E-lectronic Online Solution for Complete and Accurate Reporting）系统，将消费者纠纷移交给出借方进行核实查证。

当信用报告上出现错误时，信用局通常不会立即联系出借方更正信息。它会将消费者的投诉和相关证据传输给由第三方承包商运营的数据处理中心，以节约成本。这些承包商会立即用一些简短的评论及从 26 个菜单项中选出的 2 位代码来概括每起投诉。例如，代码“A3”指“错误记录属于某个名称类似的个人账户”。这种概括通常过于简洁，对投诉所涉及银行的背景信息都未提及。

该系统尽管改正了大量的错误（更新或修正了 72%的争议数据），然而当其出故障时，消费者别无选择。如果没有提供新证据，第二次投诉可能被斥为“无意义”而驳回。如果消费者自己与出错的出借方联系，银行就没有义务介入调查这起投诉，除非信用局将它转给银行。

资料来源：Dennis McCafferty, “Bad Credit Could Cost You a Job,” *Baseline*, June 7, 2010; Kristen McNamara, “Bad Credit Derails Job Seekers,” *The Wall Street Journal*, March 16, 2010; Anne Kadet, Lucy Lazarony, “Your Name Can Mess Up Your Credit Report”, Bankrate.com, accessed July 1, 2009; “Credit Report Fix a Headache,” *Atlanta Journal-Constitution*, June 14, 2009; and “Why Credit Bureaus Can't Get It Right”, *Smart Money*, March 2009.

[思考题]

1. 评估信用局数据质量问题对相关各方（包括信用局、出借方和消费者）的影响。

2. 信用局数据质量问题是否涉及伦理因素？给出你的判断并解释原因。

3. 分析造成信用局数据质量问题的管理、组织和技术因素。

4. 采取什么措施能够解决这些问题？

[MIS 实践]

登录 Experian 公司的网站（www.experian.com），搜索网站的内容，特别留意它为一般企业和小型企业所提供的服务。回答以下问题：

1. 列举并描述它为一般企业提供的五种服务，解释这些服务是如何利用消费者数据的。描述哪些公司将使用这些服务。

2. 说明不准确的消费者数据将对这些服务造成何种影响。

6.5 管理信息系统实践项目

本节中的实践项目涉及以下几个方面：分析数据库质量问题，建立全公司的数据标准，创建库存管理数据库，利用网络搜索在线数据库来查找海外商业资源。

6.5.1 管理决策问题

1. 艾默生过程控制有限公司（Emerson Process Management）是得克萨斯州奥斯汀市一家全球性的提供测量、分析和检测仪器及服务的公司，公司引进了一套新的数据仓库，用来分析客户行为以改善之前数据仓库中数据不准确、重复的状况。数据仓库中的数据来自欧洲、亚洲和其他地方的众多交易处理系统。设计该数据仓库的团队认为，无论在哪里，世界各地的销售团队在录入顾客姓名和地址时都会采取同样的格式。但实际情况是，文化差异和艾默生所兼并公司的复杂情况导致在输入报价、账单、装运和其他数据时方式各异。评估这些数据质量问题的潜在商业影响。该做出怎样的决策和采取怎样的措施才能解决这一问题？

2. 一家工业供应公司希望创建数据仓库，让管理层掌握全公司的关键销售信息，来确定特定区域最畅销的产品、重要客户和销售趋势。销售和产品信息存在于不同的系统中：一个是在 Unix 服务器上运行的事业部销售系统，另一个是在 IBM 大型计算机上运行的公司销售系统。你希望创建一个单一的标准格式来统一两个系统的数据。有人推荐了下面这种格式。

公司销售系统

PRODUCT_ID	PRODUCT_DESCRIPTION	COST_PER_UNIT	UNITS_SOLD	SALES_REGION	DIVISION	CUSTOMER_ID

下面给出了两个系统中将利用的数据仓库中的数据文件的样本。

公司销售系统

PRODUCT_ID	PRODUCT_DESCRIPTION	UNIT_COST	UNITS_SOLD	SALES_TERRITORY	DIVISION
60 231	Bearing, 4″	5.28	900 245	Northeast	Parts
85 773	SS assembly unit	12.45	992 111	Midwest	Parts

机械零件事业部销售系统

PROD_NO	PRODUCT_DESCRIPTION	COST_PER_UNIT	UNITS_SOLD	SALES_REGION	CUSTOMER_ID
60 231	4″Steel bearing	5.28	900 245	N. E.	Anderson
85 773	SS assembly unit	12.45	992 111	M. W.	Kelly Industries

- 如果不把这些数据统一为标准的数据格式，会产生什么商业问题？

● 创建可存储两个系统的数据的单一标准格式数据库，难度有多大？说明可能遇到的问题。

● 这些问题该由数据库专家解决还是由一般的企业管理层解决？请给出解释。

● 谁应该有权最终确定数据仓库中某个信息的全公司范围的单一格式？

6.5.2 实现卓越运营：为库存管理建立关系型数据库

软件技能：数据库设计、查询和报告

商业技能：库存管理

当今的企业依赖数据库提供可靠的库存产品、需续订产品和库存成本等方面的信息。本练习要求读者利用数据库软件为小型企业设计一个库存管理数据库。

位于加利福尼亚州旧金山市的Sylvester自行车店，销售公路用、山地用、混合型、休闲用和儿童用等不同类型的自行车。目前，Sylvester的供应商有三家，但打算在近期增加新的供应商。由于业务发展迅猛，需要数据库系统来管理这些信息。

首先，数据库系统应当存储企业的供应商和产品的信息。这样，数据库就包含两张表：供应商表和产品表。再订购水平指的是企业为防止出现缺货而做出采购某种产品的决策时，该产品的在库数量。换句话说，当库存中某特定产品的数量低于再订购水平时，企业必须再次采购该产品。用户应当能够基于这两张表的数据进行一些查询，生成管理报告。

利用MyMISLab网站上提供的表中的信息，为Sylvester公司建立一个简单的关系型数据库。数据库建好后，完成如下练习：

● 准备一份报告，列出价格最贵的五种自行车的型号，按价格从高到低排序，并标出各自的库存数量以及所占的比例。

● 准备一份报告，列出每家供应商的名称、所供应的产品、各产品的库存数量及相应的再订购水平。报告按供应商分类，并按字母顺序排列；在每类供应商中，再按字母顺序排列各产品信息。

● 准备一份报告，列出那些库存不足而需要再次采购的自行车的信息。所需采购产品的供应商信息应包含在报告中。

● 写一份报告，简单地描述应如何改进数据库以进一步提高企业管理水平，比如应在数据库中添加哪些表或字段，以及哪种有用的补充报告。

6.5.3 优化决策：搜索在线数据库查找海外商业资源

软件技能：在线数据库

商业技能：调查海外运营服务

即使数据库远在千里之外，只要已联网，互联网用户就可以访问这些数据库，获取产品和服务信息。本项目旨在培养搜索网上数据库的能力。

你的公司位于北卡罗来纳州的格林斯博罗市，是一家生产各种类型办公家具的制造企业。目前，公司获得了几个澳大利亚的新客户。公司对外委托的一份研究表明：如果在当地设立办事处，能够显著提高销量。如果公司能够在当地生产产品，效果会更好。首先，公司需要在墨尔本设立办事处，从美国进口原料。之后，公司就可以在当地开始生产。

不久后，你就要前往墨尔本考察，决定设立办事处的相关事宜，并与能为公司提供帮助的企业负责人会晤。你还需要雇用一些为设立办事处提供必要服务的员工（或组织），包括律师、财会人员、进出口专家、电信设施支持人员，甚至培训公司未来员工的培训师。首先搜索美国商务部给出的关于在澳大利亚经商的建议。然后，使用以下在线数据库查找你的行程中要联络的几家公司的位置：澳大利亚公司注册处（abr. gov. au）、澳大利亚贸易在线（australiatradenow. com）和澳大利亚国内商业指南（www. nationwide. com. au）。如果有必要，你也可以使用雅虎和谷歌这样的搜索引擎。然后完成下列活动：

- 列举本次行程中你将要拜访的企业的信息，判断它们能否在那些对设立办事处至关重要的事务方面为公司提供帮助。
- 评价你所使用的在线数据库的准确性、完整性、易用性及有用性。
- 通过本次练习，你学到了数据库设计方面的哪些知识？

小　结

1. 传统文件管理环境下，管理数据资源会遇到哪些问题？数据库管理系统如何解决这些问题？

由于传统文件管理技术的种种限制，组织很难系统地跟踪用到的所有数据，也很难对这些数据加以整理，以便用户访问。不同的部门过去可以独立设定自己的文件。长此以往，这种传统的文件管理环境产生了一系列问题，比如数据冗余、数据不一致、程序—数据依赖、不灵活、安全性低，并且不能共享数据和轻松访问数据。数据库管理系统（DBMS）通过软件将数据和数据管理集中化来解决这些问题，使企业有了单一、持续的数据来源。利用 DBMS 可使冗余和不一致的文件最少。

2. 数据库管理系统的主要功能是什么？为什么关系型数据库管理系统如此强大？

DBMS 的主要功能：数据定义、数据字典和数据操纵语言。数据定义功能具体阐述数据库的结构和内容。数据字典是在数据库中存储数据信息的自动或人工文件，这些数据包括名称、定义、格式、描述和数据元素。数据操作语言（如结构化查询语言）是访问和控制数据库中数据的专用语言。

信息系统中，关系型数据库因其灵活性和可存取性而成为整理和维护数据的主要手段。它将数据存储在二维表中，形成行和列的关系。每张表中的数据都包含实体及其属性。每一行代表一个记录，每一列代表一个属性或一个字段。每张表都包含一个关键字段，以此作为区分每条记录的唯一标识，便于用户获取和操作数据。只要关系型数据库中的任意两张表有共同的数据元素，就可以轻松地组合出用户所需的数据。

3. 数据库设计有哪些重要原则？

数据库需要两种设计：概念设计和物理设计。概念设计是从业务角度出发为数据库建模。组织的数据模型应当反映关键业务流程和决策要求。在设计关系型数据库时，将复杂的数据组合简化成小型、稳定、灵活和适应性强的数据结构的过程称为规范化。一个设计良好的关系型数据库不会有多对多的关系，特定实体的所有属性都只针对该实体。关系型数据库系统执行参照完整性规则，确保两张表之间的一致性。实体—关系图描述了关系型数据库中的实体（表格）之间的关系。

4. 为了提高企业绩效和决策能力，主要有哪些工具和技术可用来从数据库中获取信息？

目前已有强大的工具可用来分析和存取数据库中的信息。数据仓库整合了许多不同的业务系统的历史数据和当前数据，是设计用于报告和分析的中央数据库。数据仓库支持多维数据分析，也就是联机分析处理（OLAP）。OLAP 用多维结构来描述数据之间的关系，这可以通过数据立方体或嵌套的立方体形象地展现出来。数据挖掘对包括数据仓库在内的大量数据进行分析，寻找数据之间的模型和关联规则，从而能够预测未来行为以及指导决策制定。文本挖掘工具帮助企业分析大量以文本形式存在的非结构化数据。Web 挖掘工具集中对万维网中有用的数据信息和模式、网站的结构及网页的内容进行分析。传统的数据库可以通过中间件连接到网页或 Web 接口，以方便用户访问组织的内部数据。

5. 为什么信息政策、数据管理和数据质量对公司的数据资源管理至关重要？

开发数据库系统不仅需要良好的数据模型和数据库技术，还需要为企业数据管理制定合适的政策和流程。正式的信息政策可以控制信息的维护、分配和使用。在大公司中，与信息政策有关的工作由正式的数据管理部门负责，它开展的工作包括：数据规划、数据字典开发以及数据用途监控。

企业中不准确、不完整或者不一致的数据可能导致产品价格、客户账户、库存数据的不准确，从而可能导致企业管理者做出不恰当的决策，给企业带来运营和财务等方面的严重问题。为确保数据质量，可采取如下措施：在企业范围内统一数据标准，通过数据库设计减少不一致和冗余的数据，进行数据质量审核及使用数据清洗软件。

复习题

1. 传统文件管理环境下，管理数据资源会遇到哪些问题？数据库管理系统如何解决这些问题？

- 列出并描述数据层级结构中的每个组成部分。
- 定义实体、属性和关键字段并解释其重要性。
- 列出并描述传统文件管理环境的问题。
- 定义数据库和 DBMS，并描述其如何解决传统文件管理环境的问题。

2. 数据库管理系统的主要功能是什么？为什么关系型数据库管理系统如此强大？

- 说出 DBMS 的功能，并简单描述。
- 定义关系型 DBMS，解释其数据的组织。
- 列出并描述关系型 DBMS 的三项操作。

3. 数据库设计有哪些重要原则？

- 定义并描述什么是规范化和参照完整性，解释它们在关系型数据库中的重要性。
- 定义实体—关系图，说明其在数据库设计中的作用。

4. 为了提高企业绩效和决策能力，主要有哪些工具和技术可用来从数据库中获取信息？

- 定义数据仓库，解释它的工作原理及如何使组织受益。
- 定义商务智能，解释它和数据库技术的关系。
- 描述联机分析处理（OLAP）的功能。
- 定义数据挖掘，描述它和 OLAP 有何区别，它提供的信息有哪几种。
- 解释文本挖掘和网络数据挖掘与一般数据挖掘有何不同。
- 描述用户如何通过网络从公司内部数据库存取信息。

5. 为什么信息政策、数据管理和数据质量对公司的数据资源管理至关重要？

- 描述信息管理中信息政策和数据管理的作用。
- 解释为什么数据质量审核和数据清洗十分重要。

讨论题

1. 有人认为，不需要用数据管理软件来创建数据库环境。请讨论。

2. 最终用户应该在多大程度上参与对数据库管理系统和数据库设计的选择？

3. 若一个企业没有信息政策，后果是什么？

小组练习：确认在线数据库中的实体和属性

三四名同学一组，选定一个在线数据库，例如 AOL Music、iGo. com 或者 Internet Movie Database。打开其中一个网站，查找相关信息，列出管理该网站的公司在其数据库中必须记录的实体和属性。画出已经确认的实体之间的关系图。如有可能，使用 Google Sites 发布网页的链接、团队沟通公告和工作任务，集思广益，合作完成项目文档。尝试使用 Google Docs 在课堂上展示成果。

章末案例

乐高：通过商务智能与灵活的信息系统来迎接变化

乐高集团是全球最大的玩具制造商之一，总部位于丹麦的比隆小镇。公司的主要产品是孩子们玩的拼搭积木，陪伴了几代人的成长。这家丹麦公司自 1932 年成立以来持续增长，在此期间，公司的主要生产工厂位于丹麦。

2003 年，乐高遭到了来自模仿者和电子玩具制造商的强烈冲击。为了降低成本，公司决定推动渐进的流程重组，而这一过程一直持续到今天。2006 年，乐高宣布将其很大一部分生产外包给伟创力公司——一家在墨西哥、匈牙利等国家设有工厂的电子制造服务公司。做出外包生产的决定源于乐高公司整体供应链分析的结果。为了降低人力成本，公司还将劳动力密集的流程进行外包，只将一些高技术工人留在总部。乐高公司的员工人数从 2003 年的 8 300 名逐步减少到 2010 年的大约 4 200 名。另外，乐高还不得不将工厂搬到离市场更近的地方。所有的这些改变，使得乐高从一家制造型企业转变为一家可以对不断变化的全球需求做出迅速反应、以市场为导向的企业。

乐高公司的流程重组以及公司在过去几年里销售收入的两位数增长，使公司在海外得以扩张，同时也使它的员工队伍更加国际化。而这些变化对公司的供应链管理和人力资源管理提出了挑战。公司的供应链必须重新设计，才能保证在不降低质量的情况下简化生产。改进后的物流规划可以让乐高公司与零售商、供应商和新的外包公司更加紧密地联系在一起。与此同时，人力资源部门需要在公司内部发挥更具战略性的作用。人力资源部门需要实施更有效的政策，以求从文化背景多元化的角度招募和留住最符合要求的员工。

为了使公司的运营能跟上这些变化，公司需要建立一个灵活的 IT 基础设施，而商务智能可以帮助公司的管理者更好地开展预测和规划工作。作为整体解决方案的一部分，乐高选择了 SAP 公司的企业套装软件。SAP 是一家专门提供企业软件解决方案的德国公司，也是全球软件企业的领头羊之一。SAP 公司的软件产品包括一系列为有效支持整个公司的基本功能和运行而设计的应用程序。乐高选择了 SAP 公司的供应链管理、产品生命周期管理、企业资源计划三个模块予以实施。

供应链管理模块包括诸如供应链监控和分析、供应链预测、规划，以及库存优化等基本功能。产品生命周期管理模块提供了产品开发流程及系统的管理和最优化功能。企业资源计划模块主要包括为人事管理和发展服务的人力资源管理应用程序。

SAP 公司的企业套装软件部署在一个灵活的三层客户机—服务器体系结构上，该结构能很容易地采用新的面向服务架构体系，便于软件版本的升级。系统的第一层为客户端接口，会将用户的请求提交给应用服务器，该接口可以在任意一台笔记本电脑、台式机或移动设备中的图形用户界面类型的浏览器上运行。系统的第二层为应用服务器，会接收和处理这些用户请求。在第三层，这些应用服务器会将处理过的请求发送到包含一个或多个关系型数据库的数据库系统中。SAP 公司的企业套装软件支持来自不同供应商的数据库，包括 Oracle、Microsoft、MySQL 或其他公司提供的数据库。这些关系型数据库中包含存储了乐高公司的产品、日常运营、供应链和成千上万员工数据的表格。管理者可以很方便地使用 SAP 的查询工具从数据库中查询信息，因为这些操作不需要任何技术和技巧。而且，分布式的体系结构可以让获得授权的人员在位于欧洲、北美和亚洲不同地方的公司直接进入数据库。

SAP 公司的 ERP-HCM 模块还包括“人才管理”这类高级功能，可以处理员工管理、报告、旅行和时间管理等工作。借助这些功能，乐高公司人力资源部的工作人员可以轻松地挑选出最佳候选人，安排好对他们的培训，并制定一个激励计划来留住他们。该模块还包括绩效评估功能，可以对人力资源的趋势进行实时的洞察。借助这些先进功能，再结合来自其他软件供应商的工具，乐高的管理者可以对有领导潜能的员工进行追踪分析，为其制定职业发展规划，同时还可以预测需要招聘具备什么技能的新员工。

资料来源："Business 2010: Embracing the Challenge of Change," The Economist Intelligence Unit, February 2005 (http://graphics.eiu.com/files/ad_pdfs/Business%202010_Global_FINAL.pdf, accessed November 16, 2010); "LEGO Creates Model Business Success with SAP and IBM," IBM Global Financing, May 19, 2010 (www-01.ibm.com/software/success/cssdb.nsf/CS/STRD-85KGS6?OpenDocument, October 20, 2010); "Human Resources as an Exponent of Good Governance" (in Danish) (www.sat.com, October 20, 2010); "LEGO, The Toy of the Century Had to Reinvent the Supply-Chain to Save the Company," Supply Chain Digest, September 25, 2007 (www.scdigest.com/assets/on-target/07-09-25-7.php? cid=1237, accessed November 16, 2010); G. W. Anderson, T. Rhodes, J. Davis, and J. Dobbins, SAMS Teach Yourself SAP in 24 hours (Indianapolis, IN: SAMS, 2008).

[思考题]

1. 请解释数据库在 SAP 公司的三层系统中的角色。

2. 请解释为什么分布式的体系结构是灵活的。

3. SAP 公司的企业套装软件中包括哪些商务智能功能？

4. 在一个分布式的体系结构中允许有多种数据库，其优缺点分别是什么？请给出解释。

第7章 通信、互联网与无线技术

学习目标

学完本章后，你将能够回答以下问题：

1. 通信网络主要由什么构成？主要的网络技术有哪些？
2. 主要的通信传输介质和网络种类有哪些？
3. 互联网和互联网技术的工作原理是什么？它们是如何支持通信和电子商务的？
4. 无线网络、通信和互联网访问的主要技术和标准是什么？
5. 为什么射频技术和无线传感网络有很高的商业价值？

章首案例

现代重工创建无线造船厂

全球最大的造船厂究竟是什么样的？看看现代重工（Hyundai Heavy Industries，HHI）就知道了。总部设在韩国蔚山的现代重工生产的船只约占全球造船总数的10%，主要产品包括油轮、散货船、集装箱船、气体和化学运输船、船舶发动机、离岸石油和天然气钻井平台以及海底运输管线。

协调和优化如此多产品的生产显然是一项艰巨的任务，为此公司投资近5 000 万美元部署了工厂生产计划软件来协助完成这一任务。现代重工的工厂十分庞大，可以同时支持4 艘船只的建造，占地4.2 平方英里，可从陆地一直延伸到海上，包括9 个干船坞，其中最大的比7 个足球场加起来还大。超过12 000 名员工同时参与30 艘船的建造，建造过程中会使用数百万个零件，这些零件小至螺丝钉，大至五层楼高的构件。

由于厂区环境复杂，面积又大，要即时追踪所有零件及其库存很困难。而如果没有这些最新的数据，就会严重影响企业资源计划软件的效率。更严重的是，由于世界贸易额和航运量急剧下降，现代重工深受打击。新船的订单从2008 年的1 500 万 CGT 到2009 年降低到790 万 CGT（CGT 为船舶大小的一种测量尺度）。在这种经济环境下，现代重工努力寻找新的方法来降低成本，提高生产率。

现代重工的解决方法是使用由韩国最大的通信公司KT部署的覆盖整个造船厂的高速无线网络。它的数据传输速度可达每秒4MB，是一般美国家庭使用的连接到高速互联网的有线宽带的四倍。公司利用无线传感器来追踪零件从供应商到船坞、到装配线、再到船只的整个动向。在船舱内工作的员工可以通过笔记本电脑、手机及双向视频会议来与一英里外的轮船设计师沟通。

过去，当在位于地面以下或低于海平面的船舱内工作的员工遇到问题时，他们不得不爬上来，用手机或步话机向相关人员反映。现在新的无线网络可以连接到船舱内，并将电子数据传输给安装在船上的Wi-Fi无线发射器。互联网电话、网络摄像头和个人电脑连接到Wi-Fi网络，让员工可以使用IP电话与地面上的其他同事随时沟通，身处距工地一英里外的办公楼里的设计师可以使用网络摄像头监控生产中的问题。

在造船厂厂区的道路上，30辆安装着接收器的转运车都与无线网络相连，并且每20秒更新一次它们的位置信息，然后发送到控制室。这样就可以帮助调度员匹配运转机的位置和零件订单，缩短每辆卡车的间隔，近而确保当天的所有工作都能在下午6点前完成，而不需要延长到晚上8点。借助无线网络，公司的运营更有效，并降低了劳动力成本，使得现代重工每年可节省4 000万美元。

资料来源：Evan Ramstad，"High-Speed Wireless Transforms a Shipyard"，*The Wall Street Journal*，March 15，2010 and "Hyundai Heavy Plans Wireless Shipyard"，*The Korea Herald*，March 30，2010.

现代重工的经验表明，现代网络技术为公司的发展提供了新的能力和机遇。企业使用无线网络技术连接设计师、工人、正在建造中的船只以及运输工具来加强沟通与协作，同时减少工作时间、缩短距离并减少完成任务所需的步骤。

现代重工生产的船只以及其他产品都是劳动密集型的，并且对全球经济条件非常敏感，同时它们的生产环境非常复杂，厂区面积又大，很难管理和协调。所以企业不得不想方设法降低运营成本。现代重工的造船厂的厂区面积很大，使得监管和协调不同的项目和团队非常困难。

管理层决定使用无线技术提供解决方案，然后部署了覆盖整个造船厂的无线网络。网络连接工地和身处距其一英里外办公室楼里的设计师，使得追踪零件和生产活动更加容易，也使卡车运输活动得到优化。此外，现代重工企业还必须重新设计其生产流程和其他工作流程来充分发挥新技术的作用。

下图指出了上述案例和本章的要点。

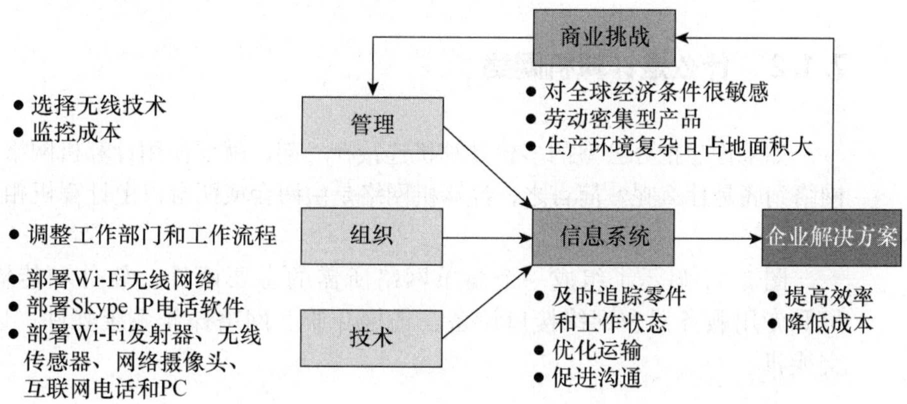

7.1 当今商业世界的通信和网络

在当今企业中，网络越来越不可或缺。企业需要与客户、供应商以及员工快速进行交流。1990 年之前，商务交流主要依靠传真和电话，而如今，员工可以使用电脑、电子邮件、互联网、手机和接入无线网络的移动设备来进行交流。网络和互联网已经与商业活动紧密地联系在一起。

7.1.1 网络和通信的发展趋势

以前企业使用两种截然不同的网络：电话网络和计算机网络。电话网络处理语音通信，计算机网络则处理数据通信。20 世纪以来，电话网络是由电信公司使用语音传输技术（包括软件和硬件）建立的，并且几乎垄断了全世界的通信业务。计算机网络最初是由计算机公司建立的，主要用来方便异地间的数据传输。

随着通信管制的放宽和信息技术的不断革新，电话和计算机网络正在逐渐整合成单一的数字网络，它们使用共同的基于互联网的标准和设备。如今，通信服务提供商（如 AT&T 和 Verizon）除了提供语音服务外，还提供数据传输、互联网接入、无线网络电话以及电视节目服务。有线电视公司（如 Cablevision 和康卡斯特（Comcast））也能够提供语音和互联网接入服务。计算机网络的发展已经延伸至网络电话和视频服务领域。随着时间的推移，所有的声音、视频和数据传输都可以通过互联网技术实现。

当前，语音通信网络和数据通信网络速度越来越快，可移动，而且价格越来越便宜。例如，2000 年网络传输速率是 56Kbps，但现在超过 60%的美国用户都已经用上了高速**宽带**（broadband），传输速率能够达到 1～15Mbps。此外，其服务费用快速下降，从 2000 年的每 KB 收费 25 美分下降到现在的不到 1 美分。

宽带无线平台正日益成为语音和数据传输以及互联网接入的主要设备，这些平台包括手机、手持数字设备和连入无线网络的个人电脑等。在未来几年，超过半数的美国网络用户将使用智能手机和移动上网本来接入互联网。

7.1.2 什么是计算机网络

如果你想把办公室的多台计算机连接在一起，就要使用计算机网络。那么计算机网络到底是什么呢？简言之，计算机网络是由两台或两台以上计算机相互连接形成的网络。

图 7—1 显示了组成一个简单网络所需的主要硬件、软件和传输组件：客户机和专用服务器、网络接口设备、连接介质、网络操作系统软件，以及集线器或交换机。

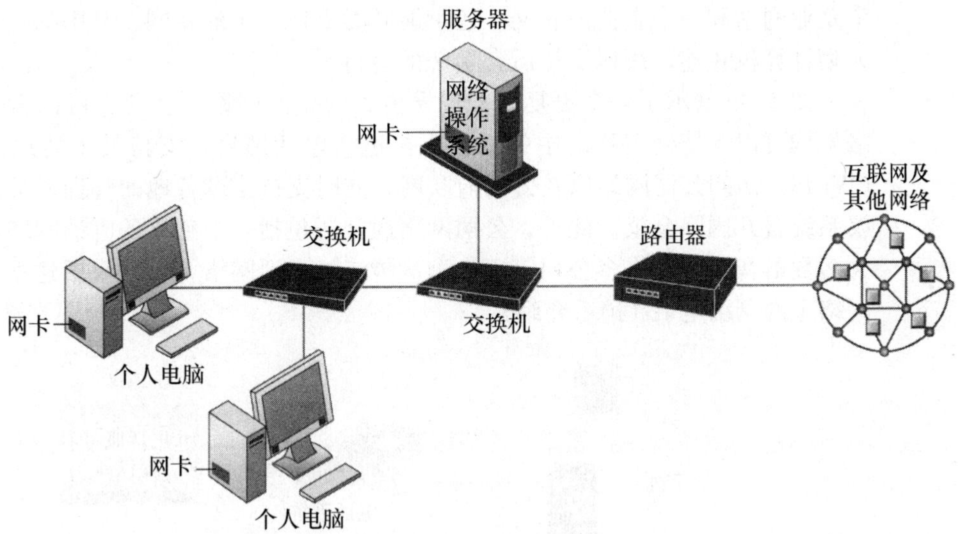

图 7—1　简单计算机网络的组成

说明：本图描述的是一个简单的计算机网络，包括计算机、安装于网络服务器上的网络操作系统、传输介质、网卡、交换机和路由器。

每台需要接入网络的计算机必须有一个网络接口设备，称为**网卡**（network interface card，NIC）。目前，大多数个人计算机都已将网卡集成到主板上。连接网络组件的介质可以是电话线、同轴电缆，也可以是手机和无线局域网（Wi-Fi）中的无线电信号。

网络操作系统（network operating system，NOS）主要进行网络通信的管理和网络资源的协调。它可以安装在网络中的任何一台计算机上，也可以安装在网络中应用程序的专用服务器中。服务器也是网络中的一台计算机，为其他客户端计算机提供服务，具有重要作用，比如提供网页服务、存储数据、运行网络操作系统(从而对网络进行控制)。最常用的网络操作系统包括 Microsoft Windows Server、Linux 以及 Novell NetWar 等。

大多数网络还包括交换机或集线器，用于计算机之间的连接。**集线器**（hubs）是连接网络组件的一种简单设备，并向与其连接的设备发送数据包。**交换机**（switch）比集线器更加智能化，可以过滤数据，然后把数据转发到网络上的指定地点。

如果你想与另一个网络（比如互联网）进行通信，该怎么办呢？你需要一个路由器。**路由器**（router）是一个通信处理器，用来处理来自不同网络的数据包，以确保发送的数据到达正确的地址。

大型企业中的网络

上述网络仅适用于小型企业，那么拥有许多分支机构和上万名员工的大型企业应该如何架构其网络呢？随着公司的不断发展，其小型局域网可能达到数百个，这些局域网可以连接成企业级的网络架构。这种网络架构由很多小型的局域网连接而成，并与其他的局域网或企业级网络相连。一组功能强大的服务器可以同时支持一个企业网站和一个企业内联网，还可能同时支持一个外联网。其中的一些服务器与大型计算机相连，用以支持后台系统的运行。

图 7—2 展示了一个更复杂、规模更大的企业网络。从图中可以看到，企业网络架构可以支持处于移动中的销售人员进行电话销售，支持员工通过无线局域网（Wi-Fi）访问公司网站以及公司内联网，同时支持全球各地的管理人员使用视频会议系统召开国际会议。此外，公司网络通常还包括一个独立的电话网络，用于处理大多数语音数据。许多公司正逐步淘汰传统的电话网络，转而采用建立在现有数据网络上的网络电话（稍后介绍）。

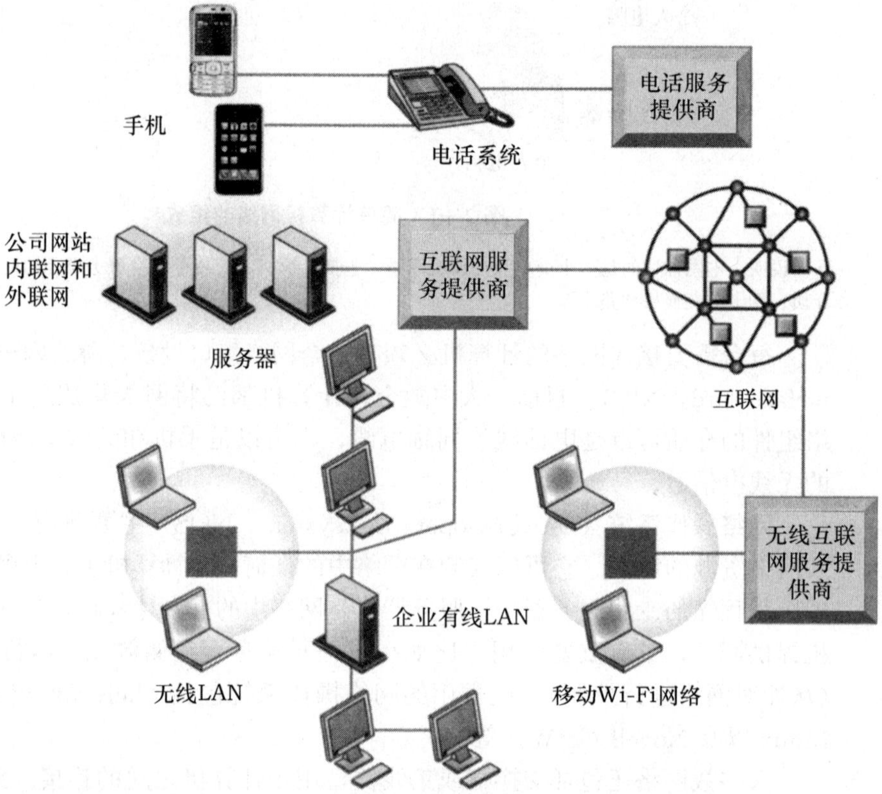

图 7—2　企业网络架构

说明：现在的企业网络架构是众多网络的集合体，这些网络包括公共交换电话网络、互联网以及企业内联网。

从图 7—2 可以看出，一个大型企业网络架构应用了多种技术，包括从传统的电话服务、企业数据网络到最新的网络服务、无线网络以及移动电话。如今企业面临的一个主要问题是，如何将这些不同的通信网络和信道加以整合，使得信息能够在公司内部和公司之间顺畅地传输。当前，越来越多的通信网络正在向数字化和网络化转变，因而网络整合也将变得越来越容易。

7.1.3　主要的数字化网络技术

当代的数字网络和互联网主要基于三个关键技术：客户机/服务器计算、分组交换，以及用于连接独立网络和计算机的通信标准（其中最重要的是传输控制协议/互联网协议，即 TCP/IP)。

客户机/服务器计算

在第 5 章介绍过客户机/服务器计算。客户机/服务器计算是一种分布式计算模型，它将一部分计算能力赋予小型廉价的客户机，也就是台式机、笔记本电脑和手持设备。这些客户机在网络服务器的控制下相互连接形成网络。服务器则规定了网络的通信规则，并为每台客户机提供一个网络地址，使得其他客户机可以在网络上找到它。

客户机/服务器计算模式已经取代了大部分集中式主机计算，后者的绝大部分处理任务都是由中央大型主机完成的。客户机/服务器计算满足了各个部门、工作小组、工厂车间和其他业务单元的计算需求，集中式架构则不支持这些部门的需求。互联网是最大的客户机/服务器计算应用。

分组交换

分组交换（packet switching）又称包交换，首先将数字信息分割成很多数据包，然后沿着不同的通信路径发送出去，到达目的地后再将它们组合起来（见图 7—3)。在应用分组交换技术之前，计算机网络租用专门的电话线完成计算机通信。只有在电路交换网络（例如电话系统）建立了点对点线路后，通信才能进行。但是这种电路交换技术的成本很高，不论是否发送数据，都要进行电路维护，浪费了可用通信能力。

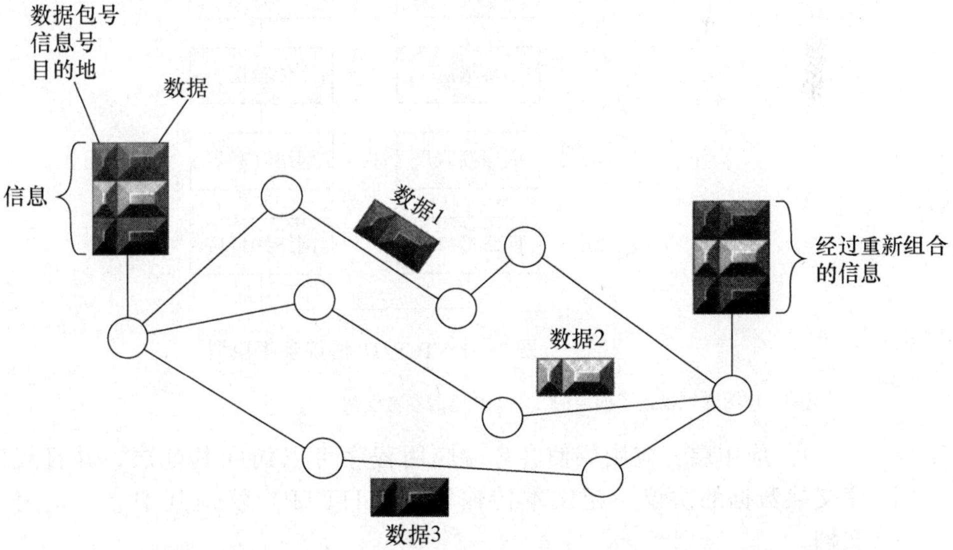

图 7—3　分组交换网络和数据包通信

说明：数据被分成小的数据包，然后通过各种信道独立地传输出去，最后在目的地重新组合。

分组交换技术极大地利用了网络通信能力。在分组交换网络中，信息首先被分割成固定大小的数据包，数据包的大小是由通信标准确定的。数据包中包括地址信息，用于指导将数据包发送到正确的地址；还包括校验信息，用于检查数据在传输中发生的错误。借助路由器，数据包通过各种信道传递信息，且每个数据包独立运行，到达目的地后进行信息整合。同源的数据包可以通过不同的路径和网络进行传送。

TCP/IP 协议和连通性

在标准的通信网络中，信息传送需要各种软硬件的协同工作。在同一网络中，不同组件在同一套规则下通信，这套规则称为**协议**（protocol），是用来管理网络节点之间的信息传输的一套规则和流程。

过去，由于存在各种专属和不兼容的协议，迫使商业企业不得不购买同一个供应商的计算机和通信设备。如今，企业网络正逐渐采用单一、共同的通用标准，即**传输控制协议/互联网协议**（Transmission Control Protocol/Internet Protocol, TCP/IP）。TCP/IP 协议开发于 20 世纪 70 年代初，用于支持美国国防高级研究计划局（DARPA）的科学家在相距遥远的不同类型的计算机之间传输数据。

TCP/IP 由一组协议组成，其中最重要的是 TCP 协议和 IP 协议。TCP 即传输控制协议，控制数据在网络中的传输。TCP 建立计算机之间的连接，实现数据包传输序列化，发送成功后还会返回确认信息。IP 协议即互联网协议，负责数据包的分割、传送和重组。图 7—4 描述了美国国防部规定的 TCP/IP 协议四个层次的参考模型。

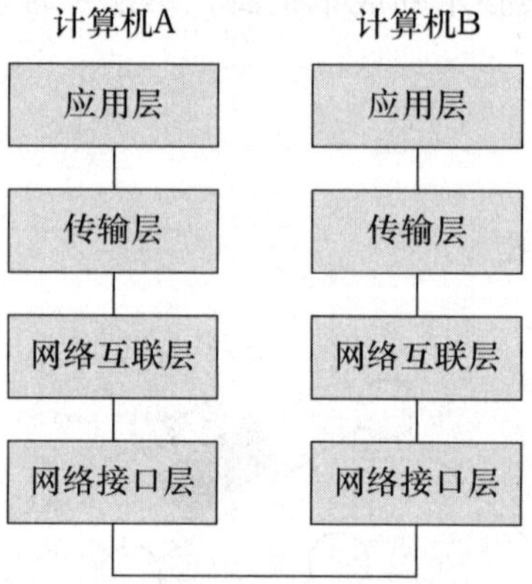

图 7—4　TCP/IP 协议参考模型

说明：该图详细描述了四层的 TCP/IP 通信参考模型。

1. 应用层：应用层使客户端应用程序可以访问其他层，并且规定了应用程序交换数据的协议。超文本传输协议（HTTP）就是其中之一，用于传输网页文档。

2. 传输层：传输层为应用层提供通信和数据包服务。这一层包括 TCP 协议和其他一些协议。

3. 网络互联层：网络互联层负责数据包的寻址、路由的选择和数据包的打包工作，数据包又被称为 IP 报文。IP 协议是属于这一层的协议。

4. 网络接口层：网络接口层位于参考模型最底层，负责在物理网络介质中发送和接收数据包，可以是任何网络技术。

通过使用 TCP/IP 协议，即使是软硬件平台完全不同的两台计算机之间也可以进行通信。数据通过这四个层次从一台计算机发送到另一台计算机，从上往下向逐层传递，首先发送到应用层，到达网络接口层后继续传递。数据到达接收方主机后，向上逐层传递，重组成计算机可识别的格式。如果接收数据的计算机上发现一个损坏的数据包，会请求发送数据的计算机重新传送。当接收数据的计算机响应时，这一程序就会再次启动。

7.2　通信网络

下面，我们详细介绍适用于商业领域的其他网络技术。

7.2.1　信号：数字信号与模拟信号

在网络中有两种通信方式，即使用模拟信号或数字信号。模拟信号表现为连续波的形式，通过通信介质传递，用于语音通信。最常见的模拟信号设备就是电话、手机、电脑的话筒以及 iPod 的耳机，它们都会生成人耳能听到的模拟波。

数字信号是离散而非连续的波形。数字信号以两种离散的数字流传送信息：0 和 1，分别代表了电路的开和关。计算机处理的是数字信号，如果你想使用模拟电话系统发送数据，就需要用调制解调器将数字信号转换成模拟信号，然后传送至（或接收自）使用模拟信号的电话线、电缆线或无线多媒体（见图 7—5）。**调制解调器**（modem）代表调制器—解调器。电缆调制解调器通过电缆网络将计算机接入互联网。DSL 调制解调器通过电话公司的通信电缆网络将计算机接入互联网。无线调制解调器像传统的调制解调器一样运作，将计算机与手机网络或 Wi-Fi 网络等无线网络相连接。如果没有调制解调器，计算机将无法与其他任何使用模拟信号的网络（包括电话系统和电缆网络）相连接。

图 7—5　调制解调器的功能

说明：调制解调器是一种将计算机的数字信号转换成模拟信号的设备（反过来也可以），这样计算机可以在模拟信号网络（如电话系统和电缆网络）上传送数据。

7.2.2　网络的类型

基于不同的标准，网络有很多不同的分类方法，其中一种方法是根据地域范围对网络进行分类（见表 7—1）。

表 7—1 网络的类型

类型	区域
局域网（LAN）	方圆 500 米的范围，适用于同一办公室或同一楼层内
校园网（CAN）	方圆 1 000 米的范围，适用于一个学校或一个公司
城域网（MAN）	一个大中型城市
广域网（WAN）	全球范围

局域网

如果你在一家使用网络的企业工作，就有可能通过局域网与其他员工和群体相互连接。**局域网**（local-area network，LAN）用来连接方圆 500 米范围内的计算机和其他数字设备。局域网通常用于小型办公室内计算机的互连、同一建筑内计算机的互连以及距离相近的几栋建筑的计算机的连接。局域网可以被用来与其他广域网相连，也能通过互联网与世界上任何网络相连。

再看图 7—1，图中模型可以看成小型办公室的局域网。一台计算机作为专用的网络文件服务器，为用户提供网络中的计算资源，包括软件程序和数据文档。

服务器决定访问者的权限、访问内容和访问顺序。局域网通过路由器与其他网络相连，包括互联网和其他公司的网络，从而与外部进行信息交换。常见的局域网操作系统包括 Windows、Linux 和 Novell，它们都支持 TCP/IP 协议，将之作为默认的网络协议。

现在，以太网是物理网络层面上最重要的局域网标准，它规定了计算机之间传递信号的物理介质、访问控制规则、系统之间数据传输的结构和速度。最初的以太网传输速度仅为 10Mbps，但如今快速以太网和千兆以太网的传输速度分别达到了 100Mbps 和 1Gbps，多用于网络主干线。

图 7—1 所描述的局域网使用了客户机/服务器架构。该架构中，网络操作系统位于一台独立的文件服务器上，该服务器提供了很多网络资源，并对网络运行进行控制。此外，局域网也可以采用**对等**（peer-to-peer）网络架构。对等网络平等对待所有的处理器，无主从之分，主要用于计算机数量在 10 台以内的小型网络。网络中各种类型的计算机可以直接相连进行信息交换，也可以在没有独立服务器的情况下共享外围设备。

在安装 Windows Server 系列操作系统的局域网中，对等网络架构又叫工作组网络模型。在这种模型中，不需要专用服务器，计算机之间就可以实现资源（文件、文件夹和打印机等）共享。如果使用了 Windows 域名网络模型，则需要专用的服务器对网络中的计算机进行管理。

一般而言，大型局域网有许多客户机和多个服务器，每个服务器分别负责具体的任务，如存储和管理文档及数据库（文档服务器和数据库服务器），管理打印机（打印服务器），存储和管理电子邮件（邮件服务器），以及存储和管理网页（网页服务器）等。

局域网也可以按照组件的连接方式（即**拓扑结构**（topology））进行分类。局域网有三种主要的拓扑结构：星形、总线形和环形（见图 7—6）。

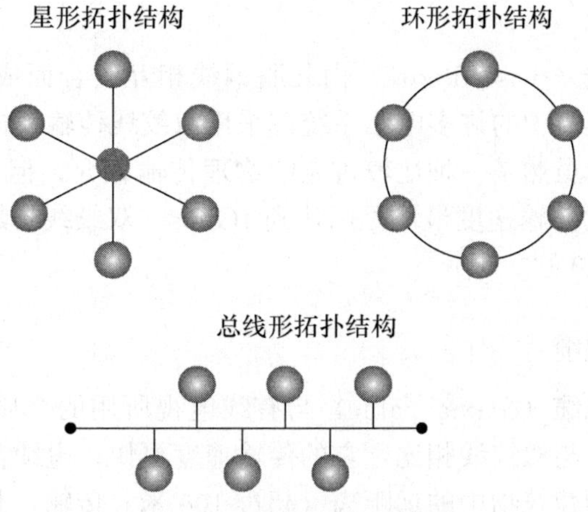

图 7—6　网络拓扑结构

说明：三种基本的网络拓扑结构是星形、环形和总线形。

在**星形拓扑结构**（star topology）中，集线器是中心节点，网络上其他所有的设备与中心节点相连构成网络。图 7—6 描述了简单的星形拓扑结构，在这种结构中，所有的网络数据流都需要经过集线器。在扩展星形网络中，多个层或多个集线器形成一个层次结构。

在**总线形拓扑结构**（bus topology）中，计算机发出的信号在一条总线上双向传输。所有的信号均沿两个方向在整个网络上传递。网络上的所有机器都收到同样的信号，安装在客户机上的软件使每个客户机都能收到所需信息。总线形拓扑结构是以太网常用的拓扑结构。

环形拓扑结构（ring topology）将网络组件连成一个闭环。信息在计算机之间沿着闭环单向传输，并且每次只有一台设备可发送信息。环形拓扑结构主要存在于早期的局域网，这种局域网使用令牌环网络软件。

城域网和广域网

广域网（wide-area network，WAN）通常覆盖面较广，可以是一个地区、国家或者大陆，甚至整个地球。当前最普遍、最强大的广域网是互联网。计算机通过公共网络与广域网相连，常见的公共网络有电话系统、私有光缆系统、租用的线路或者卫星。**城域网**（metropolitan-area network，MAN）通常覆盖一个城市所在的区域，即某个城市及其近郊地带，它的地理范围介于局域网和广域网之间。

7.2.3　物理传输介质

网络可以采用不同的物理传输介质，包括双绞线、同轴电缆、光纤以及无线传输媒介。它们各有优缺点。由于软硬件配置不同，不同介质的传输速度各不相同。

双绞线

双绞线（twisted wire）由几股铜线相互绞合而成，是一种相对比较古老的传输介质。建筑中的许多电话系统都采用双绞线传输模拟信号，但它们也可用于传输数字信号。虽然是一种比较古老的物理传输媒介，但双绞线至今仍适用于局域网，如 CAT5 的传输速度最快可以达到 1Gbps。双绞线的最长推荐距离为 100 米（相当于 328 英尺）。

同轴电缆

同轴电缆（coaxial cable）与有线电视所用的介质类似，由相互绝缘的同轴心铜线构成。与双绞线相比，它的传输速度更快。电缆曾用于早期的局域网中，目前多用于大型建筑物中的远距离（超过 100 米）传输。其传输速度可以达到 1Gbps。

光纤和光纤网络

光纤电缆（fiber-optic cable）是由多个透明玻璃光纤芯组成的，每根光纤都只有头发丝那么细。数据转化成光脉冲，由激光设备通过光纤电缆进行传输。在实验状态下，传输速度从每秒 500 千位到每秒万亿位不等。与传统电缆相比，光纤电缆具有速度快、质量轻、耐用等特点，适用于对数据传输容量要求很高的系统。然而，光纤电缆比其他物理传输介质价格高，安装难度大。

光纤电缆主要应用于流量大的高速主干网络。现在，Verizon 等手机运营企业为了推广新型服务，正将光纤电缆应用于普通家庭，如 Verizon 提供的光纤服务（FiOS）的下载速度可高达 50Mbps。

无线传输媒介和设备

无线传输是基于不同频率的无线电信号实现的。计算机主要使用三种无线网络：微波、蜂窝系统和 Wi-Fi 网络。不管是地面的还是天上的**微波**（microwave）通信系统，都能通过大气层传输高频率的无线电信号，因此被广泛用于大容量、长距离的点对点通信。微波信号沿直线传播，而且不会因为地球的曲率而发生弯曲，所以长距离的陆地传输系统要求每隔 37 英里就设置一个传输站。当然长距离传输也可以将通信卫星作为中继站，接收地面发射站发送的微波信号。

通信卫星通常适用于规模较大、分布较分散的组织，它们较难使用电缆或陆地微波传输数据。例如，全球能源巨头英国石油公司借助卫星实时传输海底油田的探测数据。利用地球同步卫星，探测船将这些数据传输给位于美国的中央数据中心，以供身处休斯敦、塔尔萨和芝加哥郊区的研究人员使用。其工作原理如图 7—7 所示。通信卫星适用于家庭电视和互联网服务业。最主要的两个卫星互联网服务提供商（即 Dish Network 和 DirectTV）拥有 300 万订购用户，其中美国大约 17%的住户通过卫星接入互联网（eMarketer，2010）。

蜂窝系统利用无线电波与设置于附近地理区域的叫做无线接收塔的装置进行通信。通信信息从**手机**（cell phone）传输到本地基站，接着利用天线传递，从一个基站到另一个基站，最终到达目的地。

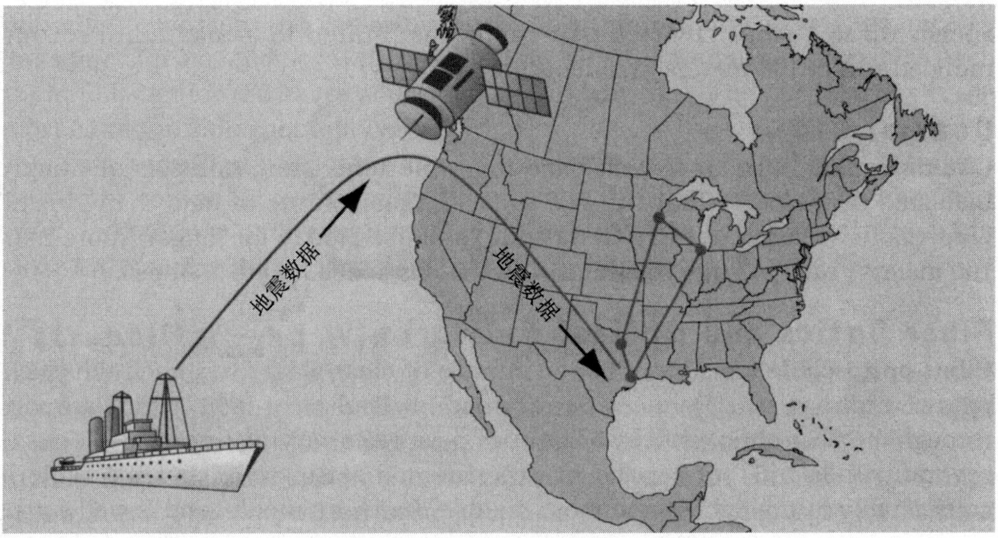

图 7—7　英国石油公司的卫星传输系统

说明：卫星帮助英国石油公司在油田探测船和美国研究中心间传输地震数据。

无线网络正逐步取代传统的有线网络。无线网络开发了许多新的应用程序和商业模式。我们将在 7.4 节详细介绍“无线革命”带来的技术应用和技术标准方面的变化。

传输速度

通信介质可以传输的数字化信息总量是以比特/秒（bps）为单位来表示的。一次信号的转换或一个信号周期需要传输一个或多个位。因此，每一种传输介质的传输能力都是其频率的函数。介质每秒发送的周期数是用**赫兹**（hertz）来度量的，一赫兹代表介质的一个周期。

某个通信信道所容纳的频率的范围被称为**带宽**（bandwidth）。带宽是指某一信道所能容纳的最高频率和最低频率之差。频率的范围越大，带宽就越大，信道的传输能力也就越强。

7.3　全球互联网

如今，互联网已经成为我们生活的一部分，是一种不可或缺的个人和商业工具。但是，互联网究竟是什么？它是如何工作的？互联网技术对商业有何贡献？让我们先了解一下互联网最重要的特征。

7.3.1　什么是互联网

互联网已经发展成为世界上应用最广泛的公共通信系统，其覆盖范围可与电话系统相匹敌。它也是世界上最大的客户机/服务器计算和互联网络应用的典范，连接了遍布全球的数百万单个网络。互联网建于 20 世纪 70 年代，最初是美国国防部用于联系全世界科学家和大学教授的网络。

大多数家庭和小型企业向互联网服务提供商支付一定费用，获得网络服务。**互联网服务提供商**（Internet service provider，ISP）是一个与互联网永久相连，并向用户提供网络连接服务的商业组织。EarthLink、NetZero、AT&T 和 Time Warner 都是互联网服务提供商。个人也可以通过商业机构、大学或者研究中心来接入互联网，这些机构都被分配了网络域名。

ISP 的互联网接入类型多样。传统的电话线和调制解调器连接曾经是最普遍的介入形式，速度达到 56.6Kbps，但它正快速地被宽带取代。数字用户线路（DSL）、电缆、卫星接入方式以及 T 形线也可提供宽带服务。

数字用户线路（digital subscriber line，DSL）技术通过原有电话线传输语音、数据和视频等，传输速度在 385Kbps 和 9Mbps 之间。有线电视服务商提供的**有线网络连接**（cable Internet connections）使用同轴数字电缆线给家庭和企业提供高速的互联网接入，其速度高达 10Mbps。尽管一些卫星网络连接的上传速度比宽带服务慢，但在没有数字用户线路和电缆服务的地方，用户仍可以通过卫星来接入互联网。

T1 和 T3 都是数字通信的国际电话标准。**T1 线路**（T1 lines）和 T3 线路主要由企业或政府机构作为专线租用，需要保证高速率的服务水平。T1 线路可保证速率达到 1.544Mbps，T3 线路则可达到 45Mbps。

7.3.2 互联网寻址和架构

如本章前面所述，互联网是基于 TCP/IP 协议构建的。互联网上的每台计算机都有唯一的**互联网协议地址**（Internet Protocol（IP）address），IP 地址为 32 位，分成四段，每段 8 位，每段的数字范围为 0～255。例如，www.microsoft.com 的 IP 地址是 207.46.250.119。

当用户在互联网上向其他用户发送信息时，信息首先按照 TCP 协议分割成数据包，每个数据包都包括目的地的信息。然后，数据包从客户端到达网络服务器，再经过其他的服务器最终到达目标计算机。在目标计算机上，这些数据包经过重新组合形成原始信息。

域名系统

因为让互联网用户记住 12 位的数字 IP 地址是非常困难的，所以**域名系统**（Domain Name System，DNS）将 IP 地址转换成了域名。**域名**（domain name）类似于英语名称，每个域名与每台连入互联网的计算机的 32 位数字 IP 地址相对应。DNS 服务器中包括将域名映射到相应 IP 地址的数据库。要访问网上的计算机，用户只需要输入域名即可。

DNS 是一个层级结构（见图 7—8），其顶部是根域名，根域名的下一级是顶级域名，顶级域名的下一级是二级域名。顶级域名由两三个字符组成，如 .com，

. edu，. gov，这些比较常见，还有各种国家代码，如 . ca 代表加拿大，. it 代表意大利。二级域名由两部分构成，分别为顶级域名和二级域名，如 buy. com，nyu. edu，amazon. ca。层级结构底部指定互联网或专用网络的某台计算机作为主机名。

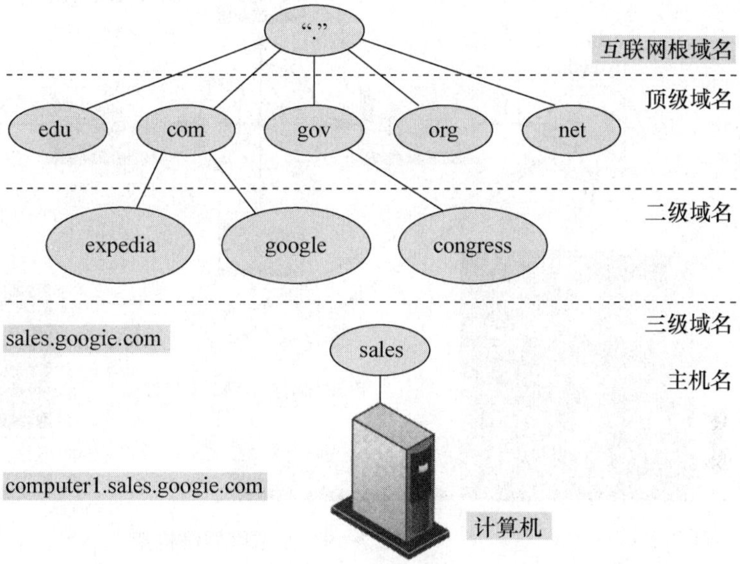

图 7—8　域名系统

说明：域名系统是一个层级系统，包括根域名、顶级域名、二级域名以及位于第三层的主机名。

下面列出的是官方认可的最常见的域名。国家也有域名，诸如 . uk，. au 和. fr（分别代表英国、澳大利亚和法国）。下面还列出了新近批准的顶级域名 . biz 和 . info,将来会进一步扩展，包括各种类型的组织和产业。

. com　商业组织
. edu　教育机构
. gov　政府机构
. mil　军队
. net　网络计算机
. org　非营利组织和机构
. biz　商业公司
. info　信息提供商

互联网架构和管理

数据通信通过横贯大陆的高速主干网进行传输，速度介于 45Mbps 和 2. 5Gbps 之间（见图 7—9）。这些主干线通常属于长途电话公司（叫做网络服务提供商）或政府。在美国，本地电信和有线电视公司负责当地通信线路，它们将零散的家庭和企业用户连接到互联网。本地通信网向互联网服务提供商、私营公司和政府机构等提供租赁服务，使其获得互联网使用权。

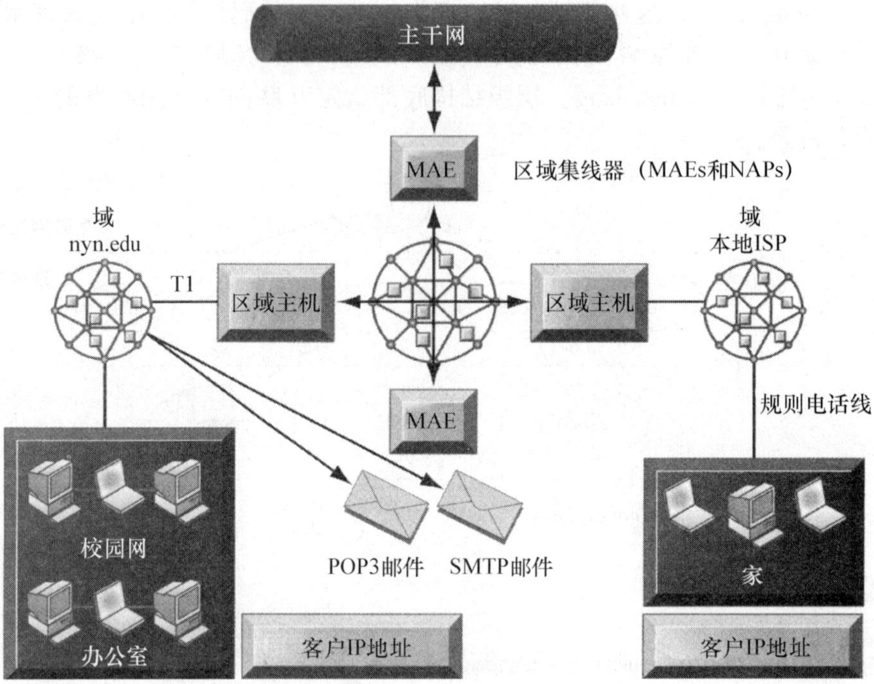

图 7—9　互联网网络构架

说明：互联网主干线连接到区域网，后者反过来提供对网络服务提供商、大型公司以及政府机构的访问。网络接入点（NAPs）以及城域交换（MAEs）都属于集线器，在那里，主干网可以与区域网及地方网相连，同时主干网之间可以相互连接。

每个企业为自己拥有的网络和局域网连接服务付费，其中一部分支付给远程主干线所有者。互联网个人用户只有在向网络服务提供商支付费用后才能使用网络服务，而且，无论用户使用多少流量，通常都只需支付固定的费用。当前存在一种争议：是继续采用这种付费方式，还是让下载大量视频、音乐文件的用户支付更多的费用，因为此类用户消耗更多的带宽。下面的“互动讨论：组织”专栏将探讨这个话题，从而比较客观地呈现关于网络中立的正反两方意见。

互动讨论：组织

是否继续保持网络中立

你使用互联网主要做什么——是处理邮件和查询电话号码，还是天天看视频、下载音乐或者玩大型网游？如果是后者，那么你正在使用大量的带宽，上亿像你这样的用户将使网络速度变慢。2007 年 YouTube 所用的带宽相当于 2000 年互联网的所有带宽。于是产生了争论，人们认为应该根据用户使用的传输量来收取费用。

如果互联网用户的需求超过网络容量，互联网可能会面临大规模阻塞，用户的下载速度会变得缓慢，使用 YouTube、Facebook 和其他大数据量的服务时的反应也会变得迟缓。（在诸如纽约、旧金山等城市 iPhone 的大量使用已经降低了 AT&T 无线网络的服务速度。）

其他研究人员相信，互联网的数字通信

量正以每年50%的速度增长，而且通信技术也将以同样的速度发展。

除了这些技术方面的问题，计算互联网流量的争论围绕着“网络中立”这一概念展开。网络中立是指无论网络内容的特征或来源如何，互联网服务提供商必须让用户都能平等地获得该内容和应用。目前，互联网确实是中立的，互联网的主要拥有者对所有互联网流量都是按先来先服务原则处理的。

然而，电信和有线网络公司对此并不满意，它们希望能够对不同互联网内容所消耗的带宽实行不同的收费标准。这些公司认为，以不同的价格收费是“最公平的方式”，可以补偿网络设施的费用。

互联网服务提供商表示，互联网的盗版活动日益猖獗。美国第二大互联网服务提供商康卡斯特报告称，盗版非法文件已经消耗了其50%的网络带宽能力。一方面，康卡斯特减慢BitTorrent文件和被广泛非法使用的盗版物（包括视频）的传输速度。康卡斯特因其控制BitTorrent数据包传输而受到强烈指责，美国通信委员会要求康卡斯特必须停止这种点对点控制流量传输的网络管理。随后，康卡斯特提交了诉讼文件，反对美国通信委员会强制执行网络中立的法案。

网络中立支持者表示，当网络运营者能选择性地阻碍或减慢特定内容的传输时，网上内容检查制度的风险就会增加。已经有许多网络提供商禁止用户获得敏感性内容的例子。巴基斯坦政府阻止用户访问反穆斯林的网站和YouTube，以回击那些诽谤伊斯兰教的内容。

网络中立的支持者还主张，互联网中立将鼓励每个人去创新，无须得到电话公司和有线电视公司或其他权威机构的许可，并且这种公平竞争的环境会催生无数新企业。由于商业和社会的日趋“在线化”，允许信息自由流动是自由市场和民主的必要特征。

然而，网络所有者认为，“网络中立”倡导者提出的方案将抑制技术革新，从而遏制美国的竞争力，并且损害消费者的利益。美国网络服务的速度、成本和服务质量在整体上落后于许多国家，这更让供应商有话可说。

网络中立支持者反驳道，因为缺少服务的选择权，美国承运商拥有太多的权利。没有充分的竞争，那些承运商能更自由地制定价格和政策，消费者别无选择，而且不能通过其他途径获取资源，因而供应商能坐享其成。即使在一些大城市，宽带用户可选择的服务提供商也很有限。如果对网络接入有足够的选择性，网络中立就不会成为如此紧迫的问题。对当前网络服务不满意的客户或许可以选择那些主张网络中立、允许无限制使用互联网的供应商。

2010年8月，Verizon和谷歌发布的声明提出，监管机构要求在有线网络而不是无线网络中执行网络中立，而无线网络将成为占主导地位的互联网平台。该声明旨在确定某种中间地带，以便企业在管理网络并从中获得收益时有一定的灵活性，同时又可做到网络中立。在有关网络中立的争论中，双方都没有表明自己的支持率，争论将继续。

资料来源：Joe Nocera, “The Struggle for What We Already Have,” *The New York Times*, September 4, 2010; Claire Cain Miller, “Web Plan is Dividing Companies,” *The New York Times*, August 11, 2010; Wayne Rash, “Net Neutrality Looks Dead in the Clutches of Congress,” *eWeek*, June 13 2010; Amy Schatz and Spencer E. Ante, “FCC Web Rules Create Pushback,” *The Wall Street Journal*, May 6, 2010; Amy Schatz, “New U. S. Push to Regulate Internet Access,” *The Wall Street Journal*, May 5, 2010; and Joanie Wexler: “Net Neutrality: Can We Find Common Ground?” *Network World*, April 1, 2009.

[思考题]

1. 什么是网络中立？为什么互联网到目前为止都按网络中立的原则运作？

2. 谁更愿意实行网络中立？谁反对？为什么？

3. 如果网络服务提供商转向一种分级服务模式，那么对个人用户、企业和政府会有什么影响？

4. 你是否支持实施网络中立的立法？说明理由。

[MIS 实践]

1. 访问开放的互联网同盟网站，并选择五个会员组织。然后访问每个会员的网站或在互联网上找更多的相关信息。写一篇小短文，说明每个会员支持网络中立的理由。

2. 你每天上网使用多少带宽？每天发多少电子邮件，每封电子邮件的长度是多少？（你所用的程序会显示电子邮件文件大小的信息。）你每天下载多少音乐和视频，每个文件的大小为多少？如果你经常访问 YouTube，上网查找一个典型的 YouTube 文件有多大？将你一天发送和接收的电子邮件、音频和视频等文件的大小进行加总计算。

没有人可以“拥有”互联网，互联网也不可能实现规范化管理。然而，一些专业组织和政府机构建立了全球互联网政策，其中包括：互联网架构委员会（IAB）帮助确定互联网的总体架构；互联网域名与编号分配组织（ICANN）负责分配 IP 地址；万维网联盟（W3C）为万维网设置超文本传输语言（HTML）和其他编程标准。

为保持互联网高效运行，上述组织对政府机构、网络所有者、ISP 以及软件开发商等产生了一定程度的影响。互联网在运行时必须遵守它所在国的法律，其技术设备也必须满足所在国的要求。在互联网和网络发展的早期，很少有法律或行政方面的干涉，但随着互联网在信息和知识传播中发挥越来越重要的作用，其中出现了一些有异议的内容，使得这种情况发生了改变。

未来的互联网：IPv6 和第二代互联网

设计互联网的初衷并不是为了传输大量数据和拥有上百万用户。然而，众多的公司和政府为了适应当前和未来的工作需要，已分配了数百万 IP 地址，同时也因为网民人数急剧增长，全球可用的 IP 地址可能在近些年耗尽。一种新的叫做互联网协议标准 6（IPv6）的 IP 地址计划应运而生，它的地址长度为 128，该计划将包含超过 1 千万亿个不同的地址。

第二代互联网（Internet 2）和下一代互联网（Next-Generation Internet，NGI）是由美国 200 多所大学、私营企业和政府组织所组成的联盟，正在研发一种新的、稳定的和高带宽版本的互联网。它们已经建立了几个新的高性能主干网，带宽为 2.5～9.6Gbps。第二代互联网研究团体正在实验新技术以使路由更有效，根据数据的类型和重要性提供不同水平的服务，以及对分布式计算、虚拟实验室、数字图书馆、分布式学习和远程沉浸等先进技术加以应用。上述网络虽不能取代公共互联网，但是它们为高科技提供了实验平台，最终将会用于公共互联网。

7.3.3 互联网服务和通信工具

互联网以客户机/服务器技术为基础。个人互联网用户通过其计算机上的 Web 浏览器软件等客户端应用程序控制上网行为。所有的数据（包括电子邮件信息和网页信息等）都存储在服务器中。用户机使用互联网请求访问远程计算机服务器上的信息，然后服务器通过互联网将相关信息返回给用户。第 5 章和第 6 章曾提及，网络服务器和应用系统服务器以及数据库服务器是如何协同工作的，从而访问某个组织内部信息系统的应用程序和相关数据库信息。如今的客户端平台不仅包括PC，而且包括其他计算设备，如手机、小型手持数字设备和其他信息设备。

互联网服务

客户端连接了互联网之后可以获取各种服务，这些服务包括电子邮件、电子讨论组、聊天和即时通信、**远程登录**（Telnet）、**文件传输协议**（file transfer protocol，FTP）以及万维网等。表7—2对此作了简单描述。

表7—2　主要的互联网服务

互联网服务	支持的功能
电子邮件	人与人之间交流信息，共享文件
聊天和即时通信	相互交谈
新闻组	电子公告栏上的讨论组
远程登录	登录一台计算机，对另一台计算机进行操作
文件传输协议	在计算机之间传输文档
万维网	用超文本链接来获取、格式化和显示信息（包括文本、音频、图表和视频）

每一个互联网服务都是由一个或者多个软件程序来实现的，所有的服务可能运行于一台服务器上，也可能被分配到不同的服务器上。图7—10详细描述了在多层客户机/服务器架构下如何安排这些服务。

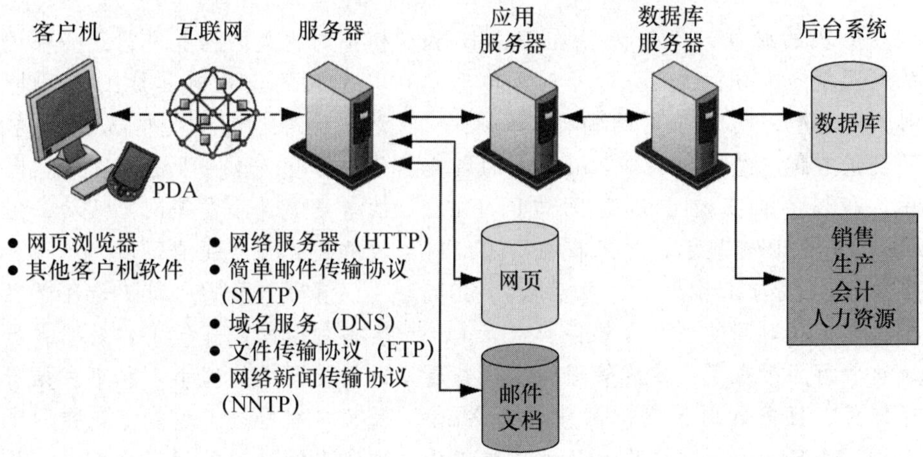

图7—10　互联网上的C/S计算

说明：通过浏览器或其他软件，客户端可以通过网络访问主机上的所有服务，这些服务可能运行于一台服务器上，也可能运行于多台专门的服务器上。

电子邮件（e-mail）可以实现计算机之间的信息流动，邮件可以发送给多人并转发，而且附件可以是文本文件或多媒体文件。虽然一些组织有内部的电子邮件系统，但大多数的邮件是通过互联网发送的。现在，电子邮件的成本远低于电话、邮政或快递的成本，使互联网成为一种低廉却快速的通信方式。大多数邮件信息在几秒钟内就可以到达世界各地。

大约90%的美国工作场所鼓励员工通过**聊天**（chat）工具或者即时通信工具进

行沟通。聊天工具使得两个或者更多同时在线的人可以实时交互对话，可以支持语音和视频聊天，以及文字聊天。很多网上零售企业在网站上提供聊天服务吸引客户，增加了营业额，改善了客户服务。

即时通信（instant messaging）是一种允许个人建立自己专用的聊天频道的聊天服务。只要有好友在线，即时通信系统就会提醒用户，这样用户就可以与对方聊天。当前用户普遍使用的即时通信系统很多，比如 Yahoo! Messager、Google Talk 以及 Windows Live Messenger。注重安全的公司会使用专门的即时通信系统，如 Lotus Sametime。

新闻组是全球范围内的讨论组，在互联网的电子公告牌上发帖。在这里人们可以分享诸如放射医学或摇滚乐团等方面信息和观点。每个人都可以将信息发布在公告栏上供他人阅读。这里有无数个讨论组，讨论任何可以讨论的话题。

电子邮件、即时通信和互联网的使用理应提高人们的工作效率，然而，由下面的“互动讨论：管理”专栏可知，情况并非如此。现在很多公司管理人员认为，他们需要监控甚至规范员工的上网行为，但这样做符合道德规范吗？虽然公司有很多正当的商业理由，但这样做是否意味着对员工隐私的侵犯呢？

互动讨论：管理

监控员工的上网行为：违背道德原则还是合乎商业习惯

在上班的时候，你每天花在 Facebook 上的时间是多少分钟或者几个小时？你会发送私人邮件吗？你会上网购物吗？如果是，也不会仅有你一个人如此。Nucleus 的调查显示，77%的员工在上班时间访问 Facebook；IDC 的调查显示，员工花在网上的时间至少有 40%与工作无关，并且大约 90%的员工在工作时间处理私人邮件。

这些行为带来了严重的管理问题。查看电子邮件、回复即时消息、偷偷观看 YouTube 或 MySpace 上的短片，分散了员工本应放在工作任务上的注意力。纽约市一家商业调查公司 Basex 的调查显示，美国员工平均每天将 28%的工作时间浪费在这些事上，导致工作效率低下，每年损失 6 500 亿美元。

许多企业开始监控员工的电子邮件、博客以及其他上网行为，有时，员工并不知情。最近美国管理协会（American Management Association，AMA）对 304 家规模不同的美国企业进行了一项民意调查，发现 66%的企业对其员工使用电子邮件收发消息和网络连接的情况进行监视。根据法律，尽管美国企业有权在工作时间监管员工的电子邮件收发等网上活动，但这是违背道德的还是合乎商业习惯的？

管理人员担心员工专注于私事而非公事会浪费时间，降低工作效率。员工花费太多时间上网或处理个人私事意味着公司的效益受损。有些员工可能把花在网上炒股或者处理私事的时间算到客户身上，从而对客户多收取费用。

另外，如果个人流量过高，会阻塞公司的网络，使其无法正常开展业务。位于内布拉斯加州奥马哈市的建筑企业 Schemmer Associates 和位于弗吉尼亚州伍德里奇市的波多马克医院（Potomac Hospital）发现，员工使用公司的互联网观看和下载视频，由此导致的带宽不足限制了公司的网络资源。

员工在公司的计算机上收发邮件或者占用网络资源处理事情（包括非法行为），均是以公司的名义进行的。因此，雇主可以追踪并追究员工的法律责任。很多公司的管理人员担心员工访问或传播涉及种族主义、色情或者其他具有攻击性的内容会损害公司声誉，甚至拖累公司遭到连带起诉。公司即使没有违法，应对诉讼也会承担巨额费用。

企业还担心电子邮件或博客可能会泄露公司的机密信息和商业秘密。一项由美国管理协会和电子政策研究所（ePolicy Institute）进行的调查显示，有14%的员工曾将机密或对企业有潜在威胁的邮件发送给外人。

美国企业有权监控员工在上班时间使用公司的设备做什么，现在的问题在于，电子监控能否有效保证员工的工作积极、高效。有些企业试图禁止员工利用公司网络进行所有个人活动，即采取“零容忍”政策。有些企业限制员工访问特定网站或者使用软件限制员工的上网时间。

例如，连锁汽车租赁公司 Rent-A-Car 对员工接入特定公共网站及在线上传或下载有关企业的内容进行监控。位于加利福尼亚州圣塔安那的 Ajax Boiler 使用 SpectorSoft 公司的软件，记录所有员工访问的网站、在每个网站所花的时间和所有电子邮件的收发情况。Flushing Financial 安装了可以禁止员工向特殊邮件地址发送电子邮件的软件，还可以监控有敏感信息的电子邮件附件。Schemmer Associates 使用 OpenDNS 来识别和过滤网站内容，并阻止不合适的视频。

有些企业已经开除了违反规定的员工。在美国管理协会调查的企业中，有1/3开除了在工作时间滥用互联网的员工。在做出开除这类员工的决定的管理人员中，有64%这样做是因为员工的电子邮件包含了不恰当或有攻击性的语言，超过25%是因为员工总是使用电子邮件处理私事。

没有什么解决之道是完美的，但是许多顾问认为，企业应该制定使用电子邮件和互联网的相关政策。政策应该明确基本的规则，明确规定那个级别或层次的员工能使用公司的计算机收发邮件、发博客或者浏览网页等，这些政策也可使员工知晓其网络活动是否被监管以及被监管的原因。

IBM 发布了《社会计算指南》，涵盖了员工访问诸如 Facebook 和 Twitter 的活动指南。该指南鼓励员工公开自己的身份，对发布的内容负责，不讨论与他们在 IBM 所担任的角色无关的有争议的话题。

此类制度的制定应该以公司的业务需要和组织文化为依据。例如，有些企业可能限制所有员工访问色情网站，但是律师事务所或医院的员工可能因工作需要访问这类网站，投资公司必须允许其员工访问其他投资公司的网站。依赖于广泛的信息共享、创新性和独立性的公司，很可能会发现监管引发的问题比解决的问题要多得多。

资料来源：Joan Goodchild，“Not Safe for Work：What's Acceptable for Office Computer Use，” *CIO Australia*，June 17 2010；Sarah E. Needleman，“Monitoring the Monitors，” *The Wall Street Journal*，August 16，2010；Michelle Conline and Douglas MacMillan，“Web 2.0：Managing Corporate Reputations，” *Business Week*，May 20，2009；James Wong，“Drafting Trouble-Free Social Media Policies，” Law. com，June 15，2009；and Maggie Jackson，“May We Have Your Attention. Please?” *Business Week*，June 23. 2008.

[思考题]

1. 管理人员是否应该监控员工对电子邮件和网络的使用情况？说明理由。

2. 描述一个对企业有效的电子邮件和网络使用政策。

3. 管理人员是否应该告知员工他们的上网行为正被监控？说明理由。

[MIS 实践]

查询提供在线员工网络监控软件的网站，如 Websense、Barracuda Networks、MessageLabs 或 SpectorSoft，然后回答以下问题。

1. 这个软件能追踪员工哪些网上活动？雇主通过使用该软件能了解员工哪些信息？

2. 企业如何才能从使用该软件中获益？

3. 如果你的雇主在你工作时用该软件来实施监控，你会怎样想？请具体说明。

IP 电话

互联网已经成为普遍使用的语音传输和企业网络平台。**IP 电话**（voice over IP，VoIP）应用包交换技术，以数字形式传输语音信息，这样就节省了因本地和长途电话网络所收取的费用（见图 7—11）。以前电话通过公共电话网络进行传输，现在电话通过基于互联网协议或者公共互联网的公司网络进行传输。进行语音呼叫只需要一台装有麦克风和扬声器的台式电脑或者一部有 VoIP 功能的电话机。

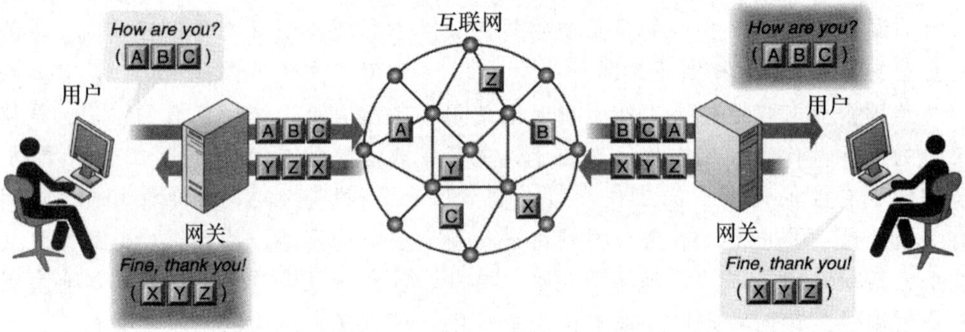

图 7—11　IP 电话的工作原理

说明：IP 电话实现了数字化，并且可以将声音信息分解成多个数据包，这些数据包沿着不同的路径进行传输，在到达最终目的地后重新组合。离通话目的地最近的处理器叫做网关，它将数据包进行恰当排序，并将它们发送至接收者的电话号码或者负责接收的计算机的 IP 地址。

通信服务提供商（如 Verizon）以及有线电视公司（如 TimeWarner 和 Cablevision）提供 IP 电话服务。Skype 使用对等网络提供全球免费 IP 电话服务，Google 也有独立的免费 IP 电话服务。

虽然 IP 电话系统需要大量的前期投资，但是它可以将通信和网络管理成本降低 20%～30%。例如，维珍娱乐集团（Virgin Entertainment Group）使用 IP 电话，每年可节省 70 万美元的长途电话费。除了降低长途电话的费用和免除每月专用线路的租赁费用，IP 网络为电信和计算服务提供了专有的语音数据基础设施。公司不再需要维护不同的网络，也不必为每一种不同类型的网络提供服务和人员支持。

IP 电话的另外一个优势是灵活性。它与传统电话网络不同，增加电话或在不同的办公室间移动电话不需要重新布线，也不需要重新部署或者改装网络。有了 IP 电话后，在召开电话会议时只需在屏幕上进行简单的点击和拖动就可以选择参加会议的人员。同时，语音邮件和电子邮件也可以组合在同一目录里。

统一通信

过去，每个用于有线和无线数据、语音通信和视频会议的企业网络都是独立运行的，并且由信息管理部门分开管理。然而现在，许多企业使用**统一通信**（unified communications）技术，把许多完全不同的通信模式合并成一个单一的通信模式。统一通信将语音通信、数据传输、即时通信、电子邮件和电子会议等不同的渠道集合在一起，用户可以在不同通信模式之间顺畅地来回切换。线上通知技术能告知用户是否接收到呼叫，为了更好地评估该技术的价值，企业需要对如何利用该技术改进工作流和业务流程进行深入调查。

芝加哥地区主要的房地产企业 CenterPoint Properties 利用统一通信技术为房地产交易创建协作网站。每个网站为获得结构化数据和非结构化数据提供唯一的指南。集成的线上通知技术让团队成员的电子邮件、即时通信、呼叫或视频会议等所有通知仅需点击一下就可以知道。

虚拟专用网络

如果你有一个营销团队，依靠开发新产品和新服务盈利，成员遍布美国，你会怎么做？你可能希望每个成员都可以使用电子邮件，并且在外界毫无机会截取通信的情况下与总部沟通。过去的解决方案是与大型私营公司合作，这些公司为顾客提供安全、保密、专用的网络，但这是一个成本高昂的方案。更合算的解决方案就是在公共网络中创建一个虚拟专用网络。

虚拟专用网络（virtual private network，VPN）是一种在公共网络中构建的安全的、加密的专用网络（见图 7—12），其目的是利用互联网等大型网络的规模经济和管理设备，为公司提供安全加密的通信信道，同时它的成本要比相同配置的非互联网供应商更低，后者使用专用网络以确保通信的安全。VPN 还提供语音和数据网络相结合的网络基础设施。

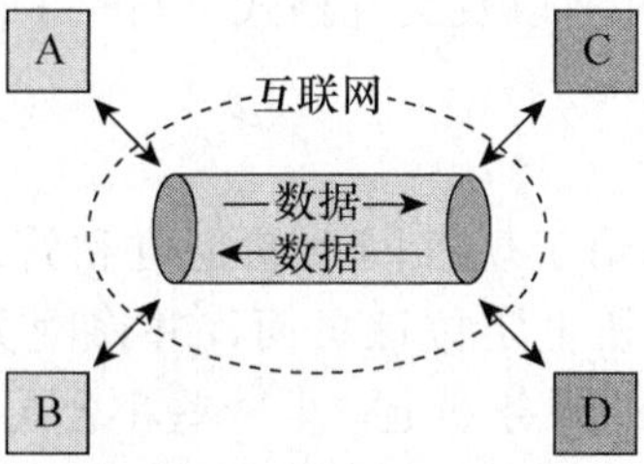

图 7—12　互联网中的虚拟专用网络

说明：这个 VPN 是连接计算机的专用网络，通过互联网使用安全的“隧道”相连。它在公共网络上通过加密数据以及按照互联网协议（IP）“包裹”数据来保护数据传输。通过在网络信息上增加包裹来隐藏其内容，组织可以通过公共网络来建立专用连接。

目前规范公共网络上的数据传输的协议有好几个，其中包括点对点隧道技术协议（Point-to-Point Tunneling Protocol，PPTP）。在被称为“隧道”的程序中，数据包被加密后进入 IP 数据包中。公司为隐藏数据包的内容，在网络信息外追加封套，并通过公共网络建立专用连接。

7.3.4　万维网

你也许曾使用万维网下载音乐，为学术论文查找信息，或者看新闻和天气预报。万维网是最流行的互联网服务，使用客户机/服务器的架构，根据普遍接受的标准对信息进行存储、检索、格式化以及显示。网页使用统一的超文本格式，通过内置的超级链接可以链接到其他的文档，并能将其他对象（包括声音、视频和动画文件）与网页相连。当人们点击图片或视频播放按钮时，也就点击了相应的超链接。一个典型的**网站**（Web site）是所有与主页相连的网页集合。

超文本

网页是基于标准的超文本标记语言（HTML），它为文档和文档中的动态链接规定了统一的格式，这些链接指向存储于相同或远程计算机中的其他文档或图片（见第 5 章）。网络浏览器可以通过**超文本传输协议**（Hypertext Transfer Protocol，HTTP）获取存储在网络主机服务器上的网页，使用户可以访问网络上的网页。HTTP 是网络中用于传输网页的通信标准。例如，当你在浏览器中输入 www. sec. gov 的网址后，浏览器向 sec. gov 的服务器发送一个 HTTP 请求以访问 sec. gov 的主页。

每个网页地址都以 HTTP 开头，之后是域名，域名指向存储文档的服务器。大多数公司都有一个域名，这些域名与公司名称接近或完全一致。地址中还包括文件路径和文件名称等信息，协助浏览器寻找请求访问的网页，因此地址也被称为**统一资源定位器**（uniform resource locator，URL）。在浏览器中输入的 URL 会准确定位浏览器软件所搜索信息的地址。例如，在 URL：http：//www. megacorp. com/content/features/082602. html 中，http 指的是网页协议，www. megacorp. com 是域名，content/features 是路径，指明了网页在网页服务器上的存储位置，082602. html 是文件名以及文件格式（它是 HTML 网页）。

Web 服务器

Web 服务器是用于现有网页的定位和管理的软件。在用户发出网页请求后，Web 服务器在计算机上定位该页面，并将网页返回给用户计算机。服务器应用软件通常安装在专门的服务器上，但一些小公司会把它们直接安装在一台独立的计算机上。

现在最常用的 Web 服务器是 Apache HTTP 服务器，它占有 54%的市场份额。Apache 是开源软件产品，可以免费从网上下载。微软的 IIS 是第二大常用的 Web 服务器，占据了 25%的市场份额。

在网上搜寻信息

没有人确切地知道网页的数量。表层网络是搜索引擎访问且其信息被记录的那部分网络。例如，2010 年谷歌访问了 1 000 亿个网页，当然这只是公开的网页的一部分。还有一种“深层网络”，它包含了大概 9 000 亿个附加网页，其中很多是不公开的（诸如《华尔街日报》在线的网页，没有访问码无法访问）或存储在受保护的企业数据库中。

搜索引擎　如果没有搜索引擎，要在众多的网页中即时地找到有用的信息显然是一个难题。那么如何在多达上亿的网页中找到我们需要的一两个网页呢？搜索引擎就是用来解决这类问题的，它们能够在网上瞬间查找到所需的信息，因而成为互联网时代最受欢迎的应用程序。今天，**搜索引擎**（search engine）可以在 HTML 文件、Microsoft Office 应用程序文件、PDF 文件、音频、视频和图片文件中进行过滤筛选。全世界有上百种搜索引擎，但大量搜索结果主要是由谷歌、雅虎和发布 Bing 搜索引擎的微软公司这三大供应商提供的。

网页搜索引擎产生于 20 世纪 90 年代初，当时软件程序相对简单，它主要用于访问网页和收集关于网页的相关信息。早期的搜索引擎只是一些记录了它所访问过的网页的关键字索引，因此用户在进行查询时会搜索到与需求不太相关的页面。

1994 年，斯坦福大学计算机专业学生戴维·菲洛（David Filo）和杰里·扬（Jerry Yang）创建了他们喜欢的手工选择方式的网页列表，并命名为“Yet Another Hierarchical Officious Oracle”，简称“Yahoo!”。Yahoo 起初并不是一个搜索引擎，而只是编辑者把自己喜欢的网站收集起来并进行分类的工具。但是，雅虎从此开始了开发搜索引擎的历程。

1998 年，斯坦福大学计算机系的另外两名学生拉里·佩奇（Larry Page）和塞尔根·布林（Sergen Brin）发布了第一代的 Google 版本。这是一个全新的搜索引擎：它不仅对每个网页中的文字建立索引，而且按照网页的相关性对搜索结果排名。佩奇为这个网页排名系统（PageRank System）申请了专利，这个系统尤其关注网页的流行度，它可以通过监测页面点击量得到。布林发明了一个独特的网页爬虫程序，它不仅可以搜索网页中的关键词，而且可以搜索单词的组合（诸如作者和文章名）。这两项技术成为 Google 搜索引擎的基础。图 7—13 说明了 Google 的工作原理。

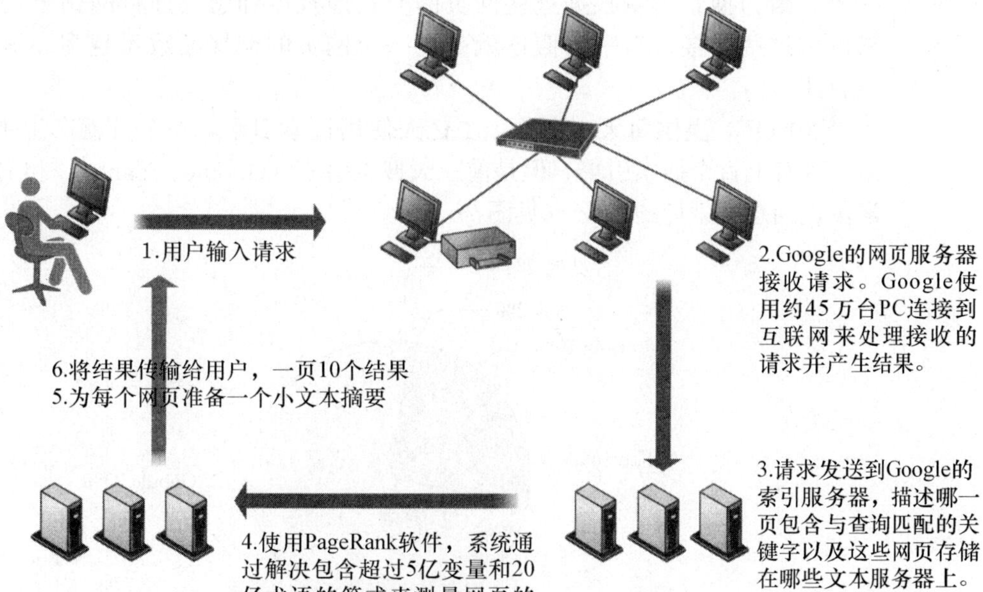

图 7—13　Google 的工作原理

说明：Google 搜索引擎不停地抓取网络，为每个网页的内容建立索引，计算它的流行度，存储网页，从而对用户搜索网页的要求快速做出回应。整个过程仅耗时约半秒钟。

搜索引擎网站很受欢迎，许多人将它们设为网站的主页（见第10章）。搜索引擎很有用，没有人预料到它会成为一种赚钱的方式。然而如今，搜索引擎已经成为发展最快的广告营销方式——**搜索引擎营销**（search engine marketing）。

搜索引擎通过提供搜索引擎营销已经成为主要的购物工具。当用户进入Google、Bing、Yahoo！或其他的搜索引擎进行搜索时，搜索结果为两种类型的列表：一种为赞助商链接，通常在搜索结果中最先显示，广告商付费；另一种是非赞助商支持的“自然”搜索结果。此外，广告商还可以购买位于搜索结果两侧的小文本框这类广告位，这种付费的赞助广告是一种快速发展的互联网广告形式，也是一种强大的市场营销工具，它可以适时精确地匹配客户兴趣和广告信息。因此，搜索引擎营销将搜索过程的价值货币化。2010年，搜索引擎市场总共收入123亿美元，一半来自在线广告。谷歌236亿美元年收入的97%来自搜索引擎市场（eMarketer，2010）。

因为搜索引擎营销如此有效，企业为了能被搜索引擎更好地识别，纷纷优化自己的网站。网页优化得越好，其在搜索引擎结果列表中的排位就越靠前。**搜索引擎优化**（search engine optimization，SEO）是指当人们在搜索框内敲入特定的关键字和短语时，企业为了使自己的网站能得到主要搜索引擎的较靠前排位，而利用一系列技巧来提高网站流量的质量和容量的过程。一个技巧是确保网站描述中的关键字与潜在客户可能会用的检索关键字相匹配。例如，如果大多数潜在客户正搜索“lightning”，那么使用关键字“lightning”比“lamps”更有可能让你的网站被搜索引擎排在第一位。将你的网站与尽可能多的其他网站链接也会带来优势，因为搜索引擎根据这些网页的受欢迎程度和怎样连接网站上的其他内容来评估这些链接。有一种假设就是：一个网页的链接的数量越多，该网站必定越有用。

2010年，美国每天有大约1.1亿人使用搜索引擎，一个月就产生170亿次搜索。现有上百个搜索引擎，但是前三大搜索引擎（Google、Yahoo！和Bing）的搜索量占到总搜索量的90%（见图7—14）。

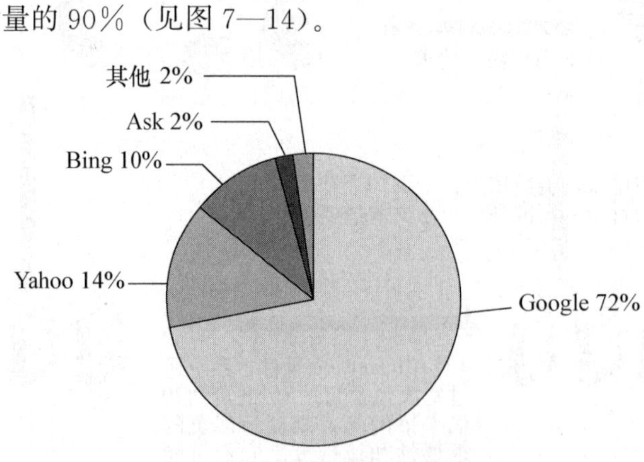

图7—14　美国领先的网络搜索引擎

说明：目前Google是网上最受欢迎的搜索引擎，占据了72%的市场份额。

虽然搜索引擎最初是为了搜索文本文档而产生的，但是在线视频和图片的激增创造了对可快速查找特殊视频的搜索引擎的需求。在YouTube网站的视频名称中，词语“dance”、“love”、“music”和“girl”都非常受欢迎。即使视频的实际内容可能与这些检索词毫无关系，搜索这些关键词仍会跳出很多结果。因为计算机性能不好或数字图像的识别速度不是很快，视频搜索遇到了一定的挑战。一些搜索引擎开始利用电影脚本进行搜索，所以在未来利用电影对白来搜索影片将成为可能。最受欢迎的视频搜索引擎是 Blinkx. com，它存储了 1 800 万小时的视频，并有一个庞大的分类团队来检查上传视频的内容与其标题是否相符。

智能代理购物机器人 第 11 章描述了内置有智能功能的软件代理，它具有收集和过滤信息以及帮助用户完成任务的能力。**购物机器人**（shopping bots）使用智能代理软件来搜寻互联网上的购物信息。诸如 MySimon 或 Google Product Search 等购物机器人可以帮助人们过滤采购信息和重新获取感兴趣的产品的信息，根据用户建立的标准来评估产品性能、与买家就产品的价格及运输事宜进行谈判。很多购物代理根据用户指定产品的定价和可得性进行搜索，然后反馈一组待售商品的网站列表，并且提供价格信息和购买链接。

Web 2.0

如今的网站不仅包含静态内容，而且允许访客合作、分享信息和创建在线服务。**Web 2.0** 指的就是这些第二代以互联网为基础的交互式服务。如果你已通过网络在 Flickr 或其他照片网站上共享照片，在 YouTube 上发视频，写博客，使用维基百科或在你的 Facebook 页面上添加小控件，那么你就已经使用了 Web 2.0 的部分功能。

Web 2.0 有四个明显的特征：交互式、实时用户控制、社会参与（共享）和用户自创内容。支持这些特点的技术和服务包括云计算、软件糅合与小控件、博客、聚合内容、维基和社交网络。

我们在第 5 章介绍的糅合与控件，是能够让用户和系统开发者混合并搭配相关内容或软件组件来创建全新应用的软件服务。例如，雅虎的照片存储与共享网站 Flickr，把图片与用户提供的关于图像的其他信息和工具相结合，使它能适用于其他网络编程环境。

这些应用软件在网络上运行。有了 Web 2.0，网络就不仅仅是目标网站的一个集合，而是一种数据和服务的资源，可以组合起来创建用户所需的程序。Web 2.0 的工具和服务促进了社交网络和其他网络通信的产生，这样，人们可以根据自己的选择进行沟通。

博客（blog）是网络日志的一个受欢迎的专用语，是一个个人网站，有一系列由作者按时间顺序排列（从最近到最早）的内容和连接到其他网站的链接。博客可能包含博客链接（一些指向其他博客的链接）和引用通告（一些引用最原始博客内容的其他博客的列表）。大多数博客允许读者在博客记录里发表自己的看法。创建博客的行为常被看做是“写日志”。博客可以由第三方站点（如 Blogger. com、LiveJournal. com、TypePad. com 和 Xanga. com）负责，也可以由有需要的用户自己下载诸如 Movable Type 等软件来创建，由用户的网络服务提供商管理。

博客页面通常有许多博客服务提供商或软件提供的模板，因此，不具备 HTML 技能的人们可以利用现成的模板发布自己的网页并与其他人一起分享页面上的内容。所有与博客有关的网站通常被称作**博客圈**（blogosphere）。虽然目前博客已经成为非常流行的个人发布工具，但是实际上它们也有商业用途（见第 10 章和第 11 章）。

如果你是一个狂热的博客迷，可能会使用聚合内容及时了解你喜欢的博客的动态，而不必查看其是否更新。**聚合内容**（Rich Site Summary/Really Simple Syndicates，RSS）综合网站内容以便于在其他设置中使用。RSS 技术从网站上抓取特定的内容并自动反馈到用户的计算机中，并且可以存储起来供日后阅览。

为了接收来自 RSS 的信息，你需要从网上下载并安装新闻聚合器或者新闻阅读软件。大多数网络浏览器都包括 RSS 阅读功能。另一种方法是，建立一个新闻聚合器账户，定期进行网络搜索，"告诉"聚合器从指定的网页收集更新页面的列表，或者收集与某些主题相关的信息。一经订阅，你的计算机就会自动接收指定网站发布的新闻内容。

一些企业在内部使用 RSS 发布企业的更新信息。比如富国银行（Wells Fargo）使用 RSS 发布新闻，员工可以通过定制的方式来查看与他们工作最相关的新消息。RSS 订阅源非常流行，在线出版商正在寻求一种借助 RSS 订阅源跟踪展示广告内容的方法。

博客只允许访问者在原始内容上添加评论，但是不允许访问者改变原来发布的内容。与此相反，**维基**（wiki）是一个协作网站，它可以让访问者增加、删除或修改网站内容，甚至以前的作者所写的内容。wiki 来自夏威夷语"quick"。

维基软件通常为所有页面提供一种可以设定布局和元素的模板，将用户可编辑的软件程序代码显示出来，然后在基于 HTML 的页面上提供相关内容并显示在网页中。一些维基软件只允许采用最基本的文本格式，而其他工具可能会使用表格、图片或交互式的元素，如投票或游戏。大部分维基应用提供追踪其他用户的成果和纠正错误的功能。

因为维基让信息共享变得很简单，所以它们也有许多商业用途。例如，手机生产商的销售代表利用维基来共享销售信息，多次使用在维基上发布的信息，而不必针对每位客户单独推销。美国国土安全部（U. S. Department of Homeland Security）的国家网络安全中心为促进联邦机构间网络安全方面的合作，配置了维基软件。国家网络安全中心和其他机构利用维基实现关于威胁、攻击和响应的实时信息共享，并且在维基上保存其技术和标准信息。

社交网站（social networking sites）使用户能建立好友社区与专业团队社区。每个成员通常创建一个自己的"档案"，在自己的网页上发布照片、视频、MP3 文件和文本，然后与"好友"分享这些档案资料或进行联络。社交网站具有高交互性，提供实时用户控制，依赖用户自创内容，并广泛地以社会参与及内容与意见分享为基础。著名的社交网站有 Facebook、MySpace 和 LinkedIn。

社交网站从定义上看属于 Web 2.0 的应用，它彻底改变了人们在线打发时间的方式，改变了人们与他人沟通的方式，改变了企业人士与客户、供应商和员工接触的方式，改变了商品和服务提供商了解客户的方式，改变了广告宣传者吸引潜在客户的方式。大型的社交网站正在变成一种应用开发平台，用户可以在该平台上开发新软件应用，然后出售给社区的其他用户。仅 Facebook 就有超过 100 万名开发者，开发了超过550 000个用于游戏、视频共享以及与朋友、家人通信的应用。在第10章，我们将更多地讨论社交网站在商业上的应用，在其他许多章节中也可以找到有关社交网络的讨论。

Web 3.0：未来的网络

每天大约有1.1亿美国人用搜索引擎进行5亿次查询。在这5亿次查询中，有多少次能搜索出有意义的结果？事实证明，成功的比例连一半都不到。谷歌、雅虎、微软和亚马逊都在努力提高用搜索引擎查询到有价值的结果的几率。但是面对超过1 000亿个索引页，你查询真正想要的信息的方法却十分原始，它们根据页面的文字进行搜索，所得到的只是使用相同术语搜索的人们关注的页面，也就是说，不过是在碰运气。

未来的Web技术会让普通人能够有效地搜索1 000亿个网页，并得到有意义的搜索结果。Web 1.0解决了获得信息的问题。Web 2.0解决了与他人共享信息和创建新网络体验的问题。**Web 3.0**是未来网络的希望，到那时所有的数字信息和通信都连接在一起，成为真正有意义的体验。

Web 3.0又被称为**语义网**（Semantic Web）。如今大多数网络的内容是设计给人们阅读和计算机显示的，而不是用来分析和操作计算机程序的。每当一个特殊的术语或关键词出现在Web文档中，搜索引擎就能发现，但是它们无法真正理解其含义或这些词语在网络上与其他信息之间的联系。可以在Google上进行两次查询来验证。第一次，输入“Paris Hilton”。第二次，输入“Hilton in Paris”。因为Google不能理解普通英语，所以它不明白在第二次查询中你感兴趣的是位于巴黎的希尔顿酒店。由于不能理解搜索到的页面的含义，谷歌的搜索引擎只能显示内容中含有“Hilton”和“Paris”的最受欢迎的网页。

早在2001年，*Scientific American*杂志上刊登的一篇文章中就提到，语义网是万维网联盟努力的成果，为了减少人们在网页搜索和信息处理中的工作量，它在现有网页上又增加了一层语义（Berners-lee et al.，2001）。

虽然人们对未来网络的看法不尽相同，但是，他们一般都关注如何让网络更加“智能”，让“机器”理解信息，从而获得更加直观和有效的用户体验。例如，周五下班后，你想在附近的餐馆与你的网球好友举办一个晚会，可问题是，你之前已经安排与一个朋友去看电影。如果在Web 3.0环境下，你只需向智能手机发出文本或语音指令，就可以将同网球好友约会与看电影两个计划相互协调，并且预订饭店，可惜我们暂时还做不到。

Web走向更加智能化的过程相对较慢，很大程度上是因为很难使机器或软件程序像人脑那样智能化。但是，人们对未来的网络有不同的看法，有些人预见在未来的3D网络环境中，你可以穿行于网页之间；还有些人认为，未来网络可以控制一切，比如控制客厅里的灯和汽车后视镜，甚至可以安排你的日程和约会。

其他引领未来Web 3.0的趋势包括更广泛的云计算应用和软件即服务的商业模式，移动平台和互联网接入设备之间无处不在的连通性，以及Web从孤立的由应用程序和内容组成的网络向一个更加无缝和互操作性强的整体转化。对Web 3.0

的这些美好期待很可能在短期内实现。

7.4 无线革命

如果有一部手机，你会用它来收发图片、发送短消息或下载音乐吗？你会带着笔记本电脑去上课或去图书馆上网吗？如果是这样，那么你就是无线网络通信技术革命的一员了。手机、笔记本以及小型手持设备已经变成便携计算平台，使得人们可以使用这些设备完成过去在台式机上才能完成的计算任务。

无线通信为公司保持与客户、供应商和员工的交流提供了方便，并使得工作安排更加柔性化。无线技术也创造了新的产品、服务和销售模式，我们将在第 10 章讨论这方面的内容。

如果你想通过移动通信远程访问公司系统，可借助下列无线设备：手机、智能手机和无线的个人电脑。我们曾在第 1 章和第 5 章关于移动数字平台的讨论中介绍过智能手机。除了语音传输，智能手机还具有电子邮件、短消息、无线网络接入、数字相机和个人信息管理等功能。iPhone 和黑莓手机的性能表明了手机进化成小型移动计算机的程度。

7.4.1 蜂窝系统

数字蜂窝服务使用几个相互竞争的标准。在欧洲及除美国以外的其他地方，使用全球移动通信系统（Global System for Mobile Communication，GSM）标准。GSM 的强项在于其全球漫游能力。美国的 T-Mobile、VoiceStream、Cingular 和 AT&T 等公司也在使用 GSM 系统。

美国的主要标准是码分多址（Code Division Multiple Access，CDMA），Verizon 和 Sprint 使用这一系统。CDMA 是第二次世界大战时由军方研发的，它通过几个频率传输，占据整个频谱，并随机分配用户使用一个频率段。一般而言，实施 CDMA 的成本较低，频率使用更有效，提供的数据和声音传输质量比 GSM 更高。

早期的蜂窝系统主要是为了传输电话语音以及收发短信而设计的。无线运营商现在提供更强大的蜂窝网络，称为**第三代网络**或 **3G 网络**（3G networks），它的传输速度对于移动中的用户可达到 144Kbps，对于固定用户则可达到 2Mbps。这一传输能力足以满足对于声音、视频、图表以及其他富媒体的传输速度的要求，使得 3G 网络适用于无线宽带互联网访问。许多手机如今都支持 3G，包括 iPhone。3G 网络在日本、韩国、中国台湾、中国香港、新加坡和北欧一些地区得到了广泛应用。

无线通信的又一次进化被称作**第四代网络**或 **4G 网络**（4G networks），它是指整个数据包交换，并提供较高质量和安全性的传输，速度达到 1Mbps～1Gbps。用户在任何时间、任何地点都可以获得语音、数据和高质量的流媒体视频。4G 网络逐渐得到商业应用。

7.4.2　无线计算机网络和互联网接入

如果你有一台笔记本电脑，你很可能通过它来上网，你从一个房间进入另一个房间或者从图书馆的这张桌子换到另一张桌子，仍然可以保持网络连通。目前，已经有一系列技术可以用于支持便携式电脑和其他包括手机在内的无线设备高速访问网络，这些新的高速服务已经延伸到传统的有线互联网所不能覆盖的许多地方。

蓝牙

802.15无线网络标准俗称**蓝牙**（bluetooth），用来创建小型**个人区域网**（personal-area networks，PANs）。个人区域网通过使用低功率的无线通信技术，能在10米范围内连接多达8个设备，而且在2.4GHz频段的传输速度达722Kbps。

配有蓝牙功能的无线电话、寻呼机、电脑、打印机和电脑设备等可以相互通信，甚至无须用户直接干预就可以相互操作（见图7—15）。例如，人们可以使用笔记本电脑将文档无线发送到打印机。借助蓝牙功能，可将无线键盘和鼠标连接到PC，也可以把手机连接到听筒。蓝牙耗电少，适用于由电池供电的便携式电脑、手机和个人数字助理（personal digital assistant，PDA）。

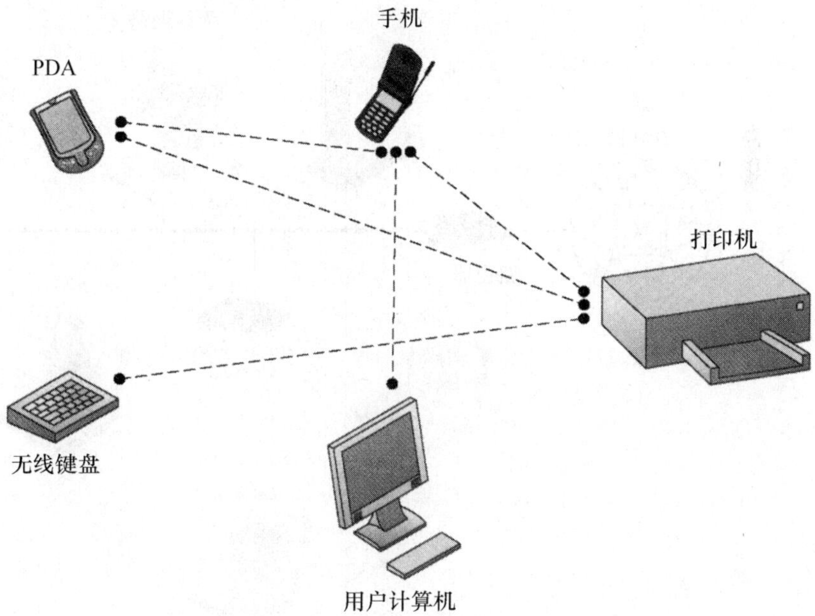

图7—15　蓝牙网络（PAN）

说明：蓝牙使一系列的设备（包括手机、PDA、无线键盘和鼠标、PC和打印机）可以在短距离（10米）内无线连接。除了图中显示的连接，蓝牙还可以用来连接相似的设备，比如将数据从一台电脑传至另一台电脑。

虽然蓝牙更适用于个人网络，但在大型企业中也可使用。例如，联邦快递的司机利用蓝牙向蜂窝式发射机传送掌上电脑 PowerPad 获得的数据，然后将数据传递给公司电脑。司机不再需要花时间进行掌上机的人工对接工作，联邦快递利用蓝牙每年可以节约 2 000 万美元。

Wi-Fi 和无线互联网接入

无线 LAN 的 802. 11 标准集也称**无线保真度**（Wi-Fi）。802. 11b 标准是第一个被广泛采用的无线标准，在 2. 4-GHz 频率范围内的传输速度可达到 11Mbps，并且有效范围可达到 30～50 米。802. 11g 标准在 2. 4-GHz 范围内的传输速度可达到 54Mbps。802. 11n 的传输速度可达到 100Mbps。现在的 PC 和笔记本电脑都有内嵌的 Wi-Fi 功能，iPhone、iPad 和其他的智能手机也有此功能。

在大多数 Wi-Fi 通信方式中，无线设备与有线 LAN 可以通过接入点来通信。接入点是一个包含无线接收器/转换机的盒子，外带一个可以连接有线网络、路由器或集线器的天线。由 Virgin Mobile 公司提供的 MiFi 这类无限接入点服务则是通过现有的蜂窝网络来创建 Wi-Fi 连接。

图 7—16 详细描述了 802. 11 无线 LAN，它把很多移动设备连接到大型有线 LAN 和互联网。大多数无线设备都是客户机。移动客户机站点所需的服务器安装在有线 LAN 上。同时，接入点控制着无线站点，并且充当主要的有线 LAN 和无线 LAN 之间的桥梁。（连接两个不同 LAN 的桥梁基于不同的技术。）接入点也对无线站点进行控制。

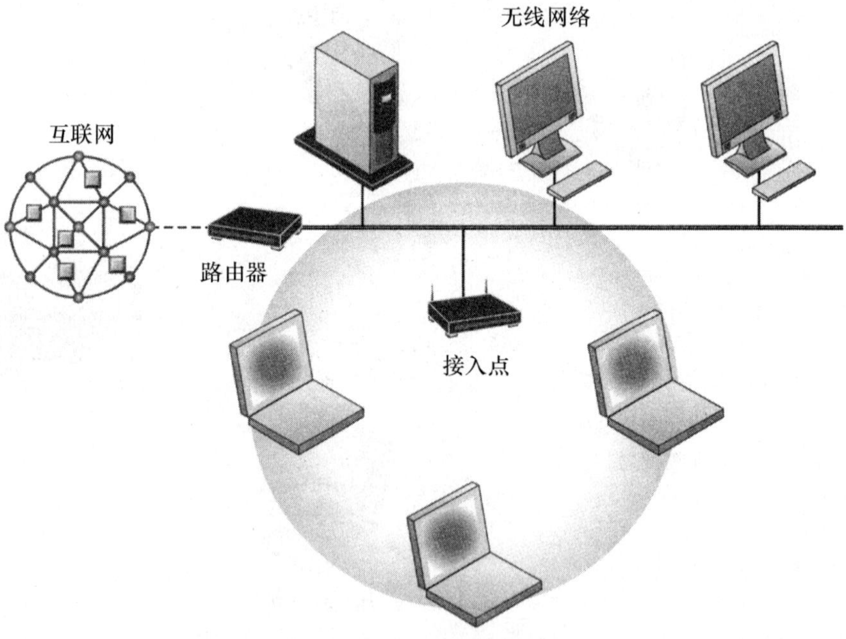

图 7—16　802. 11 无线局域网

说明：配有无线网卡的移动笔记本电脑通过接入点连接到有线 LAN 上。接入点使用无线电从有线网络向客户机适配器中传输网络信号，并将其转换成移动设备可以识别的数据。然后，客户机适配器将数据从移动设备传回接入点，提交给有线网络。

如今对于 Wi-Fi 最流行的应用就是进行互联网服务的高速无线访问。在这种情况下，只需要从有线电视和 DSL 电话服务公司取得访问接入点，用户就可以访问互联网。计算机则可以通过访问接入点无线访问网络。

热点（hotspots）由放置于公共场所的屋顶、墙上或者其他重要位置的一个或者多个接入点构成，可以提供一个特定区域的最大化的无线覆盖。处于热点所在范围内的用户可以通过具有 Wi-Fi 功能的笔记本电脑、掌上电脑或手机（如苹果 iPhone）连接到互联网。一些热点是免费的，并且不需要使用额外的软件；另一些则需要激活，通过在 Web 上提供信用卡号建立一个付费账号。

不同规模的企业都使用 Wi-Fi 网络来提供低成本的无线 LAN 和互联网接入。Wi-Fi 热点逐渐增多，在旅馆、机场大厅、图书馆以及大学校园都提供了移动访问互联网的服务。达特茅斯学院就是其中之一，学生们使用 Wi-Fi 来进行搜索、课程学习和娱乐。

然而，Wi-Fi 也面临一些挑战。Wi-Fi 网络的一个主要缺点是安全性能差，使得这些无线网络更容易受到攻击。我们将在第 8 章详细介绍 Wi-Fi 的安全问题。

Wi-Fi 网络的另外一个缺点是，它很容易受到附近相同频谱的其他系统（如无线电话、微波炉或者其他的无线 LAN）的干扰。基于 802.11n 标准的无线网络能够解决此类问题，它使用多个无线天线按顺序传送和接收数据，也可以协调多个无线天线同时发送无线电信号，这种技术叫做 MIMO（多输入多输出）。

WiMax

在世界上的很多地方都没有 Wi-Fi 网络和固定的宽带连接。由于 Wi-Fi 的覆盖范围不超过 300 英尺，因此那些没有电缆或 DSL 服务的农村用户无法无线接入互联网。

为了解决这些问题，IEEE 专门开发了一组新型标准，称为 **WiMax**，即 IEEE 标准 802.16，也就是著名的“固定宽带无线接入系统的空中接口”。与 Wi-Fi 300 英尺和蓝牙 30 英尺的覆盖范围不同，WiMax 可以支持方圆 31 英里内的无线访问，并且其数据传输速度可以达到 75Mbps。同时，802.16 标准以良好的安全性能和高质量的服务水平实现了语音和视频传输功能。

WiMax 的天线功能强大，足以将数英里外的家庭和公司屋顶的天线连接到高速互联网。有 WiMax 无线城域网功能的手机和便携式电脑已问世。Clearwire 属于 Sprint Nextel 旗下的公司，正利用 WiMax 技术部署美国的 4G 网络。

7.4.3　射频识别和无线传感器网络

移动技术使整个企业的工作效率大大提高，工作方式发生变化。除了前面介绍的无线网络系统，射频识别系统和无线传感器网络也发挥着重要的作用。

射频识别

射频识别（radio frequency identification，RFID）系统为在整个供应链中跟踪商品提供了强大的技术。RFID 系统使用内嵌了包含项目数据和位置信息的微型芯片的小标签，在短距离内将无线信号传输到 RFID 阅读器，然后通过网络将数据传输给计算机进行数据处理。与条形码不同，RFID 不需要接触就可以读取信息。

RFID 标签在经过电子编程后，存储了关于每个物体唯一特征的信息，还存储了另外一些信息，例如产品的产地、生产日期以及生产过程中的状态等。标签中植入的微型芯片用于存储信息，标签中的天线用于将数据传输给阅读器。

阅读器由天线和连接到固定或手持设备的无线电发射器组成，无线电发射器还具有解码功能。依据阅读器输出功率、无线电频率以及周围的环境条件，它可以在 1～100 英尺范围内发出无线电波。当 RFID 处于阅读器的识别范围内时，标签会被激活并开始发送数据。阅读器在捕获这些数据后对它们进行解码，然后通过网络将这些数据传送给计算机做进一步的处理（见图 7—17）。RFID 标签和天线的形状和大小各不相同。

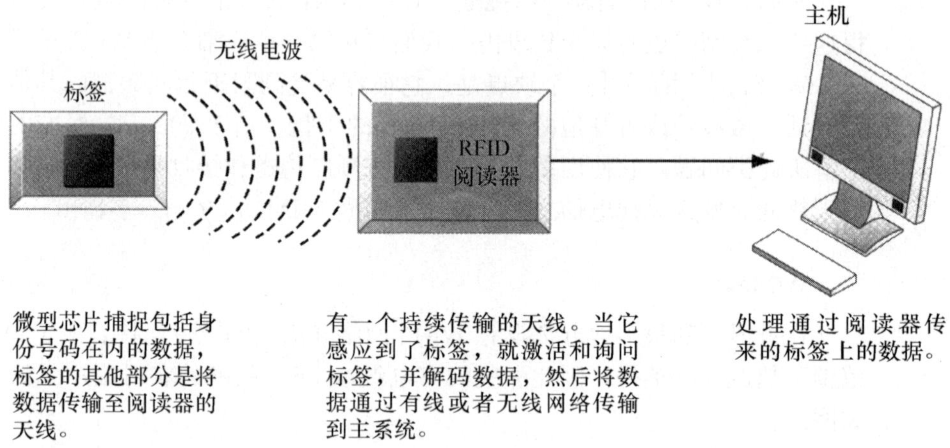

图 7—17　RFID 的工作原理

说明：RFID 使用低功率的无线电发射器读取存储在标签里的数据，标签距其 1 英寸到 100 英尺不等。阅读器捕获标签上的数据并通过网络将其发送到主机上做处理。

主动式 RFID 标签由内部电池供电，并且能重写和修改数据。激活的标签可将信息传输至上百英尺远，但是每个标签的成本至少为 5 美元。像纽约的 E-ZPass 自动收费系统就使用了主动式 RFID 标签。

被动式 RFID 标签没有自带电源，它能从由 RFID 阅读器传送的射频能量中得到运行动力。与主动式 RFID 标签相比，被动式 RFID 标签体积小，重量轻，价格便宜，但传输距离仅为几英尺。

在存货控制和供应链管理方面，与条形码系统相比，RFID 系统能获得并处理更详细的库存商品信息。如果各种货物混装在一起运输，RFID 系统可以跟踪每个批次、每组乃至每件货物。这一技术可以帮助许多企业，例如沃尔玛利用它来提高准确了解仓库中或零售货架上的货物的能力，从而改善接收和存储货物的日常操作。

沃尔玛在商店的收货区域安装了 RFID 阅读器，记录下所有带有 RFID 标签的商品和货件。货物从仓库进入销售区后，RFID 阅读器将对标签进行第二次读取，软件把来自沃尔玛销售点系统的数据与运送到销售区的货物数量数据综合起来。此程序将显示即将售完的商品，并且在售完前自动生成货架上需要补充的商品清单。这一信息将有助于沃尔玛降低库存量，增加销售额，降低成本。

以前，RFID标签因成本太高而无法大范围使用，但目前在美国，每个被动式标签的价格已经低于10美分。随着其价格的下跌，RFID对于一些应用而言变得越来越划算。

除了安装RFID阅读器和标签系统外，公司可能还需要升级其硬件和软件，以处理RFID系统产生的大量数据——日常交易可能会增加数十万亿字节到数百万亿字节的数据。

需要特殊的软件来过滤、汇总RFID数据并防止其超过企业网络和系统应用的承载量。这些应用程序需要重新设计，以接收RFID系统产生的海量数据，并与其他程序分享数据。一些主要的企业软件提供商（如SAP和Oracle-PeopleSoft）现在都在其供应链管理软件中提供了支持RFID技术的版本。

无线传感器网络

如果你的公司需要使用最先进的技术监控建筑内部的安全情况以及监测空气中的有害物质，它可能需要部署无线传感器网络。**无线传感器网络**（wireless sensor networks，WSNs）是由相互连接的无线设备构成的网络，这些无线设备被直接植入到物理环境中，以提供覆盖大范围的多点检测。这些设备有内置的处理器、存储器、无线传感器及天线等，它们被连接到一个互联的网络，将它们捕获的信息发送给计算机进行分析。

这些网络由几百到几千个节点组成。由于无线传感器设备被一次性放置在某处，很多年都不需要进行维修或者人为的干预，因此，它们必须功耗低，且电池耐用。

图7—18显示了一种无线传感器网络，数据从各个节点通过网络流向拥有更大处理能力的服务器。服务器充当了通向一个基于互联网技术的网络的网关。

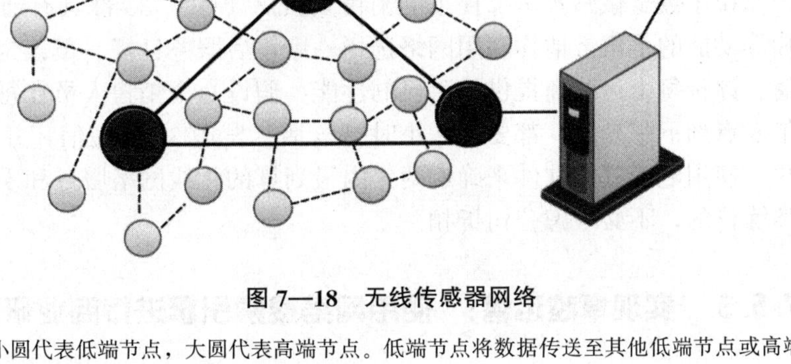

图7—18　无线传感器网络

说明：小圆代表低端节点，大圆代表高端节点。低端节点将数据传送至其他低端节点或高端节点，这种方式传输数据的速度更快，能加速整个网络运行。

无线传感器网络在监测环境变化、监控交通或军事活动、保护财产、有效运行和管理机器及车辆、建立安全周期、监控供应链管理以及检测化学、生物或放射性的材料等方面发挥着重要作用。

7.5 管理信息系统实践项目

本节中的实践项目涉及以下几个方面：评估并选择通信技术，通过电子表格软件来改进对通信服务的选择，使用网络搜索引擎来进行商业研究。

7.5.1 管理决策问题

1. 你所在的企业为家得宝、劳氏和其他家居装修企业提供陶瓷地砖。为了帮助客户改善仓库存储的商品的管理，需要在运送的瓷砖中使用射频识别标签。请你利用网络技术确定公司用于RFID系统的硬件、软件和网络组件的成本。你需要考虑哪些因素？决定是否采用该技术的关键决策因素是什么？

2. BestMed医疗用品供应公司向医院、康复中心和诊所销售由700多家生产厂生产的药品、手术产品与设备。企业在美国西部和中西部共有7个销售点，有500名员工，包括财会人员、客服代表和仓库员工。员工通过传统的电话语音服务、电子邮件、即时通信和手机进行联系。管理层正在考虑，企业是否应该采用统一通信系统。此时他们需要考虑哪些因素？决定是否采用该技术的关键决策因素是什么？如有必要，使用网络查找更多关于统一通信的信息以及它的成本。

7.5.2 提高决策能力：使用电子表格软件评估无线服务

软件技能：电子表格公式、格式化

商业技能：分析通信服务和成本

在这个项目中，你将利用网络搜索若干无线服务，并使用电子表格软件计算销售人员的无线服务成本。

位于俄亥俄州辛辛那提市的销售人员需要购买35部具有通话、收发短信和图片等功能的手机。请你利用网络选择一家售后服务良好、覆盖全美无线业务的运营商。评价每个运营商提供的手机的性能。假设每个销售人员在每天的上班时间（上午8点到下午6点）都要花3小时打电话、发送30条短信，并且每周发送5张图片。使用电子表格软件来确定两年内最划算的无线网络服务和手机服务。为了达到训练目的，不必考虑公司折扣。

7.5.3 实现卓越运营：使用网络搜索引擎进行商业研究

软件技能：网络搜索工具

商业技能：研究新技术

这一项目有助于提高你利用网络搜索引擎技术进行商业研究的技能。

你想要了解更多关于乙醇作为机动车辆燃料的信息。使用如下搜索引擎来获得信息：Yahoo!、Google 以及 Bing。如果愿意，你也可以尝试一下其他的搜索引擎。比较每个搜索引擎发现的信息的质量。哪个工具最好用？哪个产生了最好的搜索结果？为什么？

小　结

1. 通信网络主要由什么构成？主要的网络技术有哪些？

简单的网络由两台或两台以上计算机相互连接组成。基本的网络组件包括：计算机、网络接口、连线介质、网络操作系统、集线器和交换机。大型企业的网络架构包括：传统的电话系统、移动蜂窝通信、无线局域网络、视频会议系统、公司网站、内联网、外联网、一系列局域网和广域网，也包括互联网。

由于客户机/服务器计算的发展、分组交换的使用，传输控制协议/互联网协议（TCP/IP）作为连接不同计算机和网络（包括互联网）的通用通信标准而被采纳，当前的网络得以发展。网络协议规定了不同的设备在网络上进行通信的共同规则。

2. 主要的通信传输介质和网络种类有哪些？

主要的物理传输介质包括：双绞线、同轴电缆、光纤和无线电波。双绞线虽然传输速度较慢，但可使公司在现有的电话系统布线情况下实现数字通信。光纤和同轴电缆可用于高容量的数据传输，但是费用较高。微波和通信卫星用于远距离的无线传输。

局域网连接半径为 500 米范围内的计算机和数字设备，应用于很多公司的网络中。网络可以由星形、总线形和环形拓扑构成。广域网能够覆盖较大的地理范围，从方圆几英里到横跨大陆，它是独立管理的专用网络。城域网的跨度为一个城市。

数字用户线路技术、有线网络连接以及 T1 线路都经常在高效互联网连接中使用。

使用有线网络连接可以提供高速网络和企业内联网访问，其速度可以达到 10Mbps。T1 线路可支持速度达到 1.544Mbps 的数据传输。

3. 互联网和互联网技术的工作原理是什么？它们是如何支持通信和电子商务的？

互联网是由众多网络组成的一个全球性网络，它使用客户机/服务器计算和 TCP/IP 网络参考模型。每台接入互联网的计算机都可以分配到唯一的数字 IP 地址。域名服务系统将 IP 地址转换成用户易于使用的域名。全球互联网政策大多数是由各个组织和政府部门制定的，诸如互联网架构委员会和万维网联盟。

主要的互联网服务包括电子邮件、新闻组、聊天、即时通信、远程登录、FTP 以及万维网。网页基于超文本标记语言，可以显示文本、图表、视频和音频。网站目录、搜索引擎以及 RSS 技术帮助用户登录他们需要的网站。RSS、博客、社交网络和维基都基于 Web 2.0 的功能。

企业开始意识到利用网络电话技术进行语音传输的好处，通过使用低成本的虚拟专用网络作为专有 WAN 的替代品，来降低运营成本。

4. 无线网络、通信和互联网访问的主要技术和标准是什么？

蜂窝式网络正在朝着快速、高宽带、数字分组交换技术的方向发展。宽带 3G 网络的数据传输速度介于 144Kbps 和 2Mbps 之间。可以达到 1Gbps 传输速度的 4G 网络也已经推出。

主要的蜂窝标准包括通常用于美国的码分多址，以及在欧洲和世界上大部分国家使用的全球移动通信系统。

无线计算机网络的标准包括：小型个人区域网的蓝牙（802.15），局域网的 Wi-Fi（802.11），以及城域网的 WiMax（802.16）。

5. 为什么射频技术和无线传感网络有很高的商业价值？

通过使用嵌入了商品数据和位置的标签，RFID

系统可用于追踪商品的动向。RFID阅读器读取标签传输的无线电信号，并且通过网络将数据传输到计算机，然后进行数据处理。无线传感器网络是相互关联的无线设备，被嵌入物理环境，提供大面积的多点测量。

复习题

1. 通信网络主要由什么构成？主要的网络技术有哪些？

● 描述简单网络的特征以及大型公司的网络架构。

● 说出影响当代通信网络系统的主要技术和趋势，并对其进行描述。

2. 主要的通信传输介质和网络种类有哪些？

● 列举不同类型的物理传输介质并比较它们的速度和成本。

● 什么是局域网？典型的局域网的组成部分有哪些？每个部分的功能是什么？

● 列举并描述主要的网络拓扑结构。

3. 互联网和互联网技术的工作原理是什么？它们是如何支持通信和电子商务的？

● 给出网络的定义，描述它的运行原理，并说明它在企业中发挥的作用。

● 解释域名解析系统和IP地址系统的运行原理。

● 列出并描述主要的互联网服务。

● 定义并描述网络电话和虚拟专用网络，说明它们在企业中发挥的作用。

● 列出并描述网络上查找信息的其他方法。

● 比较Web 2.0与Web 3.0。

4. 无线网络、通信和互联网访问的主要技术和标准是什么？

● 给出蓝牙、Wi-Fi、WiMax和3G网络的定义。

● 描述以上技术各自所具有的功能及其适用的环境。

5. 为什么射频技术和无线传感网络有很高的商业价值？

● 给出RFID的定义，解释其运行原理，说明它在企业中发挥的作用。

● 给出无线传感器网络的定义，解释其运行原理，并对应用它们的程序加以描述。

讨论题

1. 正文中已经提到，在未来几年，智能手机将变成我们拥有的唯一的最重要的电子设备。对此你有何看法？

2. 是否所有的零售商和制造商都需要使用RFID？为什么？

3. 比较Wi-Fi与高速蜂窝系统在提供互联网接入时的不同，以及各自的优缺点。

小组练习：评估智能手机

三四名同学一组，对苹果公司的iPhone与其他厂商推出的拥有相同功能的智能手机进行比较。你需要考虑每个机型的成本、运行的无线网络、服务计划和手机成本、可享受的服务等。

你还应该考虑每种机型的其他功能，比如整合现有的企业版和个人版的计算机应用程序的功能。你会选择哪个机型？你用什么标准指导你的选择？如有可能，使用Google Sites发布网页的链接、团队沟通公告和工作任务，集思广益，合作完成项目文档。尝试使用Google Docs在课堂上展示成果。

章末案例

谷歌、苹果和微软之间的战争：用户的互联网体验

就像学校食堂之间的竞争那样，三大互联网巨头——谷歌、苹果和微软之间也正进行一场主导你的互联网体验的战争。这场战争的关键在于你在哪里进行搜索、购物、查找音乐和视频，以及你做以上所有事情时将使用什么样的设备。战争的奖励是2015年预计的4 000亿美元的电子市场，这个市场的主要接入设备将是移动智能手机和平板电脑。每家企业正基于不同的商业模式赚取巨额的现金，但也不得不拿出数十亿美元来投身这场战争。

在这场大战中，在某一时刻，每一个企业都有可能与另外两个企业中的一个成为伙伴而与第三方作战。这三个企业中的两个——谷歌和苹果决定阻止微软扩大其在PC桌面市场上的霸主地位，所以此时谷歌和苹果成了伙伴。但在移动手机和App的竞争中，谷歌和苹果却是对手：它们都想在移动市场上占据主导地位。苹果和微软决定阻止谷歌确立其在搜索广告外的霸主地位，所以此时它们变成了伙伴。但在设备和App市场上，苹果和微软又变成了对手。谷歌和微软在许多战场上都是对手。谷歌希望削弱微软在PC软件方面的主导地位，微软则希望利用Bing技术进入搜索广告市场。

互联网与硬件设备和软件程序一样，也经历了一个重大的扩张阶段。具有先进功能且可接入无处不在的互联网的移动设备已超过传统桌面计算成为最受欢迎的计算形式，也改变了整个行业的竞争基础。如今，利用移动设备搜索占到互联网上所有搜索的5%，到2016年将有望占到所有搜索的23.5%。

这些移动互联网设备使得将越来越多的云计算能力提供给任何使用智能手机与互联网连接的人成为可能。当你任何时候都可以使用移动设备听音乐、看视频时，还会需要台式机吗？也正因为如此，今天的科技巨人积极地争夺这个新型移动世界的控制权也就变得不足为奇了。

苹果、谷歌和微软已经在各个领域里展开了竞争。由于在互联网搜索领域占据主导地位，谷歌在广告方面有巨大的优势。微软的产品Bing已经占搜索市场的10%，而剩下的市场主要属于谷歌。由于iPhone手机的App Store的普及，苹果在移动软件程序方面处于领先地位。谷歌和微软也有在网络上提供的应用程序，但受欢迎程度稍逊。

微软在PC运行系统和桌面生产软件方面仍处于领先地位，但在智能手机硬件与软件、移动计算、基于云的软件应用程序、互联网门户网站，甚至游戏机与软件方面都输得很惨，而所有这些应用所产生的收益在微软总收益中所占的比例不超过5%（其他的收益来自微软的Windows操作系统、Office办公软件和网络软件）。在全球PC机的操作系统中，微软的Windows操作系统大概占到95%，而谷歌的安卓操作系统和苹果的iSO操作系统在移动计算市场上处于领先地位。实际上，三大巨头在音乐、互联网浏览器、在线视频和社交网络方面也存在竞争。

对苹果和谷歌来说，竞争最激烈的是移动计算。苹果的几个优势有助于其获得霸主地位。由于互联网在规模和知名度方面迅猛发展，因此企业收益激增是必然的。在互联网时代，iMac、iPod、iPhone和iPad都为苹果的成功做出了巨大的贡献。苹果拥有稳定增长的忠实客户基础，并且这些客户有极大可能去购买公司今后推出的产品。

iPhone手机如此受欢迎，部分原因在于App Store的成功。应用程序的灵活选择将苹果和它的竞争者区分开来，并让苹果在市场上有了很好的开始。苹果为其设备提供的应用程序已超过250 000个，并占所有应用程序销售额的30%。应用程序极大地丰富了使用移动设备的体验，如果没有这些应用，移动互联网未来的发展也不会如此光明。无论是谁，只要有最有吸引力的移动设备和应用程序，都会在同行业中占有巨大的竞争优势。而现在拥有这个巨大优势的企业就是苹果公司。

但是智能手机和移动互联网的发展依然处于“婴儿”时期。谷歌已经迅速采取行动参与移动霸主地位的争夺战，尽管它依然可以“赢”，但在这个过程中会对它与其前盟友苹果的关系造成不可弥补的损失。越来越多的人开始转向使用移动计算作为他们接入互联网的主要方式，而谷歌也紧紧地盯住了

这一点。谷歌在网络广告方面很强大，但接入方式转向移动计算时，它能否保持在网络搜索方面的领先地位就不确定了。这也就是网络搜索方面的顶尖公司纷纷开发移动系统，而谷歌的 Nexus One 也进入移动市场的原因。谷歌希望在日益增长的移动世界中能够掌握自己的命运。

谷歌与苹果的战斗开始于谷歌收购手机操作系统开发商安卓。谷歌最初的目标是打击微软进入移动设备市场的企图，但后来微软的大部分尝试都不成功。相反，苹果和很受欢迎的黑莓智能手机的制造商却乘机进入。谷歌不断地开发安卓系统，增加苹果所缺少的功能，比如，能够同时运用多个应用程序。通过开发一系列的原型，便有了能与 iPhone 在功能和外观上相竞争的安卓手机。

谷歌一直特别积极地进入移动计算市场，因为它担心苹果会实施封闭措施——在自己的手机上使用私有标准。它希望智能手机拥有开放的公共平台，在这样的平台上，用户可以自由地浏览网页，使用可以在不同设备上运行的应用程序。

苹果认为像智能手机和平板电脑这样的设备应该拥有私有标准，让用户在这些设备上使用从 App Store 下载的应用程序，进而将其紧紧地控制住。因此，苹果对其用户能否在网络上访问各种服务拥有决定权，这些服务包括谷歌提供的服务。而谷歌不希望苹果阻挡它在 iPhone 和其他智能手机上提供服务。其中一个例子是，谷歌试图在 iPhone 手机上应用它的语音邮件管理程序——Google Voice，却被苹果击退了。苹果以隐私保护为由成功地阻止了谷歌的竞争。

不久之后，谷歌 CEO 埃里克·施密特（Eric Schmidt）退出苹果董事会。此后两家公司展开了全面的战争。其中一场战役是收购移动广告公司 AdMob。AdMob 出售移动程序里的横幅广告，处于开发移动广告新形式的领先地位。就在苹果即将与 AdMob 达成协议时，谷歌伺机而动，以 7.5 亿美元收购了 AdMob。谷歌并不期望从这一交易中获得多大收益，其目的是打乱苹果在移动广告方面的部署。

当然，苹果也并未因此被吓住。2010 年 1 月，它以 2.75 亿美元的价格收购了 AdMob 的头号竞争对手 Quattro Wireless 公司，并在当年 9 月快速开启服务以支持自己的 iAd 广告平台。iAd 允许 App Store 里为 iPhone、iPad 和 iPod Touch 开发程序的开发商在其软件里嵌入广告。苹果将出售这些广告并将广告收益的 60%分给这些程序开发商。

苹果不希望仅使用收购的策略来削弱竞争。苹果指控生产安卓手机的台湾移动手机制造商 HTC 侵犯其专利。苹果 CEO 不断地在媒体上痛击谷歌，并质疑其道德水准。许多分析专家推测苹果可能会和微软联合起来给谷歌以一击，这在几年以前几乎不可想象。新闻报道称，苹果正考虑与微软做一笔交易：让微软的 Bing 成为 iPhone 和苹果网页浏览器的默认搜索引擎。这对谷歌来说是一个打击，但对微软来说是一个福音，将有助于其羽翼尚未丰满的搜索服务得到极大的发展。

如果市场中没有数十亿美元的潜在收益，苹果和谷歌之间不会激烈争斗。这些收益大部分来自广告，另一个来源是程序销售，这对于苹果来说是一大笔收入。苹果在应用程序的选择和质量方面有优势，销量也不断增长，但开发商抱怨赚钱太难了。2010 年初苹果的 250 000 个应用程序中有 1/4 都是免费的，开发商和苹果没有从这 1/4 的程序中赚钱，但是它们给苹果市场带来了消费者，有利于销售其他程序或者娱乐服务。

同时，谷歌也开始积极地支持那些采用安卓操作系统的手机制造商，同时提供自己的在线服务。苹果需要依靠销售它的手机等设备来保持盈利，这在目前来看没有问题，但是谷歌仅仅需要将其网络广告延伸到这些设备上就可以获利。实际上，一些分析专家推测，谷歌设想，在未来，移动手机将只需要花费现在费用的小部分，甚至不需要付费，仅依靠这些设备上的广告收入就能实现盈利。而苹果却不得不努力在这种环境中保持竞争优势。

微软、苹果和谷歌三大巨头的战争在计算平台的历史上是史无前例的。在早期的战争中，一个企业只要掌握了一项新技术，就可以在该领域称霸。比如 IBM 在大型主机市场占据霸主地位，Digital Equipment 在微型计算机市场占据霸主地位，微软在 PC 操作系统和办公软件市场占据霸主地位，思科在互联网路由器市场占据霸主地位。现在的战争是三个科技巨头争夺在互联网用户体验领域的霸主地位。每个企业都既有优势也有劣势，是一个企业将获得最后的胜利，还是这三个企业都会在互联网用户体验的比赛中生存下来？现在下结论还为时尚早。

资料来源：Jennifer LeClaire, "Quattro Wireless to be Closed as Apple Focuses on IAd," *Top Tech News*, August 20, 2010; Yukari Iwatani Kane and Emily Steel, "Apple

Fights Rival Google on New Turf," *The Wall Street Journal*, April 8, 2010; Brad Stone and Miguel Helft, "Apple's Spat with Google Is Getting Personal," *The New York Times*, March 12, 2010; Peter Burrows, "Apple vs. Google," *BusinessWeek*, January 14, 2010; Holman W. Jenkins, Jr., "The Microsofting of Apple?", *The Wall Street Journal*, February 10, 2010; Jessica E. Vascellaro and Ethan Smith, "Google and Microsoft Crank Up Rivalry," *The Wall Street Journal*, October 21, 2009; Jessica E. Vascellaro and Don Clark, "Google Targets Microsoft's Turf," *The Wall Street Journal*, July 9, 2009; Miguel Helft, "Google Set to Acquire AdMob for $750 Million," *The New York Times*, November 10, 2009; Jessica E. Vascellaro, "Google Rolls Out New Tools as it Battles Rival," *The Wall Street Journal*, December 8, 2009; and Jessica E. Vascellaro and Yukari Iwatani Kane, "Apple, Google Rivalry Heats Up," *The Wall Street Journal*, December 10, 2009.

[思考题]

1. 比较苹果、微软和谷歌三家企业的商业模式和各自的优势。

2. 为什么移动计算对这三家企业来说如此重要？评价一下它们的移动平台产品。

3. 应用程序和程序商店对移动计算的成败的意义是什么？

4. 你认为哪个企业和商业模式会在这场角逐中获胜？为什么？

5. 如果苹果、谷歌或者微软掌控了互联网体验，你作为一个管理者或者一个消费者，体验会有什么区别？为什么？

第8章 信息系统安全

学习目标

学完本章后，你将能够回答以下问题：

1. 为什么信息系统容易遭到破坏、滥用和发生错误？
2. 安全和控制有什么商业价值？
3. 组织的安全和控制框架由哪些部分组成？
4. 最重要的保护信息资源的工具和技术有哪些？

章首案例

使用 Facebook 要当心

Facebook 是全球最大的在线社交网站，其规模仍在扩大。你可以用它给朋友发消息，分享照片和视频，或者为了做商业广告和市场研究以吸引眼球。但是，要当心！它很可能泄露你的身份信息或者导致你被恶意软件攻击。

为什么会这样呢？Facebook 的运营团队中有一个应对安全威胁的安全小组，它使用最新的安全技术来保护网站。但对于其5亿用户来说，它无法做到面面俱到。并且对于恶作剧制造者和犯罪分子而言，Facebook 是一个极其诱人的目标。

Facebook 拥有一个巨大的全球范围的用户库、一个使用方便的网站，以及一个让每个用户与朋友相联系的社区。它的成员更容易相信来自朋友的信息，即使这种通信是不合法的。安全公司 Kaspersky Labs 的研究表明，或许正是基于这些原因，针对社交网站（如 Facebook 和 MySpace）的恶意软件的攻击成功率是针对邮件的成功率的10倍。并且，IT 安全公司 Sophos 在2010年的报告中指出，Facebook 是社交网站中安全风险最大的网站。

下面是一些实际发生的情况：

网络安全公司 NetWitness 2010年2月的报告称，Facebook 在过去的18个月里已成为某种黑客攻击的主要传送方式，在攻击中，Facebook用户被骗取登录密码并在不知情的情况下下载了一个可以盗取其金融数据的流氓程序。一份看起来合法的Facebook邮件通知，让用户提供信息以帮助社交网站更新登录系统。当用户点击邮件中的“更新”按钮时，会链接到一个假冒的Facebook登录页面上，在该页面中，用户名已经被填好以促使用户输入密码。一旦用户补充了这些信息，该“更新工具”便会安装“宙斯木马”这个流氓软件程序，以暗中追踪用户输入信息时的按键顺序，从而盗取金融数据和个人信息。黑客很可能来自东欧的犯罪集团，他们通过该方式从2 400台公司和政府机构电脑的网上银行、社交网络和电子邮件中窃取了68 000条登录信息。

Koobface蠕虫病毒的攻击目标是Facebook、Twitter和其他社交网站中的微软用户，目的是收集诸如信用卡号码等敏感信息。Koobface在2008年12月首次被发现。它通过将假冒的Facebook消息发送给已感染病毒的用户的“朋友”来传播。一旦收到该消息，它就会引导接收者登录一个第三方网站，该网站提示用户下载声称是Abode Flash播放器的更新程序。如果他们下载并执行了该文件，Koobface就能够入侵系统并使用这台电脑实施更多的恶意行为。

2010年5月，许多Facebook用户和他们的朋友成为一个试图发送未经请求的广告并盗取Facebook用户登录信息的垃圾邮件活动的受害者。攻击始于被感染病毒的用户群发给朋友的包含了假冒网页链接的消息。消息中提到了每个朋友的名字，邀请他们点击一个“史上最搞笑视频”的链接。这个链接使用户访问一个假冒的Facebook登录窗口。当用户试图登录时，这个页面会让用户重新回到安装有非法广告程序软件的Facebook应用页面，这个软件会用自带的各种非法广告来攻击用户电脑。

要从这些攻击中恢复过来，既花费时间也花费成本，尤其是对商业公司而言。安全公司Panda Security 2010年9月的研究发现，在其调查对象中有1/3的中小型企业被社交网络中的恶意软件攻击过，并且对1/3以上的企业造成了超过5 000美元的损失。当然，对于大型企业而言，由此造成的损失更大。

资料来源：Lance Whitney, “Social-Media Malware Hurting Small Businesses,” CNET News, September 15, 2010; Raj Dash, “Report: Facebook Served as Primary Distribution Channel for Botnet Army,” allfacebook.com, February 18, 2010; Sam Diaz, “Report: Bad Guys Go Social: Facebook Tops Security Risk List,” *ZDNet*, February 1, 2010; Lucian Constantin, “Weekend Adware Scam Returns to Facebook,” Softpedia, May 29, 2010; Brad Stone, “Viruses that Leave Victims Red in the Facebook,” *The New York Times*, December 14, 2009; and Brian Prince, “Socail Networks 10 Times as Effective for Hackers, Malware,” *eWeek*, May 13, 2009.

Facebook带来的恶意软件问题，揭示了为什么企业需要特别注意信息系统安全。Facebook给个人和企业都带来了很多益处，但从安全角度来看，使用Facebook也是使计算机系统——你的电脑、你的朋友的电脑，以及参与Facebook的企业的电脑——受到恶意软件攻击的最简单方式。

尽管Facebook在管理中拥有安全政策和安全小组，但还是被许多安全问题所困扰，并影响到个人和企业。它的“社交”特点以及大量的用户吸引了那些想窃取重要个人和金融信息以及传播恶意软件的犯罪分子和黑客。尽管Facebook及其用户使用了安全技术，但很难避免新型的恶意软件攻击和诈骗犯罪。除了因金融数据被盗取造成的损失外，消灭恶意软件或挽回因身份盗用遭受的损失也增加了运营成本，降低了个人和企业的效率。

下图指出了上述案例和本章的要点。

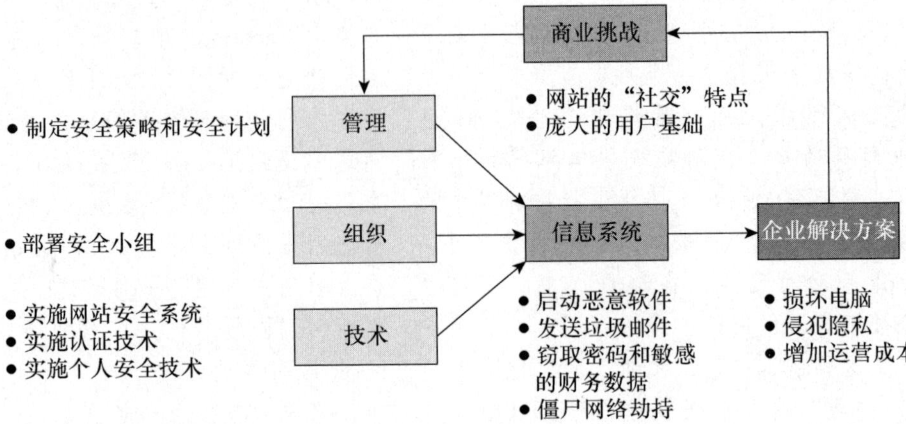

8.1　系统漏洞和滥用

你能想象在没有防火墙或杀毒软件的情况下，计算机连接到互联网将会发生什么吗？你的电脑可能会在几秒钟内瘫痪，而恢复却需要好几天的时间。如果你用电脑来处理业务，当它出现故障时，你就可能无法向客户出售产品或向供应商发出采购订单。此外，你可能会发现计算机系统已被外来者入侵，他们可能盗取或破坏重要的数据，其中包括保密的客户支付数据。如果有过多的数据遭到破坏或泄露，这些业务可能无法继续下去。

简言之，如果你正在经营一家公司，那么你需要把安全和控制问题放在首位。**安全**（security）指的是那些用以阻止对信息系统的未授权访问、修改、盗窃或者物理破坏的政策、程序和技术措施。**控制**（controls）包括所有能确保组织资产安全、会计记录准确可靠、管理标准严格执行的方法、政策和组织程序。

8.1.1　为什么系统容易受到攻击

与纸质存储方式相比，以电子形式存储的大量数据容易受到更加多样的威胁。位于不同地方的信息系统可通过通信网络互相连接。非法访问、滥用或欺诈行为的发生不再局限于单一地点，而可能出现在网络的任意访问点。图 8—1 描述了当前信息系统所面临的最常见的威胁，这些威胁可能是技术、组织、环境因素或不良的管理决策造成的。在图中描述的多层客户机/服务器计算环境中，每一层以及层与层之间的通信都容易受到攻击。在客户层，用户引入错误或非法访问均会对系统造成危害，使得访问网络上的数据流、窃取传输中的珍贵数据以及未经授权修改信息变得可行。通过辐射，还可以干扰网络中的多个点。入侵者可以发动拒绝服务攻击或植入恶意软件，从而破坏网站的运行。通过以上方式渗透到公司系统，能够破坏或篡改公司数据库或文档中存储的数据。

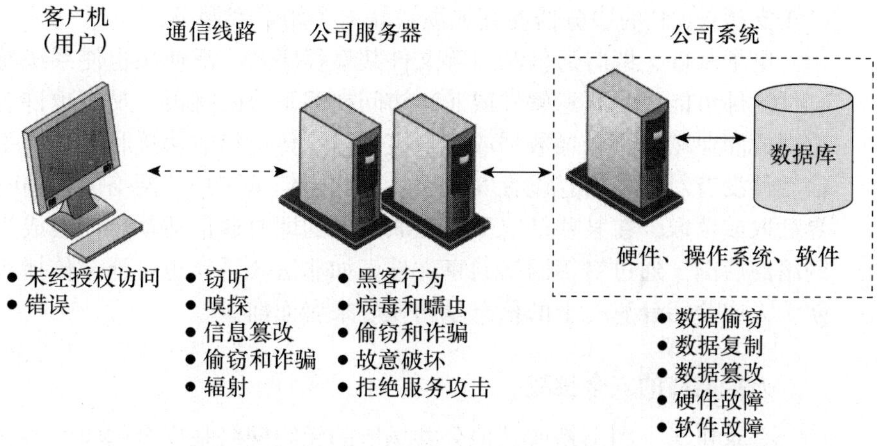

图 8—1　当前的安全挑战和漏洞

说明：基于 Web 的应用软件架构通常包括客户机、服务器以及连接到数据库的企业信息系统。每一部分都遇到了安全挑战且存在漏洞。洪水、火灾、停电以及其他一些电子问题都可能对网络中的任何一个节点造成破坏。

计算机硬件本身的故障、配置和使用不当以及因非法操作而损害硬件均会导致系统故障。而编程错误、安装不当以及非法变更则会导致计算机软件失灵。停电、洪水、火灾或者其他自然灾害同样会对计算机系统造成破坏。

与国内外企业合作也会增加系统遭受攻击的可能性，因为有价值的信息可能存储在不受组织控制的网络和计算机中。如果没有强大的保护，这些信息就可能会丢失、损坏，甚至落入坏人之手，导致商业机密或个人隐私泄露。

企业越来越多地使用移动设备也增加了风险。便携的移动电话、智能手机或平板电脑很容易丢失或被盗，这些网络设备也容易被恶意软件或外来者入侵。安全专家曾识别出苹果、诺基亚和黑莓等智能手机中存在的安全隐患。

即使是为移动设备定制开发的 App 应用也有可能会变成流氓软件。比如，公司高管使用的智能手机可能包含诸如销售数据、客户姓名、电话号码、邮件地址等敏感数据，入侵者可能利用这些设备访问公司内联网络。

互联网的脆弱性

大型公用网络（如互联网）几乎是对所有人开放的，因而比内联网更易受到攻击。互联网的覆盖范围如此之广，以至于滥用行为一旦发生，其影响面将非常大。当互联网成为公司网络的一部分时，组织的信息系统就更易受到外界的侵袭。

通过电缆调制解调器或者数字用户线路（DSL）连接到互联网的计算机更易被外界入侵，因为这些计算机使用固定的互联网地址，很容易被识别出来。（在拨号上网服务中，每一个会话都被分配一个临时的互联网地址。）固定的互联网地址使其成为电脑黑客的固定攻击目标。

如果基于互联网技术的电话服务（见第 7 章）不在安全的专用网络上运行，就会比交换语音网络更易受到攻击。公共网络上的 VoIP 流量都是不加密的，因此网络上的任何人都能听到通话内容。电脑黑客可以截取通话内容或者利用虚假的流量冲击支持 VoIP 的服务器使其崩溃，从而关闭语音服务。

电子邮件、即时通信和对等文件共享程序的广泛使用也使系统易受攻击。电子邮件附件可能成为恶意软件或非法访问内部系统的跳板。员工也许会用电子邮件将重要的商业秘密、金融数据或客户机密信息传送给非法接收者。广受欢迎的即时通信软件没有对文本信息设置安全层，因此当信息在公共网络上传输时，可能会被外界截取或读取。在某些情况下，互联网上的即时通信活动可能会成为入侵其他安全网络的后门。通过对等网络共享文件，如非法音乐，也可能会传播恶意软件，或者使个人或公司计算机上的信息暴露在外来者面前。

无线网络的安全挑战

登录机场、图书馆或其他公共场所的无线网络是安全的吗？答案是：这取决于个人的警惕性有多高。即使是家里的无线网络也容易遭到破坏，因为 Wi-Fi 无线传输的频率很容易被扫描出来。蓝牙和 Wi-Fi 网络都容易被黑客入侵。尽管 Wi-Fi 网络的覆盖半径只有几百英尺，但是使用外置天线可扩展到 1/4 英里。采用 802.11 标准的局域网（LANs）容易被入侵，入侵者只需配备便携式电脑、无线网卡、外置天线以及黑客软件即可。黑客使用这些工具来探测未受保护的网络，监控网络通信，并在某些情况下获得互联网或公司网络的访问权。

Wi-Fi 传输技术旨在使工作站之间彼此搜寻和连接更为方便。服务集标识符（service set identifiers，SSID）是用来标识 Wi-Fi 网络的访问点，在传输时会多次向外发送，极容易被入侵者的嗅探器程序所截获（见图 8—2）。许多地方的无线网络不具备对战争驾驶的基本防御能力。**战争驾驶**（war driving）是指入侵者驾车到建筑物或者公园外，试图截取无线网络的通信流量。

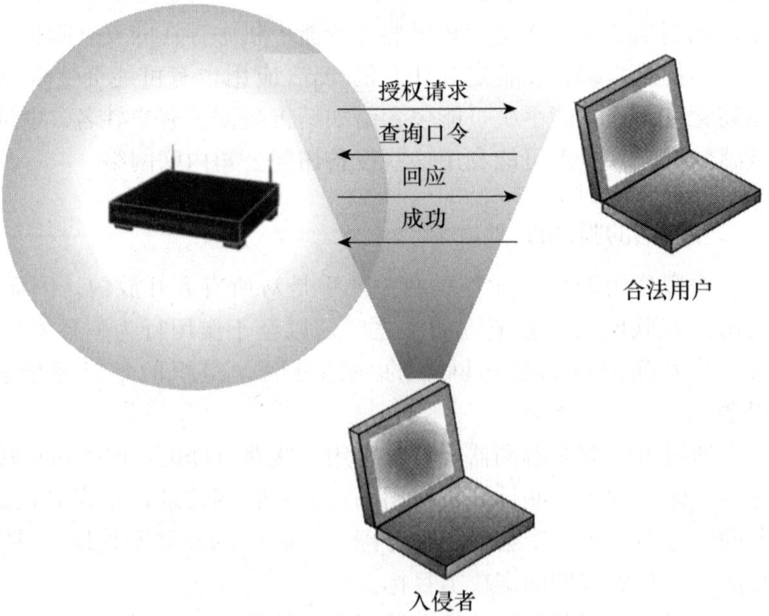

图 8—2　Wi-Fi 面临的安全挑战

说明：入侵者利用嗅探器程序获取地址，轻易入侵 Wi-Fi 网络，并非法访问网络资源。

黑客可以使用 802.11 无线分析工具来识别 SSID。（Windows XP、Vista、Window8 都提供探测网络 SSID 并自动配置用户设备中无线网卡的功能。）入侵者使用正确的 SSID 与某个访问点取得联系后，就能访问网络中的其他资源，比如使用 Windows 操作系统可以找到连接该网络的其他用户，访问他们的计算机硬盘，打开或者复制其中的文件。

入侵者也可利用所收集的信息，在用户所处的物理位置附近以不同的无线电频段设置流氓访问点，迫使用户的无线网卡连接到该访问点上。一旦建立这种连接，黑客就能利用非法访问点窃取那些毫无戒备的用户的姓名和密码。

早期的 Wi-Fi 安全标准叫做有线等效隐私（Wired Equivalent Privacy，WEP）协议，效果并不理想。虽然 WEP 已内置到所有 802.11 标准产品中，但它的使用是选择性的。许多用户会忘记使用 WEP 加密技术，使自身处于不受保护的状态。基本的 WEP 规范要求访问点和所有连接到它的用户共享同一 40 位长的加密密码，但在通信量较少时很容易被黑客破解。如今已出现了更强大的加密和验证系统（如 WPA2），但前提是用户愿意安装它们。

8.1.2 恶意软件：病毒、蠕虫、木马和间谍软件

恶意软件（malware）包括一系列具有威胁性的软件程序，如计算机病毒、蠕虫和木马。**计算机病毒**（computer virus）是附加到其他软件程序或数据文件中，以便在未经用户同意或许可的前提下得以执行的流氓软件程序。大多数计算机病毒会发送“有效载荷”信息，这种信息可能是相对良性的，如显示一条信息或图片的指令，也可能具有高度破坏性，如破坏程序或数据，占用计算机内存，重新将计算机硬盘格式化或者导致程序运行异常。通常，当人们发送电子邮件附件或者复制已感染病毒文件时，病毒会在计算机间扩散传播。

如今，计算机更多地受到**蠕虫**（worms）的攻击。蠕虫是独立的计算机程序，能通过网络在计算机之间进行自我复制并传播。（与病毒不同，它不需要附加在其他计算机程序文档上，能够独立运行，它在计算机之间的扩散更少地依赖人的行为。这就是计算机蠕虫的扩散速度比计算机病毒快得多的原因。）蠕虫破坏数据和程序，同时也破坏甚至中断计算机网络的运行。

蠕虫和计算机病毒往往通过已下载的软件、电子邮件附件或者被盗用的电子邮件消息或即时通信在网络上传播。病毒还会通过已受感染的磁盘或机器入侵计算机信息系统。目前电子邮件蠕虫最难防范。

针对移动设备的恶意软件没有针对电脑的广泛，但还是会通过电子邮件、短信、蓝牙、Wi-Fi 或蜂窝网络的文件下载来传播。如今已经有超过 200 种手机蠕虫和病毒，比如 Cabir、Commwarrior、Frontal. A 以及 Ikee. B。Frontal. A 在手机上植入一份已损坏的文件，导致手机停止工作并无法开机，而 Ikee. B 会将越狱的苹果手机变成受僵尸网络所控制的设备。由于现在有大量的无线设备能连接到公司的信息系统，因此移动设备的病毒会对企业计算设备造成巨大危害。

博客、维基百科之类的 Web 2.0 应用，以及像 Facebook 和 MySpace 这样的社交网站，已经成为恶意软件或间谍软件入侵的新渠道。这些应用允许用户将程序代码作为合法内容的一部分在网络上发布，一旦有人浏览相关网页，代码就能够自动执行。章首案例中描述了针对 Facebook 的恶意软件的其他攻击途径。2010 年 9 月，黑客利用 Twitter 的安全漏洞向用户发送日本的色情网址，并向其他账户发送信息（Coopes，2010）。

表 8—1 列出了一些最具危害性的蠕虫和病毒的特点。

表 8—1　　恶意代码的例子

名称	类型	描述
Conficker（aka Downadup，Downup）	蠕虫	2008 年 11 月首次发现。利用 Windows 软件漏洞取得对机器的控制，将其链接到可被远程操控的虚拟计算机。全球范围内有超过 500 万台计算机受其掌控，很难被根除。
Storm	蠕虫/木马	2007 年 1 月首次发现。通过包含虚假附件的垃圾邮件传播。感染上千万台计算机，迫使其加入僵尸网络，从事犯罪活动。
Sasser. ftp	蠕虫	2004 年 5 月首次出现。通过随机攻击 IP 地址在互联网上传播。导致计算机不断崩溃并重启，并利用已受感染的计算机来搜寻更多的攻击对象。感染全球范围内数百万台计算机，对英国航空公司的航班登机处、英国海岸警卫站、中国香港的医院、中国台湾邮政局网点和澳大利亚西太平洋银行的运营造成干扰。Sasser 及其变种在全世界造成约 148 亿～186 亿美元的损失。
MyDoom. A	蠕虫	2004 年 1 月 26 日首次出现。通过电子邮件附件传播。从已受感染的机器中获取地址，并伪造发件人地址发送电子邮件。在盛行时期，这种蠕虫使全球互联网的性能降低 10%，网页的加载次数降低 50%。2004 年 2 月 12 日以后该蠕虫停止蔓延。
Sobig. F	蠕虫	2003 年 8 月 19 日首次出现。通过电子邮件附件传播，伪造发件人信息发送大量邮件。感染超过 100 万台计算机，造成 50 亿～100 亿美元的损失。该蠕虫于 2003 年 9 月 10 日失活。
ILOVEYOU	病毒	2000 年 5 月 3 日首次发现。是一种用 Visual Basic 脚本代码编写的脚本病毒，以主题为“ILOVEYOU”的电子邮件附件形式传播。自身备份会复写到音乐、图片或其他文件上。造成估计 100 亿～150 亿美元的损失。
Melissa	宏病毒/蠕虫	1999 年 3 月首先出现。是 Word 的宏脚本，通过电子邮件将被感染的 Word 文档发送至用户的 Microsoft Outlook 地址簿中的前 50 个地址。15%～19%的商用计算机被感染，造成 3 亿～6 亿美元的损失。

在过去的十多年里，蠕虫和病毒已经对公司的网络、电子邮件系统和数据造成了几十亿美元的损失。美国《消费者报告》（*Consumer Reports*）发布的 2010 年网络状况调查报告显示，美国消费者因恶意软件和在线欺诈遭受了 35 亿美元的损失，

其中绝大部分都来自恶意软件攻击。

特洛伊木马（Trojan horse）是一种表面上看似良性，所造成的危害却出乎意料的软件程序，比如章首案例中所描述的宙斯木马。木马本身不能复制，所以不是病毒，但它经常将病毒或其他恶意代码带入计算机系统。

当前，**SQL 注入攻击**（SQL injection attacks）是目前威胁最大的恶意软件攻击。SQL 注入攻击利用某些编程不够严谨的 Web 应用程序中的漏洞，将恶意的程序代码植入企业的系统和网络。这些漏洞的出现通常是因为 Web 程序没有严格地验证或者过滤来自网页的用户输入，比如在线订购商品时的输入数据。攻击者利用输入验证中的疏忽，向底层数据库发送恶意的 SQL 查询命令，从而检索数据库、植入恶意代码或者访问网络上的其他系统。大型的 Web 程序有成百上千个接受用户输入的接口，每一个都有可能成为 SQL 注入攻击的对象。

大多数面向网络的应用程序都被认为包含 SQL 注入漏洞，因而出现了供黑客检验这些 Web 程序漏洞的工具。这类工具能够找出 Web 页面表单中的数据输入域，向其中输入数据，并检验执行结果，从而判断此处是否存在 SQL 注入漏洞。

某些类型的**间谍软件**（spyware）也可以充当恶意软件。这些小程序能秘密地在计算机上自行安装，监视用户的上网记录并为广告服务。如今已有成千上万种形式的间谍软件记录在案。

许多用户被这些间谍软件所困扰，一些批评者担心它们会侵犯计算机用户的隐私。某些类型的间谍软件极其恶劣。**击键记录器**（keyloggers）可记录计算机上的每一次击键操作，以窃取软件的序列号，发动互联网攻击，访问电子邮件账户，获取计算机系统的密码，或者截取诸如信用卡号等个人信息。其他间谍软件能重置 Web 浏览器的主页，重定向查询请求，或者通过占用大量的内存来降低计算机性能。章首案例中介绍的宙斯木马就是使用击键记录器来窃取金融信息的。

8.1.3 黑客和计算机犯罪

黑客（hacker）是指试图在未经授权的情况下非法访问计算机系统的人。在黑客圈中，骇客（cracker）通常用来指有犯罪意图的黑客；然而在公共刊物中常将黑客和骇客混为一谈。黑客和骇客都是通过寻找网站和计算机系统的安全保护缺陷来实现非法访问的。他们通常会利用互联网的各种特性，而恰恰是这些特性使得互联网成为一个易于使用的开放系统。

黑客活动已经从单纯的系统入侵扩大到窃取商品和信息、损坏系统和**破坏网络**（cybervandalism），即故意破坏甚至摧毁网站或公司的信息系统。例如，MySpace 上由具有共同兴趣爱好（如在家酿造啤酒或动物保护）的人组建的群组遭到攻击，破坏者在群组的涂鸦墙上贴满攻击性的评论和照片。

电子欺骗和窃听

黑客都试图隐藏自己的真实身份，他们经常利用伪造的电子邮件地址或假装成其他人来欺骗别人、谎报信息。**电子欺骗**（spoofing）还可能涉及将网页链接重定向至与本来的地址不同的地址，该地址被伪装成目的地。比方说，如果黑客将用户重定向至一个看似与真正的网站几乎一样的假冒网站，他们就能收集和处理订单，进而从真正的网站上有效地窃取商业机密及客户的敏感信息。我们将在关于计算机犯罪的讨论中更详细地介绍其他形式的电子欺骗。

嗅探器（sniffer）是一种监控并窃取网络上所传输信息的程序。当被合法使用时，嗅探器可以帮助确定网络中潜在的故障点或犯罪活动，但是如果是出于犯罪目的使用，它们就会变成有害的，而且很难被检测出来。黑客利用嗅探器可以从网络上的任何地方窃取包括邮件信息、公司文档以及机密报告在内的私有信息。

拒绝服务攻击

拒绝服务攻击（denial-of-service（DoS）attack）是指黑客向网络服务器或 Web 服务器发送成千上万的虚假通信或服务请求，从而使网络崩溃。网络接收到如此之多的查询请求，以至于其资源无法及时处理每个请求，从而使合法用户的正常请求得不到响应。**分布式拒绝服务攻击**（distributed denial-of-service（DDoS）attack）是指利用大量的计算机从众多发射点涌向网络并将其淹没。

拒绝服务攻击虽然不会破坏信息，不会进入公司信息系统中受限制的区域，但它往往会导致网站关闭，致使合法用户无法访问该网站。对于那些繁忙的商业站点来说，这种攻击造成的损失是惨重的。一旦网站关闭，顾客就不能进行购买。中小型企业的网站更易受到攻击，因为与大型企业网站相比，它们的网站保护措施过少。

DoS 攻击者常常利用数以千计的“僵尸”电脑，这些电脑已经被恶意软件感染，不受所有者的控制，它们组成了**“僵尸网络”**（botnet）。黑客利用“僵尸”软件感染他人的计算机来建立这些僵尸网络，从而为攻击者注入指令打开一扇后门。被感染的机器就成了“奴隶”或者“僵尸”，为属于他人的主计算机服务。只要黑客入侵了足够多的计算机，他就可以利用僵尸网络集聚资源来发动拒绝服务攻击、进行网络钓鱼或者自动发送垃圾邮件。

全球的僵尸网络中电脑的数量已从 600 万台增加到 2 400 万台。2010 年最严重的僵尸攻击是“蝴蝶僵尸网络”，它起源于西班牙并迅速传播至全世界。“蝴蝶僵尸”入侵并控制了大约 1 207 万台电脑，窃取用户的信用卡账户和在线支付密码。一半以上的《财富》1 000 强公司、40 家大银行以及许多政府机构受到感染，并且毫无察觉。

计算机犯罪

大多数黑客活动都是犯罪行为，而且我们之前描述的系统漏洞也成为其他类型的计算机犯罪的目标。美国司法部将计算机犯罪定义为“任何在犯罪实施、侦查及诉讼过程中涉及计算机技术知识的刑事违法行为”。表 8—2 给出了计算机作为犯罪目标和犯罪工具的两类例子。

表 8—2 计算机犯罪的例子

计算机作为犯罪的目标
破坏受保护的计算机数据的机密性
非法进入计算机系统
有意进入受保护的计算机来实施诈骗
故意进入受保护的计算机，并无意或有意地造成破坏
有意传输程序、程序代码或命令，对受保护的计算机造成破坏
威胁要破坏受保护的计算机
计算机作为犯罪的工具
窃取商业秘密
非法复制软件或者受版权保护的知识产权，诸如文章、书籍、音乐和视频
计划诈骗
利用电子邮件进行威胁或骚扰
有意试图拦截电子通信
非法访问已存储的电子通信，包括电子邮件和语音邮件
利用电脑发送或处理儿童色情物品

没有人知道计算机犯罪问题有多严重——有多少系统被入侵，有多少人从事计算机犯罪，造成了多大经济损失。多数公司不愿意公布计算机犯罪情况，因为这可能会牵涉到内部员工，或者公司担心公开其受到攻击会损害公司名誉。造成最大经济损失的计算机犯罪形式是拒绝服务攻击、病毒入侵、服务窃取以及计算机系统破坏。

身份盗用

随着互联网和电子商务的发展，身份盗用问题越来越令人担忧。**身份盗用**（identity theft）是指盗用者窃取诸如社保号码、驾照号码或者信用卡号之类重要的个人信息来假冒他人的犯罪行为。有了这些信息，盗用者就能以受害人的名义获得信贷、购得商品、享受服务，也可获取虚假证书。

身份盗用已在网络上盛行，信用卡相关文件成为网络黑客的主要目标。此外，电子商务网站也是获得客户个人信息（姓名、地址以及电话号码）的极好来源。有了这些信息，犯罪分子就能以新的身份，根据自己的目的创建新的信用记录。

目前，一种叫做“网络钓鱼”的诈骗形式十分流行。**网络钓鱼**（phishing）是指建立虚假网站或发送看似来自合法企业的电子邮件或文本消息，向用户索要个人私密资料。这些消息会诱导收件人回复电子邮件，或者在假冒网页上输入信息，或者拨打某个电话号码，提供社保号码、银行卡和信用卡信息及其他私密信息来更新或确认自身记录。EBay、PayPal、亚马逊、沃尔玛和各类银行都是实施网络钓鱼攻击的首选目标。

双子星病毒和域欺骗等新型网络钓鱼技术很难被察觉。**双子星病毒**（evil

twins）是一种假装提供可信的 Wi-Fi 以连接互联网的无线网络，比如机场大厅、旅馆、咖啡馆里的无线网络。这些虚假网络看起来与合法的公用网络没有区别。如果用户在不知情的情况下登录了虚假网站，诈骗者就能捕获其密码或信用卡号码。

即使用户在浏览器中键入正确的网址，**域欺骗**（pharming）也会将用户重定向至虚假的网页。为加快网页的浏览速度，互联网服务提供商（ISP）会将互联网地址相关信息存储起来。如果犯罪分子获取了这些信息，而 ISP 的服务器上运行的软件又存在缺陷，那么他们就能利用软件缺陷入侵并篡改地址信息，从而实施域欺骗。

在迄今为止最严重的身份盗用案中，迈阿密的阿尔贝托·冈萨雷兹（Alberto Gonzalez）和两名俄国同谋入侵了 TJX 公司、汉纳福德兄弟、7-Eleven 及其他大型零售商的企业系统，在 2005—2008 年窃取了超过 1.6 亿个信用卡和借记卡账户。该团伙先是在这些公司的电脑网络中植入可以在电脑系统间传播所获取卡片数据的"嗅探"程序，随后转而使用 SQL 注入攻击，入侵公司的数据库。2010 年 4 月，冈萨雷兹被判处 20 年有期徒刑。仅 TJX 一家公司就花费 2 亿多美元来处理数据被盗以及诉讼和解问题。

美国国会于 1986 年颁布了《计算机欺诈和滥用法案》(Computer Fraud and Abuse Act)，以应对计算机犯罪带来的威胁。该法案规定，未经授权访问他人计算机系统属违法行为。美国大多数州都有类似的法律，一些欧洲国家也有相似的立法。美国国会还于 1996 年通过了《国家信息基础设施保护法案》(National Information Infrastructure Protection Act)，将散布病毒和黑客攻击致使网站瘫痪都列为联邦刑事犯罪行为。美国多数法案都对计算机犯罪做出规定，如《反窃听法案》(Wiretaq Act)、《电信欺诈法案》(Wire Fraud Act)、《经济间谍法案》(Economic Espionage Act)、《电子通信隐私法案》(Electronic Communications Privacy Act)、《电子邮件威胁和骚扰法案》(E-mail Threats and Harassment Act)、《儿童色情防止法案》(Child Pornography Act)，覆盖涉及拦截电子通信，利用电子通信进行诈骗、窃取商业机密，非法访问已存储的电子通信，利用电子邮件进行威胁或骚扰，以及发送或处理儿童色情物品的各类计算机犯罪行为。

点击欺骗

当你点击搜索引擎上所显示的广告时，广告商通常需要为每一次点击支付一定的费用，因为每次点击都意味着为其带来了潜在购买者。**点击欺骗**（click fraud）指的是个人或计算机程序点击在线广告，而又不想进一步了解广告商信息或无购买意向的欺骗行为。点击欺骗已经成为谷歌及其他提供点击付费在线广告的网站所面临的一个严重问题。

有些公司雇用第三方（通常来自低收入国家）虚假点击竞争对手的在线广告，抬高其营销成本，从而削弱对手的竞争力。点击欺骗也可通过软件程序点击来实施，僵尸网络常用于这一目的。谷歌等搜索引擎试图监控点击欺骗，却一直不愿意对外公布在处理该问题上已取得的成果。

全球性威胁：网络恐怖主义和网络战

我们所描述的网络犯罪活动——植入恶意软件、发动拒绝服务攻击、进行网络钓鱼都是无国界的。计算机安全公司 Sophos 发布的报告称，2010 年初发现的恶意软件中有 42%来自美国，11%来自中国，6%来自俄罗斯（Sohpos，2010）。互联网的全球性使得罪犯可在全球任何地方或者以任何地方为目标实施计算机犯罪。

互联网或其他网络的漏洞使数字网络极易成为恐怖分子、外国情报机构或试图造成大规模干扰和破坏的其他组织群体攻击的对象。人们对此的担心与日俱增。这些网络攻击可能针对电网系统、空中交通管制系统或者大型银行和金融机构的网络软件。包括中国、俄罗斯和美国在内的至少 20 个国家被认为正为应对进攻型和防御型网络战而增强自己的能力。章末案例会探讨欧洲对于网络恐怖问题的解决办法。

8.1.4　来自内部的威胁：员工

人们倾向于认为，企业的安全威胁来自组织外部。但事实上，公司内部人员也会造成严重的安全问题。员工拥有访问某些信息的特权，在企业内部安全策略松散的情况下，他们通常能够畅游组织的信息系统而不留痕迹。

研究表明，用户缺乏知识是导致网络安全遭到破坏的最主要原因。许多员工忘记进入计算机系统的密码，或者允许同事使用自己的密码，这些行为将对系统造成危害。恶意入侵者有时会伪装成公司内部成员，以工作需要为由诱骗真实员工提供自己的密码，从而进入企业系统。这种做法就是**社会工程**（social engineering）。

最终用户和信息系统专家也是将错误引入信息系统的主要来源。终端用户可能输入错误数据，未按正确指示处理数据和使用计算机设备。信息系统专家可能在设计、开发新软件或者维护现有程序时出错。

8.1.5　软件漏洞

软件错误会对信息系统构成持续性的威胁，给生产带来难以估量的损失。软件日趋大型化、复杂化，加之及时迎合市场的需求，导致软件缺陷或漏洞数量日益增加。例如，2010 年 9 月，一个与数据库相关的软件错误致使摩根大通的零售客户和小企业客户两天无法访问其在线银行账户（Dash，2010）。

软件的主要问题是存在潜在**错误**（bugs）和代码缺陷。研究表明，完全消除大型程序中的所有错误是不现实的。错误发生主要源于“决策代码”的复杂性。一个相对较小的仅有几百行代码的程序中包含几十次决策，这些决策会导致数百乃至数千种不同的路径。大多数公司的重要程序通常更大，包含上万甚至上百万行的代码。每行代码都比小程序有更多种选择和路径。

在大型程序中零缺陷是无法实现的，完全彻底的测试根本是不可能的。对包含数千种选择和上百万条路径的程序进行完整的测试需要几千年的时间。即使通过了严格的测试，你也无法确信某个软件是可信的，只有经过大量实际使用后，产品才能证明自身的可靠性。

商业软件中的缺陷不仅会妨碍其性能，而且会带来安全漏洞，使得网络对入侵者开放。每年安全公司会发现网络软件和计算机软件的上千种漏洞。例如，Symantec 公司曾识别出浏览器中的 300 多个漏洞，其中某些漏洞的危害很大（Symantec，2010）。

一旦发现软件漏洞，软件供应商会在不影响软件正常运行的前提下，创建叫做**补丁**（patches）的小程序来修复这些缺陷。例如，微软的 Vista 服务包 2（SP2）包含一些对抗恶意软件和黑客的安全增强程序。该软件的用户负责追踪漏洞、测试并安装补丁，这个过程叫做补丁管理。

由于公司的 IT 架构通常装载多个商业应用软件、操作系统安装软件及其他的系统服务软件，因此，要维护公司所有设备和服务的补丁，既费时又费钱。恶意软件产生得如此之快，以至于公司在漏洞及补丁发布之前几乎来不及做出反应。

对众多安全漏洞快速做出响应可能会导致软件产生错误。2010 年在领先的商业杀毒软件供应商 McAfee 身上就发生了这样的事情，详见下面的“互动讨论：管理”专栏。

互动讨论：管理

杀毒软件使电脑瘫痪

McAfee 是一家卓越的杀毒软件和计算机安全公司，坐落在加利福尼亚州圣克拉拉市。公司最受欢迎的产品 VirusScan 现在更名为 AntiVirus Plus，被全球的公司和个人所使用。

作为一家全球化企业，McAfee 在北美、欧洲以及亚洲有 6 000 多名员工。VirusScan 以及 McAfee 的其他安全产品，强调终端安全、网络安全以及风险和规范。McAfee 公司汇编了长期的良好用户服务追踪记录。

2010 年 4 月 21 日早上 6 点，McAfee 软件出现重大失误，不仅使公司的现有客户群遭到威胁，而且有可能失去众多潜在重要客户。McAfee 发布了旗舰版软件 VirusScan 的一款常规的更新软件，可以查杀“W32/wecorl. a”这种强大的新病毒。但该软件的更新造成上千台安装了 McAfee 产品的 Windows XP 系统崩溃或无法重启。为什么像 McAfee 这样专注于保护电脑的安全公司，会发布使其众多的客户受损的软件呢？当 McAfee 的客户发现电脑死机或完全无法运行时，气愤地质问公司。

McAfee 的更新误杀了在多种 PC 程序中起作用的重要的 Windows 文件 svchost. exe。通常，在某段时间里会有多个程序在运行，破坏了其中任意一个，都会对系统造成损害。尽管有许多病毒比如 W32/wecorl. a 会以 svchost. exe 为名来伪装自己免遭察觉，但 McAfee 在此之前对于该类型病毒的查杀技术从未出现过问题。

更糟糕的是，没有 svchost. exe 文件，Windows 电脑就无法正常启动。VirusScan 杀毒软件的用户应用了更新，试图重启系统，但电脑不停地自动重启，无法联网，最糟糕的是电脑无法识别 USB 驱动，而这是唯一可以修复受损计算机的方法。那些使用 McAfee 公司杀毒软件的企业，工作中已离不开 Windows XP，不得不处理大量突然崩溃的电脑。

愤怒的网络管理员质问 McAfee，但 McAfee 与客户一样也对突如其来的重大错误感到困惑。很快，McAfee 发现大量的受损机器同时应用了 Windows XP Service Pack 3 与 McAfee VirusScan version 8.7，而且大多数 VirusScan 中默认关闭的“启用扫描程序”选项在多数受损电脑中被开启了。

McAfee 进行了深入的调查，并在 FAQ 专栏中解释了为什么会出现错误以及哪些客户会被感染。两个最主要的问题是：第一，用户应该收到 svchost.exe 将被隔离或删除的警告，而不是自动处理该文件；第二，由于公司声称的“检测系统对产品覆盖范围不全面”，McAfee 的自动质量保障检测未能发现这一重大错误。

对公司的技术人员来说，唯一可以修复该问题的办法是手动修复每一台电脑。McAfee 发布了需要在正常机器上下载并加载到 flash 驱动的“超级 DAT 修复工具”，它可在受损电脑的 Windows 安全模式中运行。因为受损电脑不能连接网络，所以一次只能修复一台电脑。我们无法知道受影响的机器总数，但它一定涉及成百上千的企业电脑。毫无疑问，它激怒了网络管理员和企业的技术支持部门。

至于质量保障程序，McAfee 在 FAQ 中解释说，它没有在运行系统和产品版本的检测配置中安装 Windows XP Service Pack 3 与 McAfee VirusScan version 8.7。这令 McAfee 的客户和行业分析师大吃一惊，毕竟 XP SP3 是 PC 笔记本电脑使用最广泛的配置。只有新的电脑才安装 Vista 和 Windows 7，一般企业正在运行的 XP 电脑很少安装。

该问题未被发现便迅速扩散的另一个原因是日益增长的更新杀毒软件的需求。大部分电脑积极安装更新软件以保证机器尽可能少地暴露于新的病毒之下。更新 McAfee 的电脑数量如此之多，表明大部分公司信任它们的杀毒软件供应商。

然而，尽管 McAfee 只犯了一个简单的错误，但对公司的信誉造成了重大损失。由于公司在事发之初不太重视，回应缓慢，因此受到了批评。起初 McAfee 公司发布声明称，只有一小部分客户受到影响，但这很快便被证明是错的。事件发生两天后，McAfee 公司董事长巴里·麦克弗森（Barry McPherson）才在公司博客上对用户道歉。不久，首席执行官戴维·德瓦尔特（David DeWalt）录制了视频，对客户做出道歉并解释了事故原因。

资料来源：Peter Svensson, “McAfee Antivirus Program Goes Berserk, Freezes PCs,” Associated Press, April 21, 2010; Gregg Keizer, “McAfee Apologizes for Crippling PCs with Bad Update,” *Computerworld*, April 23, 2010 and “McAfee Update Mess Explained,” *Computerworld*, April 22, 2010; Ed Bott, “McAfee Admits ‘Inadequate’ Quality Control Caused PC Meltdown,” *ZDNet*, April 22, 2010; and Barry McPherson, “An Update on False Positive Remediation,” http://siblog.mcafee.com/support/an-update-on-false-positive-remediation, April 22, 2010.

[思考题]

1. 导致 McAfee 软件问题的管理、组织和技术因素有哪些？

2. 这一软件问题对 McAfee 及其客户的业务有何影响？

3. 如果你是 McAfee 的企业客户，你会考虑接受 McAfee 对该事件的答复吗？为什么？解释理由。

4. 为今后避免这类问题，McAfee 应该怎样做？

[MIS 实践]

搜索巴里·麦克弗森的道歉声明并了解客户的反应。你认为他的道歉会对事件起到帮助作用，还是会激怒用户？为什么？

8.2 安全和控制的商业价值

很多公司都不愿意在安全问题上投入太多，因为它并不能直接创造销售业绩。然而，信息系统安全对于企业运营来说极其关键，因此企业需三思而行。

企业的信息资产十分重要，需加以保护。信息系统中通常存储个人所得税、金融资产、医疗档案和工作绩效评价等机密的个人资料，以及商业机密、新产品开发计划、营销策略等企业运营方面的信息。政府系统可能存储武器系统、情报行动和军事目标方面的相关信息。这些信息资产价值巨大，一旦遗失、损毁或者落入恶人之手，将会导致毁灭性的后果。有研究认为，如果一家大公司的安全受到威胁，该公司会在两天内损失约 2.1%的市值，按股票价格折算，平均每起事故的损失约为 16.5 亿美元（Cavusoglu，Mishra，and Raghunathan，2004）。

企业还可能因缺乏足够的安全和控制而承担法律重责。企业要保护的不仅是自身的信息资产，还包括其客户、员工和商业伙伴的信息资产。否则，企业可能为数据泄露或失窃承担高昂的诉讼费用。如果组织未采取有效的保护措施来防止机密信息泄露、数据破坏以及隐私侵犯，就要为由此造成的不必要风险和损失承担法律责任。例如，BJ's Wholesale Club 曾因未能阻止黑客访问公司系统盗用信用卡和借记卡数据进行欺诈交易而遭到联邦贸易委员会起诉。遭遇卡数据失窃的发卡行向 BJ's 公司索赔 1.3 亿美元，以赔偿持卡人因欺诈交易而蒙受的损失。强大的安全和控制框架能够保护企业的信息资产，进而获得较高的投资回报，提高员工效率，降低企业运营成本。

8.2.1 电子记录管理的法律法规要求

美国政府已出台相关法规强制企业加强对安全和控制的重视，采取措施保护数据免遭滥用、泄露和非法访问。企业要对电子记录的保留与存储以及隐私的保护承担新的法律义务。

如果你在医疗保健行业工作，那么你所在的公司必须遵守美国 1996 年颁布的《健康保险流通与责任法案》。该法案概述了医疗安全和个人隐私的规则和程序，旨在简化医疗账单的管理，实现医疗数据和计划书在医疗保健服务提供方与付款人之间的自动传递。该法案要求医疗保健行业的从业人员将病人信息保留六年，并确保对这些记录保密。该法案还明确规定了医疗保健服务提供方在处理病人资料时所应遵循的隐私、安全和电子交易标准。如果他们违反医疗隐私标准，通过电子邮件或非经授权访问网络泄露病人档案，则会受到处罚。

如果你在一家提供金融服务的公司工作，那么你所在的公司必须遵守美国国会于 1999 年通过的《金融服务现代化法案》，其更广为人知的名称是以发起人名字命名的**《格雷姆-里奇-比利雷法案》**（Gramm-Leach-Bliley Act）。该法案要求金融机构确保客户数据的安全性并对它们保密。数据必须存储在安全的媒介中，并采取特殊的安全措施保护存储媒介和传输中的数据。

如果你在一家上市公司工作，那么你所在的公司必须遵守 2002 年颁布的《上市公司会计改革与投资者保护法案》(Public Company Accounting Reform and Investor Protection Act)，即众所周知的《萨班斯-奥克斯利法案》，该法案是以马里兰州的参议员保罗·萨班斯（Paul Sarbanes）和俄亥俄州的代表迈克尔·奥克斯利（Michael Oxley）这两位发起人的名字命名的。该法案在安然、世通等上市公司的金融丑闻曝光之后出台，旨在保护投资者的利益。该法案规定，公司及其管理层有责任保证财务信息在对内使用和对外公布时的准确性和完整性。

《萨班斯-奥克斯利法案》从根本上确保对财务报表信息的创建与编制的内部监控到位。因为财务报表数据是由信息系统生成、存储并传输的，所以该法案要求企业关注信息系统安全和其他控制问题，以确保数据的完整性和准确性，并对它们保密。凡是处理涉及财务报告关键数据的应用系统都必须加以控制，从而确保其数据准确可靠。在发生灾害或服务中断的情况下，必须加强控制，以保护公司网络安全，阻止未授权访问系统和数据并确保数据的完整性和可用性。

8.2.2　电子证据和计算机取证

安全、控制和电子记录管理在应对法律诉讼方面已不可或缺。如今，大部分股票诈骗、贪污、盗窃公司商业机密、计算机犯罪以及许多民事案件的证据均为数字形式。除打印或印刷的信息外，越来越多的法律案件还依赖于数字形式的证据，这些数据要么存储在闪存、光盘和计算机硬盘中，要么存在于电子邮件、即时通信和在线商务交易信息中。目前最常见的电子证据类型是电子邮件。

法律诉讼中，若某些信息可能作为证据，公司有义务响应公示数据的请求，依法生成所需信息。如果公司难以收集所需的数据，或者数据已经遭到篡改或毁坏，响应公示请求的成本会十分巨大。如今法院会对不正当损毁电子文档的行为给予严厉的经济甚至刑事处罚。

有效的电子文档保留政策应确保电子文件、电子邮件以及其他电子记录条理分明，方便使用，留存时间适宜。这也表明人们应有保护潜在证据以备计算机取证之用的意识。**计算机取证**（computer forensics）是指科学地收集、审查、鉴定、保存和分析数据，以便能在法庭上作为证据使用，这些数据是从计算机存储媒介中获取或者恢复的。计算机取证主要涉及以下问题：

- 恢复计算机数据，同时保持证据的完整性；
- 安全存储和处理所恢复的电子数据；
- 从大量的电子数据中搜寻有用信息；
- 向法庭提交信息。

电子证据可能以计算机文件和对普通用户不可见的隐含数据的形式存放在计算机存储媒介中，例如已从计算机硬盘上删除的文件。人们可通过各种技术来恢复已被用户删除的数据。计算机取证专家试图恢复这些隐藏数据，作为证据呈送。

人们逐渐意识到计算机取证应被纳入企业的应急规划程序。CIO、安全专家、信息系统工作人员和企业的法律顾问应相互协作，制定在发生法律争端时能够执行的计划。

8.3　安全和控制框架的建立

即使拥有最好的安全工具，信息系统也并不是完全安全可靠的，除非知道在哪里以及如何应用部署它们。还需要知道公司信息系统安全面临哪些风险，需要采取何种控制措施来保护信息系统。此外，必须制定一套安全政策与计划，保证在信息系统发生故障时企业仍能正常运转。

8.3.1　信息系统控制

信息系统控制可采取手动和自动两种方式，包括一般控制和应用控制。**一般控制**（general controls）指的是贯穿整个组织信息技术基础设施，为管理计算机程序的设计、安全和使用，以及数据文件安全而进行的总体控制活动。总的来说，一般控制适用于所有的计算机应用程序，由硬件、软件和手工流程组成，创造一个整体的控制环境。

一般控制包括软件控制、硬件控制、计算机操作控制、数据安全控制、系统流程的实施控制及管理控制。表 8—3 列出了各种控制的作用。

表 8—3　**一般控制**

类型	描述
软件控制	监控系统软件的使用，阻止对软件程序、系统软件和计算机程序的未经授权访问。
硬件控制	保证计算机硬件的物理安全，检查设备是否存在故障。对计算机依赖性强的企业还必须制定备份和持续运行计划，保持服务稳定。
计算机操作控制	监督计算机部门的工作，确保程序在数据存储和处理上的一致性和正确性。包括对计算机程序安装的控制，以及针对异常中断的备份和复原程序。
数据安全控制	确保硬盘或磁带中的重要商业数据文件在存储或使用过程中不被擅自访问、篡改或破坏。
实施控制	审计系统开发过程的各个阶段，确保对该过程的管理和控制得当。
管理控制	规范标准、规则、程序和控制原则，确保一般控制和应用控制得以正确执行和实施。

应用控制（application controls）是针对特定计算机应用（比如薪资结算或订单处理程序）的特殊控制活动。应用控制包括自动控制和手动控制，确保只有经过授权的数据才能完全且准确地通过应用程序处理。应用控制可分为：（1）输入控制；（2）处理控制；（3）输出控制。

输入控制（input controls）负责检查数据在输入系统时的准确性和完整性。针对输入授权、数据转换、数据编辑和错误处理均规定了特定的输入控制。处理控制

(processing controls) 保证数据在更新过程中的完整性和准确性。输出控制 (output controls) 则确保计算机处理输出的结果准确、完整且恰当传输。

8.3.2 风险评估

企业在将资源投入到安全和控制上之前，必须了解哪些资产需要保护及其保护程度。风险评估有助于回答这些问题，找到性价比最高的资产保护控制方案。

风险评估 (risk assessment) 能够确定当某一活动或流程没有得到适当控制时公司面临的风险程度。虽然并非所有的风险都能被预测或衡量，但对于自身所面临的风险，大多数企业都有一定程度的认识。企业管理者应与信息系统专家合作，共同确定信息资产的价值、系统漏洞、出现故障的大致频率以及潜在的损失。举例来说，如果某一故障可能发生的频率不超过一年一次，且每次造成的损失不超过 1 000 美元，那么花费 2 万美元来设计和维护用以防范该故障的控制系统是不明智的。然而，如果相同的故障一天至少发生一次，潜在的损失超过 30 万美元/年，那么在控制系统上花费 10 万美元就很有必要。

表 8—4 显示了一个日处理 3 万份订单的在线订单处理系统的风险评估抽样结果。一年内每种故障发生的概率用百分比来表示。表中第三列显示的值是每种故障的损失范围和平均损失，平均损失为最高损失和最低损失的值相加再除以 2。每种故障的预计年损失额可通过平均损失与发生率相乘得到。

表 8—4　　在线订单处理风险评估

故障	发生率 (%)	损失范围/平均值 (美元)	预计年损失 (美元)
停电	30	5 000～200 000 (102 500)	30 750
盗用	5	1 000～50 000 (25 500)	1 275
用户错误	98	200～40 000 (20 100)	19 698

风险评估结果表明，一年内停电发生的概率为 30%。每次停电造成的订单交易损失额的范围为 5 000～200 000 美元 (平均损失 102 500 美元)，具体金额则取决于业务终止时间的长短。一年内盗用发生的概率约为 5%，潜在损失的范围为 1 000～50 000 美元 (平均损失 25 500 美元)。一年内用户错误发生的概率为 98%，每次损失为 200～40 000 美元 (平均损失 20 100 美元)。

一旦经过风险评估，系统制造商就能在最易受攻击和潜在损失最大之处加强控制。本例中，控制应集中在最大限度地降低出现停电和用户错误的风险，因为这两者的预计年损失额最高。

8.3.3 安全策略

一旦确定系统的主要风险，企业就需要制定安全策略来保护自身资产。**安全策略** (security policy) 包括信息风险分级、确定可接受的安全目标以及实现安全目标的机制。对企业而言，最重要的信息资产是什么？由谁产生并控制这些信息？现有哪些安全策略用以保护信息？管理层对各类信息资产的可接受风险水平如何？比如，管理层能否接受十年一遇的客户信贷资料的丢失？是否愿意建立抵抗百年一遇灾难的信用卡数据安全系统？管理层必须评估达到该可接受风险水平所需的成本。

企业根据安全策略来确定信息资源的可接受使用策略，以及哪些员工拥有信息资产的访问权。**可接受使用策略**（acceptable use policy，AUP）规定企业信息资源和计算设备（包括台式电脑、便携式电脑、无线设备、电话以及互联网）的可接受使用情况。该策略还应阐明公司关于隐私权、用户责任以及个人对公司设备和网络的使用等方面的规定。好的 AUP 应明确每个用户可接受和不可接受的行为，并说明违规行为的后果。例如，大型跨国消费品公司联合利华的安全策略要求，每位员工需要使用特定的电脑设备，输入密码或通过其他方式认证，来登录公司的网络。

安全策略中还包括身份管理条款，**身份管理**（identity management）包括业务流程以及识别系统有效用户并控制用户访问系统资源的软件工具。它包括鉴别和授权不同类别系统用户的授权策略、指定每个用户访问何种系统或系统中的哪个部分的权限，以及验证用户和保护身份的程序和技术。

图 8—3 显示了身份管理系统如何获取人力资源部门中不同级别的用户的访问规则，它基于每个员工工作中所需的信息，指定了允许每名用户访问的人力资源数据库的部分。该数据库包含诸如员工薪资、福利和医疗记录等敏感个人信息。

安全类型 1	
用户：人力资源部门员工	
地点：部门 1	
符合该类型的员工代码：	00753、27834、37665、44116
数据域限制	访问类型
部门 1 的所有员工数据	读和更新
• 医疗记录数据	没有
• 薪资	没有
• 退休金收入	没有

安全类型 2	
用户：部门人力资源经理	
地点：部门 1	
符合该类型的员工代码：	27321
数据域限制	访问类型
部门 1 的所有员工数据	只读

图 8—3 人力资源系统的安全类型

说明：这两个例子描述了在人力资源系统中可能用到的两类权限类别，或者说数据安全模式。根据权限类别，用户在访问组织系统、数据时会受到一定的限制。

该图显示了两组用户的访问规则。一组用户包括所有从事文书工作（如将所有员工数据输入系统）的员工。属于该组别的所有用户都可以更新系统，但是不能读取和更新诸如薪资、医疗记录或者收入数据等敏感内容。另一组用户是部门经理，他们不能更新系统，但是可以读取本部门包括医疗记录和薪资在内的所有员工数据。我们将在本章后面的内容中详细介绍用户认证技术。

8.3.4　灾难恢复计划和业务持续计划

如果你经营一家企业，就必须为停电、洪水、地震或恐怖袭击等会妨碍信息系统和组织运行的事件制定应对计划。**灾难恢复计划**（disaster recovery planning）是指在计算和通信服务遭到破坏后，为将其恢复所制定的计划。灾难恢复计划主要关注维持系统运行的技术问题，诸如文件备份、备用计算机系统或者灾难恢复服务的维护。

举例来说，万事达卡在密苏里州堪萨斯城设有备用计算机中心，作为其圣路易斯的主计算机中心的紧急备份。许多公司都不自己购置备份设备，而是与一些灾难恢复公司签约，如位于伊利诺伊州罗斯蒙特市的 Comdisco 灾难恢复服务公司和总部位于宾夕法尼亚州韦恩市的 SunGard 恢复服务公司。灾难恢复公司在全美各地设有配备空闲计算机的热站，客户公司在紧急情况下可使用这些设备运行关键的应用程序。比如，供应石油天然气业务中所需化学物品的 Champion Technologies 公司，可以在两小时内将它的企业系统从休斯敦转移到亚利桑那州斯科茨代尔市的 SunGard 热站。

业务持续计划（business continuity planning）关注企业在遭受灾难后如何恢复业务运营。该计划识别企业的关键业务流程，确定在系统发生故障时应对关键业务处理需求的行动计划。例如，德意志银行（Deutsche Bank）的投资理财和资产管理业务遍及 84 个国家，拥有一套完善的业务持续计划，并不断更新与改进。该银行在新加坡、香港、日本、印度和澳大利亚都有专业团队制定处理设备损坏、人员流失、关键系统破坏等问题的计划，以保证企业在发生灾难事件时仍能继续运转。德意志银行的业务持续计划将对企业生存至关重要的业务流程与对解决危机起关键作用的业务流程区别开来，并与银行计算机中心的灾难恢复计划相配合。

业务经理和信息技术专家要共同研究这两类计划，确定公司最关键的系统和业务流程。他们必须进行业务影响分析，确定公司最关键的系统以及系统停运对业务的影响。管理层必须确定系统发生故障后，恢复业务最长需要多少时间，以及哪些业务应最先恢复。

8.3.5　审计的作用

管理层如何知道信息系统的安全和控制是否有效？要回答这一问题，组织必须展开全面而系统的审计。**管理信息系统审计**（MIS audit）要审查公司的整体安全环境以及个人使用信息系统的控制情况。审计员应抽样跟踪系统的业务流程，进行测试，在适当的情形下，可使用自动审计软件。管理信息系统审计还可能要检查数据质量。

安全审计包括对技术、程序、文档、培训工作和员工各方面的审查。一次全面彻底的审计工作甚至可能会模拟攻击或灾难，测试技术、信息系统人员和业务人员的反应。

通过审计可得到所有的控制缺陷及其分级，估计它们发生的概率，再评估每种威胁对财务状况和组织的影响。图 8—4 是一个贷款系统的控制缺陷审计列表样本。其中一栏给出了向管理层报告控制缺陷的情况以及管理层的反应。管理层应当制定计划，来应对控制中存在的重大缺陷。

部门：贷款 地点：伊利诺伊州皮奥利亚市		编制人：J. 埃里克森 日期：2011 年 6 月 16 日	接收人：T. 本森 审核日期：2011 年 6 月 28 日	
缺陷和影响的性质	错误/滥用发生的可能性		向管理层报告	
	是/否	理由	报告日期	管理层的反应
用户账户密码遗失	是	使系统对未授权的外来者或攻击者开放	2011/5/10	剔除没有密码的账户
网络配置允许部分系统文件共享	是	使关键的系统文件暴露给与网络连接的恶意团体	2011/5/10	确保只有确实有需求的目录才能被共享，并且它们都受到强大的密码保护
未经标准和控制小组的最终批准，软件补丁就能更新生产计划	否	所有的生产计划都要求管理层的审批；标准和控制小组将这样的情形界定为一个临时的生产状态		

图 8—4　控制缺陷的审计列表样本

说明：该图是一个控制缺陷列表样本，这些控制缺陷可能是某审计员在一家地方性商业银行的贷款系统中发现的。该表记录并评估控制缺陷，显示与管理层讨论这些缺陷后得出的结果，以及管理层采取的修正方案。

8.4　保护信息资源的技术和工具

企业可应用一系列工具和技术来保护其信息资源，其中包括用于保护系统和数据、确保系统可用性以及确保软件质量的工具和技术。

8.4.1　身份管理和认证

大中型公司拥有复杂的 IT 设施和包含各自用户组的不同系统。身份管理软件使许多过程自动化，包括记录全体用户的动态和系统权限、分配给每个用户访问每个系统的独特的数字认证。它还包括认证用户、保护用户身份和控制用户访问系统资源的工具。

为获得系统的访问权限，用户需要被授权和认证。**认证**（authentication）用于确认用户的真实身份。通常情况下，认证是利用只有授权用户才知道的**密码**（password）来完成的。最终用户要输入密码才能登录计算机系统，有时也可访问特定的系统和文档。然而，用户时常忘记密码，或者将密码共享，或者设置过于简单的密码，这些都使得系统的安全性大打折扣。密码系统太严密会影响员工的工作效率。当员工必须频繁地更改复杂的密码时，他们往往会选择简化的方式，比如选择那种很容易记住的密码，或者把密码写下来放在工作台上显而易见的位置。密码也可能在网络传输过程中被嗅探器捕捉，或者被社会工程攻击窃取。

诸如令牌、智能卡和生物认证等新的认证技术能克服上述问题。**令牌**（token）是一种物理装置，类似于身份证，用于证明单个用户的身份。令牌很轻巧，通常安装在钥匙环上，随机产生动态密码。**智能卡**（smart card）是一种与信用卡大小相仿的设备，内嵌存有访问权限和其他数据的芯片（智能卡也用于电子支付系统）。读卡器能够读取并识别智能卡上的数据，从而决定是否允许访问。

生物认证（biometric authentication）利用计算机系统来读取并解释个体的生物特征，如指纹、虹膜、声音，从而决定是否授权访问。生物认证基于个体生理或行为特征的独特性。它将个人的指纹、脸型、视网膜图像等独有特征与数据库中存储的相关资料作对比，以此来判断两者之间是否存在差异，当两者完全匹配时就授权访问。指纹和面部识别技术才开始应用到安全控制上，个人笔记本电脑已开始配置指纹认证设备。

8.4.2　防火墙、入侵检测系统以及杀毒软件

如果不对恶意软件和入侵者加以防范，连接到互联网是十分危险的。防火墙、入侵检测系统和杀毒软件已成为必不可少的商业工具。

防火墙

防火墙（firewalls）能够阻止未授权用户访问私有网络。它由硬件和软件组合而成，控制进出网络的通信流量。防火墙通常处于组织内部私有网络与不可信的外联网络（如互联网）之间，可用于保护计算机网络中的某一部分（如图 8—5 所示）。

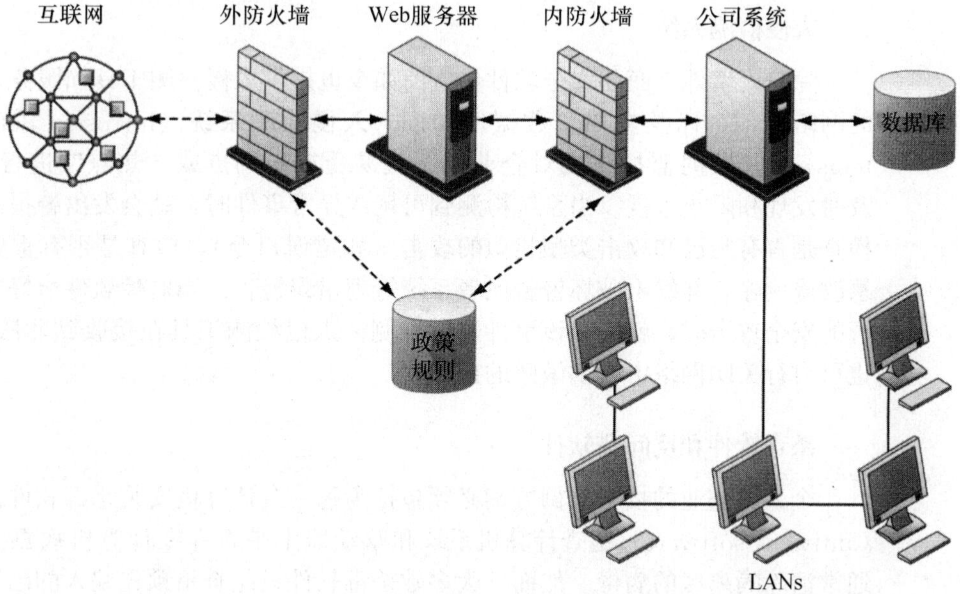

图 8—5　公司防火墙

说明：防火墙设置在企业专用网络与公共互联网或其他不可信的网络之间，防止非法通信。

防火墙就像守门人，在授权用户访问网络之前检查每个用户的证书。防火墙能识别名称、IP地址、应用程序以及输入通信流的其他特征。它将这些信息与网络管理员预先编入系统的访问规则进行核对。防火墙能阻止未经授权的通信进出网络。

大型组织的防火墙常常被安装在专用计算机上，与网络中的其他计算机分隔开来。因此，任何进入请求都无法直接访问私有网络资源。另外还有许多防火墙过滤技术，包括静态数据包过滤、状态检测、网络地址转换、应用代理过滤。这些技术经常结合使用，以提供防火墙保护。

包过滤（packet filtering）对可信的网络与互联网之间来回流动的数据包报头的选定区域进行逐一检测。这种过滤技术会漏掉许多类型的攻击。状态检测（stateful inspection）通过检测数据包是不是发送者和接收者之间合法会话的一部分，进一步加强安全性。它建立状态表来跟踪多个数据包的信息。接受还是拒绝数据包，取决于其所属会话是否经过授权，或者连接是否合法。

网络地址转换（network address translation，NAT）可在静态数据包过滤和状态检测的基础上提供另一个层的保护。NAT能够隐藏组织内部主机的IP地址，防止防火墙外的嗅探器程序探测主机，入侵内部系统。

应用代理过滤（application proxy filtering）对应用程序数据包的内容进行检测。代理服务器能够阻止来自组织外部的数据包，对其进行检查，通过后向防火墙的另一端传送一个代理请求。如果外部用户希望与公司内部用户通信，首先要与代理应用程序“交谈”，然后代理应用程序会与公司内部计算机通信。同样，公司内部的计算机用户也只有通过代理才能与外部的计算机交流。

要建立一个好的防火墙，管理员必须维护详细的内部规则，确定哪些人员、应用程序或地址被允许或拒绝通过。防火墙能够阻止但无法完全制止外界对网络的渗透，应在整体安全计划中考虑到这一点。

入侵检测系统

除防火墙外，商业安全软件供应商如今也提供入侵检测工具和服务，阻止可疑的网络通信，以及文档和数据库访问。**入侵检测系统**（intrusion detection systems）采用实时监控工具对企业网络最易受攻击的点或“热点”进行持续检测，及时发现和阻止入侵。当系统检测到可疑或异常事件时，就会发出警报。扫描软件检查是否有与已知攻击类型相似的攻击（如错误口令），检查是否有重要的文件被篡改或删除，并发出破坏警告或者系统管理错误警告。当监控软件恰好发现正在进行的安全攻击时，就会对该事件进行检测。入侵检测工具在接收到非法的通信时，也可自行关闭网络中特别敏感的部分。

杀毒软件和反间谍软件

个人和企业的技术防御方案必须包括为每一台计算机安装杀毒软件。**杀毒软件**（antivirus software）检查计算机系统和驱动器中是否存在计算机病毒。杀毒软件通常清除隔离区的病毒。然而，大多数杀毒软件只能查杀预先编入的已知病毒。因此，杀毒软件必须不断更新，保持有效性。除服务器、工作站和台式计算机外，杀毒软件还可用于多种类型的移动和手持设备。

诸如 McAfee、Symantec 及 Trend Micro 等主要的杀毒软件供应商还生产反间谍软件。Ad-Aware、Spybot S&D 和 Spyware Doctor 等反间谍软件工具对加强保护也十分有用。

统一威胁管理系统

为帮助企业降低成本、提高管理能力，安全软件供应商将多种安全工具（包括防火墙、虚拟专用网络、入侵检测系统、网站内容过滤和防御软件）整合到单个设备中。这些复杂的安全管理产品被称为**统一威胁管理**（unified threat management，UTM）系统。尽管最初只是针对中小型企业，UTM 产品目前已适用于各种规模的网络。领先的 UTM 供应商包括 Crossbeam、Fortinent 和 Check Point，思科和瞻博网络（Juniper Networks）等网络设备供应商也在其设备中加入了 UTM 功能。

8.4.3　无线网络保护

尽管 WEP 有缺陷，但如果 Wi-Fi 用户记得激活它，也能提供一定程度的安全保障。阻止黑客最简单的方法就是给网络的 SSID 分配一个独特的名称，并指示路由器不将其扩散。企业在访问内部数据时，可将 Wi-Fi 与虚拟专用网络（VPN）技术相结合，进一步增强 Wi-Fi 网络的安全性。

2004 年 6 月，全球产业协会 Wi-Fi 联盟最终确定了 802.11i 规范（也被称为 Wi-Fi 保护访问 2 或 WPA2），该规范以更强大的安全标准取代了 WEP。该标准将原先在 WEP 中使用的静态加密密钥替换为更长的、可持续变化的密钥，更难被破解。该标准还采用了包含中央认证服务器的加密认证系统，确保只有授权用户能够访问网络。

8.4.4　加密和公钥基础设施

许多企业使用加密技术来保护它们所存储的、物理传输的或者通过互联网发送的数字信息。**加密**（encryption）是将纯文本或者数据转换为密码文本的过程，除发送方和目标接收方外，其他人都无法读取。通过使用叫做加密密钥的数字代码对数据加密，可将纯数据转换为密文。信息必须由接收方解密。

网络通信的加密方法有 SSL 和 S-HTTP 两种。**安全套接层协议**（Secure Sockets Layer，SSL）及其改进版安全传输层协议（Transport Layer Security，TLS）使客户端和服务器能在进行安全的网络会话期间管理加密和解密活动。**安全超文本传输协议**（Secure Hypertext Transfer Protocol，S-HTTP）是另一个用来加密网络数据流的协议，但它仅限于加密个人消息，而 SSL 和 TLS 旨在建立两台计算机之间的安全连接。

互联网客户端浏览器和服务器中都内置有安全会话功能。客户端和服务器就使用什么密钥、采用哪种安全级别等内容进行协商。一旦客户机和服务器之间建立起安全会话，此会话中的所有信息都会被加密。

加密有两种方式：对称密钥加密和公开密钥加密。在对称密钥加密中，发送者和接收者创建单个加密密钥来建立安全的互联网会话。该密钥会被传送给接收者，因此发送者和接收者共用同一密钥。密钥的强度由其字节长度决定。如今，一个典型对称密钥的长度为 128 位（即 128 个二进制数字串）。

所有对称加密方案共同的问题在于：密钥本身必须在发送者和接收者之间共享，入侵者可能在传输过程中截获和解密该密钥。一种更安全的加密形式叫做**公钥加密**（public key encryption），它使用两个密钥：一个共享密钥（公钥）和一个完全私有的密钥（私钥），如图 8—6 所示。两个密钥间存在数学相关性，因此用一个密钥加密的信息只能够用另一个密钥解密。在发送和接收信息之前，通信双方必须先创建一对私钥和公钥。公钥保存在目录中，私钥则由用户秘密保存。发送者用接收者的公钥对信息进行加密，接收者在收到信息后用自己的私钥解密。

图 8—6 公钥加密

说明：公钥加密系统可看作一系列的公钥和私钥，数据传输时用其对数据加密，收到数据后用其解密。发送者从目录中找到接收者的公钥，并用其加密信息。信息会以加密的形式在互联网或私有网络上传输。当加密信息到达后，接收者用自己的私钥解密并读取信息。

数字证书（digital certificates）是安全在线交易中用于鉴定用户身份和电子资产的数据文件（见图 8—7）。数字证书系统利用受信任的第三方——认证中心（certificate authority，CA）——验证用户身份。现在有很多 CA，如美国的 VeriSign、IdenTrust 和澳大利亚的 KeyPost。

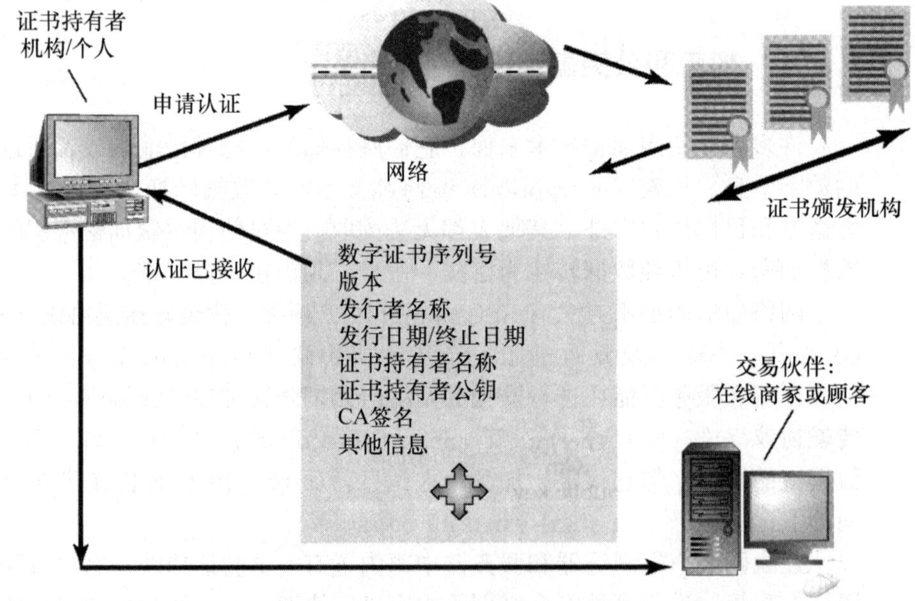

图 8—7 数字证书

说明：数字证书有助于确定用户和电子资产的身份。它们通过提供安全措施、加密和在线通信来保护网上交易。

CA 可离线验证数字证书用户的身份。该信息存放在 CA 服务器中，服务器会生成一个包含所有者身份信息和公钥副本的加密数字证书。该证书能证实公钥属于指定的用户。CA 会在出版物或互联网上公开自己的公钥。加密信息的接收者利用 CA 的公钥解密附加在信息上的数字证书，验证确为 CA 签发，然后从该证书中获取发送者的公钥和身份信息。接收者利用该信息可发送加密的回复。数字证书系统使得诸如信用卡用户和商家能在交换数据之前验证各自的数字证书是否由授权的可信第三方所签发。**公钥基础设施**（public key infrastructure，PKI）即公钥加密系统与数字证书的结合，目前已广泛应用于电子商务。

8.4.5　确保系统可用性

企业的运营和盈利越来越依赖于数字网络，因此必须采取额外的措施来确保信息系统和应用程序始终可用。例如，对航空和金融服务行业的公司而言，它们的关键应用系统都要求能进行联机事务处理，因此它们多年来一直使用具有容错功能的计算机系统，以确保百分之百的可用性。**联机事务处理**（online transaction processing）中，在线交易能立即由计算机处理。数据库时刻都在变，并不断生成报表响应信息需求。

容错计算机系统（fault-tolerant computer system）包括多余的硬件、软件和电源供应组件，保证提供不间断的服务环境。容错计算机利用内置于电路中的特殊例行程序或自检逻辑检测硬件故障，并可自动切换到备用设备。这些计算机上的部件可被卸除或者修理，而无须中断计算机系统的运行。

虽然容错与**高可用性计算**（high-availability computing）都在设法最大限度地减少停机时间，但二者并不相同。**停机时间**（downtime）是指计算机系统无法运行的时间段。然而，高可用性计算帮助公司迅速地从系统崩溃中恢复过来，容错则维护系统的持续运行，并不涉及恢复时间。

对需要处理大量电子商务交易或者内部运营依赖于数字网络的公司来说，高可用性计算环境是最低的要求。高可用性计算需要有备份服务器、多服务器的分布式处理、大容量存储以及完善的灾难恢复计划和业务持续计划。公司的计算平台必须极其强大，拥有可扩展的处理能力、存储空间和带宽。

研究人员正在探索使计算系统更快地从事故中恢复的方法，该方法被称为**面向恢复的计算**（recovery-oriented computing）。这项工作包括设计迅速恢复的系统，开发功能和工具，帮助运营商更准确地定位多组件系统的故障源，迅速排除故障。

网络流量控制：深度包检测

你曾经使用过校园网吗？是否觉得速度非常慢？这可能是因为你的同学正在使用网络下载歌曲或观看 YouTube 视频。那些特别耗带宽的应用，如文件共享程序、网络电话服务和在线视频，会阻塞网络或者减慢网速，降低性能。例如，位于印第安纳州曼西市的波尔州立大学（Ball Sate University）发现其网络速度变慢，原因是少数学生使用对等文件共享程序下载电影或音乐。

一种被称为**深度包检测**（deep packet inspection，DPI）的技术可帮助解决这一问题。DPI 对数据文件进行检查，整理出优先级低的在线材料，而赋予关键业务文件更高的优先级。根据网络运营商设定的优先级，DPI 决定是将特定的数据包继续往目的地传送，还是将其阻塞或者延迟，以便更重要的文件能优先通过。利用 Allot 通信公司的 DPI 系统，波尔州立大学能够对文件共享流量加以限制，并赋予其相对低的优先级。正如所预期的那样，波尔州立大学的网速加快了。

安全外包

许多公司（尤其是小型企业）由于缺乏资源或专业知识，自身无法提供安全的高可用性计算环境。它们通常将许多安全功能外包给**安全管理服务提供商**（managed security service providers，MSSPs），由后者来监控网络活动，执行漏洞检测和入侵检测。SecureWorks、BT Counterpane、VeriSign 及 Symantec 是全球领先的安全管理服务提供商。

8.4.6　云计算和移动平台的安全问题

尽管云计算和新移动平台技术具有驱动利润增长的巨大潜力，但它们也给系统安全性和可靠性提出了新的挑战。下面我们将讨论其中一些挑战及其应对之策。

云计算的安全

当利用云计算平台处理业务时，保护敏感数据的责任和义务依然落在数据所有者——企业的身上。因此了解云服务提供商如何组织服务和管理数据对企业至关重要。下面的“互动讨论：技术”专栏详细描述了一些亟待解决的云计算安全问题。

互动讨论：技术

MWEB Business 被黑

MWEB 公司成立于 1997 年，1998 年成为南非领先的网络服务提供商（ISP），公司提供前沿网络、基础服务设施以及杰出的客户服务。现在，MWEB 拥有包括家庭用户、各种类型公司客户以及大型集团客户在内的 32 万客户群体。在 2010 年于约翰内斯堡举行的 MyBroadband 大会上，MWEB 公司赢得了年度 ISP 大奖。该奖项的评选主要是基于参评公司提供各种宽带服务的表现以及客户的满意度。

MWEB 公司的事业部 MWEB Business 成立于 1998 年 1 月，其服务定位是帮助企业最大限度地发挥网络技术的作用。MWEB Business 为自己能以商业伙伴的身份为企业提供这类完美服务而感到骄傲。MWEB Business 可以帮助各类企业：

- 以各种方式管理商业数据，洞察业务运营，增加真正价值；
- 利用网络完善已有系统，将技术、战略和企业的利润目标紧密联系起来；

● 开发、管理和维护各类解决方案，包括网络连接、网站开发和运行、宽带和无线应用、电子商务以及咨询服务；

● 管理企业内部员工间的交流信息，以及企业与商业伙伴和供应商间传递的信息。

MWEB已在南非网络市场展开宣传。MWEB首席执行官鲁迪·詹森（Rudi Jansen）说："我们需要提高网络质量，但这不仅仅是MWEB的问题，电信网络也要承担这个重任。"尽管网络基础设施不尽理想，但MWEB使用了AVG网络安全公司的产品来尽可能地保障客户的上网安全。AVG网络安全公司提供给MWEB客户的产品的特点如下：

● 网上支付和网上购物时的安全身份保护；

● 网上浏览和搜索时的安全链接检查；

● 访问社交网站、聊天和下载时的安全保护；

● 反钓鱼和反垃圾邮件的安全收件箱；

● 快速杀毒和自动更新的反间谍软件；

● 功能强大的防火墙。

此外，MWEB会自动保护客户在收发邮件时免遭垃圾邮件和病毒的侵害。它的病毒过滤器可以对恶意软件资源进行识别，从而自动清理邮件以确保用户收到无病毒的邮件。MWEB建议其客户通过阻止未经请求而进入的网络端口连接（通常为黑客所使用），以保持宽带连接的安全，避免带宽盗窃和账户滥用。

尽管MWEB提供了多种保护服务，但是仍遭到了黑客的攻击，公司事业部的用户信息被盗取，用户的登录名和登录密码被公布在网上。初期的报道称，多达2 390个MWEB客户的业务数字用户线受到影响。2010年10月25日，MWEB对外公布了这一安全破坏事件。事件的发生意味着黑客获得了MWEB Business所使用的Internet Solutions公司的自助服务管理系统的访问权限，该系统被公司用来对尚未进入MWEB网络的企业客户进行管理。

过去，MWEB Business一直是Internet Solutions公司的Uncapped & Fixed IP ADSL服务产品的代理商，通过Internet Solutions公司提供的在线管理界面对该产品进行管理。但在2010年4月以后，MWEB公司推出了新的Business ADSL服务，同时将过去的服务进行迁移，采用了自己的内部认证系统，这一系统在此次事件中完全没有受到影响。

MWEB迅速对此次黑客攻击事件作出了回应。詹森说："我们有1 000个客户仍在Internet Solutions的网络中，我们正在忙着将他们从受到攻击的旧服务器中迁移出来……我们已经采取了保护措施。大部分客户在过去几个月里已经被转移到我们自己的IPC网络中。我们将联系这些客户重置他们的密码，并增强保护措施。"他随即指出，在这次黑客攻击事件中，没有丢失任何个人信息，同时由于客户的用户名和密码已经重设，MWEB的客户也没有遭受任何损失。他进一步补充说，MWEB成功地在一天中抵御了5 000次攻击。

MWEB Business的总经理安德烈·朱伯特（Andre Joubert）强调说，此次事件中只有经ADSL认证的用户名和密码受到破坏，与账户相关的个人数据或隐私数据，以及每个客户绑定的现场路由器的访问证书都是完好无损的。朱伯特承认此次黑客事件十分严重。"……我们是从一个非常严肃的角度来看待这次攻击的，同时也为它可能给客户带来的任何不便表示深深的歉意。"他说道，"一注意到攻击发生，我们就立刻采取了行动来查明该攻击的严重程度，并采取措施控制可能造成的任何损失。"詹森说，在防御措施方面，MWEB一直在提醒客户保持警惕，注意在线数据安全。詹森表示，"MWEB将与Internet Solutions公司一起调查此次黑客攻击的性质和来源，以避免此类事件再度发生。”

资料来源：“2010 MyBroadband Awards: The Winners and Losers,” MyBroadband, October 19, 2010 (http://mybroadband.co.za/news/broadband/15951-2010-MyBroadband-Awards-The-winners-and-losers.html, accessed November 17, 2010); “About MWEB,” MWEB (www.mweb.co.za/productspricing/MWEBbusiness/AboutMWEBBusiness.aspx, accessed November 17, 2010); “Hackers Target MWEB,” NewsTime, October 25, 2010 (www.newstime.co.za/ScienceandTech/Hackers_Target_M-Web/13618/, accessed November 17, 2010); “MWEB Business Tackles ‘ADSL Hacking’ Incident,” Mybroadband, October 25, 2010 (http://mybroadband.co.za/news/adsl/16077-MWEB-Business-tackles-ADSL-hacking-incident.html, accessed November 17, 2010); “MWEB Business Takes Action in ‘Hacking’ Incident,” Moneyweb, October 25, 2010 (www.moneyweb.co.za/mw/view/mw/en/page295027?oid=512545sn=2009+Detailpid=287226, accessed November 17, 2010); “MWeb hacked, users' details exposed,” TechCentral, October 26, 2010 (www.techcentral.co.za/mweb-hacked-users-details-exposed/18366/, accessed November 17, 2010).

[思考题]

1. 造成 MWEB 安全漏洞的技术因素是什么?

2. 这一安全漏洞对 MWEB 及其客户的业务有何影响?

3. 如果你是 MWEB 的客户，你会接受 MWEB 对安全漏洞的答复吗？为什么？解释理由。

4. 为今后避免这类问题，MWEB 应该怎样做?

[MIS 实践]

在网上搜索黑客攻击南非约翰内斯堡的 GAMCO 公司服务器的事件。详细了解安全漏洞对该公司造成的影响，找出 MWEB 与 GAMCO 遭遇的黑客攻击事件的相似性。

云用户需要确认，不管其数据在哪里存储或者传输，所受到的保护都达到企业要求的水平。他们需要确认云服务提供商根据隐私规则中协议的特定管辖权存储和处理数据。云用户应该知道云服务提供商是如何将自身的数据与其他公司的数据区分开的，并要求云服务提供商证明加密机制的合理性。对云服务提供商应对灾难的方案有所认识也很重要，如云服务提供商能否完全地修复数据，修复需要多少时间，等等。云用户还需要了解云服务提供商是否接受外部的审计和安全认证。在与云服务提供商签订合同前，应当将这些控制内容写入服务等级协议。

移动平台保护

移动设备要想执行许多计算机的功能，就需要像台式机和笔记本电脑一样受到保护，防止恶意软件、盗用、意外损坏、未授权访问以及黑客的攻击。访问公司系统和数据的移动设备更需要特殊的保护。

公司应当确保其安全策略涵盖移动设备，对移动设备的支持、保护和使用等相关细节做出规定。公司同样需要工具来对使用中的设备授权，维护所有移动设备、用户和应用程序的精确记录，锁定丢失的设备以防被盗用。公司应该开发指南以规定被批准的移动平台和软件应用，以及要求远程访问公司系统的软件和程序。公司需要对所有的智能手机更新最新的安全包和杀毒/防御软件，并且应该在需要时加密对话。

8.4.7 软件质量保证

除进行有效的安全管理和控制外，组织还应利用软件度量和严格的软件测试来提高系统的质量和可靠性。软件度量是以量化的形式客观地评估系统。信息系统部门和最终用户可利用软件度量共同测试系统性能，并及时确定问题所在。软件度量的例子包括：特定时间内所能处理的交易数目、在线响应时间、每小时打印的工资确认单数及每 100 行程序代码中已知的漏洞数。要想度量成功，需精心设计度量方法，保证客观公正及应用度量的一致性。

尽早、定期且全面的测试对保证系统质量大有帮助。许多企业仅将测试作为验证其工作正确性的一种方法。实际上，所有大型软件都有错误，测试的目的就是发现这些错误。

好的测试应当在编写程序之前就开始，即走查。走查是指根据特定测试目的，选择技能相当的一组人员审查软件规格说明书或设计文档。若开发人员已开始编写软件程序，走查也可用来审查程序代码。然而，代码必须上机运行才能测试。发现错误后，可用被称为“调试”（debugging）的过程来发现并消除错误源。第 13 章将详细介绍信息系统投入运行所需的各阶段测试。软件开发方法同样会影响系统质量。

8.5　管理信息系统实践项目

本节中的实践项目涉及以下几个方面：分析安全漏洞，利用电子表格软件进行风险分析，以及使用 Web 工具搜索安全外包服务。

8.5.1　管理决策问题

1. K2 Network 是一家在线游戏开发与运营公司，拥有 1.6 亿注册用户，遍及 100 多个国家。玩家能够免费玩游戏，但如果想不断升级，就必须从 K2 公司购买电子“资产”，如斩龙刀。该网站能支持全球数百万名玩家同时在线玩游戏。对这家基于互联网的公司进行安全分析。该网站预计会遭遇哪些威胁？这些威胁对业务有什么影响？公司应采取什么措施来防止网站被破坏并保证持续运营？

2. 一项针对公司信息技术基础设施的调查得到如下安全分析统计信息：

平台	计算机数	高风险漏洞	中等风险漏洞	低风险漏洞	漏洞总数
Windows Server（企业版）	1	11	37	19	
Windows 7 企业版（高级管理员）	3	56	242	87	
Linux（电子邮件和打印服务）	1	3	154	98	
Sun Solaris（UNIX）（电子商务和 Web 服务器）	2	12	299	78	
Windows 7 企业版，安装 Office 办公软件的台式机和笔记本电脑可连接至企业网络来使用应用软件和内联网	195	14	16	1 237	

高风险漏洞包括：未授权用户访问应用程序，密码极易被猜到，用户名与密码相同，用户账户的密码丢失，应用系统中存在未授权程序。中等风险漏洞包括：用

户在未登录的情况下能关闭系统，个人计算机上未启用密码和屏幕保护配置，硬盘上仍安装有版本过时的软件。低风险漏洞包括：用户无法更换密码，用户密码未定期更新，密码长度少于公司规定的最小长度。

● 计算每种平台的漏洞总数。各平台的安全问题对企业的潜在影响有哪些？

● 如果公司仅有一位信息系统安全专家，公司应当尝试最先处理哪种平台的漏洞？之后依次是什么呢？这样选择的原因是什么？

● 确定这些安全漏洞所反映出的控制问题，并指出应采取哪些措施解决这些问题。

● 如果不对所发现的这些漏洞加以重视，公司将面临怎样的风险？

8.5.2 提高决策能力：利用电子表格软件进行安全风险评估

软件技能：电子表格软件中的公式和图表功能

商业技能：风险评估

该项目利用电子表格软件计算一家小企业因安全威胁造成的预计年损失。

Mercer Paints 位于亚拉巴马州，是一家口碑甚高的小型涂料生产商，利用网络开展业务。尽管公司自认为已采取足够多的安全保护措施，但它的一个站点最近受到黑客的攻击。管理层要求进行风险评估。风险评估确定的一系列潜在漏洞、漏洞发生的概率以及造成的平均损失都总结在下表中：

漏洞	发生的概率（%）	平均损失（美元）
恶意软件攻击	60	75 000
数据丢失	12	70 000
盗用	3	30 000
用户错误	95	25 000
黑客攻击	95	90 000
员工使用不当	5	5 000
停电	15	300 000

● 除列举的潜在漏洞外，再找出至少三种 Mercer Paints 公司所面临的潜在威胁，确定其发生的概率，并估计造成的损失的范围。

● 利用电子表格软件和风险评估数据计算每种漏洞的预计年损失。

● 将结果绘制到一张图中。哪个控制点上存在最大的漏洞？你对 Mercer Paints 公司有何建议？写一份报告，总结你的发现和建议。

8.5.3 提高决策能力：评估安全外包服务

软件技能：网页浏览器和幻灯片软件

商业技能：评估业务外包服务

如今，企业可选择是由内部人员负责维护系统安全还是将这些功能外包出去。该项目将有助于提高你的网络搜索能力及评估安全外包服务的能力。

作为公司的信息系统专家，你被要求协助管理层决定是否将安全服务外包。搜索网上的相关信息，以决定是否外包，并寻找适合的安全外包服务公司。

- 简要概括同意及反对公司系统安全外包的理由，分别列举出来。
- 选择两家计算机安全外包服务提供商，对它们及其服务进行比较。
- 总结你的成果，制作成幻灯片提交给管理层，其中应给出是否进行安全外包的决策。如果你选择外包，在幻灯片中应指明选择哪家安全外包服务公司，并给出理由。

小　结

1. 为什么信息系统容易遭到破坏、滥用和发生错误？

数字信息容易受到破坏、滥用、错误、欺诈及软硬件故障的影响。互联网是开放的系统，因此组织内部系统更易受到外界攻击。黑客能发动拒绝服务（DoS）攻击或者入侵公司的网络，从而造成严重的系统损坏。入侵者使用嗅探器程序能够很容易地入侵 Wi-Fi 网络，获取访问网络资源的地址。计算机病毒和蠕虫都能够导致系统和网站崩溃。云计算的分散特性使其难以跟踪未授权的活动，或者对远程系统的控制较弱。软件缺陷无法完全消除，且软件漏洞容易被黑客和恶意软件利用，因此软件也会导致许多问题。最终用户常常将错误引入系统。

2. 安全和控制有什么商业价值？

缺乏合理的安全和控制会使依赖于计算机系统来处理核心业务职能的企业的销售额和生产率下降。企业的信息资产（如保密的员工档案、商业秘密或者业务计划）如果被泄露给外人，或致使公司承担法律责罚，其价值将会大打折扣。美国的一些法律，如《健康保险流通与责任法案》、《萨班斯-奥克斯利法案》和《金融服务现代化法案》，要求公司严格管理电子记录，制定严格的安全、隐私和控制标准。有些法律案件需要电子证据和计算机取证，这也要求公司更加关注安全和电子记录管理。

3. 组织的安全和控制框架由哪些部分组成？

公司必须为其信息系统建立一套完善的一般控制和应用控制方法。风险评估对信息资产进行评价，确定控制点和控制缺陷，并找出具有最高成本效益的控制方法。企业必须制定一套协调的安全策略和计划，以便在灾难或中断发生时保证业务的持续运营。安全策略包括可接受使用策略和授权策略。全面系统的 MIS 审计有助于组织确定其信息系统安全和控制的有效性。

4. 最重要的保护信息资源的工具和技术有哪些？

防火墙可阻止未授权用户对连接到互联网的私有网络的非法访问。入侵检测系统检测私有网络中企图访问公司系统的可疑通信流量。密码、令牌、智能卡和生物认证技术都可应用于系统的用户认证。反病毒软件检查计算机系统是否受到病毒或蠕虫的感染，并通常能够消除其中的恶意软件。反间谍软件则负责处理入侵的有害间谍软件。加密，即对信息的编码和译码，是一种广泛使用的技术，能确保不受保护的网络中电子交易的安全性。将数字认证与公钥加密技术相结合来验证用户身份，能为电子交易提供进一步的保护。公司可使用容错计算机系统或者创建高可用性计算环境来确保信息系统持续运行。软件度量和严格的软件测试的使用有助于提高软件质量和可靠性。

复习题

1. 为什么信息系统容易遭到破坏、滥用和发生错误？

● 列举并描述当代信息系统面临的最常见的威胁。

● 给出恶意软件的定义，区分病毒、蠕虫和木马。

● 给出黑客的定义，解释黑客是如何引发安全问题并破坏系统的。

● 给出计算机犯罪的定义，各举两个计算机作为犯罪目标和作为犯罪手段的例子。

● 给出身份盗用和网络钓鱼的定义，解释为何身份盗用在现代社会是一个大问题。

● 解释软件缺陷是如何影响系统可靠性和安全性的。

2. 安全和控制有什么商业价值？

● 解释安全和控制如何带来商业价值。

● 描述安全和控制之间的关系，描述美国政府当前的监管要求与计算机取证的关联。

3. 组织的安全和控制框架由哪些部分组成？

● 给出一般控制的定义，对每一类一般控制进行描述。

● 给出应用控制的定义，对每一类应用控制进行描述。

● 描述风险评估的作用，解释如何对信息系统进行风险评估。

● 定义并描述下列安全策略：可接受使用策略、认证策略。

● 解释管理信息系统审计对安全和控制的促进作用。

4. 最重要的保护信息资源的工具和技术有哪些？

● 列举并描述三种认证机制。

● 描述防火墙、入侵检测系统和反病毒软件在增强系统安全性上发挥的作用。

● 解释加密是如何保护信息的。

● 描述加密数字认证在公钥加密中的作用。

● 区分容错计算机系统与高可用性计算、灾难恢复计划与业务持续计划。

● 确定并描述云计算中暴露出的安全问题。

● 描述用来提高软件质量和可靠性的测量方法。

讨论题

1. “安全不仅是一个技术问题，还是一个商业问题。”讨论这句话的含义。

2. 如果你为公司制定一项业务持续计划，你从哪里开始着手？该计划要解决企业哪些方面的问题？

3. 假设你的企业拥有一个出售商品的电子商务网站，可接受信用卡支付。讨论这个网站可能受到的主要安全威胁以及这些威胁可能造成的影响。怎样将这些威胁降至最低？

小组练习：评估安全软件工具

三四名同学一组，利用网络对来自两个竞争厂商的诸如反病毒软件、防火墙、反间谍软件等安全产品进行研究和评估。对于每种产品，说明其功能、最适合的企业类型以及购买和安装的成本。哪一种产品最好？为什么？如有可能，使用 Google Sites 发布网页的链接、团队沟通公告和工作任务，集思广益，合作完成项目文档。尝试使用 Google Docs 在课堂上展示成果。

章末案例

欧洲的信息系统安全威胁和应对策略

IT 技术行业是欧洲经济的主要驱动力之一。据估计，60%的欧洲人经常使用互联网，此外，87%的欧洲人可以使用手机上网。这些事实表明，确保网络运行安全对欧洲经济极其重要。近年来，随着基于互联网的网络攻击变得越来越复杂，互联网的安全和保障受到威胁。

2007年，爱沙尼亚遭受大规模网络攻击，影响到政府、银行系统、传媒和其他服务。这起攻击采用了多种技术手段，包括简单的个人 ping 命令、信息洪泛以及复杂的分布式拒绝服务攻击。黑客们通过使用分布在全球范围的由被入侵服务器组成的僵尸网络共同展开攻击。僵尸网络是被机器人指令官所控制的一种自发的恶意软件代理，通过安装可以利用网络服务器、操作系统或应用程序漏洞的恶意软件，来控制被感染的计算机。一旦计算机被感染，它就会变成上千台"僵尸"机器之一，接受命令发起攻击。

爱沙尼亚的网络攻击开始于2007年4月下旬，持续了将近3周。在此期间，爱沙尼亚网络中的重要部分不得不关闭外国访问入口，造成了数百万美元的损失。

大约在同一时间，一家重要的西班牙域名注册公司 Arsys 也被国际黑客作为攻击目标。来自 Arsys 的报告称，黑客窃取了客户的代码，随后对外部服务器添加了包含恶意代码网页的链接。

2009年，据估计全世界有1 000万台电脑被 Conflicker 蠕虫感染。欧洲国家中法国、英国和德国均受损严重。当发现计算机网络受到感染时，法国海军不得不命令所有的军用飞机着陆。在英国，该蠕虫病毒感染了国防部、曼彻斯特市议会和警察局的 IT 网络、谢菲尔德的一些医院以及全国范围内的其他政府机构办公室的计算机。德国军方的计算机网络也受到感染。一旦入侵一台计算机，Conflicker 蠕虫就能够从受控的网站上下载安装其他的恶意软件，因此受感染电脑会完全被黑客掌控。

一种复杂的针对行业系统的恶意软件在德国、挪威、中国、伊朗、印度、印尼和其他国家被检测出来。这种名为"震网"（Stuxnet）的恶意软件，感染了运行德国西门子公司的数据采集与监视控制系统（SCADA）的 Windows 计算机。震网通过 USB 设备传播。专家估计，在顶峰时每天有1 000台机器受到感染。该恶意软件隐藏在可执行程序的快捷方式中（以 .lnk 为扩展名），当受感染的 USB 驱动的内容呈现出来时自动执行。使用同样的技术，该蠕虫能够安装其他恶意软件。最初，安全专家透露，震网被设计用来窃取西门子可视化和控制软件系统 SIMATIC WinCC 的工业机密。然而，另一些专家收集的数据显示，该蠕虫实际上是在寻找在特定工业工厂中使用的某种特殊的可编程逻辑控制器设备，这一事实表明，该恶意软件很有可能是精心组织策划的破坏行动的一部分。尽管感染震网的网站没有遭受物理性损坏，但是其威胁说明欧洲和世界其他地区的工业资源的重要性不可低估。

自2001年起，欧盟成员国都各自拥有负责应对信息安全事件的专家组，但这些专家组之间缺乏协作并且很少交流信息。为了解决这一问题，共同加强防范和更有效地对越来越多的安全威胁做出响应，2004年，欧洲委员会成立了欧洲网络与信息安全局（European Network and Information Security Agency，ENISA）。ENISA 的主要目标是保护欧洲的信息基础设施，提升安全标准，以及对公众进行安全教育。

2010年11月，ENISA 组织了首次泛欧洲关键信息基础设施保护演习。这次演习测试了在发生影响网络正常运行的事故的情况下，成员国之间程序和通信链路的功能。ENISA 担任计算机紧急响应小组（Computer Emergency Response Teams，CERT）的促进者和信息顾问，与大部分欧盟成员国的公共和私营部门共同开展工作。

欧洲委员会最近发布了《欧洲数字议程》（Digital Agenda for Europe）。这一政策的目的是明确信息和通信技术在2020年所起的关键作用。该政策是开启欧洲数字市场的信号。其另一个目标是到2020年，让每一名欧洲公民的宽带速度能够达到30Mbps。在安全方面，该政策考虑实施隐私保护措施，并建立一个运行良好的 CERT 网络以防止网络犯罪、对网络攻击做出有效响应。

资料来源："Digital Agenda for Europe," European Commission，August 2010（http://ec. europa. eu/information_society/digitalagenda/index_en. htm，accessed October 20，2010）；"The Cyber Raiders Hitting Estonia," BBC News，May 17，2007（http://news. bbc. co. uk/2/hi/europe/6665195. stm，accessed November 17，2010）；Robert McMillan，"Estonia Ready for the Next Cyberattack," Computerworld，April 7，2010（www. computerworld. com/s/article/9174923/Estonia_readies_for_the_next_cyberattack，accessed November 17，2010）；"Another Cyber Attack Hits Europe," Internet Business Law Services，June 18，2007（www. ibls. com/internet_law_news_portal_view. aspx?id=1782 & s=laternews，accessed November 17，2010）；"New Cyber Attack Hits Norway," Views and News form Norway，August 30，2010（www. newsinenglish. no/2010/08/30/new-cyber-attacks-hit-norway，accessed November 17，2010）；Gregg Keiser，"Is Stuxnet the 'Best' Malware Ever?" Computerworld，September 16，2010；Robert McMillan，"Was Stuxnet Built to Attack Iran's Nuclear Program,"

Computerworld, September 21 2010（www. computerworld. com/s/article/9186920/Was_Stuxnet_built_to_attack_Iran_s_nuclear_program_, Accessed November 17, 2010）; Ellen Messmer, "Downadup/Conflicker Worm. When Will the Next Shoe Fall?" Network World, January 23 2009（www. networkworld. com/news/2009/012309-downadup-conflicker-worm. html? hpgl=bn, accessed November 17, 2010）; Erik Larkin, "Protecting Against the Rampant Conflicker Worm," PCWorld, January 16, 2009; "War in the Fifth Domain," The Economist, July 1, 2010（www. economist. com/nobe/16478792, accessed November 17, 2010）.

[思考题]

1. 什么是僵尸网络？
2. 描述《欧洲数字议程》的要点。
3. 解释网络攻击是如何进行的。
4. 描述一些被恶意软件利用的弱点。

第3篇

数字时代的关键系统应用

Key System Applications for the Digital Age

第3篇主要考察当今企业为提高运营效率和决策制定水平而应用的核心信息系统。这些应用系统包括：企业系统、供应链管理系统、客户关系管理系统、协作系统、知识管理系统、电子商务应用系统以及决策支持系统等。这一部分主要回答了以下几个问题：企业应用软件如何帮助企业提高绩效？企业如何应用电子商务扩大经营范围？信息系统如何帮助企业提升合作水平和决策制定水平，并更好地利用知识资产？

第 9 章 实现卓越运营和亲近客户：企业应用

学习目标

学完本章后，你将能够回答以下问题：

1. 借助企业系统，企业如何实现卓越经营？
2. 借助供应链管理系统，企业如何与供应商协调计划、生产和物流安排？
3. 借助客户关系管理系统，企业如何亲近客户？
4. 企业应用软件带来了哪些挑战？
5. 企业应用软件如何应用于新的跨职能服务平台？

章首案例

Cannondale 公司学习管理全球化供应链

如果你是一位自行车爱好者，你将非常乐意拥有一辆Cannondale自行车。Cannondale公司是高性能自行车及自行车运动服饰、鞋类、配件的世界顶级制造商，公司总部位于美国康涅狄格州贝瑟尔镇，其供应商和分销商分布于66个国家。Cannondale的供销链横跨全球，因此公司必须协调在不同国家进行的生产、组装和分销过程。Cannondale每年生产100多款自行车，其中的60%是为满足不断变化的客户需求而推出的。

Cannondale采用备货型生产与订货型生产两种生产方式。通常制造一辆最基本的自行车需要150天的交货期和4周的制造窗口期。有些车型的物料清单会涉及150多种部件（物料清单确定了生产一个最终产品所需的各种原材料、配件、组件、部件的名称及其数量）。Cannondale需要管理100多万种物料和20多万个独立部件。其中一些部件来自特定的供应商，这些供应商的交货期较长，且生产能力有限。

客户需求的多变导致生产线长期变动，进而导致生产线所需部件的供应需要较大的制造柔性。然而最近，这一柔性正在消失。

Cannondale 用于规划生产、控制库存和管理生产过程的物料需求计划系统是一个遗留系统，该系统只能以周为单位提供生产报告。若现在是周二下午，新的一周开始，则上一周的计划就已经过时。公司只能用替换部件来满足需求，有时还会导致销售损失。Cannondale 公司急需一个新的解决方案，该方案可以在有限的预算范围内，完成对各部件流的准确追踪，支持公司对灵活性的需求，并能与现有业务系统并行工作。

Cannondale 选择了 Kinaxis 公司的 RapidResponse 按需软件服务作为解决方案。RapidResponse 运用 Cannondale 公司现有制造系统所提供的数据，通过一个容易使用的电子表格界面，提供准确和详细的供应链信息。来自不同站点的运营数据汇聚到一处，用于分析和决策。不同地方的供应链参与者通过在假设场景下模拟生产和库存情况，便可知道这一替代行为对整个供应链的影响。对新旧预测情况进行比较，系统便可以评估新计划存在的瓶颈。

无论是 Cannondale 自行车的购买者，还是公司规划人员、主生产计划员、采购员、产品经理、客服人员、财务人员，都可以使用 RapidResponse 软件完成以下工作：获得销售报表、进行预测、监测日常库存的可提供性，以及向 Cannondale 的生产和订购处理系统反馈生产进度信息。通过软件，用户可以看到所有站点的最新信息，管理者可以检测到存在积压的区域。

RapidResponse 所提供的改善后的供应链信息，帮助 Cannondale 公司在保持较低的库存水平和安全储备的同时，有效地提升了客户订单的响应速度。同时，生产周期和提前期均有所缩短，公司承诺的交付日期也变得更加准确可靠。

资料来源：Kinaxis Corp.，"Cannondale Improves Customer Response Times While Reducing Inventory Using RapidResponse，" 2010；www.kinaxis.com，accessed June 21，2010；and www.cannondale.com，accessed June 21，2010.

Cannondale 公司的供应链问题充分说明了供应链管理系统在企业管理中的重要作用。Cannondale 的企业绩效得不到提高，是因为它无法妥善协调采购、制造和分销流程。公司成本长年居高不下，是因为公司未能精确预测满足订单所需的零部件数量，并在库存中保存相应数量的零部件。相反，该公司采取保留额外"安全储备"的方式以防万一。当客户需要产品却不能及时提供时，Cannondale 便损失了销售额。

与许多其他的公司一样，为了协调不同地方的供应、生产，Cannondale 的供应链和生产流程显得较为复杂。该公司需要处理成百甚至上千个零部件和原材料的供应商。因为公司不能准确、及时地获悉库存零件和生产中所需零件的信息，因此在需要某个部件或者组件时总是不能适量供应。

Kinaxis 公司的按需供应链管理软件解决了这一难题。该软件接收 Cannondale 现有生产系统的数据，并且整合来自多个站点的数据，最终提供基于最新信息的 Cannondale 供应链单一视图。Cannondale 的员工可以清楚地看到哪些部件是可用的，哪些零件正在订购中，以及自行车的生产状态如何。由于运用了较好的规划工具，用户可以看到某一变化对供需造成的影响。因此，他们可以做出更优的决策以应对这些变化。这一系统大大提升了运营效率和决策准确性。

下图指出了上述案例和本章的要点。

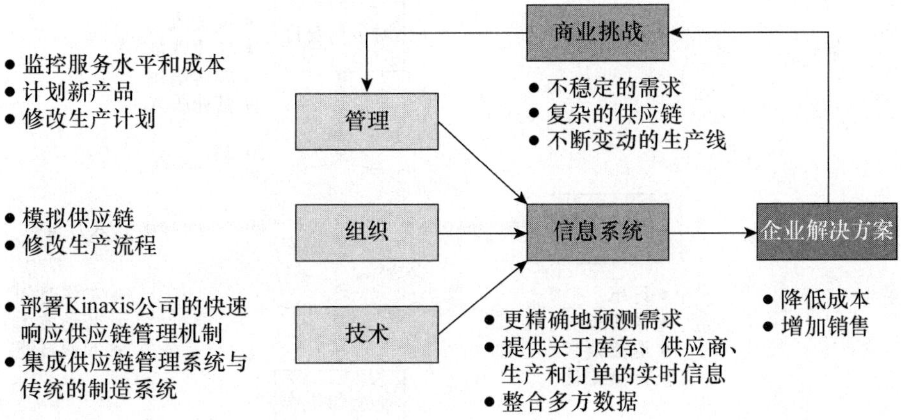

9.1　企业系统

全球范围内，无论是在企业内部还是在企业与企业之间，关联性变得越来越重要。如果你经营着一家企业，客户下了一笔大订单或者供应商的供货延迟，你肯定希望立即对此做出反应。尤其是当你经营一家大型企业时，你肯定希望及时了解这些事件对企业每个部门产生的影响，并清楚地知道企业在任何时候的运营情况。借助企业系统，你就可以对此了如指掌。那么，企业系统是如何工作的？它能为公司创造哪些价值呢？

9.1.1　什么是企业系统

假设你经营一家公司，公司的信息来自数十个或者上百个完全不同的数据库或系统，而且这些数据库或系统间不存在任何联系；假设你的公司拥有 10 条不同的主要产品线，每条产品线都在独立的工厂里进行生产，并且各工厂所应用的生产控制系统、库存系统和配送系统互不兼容。

此外，决策制定通常是基于人工报告完成的，而人工报告的信息常常滞后，所以要从整体上真正了解企业的经营状况十分困难。销售人员可能无法知道当时他们处理的订单涉及的物品是否有库存，而生产计划也不能简单地以销售数据为依据进行制定。现在，对于公司为何需要一个特殊的企业系统进行信息整合，你应该有了更好的理解。

第 2 章介绍了企业系统，企业系统也叫企业资源计划（ERP）系统，是基于一套软件集成模型和一个中心数据库建立的。中央数据库的信息来自公司不同的部门（如制造与生产、财务与会计、销售与营销以及人力资源等部门）和分支的大量重要业务流程，这些数据在企业应用软件中得到应用。这些应用软件管理着公司内部的各种业务活动。如果某一信息跟随着某一业务流程进入企业，那么，其他的业务流程也可以立即使用它（见图 9—1）。

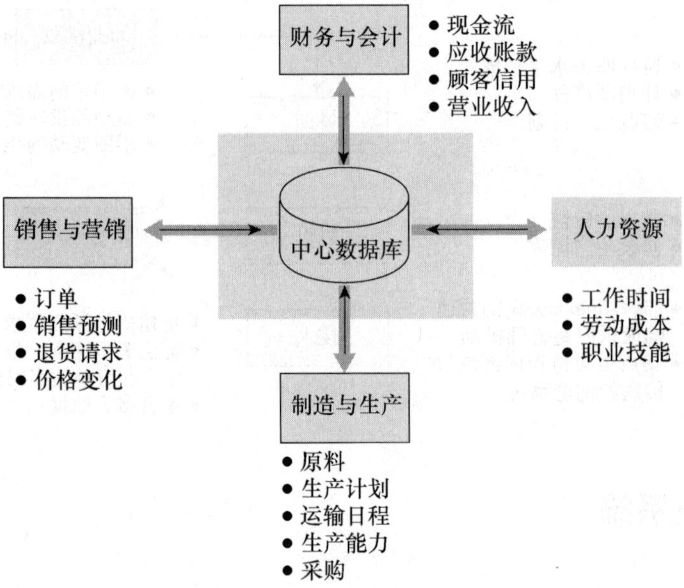

图 9—1　企业系统如何工作

说明：企业系统中包含一套集成的软件模型和中心数据库，可以在公司上下不同的业务流程和功能区域间得到分享。

如果一个销售代表收到一份轮胎轮辋的订单，系统将会验证该顾客的信用额度，对轮胎进行调度运输，识别最佳运输线路，进行库存预留，等等。如果库存不足，系统将调度生产更多的轮胎，并从供应商处采购制造轮胎所需的材料和部件。有关销售和生产的预测信息会据此立即更新。公司总账和现金周转水平也会根据订单的收入和成本自动更新。用户进入系统后，可以随时追踪订单的进程。管理层也可随时获得企业运行状况的信息。同时，为了进行产品生产成本和利润率分析管理，系统还可以提供企业相关数据。

9.1.2　企业软件

企业软件（enterprise software）是围绕定义的几千个业务流程创立的，每个业务流程能够反映最佳时间流程。表 9—1 列出了企业软件主要支持的业务流程。

表 9—1　　企业系统支持的业务流程

财务与会计流程：包括总账、应付账款、应收账款、固定资产、现金管理和预测、产品成本会计、成本中心会计、资产会计、税务会计、信贷管理和财务报表。
人力资源流程：包括人事管理、时间会计、工资账单、人员规划和开发、福利会计、申请人追踪、时间管理、补偿金、人力资源规划、绩效管理、差旅费用报告。
制造与生产流程：包括采购、库存管理、采购运输、生产计划、日程安排、物料需求计划、质量管理、分配、运输执行、厂房和设备的维护。
销售与营销流程：包括订单处理、报价、合同、产品结构、定价、账单、信用审核、激励和佣金管理以及销售计划。

如果使用此类应用系统，公司首先需要选择希望使用的功能，然后在预定义业务流程中勾画出本公司的业务流程。确定可以应用到系统中的业务流程，并将它们

映射到企业软件中。公司可以通过软件配置表，对系统的某个具体方面进行调整，以适应公司处理业务的方式。例如，公司可以通过配置表选择是否根据产品线、地理位置或者分销渠道进行收入跟踪。

如果企业软件不支持公司的某些业务处理方式，公司可以对部分软件进行改写。但是，企业软件极其复杂，大量的系统定制会降低系统性能，影响信息与业务的集成，而这是企业系统的主要优势。如果公司希望将企业软件的优势发挥到最大，就必须改变原有的业务处理方式，以适应企业软件中的业务流程。为了完成一个全新的企业系统，Tasty公司首先确认了其现有的业务流程，然后将这些流程应用到已选定的SAP ERP软件中。这方面工作往往需要付出很大的努力。为了确保从企业软件中获得最大利益，Tasty公司对SAP软件的改变极小，仅修改了系统5%的功能，尽可能多地运用SAP软件自带的工具和功能。SAP企业软件中设置了3 000多个配置表。

企业软件的顶尖开发商主要包括SAP、甲骨文（包括它收购的仁科）、富恩软件（Infor Global Solutions）和微软。企业软件包括专门为小型企业定制的软件包版本和通过网络交付的按需性版本。（参见9.4节的“互动讨论：技术”专栏）。尽管最初的设计是为了实现公司内部的后台业务流程自动化，但是现在的企业系统趋于外向型，强调与客户、供应商或其他组织进行交流。

9.1.3 企业系统的商业价值

企业系统的价值包括提高公司的运营效率和为公司提供相关信息，优化管理决策。分公司分布于各个地区的大型企业可利用企业系统实施统一的运营标准和数据管理。如此一来，世界各地的公司员工就能够以相同的方式开展业务了。

例如，可口可乐公司实施了SAP企业系统，规范协调其分布于全球200个国家的重要业务流程。如果缺乏统一的标准，公司的业务流程将会限制公司在全球范围内的购买能力，导致难以低价购买到原材料，无法对市场变化做出快速的反应。

企业系统还可以帮助公司对客户的信息和产品需求做出快速反应，这得益于系统整合了订单、生产和发货等数据。最好的情形就是生产客户所订购的产品，采购正确数量的零件或原材料，进行分段式生产，尽量缩短零件或成品的库存时间。

美国铝业公司（Alcoa）是世界领先的铝和铝制品生产商，其业务遍及41个国家、500个地区。最初，该公司有众多的业务线，且每条业务线都有自己的信息系统，系统中的很大部分是冗余的、低效的。美国铝业公司执行申请支付和财务流程的成本相对较高，其周期也比同行业的其他公司（周期是指某一业务从开始到结束的全部时间）更长。该公司不能以单一的全球化公司的形式运行。

应用了Oracle企业软件之后，美国铝业公司消除了大量冗余的业务流程和系统。这套Oracle企业系统可以核实货物，自动生成付款收据，缩短了从了解需求到付款的周期。美国铝业公司会计的应付款交易处理量下降了89%。财务与采购活动的集中处理，帮助公司在全球范围内节省了近20%的开支。

企业系统也可以为管理层的决策制定提供更有价值的信息。公司总部可以获取有关销售、库存和生产的及时信息，对销售和生产做出更准确的预测。企业软件包括分析工具，可以对系统中的数据进行分析，评估组织整体绩效。企业系统数据有标准的定义与设计，能用于整个企业，使数据在全公司的含义都是相同的，从而正确地反映业绩。企业系统使高层管理者可以很容易地随时了解某个分支机构的经营状况、利润最高的产品、利润最低的产品或者计算公司的总成本。

例如，美国铝业公司的企业系统包括全球人力资源管理功能，该功能可以显示员工培训与培训质量之间的关系，计算出为员工所提供服务的费用，也可以计算出在员工招聘、薪资发放和培训方面的效率等。

9.2 供应链管理系统

如果你经营着一家小公司，生产少量产品或者提供少量服务，那么你只会有少量的供应商，通过电话或传真就能与供应商协调订单和运输事宜。但是如果你经营着一家大公司，生产多种产品并提供大量服务，那么你会有上百家供应商，而这些供应商又会有自己的供应系统。为此，你需要协调与上百家甚至上千家公司的业务。第 2 章介绍的供应链管理系统就是用来解决供应链复杂性和规模性问题的。

9.2.1 供应链

供应链（supply chain）是连接组织和业务流程的网络，它包括采购原材料、将原材料转化为半成品或成品、将成品配送至客户的整个流程。它联结供应商、制造商、分销中心、零售商和顾客，为它们提供商品和服务（从生产源头到消费点）。经过供应链的物流、信息流和现金流都是双向的。

货物的原材料通过供应链传输出去，然后转化为中间产品（也称零部件），最后加工为成品。成品被运至分销中心，分销中心再转销至零销商和顾客。退货产品的流向则是相反的，由买主到卖主。

下面看看耐克运动鞋的供应链。耐克设计的运动鞋、袜子、运动服装和配饰等产品销往全球。它的主要供应商是合同生产商，这些生产商的工厂主要位于中国、泰国、印度尼西亚和巴西等国。耐克的成品商品就是由这些工厂生产的。

但是，耐克的合同供应商并不是从零开始生产运动鞋。合同供应商从自己的供应商处采购鞋带、鞋孔、鞋帮和鞋底，将它们组装成成品运动鞋。这些供应商又有自己的供应商。例如，鞋底供应商有合成橡胶的供应商、用于融化橡胶的化学品的供应商以及用来灌注橡胶的模具的供应商。鞋带供应商有纤维线供应商、染料供应商和塑料花边供应商等。

图 9—2 简单说明了耐克运动鞋的供应链。该图展示了耐克与耐克分销商、零售商与顾客之间信息流和原料流之间的关系。耐克的合同生产商是它的主要供应商。鞋底、鞋帮和鞋带供应商是二级供应商（第二层）。而这些供应商的上游供应

商就是三级供应商（第三层）。

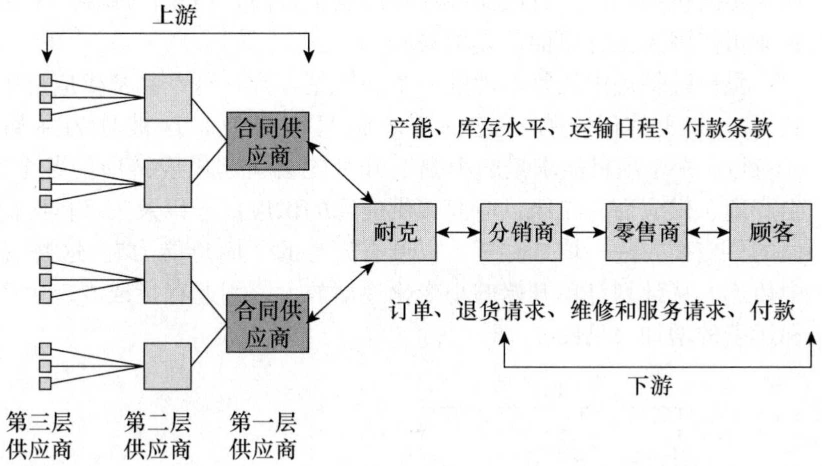

图 9—2　耐克的供应链

说明：该图说明了为协调诸如购买、生产和销售等活动，耐克供应链中存在的主要实体和上下游信息流。上半部分展示的仅是简化的供应链，上游部分主要集中在运动鞋供应商和鞋底供应商。

供应链的上游包括耐克的供应商、供应商的供应商，以及供应商之间关系处理的流程，下游则包括将产品分销与运输至最终消费者的组织及业务流程。像耐克的合同供应商这样的制造公司也需要处理其内部的供应链流程，将由供应商提供的原材料、组成部件和服务转化为产成品或中间产品，并且管理原材料和库存。

图 9—2 说明的是简化的供应链流程。该图只说明了运动鞋的两家合同生产商和上游的一家鞋底供应商。耐克拥有上百家合同生产商，它们为耐克制造运动鞋、袜子和运动服装。每家生产商又有自己的供应商。耐克供应链的上游部分实际上由几千家实体组成。耐克还有大量的分销商和数以千计的零售商销售运动鞋，所以供应链的下游是一个庞大而复杂的系统。

9.2.2　信息系统和供应链管理

供应链的无效率，比如零件短缺、生产能力未充分利用、存货积压或者高运输成本，都是由不准确或不及时的信息引起的。例如，制造企业可能会持有太多的零件库存，因为它们无法准确知道何时会收到供应商的供货。供应商订购的原材料可能会过少，因为它们没有精确的需求信息。这些供应链的无效率状况浪费了企业25%的运营费用。

如果能够准确了解客户需要的产品，以及何时需要和何时生产，生产商就可以实施高效率的**准时制策略**（just-in-time strategy）。原材料能够在需要的时刻及时送达，产品一下生产线就能被运走。

由于很多事件的不可预知性，如生产需求量不确定、供应商的货物运输延迟、原材料出现缺陷或生产过程中断等，因此供应链中总是存在不确定性。为了满足客户需求，生产商通常会通过持有比他们认为实际需要的量更多的原材料和产品库存，以应对这样的不确定性和无法预知的事件。安全库存在供应链中就是弥补灵活性不足的缓冲器。尽管超额库存导致成本过高，但是低库存水平也代价不菲，因为企业可能因失去订单而蒙受损失。

供应链管理中反复出现的一个问题是：当一种产品从供应链中的一个实体转移到另一个实体时，有关它的需求信息会失真，这被称为**牛鞭效应**（bullwhip effect）。一个项目需求量的小幅上升可能会引起供应链中的各个部分——销售商、生产商、供应商、二级供应商（供应商的供应商）以及三级供应商（供应商的供应商的供应商）——增加存货，以便有充足的"应急能力"。这些变化在整个供应链中传递，从计划订单开始的小变化逐渐放大，引起存货成本、生产成本、储存成本和运费的增加（见图 9—3）。

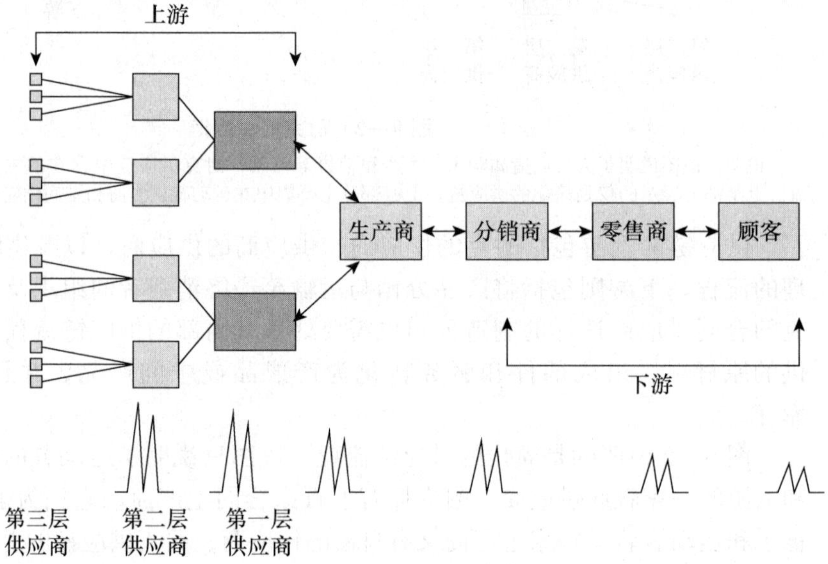

图 9—3　牛鞭效应

说明：信息不准确可能会导致某产品需求的小幅变动在供应链中被放大为大幅变动。零售店某产品销售信息的小幅变动会导致分销商、生产商和供应商出现大量库存。

例如，宝洁公司发现由于信息偏差，帮宝适一次性纸尿布供应链的各个点上均存在超额库存。尽管顾客的购买力是相对稳定的，但是当宝洁以具有诱惑力的价格促销时，从分销商处发过来的订单就会猛增。这样一来，沿着供应链，帮宝适产品及其所需原料的库存就会猛增，企图满足实际上并不存在的需求量。为了解决这样的问题，宝洁修订了营销计划，更改了供应链的处理流程，并应用了更加精确的需求预测系统。

当供应链中所有成员能够获得准确及时的信息时，客户需求的不确定性随之降低，相应地，牛鞭效应也就被克服了。如果库存量、日程安排、数据预测和货运等相关动态信息可以得到共享，那么供应链中所有成员就能根据动态信息及时调整采购、生产与配送安排计划。供应链管理系统为供应链成员提供的这些信息，可以协助它们做出更合理的采购与日程安排计划。表 9—2 描述了公司是如何从供应链系统中获益的。

表 9—2　　信息系统如何促进供应链管理

决定生产、存储和运送时间及方式
迅速沟通订单信息
跟踪订单状态
检查库存量和监控库存容量
减少库存、运输和仓储管理费用
跟踪货运信息
根据实际的客户需求制定生产计划
快速交流产品设计方面的变更信息

9.2.3　供应链管理软件

供应链软件可以分为供应链计划系统和供应链执行系统。供应链计划系统帮助企业规划供应链软件，供应链执行系统则帮助企业执行供应链流程。通过**供应链计划系统**（supply chain planning systems），公司可以将现有的供应链模型化，预测成品需求，开发出最优和最理想的采购与生产计划。该系统可以帮助公司做出更加理想的决策，如确定在某一特定的时间内生产某一特定商品的数量，原材料、中间产品和成品的库存量，存储成品的地点和产品的运输线路等。

例如，如果一位大客户下了一笔大订单或者突然更改了订单的状态，那么这将对整个供应链产生巨大的影响。此时，企业可能需要从其他供应商处采购计划外的原材料或者不同的原材料。新的生产计划可能要更改工作日程安排，运输承运人则可能需要重新安排运输计划。供应链计划软件可以调整生产计划和分销计划。更改后的信息可以在相关供应链成员间共享，使其工作得到协调。其中最重要同时也是最复杂的供应链计划功能是需求计划。**需求计划**（demand planning）是指确定为满足客户需求，企业所需生产商品的数量。Manugistics 和 i2 Technologies（两家公司均被 JDA 软件公司收购）是主要的供应链管理软件供应商，企业软件供应商 SAP 和甲骨文–仁科也提供供应链管理模块。

惠而浦公司（Whirlpool Corporation）主要生产洗衣机、干衣机、冰箱、烤箱等家用电器。为了更好地满足客户需求，惠而浦公司开始使用供应链计划系统管理产品生产。它部署了 i2 Technologies 公司开发的供应链计划软件，该软件包含总日程表制定、部署安排和库存管理等模块。惠而浦还实施了 i2 Technologies 公司开发的基于网络的协同计划、预测和补货（collaborative planning，forecasting，and replenishment，CPFR）工具，主要用于销售伙伴间的销售预测数据分享。供应链计划软件性能的提升，帮助惠而浦公司成功地将库存产品的可得率提升到 97%，多余成品库存减少了 20%，市场预测错误率降低了 50%。

供应链执行系统（supply chain execution systems）管理分销中心和仓库产品的流向，以最高的效率将产品运输到指定的地点。系统还可以追踪产品的实体状态，管理所有供应链成员的原材料、仓库、运输和财务信息。海沃氏公司（Haworth）的仓库管理系统（warehouse management system，WMS）就是此类系统的代表之一。海沃氏是世界领先的办公家具制造和设计商，其配送中心分布在四个国家。WMS 追踪并控制所有从海沃氏配送中心配送到最终客户的成品的流向。根据客户订单的发货计划，WMS指导货物流动，该指导基于设备、库存、空间和人员等直接条件。

下面的“互动讨论：组织”专栏将介绍迪拜环球港务集团是如何应用RFID技术提升客户供应链效率的。它应用基于RFID的扫描和追踪技术，优化了供应链流程，使之变得更加流畅，更加快速，同时使集装箱交付更加有效，提升了客户满意度。

互动讨论：组织

迪拜环球港务集团应用RFID技术进行港口管理

迪拜环球港务集团（DP World）作为世界领先的码头运营商之一，应该为自己的成就感到自豪。如今，它拥有的港口已经达到50个，分布于31个国家，另外还有11个在建的新港口。该公司雇用了一个3万多人的国际化专业团队为来自全球经济活跃地区的客户提供服务。

DP World通过优质、创新的服务有效地管理集装箱、散货和其他的码头货物，并采用以客户为中心的方式提升其客户的供应链速度。同时，为了给客户提供最优质的服务，公司在港口基础设施建设、技术和员工的提升上投入巨资。

与其他的全球港口和码头运营商一样，DP World帮助全球发货商管理其供应链，这项工作相当复杂且极具挑战性。集装箱港口经常遇到的问题是港口入口处交通拥堵，这往往是由冗长的处理流程和基于纸质单据处理的物流导致的。为了解决这一问题，DP World引进了许多基于IT技术的解决方案，希望能够提高港口产能利用率。该解决方案包括海关放行货物电子化、电子数据交换报告、双向数字无线通信以及先进的“电子口令”预订系统。

DP World希望港口管理得到进一步改进，将集装箱的装载卸载操作变得更为精准及时，从而不断提高集装箱周转率。公司发现利用射频识别（RFID）技术，可以有效提高卡车在港口入口处的运行效率。现在，在迪拜和澳大利亚港口码头，DP World使用了具有RFID功能的自动门系统。DP World阿联酋地区总经理穆罕默德·穆阿勒姆（Mohammed Al Muallem）说：“自动门系统的引进，不仅缓解了港口交通拥堵，而且改变了冗长的处理流程，提高了港口效率，提升了客户满意度。现在，我们的客户能够以更快的速度清理并运送它们的商品。”

在部署RFID之前，DP World花了几个月进行概念验证试验。该试验的对象包括几个相互竞争的RFID供应商。由于港口的环境条件恶劣，因此如何在这样的环境下帮助DP World成功地读取99.5%的标签，是许多厂商面临的关键挑战。经过大量的测试和评估，DP World最终选择Identec Solutions公司作为其RFID供应商，Identec Solutions公司是主动式无线追踪解决方案的全球领导者。

那么RFID追踪系统是如何工作的呢？到达港口码头的卡车的底盘都安装了Identec Solutions的自动式RFID标签。当卡车进闸时，它唯一的标签ID会被自动门系统的RFID读取器读取。此时，光学字符识别系统会自动确认卡车是否装载了集装箱，并进一步确定卡车集装箱的ID号，然后读取卡车车牌号作为备份。系统会根据所提供的信息自动向司机发送一张标单，标单上指定了卡车加载或卸载集装箱的车道。此外，系统还能自动识别卡车是否准时到达，这是加载和卸载集装箱的有用信息。当卡车出闸时，读取器会再次读取 RFID 标签，并给司机一张完成交易的收据。

使用 RFID 技术之后，DP World 的集装箱传送能力得到了提升，卡车通过港口出入口的速度以及燃油效率也得到了提高。DP World 的悉尼区域办事处的项目协调员维多利亚·罗斯（Victoria Rose）说："我们可以看到，使用 RFID 对卡车进行管理可以提高通过闸门的效率，减少排队和拥堵现象，并且由于精简了卡车通行的处理程序，公共道路上的卡车数量有所减少。"

应用 Identec Solutions 公司基于 RFID 技术的解决方案后，港口闸门口的集装箱运输变得更加通畅、快速、有效，进而提高了客户供应链传输的有效性，帮助 DP World 获得了更高的客户满意度。闸门处冗长的纸质单据处理和人工检查的取消，以及人工输入错误的减少，表明 DP World 以客户为中心提供高水平服务的努力初见成效。这项技术的引进还可以帮助运输公司节约时间，增加收入并降低成本。

RFID 提高了卡车进出港口的精确度，进而加强了 DP World 的安全性。另外，该系统还可以自动检测该卡车是否已进行预订，是否获得授权进入港口。

DP World 下一步将考虑扩大基于 RFID 的扫描和追踪技术的适用范围，进一步优化供应链流程。罗斯补充说："未来几个月的工作重心将是：研究 RFID 技术在港口的使用情况，以及如何更好地利用所获得的数据。"

资料来源：Dave Friedlos, "RFID Boosts DP World's Productivity in Australia," RFID Journal, July 27, 2009 (www. rfidjournal. com/article/view/5086, accessed October 20, 2010); Rhea Wessel, "DP World Ramps Up Its Dubai Deployment," RFID Journal, August 13, 2009 (www. rfidjournal. com/article/view/5130, accessed October 20, 2010); "DP World UAE Implements Automated Gate System at Jebel Ali Port," The Zone, May-June 2008 (www. jafza. ae/mediafiles/2008/10/23/20081023_Issue-11. pdf, accessed October 20, 2010), p. 11; DP World (www. dpworld. com, accessed October 20, 2010); Identec Solutions (www. identecsolutions. com, accessed October 20, 2010).

[思考题]

1. Identec Solutions 公司基于 RFID 技术的解决方案如何帮助 DP World 提升客户供应链的效率和效益？

2. 描述 DP World 运用了 Identec Solutions 的 RFID 技术后获得提升的两个方面。

3. 分析供应链执行的概念与本专栏介绍的内容的关系。

4. 在 RFID 项目部署的早期，DP World 面临哪些管理、组织、技术方面的挑战？

[MIS 实践]

访问 Identec Solutions 公司主页（www. identecsolutions. com）并学习其他公司应用其追踪技术提升供应链效益的例子。选择其中一家公司，回答以下问题：

1. 运用 Identec Solutions 的追踪技术，该公司解决了什么问题？

2. 为什么该公司选择 Identec Solutions 为其追踪解决方案的供应商？

3. 实施追踪解决方案，该公司获得了哪些收益？

9.2.4　全球供应链和互联网

互联网诞生前，供应链的协调性常常受到限制，因为内部供应链系统的采购、原材料管理、制造和配送等步骤的分离使得信息在公司内流动不畅。外部供应链伙伴们也同样难以共享信息，这是因为供应商、分销商和物流供应商的系统应用平台互不兼容，执行标准也不大相同。在互联网技术下性能得到增强的企业系统和供应链管理系统，促进了这种集成。

公司管理者可以利用网络接口与供应商的系统相连接，以确保供应商的库存和生产能力与公司的产品需求相匹配。通过基于网络的供应链管理工具，业务伙伴可以进行在线合作，并做出相关预测。通过查看供应商的生产日程安排和物流信息，销售代表可以追踪客户的订单状态。

全球供应链问题

随着越来越多的公司进入国际市场，它们开始将业务外包，与各国供应商合作，将产品销售至国外。其供应链也扩展到多个国家和地区，因此管理全球供应链也变得极其复杂和极具挑战性。

与国内供应链相比，全球供应链所跨越的地理范围更广，时间差异更大。而且全球供应链的成员通常来自多个国家。尽管大量产品的海外购买价格较低，但是需要支付额外的运输费、库存费（为了维持安全库存）和地方税费等。地区间或国家间的执行标准并不一致，供应链管理还可能因外国政府的规章制度和国家间的文化差异而受到限制。这些因素都影响了企业在全球市场中接收订单、规划分销、判断仓储规模以及管理入厂和出厂物流的方式。

借助互联网，企业能够管理全球供应链的众多环节，如采购、运输、沟通和国际财务等。例如，全球的服装行业严重依赖于中国和其他低工资国家的合同生产商的外包业务。目前，服装类企业已借助网络来管理全球供应链以及全球的服装生产问题。

例如，美国加州制衣商 Kellwood 旗下的 Koret 公司运用了基于网络的 E-SPS 软件，在全球供应链中取得了端至端的透明化管理成果。与采购、工作进度跟踪、生产程序路径、产品研发追踪、问题鉴定、合作事项、交货日程预计、产品生产有关的调查和报告都包含在基于网络的 E-SPS 软件中。

那么，当产品处于采购、生产和运输过程中时，零售商、生产商、合同商、代理商和物流服务提供商之间的沟通就显得非常必要。许多公司（尤其是小公司）依然通过电话、邮件或传真来共享产品信息。上述沟通方式不仅降低了供应链效率，还增大了供应链出现错误的可能性。应用 E-SPS 软件后，供应链中所有成员通过网络系统都可以进行无障碍交流。如果 Koret 公司的一家供应商更改了某个产品的状态，那么供应链中所有其他成员都可以看到这一变化。

除了合同生产以外，全球化也鼓励将仓库管理、运输管理和其他相关业务外包给第三方物流供应商，如 UPS 供应链解决方案事业部和施奈德物流公司（Schneider Logistics Services）。这些物流公司提供基于网络的软件，使客户对它们的全球供应链有更全面的认识。客户能通过安全的网站监测库存和运货信息，提高了全球供应链管理的效率。

需求驱动型供应链：从推到拉的生产和有效的客户反应

除能够降低成本外，供应链管理系统还可以提高客户需求的响应速度，从而使业务运营更趋向客户需求型（高效客户响应系统在第 3 章中已介绍）。

早期的供应链管理系统由**推式模型**（push-based model）（又叫按库存生产）

驱动。在推式模型中，主生产计划是基于产品需求预测或者最佳猜测，然后将产品“推”向客户。有了基于网络技术的新的信息流，供应链管理更易于遵循拉式模型。在**拉式模型**（pull-based model）（也叫需求驱动模型或按订单生产）中，客户的实际需求或购买行为触发供应链中的事件发生。基于客户订单情况，产品生产和交货工作相应地开展，沿着供应链向上，从零销商到分销商，再到生产商，最后到供应商。只有按订单生产的产品是沿着供应链向下，一直到达零售商的。正如图 9—4 中描述的那样，生产商只利用实际订单需求信息来制定其生产日程以及零部件或原材料采购计划。在第 3 章中描述的沃尔玛的连续补货系统就属于拉式模型。

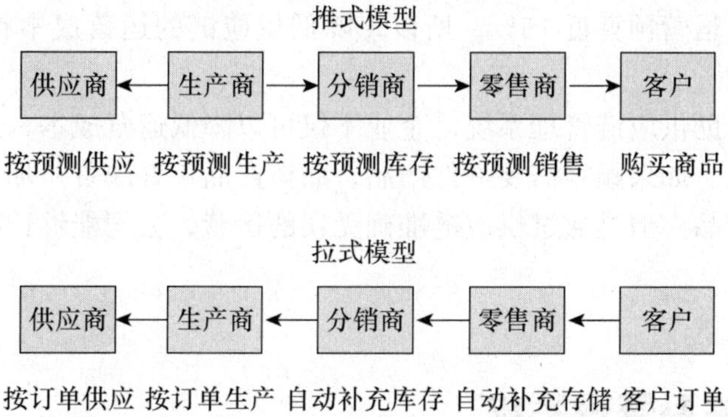

图 9—4　推式供应链模型和拉式供应链模型

说明：拉式模型与推式模型的不同之处可以总结为一句话：生产我们能销售的，而不是销售我们所生产的。

借助互联网和互联网技术，串行供应链可以转换为并行供应链。在串行供应链中，信息在公司间按顺序传递，而在并行供应链中，信息在供应链网络成员间同时往多个方向传递。根据日程更改或订单变化，供应链网络中的生产商、物流供应商、外包生产商、零售商和分销商可立即进行相关调整。最后，互联网可以在整个供应链中创造一个“数字物流神经系统”（见图 9—5）。

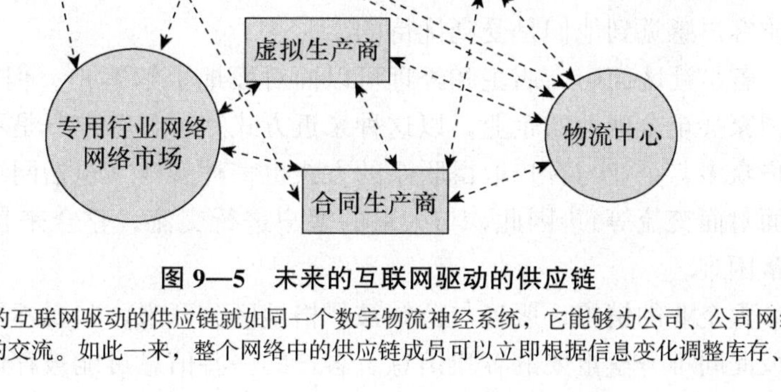

图 9—5　未来的互联网驱动的供应链

说明：未来的互联网驱动的供应链就如同一个数字物流神经系统，它能够为公司、公司网络和电子商务场所提供多个方向的交流。如此一来，整个网络中的供应链成员可以立即根据信息变化调整库存、订单和容量等。

9.2.5 供应链管理系统的商业价值

通过供应链管理系统，公司可以优化内外部的供应链流程，并且向管理层提供更加精确的生产、存储和运输信息。通过应用网络化、集成化的供应链管理系统，公司可以使供需匹配，降低库存，改善配送服务，加快产品上市，并更有效地利用公司资源。

企业运营成本大部分都是由供应链的费用组成的。在一些行业中，供应链运营费用占运营预算近 75%。所以，降低供应链的运营成本将会对公司利润率产生很大影响。

借助供应链管理系统，企业不仅可以降低运营成本，还能够提高销量，增加销售收入。如果顾客需要一件产品，而该产品正好缺货，那么顾客通常会尝试其他企业的产品。但是通过供应链准确无误的运营，公司能够让顾客随时买到自己想要的商品。

9.3 客户关系管理系统

生活中常会听到这样的话："客户永远是正确的"或者"客户至上"。这些话在今天可能比以往任何时候都要真实。因为一种具有竞争优势的创新产品或服务的寿命通常很短，公司唯一的竞争优势是它与客户的牢固关系。有人说，竞争的基础已经由谁销售最多产品和服务转向谁"拥有"客户，与客户保持良好关系才是企业最有价值的财产。

9.3.1 什么是客户关系管理

你需要什么样的信息来培养与客户稳固而长久的关系呢？你需要知道你的客户属于哪类消费群体，如何与他们取得联系，为他们提供服务和商品的成本是否高昂，他们对什么样的产品和服务感兴趣，他们在你的公司产品上的消费额是多少，等等。如果你在小镇上经营着一家商店，你需要确保了解每一位客户，并且让你的优质客户感觉到他们是受到优待的。

若是社区商店，店主和经理可以面对面地了解客户。但若是跨都市、跨区域、跨国家甚至全球性的企业，以这种亲近方式"了解客户"是不可能的。这些企业的客户众多，企业与客户取得联系的方式也多种多样（包括网络、电话、传真等方式和面对面交流等）。因此，与大量的客户进行交流，整合来自这些渠道的信息变得异常困难。

大企业的销售、服务与营销被严格地区分开来，归属不同的部门，并且这些部门彼此间不分享重要的客户信息。客户的一些信息可能被存储在公司关于该客户的个人账户上，另一些信息则可能会根据他购买的产品来进行归类，因此无法为所有信息提供统一的管理方法。

这正是客户关系管理系统的用武之地。我们在第 2 章介绍的客户关系管理（CRM）系统可以从组织内部获取客户数据，合并分析数据，然后将分析结果传送到企业内各个系统和客户接触点。**接触点**（touch point）也叫联络点，是与客户进行互动的方式，如电话、电子邮件、客户服务台、新建网站、无线设备或者零售店等。

精心设计的客户关系管理系统可以为企业提供完整的客户信息，帮助企业提升销售与客户服务质量。同时，无论客户使用何种接触点，系统都可以为客户提供完整的公司信息（见图 9—6）。

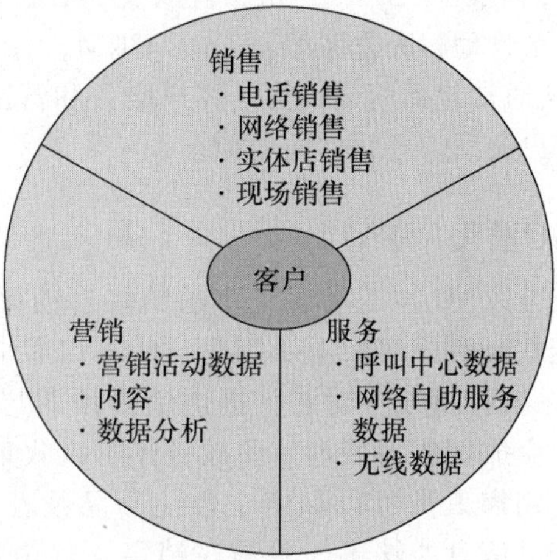

图 9—6　客户关系管理

说明：客户关系管理系统可以从多个层面入手分析客户。系统内有一套集成应用方案，可以解决客户关系中多个方面的问题，其中包括客户服务、销售和营销。

优秀的 CRM 系统为回答以下问题提供了数据支持和分析工具：特定的客户对公司来说具有什么价值？谁才是公司最忠实的客户（向新客户销售的成本通常是老客户的六倍）？哪些客户属于高利润客户？高利润客户想要购买何种产品？通过这些问题的答案，公司可以采取相关销售方案吸引新客户群，并为老客户群提供更加优质的服务。同时，为了留住高利润客户，公司会根据他们的喜好提供定制产品和持续的价值。

9.3.2　客户关系管理软件

CRM 商业软件包从小型工具到大型企业应用软件，应有尽有。小型工具只有某一部分功能，如为特定的客户群量身打造的网站；大型企业应用软件则可以捕捉与客户的互动，运用复杂的报表工具进行分析，还可以与其他企业应用软件（如供应链管理系统和企业系统等）相连。更为复杂的客户关系管理软件包包括**合作伙伴关系管理**（partner relationship management，PRM）和**员工关系管理**（employee relationship management，ERM）模块。

运用与客户关系管理相同的数据、工具和系统，伙伴关系管理可以促进公司与销售伙伴之间的合作。公司如果不直接将产品销售给客户，而是经由分销商或零售商，那么伙伴关系管理有助于利用上述渠道将产品销售给客户。通过伙伴关系管理，公司可以与销售伙伴交流客户信息和发布销售意向，从而整合销售意向、定价、促销、订单配置及产品可得性。伙伴关系管理还能为公司提供评估合作伙伴业绩的工具，当公司想与合作伙伴开展更广泛的合作时，可以确保业绩最佳的合作伙伴得到支持。

员工关系管理软件能够处理与客户关系管理相关的员工类问题，如设立管理目标、员工绩效管理、薪酬管理和员工培训等。客户关系管理应用软件的主要开发商有甲骨文旗下的 Siebel System 和仁科以及 SAP、Salesforce. com 等公司，微软也开发了客户关系管理解决方案 Dynamics CRM。

CRM 系统通常包括用于销售、客户服务和营销的软件和在线工具。接下来将简单地描述客户关系管理软件的功能。

销售人员自动化（SFA）

销售人员可以使用 CRM 系统中的销售自动化模块提高工作效率，将销售目标更多地锁定在高利润客户上，因为这些客户通常是销售人员和服务人员的首选对象。CRM 系统包括以下功能：提供销售预期与联络信息及产品信息，进行产品配置，以及生成销售报价等。该软件还可以收集特定客户以往的购买记录。根据购买记录，销售人员可以制定个性化商品推荐方案。另外，通过 CRM 软件，客户信息与产品信息能够更简单地在销售、营销和配送部门之间得到共享。如此一来，销售人员的工作效率得到提升，销售成本有所降低，获得新客户与挽留老客户的成本也相应降低。CRM 软件还有销售预测、区域管理和团队销售等功能。

客户服务

CRM 系统中的客户服务模块为呼叫中心、服务台和客服人员提供信息与工具，以提升工作效率。客户服务模块还具有分配和管理客户服务需求的功能。

其中一项功能就是管理电话预约或电话咨询热线。当一位客户通过热线打来电话时，系统将电话转给空闲的服务人员，服务人员将该客户的相关信息录入系统。数据一旦录入系统，任何一位客服代表都能够处理该客户的来电。由于容易获得一致且准确的客户信息，因此呼叫中心不仅每天可以处理更多的服务电话，而且每个电话的通话时长也大幅缩短。呼叫中心和客服小组的工作效率得到提升，服务时间缩短，提供优质服务的成本也相应降低。由于客户不需要花太多时间重述所遇到的问题，因此客户满意度也相应地提升了。

CRM 系统还包括基于网络的自助服务功能：公司利用官方网站为客户的问题提供个性化支持，并提供通过电话联系客服人员获得额外支持的选择。

营销

CRM 系统对直销活动的支持是通过以下功能实现的：寻找潜在客户与客户数据，提供产品和服务信息，审核目标市场中的销售意向，安排日程，追踪直邮信件或电子邮件等（见图 9—7）。营销模块也包括市场与客户数据分析工具，该工具可以用来分辨高利润客户和非高利润客户，为满足特定客户群的需求而设计相关产品与服务，并寻找交叉销售的时机。

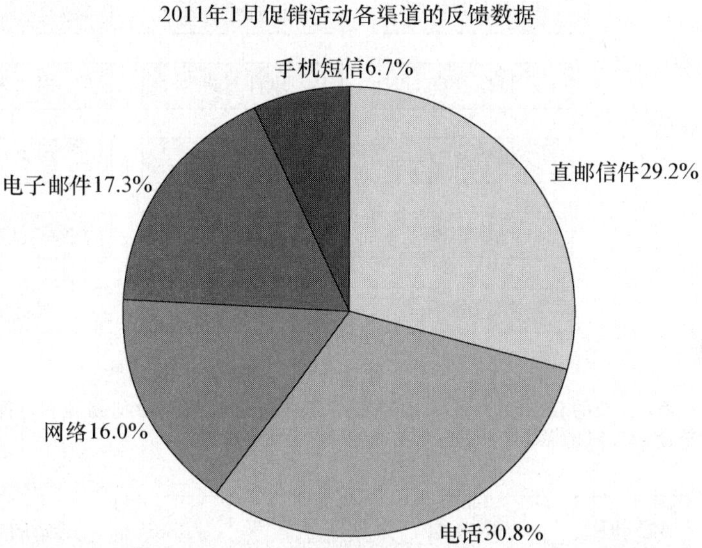

图 9—7　CRM 系统如何支持营销活动

说明：客户关系管理软件为用户提供了单一的点来管理与评价多个渠道的营销活动，其中的渠道包括电子邮件、直邮信件、电话、网络和手机短信等。

交叉销售（cross-selling）是指将互补型产品销售给客户（例如，在金融服务中，可以向拥有支票账户的客户推销货币存款或者住宅装修贷款等）。从计划制定到对每次营销活动的成功率做出判断，CRM 工具支持任何阶段的市场营销管理。

图 9—8 描述了主要的 CRM 软件产品中对销售、服务和营销流程来说最重要的功能。与企业软件一样，CRM 软件也是基于业务流程驱动的，其中有几百种业务流程，每一流程都代表了该领域的最佳实践。为了实现利益最大化，需要修订业务流程并使其成型，以适应 CRM 软件中的最佳实践流程。

图 9—9 说明了通过客户服务提升客户忠诚度的最佳实践是如何在 CRM 软件中成型的。直接为客户服务可以使公司识别出能带来利润的长期客户，这种客户将得到公司的优待，这也是公司加大客户维系力度的契机。CRM 软件可以根据每一位客户的个人价值和对公司的忠诚度来给出评分，然后将这些信息提供给呼叫中心，客服人员可以追踪每一位客户的服务请求，更好地处理客户需求。该系统可以自动为客服人员提供详尽的客户信息，其中包括客户的价值和忠诚度得分。客服人员可以利用这些信息为客户提供特别优惠的商品或者额外服务，鼓励客户继续与公司交易。

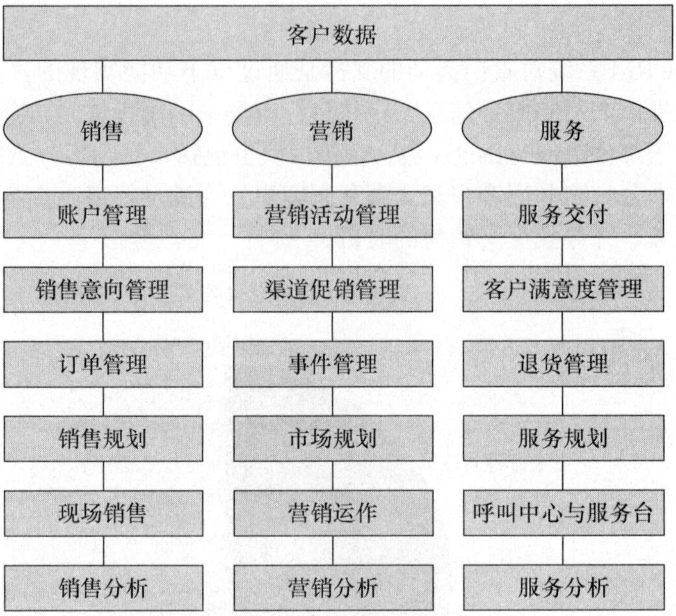

图 9—8　CRM 软件的功能

说明：主要的 CRM 软件产品支持销售、服务和营销过程中的业务流程，将从多个渠道收集的客户信息进行整合。CRM 的操作功能和分析功能支持以上业务流程。

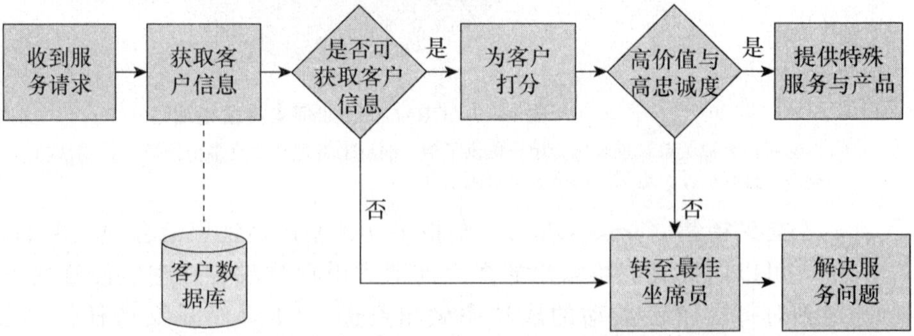

图 9—9　客户忠诚度管理流程图

说明：该流程说明了如何通过客户服务的最佳实践来提升客户忠诚度，客户关系管理软件把最佳实践制作成模型。CRM 软件帮助公司识别最高价值的客户，给予优惠的待遇。

9.3.3　操作型 CRM 与分析型 CRM

之前描述的所有应用系统，均在操作或分析方面支持客户关系管理的应用。**操作型客户关系管理**（operational CRM）包括面向客户的应用，如销售人员自动化工具、支持呼叫中心和客户服务的工具以及营销自动化工具等。**分析型客户关系管理**（analytical CRM）的应用包括分析由操作型 CRM 生成的客户数据，为提升公司业绩出谋划策。

分析型 CRM 的应用主要基于数据仓库，合并来自操作型 CRM 系统与客户接触点的数据，用于在线分析处理（OLAP）、数据挖掘和其他数据分析技术（见第 6 章）。组织收集来的客户数据可与其他来源的数据（如从其他公司购买或对人口资料分析后得到的直销活动客户名单）相结合。在对这类数据进行分析后，确定客户的购买模式，建立细分市场进行目标营销，识别盈利客户和非盈利客户（见图9—10）。

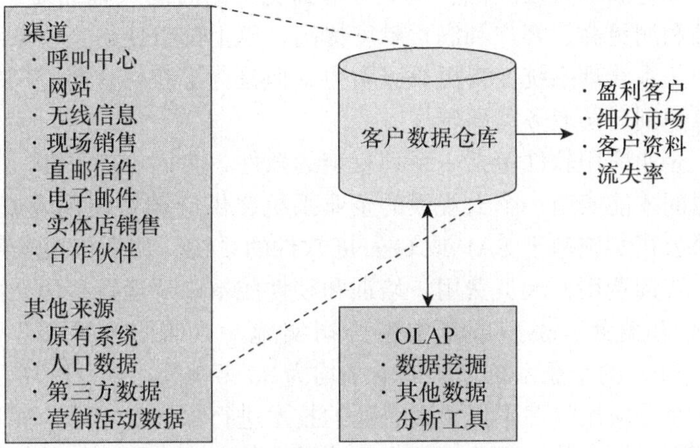

图 9—10　分析型 CRM 数据仓库

说明：分析型 CRM 运用客户数据仓库与分析工具分析客户数据。客户数据来自公司客户接触点和其他渠道。

分析型 CRM 的另一项重要的输出是客户对于公司的终身价值。计算**客户终身价值**（customer lifetime value，CLTV）主要基于客户带来的收入、为获得客户与服务客户而支出的成本、公司与客户保持关系的预期时间长短三方面内容。

9.3.4　客户关系管理系统的商业价值

部署高效 CRM 系统的公司深知该系统为公司所创造的价值，如提升客户满意度，降低直销成本，提供更有效的营销方案，降低维系客户的成本等。通过 CRM 系统，公司可以有效识别带来最高利润的客户，制定精准的市场营销方案和交叉销售策略。

根据客户需求信息可以制定更好的销售服务和市场营销策略，从而降低客户流失率。**流失率**（churn rate）可以反映多少客户停止购买来自一家公司的产品和服务，是反映该公司客户群是增长还是降低的重要指标。

9.4　企业应用软件：新挑战与新机遇并存

许多公司已经实施了企业系统、供应链管理系统和客户关系管理系统。借助这些系统，公司能够实现卓越运营，并提升公司的决策制定水平。但由于企业应用软件要求改变组织的工作方式与业务流程，给企业应用软件的实施带来了挑战。下面介绍这些挑战，以及企业应用软件是如何为企业创造价值的。

9.4.1 企业应用软件的挑战

库存成本大幅降低、从下订单到交货的时间大幅缩短、消费者反馈更加迅速、产品利润更高、客户利润贡献度提高，以上前景使得企业系统、供应链管理系统和客户关系管理系统变得更具吸引力。但是为了获得企业应用软件的价值，必须清醒地意识到公司业务需要转变。

企业应用软件包括一系列复杂的软件，它们价格不菲。大型公司可能要花数年的时间才能实施一个大规模的企业系统、供应链管理系统或者客户关系管理系统。如果公司实施基于 SAP 或 Oracle 软件的系统，那么包括软件费用、数据库工具费用、咨询费用、人员费用、培训和硬件成本以及运行费用在内，总成本一般会超过 1 200 万美元。小型或者中型公司实施一个来自“Ⅱ级”供应商（如 Epicor 或 Lawson）的企业系统，其成本平均为 35 万美元。

企业应用软件不仅要求企业的技术进行深层次变革，而且要求企业的经营方式进行根本性变革。企业必须全面改进它的业务流程，使其与软件应用相兼容。企业员工必须接受新业务流程所赋予的职能与责任，学习如何在新系统下开展一项新工作，了解他们输入系统的信息将会对公司产生何种影响。这就对全新的组织学习提出了要求。

供应链管理系统要求在多组织范围内共享业务流程与其他信息。为创造一个能为整个供应链提供最佳支持的系统，系统中的每一个成员都需要对自己的工作流程和信息使用方式做出一些改变。

有些公司在使用企业应用软件之初遇到许多运营问题并蒙受较大经济损失，这是因为它们不了解需要进行哪些组织变革。2000 年 7 月，凯马特（Kmart）安装使用了 i2 Technologies 公司研发的供应链管理系统，但它在商品配售过程中总是麻烦不断。这是因为 i2 Technologies 公司的软件没能很好地与凯马特的促销驱动型商业模式相兼容，促销驱动型商业模式常使商品需求产生巨大波动。2005 年 10 月，Overstock 的订单跟踪系统崩溃了整整一个星期，最后，该公司只能用自主开发的系统替换 Oracle 企业系统。其原因在于，公司急于实施新软件，没有将 Oracle 软件中记录客户退款的流程与自身的应收账款系统进行同步。这些问题导致公司第三季度亏损 1 450 万美元。

企业应用软件也涉及“转换成本”。公司一旦采用来自单一供应商（如 SAP 公司、甲骨文公司等）的企业应用软件，更换供应商的成本就会非常高。公司还会依赖供应商进行软件升级和安装维护。

企业应用软件需要在整个组织范围内定义数据。你需要了解企业如何运用数据，数据如何被组织应用到客户关系管理、供应链管理和企业系统中。在客户关系管理系统中，数据清洗工作尤其必要。

企业软件供应商正在尝试解决这些问题，比如提供软件的简化版本，为小企业提供“快速启动”项目，为大公司提供最佳实践指南。稍后的“互动讨论：技术”专栏中描述了如何应用按需工具和云计算技术处理这一问题。

公司可以采用企业应用程序减少定制化来节省时间和金钱。例如，肯纳公司

(Kennametal）是一家位于宾夕法尼亚州、拥有 20 亿美元资产的金属刀具公司。在过去的 10 多年里，公司花了 1 000 万美元来维护其 ERP 系统中的 6 400 多个定制功能。现在，取而代之的是一个“普通”的非定制版本的 SAP 企业软件，公司改变了业务流程以符合软件应用的要求（Johnson，2010）。

9.4.2　下一代企业应用软件

当今的企业应用软件更具灵活性，可以嵌入网络，也可与其他系统集成。这些特点让企业应用软件变得更有价值。企业系统、客户关系系统和供应链管理系统各自作战成为历史。

对于企业解决方案、企业套件或者电子商务套件，企业软件开发商已经进行了创新。借助创新后的方案和套件，企业的客户关系管理系统、供应链管理系统和企业系统不仅可以更加紧密地联系在一起，而且能与客户及供应商的系统相连接。SAP 的商务套件、甲骨文的电子商务套件和微软的 Dynamics 商务解决方案（主要是针对中型企业）是其中的佼佼者。以上企业应用软件利用的是网络服务资源和面向服务的架构（见第 5 章）。

SAP 公司的下一代企业应用软件基于企业面向服务的架构。它整合了面向服务架构的标准，利用 NetWeaver 工具作为整合平台，连接 SAP 自己的应用软件与其他独立软件供应商开发的网络服务，使企业应用软件更方便应用与管理。

例如，时下流行的 SAP 企业软件版本将财务、物流、采购和人力资源管理等关键应用集成为企业资源计划中的核心组件模块。企业可对这些应用进行拓展，连接至由 SAP 公司或者其他软件供应商开发的特定功能网络服务模块，如员工招聘或托收管理等模块。SAP 在其他官网上提供了 500 多种类似的网络服务模块。

甲骨文公司也将面向服务的架构和业务流程管理功能加入 Fusion 中间件产品。企业不需要拆开甲骨文整个软件应用，就可以利用其工具来定制甲骨文的应用程序。

下一代企业应用软件还包括开源和即需解决方案。与商用企业应用软件相比，开源产品并不是很成熟，如 Compiere、Apache Open for Business（OFBiz）和 Openbravo 等。开源产品中也不包括多种应用支持。尽管如此，许多小型生产企业还是会选择开源产品，因为不需要支付软件许可费（开源产品的应用支持和定制除外）。

SAP 现在提供了一个名为“Business ByDesign”的即需企业软件解决方案，主要针对中小型企业在特定国家的应用。对于大型企业，SAP 的在线软件是唯一可用的版本。SAP 承载特定功能的应用程序（如电子采购和费用管理）可通过订阅获得，并与客户的在线 SAP 商务套件系统进行集成。

基于软件即服务（SaaS）应用的客户关系管理软件的销售经历了爆炸式增长。Salesforce. com 公司是托管型 CRM 解决方案的领导者，但甲骨文和 SAP 也采用了 SaaS 模式。NetSuite 和 Plex 等厂商开始提供 SaaS 和基于云计算的企业系统版本。Compiere 公司开始销售云计算和内部部署版本的 ERP 系统。在下面的“互动讨论：技术”专栏中将讨论基于云计算的企业应用程序。

互动讨论：技术

企业应用程序向云迁移

Salesforce.com是最成功的企业级软件运营服务商。前些年，互联网上几乎没有其他的SaaS企业软件应用程序。然而现在，越来越多的基于云计算的企业资源计划（ERP）和客户关系管理（CRM）应用软件供应商进入这一市场。虽然传统的企业软件供应商（如甲骨文）凭借自己已有的地位在“云”市场中分得了一杯羹，但是一些新的供应商（如RightNow、Compiere和SugarCRM）采取不同的战术取得了成功。

对云计算感兴趣的大多是中小型企业。一些公司是由于缺乏专业知识和资金资源，难以成功地构建和维护内部ERP和CRM应用软件，因而采用云服务。另外一些公司则仅仅是出于削减成本的考虑。国际数据公司（International Data Corporation，IDC）的数据显示，大约3.2%的美国小型企业（约23万家）正在使用云服务。2010年，小型企业在云计算服务上的支出增长36.2%，达到24亿美元。

但是，规模较大的公司也正逐步转向云计算。例如，相机制造商尼康公司决定实施一个基于云计算的解决方案，因为它想将来自25个不同来源和应用的客户数据整合到一个系统中。该公司高管都希望，在不影响现有存储系统的前提下，尽量降低维护和管理成本。因为现有的存储系统能够很好地满足他们的需求，并且从未出现故障。

尼康采用了RightNow公司的解决方案。RightNow公司成立于1997年，位于蒙大拿州，是一个基于云计算的CRM供应商。该公司成立以来，通过可定制的应用程序、无可挑剔的客户服务，以及强大的基础设施吸引了众多企业。该公司的起步价为每个用户每月110美元，平均部署时间为45天。

一直以来，尼康公司的各项业务职能是由不同的系统共同完成的，但现在公司希望将各种遗留系统的客户数据加以整合。公司想寻找一个供应商帮助实施一个基于Web的常见问题解答系统。该系统主要用于回答顾客提问，并在这些数据的基础上为顾客提供支持。最终尼康选择了RightNow公司。尼康认为RightNow公司不仅有能力实施该系统，而且能提供其他有价值的服务。尼康意识到，可以将出站电子邮件、联系人管理和客户记录集成到RightNow的一个云系统中。尼康实施了这一集成并期望得到丰厚的投资回报。

三年后，尼康的回报远远超出预期：投资回报率高达3 200%，相当于节省了1 400万美元。常见问题解答系统减少了需要连接到尼康客户服务专员的来电数量。越来越多的客户发现自己所需的信息能在网站上找到。同时，响应电话和电子邮件的时间分别缩短了50%和70%。由于内部的SAP和ERP系统较为复杂，因此尼康公司选择继续保留这两个系统，但是其整个CRM系统已经转换到RightNow上。

当然，并非所有应用云计算的公司都获得了如此巨大的收益，云计算也有其缺点。许多公司都在关注云计算的数据控制和安全问题。尽管云计算公司正在处理这些问题，但可用性保证和服务水平协议的应用仍然不常见。采用云服务管理其CRM应用程序的公司并不能保证其数据在任何时候可用，也不能保证其供应商在未来一直存在。

许多小型公司都在尝试一种新形式的云计算——开源云计算。在这种模式下，云计算供应商将其应用程序的源代码提供给客户，并允许他们按照自己的要求进行任何调整。这与传统的模式有所不同，尽管传统模式下云计算供应商提供的应用程序也是可定制的，但该定制并不是针对源代码而言的。

例如，紫外线水净化系统制造商O-SO-pure（OSP）的总裁杰里·斯科雷（Jerry Skaare），选择将Compiere的ERP云版本软件托管在Amazon EC2云虚拟环境上。OSP现有的ERP系统已无法支撑公司规模的扩大，同时会计、库存、制造、电子商务流程的效率低下和过时也对公司造成了影响。Compiere的ERP提供了一个完整的端至端ERP解决方案，促使从会计到采购、订单履行、制造和仓储的各项流程实现自动化。

Compiere采用模型驱动的平台，将业务逻辑存储在应用程序字典中，而不是硬编码到软件程序中。使用Compiere的公司可以对其应用程序进行自主定制。在定制过程中，只需对应用程序字典中的业务逻辑进行创建、修改或删除，而无须进行大量的编程。在传统的ERP系统中，用户只能通过修改自己的业务流程来适应软件。与之相反，Compiere鼓励其用户通过定制系统来满足自己独特的业务需求。

Compiere的软件均是开源的，方便用户进行修改。Compiere的ERP云版本也具有这一特点，同时呈现出功能性、可扩展性和低价等特点，吸引了OSP公司。斯科雷说："由于我的公司较小，各流程都可以直接交给软件处理，令人欣喜。"他并不希望对自己的公司流程进行任何更改，但是他知道，他的员工会尝试调整OSP的ERP应用。开源云计算为企业应用提供了灵活性。

那些已经推出CRM的公司（如甲骨文）为了不被淘汰，也开始建立SaaS模式。起步价为每个用户每月70美元。甲骨文公司可能会具有一定的优势，因为它的CRM系统可实现许多功能并嵌入了预测和分析工具（包含交互式信息板）。用户可以使用这些工具回答如下问题："您的销售效率如何？"或"您的客户消费了多少？"

布莱恩斯特拉顿学院（Bryant & Stratton College）是职业教育的先驱，使用甲骨文的CRM按需版本，开展了比较成功的营销活动。布莱恩斯特拉顿学院对校友毕业后的返校活动进行分析，这些校友既有近年毕业的高职生，也包括早年毕业的非传统高职生。甲骨文的CRM按需版本可以对潜在学生进行跟踪营销，并确定对每一个潜在学生从最初的营销直到最终登记注册的成本。这些信息能够帮助学校确定各类市场推广计划的真正价值。

资料来源：Marta Bright, "Know Who. Know How," *Oracle Magazine*, January /February 2010; Brad Stone, "Companies Slowly Join Cloud-Computing," *The New York Times*, April 28, 2010; and Esther Shein, "Open-source CRM and ERP: New Kids on the Cloud," *Computerworld*, October 30, 2009.

[思考题]

1. 什么类型的公司最有可能采用基于云计算的ERP和CRM软件服务？为什么？哪些公司可能不适合采用这种类型的软件？

2. 使用基于云计算的企业应用程序的优点和缺点是什么？

3. 在决定使用传统的ERP或CRM系统还是基于云版本的软件时，需要解决哪些管理、组织和技术问题？

[MIS实践]

访问RightNow、Compiere的官方网站，或其他提供基于云的ERP或CRM版本的公司网站。然后回答下列问题：

1. 公司有哪些开源产品？如果有的话，描述一些功能。

2. 这些公司主要向哪些类型的公司销售服务？

3. 这些公司还提供哪些其他服务？

主要的企业应用软件厂商也提供移动手持设备上的部分应用。Salesforce. com公司和甲骨文公司的软件中包括一些 Web 2.0 应用，这些网络应用可以促使组织更快地发掘新想法、新观念，提升团队工作效率并加强与客户的互动。例如，Salesforce. com 公司的 Ideas 产品充分利用了“群体智慧”，客户可以应用该项技术提交和讨论新的想法。戴尔公司应用了此项技术，并将它命名为“Dell Ideastorm”(dellideastorm. com)。通过 Ideastorm，客户可以向戴尔公司提出产品新理念以及对产品功能的建议。

企业应用软件厂商也着手增强它们的商务智能模块，帮助管理人员从系统所提供的海量数据中获得更有意义的信息。供应商也开始将分析工具嵌入应用程序，这样用户就不用舍弃应用程序，而去使用单独的报告和分析工具。它们还提供互补性的分析产品，如 SAP Business Objects 和 Oracle Business Intelligence 企业版。我们将在第 12 章中更详细地讨论商务智能。

服务平台

另一种拓展企业应用软件的方法是利用它们为新的或改进的业务流程创建服务平台，该平台可以整合来自多个功能区的信息。与传统的企业应用软件相比，此类服务平台提供了更高程度的跨职能整合。**服务平台**（service platform）能够整合来自多个业务职能、业务单元或者业务伙伴的多个应用软件，为客户、员工、管理层或者公司业务伙伴传递无缝体验。

例如，订单到现金的流程是指从接受订单一直到收到此订单款项的全部流程。该流程始于销售意向生成、营销活动和订单录入。客户关系管理系统为该流程提供支持。企业一旦接到订单，就会安排生产日程，确定零部件供应，这些流程通常由企业软件提供支持。上述步骤完成后，接下来就是分销计划、库存安排、订单履约与送货。上述流程由供应链管理系统提供支持。最后，客户收到订单产品，这一流程由企业财务应用或应收账款应用提供支持。如果该次采购在某时点需要客户服务，就会再次启用客户关系管理系统。

订单到现金的服务需要应用来自企业应用软件和财务系统的数据，数据将被进一步整合到全企业范围内的复合流程中。为了完成以上步骤，公司需要利用软件集成工具将现有应用软件转变为新的跨企业流程的构造部分（见图 9—11）。企业应用软件供应商提供中间件和工具，用于整合企业应用系统与旧的遗留系统及其他供应商提供的系统。中间件和工具主要使用可扩展标记语言和网络服务。

越来越多的新服务通过门户软件进行交付。门户软件可以整合企业应用软件和其他不同遗留系统的信息，通过一个网络界面向用户呈现信息，使信息看起来似乎出自同一来源。例如，美国北部最大的炼油企业瓦莱罗能源（Valero Energy）使用 SAP Net Weaver Portal 软件为批发客户提供服务，客户可以立即查看自己账户的全部信息。SAP Net Weaver Portal 的用户界面内容包括发票、价格、电子转账和信用卡交易数据等，这些数据被存储在 SAP 的客户关系管理系统数据库和其他非 SAP 系统中。

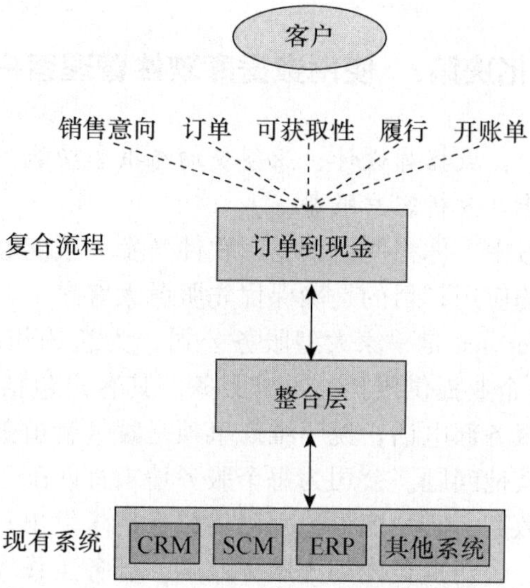

图 9—11 "订单到现金"的服务

说明：订单到现金属于复合流程。该流程集成来自企业系统和遗留系统的财务软件数据。运用系统集成工具，可将该流程模型化并转换到软件系统中。

9.5 管理信息系统实践项目

本节中的实践项目涉及以下几个方面：分析业务流程整合，向供应链管理和客户关系管理应用提出建议，使用数据库软件管理客户服务请求和评价供应链管理中的商业服务等。

9.5.1 决策管理问题

1. 梅赛德斯-奔驰的加拿大多伦多分公司共有 55 家经销商，各经销商对客户的了解不够深入。经销商会不定期地向公司提供客户数据。梅赛德斯-奔驰并不强迫经销商上报信息，追踪未报告信息的经销商的过程着实烦琐，它也没有切实的激励因素促使经销商与公司分享这些信息。那么客户关系管理系统和伙伴关系管理系统如何帮助公司解决这一难题呢？

2. 欧迪办公（Office Depot）在美国和世界范围内销售各类办公产品与服务，其中包括一般办公用品、计算机相关产品、商业电器（相关用品）与办公家具等。为了提供比其他零售商更具价格竞争力的各类办公产品，公司尝试使用及时补货系统和严密的库存控制系统。利用来自需求预测系统和销售网点的数据信息，公司为 1 600 家零售商店及时补充库存。说明欧迪办公如何借助上述系统将经营成本降到最低，公司获得了哪些利益。识别并描述对欧迪办公帮助较大的供应链管理应用。

9.5.2 优化决策：使用数据库软件管理客户服务请求

软件技能：数据库设计、业务查询与报告功能

商业技能：分析客户服务

在本练习中，你将使用数据库软件开发一项能够追踪客户服务请求并对客户数据进行分析的应用，目的是确保优先服务大客户。

Prime Service 是一家大型服务公司，为纽约州、新泽西州和康涅狄格州的近 1 200 家商业企业提供维护与维修服务。其客户包括不同规模的企业。客户可以通过拨打客户服务部电话，说明维修事项是暖气管道破裂、玻璃破碎、屋顶漏水、水管破裂还是其他问题。公司为每个服务请求都匹配了一个数字，客户服务部将记下该服务请求数字、客户账户识别码、服务请求发出日、维修设备类型和维修事项的简单描述等。公司执行先到先服务原则。服务工作完成后，公司计算工时费，将费用额输入请求服务函，然后将服务函寄给客户。

公司管理层对这样的流程安排很不满意，因为在对待最重要和利润最高的客户（账户额超过 7 万美元）时，与其他的小额账户客户并无差别。公司想找到一种方法，以便为大客户提供更优质的服务。同时，管理层也希望了解哪一种服务问题最常发生，以确保使用充足的资源解决这些问题。

Prime Service 公司只有一个小型的客户账户信息数据库，这可以在 MyMIS-Lab 网站上找到。该网站显示了公司的抽样调查，网页上还有最新的数据库练习。数据库表中的内容包括账户 ID、公司（账户）名称、街道地址、城市、州名、邮政编码、账户额度（美元）、联系人姓名和联系人电话号码等。联系人是指每个公司负责与 Prime Service 公司联系维护和维修工作的人员。

运用数据库软件设计一个解决方案。Prime Service 公司的客服代表可以使用该方案识别谁是最重要的客户，确保最重要的客户得到最优质的服务。解决方案中有多个表格。在数据库中至少填入 15 项服务请求。创建几份能让管理层感兴趣的报告，如最高优先权和最低优先权账户名单，或者汇总最常发生服务问题的报告。创建一份报告，报告中显示在某一具体日期，客服代表应该优先响应哪种服务电话。

9.5.3 实现卓越运营：评价供应链管理服务

软件技能：网页浏览器和演示软件

商业技能：评价供应链管理服务

如今的运输公司已经不仅仅是简单地将货物从一地运输到另一地。有些运输公司还为客户提供供应链管理服务，帮助客户管理信息。在本练习中，你将利用网络进行调查并评价两家企业的服务。

分析两家运输公司 USP Logistics 和 Schneider Logistics 的网站。通过研究，了解公司的服务如何应用于供应链管理。然后回答下列问题：

1. 两家公司各自为其客户提供什么样的供应链支持？
2. 客户应如何利用两家公司网站上的信息，帮助自己进行供应链管理？

3. 对比两家公司提供的供应链管理服务。你更愿意选择哪一家公司，为什么？

小　结

1. 借助企业系统，企业如何实现卓越运营？

企业软件的设计基于集成软件模块套件和中央数据库。数据库首先收集数据，然后将收集到的数据输入应用系统。数据库基本支持公司内部所有的业务活动。当其中某一流程信息进入系统后，其他的业务流程也能立即使用该信息。

企业系统通过公司统一的技术平台，执行统一的数据标准和业务流程，支持公司推行集中化管理。由企业系统生成的公司整体数据能够协助管理层提升公司的绩效水平。

2. 借助供应链管理系统，企业如何与供应商协调计划、生产与物流安排？

借助供应链管理系统，信息可以在供应链成员间自动流动，从而使供应链成员做出更优决策，比如何时采购、何时生产、何时装货运送等。使用供应链管理系统中更加精确的信息可以降低市场带来的不确定性，减少长鞭效应的影响。

供应链管理软件中包括供应链计划软件和供应链执行软件。借助互联网技术，不同国家的公司可以相互连通、共享信息，帮助管理者管理全球供应链。供应链成员间畅通无阻的交流也促进了客户响应，并使公司趋向需求驱动型（拉式模型）。

3. 借助客户关系管理系统，企业如何亲近客户？

客户关系管理（CRM）系统整合了诸如销售、营销和客户服务中面向客户的流程，并使其自动化。这样，CRM 系统提供了全公司范围内对客户的统一认知。当公司欲为客户提供更好的服务或者销售新产品与服务时，这些客户知识就有了用武之地。借助 CRM 系统还可以识别盈利客户和非盈利客户，以降低客户流失率。

主要的客户关系管理软件包既提供操作型客户关系管理功能，也提供分析型客户关系管理功能。其中大多包括销售伙伴关系管理（合作伙伴关系管理）模块和员工关系管理模块。

4. 企业应用软件带来了哪些挑战？

企业应用软件很难实施，不仅要求公司进行大幅的组织变革和大量的软件投入，还要求公司对应用软件带来的业绩提升做出准确评估。如果企业应用软件在实施中有缺陷，或者公司不会使用这些系统来衡量业绩改进，企业应用软件就不会给公司创造任何价值。为掌握这些新程序，员工需要接受培训。另外，数据管理也是非常重要的。

5. 企业应用软件如何应用于新的跨职能服务平台？

为打造新的复合型业务流程，服务平台不仅整合了多种企业应用软件（客户关系管理系统、供应链管理系统和企业系统）的数据和流程，而且整合了来自遗留应用系统的数据和流程。通过网络服务，不同的系统可以整合到一起。这些新型服务可以由企业门户软件进行传输。门户软件将不同的应用进行整合，使信息的来源更具有一致性。一些产品的开源、移动和云版本正在不断推广。

复习题

1. 借助企业系统，企业如何实现卓越运营？

- 给出企业系统的定义，并描述企业软件如何运作。
- 企业系统可以为企业创造哪些价值？

2. 借助供应链管理系统，企业如何与供应商协调计划、生产和物流安排？

- 给出供应链的定义，识别供应链的每一个组成部分。
- 供应链管理系统如何降低牛鞭效应？供应链管理系统为公司创造了哪些价值？
- 给出供应链计划系统和供应链执行系统的定义，比较两个系统的异同。
- 全球供应链面临怎样的挑战？公司如何使用网络技术将全球供应链管理得更好？
- 区分供应链管理中的推式模型和拉式模型，解释现代供应链管理系统是如何促进拉式模型的。

3. 借助客户关系管理系统，企业如何亲近客户？

● 给出客户关系管理的定义。在当今世界，客户关系管理为什么如此重要？

● 伙伴关系管理与员工关系管理如何同客户关系管理相联系？

● 描述客户关系管理软件中用于销售、营销和客户服务的工具和功能。

● 区分操作型客户关系管理和分析型客户关系管理。

4. 企业应用软件带来了哪些挑战？

● 描述并列举这些挑战。

● 如何应对这些挑战？

5. 企业应用软件如何应用于新的跨职能服务平台？

● 给出服务平台的定义，描述可以整合来自多个企业应用软件的数据的工具。

● 企业应用程序如何利用云计算、无线技术、Web 2.0和开放源代码技术？

讨论题

1. 供应链管理不太注重货物的实际运输管理，而对信息管理关注较多。讨论这句话的含义。

2. 如果一家公司欲实施企业应用软件，那么它应该先做好准备工作。讨论这句话的含义。

3. 企业应该首先安装哪个企业应用程序，ERP、SCM还是CRM？解释你的答案。

小组练习：分析企业应用软件供应商

三四名同学一组，通过网络对两家企业应用软件供应商的产品进行研究和评估。你可以比较SAP公司和甲骨文公司的企业系统、i2 Technologies公司和SAP公司的供应链管理系统，或者甲骨文公司的Siebel Systems和Salesforce.com公司的客户关系管理系统。运用你从这些公司网站了解到的内容，就业务功能支持、技术平台、成本与易用性这几个方面，对你所选择的软件包进行比较。你会选择同一家供应商吗？为什么？对于较小的企业，你会选择相同的供应商吗？对于较大的企业呢？如有可能，使用Google Sites发布网页的链接、团队沟通公告和工作任务，集思广益，合作完成项目文档。尝试使用Google Docs在课堂上展示成果。

章末案例

ERP助Border States Industries快速增长

Border States Industries，又名Border States Electric（BSE），是一家建筑、工业、公用事业和数据通信行业的批发分销商。公司总部位于北达科他州的法戈市，在美国、加拿大、墨西哥等地共设有57个销售办事处。BSE有1 400名员工，根据员工持股计划，这些员工都持有股份。

BSE的目标是在任何时候为客户提供所需的任何物品，包括除产品交付之外的客户服务。因此，公司不仅是一个批发分销商，而且是一个供应链解决方案提供商。它拥有广泛的服务业务，如物流、作业现场拖车、配套出售（各个物件单独包装，但是被捆绑成一个单元出售）。BSE与9 000多个产品供应商签订了分销协议。

自1988年以来，BSE一直依靠其传统的ERP系统Rigel支持核心业务流程。但是，Rigel是专门为电器批发商设计的ERP系统，到20世纪90年代中期，该系统已经无法支持BSE快速增长的新业务。

因此，BSE的管理层决定实施新的ERP系统，并选择了SAP公司的企业软件AG。这个ERP解决方案包括SAP的销售和分销模块、物料管理模块、财务和控制模块，以及人力资源模块。

BSE的新系统最初预算为600万美元，并设定1998年11月1日为正式使用的日期。高层管理者在

IBM 和 SAP 顾问的帮助下开始实施新系统。管理者的配合是系统成功实施的关键因素，他们要用系统进行日常运营。

BSE 还决定对该系统进行广泛定制。通过编写软件，使 ERP 系统能够自动与其他供应商（包括 Taxware Systems、华智公司（Innovis）和 TOPCALL 国际贸易有限责任公司）的系统进行连接。通过 Taxware 的系统，BSE 能够满足其开展业务的所有国家和城市的销售税要求。华智的系统支持电子数据交换，帮助 BSE 与供应商实现电子化采购及付款交易。而通过 TOPCALL 系统，BSE 可以直接向 SAP 系统中的客户和供应商发送传真。

在系统的实施过程中，由于 BSE 对 SAP 软件的应用缺乏经验，同时也很少有顾问熟悉 BSE 所使用的 SAP 软件的版本，因此其实施过程并不是采用将业务流程最佳实践嵌入 SAP 软件的方法，而是聘请了顾问对 SAP 软件进行进一步的自定义，使新的 SAP 系统在某些方面看起来像原有的 Rigel 系统。例如，它试图让客户发票与原有的 Rigel 系统生成的发票类似。

完成这些改变需要对 SAP 软件进行多方定制，因此，新系统的预定使用日期不得不推迟至 1999 年 2 月 1 日。而且，不断增加的定制和调整导致实施成本提高，达到 900 万美元（比原计划增长 50%）。

从 BSE 的原有系统中转换和清理数据所花的时间比管理者预期的要长得多，对第一批“专家用户”进行培训的时间太早了，等到系统正式上马时不得不重新培训。BSE 没有对系统进行过完整的测试，因为它会被放在工作环境中使用一段时间，之后才正式投入运行。

在之后的 5 年里，BSE 成功地实施了 SAP 的 ERP 系统，并收购了很多小公司，将分公司扩展到美国的 24 个州。随着业务的增长，利润和库存也增长了。然而，互联网的出现使客户要求通过电子商务门户进行交易，因此 BSE 要做出更多的改变。它和某些客户达成了网上信用卡自动处理协议和特殊的定价协议（SPAs）。但是现有的 SAP 软件不支持这些改变，所以公司不得不手工处理上千笔 SPAs。

在分公司处理信用卡交易时，员工要离开办公桌，去办公室后部一个专门的信用卡处理系统处，手工输入信用卡账号，等待交易成功，然后返回办公桌继续处理销售交易。

2004 年，BSE 开始着手将它的 ERP 系统升级到 SAP 的最新版本。该软件版本包括新的材料和配套的账单，这些在旧系统中无法获得。此功能为 BSE 公用事业客户提供了更好的支持，因为它提供了一个可以直接发送到网站的套件。

在这次升级过程中，BSE 仅进行了最低限度的定制，并将 SAP 中用于批发分销的最佳实践嵌入软件。BSE 采用 Esker 公司的软件代替原有的 TOPCALL 软件，用于传真和电邮出站发票，确认销售和采购订单，同时，运用 Vistex 公司的软件将 SPA 的退款处理流程自动化。BSE 每年要处理 36 万个退款请求，运用 Vistex 软件后，BSE 的退款完成时间缩短至 72 小时，事务处理时间减少了 63%。在过去，公司需要花 15～30 天才能从供应商处获得退款。

对于这一项目的实施，BSE 的预算为 160 万美元，预计耗时 4.5 个月。公司管理层认为，对于此项目，时间以及资金的投入应该是充足的。这一实施过程没有任何问题。新系统在目标日期前上线，并且低于预算的成本，仅仅花了 140 万美元（比预算低 14%）。

2006 年底，BSE 收购了一家大公司，预期每年会增加 20%的销量。这次收购使 BSE 增加了 19 家分公司，这些新的分公司在收购完成一天后就都能使用 BSE 的 SAP 软件了。BSE 现在能用软件跟踪 150 万件物品。

1998 年 BSE 首次实施 SAP 软件项目以来，销售额增加了 300%，利润攀升了 500%以上，60%的应付账款使用 EDI 支付，处理 SPA 的时间减少了 63%，公司的库存周转超过了 4 次/年。公司以前在关账后要等 15～20 天才能看到月度财务报表，现在在关账后一天之内就能看到。处理邮件、编制银行存款余额调节表、亲自拿支票去银行这些人工操作已经明显减少了。超过 60%的发票是电子发票，降低了交易成本以及应付账款的笔数和出错率。

为了支持 SAP 软件的运行，BSE 增加了其信息系统部门的全职员工的人数。最初，BSE 预计只要 3 名员工来支持系统，但是 1999 年开始实施 ERP 时，需要的员工人数就达到了 8 名，2006 年更是增加到了 11 名。虽然信息技术让 BSE 每年增加了 300 万美元的成本，但是公司的销售额也增加了，总的来看，系统所增加的成本只占总销售收入的 0.5%。

BSE 管理层指出，大部分的 ERP 系统实现的自动化工作，主要涉及会计部门的工作以及其参与的事务性活动。运用 ERP 系统后，人力资源获得了释放，可以让更多的员工直接与客户接触，以降低成本，增加销量。

过去，BSE的各种数据一直独立于其主要的企业系统，这些系统使用基于PC机的Microsoft Access数据库和Excel电子表格软件。公司管理缺乏统一的全公司范围的运营数据，因为这些数据被分散到许多不同的系统中。现在，该公司各业务已在共同的平台上实现标准化，所提供的信息对于管理部门而言是及时的、可见的。管理人员可以了解任何时刻整个业务的执行情况。同时，SAP系统将所有BSE的规划和预算编制发布在网上，可以帮助管理者更好、更快地做出决策。

2006年，Gartner集团的顾问对BSE的ERP实施进行了独立评估。Gartner采访了BSE的高层，分析了ERP系统对于企业流程成本的影响，用成本占销售收入的百分比作为评估SAP软件带来的财务影响的最终指标，其中成本包括产品销售成本、管理成本、库存成本、IT支持成本以及运输成本。

Gartner的分析证实，1998—2001年，SAP软件增加了900万美元的成本，但是新的ERP系统在两年半的时间内就帮公司节省了相同金额的支出。1998—2006年，SAP共为BSE节省了3 000万美元，为同时期累计收入的1/3。库存占销售收入的比例下降了1个百分点，运输成本占销售收入的比例降低了0.5个百分点，总成本占销售收入的比例降低了1.5个百分点，在此期间，每年的投资收益为330万美元，投资收益率为37%。

BSE致力于支持网络销售，包括SAP软件环境下的在线订单、库存、订单状态查询、发票浏览。公司部署了SAP的NetWeaver Master Data Management软件，可以借助专业工具对目录数据进行管理和维护，并准备将要发布在网上和传统的印刷媒体上的数据。运用SAP的Web Dynpro开发环境，公司将无线仓库和库存管理活动与SAP软件相连接。另外，公司正在使用SAP的NetWeaver商务智能软件，来了解客户的购买习惯，识别交叉销售和向上销售的机会。

资料来源：Border States Industries, "Operating System-SAP Software," 2010; Jim Shepherd and Aurelie Cordier, "Wholesale Distributor Uses ERP Solution to Fuel Rapid Growth," AMR Research, 2009; SAP AG, "Border States Industries: SAP Software Empowers Wholesale Distributor," 2008; www.borderstateselectric.com, accessed July 7, 2009; and "Border States (BSE)," 2008 ASUG Impact Award.

[思考题]

1. Border States Industries在规模扩张过程中遭遇了什么问题？哪些管理、组织和技术因素造成了这些问题？

2. 使用SAP的ERP软件开发解决方案的难易程度如何？解释原因。

3. 列出并描述SAP软件的优点。

4. 新的系统解决方案给企业带来了哪些变化？解释你的答案。

5. 对于BSE，该解决方案是否成功？指出并详述用来衡量解决方案成功程度的指标。

6. 如果由你负责实施SAP的ERP，你会采取哪些不同的举措？

第 10 章 电子商务：数字化市场和数字化商品

学习目标

学完本章后，你将能够回答以下问题：

1. 电子商务、数字化市场和数字化商品的独特性有哪些？
2. 主要的电子商务商业模式和盈利模式有哪些？
3. 电子商务如何改变市场营销？
4. 电子商务如何影响企业间的交易？
5. 移动商务在商业中扮演什么样的角色？最重要的移动商务应用是什么？
6. 创建电子商务网站必须考虑哪些问题？

章首案例

4Food：汉堡的社交化

4Food 是一家位于曼哈顿的有机汉堡餐厅，承诺所提供的食物绝对美味可口。这家餐厅所使用的社交网络推广计划也是相当独特的。它想要呈现给顾客的是：这不仅仅是一个吃饭的地方，还是一个庞大的社交体验场所。

这家餐厅位于麦迪逊大道和第 40 街的拐角处。在餐厅内，一个 22 平方米的平板液晶屏上不断滚动着粉丝们在 Twitter 上的留言、各类餐饮信息，以及 Foursquare 用户的检入信息。Foursquare 是一个移动网络应用程序，它允许注册用户联系好友，并更新自己的位置信息。用户可以在餐馆、酒吧或其他地方注册。在餐厅内，顾客不仅可以看到各种 tweets 信息（Twitter 上的消息）和更新的状态，还可以使用手机或其他移动设备，利用 4Food 提供的免费 Wi-Fi，回复和添加自己的信息。

这家餐厅有多种订餐方式。顾客可以使用餐厅员工手持的 iPad 进行点餐，也可以进行网上自助订餐。4Food 有自己专门用于社会化营销的 Facebook 主页。在其 Facebook

主页上留言的用户，将有机会获得一台iPad。第一个将自己在餐厅“标记墙”前的照片上传的顾客，将得到餐厅免费提供的价值20美元的美食。（标记墙是一面位于餐厅前方的信息墙，顾客可以使用魔法标记编写Twitter信息。）4Food通过社交网络进行招聘和活动推广，如“De-Junk NYC”活动主要是为了传播改善城市生活的理念。

但是，真正让4Food在众多餐厅中脱颖而出的是其众包式营销方案和对菜单的不断改进。这家餐厅有一个在线工具，可以让顾客开发自己的三明治和其他食品，并为自己的作品取名。如果顾客开发的食物被其他顾客订购，那么该顾客会获得0.25美元的店内消费券。通过4Food提供的配料表，顾客可以组合出数以百万计的美食。

很多顾客会毫不犹豫地利用自己的社交网络推销自己开发的汉堡。如果他们在网络上有数以百计、数以千计的追随者持续推广4Food，那么他们可以在余生享用免费汉堡。所有这些措施构成了一种低成本的激励机制，激励大量的客户积极推广餐厅，并以最小的支出为餐厅创造良好的口碑。而餐厅所要做的仅仅是出现在社交网络上，并推出各种促销活动。

与纽约其他的2万多家餐馆进行竞争显然不是件容易的事情，4Food的模式能否取得成功？4Food希望通过社交网络与顾客建立联系，给成功开发食品的顾客发放奖金，从而取得成功。

资料来源：Mike Elgan，“New York Burger Joint Goes Social，Mobile，” Computerworld，May 31，2010 and www.4food.com，accessed October 22，2010.

4Food充分展现了电子商务的新面貌。在网上销售实物商品仍然重要，但电子商务目前的热点和兴趣点已经转向了服务和社会交际——通过社交网络与朋友和家人进行联系；共享照片、视频、音乐和个人想法；使用社交网络吸引客户，并设计出新的产品和服务。4Food的商业模式是通过移动技术和社交网络工具吸引客户，接收订单，进行品牌推广，并充分利用客户的反馈意见，改进餐厅的菜单。

4Food餐厅面临的挑战是，如何从纽约市2万多家餐厅中脱颖而出。电子商务和社交网络技术为联系客户以及区分产品和服务提供了新的机遇。4Food的管理层决定采用基于社交技术的商业模式，将社交网络作为用餐体验的一部分。4Food使用社交网络和移动技术（包括Twitter、Foursquare和Facebook）吸引顾客，处理预约订单，提升品牌形象，并征集客户的反馈信息用于改进菜单。因此，4Food能够很好地区别于其他餐厅，并且能够以较低的成本进行企业推广。

下图指出了上述案例和本章的要点。

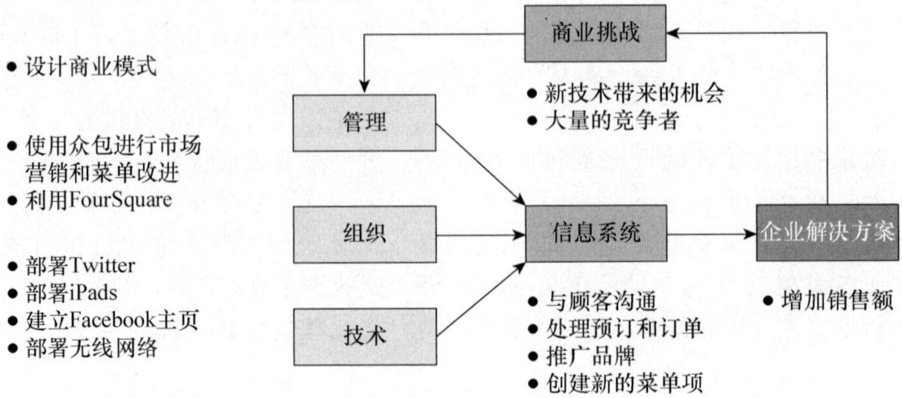

10.1　电子商务与互联网

你在网上购买过音乐或者下载过电影吗？在零售店里购买运动鞋之前，你在网上搜寻过产品和相关信息吗？如果这样做了，那么你已经参与了电子商务。2010 年，133 万成年美国人与全球数百万人一样在网上购物，尽管大多数的购买行为仍然需要通过传统渠道进行，但是电子商务交易持续增长，正在改变许多企业的商业模式。2010 年，电子商务的零售额占美国零售总额的大约 6%，并以每年 12%的速度增长（eMarketer，2010a）。

10.1.1　电子商务的今天

电子商务是指利用互联网和万维网进行的商业交易。确切地说，电子商务是指个人间、组织间、个人与组织间进行的数字化商业交易，交易通常在互联网和万维网上进行。商业交易是指在个人或在组织范围内利用价值（如货币）交换商品或服务。

电子商务始于 1995 年，当时的互联网门户网站之一 Netscape. com 承接了第一笔来自大公司的广告订单。“网络可以成为广告和销售新媒介”这一理念开始普及。然而，没有人预见到，早期仅以两三倍速度增长的电子商务零售业会在后来呈指数级增长。电子商务一直保持着两位数的增长速度，直到 2008—2009 年经济衰退，增长速度才有所放缓。2009 年，电子商务的收入增长与上一年基本持平（见图 10—1），但考虑到传统的零售业收入每年减少 5%的事实，电子商务的表现已经算是不错了。事实上，在经济衰退期间，电子商务是零售业中唯一保持稳定的领域。有些在线零售商的增长势如破竹，比如，亚马逊 2009 年销售收入比 2008 年增长了 25%。尽管 2010 年经济衰退，但网上买家的数量仍增加了 6%，达到 1.33 亿美元，平均年购买额增长 5%，达到 1 139 美元。在这一年，亚马逊的销售额也增长了 28%。

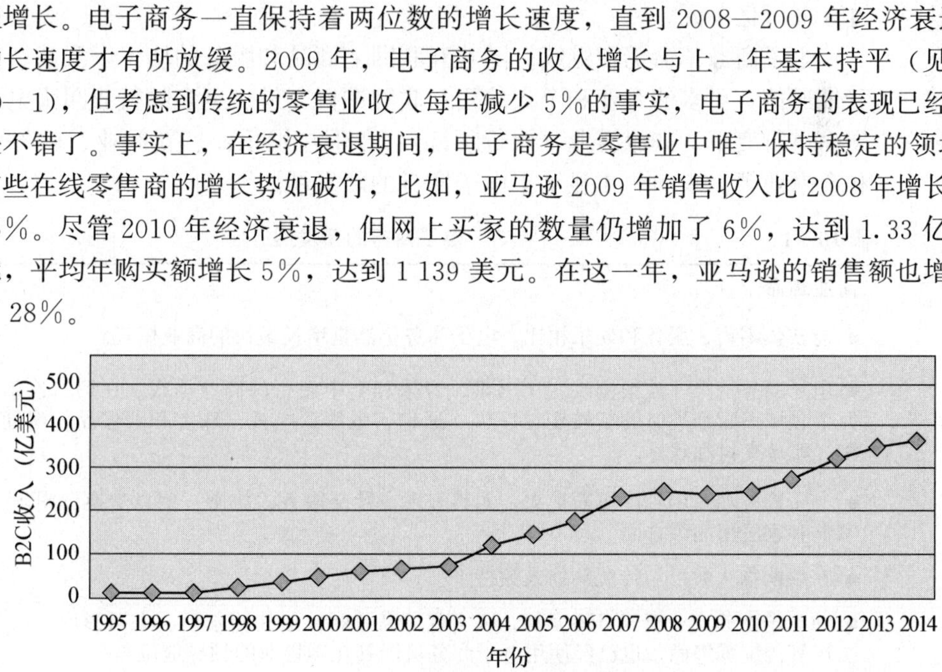

图 10—1　电子商务的发展

说明：电子商务零售收入每年增长 15%～25%，直到 2008—2009 年经济衰退，增长速度适当放慢。到 2010 年，电子商务收入再次以每年 12%的速度增长。

与电话、收音机和电视机等众多科技产品的发展轨迹相同，早期电子商务的过快发展在股票市场上产生了泡沫。这类泡沫于 2001 年 3 月破灭，大量电子商务公司因此倒闭。但也有很多公司，如亚马逊、eBay、Expedia 和谷歌等抓住机遇加快发展，盈利持续增长，商业模式逐渐成熟，股票价格也日益攀升。到 2006 年，电子商务重新恢复发展势头，在美国、欧洲、亚洲成为发展速度最快的零售商业模式。

- 2010 年全球在线销售额达到 2 250 亿美元左右（包括旅行服务和数字下载）。1.33 亿人在网上购物，1.62 亿人虽然没有进行网上购物，但在网络上搜索过相关的购物信息（eMarketer，2010a）。
- 2010 年，美国网民人数达到了 2.21 亿，2004 年仅为 1.47 亿。现在全球有 19 亿人使用互联网服务，网民总量的增长大大刺激了电子商务的发展。
- 2010 年，大约有 8 000 万个家庭通过宽带接入互联网，占家庭总数的 68%左右。
- 如今，大约有 8 300 万美国人使用智能手机（如 iPhone、Droid 或黑莓）访问互联网。移动商务在手机应用、铃声、娱乐下载和基于位置的服务的基础上逐步发展起来。在短短几年内，手机将成为最常用的互联网接入设备。
- 美国平均每天有 1.28 亿成年用户上网，约 1.02 亿人发送电子邮件，8 100 万人使用搜索引擎，7 100 万人搜索新闻，约 6 300 万人使用社交网络，4 300 万人访问网上银行，3 800 万人观看在线视频，2 800 万人访问维基百科（Pew Internet & American Life Project，2010）。
- B2B 电子商务（企业之间使用互联网进行企业对企业的商务合作）的收入超过 3.6 万亿美元。

电子商务革命仍在继续。随着互联网上商品和服务的增多以及消费者转向使用宽带通信，更多的企业和个人使用互联网进行交易。更多的行业因为电子商务的发展而进行变革，如旅游业（旅行预订）、音乐与娱乐业、新闻业、软件业、教育业和金融业等。表 10—1 显示了电子商务的新发展。

表 10—1　　电子商务的新发展

商业革命
● 与实体零售、服务和娱乐相比，电子商务仍然是增长最快的商业模式。
● 电子商务的第一波浪潮改变了书籍、音乐和空中旅行的商业模式。在第二次浪潮中，以下九个领域正面临类似的新转变：广告、通信、电影、电视、珠宝和奢侈品、房地产、在线旅游、账单支付和软件。
● 电子商务涉及的广度不断扩大，尤其表现在社交服务、旅游、信息交换、娱乐、服装零售、家电和家居用品等方面。
● 在线购物人数已与传统购物人数持平。
● 纯电子商务商业模式日臻完善，以实现更高盈利。诸如西尔斯、杰西彭尼、L.L.Bean 和沃尔玛等传统零售商，也已经使用电子商务巩固其在零售业的领导地位。
● 小企业和创业者不断涌入电子商务市场，通常依赖行业巨头（如亚马逊、苹果和谷歌）的核心应用技术，并越来越多地利用基于云计算的资源。
● 基于位置的服务和电子书下载等移动电子商务在美国开始发展。

技术基础

- 无线互联网连接（Wi-Fi、WiMax 技术和 3G/4G 智能移动电话）发展迅速。

- 功能强大的手持式移动设备支持音乐下载、网上冲浪、娱乐以及语音交流等。播客和流媒体成为一种发布视频、广播和用户创建内容的媒介。

- 随着传输成本下降，网络宽带在家庭和企业中的普及率越来越高。2010 年有超过 8 000 万个家庭通过宽带电缆或数字用户线路（DSL）来访问互联网——约占美国所有家庭的 68%（eMarketer，2010a）。

- 社交网络软件和网站，如 Facebook、MySpace、Twitter、LinkedIn 和成千上万的其他网站，成为电子商务、市场营销和广告的新平台。Facebook 在全球拥有 5 亿用户，在美国拥有 1.8 亿用户（comScore，2010）。

- 基于互联网的新型计算模式，例如云计算、软件即服务（SaaS）和 Web 2.0 软件，大大降低了电子商务网站的建设成本。

新型商业模式出现

- 超过半数的互联网用户参与在线社交网络，使用社会化书签网站、创建博客、分享照片，这些功能带来了与电视观众数量相当的在线用户，吸引了市场营销者的目光。

- 由于谷歌和微软、雅虎等技术公司尝试占领在线广告市场，同时进军电视、报纸的线下广告业务，传统营销商业模式土崩瓦解。

- 报纸以及其他传统媒介也已使用在线互动模式，虽然赢得了一定数量的在线读者，但仍然失去了很多广告收入。

- 提供电视、电影、音乐、体育节目和电子书的在线娱乐商业模式发展迅速，好莱坞和纽约的各大版权拥有者与谷歌、YouTube、Facebook 和微软等互联网分销商开展合作。

10.1.2　电子商务的独特性

电子商务为什么发展如此迅速？答案在于互联网和万维网的独特性。简言之，互联网和电子商务技术比之前的科技革命（如无线电、电视和电话）的力量要强大得多。表 10—2 描述了互联网和万维网作为商业媒介的独特性。下面我们详细探讨每个具体特征。

表 10—2　　电子商务技术的八个特点

电子商务技术的特点	商业意义
无所不在：互联网技术触手可及——遍及工作场所、家中以及其他可以使用移动设备的地点。	市场空间被扩展到传统市场界线之外，并摆脱了时空的限制。“市场空间”被创造出来。购物行为可以在任何地点发生，大大提高了消费者购物的便利性，并降低了购物成本。
全球范围：电子商务技术跨越国家界限，抵达全球每个角落。	商业交易跨越文化和国界。市场空间囊括了全球数十亿消费者和数百万企业。

续前表

电子商务技术的特点	商业意义
全球统一标准：全球有一套通用技术标准，称为互联网标准。	通用的技术标准使全球不同的计算机系统可以轻松地交流沟通。
丰富程度：视频、音频以及文本信息触手可及。	视频、音频以及文本信息被融合成一条单一的营销信息和客户经验。
交互性：电子商务技术通过用户的交流起作用。	消费者参与到为适应个人需求而进行动态调整的对话中，成为将商品交付到市场上的共同参与人。
信息密度：降低了信息成本，提高了信息质量。	信息加工、存储和交流的成本大幅下降，而通用性、准确性和及时性得到极大的提高。信息变得丰富、便宜且更准确。
个性化/定制化：电子商务技术将个性化的信息传递给个人和群体。	市场信息的个性化及产品和服务的定制化是以个人特点为基础的。
社交技术：用户创建内容和社交网站。	新型社交网络和商业模式让用户可以自己创建、发布内容并支持社交。

无所不在

传统商业中，市场是指一处物理场所，如零售商店等，你可以亲自前往。而电子商务却无所不在。这意味着商业交易可以在任何时间、任何地点发生，因此无论你是在桌前、家中、工作单位甚至在车内，都可以实现移动商务。由此产生了**市场空间**（marketspace）——跨越传统界限、不受时空限制的市场。

从消费者的角度看，电子商务的无所不在降低了**交易成本**（transaction costs），即参与市场活动的成本。现在要想进行商业交易，你无须花费大量时间和金钱亲自跑到市场，购买行为也不再那么费神费力。

全球范围

电子商务技术使商业交易跨越了文化与国家的界限，比传统商业更加便捷有效。因此，电子商务经营者的潜在市场规模大致相当于全球在线网民人数（超过 19 亿，且增长迅速）。

与之相反，大多数传统商务都有地域限制，涉及区域范围内本地或本国的商业圈。例如，电视台、无线电台和报纸主要是地方性机构，受地域限制，尽管强大的覆盖全国的网络能吸引全国用户，但无法轻易跨越国家界限触及全球用户。

全球统一标准

电子商务技术的一个独特之处在于：互联网以及电子商务活动的技术标准是全球统一的。不管每台计算机的平台是什么，统一标准使得每台计算机都可以与另一台计算机连接。与之相反，不同国家的传统商业技术是各不相同的。例如，全球的电视和广播标准各不相同，移动电话技术也是如此。

全球统一的互联网和电子商务技术标准大大地降低了**市场准入成本**（market entry costs），即商家将商品投入市场所需支付的成本。同时对消费者来说，全球统一标准也降低了**搜索成本**（search costs），即寻找满意商品所需花费的成本。

丰富程度

信息的**丰富程度**（richness）是指信息内容的复杂程度。传统市场上，遍布全球的销售人员以及小型零售商店都拥有丰富的信息，在进行销售时可通过听觉和视觉暗示提供个性化、面对面的服务。传统市场的信息丰富程度使其拥有巨大的销售能力，形成一种理想的商业环境。在万维网发展之前，丰富程度和受众的规模是呈负相关的——受众的规模越大，信息越不丰富。网络使得同时向大量用户发布文字、音频和视频等丰富信息成为可能。

交互性

与 20 世纪任何商业技术不同（电话技术除外），电子商务技术具有交互性，这意味着商家和消费者之间可以进行双向交流。例如，在电视节目播放过程中，电视台无法向观众提问或者与他们对话，也不能要求客户将信息输入表格。然而，以上这些活动都可以在电子商务网站上进行。交互性使得在线商家能够与消费者进行类似于面对面的交流，同时规模更大、受众面更广。

信息密度

互联网和万维网极大地增加了**信息密度**（information density）——所有市场参与者（如商家、消费者等）所获取信息的总量和质量。电子商务技术降低了信息收集、存储、加工和传递的成本，同时也提高了信息的通用性、精确性和及时性。

电子商务市场的信息密度让价格和成本更加透明化。**价格透明**（price transparency）是指消费者发现市场上不同价格的难易程度；**成本透明**（cost transparency）是指消费者发现商家为商品支付实际成本的难易程度。

信息密度的提高对商家也有益处。与以往相比，在线商家可以获取更多的消费者信息，因此，商家能够根据客户愿意支付的价格高低来制定细分市场，实施**价格歧视**（price discrimination）策略，即对于相同或类似的产品在不同消费群体间制定不同的价格。例如在线商家发现某位客户钟情于价格昂贵的国外旅行，愿意为旅行支付更多的费用，就会向其推销高价或高端的旅行计划。同时，在线商家可以将同样的旅行计划以相对低廉的价格推销给另一个对价格更为敏感的消费者。信息密度能够帮助商家以成本、品牌和质量为标准细分产品。

个性化/定制化

电子商务提供**个性化**（personalization）服务：商家可以根据消费者的姓名、兴趣和购买历史对特定客户进行有针对性的营销。电子商务技术还提供**定制化**（customization）服务——根据用户的喜好或购买行为习惯而改变所提供的商品或服务。电子商务技术的交互性使消费者在市场中产生消费行为的同时透露更多的个人信息。随着信息密度的增大，关于消费者购买历史和购买行为的大量信息被在线商家存储并使用。

由此产生的结果是：与传统商业相比，电子商务具有前所未有的个性化与定制化水平。例如，你可以通过切换频道来选择想看的节目，但你没法改变具体频道的放送内容。相反，在线《华尔街日报》能让你选择想首先阅读的某类新闻故事，并且在某些特定事件发生时自动通知你。

社交技术：用户创建内容与社交网络

与之前的技术相比，互联网与电子商务技术趋于社交化，允许用户创建文本、音频、音乐或照片等形式的内容，并与其个人好友（和更大的全球性社区）分享。通过这些交流形式，用户可以在加强原有社交网络的同时建立起新的社交网络。

所有的现代的大众媒体包括印刷出版业都在使用同一种“广播”模式（一对多）。在这种模式中，行业专家（职业作家、编辑、导演和生产商）创建处于中心位置的内容，吸引大批用户消费同一标准的产品。互联网和电子商务允许用户自己创建和发布内容，自行决定要观看的内容。因此，互联网提供了一种多对多的大众沟通模式。

10.1.3 电子商务中的重要概念：全球市场中的数字化市场和数字化商品

企业的选址、时间安排和收入模式一定程度上取决于信息的成本和传播方式。互联网创造了数字化市场，全世界成千上万的人可以直接、快速、免费地交换大量信息。因此，互联网改变了企业的运营模式，扩展了产品的全球覆盖范围。

互联网的使用减少了**信息不对称**（information asymmetry）。当交易双方中一方比另一方拥有更多重要的交易信息时，就产生了信息不对称。这些信息有助于提高他们的议价能力。在数字化市场中，消费者和供应商可以“看见”商品的价格，从这个意义上讲，数字化市场比传统市场更加“透明”。

例如，在汽车零售网站出现以前，汽车经销商和顾客之间存在明显的信息不对称。只有经销商了解制造商的价格，消费者很难以最优惠的价格买到汽车。汽车经销商的利润幅度就依赖于信息不对称的程度。而今天的消费者可以通过网站获取大量有关汽车的竞争性价格信息，美国 3/4 的汽车购买者通过网站的信息以最优惠的价格买到了汽车。因此，网络减少了汽车购买中的信息不对称。互联网也帮助企业在采购产品时减少了信息不对称，以优惠的价格和条件达成交易。

数字化市场非常灵活有效，因为它降低了市场搜寻成本、交易成本、**菜单成本**（menu costs，商家变动价格的成本），减少了价格歧视，增强了根据市场行情的变化动态定价的能力。在**动态定价**（dynamic pricing）中，产品的价格取决于消费者的需求特征和买方的供给情况。

依据所售产品或服务性质的不同，数字化市场可能会降低或提高转换成本，并且在某种程度上造成顾客满足感的延迟。与实体市场不同，顾客不能立即消费在网上购买的商品，比如服装（尽管对数字化音乐和某些数字化商品而言，即时消费是可能的）。

数字化市场提供了更多将商品直接销售给消费者的机会，越过了分销商、零售店等中介机构。在分销渠道里消除中介机构，极大地降低了交易成本。而传统分销渠道常常要为这些环节支付很大一笔费用，如，一件产品的售价最终可能高达其制造成本的 135%。

图 10—2 描述了通过减少分销过程中中介机构的参与而节约的成本。通过直接向

消费者销售或者减少中介机构的数量，企业可以以更低的价格获得更高的利润。在一个价值链中，去除负责中间环节的组织或业务流程层叫做**消除中介**（disintermediation）。

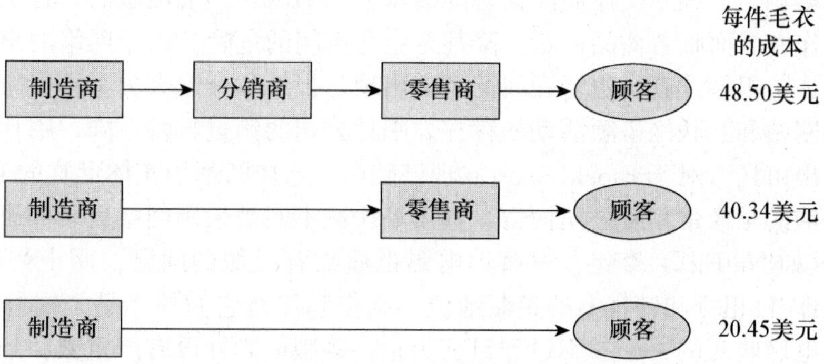

图 10—2　消除中介给消费者带来的好处

说明：传统分销渠道有几层中介机构，每一层都增加了产品（如毛衣）的最终成本。取消中间层降低了产品到达消费者的最终成本。

消除中介也正在影响服务市场。取消旅行社中介，航空公司和酒店自己经营在线预订网站，可以从每张票中获取更多利润。表 10—3 总结了数字化市场和传统市场的区别。

表 10—3　数字化市场与传统市场的区别

项目	数字化市场	传统市场
信息不对称	程度低	程度高
搜索成本	低	高
交易成本	低（有时实质上为零）	高（时间、运输）
延迟满意度	高（数字化商品较低）	低，立即购买
菜单成本	低	高
动态定价	低成本，即刻	高成本，延迟
价格歧视	低成本，即刻	高成本，延迟
市场细分	低成本，精确度较高	高成本，精确度较低
转换成本	更高/更低（取决于产品特点）	高
网络效应	强	较弱
消除中介	可能性大	可能性小

数字化商品

数字化网络市场极大地增加了数字化商品的销量。**数字化商品**（digital goods）是指可以通过数字化网络递送的商品。音乐、视频、好莱坞电影、软件、报纸、杂志、书籍都可以以数字化商品的形式呈现、存储、递送和销售。现在，这些产品大多数仍以实物形式销售，例如 CD、DVD、报纸和印刷的书籍等，但是互联网提供了将这些产品作为数字产品即刻交付的机会。

对于数字化商品来说，多生产一单位的边际成本通常为零（复制一份音乐文档无须任何花费）。然而，生产第一单位产品的成本较高——事实上接近于产品的总成本，因为库存和分销几乎没有成本。在互联网上交货的费用非常低，营销成本不变，但价格可能会差别很大。（在网上，经销商可能会根据需要经常调整价格，因为菜单成本是很低的。）

互联网数字化商品对市场产生的影响是革命性的，我们每天都可以体会到这种影响。依赖于实体商品销售的商家，如书店、图书出版商、音乐唱片公司和电影工作室，面临着商品销量下降甚至企业倒闭的危险。由于网络的出现，报纸和杂志失去了很多读者，由于在线读者的出现，报纸和杂志失去了很多广告。由于音乐下载网站和互联网盗版活动的存在，唱片公司的销量日益下降，唱片销售网点也逐渐退出市场。对于 Blockbuster（现已破产）这样的基于实体形式的 DVD 市场和实体店铺的录像带租赁公司而言，其市场份额不断被采用网络目录和流媒体模式的经销商（如 NetFlix）夺走。好莱坞电影也面临着类似的问题。网上盗制者无视好莱坞在 DVD 租赁和销售上的垄断地位，制作和传播它们的产品，销售额已达到了该行业电影收入的一半。不过到目前为止，盗版电影并没有严重威胁到好莱坞的收入，因为主要的电影制片厂和互联网经销商（如 YouTube、亚马逊和苹果）正在商讨如何展开合作。表 10—4 描述了数字化商品的特点及其与传统实体商品的区别。

表 10—4　　互联网如何改变数字化商品市场

	数字化商品	传统商品
单位边际成本	零	大于零，高
生产成本	高（成本中的大部分）	可变
复制成本	接近于零	大于零，高
分销交付成本	低	高
库存成本	低	高
市场营销成本	可变	可变
价格	更加多变（打包、随机定价）	基于单位成本，固定

10.2 电子商务：业务与技术

电子商务在较短的时间内快速发展：从 1995 年发布在 Web 门户网站上的几则广告开始，到 2010 年，电子商务的销售额已占全美零售总额的 6%以上（约 2 550 亿美元）。这一比例已经超过了邮递订购业务。电子商务是商业模式和信息技术相结合的产物，极具吸引力。让我们从最基本的电子商务类型着手，分析电子商务业务和盈利模式。我们还会介绍一些新技术，这些新技术帮助企业在美国本土获得了 2.21 亿在线消费者，在全球范围内获得了大约 8 亿消费者。

10.2.1 电子商务的类型

电子商务的分类方法有很多种。一是按照电子商务参与者的性质划分，可分为三种类型：企业对消费者的电子商务、企业对企业的电子商务、消费者对消费者的电子商务。

● 企业对消费者的电子商务（B2C）：指企业向个人消费者销售商品和服务。BarnesandNoble.com 就是 B2C 电子商务的一个例子，它通过互联网向个人消费者销售书籍、软件和音乐。

● 企业对企业的电子商务（B2B）：指企业间进行产品和服务的销售。全球化工交易中心（www.chemconnect.com）是 B2B 电子商务的范例，实现化学药品和塑胶的在线采购与销售。

● 消费者对消费者的电子商务（C2C）：指消费者之间直接进行交易。例如大型网络拍卖网站 eBay，在该平台上，人们可以将商品拍卖给出价最高者，或以固定价格销售给其他消费者。Craigslist 是当前使用最普遍的消费者直接购买或销售产品的平台。

二是根据交易所依赖的平台划分。过去，大部分电子商务业务都在有线接入互联网的个人电脑上实现。但现在，出现了两种无线移动交易方式：智能手机和基于蜂窝网络的专用电子阅读器（如 Kindle）。智能手机和小型平板电脑均使用 Wi-Fi 无线网络。使用便携式无线设备在任何地方进行购买产品和服务的活动称为**移动商务**（mobile commerce，m-commerce）。10.3 节将详细讨论如何应用移动商务技术开展企业对企业和企业对消费者的电子商务。

10.2.2　电子商务的商业模式

前面我们讨论了信息经济的发展变化，这些变化催生了很多新的商业模式，与此同时很多陈旧的商业模式被打破。表 10—5 描述了几种重要的新型互联网商业模式。所有模式都以一定的方式通过互联网实现现有产品和服务的价值增值，或者为新产品和服务的推出奠定基础。

表 10—5　　　互联网商业模式

类型	说明	举例
网络零售商	将实物产品直接销售给消费者或企业。	Amazon RedEnvelope.com
交易代理	将在线交易程序化，为顾客节省时间和金钱，并在交易发生时自动生成费用。	ETrade.com Expedia
市场创造者	为买卖双方提供一个数字化环境，使其能碰面，查找和展示产品，并为这些产品定价；为消费者和 B2B 提供服务，并收取交易费用作为收入。	eBay Priceline.com ChemConnect.com
内容提供商	通过在网上提供数字内容（如数字新闻、音乐、照片、视频等）来创造收入。客户可能要付费来获得这些内容，或者通过销售广告空间获取收入。	WSJ.com GettyImages.com iTunes.com Games.com
社区提供商	提供在线聚会场所，兴趣相投的人可以互相沟通，找寻有用信息。	Facebook MySpace iVillage、Twitter
门户网站	提供万维网的最初入口，以及专门化的内容和服务。	Yahoo Bing Google
服务提供商	提供 Web 2.0 技术应用服务（如照片分享、视频分享以及用户生成内容）和其他服务（如在线数据存储和备份）。	Google Apps Photobucket.com Xdrive.com

门户网站

门户网站（比如谷歌、必应、雅虎、MSN、美国在线等）不仅在单个站点提供强大的网络搜索工具，还提供各种资源和服务的集成包，包括新闻、电子邮件、即时通信、电子地图、日历、购物、音乐下载、视频等。早期的门户网站主要是互联网的“门户”。而如今，门户网站的商业模式是为用户提供目标站点，这类目标站点可以继续为用户提供Web搜索，也可以直接给用户提供各种新闻、娱乐游戏、社交活动以及各类广告。门户网站主要是通过吸引大批用户，从而收取广告费、推荐费（引导顾客去其他站点）和额外的服务费实现盈利。2010年，门户网站共创造135亿美元的收入。虽然存在数百个门户/搜索引擎网站，但是排名前五的网站（谷歌、雅虎、MSN/必应、美国在线和有问必答网Ask. com）凭借其卓越的品牌认知度，汇聚了超过95%的互联网流量（eMarketer，2010e）。

网络零售商

网络零售商（e-tailer）规模各异，大到零售巨头亚马逊，小到拥有自己网站的当地小商店。网络零售商与实体店铺相似，不同之处在于消费者仅需登录网络零售店的网站，便可查询库存并下订单。2010年，在线零售总收入为1 520亿美元。网络零售商的价值定位是向消费者提供便利、低廉、全天候的不间断购物体验，同时扩充商品种类，以供消费者进行选择。有些网络零售商，如Walmart. com或Staples. com，还在实体店出售同样的商品，被称作“水泥加鼠标”模式。有些网络销售商则纯粹基于互联网进行运作，不经营实体店。亚马逊、蓝色尼罗河（BlueNile. com）和药店小铺（Drugstore. com）都是这类网络零售商的典型。此外还存在许多其他类型的网络零售模式，比如在线邮购、网上商城和工厂在线直销等。

内容提供商

随着电子商务逐步成为产品零售渠道，它逐渐转向全球内容提供商。“内容”的广义概念包含任何形式的知识产权。知识产权是指可存储在有形媒介（如文字、CD、DVD）及数字或其他媒介（包括网络）上的所有形式的人类表达。内容提供商在网络上发布信息内容，如数字化视频、音乐、照片、文字和作品。内容提供商的价值定位是让消费者能够便捷地找到大量在线内容，并能够低价购买这些可在多种计算机设备和智能手机上播放或阅读的内容。

内容提供商并不一定是内容的创造者（尽管有时它们确实是，比如Disney. com），它们更多地是基于网络发布他人创作的内容。例如，苹果公司的iTunes Store网站销售音乐，但它本身并不创作或委托制作新音乐。

iTunes Store和苹果的各种互联网连接设备（如iPhone、iPod和iPad）风靡全球，促使数字内容的交付模式从播客的形式向移动流媒体的形式转变。**播客**（podcasting）是一种通过网络发布音频的方式，允许订购用户将音频文件下载到个人计算机或便携式音乐播放器上。**流媒体**（streaming）是一种将音频文件以稳定连续的流的形式传递给用户的方式，这种方式不要求用户将音频下载到当地设备上。

尽管各方估计的数字不一，但是 2010 年总的下载和订阅收入为 80 亿～100 亿美元。这种商业模式是电子商务应用中增长最快的领域，其年增长率估计达到 20%（eMarketer，2010b）。

交易代理

交易代理（transaction brokers）是通过电话或电子邮件帮助消费者处理交易的网站。该模式在金融服务和旅游服务行业的应用最广泛。在线交易代理的价值定位主要是为顾客节省时间和金钱，将金融产品、旅游线路集中到一份详细的目录上。在线股票代理和旅游预订服务也收取一定费用，但该费用远低于传统形式的服务费。

市场创造者

市场创造者（market creators）为买卖双方提供数字化环境，使其能碰面，查找和展示产品，并为这些产品定价。其价值定位是为买卖双方提供一个平台，出售者能在该平台上展示商品，消费者则可通过该平台直接从出售者处购买产品。像 eBay 和 Priceline 等在线拍卖市场就是市场创造者商业模式的例子。另一个例子是亚马逊的 Merchants 平台（与 eBay 的运作方式相似），商家可以在亚马逊的网站上开设店铺，并以固定价格销售商品。这有点类似于以前的露天市集，这类市集的创造者利用公共设施（如城市广场）让商家和消费者见面。2010 年，市场创造者的收入达 120 亿美元。

服务提供商

网络零售商在线出售产品，服务提供商则在线提供服务。在线服务风靡已久。Web 2.0 应用、在线照片分享以及在线网站数据备份和存储之类的服务均属于服务提供商的商业模式。软件已经不再是一个实体产品，不像放在盒子里的 CD，而是日趋向软件即服务（SaaS）的模式发展，用户只需在线订购而不用再去实体店购买软件（参见第 5 章）。谷歌引领了在线软件服务应用的开发，如 Google Apps、Gmail 和在线数据存储服务。

社区提供商

社区提供商（community provider）是为兴趣相投的人进行交流、交易（买卖商品）、共享照片和视频、获取感兴趣的信息提供数字网络环境的网站，甚至可以采用在线人物（如阿凡达）的身份打造出自己理想的虚拟人物。社交网站（如 Facebook、MySpace、LinkedIn 和 Twitter）、虚拟社区（如 Village）和数百个规模较小的利基网站（如 Doostang 和 Sportsvite）均向用户提供建设社区的工具和服务。社交网站已经成为最近几年发展最快的网站，其用户往往在一年内翻一番。然而，社交网站还在努力实现盈利。

互动讨论：组织

基于位置的营销和广告

2010年10月，英国的移动运营商O2推出了国内最大规模的基于位置的服务，开始通过移动设备进行定向营销。定向营销是其所有业务的重要组成部分。公司的移动营销部门O2 Media使用顾客数据提供个性化营销。主题公园是公司针对有孩子的家庭所提供的一款iPhone应用程序，目前已取得了很大的成功。下载该应用程序的目标群体已达到30%。传统的营销主要是区分年龄、性别和兴趣等。基于位置的营销可以针对在特定时间、特定地点进行购物的特定群体进行进一步的定向营销。

下面介绍O2系统的运作过程。O2顾客根据自己的年龄、性别和兴趣选择进入相应的系统。当顾客在与其个人资料相匹配的商店附近时，他们将会收到有关折扣或其他特殊优惠的短信提醒。在O2推出的早期，仅限于对星巴克咖啡店和欧莱雅染发产品供应网点提供折扣，但O2 Media相信其他合作商也将很快加入进来。

这一服务主要基于“地理围栏”技术，O2获得了Placecast公司对该技术的授权。2009年，Placecast进行了一项名为“商家提醒”的试验，主要涉及三种不同类型的零售商——American Eagle Outfitters（销售年轻人服饰）、North Face（销售户外装备和服饰）和Sonic（销售快餐），尽管三家零售商之间的潜在顾客可能存在重叠，但仍有很多顾客仅对应其中一类。定向营销降低了相关营销信息被当做“垃圾邮件”的可能性。因为顾客知道他们得到的信息可能是有用信息。Placecast公司的ShopAlerts用户研究报告表明：大部分顾客会立即查看通知信息，65%的顾客会在收到信息后进行购买（有趣的是，购买行为并不仅仅局限于信息中提到的商品）。

采用这类营销方式，O2需要解决以下问题：

- 选择性加入与选择性退出：顾客可以在任何时间选择性退出该系统，但在开始阶段，顾客需要被邀请进入系统。
- 年龄：O2营销计划禁止对16岁以下的用户开放。
- 数据分享：定向营销的重要根据是顾客提供的数据，这些数据不得与其他顾客分享。
- 频率：由于短信服务是由进入“地理围栏”区域的顾客触发的，因此当顾客在街上来回走动时，可能存在被消息“轰炸”的风险。Placecast尝试做了以下限制：每48小时发送信息一次，每周发送3次。O2计划将短信发送频率限制为每天一条。
- 设备：O2计划能在任何移动手机上运行，并不需要下载任何应用软件（需要智能手机），也不会对设备的电池寿命产生影响。

正如你猜想的那样，O2与其合作商都对这项投资充满热情。O2 Media公司经理肖恩·格里高利（Shaun Gregory）表示：“市场的潜能是巨大的……这是对获得大量顾客的陈旧模式的致命一击。”欧莱雅的CRM主管哈尔·金伯（Hal Kimber）强调：“这个机会令人兴奋，这一实践过程对于CRM的发展将是非常宝贵的。”

使用短信提醒进行营销需要考虑到潜在顾客对短信的使用情况。comScore（一家研究在线行为的市场调研公司）在2010年10月进行的一项调查表明：世界上不同地域的行为方式存在巨大差异。这项调查的对象包括日本、美国和欧洲的移动手机用户。

结果显示：在欧洲，超过 80%的人会向他人发送短信；在美国，这一比例为 66.8%；在日本，这一比率非常低，仅为 40.1%。当然，对于发送短信缺乏热情，并不意味着他不愿意接收短信。

看来，在日本的运营应较多地关注基于地理位置的移动广告（改变了用户使用应用程序时接收广告的方式），而减少了对 Placecast 的选择性加入的关注。例如，iPhone 和 Android 应用程序的使用者会看到横幅广告。AdLocal（位于日本，目前是雅虎的分公司）占据了日本基于位置的营销市场的最大份额（10 亿美元）。这一技术能够确保用户接收的广告信息是依据他们所处的位置，而不是他们的身份。广告商可以依据向导创建自己的广告（比如特殊的促销、折扣广告），并指定所想要的展示地点和时间。智能营销模式的成功似乎有可能扩展至美国和欧洲。

资料来源："O2 Launches UK's First Location-Based Mobile Marketing." O2 news release, October 15, 2010; Katheryn Koegel, "Consumer Insight on Location-based Mobile Marketing," January 2010; "comSoure Releases First Comparative Report on Mobile Usage in Japan, United States, and Europe," comScore press release, October 7, 2010; Farukh Shaikh, "Yahoo Japan Scoops Up Location-Based Mobile Ad Firm Cirius Technologies," eBrands, August 17, 2010 (http://news.ebrandz.com/yahoo/2010/3515-yahoo-japan-scoops-up-location-based-mobile-ad-firm-cirius-technologies-.html, accessed, October 25, 2010).

[思考题]

1. 在案例中提到了两种不同的吸引顾客兴趣的方式。Placecast 和 AdLocal 的方式存在哪些差异？

2. 你认为定向营销比一刀切营销方式更好吗？对于广告商而言，两者有哪些不同之处？对于顾客而言呢？

3. 来自 comScore 的调研信息，并没有进行年龄的区分，仅进行了国家的区分。你是否认为不同的年龄群体存在行为上的差异，这一差异将使基于位置的营销更适用于某一类人群？

[MIS 实践]

访问 Vouchercloud 网站（www.Vouchercloud.com），并回答下列问题：

1. Vouchercloud 和 O2 的异同点是什么？

2. 你认为对于步行街上繁忙的零售商而言，哪一种方式最有效？

10.2.3 电子商务的盈利模式

盈利模式（revenue model）是指企业如何获得收入、创造利润、产生更高投资回报的方式。尽管已形成多种电子商务盈利模式，但是大多数公司主要依赖以下六种盈利模式：广告盈利模式、销售盈利模式、订阅盈利模式、免费/免费增值盈利模式、交易费盈利模式和合作盈利模式。

广告盈利模式

在**广告盈利模式**（advertising revenue model）下，网站吸引大量的访问者关注其网站上的广告来获取收入。广告模式在电子商务中的应用最广泛。如果没有广告收入，那么现在的网络将截然不同。网站的所有内容——从新闻、视频到评论——对访问者都是“免费”的，这是因为广告客户支付了这些内容的创造和发布费用，以获得向访问者展示广告的机会。2010 年企业的广告投资达 2 400 亿美元，其中 250 亿美元投资于在线广告（包括网站付费信息、搜索排行、视频、窗口工具、游戏和其他在线形式如即时通信）上。在过去的 5 年里，广告商增加了在线广告的投入，削减了在广播、报纸等传统广告媒介上的支出。同时，电视广告随着在线广告的增加而增加。

具有较高关注度的网站，拥有高度专业化、差异化访问群体的网站，具有较高客户黏性，能够留住客户，从而能够向广告商收取更高的广告费。例如，雅虎几乎所有的收入均来自广告，包括大量在线广告（网页横幅广告）和少量搜索引擎文字广告。谷歌 98%的收入来自向广告商出售关键字，其形式就像拍卖市场（基于 Adsense 程序）。Facebook 的用户每周浏览网站的平均时长超过 5 小时，远远高于其他门户网站。

销售盈利模式

在**销售盈利模式**（sales revenue model）下，公司通过向顾客出售商品、信息或服务获取收入。亚马逊、LLBean. com 以及 Gap. com 等企业都采用销售盈利模式。内容提供商获取收入的方式是对整个音乐曲目（比如来自 iTunes Store 的音乐）或书籍的文件下载进行收费，或者是对音乐或视频流（比如 Hulu. com 的电视节目，参见第 3 章）的下载进行收费。苹果公司率先推出微支付功能，被大众广泛接受。**微支付系统**（micropayment system）为内容提供商处理大量小额交易（每笔交易大约 0.25～0.5 美元）提供了一种具有高性价比的方式。MyMISLab 网站正在不断探索微支付和其他电子商务支付系统。

订阅盈利模式

在**订阅盈利模式**（subscription revenue model）下，公司向用户提供某些或所有持续更新的内容和服务，并收取订阅费。内容提供商常采用该盈利模式。例如，网络版《消费者报告》(*Consumer Report Online*）仅向付费用户开放评级详情、评论和推荐等优质内容。用户可选择两种订阅模式：5.95 美元/月和 26 美元/年。Netflix 是最成功的订阅站点之一，到 2010 年 9 月，该网站已经拥有 1 500 万用户。最大的在线报纸《华尔街日报》的订阅用户数量超过 100 万人次。订阅模式想要取得成功，内容必须具有高增值性和差异度，且不能随处可见和轻易复制。成功地应用在线订阅模式的内容和服务提供商包括 Match. com、eHarmony（约会服务）、Ancestry. com、Genealogy. com（家谱研究）、微软的 Xboxlive. com（视频游戏）和 Rhapsody. com（音乐）。

免费/免费增值盈利模式

在**免费/免费增值盈利模式**（free/freemium revenue model）下，公司免费提供基础服务和内容，但对高级或特殊功能收取额外费用。例如，谷歌免费提供各类应用程序，但对增值服务进行收费。付费广播服务提供商 Pandora 在有限的播放时间内提供免费服务，在其他播放时间则收费。照片分享服务提供商 Flickr 免费提供与好友和家人分享照片的基础功能，此外也出售价值 24.95 美元的增值服务包，包括无限容量、高清晰视频存储和回放服务，且屏蔽所有广告。该模式的理念是通过免费服务吸引大量用户，然后将这些用户中的一部分转变为增值服务的订购者。因此，该模式的难点在于如何让享受免费服务的用户成为付费用户。"免费"是一种严重亏本的模式。

交易费盈利模式

在**交易费盈利模式**（transaction fee revenue model）下，公司因促成或执行交易而收取费用。例如，eBay 提供在线拍卖市场，如果卖方成功售出物品，则需要向 eBay 支付小额的交易费用。在线证券经纪业务提供商 E* Trade 代表客户执行证券交易并从中收取一定的交易费用。交易费盈利模式广受欢迎，因为使用该平台的实际成本不会立即转嫁到用户身上。

合作盈利模式

在**合作盈利模式**（affiliate revenue model）下，某网站（称为"关联网站"）将访问者引导至其他网站，那么该关联网站可以得到介绍费或者部分销售收入作为回报。例如，MyPoints. com 向其会员提供特别优惠，通过撮合公司和潜在客户赚钱。如果会员享受折扣并下单购买，就能获得可免费兑换产品和服务的"积点"，而 MyPoints. com 就可以得到一笔介绍费。又如，Epinions 和 Yelp 等社交反馈网站的大部分收入来自引导潜在客户访问零售网站并进行购买。亚马逊将自己的标志（logo）放在合作伙伴的博客上，引导用户访问亚马逊网站，进而带来交易。个人博客也是联盟营销的一种。如果在博客中高度评价某产品，并提供销售链接，博主就能直接收到制造商提供的现金或产品等报酬。

10.2.4　Web 2.0：社交网络和群体智慧

电子商务收入增长最快的领域就是 Web 2.0 在线服务，这一概念在第 7 章已介绍。目前，最受欢迎的 Web 2.0 服务是社交网络和在线聚会，人们可以在网络上与他们的朋友以及朋友的朋友会面。在美国，每天有超过 6 000 万互联网用户访问 Facebook、MySpace 和 LinkedIn 以及其他上百种社交网站。

社交网站根据共同的业务和人际关系将人们彼此联系起来，以便用户充分利用朋友（朋友的朋友）寻找潜在客户、跳槽机会或者结识新朋友。MySpace、Facebook 和 Friendster 主要吸引乐于拓展人际关系的用户，LinkedIn 则侧重于建立工作关系网。

社交网站和在线社区为电子商务创造了更多的机会。Facebook 和 MySpace 等社交网站出售横幅广告、视频广告和文字广告，把有关用户偏好的信息出售给营销人员，并在线销售音乐、视频和电子书等产品。大型企业纷纷建立自己的 Facebook 和 MySpace 主页，与潜在客户进行互动。例如，宝洁公司为佳洁士牙膏建立 MySpace 主页，为虚拟人物"魅力小姐"（Miss Irresistable）征集好友。商家可"监听"社交网络用户对于本公司产品的讨论，从中获取有价值的客户反馈。在 YouTube 等用户创建内容的网站上，广告被制作成高清晰的视频，好莱坞工作室也建立了自己的产品营销渠道。在下面的"互动讨论：管理"专栏中，我们将探讨更多关于社交网站 Facebook 的内容，特别是对隐私部分的关注。

互动讨论：管理

Facebook 的困境：企业利润与用户隐私

Facebook 是全球最大的社交网站，由马克·扎克伯格于 2004 年创立。2010 年 10 月，该网站在全球已拥有 5 亿多用户，远远高于其他的社交网站。Facebook 允许用户创建自己的个人档案，并连接各种独立网络，包括院校、公司的网络以及其他区域网络等。网站还提供大量的应用工具，允许用户与其他用户进行联系和互动，包括消息发送、群组、照片共享和用户自定义应用。

虽然该网站是社交网络领域的领导者，但公司仍在不断地探索创造收入的新方法。尽管很多投资者对 Facebook 的未来盈利能力持乐观态度，但它仍需调整自己的业务模式，充分利用积累的网站流量和个人信息来创造财富。

与同类型的许多公司一样，Facebook 通过广告获得收入。Facebook 为广告商创造了一个独特的机会：广告商能够在一个舒适的、引人入胜的环境下，根据用户的人口信息、兴趣、个人偏好、地域和其他特定的标准，对特定用户进行针对性营销。企业无论大小，都可以投放与网站特色高度吻合的广告，也可以创建自己的 Facebook 主页，便于用户了解企业近况，并与企业沟通。

然而，Facebook 的很多用户表示：除了自己选定的朋友群外，并不希望在网站上与他人分享自己的个人信息。对于 Facebook 而言，这是一个棘手的问题。为了使用户感到未被侵权，公司不得不提供一定的隐私保护。而隐私保护会阻止公司收集尽可能多的信息。Facebook 拥有的信息越多，所赚取的钱也就越多。Facebook 的目标就是创建一个随着共享信息的增多而变得更加丰富、有趣的网络环境，使用户乐于进行信息共享。尽管在实现目标的过程中犯了一些错误，但是公司仍在不断改善对用户隐私的处理方式。

2007 年，Facebook 推出的 Beacon 服务在隐私处理方面遭到了强烈的批评。Beacon 服务可以将用户朋友的购物信息和离开 Facebook 后的网站访问记录发送给用户。令用户感到气愤的是，即使用户选择性退出，Beacon 还是会持续发送个人信息。在遭受公众的强烈反对和集体诉讼的威胁后，Facebook 于 2009 年 9 月终止了 Beacon 服务。

此外，Facebook 还由于保存了用户试图从网站删除的个人信息而遭受非议。2009 年初，它通过调整其服务条款授予本网站对删除的个人资料中所包含信息的所有权。这一行为在大多数国家是非法的，所以马上遭到了用户的强烈反对。

作为对此问题的回应，Facebook 的首席隐私官克里斯·凯利（Chris Kelly）对 Facebook 的隐私政策进行修改，并与那些一直在强烈抨击公司隐私政策的人士合作，以公开投票的方式推进。当年 2 月，Facebook 举行了面向所有用户的投票活动，在获得 75%的同意票后，Facebook 正式推出了新的隐私政策。

2009 年底，该网站推出了新的用户隐私控制功能，但公司将这些设置加以调整：默认为允许公开。这一事件将 Facebook 与其用户之间的紧张关系推至顶点。即使用户将照片和个人资料信息的隐私权限设置为“仅限朋友”，该用户的信息仍然是暴露的，其中也包括扎克伯格本人的档案。当被问及如何看待这一改变时，扎克伯格解释说，这是为了响应远离隐私、社会规范向开放式转变的社会大环境而推出的。他说：“我们确定这是现在的社会规范，我们只是顺势而行。”

这一改变引发了更多的隐私问题。2010 年 10 月，Facebook 推出了一些新的功能和第三方应用程序。对于如何与他人分享个人信息，新功能为用户提供了更多的控制权。其中包含一项组群功能，通过该功能，用户可以设定特定的“朋友”圈，可以自行选择与每个组进行分享的信息，并设置这些组的公开权限。

此后不久，《华尔街日报》的调查发现，大部分流行的 Facebook 应用向几十家广告商和互联网跟踪公司传递用户的 ID 信息(提供了用户姓名甚至用户朋友的姓名的识别信息)。分享用户 ID 违反了 Facebook 的隐私政策。

所有这些隐私问题并没有减弱广告商投放广告的兴趣。Facebook 在每个用户的个人主页和用户个人资料的侧边栏提供广告。Facebook 的广告内容除了来自广告商的图片和标题外，还包含了某些用户的朋友的名字，这是因为该用户的朋友点击了一个暗示喜欢该品牌或广告的按钮。尼尔森公司(Nielsen)的研究发现：包含一个你所认识的人的个人信息的广告能够将广告的反馈率提高至 68%，并能让用户加倍关注品牌消息。为了将个人特点与广告匹配，Facebook 将个人资料信息抽象为关键字，由广告商将具体的广告与这些关键字进行匹配。这样一来，Facebook 也就不存在与广告商分享个人信息的问题了。

目前对于 Facebook 上的广告究竟能带来多少收益还不清楚。网站坚持认为，它不打算向用户收取任何形式的网站访问费用。2010 年，Facebook 的收入达到 10 亿美元，这与专业市场对它 330 亿美元的估价相去甚远。但该网站已经成为网络社会结构中的一个关键组件，Facebook 的管理层认为，完全不必为公司将来的盈利情况感到担忧。

资料来源：Emily Steel and Geoffrey A. Fowler, “Facebook in Privacy Breach,” *The Wall Street Journal*, October 18, 2010; Jessica E. Vascellaro, “Facebook Makes Gains in Web Ads,” *The Wall Street Journal*, May 12, 2010 and “Facebook Grapples with Privacy Issues,” *The Wall Street Journal*, May 19, 2010; Geoffrey A. Fowler, “Facebook Fights Privacy Concerns,” *The Wall Street Journal*, August 21, 2010 and “Facebook Tweaks Allow Friends to Sort Who They Really ‘Like,’” *The Wall Street Journal*, October 5, 2010; Emily Steel and Geoffrey A. Fowler, “Facebook Touts Selling Power of Friendship,” *The Wall Street Journal*, July 7, 2010; Brad Stone, “Is Facebook Growing Up Too Fast?” *The New York Times*, March 29, 2009; and CG Lynch, “Facebook's Chief Privacy Officer: Balancing Needs of Users with the Business of Social Networks”, *CIO. com*, April 1 2009.

[思考题]

1. 本案例阐述了本章的哪些概念？

2. 请描述 Facebook 隐私政策和功能的缺点。哪些管理、组织和技术因素导致了这些缺点的产生？

3. 列出并描述 Facebook 的管理者在平衡隐私和盈利时会遇到的选择。Facebook 怎样才能更好地保护用户的隐私？这对其盈利能力和商业模式会有什么影响？

4. 你预计 Facebook 能否成功地发展这种利用网站流量创造收入的商业模式？请解释原因。

[MIS 实践]

访问 Facebook 的网站并查看网站的隐私政策，然后回答下列问题：

1. Facebook 有权保留哪些用户信息？

2. 对于通过 Facebook 平台开发的第三方应用程序进行信息共享，Facebook 是何立场？

3. 你觉得隐私政策是否明确和合理？如果存在不合理的地方，你会如何改变？

在 Kaboodle、ThisNext 和 Stylehive 等**社交购物**（social shopping）网站上，用户可与好友交流购物心得。Facebook 免费提供相同的服务。在线社区是应用病毒式营销策略的理想场所。在线病毒式营销与传统的口碑营销类似，只是在网络社区上口碑能够获得近乎光速般的传播速度，受众范围也比朋友圈要广得多。

群体智慧

建立供几千甚至数百万用户交流互动的网站为企业创造了新的市场营销方式，可发现用户喜欢（或讨厌）的产品。**"群体智慧"**（wisdom of crowds）现象中，当涉及大量的话题或产品时，一般认为多个人能比单个人或少数专家更有效地做出决策（James Surowiecki，2004）。

这种现象虽不常见，却很有意思。在营销领域，群体智慧这一理念意味着企业应该咨询成千上万的客户，作为建立长期关系的第一步。然后更好地理解客户对产品和服务的使用和评价情况（喜欢/讨厌）。主动征求客户的意见能够建立彼此的相互信任，并能体现企业对客户的关心，以及对客户意见的重视程度。

除征求意见外，企业还可使用**众包**（crowdsourcing）解决某些商业问题。例如，2006 年 Netflix 组织了一场比赛，邀请个人或团队参与解决企业面临的问题，如能提出一种预测客户所喜欢的电影类型的方案，且结果与实际情况的差异不到 10%，就能获得 100 万美元的奖励。截至 2009 年，Netflix 共收到来自 186 个国家的 5 169 个团队提交的 44 014 种参赛方案。获胜团队完善了 Netflix 业务体系中的核心部分，即推荐系统。该系统根据客户个人以往的选择和其他类似客户的选择，向客户推荐新电影（Howe，2008）。

群体智慧还可用于**博彩市场**（prediction markets）。博彩市场是一个对等的市场，参与者针对特定的事件结果（比如新产品的季度销量、新产品设计或政治选举等）下赌注。Betfair 是全球最大的商业博彩市场，创建于 2000 年。在该市场上，参与者可对足球比赛、赛马比赛或者一天内道琼斯指数的涨跌等结果投注。艾奥瓦州电子交易市场（Iowa Electronic Market，IME）是专注于选举的专业市场，参与者可对州或国家的选举结果投注。

10.2.5 电子商务营销

电子商务和互联网在改变所有行业的同时，也催生出新的商业模式，其中对市场营销和营销传播领域的影响最大。互联网为营销人员提供了发现潜在客户并与其交流的新方式，这些方式比传统方式（搜索引擎营销、数据挖掘、推荐系统、目标邮件营销）的成本更低。互联网催生出了**长尾营销**（long tail marketing）。在互联网出现之前，获取大批用户的成本高昂，营销人员不得不集中力量营销主打产品（不管是音乐、好莱坞电影、书籍还是汽车）来吸引用户。相反，借助互联网营销则不必花费巨大成本来寻找需求量很小的潜在客户，这些客户位于钟形（正态分布）曲线的远端。例如，互联网使得向需求小的用户单独销售音乐产品且实现盈利成为可能。任何产品都存在或多或少的需求，汇聚成的那一长串的尾巴能创造丰厚的利润。

互联网还提供了一系列自动化的即时工具，以收集客户信息、调整产品供给、提升客户价值。表 10—6 描述了电子商务领域领先的市场营销和广告方式。

表 10—6　各种网络营销方式的收入

营销方式	2010 年收入（亿美元）	描述
搜索引擎	123	能精确地定位顾客在购物时所需的文字广告。销售导向。
陈列广告	58	有交互功能的横幅广告（弹出式广告和底部广告）；越来越多的行为定位于个体网络活动。品牌开发和销售。
信息分类	19	招聘、房地产和服务广告；交互式、富媒体、个性化的用户搜索。销售和品牌化。
富媒体	15.7	动画、游戏和智力问答；交互式、定向性和娱乐性。品牌导向。
分销联盟与博客营销	15	博客和网站营销引导顾客浏览母站点；交互式、个性化，通常使用视频。销售导向。
视频	15	发展最快的形式，有趣味性，交互式，行为目标营销工具。销售导向。
赞助式广告	4	企业为了提升产品去赞助网络游戏、智力问答、竞技和票务网站。销售导向。
电子邮件	2.7	高效的、有交互功能的目标营销工具和潜在多媒体。销售导向。

许多电子商务营销企业采用行为定向技术来改善横幅广告、富媒体和视频广告的效果。**行为定向**（behavioral targeting）指追踪客户在众多网站上的点击流（历史点击行为），以更好地了解用户的兴趣和意图，根据其行为进行有针对性的广告宣传。行为定向的支持者认为：更精确地理解客户最终能改善营销效果（企业只需向对其产品感兴趣的用户投放广告，为此支付费用），增加销售额和销售收入。遗憾的是，在未经用户同意情况下的行为定向，可能导致侵犯个人隐私（详见第 4 章）。如果消费者对他们的网络体验失去信任，就不愿再购买任何东西。

行为定向从两个层次跟踪用户的上网行为：基于单一独立网站和基于覆盖数千个网站的广告网络。所有网站都会收集访问者的浏览器活动数据，并存储到数据库中。网站使用一些工具来记录用户访问该网站前所浏览的网页、之后要访问的网站、所使用的操作系统类型、浏览器信息，甚至某些位置数据。它们还可以记录在特定网站上被访问的具体网页、在每一网页上的停留时间、被访问网页的类型以及访问者购买的物品（见图 10—3）。企业分析这些有关顾客兴趣和行为的信息，以形成关于现有及潜在顾客的精确资料。

这些信息可以帮助企业了解其网站运行情况，创建独特的个性化网页以呈现顾客特别感兴趣的产品或服务的内容和广告，改善顾客的购物体验，同时通过更好地理解顾客创造附加值（见图 10—4）。通过使用个性化技术向不同的顾客呈现不同的网页，营销人员以相当低的成本实现了雇用单个销售人员才能实现的收益。例如，通用公司的雪弗兰横幅广告呈现给女性顾客时强调安全和实用，呈现给男性顾客时则强调动力和耐用性。

如果是一家拥有众多客户的大型跨国广告公司，如何才能覆盖数百万消费者呢？如果是一家大型全球制造企业，又如何寻找产品的潜在客户呢？现有的网站达数百万个，与每个网站合作显然是不现实的。**广告网络**（advertising networks）能解

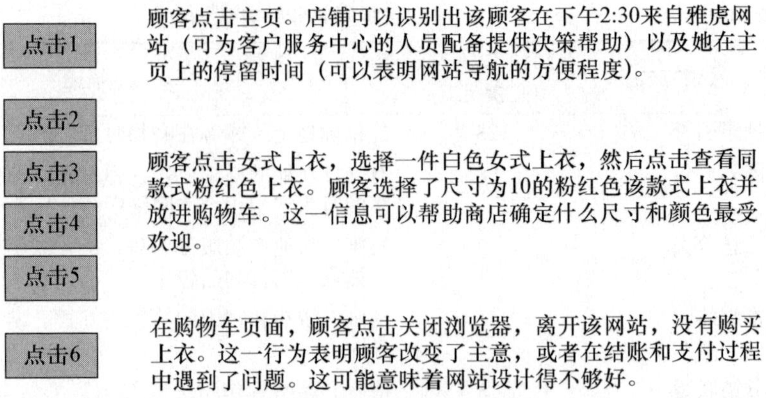

图 10—3　网站访问者跟踪

说明：电子商务网站可以利用工具跟踪顾客在网上商店购物的每一步骤。通对女装销售网站中顾客行为的仔细研究，商店可以从每一个步骤中获得消费信息，了解为提高销量而应采取的行为。

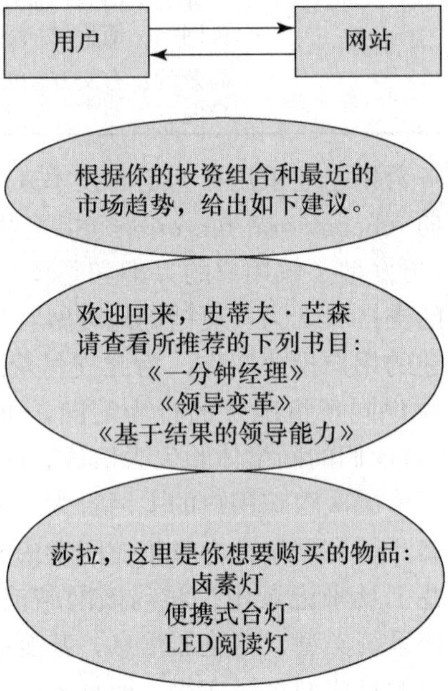

图 10—4　网站个性化

说明：企业可以设计独特的个性化网页，根据每个用户的特殊喜好，将产品或服务的内容和广告呈现给顾客，在改进顾客的购物体验的同时创造附加值。

决这一问题。首先创建一个覆盖上百万用户频繁访问的知名站点的网络，跟踪用户在整个网络上的行为，并建立每个用户的档案，再将这些档案卖给营销人员。流行站点存在几十个 cookies、漏洞和信标，往往在用户不知情的情况下将用户的在线行为传送给远程服务器。要寻找拥有大学文凭、家住东北部、年龄为 18～34 岁、有意购买欧洲汽车的单身年轻消费者？没问题！广告网络能够定位满足条件的上千万用户，并在这些用户离开某网站访问其他网站时向其投放欧洲汽车的广告。据不完全统计，定向广告的顾客回复率比随机选择横幅或视频广告要高出十倍以上（见图 10—5）。广告交流是指使用相同的技术在几毫秒内将个人的详细信息拍卖给广告商。

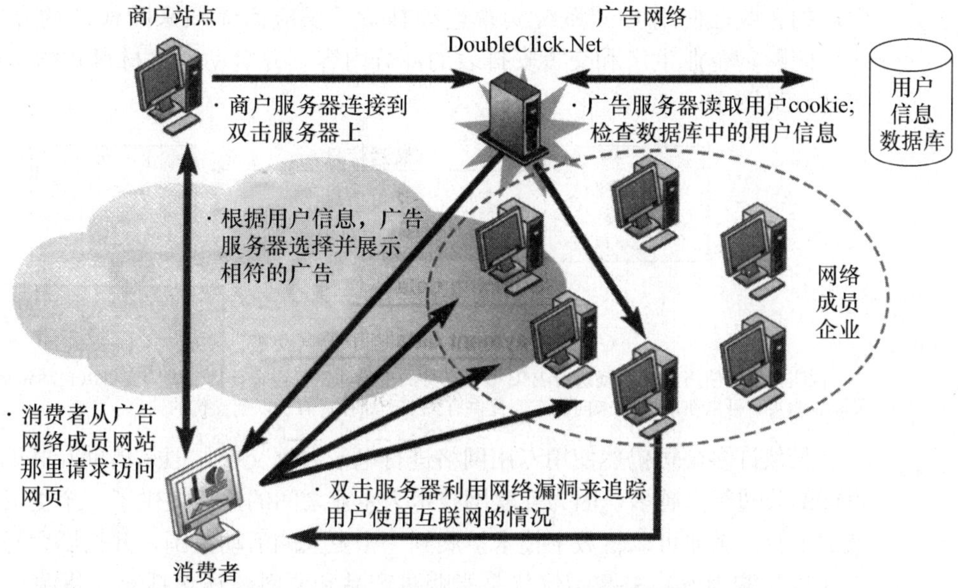

图 10—5　广告网络的工作原理：以 DoubleClick 为例

说明：广告网络因为其追踪用户使用网络的情况，而在提倡隐私保护的群体中引起了争议。有关隐私的问题将在第 12 章讨论。

10.2.6　企业间的电子商务：新的效率和关系

企业间的交易（企业间的电子商务或 B2B）展示了一个巨大的市场。2014 年，美国 B2B 电子商务交易额已增至约 5.1 万亿美元，年均增长率约为 7%。企业间的交易过程比较复杂，需要大量的人工干预，因此会耗费许多资源。一些企业估计，每次采购用于生产的产品所发生的行政管理费用平均超过 100 美元。行政管理包括处理文件、优化采购决策、使用电话和传真搜寻产品、安排交易，以及计划配送和接收货物。在经济活动中，花在本可自动化实现的采购处理过程上的费用达数万亿美元。即使仅部分企业内部流程实现自动化，仅部分采购处理工作借助互联网完成，也可以将节约的数万亿美元用于更多的生产性用途。那么，消费者的支付价格将下降，生产力将提高，国家的经济实力将得到增强。这就是 B2B 电子商务的前景。企业间电子商务的挑战在于，改变现有采购系统和企业模式，实施基于互联网的新 B2B 方案。

企业间的电子商务指发生在企业之间的商业交易，这些交易日益依赖基于互联网的机制和技术。现在，大约 80%的企业使用专属系统进行 B2B 电子商务的电子数据交换。**电子数据交换**（electronic data interchange，EDI）可以通过计算机进行两家公司之间标准业务信息（如发票、提货单、运输计划、采购订单等）的交换。交易信息自动地通过网络从一个信息系统传送到另一个信息系统，免除了一端的纸质打印及另一端的数据输入操作。美国的主要行业、其他国家和地区的很多行业都设立了 EDI 标准，这些标准规定了本行业电子文档的结构和信息项。

EDI 最初被用于自动地进行购货订单、发票及运输通知等文件的交换。虽然一些公司现在仍使用 EDI 进行文档的自动化处理，但一些需要及时补充存货和连续生产的企业已使用EDI系统实现连续补货。供应商无须采购代理的介入，便可在线访问购货企业生产和交货安排表的部分内容，并自动运输材料和物品以实现预期安排（见图10—6）。

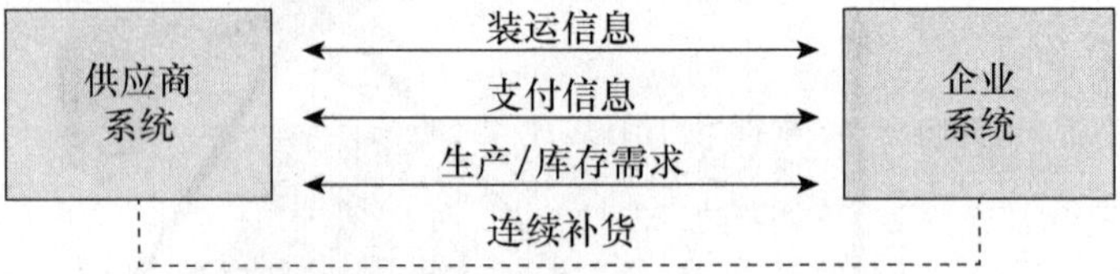

图10—6　电子数据交换

说明：公司使用EDI自动进行B2B电子商务的交易并进行连续补货。供应商可以自动将运货数据传给购买商。购买商可以使用EDI来向供应商提供有关生产和存货需求以及支付的信息。

虽然许多公司仍然使用专用网络进行电子数据交换，但是借助互联网来实现这个目标的公司越来越多，因为互联网技术为企业之间的连接提供了一个更灵活且成本更低的平台。企业可以将数字技术扩展到一个更大的活动范围，并拓展贸易伙伴圈。

以采购为例。采购不仅仅是指购买产品和原料，还包括寻找货源、与供应商谈判、支付货款以及安排货运。企业现在可以应用互联网来寻找成本最低的供应商、搜索供应商的在线产品目录、与供应商谈判、下订单、支付货款并安排运输。这些活动并不仅限于由传统EDI网络连接的合作者之间。

互联网技术使得企业可以建立全新的电子店面来向其他企业推销产品，该店面具有与B2C电子商务相似的多媒体显示和互动特性。同样，企业还可以使用互联网技术建立外联网或电子市场，以便与其他企业建立联系并开展采购和销售业务。

专用行业网络（private industrial network）一般由一个使用外联网的大公司、其供应商及其他主要合作伙伴组成（见图10—7）。网络由买方支配，并允许企业和指定的供应商、分销商和其他商业伙伴共享产品设计和开发、市场营销、生产调度、库存管理以及非结构化通信（包括图表和电子邮件）等信息。专用行业网络的另一个名称是**专用交易所**（private exchange）。

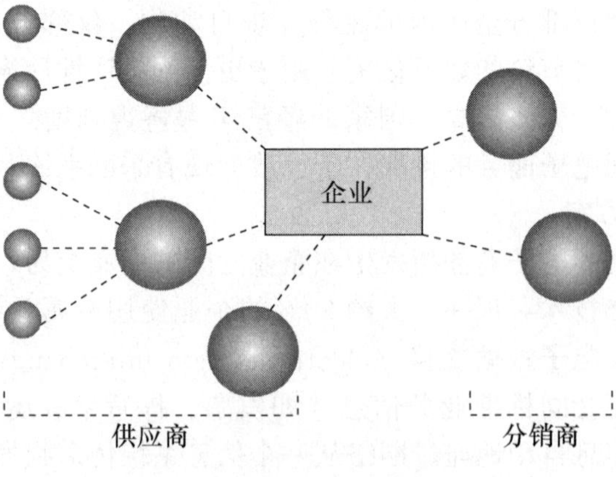

图10—7　专用行业网络

说明：专用行业网络也称专用交易所，将企业和它的供应商、分销商以及其他主要的合作伙伴联系起来，开展有效的供应链管理和其他合作性的商业活动。

专用行业网络的一个例子是VW Group Supply，这个网络将大众集团和它的供应商连接起来。VW Group Supply 处理了大众集团 90%的全球采购业务，包括所有汽车零部件的采购。

网络市场（net marketplace），有时也称电子商务中心（e-hub），它利用互联网技术为众多的买家和卖家提供一个单一的数字化市场（见图 10—8）。它们由某一行业拥有，或由买方和卖方之间独立的中介机构进行运营。网络市场从买卖交易和为顾客提供的其他服务中获取收入。网络市场的参与者可以通过在线谈判、拍卖或请求报价进行定价，也可制定固定的价格。

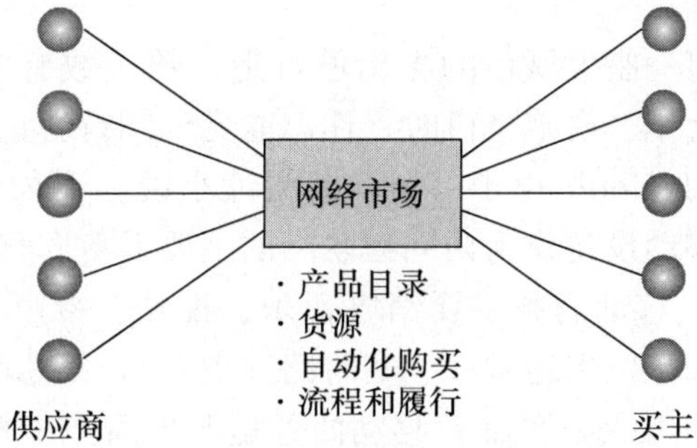

图 10—8　网络市场

说明：网络市场是指多个买方可以从多个卖方处购物的在线市场。

网络市场有许多类型和不同的分类方法。一些网络市场销售直接产品，另一些销售间接产品。直接产品是指在生产流程中使用的产品，例如用于制造汽车主体的钢板。间接产品是指其他所有未直接参与生产流程的产品，例如办公用品或用于维修的零件。一些网络市场支持与指定供应商建立在长期关系之上的契约式购买；另一些则支持短期的现货购买，这类货品是根据即时的需要进行采购的，通常是从不同的供应商处购买。

一些网络市场为特定行业（如汽车业、电信业、机械工具行业等）提供垂直市场；另一些则为许多不同行业所需的产品和服务（如办公设备、交通运输等）提供水平市场。

行业拥有的网络市场注重长期的契约式购买关系，并提供公共的网络和计算平台来解决供应链的低效率问题，Exostar 就是一个例子。这个由航天与国防行业发起成立的网络市场由 BAE Systems、Boeing、Lockheed Martin、Raytheon 和 Rolls-Royce PLC 等公司联合创建，将公司与其供应商联系起来，为彼此间的合作提供便利。大约 1.6 万个来自商业、军事和政府部门的贸易伙伴应用 Exostar 的货源、电子采购和合作工具购买直接或间接产品。Elemica 是一个服务化工行业的网络市场的例子。

交易所（exchanges）是一个独立的第三方网络市场，将成千上万进行现货交易的供应商和买主联系起来。许多交易所为单一行业（如食品、电子、工业设备等行业）提供垂直市场，它们主要负责对直接输入的信息的处理。例如，Go2paper 为来自 75 个国家的纸张买家和卖家提供了一个交易纸张、纸板和牛皮纸的现货市场。

交易所在电子商务开始兴起的最初几年里迅速扩张，但有许多交易所现已倒闭。由于交易所鼓励竞标，导致价格直线下滑，而且由于不提供与买方的长期合作关系或服务，使供应商觉得不值得降价，因此导致供应商不愿意参与。许多重要的直接采购并不是以现货方式进行的，而是需要签订合同，并要考虑运送时间、定制化、产品质量等问题。

10.3 移动数字平台和移动商务

沿着任何一座大城市的主街道行走，数一数有多少人正在使用苹果或黑莓手机。在乘坐火车、搭乘飞机时，你总能见到同行者正使用手机在线阅读报纸、观看视频，或使用 Kindle 电子书阅读器阅读小说。不久的将来，绝大多数美国互联网用户会使用移动设备作为访问互联网的主要设备。移动商务应运而生。

2010 年，移动商务主要销售音乐、视频、铃声、应用、电影、电视和基于位置的服务（如定位本地餐厅、实时路况更新），年总收入约为 50 亿美元，不到电子商务销售额的 10%。然而，移动商务是电子商务中发展最快的类型，每年以 50% 以上的增速扩张，2014 年达到约 190 亿美元（见图 10—9）。

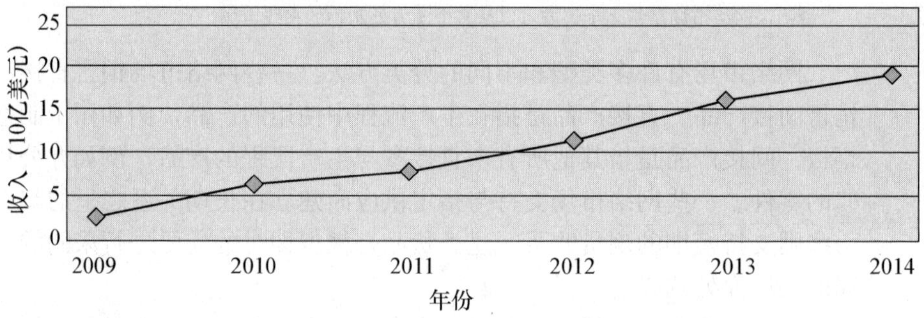

图 10—9 移动商务总收入

说明：尽管 2010 年移动商务的总收入只占电子商务销售额的一小部分，但它是 B2C 电子商务形式中发展最快的类型。

10.3.1 移动商务服务及其应用

移动电子商务主要的增长领域是基于位置的服务，2010 年的收入约 2.15 亿美元；在线销售软件应用（如 iTunes）的收入约 30 亿美元；铃声、音乐、视频和电视秀等娱乐性下载服务的收入约 10 亿美元；移动广告的收入约 7.84 亿美元；直销服务（如 Slifter）的收入约 3.38 亿美元；电子书的销售收入约 1 亿美元。

移动商务应用提供的服务通常与时间密切相关，能比其他方式更有效地完成任务，受到了四处奔波者的青睐。移动商务风靡欧洲、日本、韩国和其他无线宽带基础设施完善的国家。下面是移动商务应用的一些例子。

基于位置的服务

Wikitude.me 为内置全球定位系统（GPS）和指南针的智能手机提供了一种特

殊的浏览器，能够精确定位你目前的位置。通过维基百科提供的 80 万个名胜古迹信息，以及数千个本地站点，浏览器能覆盖你正在查找的景点的所有信息，并在智能手机上将这些信息显示于位置地图或刚拍的照片之上。例如，用户在观光巴士上将智能手机摄像头对准高山，就可以在手机屏幕上看到关于这座山的名称和高度的信息。如果在欧洲的中世纪城市或洛杉矶的商业区迷路了该怎么办？打开 Wikitude 浏览器，将摄像头对准一座建筑物，就可以找到地址和其他具体信息。Wikitude. me 允许用户标记周围的空间，并将标记内容提交到 Wikitude 上与其他用户共享。2010 年，Facebook 和 Twitter 都推出了地理位置功能，允许用户与朋友分享当前所在位置。这就与地理位置社交网站 Foursquare 和 Gowalla 展开了竞争，这两个网站允许用户在某地进行检入并告诉朋友自己的位置。

Loopt 是一款免费的社交网络应用程序，允许用户通过智能手机（如 iPhone、黑莓）和其他 100 多种移动设备分享自己的位置，并追踪朋友的位置，同时支持与 Facebook 和 Twitter 等社交网站同步分享。Loopt 拥有 400 万用户。该应用服务并不向广告商出售信息，但会发布基于用户位置的广告。Loopt 的目标是与步行范围（2～250 米）内的广告商进行交易。

Foursquare 也向 400 万注册用户提供了类似的应用程序，允许用户与朋友联系并更新自己的位置。在指定地点检入的用户可以获得积分。用户可以选择将自己的检入情况发布在自己的 Twitter 和 Facebook 账户上。同时，依据在特定地方的检入频率和检入时间，用户可以获得相应的虚拟勋章。超过 3 000 家餐馆、酒吧和其他公司（包括本章章首案例中提到的 4Food）正在通过 Foursquare 发布促销活动吸引客户。

银行和金融服务

银行与信用卡公司正在推出让客户通过移动设备管理自己账户的服务。摩根大通银行（JPMorgan Chase）和美国银行（Bank of America）的客户可使用手机查询账户余额，进行转账和支付。

无线广告和零售

目前，移动广告市场虽然规模很小（7.84 亿美元），但随着越来越多的企业应用基于位置信息的数据库而发展迅速。阿尔卡特朗讯（Alcatel-Lucent）推出一项新服务，由区域互动媒体公司 1020 Placecast 管理。该服务能识别距广告商商店一定范围内的手机用户，并告知用户该商店的地址和电话号码，有时还包括优惠券或其他促销活动的链接。1020 Placecast 的客户包括凯悦（Hyatt）、联邦快递和安飞士租车公司（Avis Rent A Car）。

雅虎在其移动首页上播放百事、宝洁、希尔顿、日产和英特尔等企业的产品广告，谷歌陈列能被其手机版搜索引擎用户搜索到的广告，微软则在美国的 MSN 移动门户网站上提供横幅广告和文字广告。广告逐渐被嵌入游戏、视频和其他移动应用。

购物狂（Shopkick）是一款移动应用程序，帮助合作零售商如百思买、Sports Authority 和梅西百货向进入其商店的消费者提供优惠券。当某一用户进入一个合作伙伴的零售商店时，Shopkick 应用程序能够自动识别，并提供一个被称为“kickbucks”的虚拟货币，这个虚拟货币可以用来兑换 Facebook 的虚拟币 Credits、iTunes 的礼品卡、旅游券或任何合作店的现金。

2010 年，消费者通过智能手机在网站订购实物商品总额达到 22 亿美元（仅亚马逊就超过了 10 亿美元）。30%的零售商拥有移动电子商务网站——Web 网站的简化版，使消费者能够通过手机下订单。一些公司有特定的用于移动商务销售的应用程序，比如服装零售商 Lilly Pulitzer 和 Armani Exchange、家居建材用品零售商家得宝公司（Home Depot）和在线花卉零售商 1-800 Flowers。

游戏和娱乐

手机正迅速发展成为便携式娱乐平台。iPhone 和 Droid 等智能手机提供可下载的、流媒体形式的电子游戏、电影、电视节目、音乐和铃声。

主要无线供应商的宽带用户可以下载视频片段、新闻片段，收听天气预报。由 Sprint 和 AT&T Wireless 等公司创立的 MobiTV 可以直播电视节目，包括 MSNBC 和 Fox Sports。电影公司开始制作专门在移动手机上播放的短片。用户自创内容也出现了移动形式。Facebook、MySpace、YouTube 和其他社交网站也为移动设备推出了移动版本。2010 年，Facebook 上最流行的应用程序的前 10 名均是游戏，开心农场（Farmville）以每天 1 600 万的访问量居首位。

10.4 创建电子商务网站

要成功创建电子商务网站，需要深入理解相关业务、技术和社会问题，还需要采用系统性方法。全面阐述该主题超出了本书的范围，读者若想学习如何创建电子商务网站，可参考相关书籍（Laudon and Traver，2011）。创建电子商务网站过程中会遇到两大重要的管理挑战：（1）制定一个清晰明了的商业目标；（2）了解如何选择适当的技术实现目标。

10.4.1 网站建设蓝图

假设你是一家中等规模的工业零部件公司的管理者，公司在全球拥有约 1 万名员工，业务遍及欧洲、亚洲和北美洲的 8 个国家。高层管理者为你提供 100 万美元的预算，要求你在一年内建立一个电子商务站点。网站主要用于向公司 2 万多客户销售产品和提供服务，客户大部分是小型机械和金属铸造商，遍布全球。现在，你将从何处入手？

首先，你必须考虑要在哪些主要方面做出决策。在组织和人力资源方面，你需要将具备建立并管理一个成功网站所需技能的人员组织起来，成立一个团队。由该团队负责制定应用于网站的技术、网页设计、社会和信息政策方面的重要决策。如果你想避免重蹈其他企业的失败覆辙，就必须严格监控整个网站的开发工作。

你还需要决定站点使用的硬件、软件和通信基础设施。技术方面的选择应遵循顾客的需求。顾客希望使用能帮助他们快速检索、查看、购买产品并能尽快收货的技术。你也必须对站点的设计风格进行深入思考。完成这些重要决策后，你就要开始制定整个项目的计划。

10.4.2　经营目标、系统功能和信息需求

制定你的网站项目计划时，需要回答以下问题："我们希望电子商务网站为企业做什么？"本小节要强调的一点是：让商业决策决定技术，而不是反其道而行之。这样就能保证技术平台与企业业务相融合。这里假设你已经确定了商业战略，并选择了合适的商业模式来实现战略目标（详见第 3 章）。你如何将商业战略、商业模式和理念应用到电子商务网站的运作上？

项目计划应明确网站的经营目标，进而开发一系列的系统功能和信息需求。经营目标是指你希望网站具备的基本能力。系统功能是指实现经营目标所需的信息系统功能的类型。系统的信息需求是指为实现经营目标，系统必须产生的信息元素。

表 10—7 描述了典型电子商务网站的一些基本经营目标、系统功能和信息需求。经营目标必须被转化为对信息功能的描述，最终转化为精确的信息需求集合。系统的信息需求通常比表 10—7 所示的要详细得多（详见第 11 章）。电子商务网站的经营目标与实体零售商店相似，但必须以电子形式提供给顾客，并保证全天候不间断工作。

表 10—7　　系统分析：典型电子商务网站的经营目标、系统功能和信息需求

经营目标	系统功能	信息需求
展示商品	电子目录	动态文本和图片目录
提供产品信息（内容）	产品数据库	产品描述、库存数量和库存级别
个性化/定制产品	客户在线追踪	客户访问网站日志；能够识别普通客户路径和满意的回复的数据挖掘功能
进行交易支付	购物车/支付系统	安全的信用卡结算功能；多选择性
累积客户信息	客户数据库	所有客户的名字、地址、电话和电子邮件；在线客户注册
提供售后客户支持	销售数据库和客户关系管理系统	客户 ID、产品、日期、支付方式和运送日期
协调市场营销/广告推广	广告服务器、电子邮件服务器、电子邮箱、公关管理器、横幅广告管理器	由邮件和横幅广告连接的潜在客户的网站行为日志
了解营销效果	站点追踪和报告系统	通过营销活动确定独特的访问者的数量、访问过的页面、购买的产品
提供生产商和供应商链接	库存管理系统	产品和库存等级、供应商 ID 和联系方式、产品的订购数量数据

10.4.3　创建网站：自建与外包

创建和维护网站有多种选择，这很大程度上取决于你愿意花多少钱。可选方案

有：将整个网站的开发外包给外部供应商，或者自建整个网站。你还要做第二个决定：你想在企业自己的服务器上运行网站还是将其外包给虚拟主机提供商？一些供应商能为你设计、创建和运营整个网站，另一些供应商则只负责创建或运营网站（并非二者兼具）。图 10—10 列举了所有的可行方案。

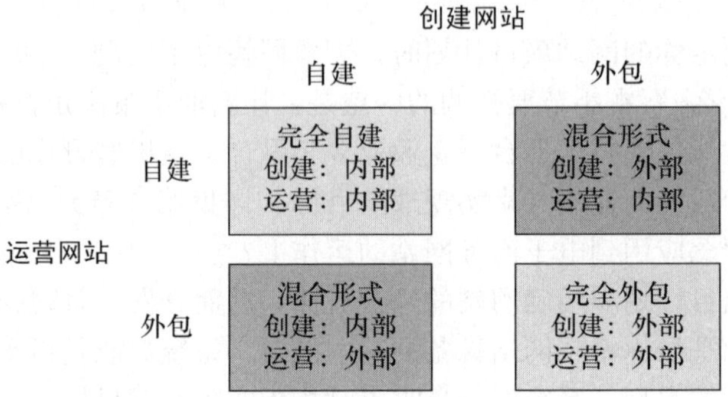

图 10—10　创建与运营网站面临的选择

说明：创建和运营电子商务网站时，你会面对多种可行方案。

创建决策

如果你决定自建网站，也会碰到许多选择。除非你技能娴熟，不然最好使用预设的模板。例如，Yahoo Merchant Solution、Amazon Store 和 eBay 都提供相应的网站模板，用户只需输入文字、图片和其他数据；同时也提供网站建成后运营的基础架构。这是成本最低也最简单的方案，但是网站的功能和界面会受到模板和基础架构的限制。

如果你有一定的计算机操作经验，你可能会决定自己建立网站。可选的工具也很多，有帮助你从零开始亲自创建所有内容的工具，比如 Adobe Dreamweaver、Adobe InDesign 和 Microsoft Expression 等，也有自上而下预先包装好的网站建设工具，可按照个人需求定制复杂的网站。

自建网站有一定的风险。需要考虑诸如购物车、信用卡认证与处理、库存管理与订单处理等功能的复杂性，开发的成本高昂，并存在出错的可能性。你可能要改造其他专业公司已经开发的功能，同时员工需要面对较长的学习过程，导致网站进入市场的时间延迟。因此，你的努力可能会白费。从积极的角度看，自建网站能够真正实现你所需的功能，同时积累内部知识，以便在面临企业环境变化时，能够快速地调整网站内容。

如果你选择较昂贵的网站创建组件包，可以购买经测试的最新软件。这样，网站就能够更快地进入市场。然而，要决定哪款软件更好，你必须评估众多不同的软件包，这个过程需要耗费很多时间。你可能不得不为了适应企业需求而修改软件包，或者聘请外部顾问负责修改。修改的成本也会随之快速增加。（更详细的讨论见第 11 章。）4 000 美元的软件包可使开发项目的成本达到 4 万～6 万美元。

过去，实体零售商通常会自己设计电子商务网站（因为它们已拥有技术熟练的员工和完备的 IT 基础设施）。然而，如今大型零售商更多地依靠外部供应商提供复杂的网站功能，同时雇用少数内部技术员工。处于起步阶段的中型企业通常会购买复杂的软件包，并对其进行修改以适应自身需求。小型夫妻店只需要简洁的界面，通常会使用模板。

运营决策

现在让我们来看看运营决策。大多数企业选择外包托管，通过付费请一家企业负责运营网站，这就意味着托管企业有责任保证网站的正常访问和全天候持续运营。商议好每月的运营费用后，企业无须担心部署和运营网络服务器、通信连接或专业人员等技术问题。

如果签署的是**主机代管**（co-location）协议，那么由你的公司购买或租赁一台网络服务器（并由你的公司控制整个网站的运营），但是将这台网络服务器寄放在供应商处，由供应商负责维护设备、通信线路并保障机器运转。在这个云计算的时代，将你的网络站点放置在虚拟化计算设备上的成本会降低。你不一定要购买服务器，可以租用云计算中心的能力。云主机每个月的服务价格从 4.95 美元到几千美元不等，主要取决于网站规模、带宽、存储容量和需求支持。大型供应商（如 IBM、惠普和甲骨文）通过建立遍及全美乃至全球的庞大“服务器群”实现规模经济。这意味着纯托管服务的成本会像服务器的价格一样，每年下降近一半。

网站预算

简单的网站创建和部署的成本约为每年 5 000 美元或更低。大型企业的网站要求交互性强，并能够与企业系统相连接，因此其创建和部署的成本约为每年数百万美元。例如，2006 年 9 月，男女款名品服装在线折扣商 Bluefly 着手升级基于 Art Technology Group（ATG）软件的旧网站。新站点于 2008 年 8 月上线。迄今，与 Bluefly 网站重建相关的投资已经超过 530 万美元。2010 年，Bluefly 的网上销售额为 8 100 万美元，比上年增长 7.5%。其电子商务技术预算每年超过 800 万美元，约占其总收入的 10%（Bluefly，Inc.，2010）。

图 10—11 显示了网站成本的构成。创建和运营一个网站的硬件、软件和远程通信成本自 2000 年以来已大幅下降（超过 50%），使得小型企业也能创建复杂的网站。同时，系统维护和内容创建的成本有所增加，已超过普通网站预算的一半。内容创建和全天候不间断运营是高度劳动密集型的任务。

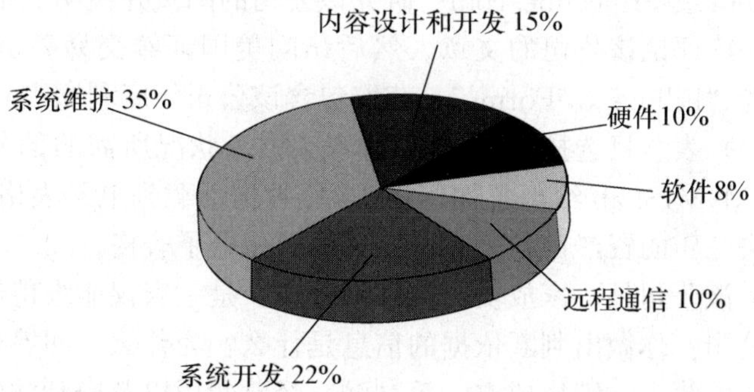

图 10—11　网站预算的构成

10.5　管理信息系统实践项目

本节中的实践项目涉及以下几个方面：为企业制定电子商务战略，使用电子表格软件调研电子商务企业的盈利性，以及使用网络工具研究和评估电子商务托管服务。

10.5.1　管理决策问题

1. 哥伦比亚纳是位于加勒比海的一个独立小岛屿。政府希望开发自己的旅游业，吸引更多游客。岛上有众多历史古迹、城堡和其他景点，还有迷人的雨林和巍峨的群山。沿着美丽的白色沙滩，建有几家高档宾馆和很多价格合理的旅店。主要航空公司和一些小型航空公司都有飞往哥伦比亚纳的常规航班。哥伦比亚纳政府想要促进旅游业发展，同时为当地的热带农产品开拓新市场。网站能提供什么帮助？适合使用哪种互联网商业模式？网站在其中发挥什么功能？

2. 访问以下企业的网站：Blue Nile、J. Crew、Circuit City、Black&Decker、Peet's Coffee & Tea 和 Priceline。如果在这些网站上增加企业赞助的博客，哪个企业从中受益最大？请列举博客产生的商业效益并说明博客的目标用户。指出公司里应由谁负责撰写博客，并选择一些合适的话题。

10.5.2　优化决策：使用电子表格软件分析一家网络企业

软件技能：电子表格的下载、格式化以及公式

商业技能：财务报表分析

美国证券交易委员会要求公开上市交易的企业（包括专业电子商务公司）报送财务数据。通过分析这些数据，可以判断一家电子商务公司的盈利能力及其商业模式的可行性。

在互联网上选择一家电子商务公司，例如 Ashford. com、Buy. com、Yahoo. com 或 Princeline. com。研究该公司的网页并说明它的用途和结构。在网络上寻找一篇评论该公司的文章。然后访问美国证券交易委员会的网站 www. sec. gov 并选择"Filings & Forms"，获取包含该公司年度利润表和资产负债表的 10-K（年度报告）表。只选择 10-K 表中你考察财务状况所需的部分，下载到你的电子表格中。（MyMISLab 给出了如何将 10-K 数据下载到电子表格中的详细说明。）创建公司过去三年的资产负债表和利润表的简化电子表格。

- 该公司是一家成功的互联网公司，是一家仅能维持经营的公司，还是一家失败的公司？你做出判断依据的信息是什么？为什么？回答这些问题时，请注意公司近三年的收入、销售成本、毛利润、经营费用以及净利润的发展趋势。
- 准备一份演讲稿（至少准备五张幻灯片），包括相关的电子表格或图表，并向你的教授和同学进行展示。

10.5.3　实现卓越运营：评估电子商务的主机托管服务

软件技能：网站浏览软件

商业技能：评估电子商务的主机托管服务

该项目帮助你培养托管一家刚起步的小型电子商务网站所需的商业服务技能。

你打算创建一个网站，销售来自葡萄牙的毛巾、亚麻布、陶器和餐具，并考察运营小型互联网商店所需的主机服务。你的网站应该能进行安全的信用卡支付，计算运输费用及税费。首先，你应该展示 40 种不同产品的图片和说明。访问 Yahoo! Small Business、GoDaddy 和 Volusion，并比较它们向小企业提供的电子商务主机服务的范围、功能及成本。考察它们为创建电子商务网站所提供的工具。比较这些服务，并决定如果真的要创建一个网上商店，你会如何选择。写一份简要的报告，阐述你的选择，并分析每一种服务的优缺点。

小　结

1. 电子商务、数字化市场和数字化商品的独特性有哪些？

电子商务是指个人间、组织间、个人和组织之间进行的数字化商业交易。电子商务技术的独特性包括无所不在、全球范围、全球统一标准、丰富程度、交互性、信息密度、个性化/定制化以及社交技术。

与传统市场相比，数字化市场更加透明，信息不对称程度、搜索成本、交易成本和菜单成本都有所降低，同时可以根据市场状况进行动态定价。数字化商品（如音乐、视频、软件和书籍）可以通过数字网络进行传输。一旦一种数字产品被生产出来，采用数字方式传输该产品的成本是非常低的。

2. 主要的电子商务商业模式和盈利模式有哪些？

主要的电子商务商业模式有网络零售商、交易代理、市场创造者、内容提供商、社区提供商、服务提供商和门户网站。主要的电子商务盈利模式有广告盈利模式、销售盈利模式、订阅盈利模式、免费/免费增值盈利模式、交易费盈利模式和合作盈利模式。

3. 电子商务如何改变市场营销？

互联网为营销者提供识别数百万潜在用户并与其沟通的新方式，且成本比传统媒体低得多。众包利用群体智慧帮助企业更好地了解客户，优化产品和服务，提升客户价值。行为定向技术改善了横幅广告、富媒体和视频广告的效果。

4. 电子商务如何影响企业间的交易？

B2B 电子商务使公司能够利用电子化方式寻找供应商、投标、发出订单以及跟踪在途货物，进而提高企业运营效率。网络市场为众多不同的买家和卖家提供了一个单一的数字化市场。专用行业网络将企业与它的供应商以及其他的战略商业伙伴连接起来，形成高效率、高响应度的供应链。

5. 移动商务在商业中扮演什么样的角色？最重要的移动商务应用是什么？

移动商务尤其适用于定位应用，比如寻找当地旅店和餐厅、查看当地交通状况、查询天气、提供基于个性化定位的市场营销。手机和其他手持设备可以用来进行移动账单支付、银行业务查询、证券交易、交通信息更新，以及数字化产品（如音乐、游戏和视频片段）下载。移动商务需要无线接口和处理微支付的电子支付系统。

6. 创建电子商务网站必须考虑哪些问题？

要创建一个成功的电子商务网站，需要清楚地了解网站所需达到的经营目标，并选择合适的技术。电子商务网站的创建和运营可由企业内部负责，也可部分或全部外包给外部服务提供商。

复习题

1. 电子商务、数字化市场和数字化产品的独特性有哪些？

● 列出并描述当今电子商务发展的四种商业趋势和三种技术趋势。

● 列出并描述电子商务的八种独特性。

● 给出数字化市场和数字化商品的定义，并描述它们的特点。

2. 主要的电子商务商业模式和盈利模式有哪些？

● 列出并描述主要的电子商务商业模式。

● 列出并描述主要的电子商务盈利模式。

3. 电子商务如何改变市场营销？

● 说明社交网络和群体智慧如何帮助企业改善营销效果。

● 给出行为定向的定义，并解释其如何在单个网站和广告网络中起作用。

4. 电子商务如何影响企业间的交易？

● 说明互联网技术是如何支持 B2B 电子商务的。

● 定义并描述网络市场，说明其与专用行业网络的区别。

5. 移动商务在商业中扮演什么样的角色？最重要的移动商务应用是什么？

● 列出并描述最重要的移动商务服务和应用。

● 描述移动商务发展的壁垒。

6. 创建电子商务网站必须考虑哪些问题？

● 列出并描述影响电子商务网站建设的所有因素。

● 列出并描述典型电子商务网站的四个经营目标、四个系统功能和四个信息需求。

● 列出并描述创建和运营电子商务网站的各种选择。

讨论题

1. 互联网如何改变了客户和供应商的关系？

2. 互联网不会使企业退化，但公司必须改变它们的商业模式。你同意这个观点吗？请给出解释。

3. 社交技术如何改变电子商务？

小组练习：电子商务网站竞争性分析

三四名同学一组，选择同一个行业中有竞争关系并且使用网站发展电子商务的两家企业。访问它们的网站。例如，你可以比较 iTunes 和 Napster、Amazon. com 和 BarnesandNoble. com、E* TRADE 和 Scottrade 的网站。根据网站的功能、用户友好性和支持企业商业战略的能力，对每一个网站进行评价。哪一个网站做得较好？为什么？你能为这些网站改进服务提供一些建议吗？如有可能，使用 Google Sites 发布网页的链接、团队沟通公告和工作任务，集思广益，合作完成项目文档。尝试使用 Google Docs 在课堂上展示成果。

章末案例

亚马逊 vs. 沃尔玛：谁将主宰电子商务

亚马逊自 1995 年以网络公司的模式成立以来，已经从一家小型网上书店发展成为全球大型零售企业以及电子商务零售商。从一家在线销售图书的小型互联网创业公司起步，该公司已经走过了较长的发展之路。目前亚马逊除销售图书外，还销售数以百万计的全新的、二手的或有收藏价值的产品。其产品类别包括服装及配饰、电子产品、电脑、厨房及家居用品、音乐、DVD、视频、数码相机、办公用品、玩具和婴儿用品、电脑、软件、旅游服务、体育用品、珠宝和手表。2010 年，电子产品和一般商品首次在亚马逊所售产品中占主导地位。

亚马逊希望成为“网上沃尔玛”，而它也确实是互联网上的顶级零售商。

但是 2010 年，沃尔玛成为亚马逊争夺“网上沃尔玛”头衔的强大挑战者。尽管在电商世界沃尔玛是一个迟到者，但是作为全球最大的零售商，沃尔玛早已将亚马逊视为竞争对手，并准备争夺在线电子零售的霸主地位。

与亚马逊不同，沃尔玛成立于 1962 年，采用以传统的、线下实体店的形式。目前沃尔玛已经从由创始人山姆·沃尔顿进行单一管理的一般杂货店发展成为全球最大的零售商，拥有近 8 000 家门店。

实际上，就目前的规模而言，亚马逊和沃尔玛还不是等量级的对手。对沃尔玛而言，亚马逊暂时不能构成威胁。

然而，亚马逊也并不是不堪一击的。该公司已形成了一个易于辨识的、成功的网上零售品牌——一个畅销的、低价的、大批量的网上超市。公司已为网上购物建立起庞大的仓储设施和极其高效的分销网络。Amazon Prime 服务以低廉的价格（目前年费仅 79 美元）提供两日内到达的免运费服务。这类服务通常被认为是在线零售商的薄弱之处。即使没有 Amazon Prime 服务，Super Saver 服务也可为购物金额超过 25 美元的用户提供免运费优惠。

亚马逊技术平台的规模强大，不仅支持网站自身产品的销售，还能支持第三方企业的产品销售，这些企业只需要将它们的产品整合到亚马逊的网站，并使用亚马逊的订单输入和支付系统进行销售处理。（亚马逊并不拥有这些产品，其运费由第三方承担，亚马逊从中抽取 10% ～20%的销售提成。）这使得亚马逊在保持低库存成本的同时，能够提供丰富的商品，并增加收入。此外，亚马逊还通过收购扩充其产品类别，比如 2009 年收购网上鞋城 Zappos.com（该网站在 2008 年获得 1 亿美元销售收入），给公司带来了鞋类选择方面的优势。

2009 年第三季度，整个零售行业的销售额下滑 4%，而亚马逊的销售额却增加了 24%。其中，与沃尔玛竞争最激励的领域——电子产品和一般商品大类——增长 44%。电子商务有望给整个零售业的增长带来巨大贡献。一些评估报告显示：越来越多的消费者为了避免烦琐的实地购物而选择网上购物。在未来的 10 年里，电子商务可能占据美国零售总额的 15%～20%。如果事实果真如此，那么亚马逊便占据了最有利的位置。与此同时，电子商务并没有因经济衰退遭受太大的影响，而且能比传统零售业更快地恢复。这些促使沃尔玛更多地关注电子商务。

沃尔玛做出了一个重要的决策。沃尔玛比亚马逊更强大，品牌知名度更高。消费者总将沃尔玛与最低价联系起来，由于规模大，具有保持成本最低的能力，沃尔玛可以灵活地为任何商品提供超低价。沃尔玛可以承担以极低的边际利润销售热卖商品所带来的收入降低，因为公司可以凭借其他商品的大批量销售获得利润。公司有一个传奇的连续库存补充系统，只要一件商品通过收银台销售出去，系统便开始补充该商品的库存。沃尔玛的高效、灵活性以及能够满足客户需求迅速调整库存的能力，正是其持久竞争优势的来源。沃尔玛还拥有强大的实体店，店铺遍布美国和许多其他国家。其实体店满足了及时购物的需求，顾客在实体店购买物品后可以立即带回家。在亚马逊购物则需要等待送货。

沃尔玛认为，亚马逊的致命伤是向买家运送在线所购商品的成本和延误。沃尔玛网站上列示了 150 多万种商品。买家进行在线购买后，可以要求网站将商品免费运送至当地的沃尔玛实体店，然后直接在实体店里领取所购买的商品。当网上买家进入实体店领取货物时，他们还可能会受到其他商品的诱惑。置于店铺前方的新服务台，可以让买家方便地领取他们购买的商品。一家位于芝加哥郊外的沃尔玛商店，正尝试推出一种类似药店和快餐店的免下车窗口，消费者可以直接拿走他们在网上订购的商品。

2009 年底，沃尔玛网站开始积极降低各种热卖商品的价格，以确保在每件商品上打压亚马逊。沃尔玛的打折商品包括书籍、DVD、其他电子产品和玩具。沃尔玛所传递的信息很明确：沃尔玛在电子商务领域不会不战而败。沃尔玛网站的总裁劳尔·巴斯克斯（Raul Vazquez）呼应了这一想法，他声称：沃尔玛会将价格调整到尽可能低廉的程度，并成为网上“低价领导者”。换句话说，两家公司都锁定了价格战，力争在网站上获胜。

最引人注目的是两家公司已经展开的网上图书销售战。亚马逊的 Kindle 电子书阅读器的推出拉开了这一战役的序幕，公司提供的最流行图书的电子书仅需 9.99 美元。虽然此后很多出版商都拒绝以这样的低价销售其图书的电子版，但这一战斗还是影响到了传统纸质图书的销售。一些畅销书的销售情况表明，两家公司都采取了低价销售策略。比如对于斯蒂芬·金的小说——《穹顶之下》（*Under the Dome*），沃尔玛将价格定为 10 美元，并声称这并不是针对 9.99 美元的电子书。之后不久，亚马逊也迅速调整为同样的价格。几天后，沃尔玛将价格降至 9 美元，作为对此事的回应。这本书的标价为 35 美元，批发价格约为 17 美元。这意味着两大公司每销售一本《穹顶之下》便至少亏损 7 美元。

电子书阅读器和 iPhone 及 iPad 的出现，促使电子书得到普及。在进入在线图书销售领域初期，沃尔玛以大幅削价作为快速获得市场份额的方式。亚马逊已经表示，在短期内有能力与沃尔玛进行价格竞争。之后，亚马逊已经将《穹顶之下》的价格上调至 17 美元，沃尔玛的售价也升至 16.99 美元。在许多畅销书的销售上，这两个网站都有过类似的冲突，比如 J. K. 罗琳（J. K. Rowling）的《哈利·波特和混血王子》，詹姆斯·帕特森（James Patterson）的亚历克斯·克罗斯系列。

两个网站之间的竞争已经不仅限于图书，而是延伸到了其他商品。亚马逊和沃尔玛已经在 Xbox 360 游戏机、流行的 DVD 和其他大件电子产品上展开竞争。甚至流行的玩具，比如常年畅销的易烘烤炉（Easy-Bake Oven）也已经陷入了竞争。在 2009 年的假日购物季，沃尔玛将该玩具的价格从 28 美元降至 17 美元。在同一天，亚马逊将其价格下调至 18 元。

亚马逊声称，配送并不是公司的弱项。公司发言人克雷格·伯曼（Craig Berman）说："在亚马逊购物，意味着您不必面对拥挤的人潮。我们把产品送到您的家门口，您不会遭遇交通拥堵，也不需要到处寻找停车位。"亚马逊采取措施来加快送货速度。亚马逊在美国七个城市推出消费者支付一定费用的当天送达服务。通过与运营商合作以及改进自身内部系统，亚马逊开始提供周六的两日送达服务。亚马逊仍在继续扩大其商品的品种，希望能够与沃尔玛一样丰富。2010 年 11 月，沃尔玛推出了全部网上订单的免费送货服务。

亚马逊的创始人兼 CEO 杰夫·贝索斯（Jeff Bezos）喜欢将美国零售市场描述为一个可以有很多赢家的大市场空间，这样的市场空间适合沃尔玛和亚马逊的发展吗？在传统实体零售商中，沃尔玛的地位无可争辩，但它能在网上压倒亚马逊吗？或者亚马逊将继续在网上零售商中保持领先地位？另外，沃尔玛希望扩大网上零售市场空间，是否也会推动亚马逊的成长？

资料来源：Kelly Evans, "How America Now Shops: Online Stores, Dollar Retailers (Watch Out Walmart)," *The Wall Street Journal*, March 23, 2010; Brad Stone, "The Fight Over Who Sets Prices at the Online Mall," *The New York Times*, February 8, 2010; Paul Sharma, "The Music Battle, Replayed with Books," *The Wall Street Journal*, November 24, 2009; Martin Peers, "Rivals Explore Amazon's Territory," *The Wall Street Journal*, January 7, 2010; "Is Wal-Mart Gaining on Amazon. com?" *The Wall Street Journal*, reprinted on MSN Money, December 18, 2009; "Amazon Steps Into Zappos' Shoes," *eMarketer*, July 24, 2009; Brad Stone, "Can Amazon Be the Wal-Mart of the Web?" *The New York Times*, September 20, 2009; and Brad Stone and Stephanie Rosenbloom, "Price War Brews Between Amazon and Wal-Mart," *The New York Times*, November 24, 2009.

[思考题]

1. 本案例阐述了本章的哪些概念？

2. 运用价值链和竞争力模型分析亚马逊和沃尔玛。

3. 哪些管理、组织和技术因素促进了亚马逊和沃尔玛的成功？

4. 比较沃尔玛和亚马逊的电子商务业务模式。哪个更强？解释你的答案。

5. 你想去哪个网站购物，是亚马逊还是沃尔玛？为什么？

第 11 章 知识管理

学习目标

学完本章后，你将能够回答以下问题：

1. 在企业中，知识管理和知识管理程序扮演了什么角色？
2. 企业范围内的知识管理使用哪些系统？它们如何为企业创造价值？
3. 知识工作系统有哪些主要类型？它们如何为企业创造价值？
4. 企业在知识管理中使用智能技术有何益处？

章首案例

知识管理系统推动 Canadian Tire 发展

请不要被 Canadian Tire 质朴的公司名称所迷惑，其实它销售的不仅仅是轮胎。Canadian Tire 由五家相关联的公司组成，业务涉及石油网点、金融机构，以及销售汽车、体育用品、休闲、家居用品和服饰的零售网点。Canadian Tire 是加拿大规模最大的公司之一，也是销量最大的零售商。公司拥有 57 000 名员工，旗下 1 200 家商店和加油站遍布全国各地。公司的零售网点是自营的，在加拿大随处可见，此外还提供在线销售服务。

显然，一家如此庞大的公司需要通过高效有用的方式来与员工、经销商交流，掌握最新的信息来经营业务。因此，Canadian Tire 创建了两个不同的系统：经销商门户网站和员工信息内联网。

经销商门户网站基于微软 SharePoint 门户服务器，为处理商品信息、库存预警、最佳实践、产品订购方面的相关问题提供了集中的在线资源。Canadian Tire 通过使用经销商门户网站大幅减少了平时向经销商发送的邮件，为此每年能节省 100 万～200 万美元。这样一来，经销商就不需要在厚厚的纸质材料中翻找客户资料了，客户服务也因此有所改进。如今，产品手册都是在线形式的，经销商可以自己找到准确的最新信息。员工信息内联网（也称TIREnet）起初问题较多，它是基于Lotus Notes Domino软件建设的，而且设计糟糕。员工们抱怨该网站杂乱无章，充斥着过期、冗余的信息，不具备有效的搜索功能。大家常常花费过多的时间来搜寻与行政及人力资源相关的文件。

之后，Canadian Tire对员工信息内联网进行了升级。新的TIREnet基于微软SharePoint服务器，拥有更简洁直观的界面。公司将内联网进行了重组，从而更易使用，查询信息更加方便。SharePoint提供了冻结特定内容（如人力资源文件）的功能，只有获得许可的员工才能更新内容。

Canadian Tire将3万多份文件从旧系统转移到新系统中，并为它们编写了目录，因此，员工再也不用在TIREnet中苦苦查找文件了。他们可以使用SharePoint的企业搜索技术，在搜索框内输入查询语句来搜索文件，立刻得到最新信息，以辅助决策的制定。

新系统更易于保持文件的时效性。员工和管理者已将旧的员工信息系统中50%的不相关、过时的内容存档。现在，文件会根据被谁看过以及最后的访问日期来自动更新。文件的这些信息能帮助管理层识别出过时信息以及那些时效性强的资料，及时将它们从系统中移除，进一步减少查询信息所需的时间。

资料来源：Microsoft Canada，"Wheels In Motion，" www.microsoft.ca，accessed July 15，2010；Microsoft Corporation，"Canadian Tire Major Tire Company Adopts Collaboration System with Faster Search，" July 6，2009；and www.canadiantire.ca，accessed September 28，2010.

Canadian Tire的经验表明，如果一个组织的知识更易获得，企业的绩效将有所提高。让访问知识更加便利，提高知识的质量和时效性，以及使用知识来改进业务流程，对于企业的生存与成功至关重要。

Canadian Tire是一家规模庞大且分布较分散的企业，拥有多条业务线。它有许多不同的业务单元及零售商，需要就业务的运作与经销商交流。如果经销商在访问产品信息时有延迟，会降低它们的效率并影响客户服务质量；如果员工在访问信息时操作流程及工具太烦琐，同样也会阻碍企业内部的运作。

Canadian Tire采用微软SharePoint服务器，为其经销商成功开发了一个信息共享平台，改善了经销商的业务操作并提高了客户服务水平。但是，它为内部员工提供的知识却是过时且杂乱无章的。为此，Canadian Tire改进了原本基于Lotus Notes Domino软件的员工信息内联网，将技术平台转换到微软SharePoint服务器，并使用户界面更简洁。它把文件进行分类存储，从而改进了业务流程，这样，在使用SharePoint搜索技术时更容易找到文件。SharePoint还为自动追踪文件的更新时间和写作者提供了工具，这能使公司内部的信息及时更新。由于更好地进行了知识管理，Canadian Tire能够更高效地运作。

下图指出了上述案例和本章的要点。

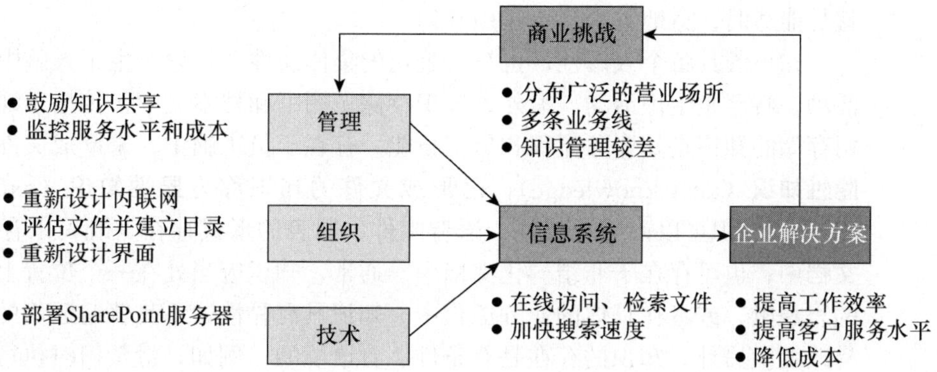

11.1　知识管理概述

知识管理与协作系统是企业和政府的软件投资中增长最快的领域之一。过去的 10 年里，在经济、管理与信息系统领域，关于知识与知识管理的研究呈现出爆炸式增长的趋势。

知识管理与协作紧密相关。如果不能用于交流和分享，知识几乎没有任何用处。只有可在全公司分享的知识，才能发挥作用，并被用于实践。正如第 2 章中提到的，协作系统包括基于互联网的协作环境（如 Google Sites 和 IBM 的 Lotus Notes）、社交网站、电子邮件和即时通信、虚拟会议系统、维基平台以及虚拟世界。鉴于知识的交流和共享日益重要，本章将重点阐述知识管理系统。

我们生活在信息经济时代，这一时代的财富和繁荣主要来自信息和知识的生产与分发。在美国，约 55%的劳动力是知识和信息工作者，60%的国内生产总值由金融业、出版业等知识和信息行业贡献。

很多大企业的管理者已经意识到，公司的价值很大程度上依赖于创造和管理知识的能力。因此，知识管理成为重要议题。有研究发现，公司的股票市值与其无形资产密切相关，而除了品牌、声誉、独具特色的业务流程外，知识也是无形资产的重要组成部分。虽然基于知识的投资的影响难以估量，但一般认为，如果基于知识的项目执行良好，则会产生超额的投资回报（Gu and Lev，2001；Blair and Wallman，2001）。

11.1.1　主要的知识维度

数据、信息、知识和智慧之间有着重要区别。第 1 章中将数据定义为组织系统所捕捉的一系列事件或交易。但除了用于办理业务，数据本身的用途并不大。要将数据转化为有用的信息，公司需要调动人力、财力、物力，将数据分类，以便于理解。比如，总销售额可以按时间（日、月等）、地区或店铺分类汇报。要将信息转化为**知识**（knowledge），还需再调用资源，开发适用于知识运作的模式、规则和环境。而**智慧**（wisdom）是集体和个人应用知识解决问题时所积累的经验。智慧就是能适时、适地且恰当地运用知识。

知识既具备个人属性，也具备公司的集体属性。知识产生于人脑中进行的认知活动，甚至是生理活动。另外，知识存储于图书和档案之中，传播于课堂之上；公司存储的知识是其业务流程和员工技能。存在于员工脑中、未形成文件的知识称为**隐性知识**（tacit knowledge），已形成文件的知识称为**显性知识**（explicit knowledge）。知识可以以电子邮件、语音邮件、图表的形式存在，既可以存在于结构化文档中，也可存在于非结构化文档中。通常，知识应当处在一个位置上，或者在人的思想里，或者在具体的业务流程中。知识具有黏性，不是普遍适用的，也不会轻易改变。另外，知识的存在是有条件、有语境的。例如，清楚何时执行程序与如何执行程序同样重要。表 11—1 总结了知识的这些维度。

表 11—1　　主要的知识维度

知识是一种公司财产
知识是一种无形资产。
将数据转化为有用的信息和知识要耗费组织资源。
与实物资产不同，知识不遵循边际效益递减定律。相反，它遵循经验网络效应，分享的人增多，知识的价值也随之增长。
知识有不同形式
知识可以是隐性的，也可以是显性的（编码化的）。
知识包含技能、工艺和技巧。
知识包括懂得如何遵循程序。
知识不仅包括了解事件何时发生，还包括了解事件为何发生（因果关系）。
知识有自己的定位
知识是一种认知结果，与个人的思维模式和认知地图有关。
知识涉及社会和个人两个方面。
知识是有黏性的（不易改变），受环境影响（与公司文化融合在一起），与情境相关（只在一定情况下才起作用）。
知识与环境相关
知识是有条件的：知道何时应用程序与了解这个程序同等重要（条件性）。
知识与情境相关：你必须知道在何种情况下如何使用某种工具。

我们可以看到，与其他资产（如建筑资产和金融资产）不同，知识是一种复杂的现象，管理知识的过程涉及诸多方面。我们必须承认，公司基于知识的核心竞争力（即公司最擅长的两三件事）是组织的重要资产。懂得如何以其他组织无法效仿的高效率、高效益方式工作，是获取利润和竞争优势的主要途径，是竞争对手花钱也买不到的。

例如，独有的按订单生产系统就是一种知识，也是其他公司难以效仿的特殊资产。应用知识，公司可以更加高效地使用稀缺资源。如果没有知识，公司的效率和效益都会下降，并导致最终的失败。

组织学习与知识管理

与人类一样，组织也会使用一系列组织学习机制来创造、收集知识。从数据收集、活动总结、反复试验、顾客反馈、周围环境各方面，组织都能获得经验。组织会根据学到的经验调整自己的行为，或是创造新的业务流程，或是改变决策管理方式。这种改变的过程叫做**组织学习**（organizational learning）。显然，那些能够感知环境变化并迅速做出调整的组织比学习机制薄弱的组织更具活力。

11.1.2　知识管理价值链

知识管理（knowledge management）是指一个组织为创造、存储、转换和应用知识而开发的一系列业务流程的集合。知识管理可以提高组织向外界学习并将知识应用于业务流程的能力。图 11—1 展示了知识管理价值链中的五个增值阶段。在每一个阶段，随着原始数据和信息转化为有用的知识，其价值逐渐增加。

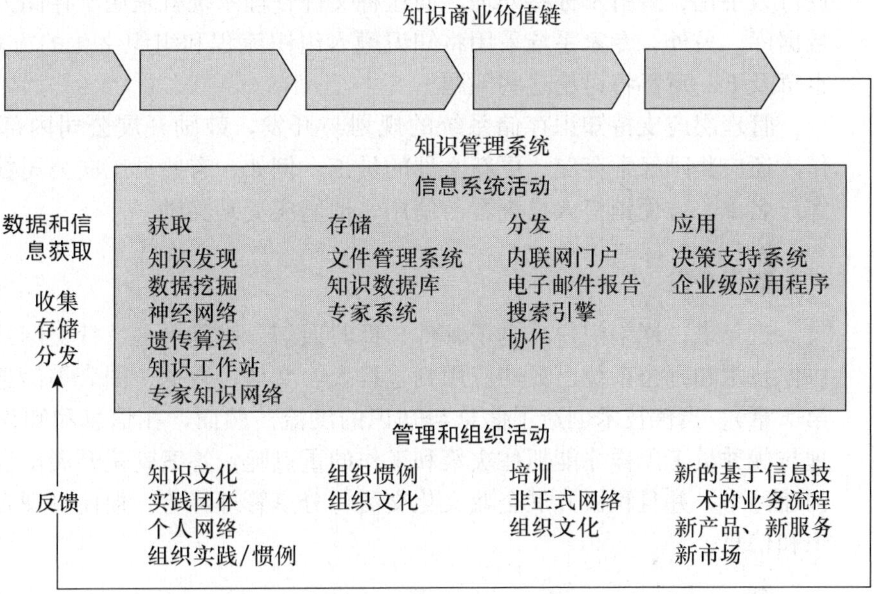

图 11—1　知识管理价值链

说明：如今，知识管理既包括信息系统活动，也包括大量支持性的管理和组织活动。

图 11—1 用框区分了信息系统活动与相关的管理、组织活动，信息系统活动在上方，管理和组织活动在下方。知识管理领域有句名言："有效的知识管理由 80% 的管理和组织与 20%的技术组成。"

在第 1 章，我们将组织和管理资本定义为从信息系统的投资中获益所必需的业务流程、文化和行为的集合。与其他信息系统投资一样，要想在知识管理项目的投资中获得最大收益，就要建立有利的价值观、结构和行为模式。如图 11—1 所示，要想在信息技术投资和图中上半部分的信息系统中得到显著回报，就必须在组织资本上投资，也就是要开展图中下半部分所列举的管理和组织活动。

知识获取

组织获取知识的方式很多，取决于它们寻求的知识类型。最初的知识管理系统致力于存储公司的文件、报告、演讲和最佳案例，以及非结构化文件（如电子邮件）。一种获取知识的方式是建立在线专家网络，通过该网络，员工可以找到公司中掌握特定知识的专家。

在另外一些情况下，公司需要利用数据探索新模式来创造新知识，或者通过工程师在知识工作站中发现新知识。本章将会介绍以上几种知识获取方式。一个连贯、有序的知识系统需要事务处理系统的数据支持，包括销售、支付、库存、客户和其他关键信息的系统数据，以及行业新闻、行业报告、法律观点、科学研究、政府统计等外部数据。

知识存储

文件、模式、特定规则等信息应当在发现后立即存储起来，以便员工检索使用。创建数据库是知识存储的一种常规手段。文件管理系统按照连贯的规程对文件进行数字化、索引及标签处理，而这种文件管理系统就是用于存储大量文件的大型数据库。另外，专家系统采用将知识融入组织流程和组织文化的方式来保存知识。本章及下一章都将讨论这些问题。

管理层应支持知识存储系统的规划与开发，鼓励开展公司内部的文件索引工作，还应奖励经常存储、更新文件的员工。例如，有些员工向公司数据库上传潜在客户名单，方便销售人员查看与使用，他们应受到奖励。

知识分发

近年来，网络门户、电子邮件、即时通信、维基平台、社交网站、搜索引擎等协作技术和办公系统已成功应用到日程表、文件、数据、图表等信息的共享中（见第 7 章）。当代技术创造了信息与知识的洪流。然而，在信息和知识的海洋里，经理与优秀员工怎样才能抓住决策和工作的重点呢？答案就是开展培训，开通非正式沟通网络，并且积极开展企业文化交流，分享管理经验，促使管理者关注重要的知识和信息。

知识应用

任何知识管理系统，若不能有效共享和应用知识、解决公司和管理者面临的实际问题，就没有商业价值。要得到投资回报，组织的知识就必须成为管理决策系统的一部分，并融入决策支持系统（见第 12 章）。最终，新知识必须融入公司的业务流程和主要应用系统，包括管理关键内部流程以及与顾客和供应商相关的企业应用系统。为达到这一目标，管理层会在新知识的基础上创造新的商务实践、新产品与服务，开拓新市场。

建立组织和管理资本：协作、实践团体与办公环境

除了上述活动外，管理层还可以创建负责获取知识的组织角色，如设立首席知识官职位、专职人员职位（如知识经理人）和实践团体。**实践团体**（communities of practice，COP）是由公司内外工作活动相似、兴趣相投的专家和员工组成的非正式社交网络。其活动包括自我教育、团体教育、会议、线上新闻发布，分享工作中解决具体问题的经验和技术。IBM、美国联邦公路管理局（U. S. Federal Highway Administration）及世界银行等组织已经建立了数以千计的在线实践团体，这些实践团体高度依赖于支持交流与合作的软件环境。

实践团体便于成员重复使用知识，成员可以创建文件存储库，锁定相关文件，为新成员过滤信息。实践团体成员充当协作者，鼓励集体讨论，欢迎发表个人观点。实践团体还能缩短新员工的学习曲线，引导新员工与主题专家沟通，帮助他们使用业内公认的成熟方法和工具。另外，实践团体可以成为新思想、新技术、新决策行为的孵化器。

11.1.3　知识管理系统的类型

知识管理系统有三种基本类型：企业范围内的知识管理系统、知识工作系统和智能技术。图 11—2 展示了三种主要知识管理系统类型的应用。

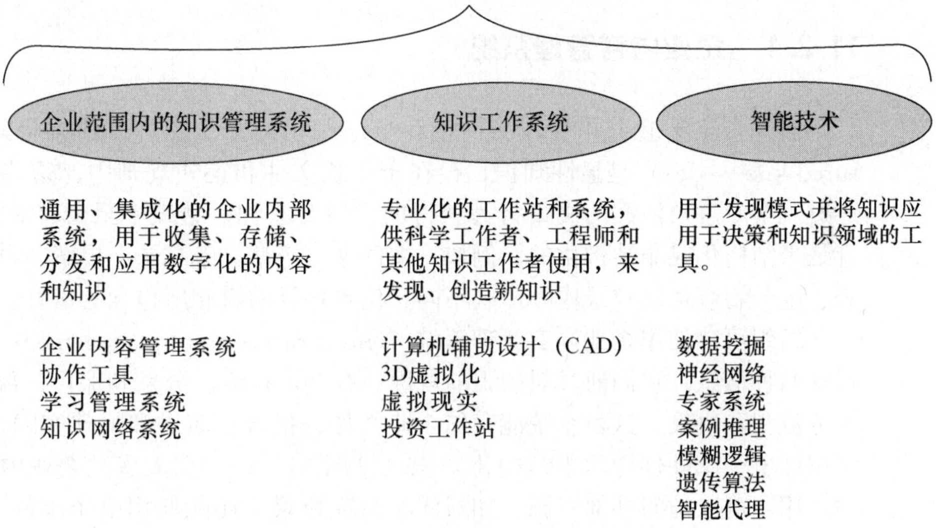

图 11—2　知识管理系统的主要类型

说明：知识管理系统有三种主要类型，每个类型又有很多分支。

企业范围内的知识管理系统（enterprise-wide knowledge management system）是一种公司范围内的通用系统，用于收集、存储、分发和应用数字化的内容与知识。这类系统能查询信息、存储结构化和非结构化数据、定位公司内的专家。另外，它还包括一些基础技术，如网络门户、搜索引擎、协作工具（电子邮件、即时通信、维基平台、博客和社交书签）以及学习管理系统。

为辅助工程师和科学工作者发现新知识，网络工作站和网络软件得到快速发展，计算机辅助设计、可视化、仿真、虚拟现实系统等知识工作系统应运而生。**知识工作系统**（knowledge work system，KWS）是为公司内部负责发现和创造新知识的工程师、科学工作者及其他知识工作者创建的专业系统。11.3 节将详细讨论知识工作系统。

知识管理还涉及各种**智能技术**（intelligent techniques），如数据挖掘、专家系统、神经网络、模糊逻辑、遗传算法和智能代理。这些技术的目标不同，有些集中于发现知识（如数据挖掘和神经网络），有些将知识转换成适用于计算机程序的形式（如专家系统和模糊逻辑），还有些用于发现解决问题的最佳方案（如遗传算法）。11.4 节会更详细地介绍这些智能技术。

11.2　企业范围内的知识管理系统

公司要处理至少三种知识。有些知识以结构化文本文档（如报告和演讲）的形式存在。决策者还会用到**半结构化知识**（semi-structured knowledge），如电子邮件、语音邮件、聊天室交流、录像、数码照片、手册或公告板帖子。另外，有些知识存在于员工脑中，是非正式或非数字化的信息，这种知识大多是隐性知识，很少有文本记录。企业范围内的知识管理系统要处理这些知识。

11.2.1　企业内容管理系统

当今企业要组织并管理结构化和半结构化的知识资产。**结构化知识**（structured knowledge）是显性知识，存在于正式文件和正式规则中，这些规则是组织通过观察专家及他们的决策行为获得的。但专家称，组织中至少有 80%的业务内容是半结构化或非结构化的，例如，文件夹、消息、备忘录、提案、电子邮件、图表、电子幻灯片以及录像等形式不同、位置各异的媒介所包含的信息。

组织可以使用**企业内容管理系统**（enterprise content management systems）管理这两种信息。它们通过对知识的获取、存储、检索、分发和保存，帮助公司优化业务流程和决策。这类系统能存储企业文件、报告、演讲和最佳实践，还能收集、组织像电子邮件这样的半结构化知识（见图 11—3）。在大多数企业内容管理系统中，用户可以访问外部资源，如新闻与研究成果，还能使用电子邮件、聊天/即时通信、讨论组和电视会议进行交流。Open Text Corporation、EMC（Documentum）、IBM 和甲骨文是企业内容管理软件的主要供应商。

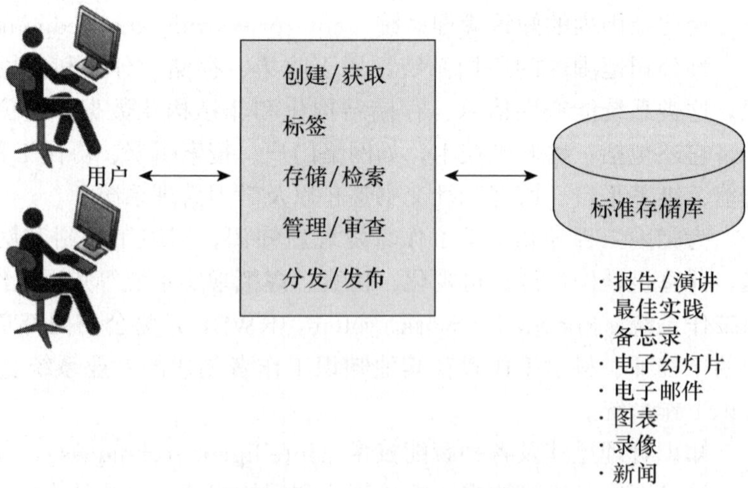

图 11—3　企业内容管理系统

说明：企业内容管理系统能够对结构化知识与半结构化知识进行分类、组织和管理，供全公司使用。

巴里克黄金（Barrick Gold）是全球领先的黄金生产商，它使用 Open Text

LiveLink 企业内容管理工具来管理建矿所需的大量信息。该系统能组织、存储结构化和非结构化内容，包括 CAD 图纸、合同、工程数据以及生产报告。业务团队要查看原始文件也非常方便，因为这些文件都存放在同一数字存储区内，而不是分散在不同的系统中。巴里克黄金公司的电子内容管理系统减少了搜索文件所需的时间，缩短了项目工期，提高了决策质量，并将返工的可能性降到最低（Open Text，2010）。

管理知识的关键之一是要制定合适的分类方案——又称**分类法**（taxonomy），将各种信息整理到不同类别中以便查找使用。确定知识分类方案后，每个知识对象都应贴上相应的“标签”并进行分类，便于快速检索访问。企业内容管理系统可以将知识分类，连接存储文件的公司数据库，并创造可供员工搜索企业知识的企业门户环境。

出版、广告、广播和娱乐行业的企业尤其需要存储和管理非结构化的数字资料，如照片、图像、录像、音频等。例如，可口可乐必须跟踪世界各地不同时期使用过的品牌形象，避免冗余工作，并防止它们偏离标准的品牌形象。**数字资产管理系统**（digital asset management systems）能帮助公司分类、存储和分发这些数字化对象。

11.2.2　知识网络系统

知识网络系统（knowledge network systems），也称专家定位与管理系统（expertise location and management systems），当知识不是以数字文件形式存在，而是存储在公司某个专家头脑中时，主要由这类系统处理相关问题。知识网络系统会提供公司专家的在线索引，根据专家所在的不同领域进行分类；另外，通过通信技术让员工可以轻松地找到公司内的相关专家。有些知识网络系统做得更完善，它们将专家提出的解决方案系统化，存入知识数据库，使其成为最佳实践或常见问题（FAQ）的存储库（见图 11—4）。AskMe 提供了独立的知识网络软件，其中部分功能与一些先进的写作软件套件中的相同。

11.2.3　协作工具与学习管理系统

大部分企业内容管理系统包括强大的网络门户和协作技术。通过企业知识门户，既可以访问外部资源信息，也可以访问内部知识资源。同时，它还提供电子邮件、聊天/即时通信、讨论组、电视会议等功能。

企业已经在内部使用博客、维基平台、社交书签等网络技术，以促进个人与团队之间的合作与信息交流。博客和维基平台能帮助公司采集、整合并集中知识。Microsoft SharePoint 和 Lotus Connections 等协作工具也能完成这些工作，还能提供安全的在线协同工作环境。

第 2 章和第 7 章已介绍过维基平台，它性价比高且易于实现。维基平台提供了一个中央存储器，可存储能在网络浏览器中展示的各类公司数据，包括电子文件、电子表格、幻灯片，还能插入电子邮件和即时通信。用户可以修改他人贡献的维基

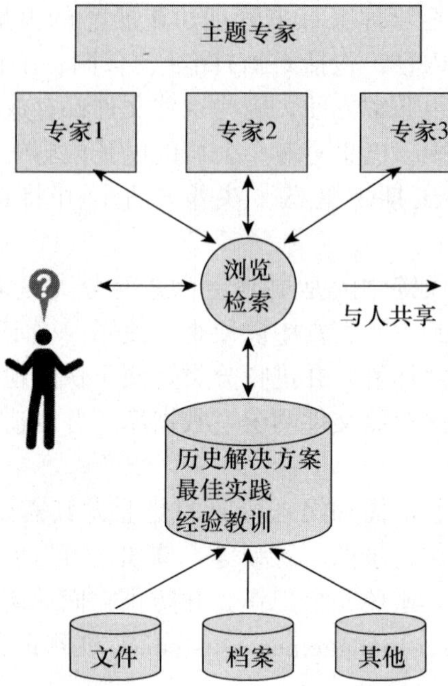

图 11—4　企业知识网络系统

说明：知识网络可以维护包括企业专家和已知问题解决方案的数据库，促进寻求知识的员工与拥有知识的专家之间的交流。交流中产生的解决方案会以常见问题、最佳实践或其他文件形式加入解决方案数据库。

平台内容，但维基平台能跟踪内容的变化，也可将其恢复到较早的版本。维基平台最适合管理需要频繁修改并长期开放的信息。

使用**社交书签**（social bookmarking），用户可以在公共网站上将网页保存为书签，并用关键词标记书签，使搜索和共享信息更方便。这些标签可以用来整理和搜索文件，而标签列表可与他人共享，便于用户寻找感兴趣的信息。用户为分享书签创建的分类法叫做**通俗分类**（folksonomies）。Delicious 和 Digg 是两个流行的社交书签网站。

假设你所在的团队正在研究风力，如果需要在网上寻找与风力相关的网页，你就可以点击社交书签站点上的书签按钮，为每一个与风力相关的网络文件配上标签。点击社交网站的标签按钮，你就能看到创建的标签列表，选择所需文件。

公司需要跟踪、管理员工的学习情况，并将其更好地整合到公司的知识管理及其他系统中。**学习管理系统**（learning management system，LMS）是对员工的各类学习和培训信息进行管理、传送、跟踪和评估的工具。

如今的学习管理系统支持多种学习模式，包括只读光盘存储器（CD-ROM）、可下载的视频、网络课程、课堂里或网络上的实时教学，以及线上论坛和聊天室中的小组学习。学习管理系统能够进一步强化、融合各类媒体的培训，实现课程选择和管理的自动化，整合、传送学习内容，并检测学习效果。

例如，惠而浦公司采用 CERTPOINT 的学习管理系统，为 3 500 名销售人员注册培训项目、安排日程、管理报告和学习内容。惠而浦公司使用该学习管理系统为学员量身定制课程内容，跟踪学习情况，制定绩效指标。

11.3 知识工作系统

11.2 节介绍的企业范围内的知识系统具备诸多功能，可供组织内很多员工和团体使用。公司也会为知识工作者提供专门的系统，帮助他们创造新知识，并确保这些知识被恰当地应用到公司业务中。

11.3.1 知识工作者与知识工作

我们在第 1 章提到，知识工作者包括研究者、设计者、建筑师、科学家和工程师，是组织中知识和信息的主要创造者。他们通常受教育程度很高，是专业化组织的一员，而且在工作中需要进行独立判断。例如，知识工作者要开发新产品或者优化现有产品。对于组织及其管理者来说，知识工作者在以下三个方面起着重要作用：

- 保证组织跟上外界知识（在技术、科学、社会思想和艺术方面）的发展步伐；
- 作为公司内部的顾问，贡献自己所在领域的知识，并提供形势变化和商业机会等方面的咨询；
- 充当变革力量，评估、启动和推进变革项目。

11.3.2 知识工作系统的要求

大多数知识工作者都依赖于为提高办公效率而设计的办公系统，如文字处理、语音邮件、电子邮件、电视会议和日程系统等。然而，他们也需要高度专业化的知识工作系统提供一系列强大的功能，如图形处理、数据分析、沟通交流及文档管理。

这些系统要有强大的计算能力来处理复杂的图形或计算，以满足科研工作者、产品设计者和财务分析师的需求。由于知识工作者非常关注外部世界的知识，因此知识工作系统必须能快捷地连接到外部数据库。它们通常界面友好，用户不需要花费大量时间学习就可以使用系统执行任务。知识工作者是高薪员工，浪费他们的时间代价很大。图 11—5 总结了知识工作系统的要求。

知识工作站通常是为执行特定任务而设计和优化的。例如，设计工程师与金融分析师对工作站的需求是不同的。设计工程师需要的工作站应具备强大的图形处理能力，能处理三维计算机辅助设计（3-D CAD）系统。而金融分析师更感兴趣的是，如何有效地在众多外部数据库和大型数据库中存储、访问海量财务数据。

11.3.3 知识工作系统实例

主要的知识工作应用系统有计算机辅助设计系统、用以仿真和建模的虚拟现实

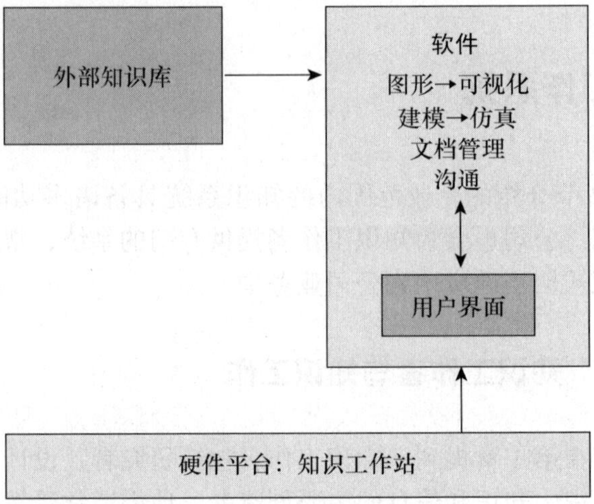

图 11—5 知识工作系统的要求

说明：除了要有专门的硬件和软件支持外，知识工作系统还要有连接外部知识库的强大功能。

系统以及财务工作站。**计算机辅助设计**（computer-aided design，CAD）利用计算机和复杂的图形软件实现了设计和修改的自动化。如果使用传统的实体设计方法，每次修改设计都需要新建一个模型，并实际测试一个新原型。这个过程要重复多次，十分费钱费时。通过使用计算机辅助设计工作站，设计者可以轻松地用计算机测试和修改设计，只需在设计接近尾声时制作一个实体原型。计算机辅助设计所提供的加工和生产流程的设计规范也可以解决很多生产中的问题，节省了大量时间和金钱。

Troy Lee Designs 是一家生产运动头盔的公司，近期投资了设计 3D 头盔的计算机辅助设计软件。该技术比传统方法的定型效果更好。传统方法的流程是：在纸上画出头盔的概念草图，用黏土塑造模型，再将模型运到亚洲的工厂制造塑料原型。现在，亚洲的工厂通过电子邮件收到电子设计图纸后，就能生产出一个复制品，因此，生产周期比以前缩短了 6 个月左右，成本也降低了约 35%（Maltby，2010）。

在可视化、渲染和仿真能力方面，**虚拟现实系统**（virtual reality systems）都远远优于传统的计算机辅助设计系统。它能应用计算机交互性图形软件生成模拟场景，这种模拟十分接近现实，用户几乎认为他们进入的就是现实生活场景。在多数虚拟现实系统中，根据不同的应用程序，用户身着特殊服装，头戴帽盔，携带不同的设备。通常，服装内装有传感器以记录用户的一举一动并迅速将信息传送给计算机。例如，在虚拟现实系统模拟的一间房子中行走，你要穿着特殊服装来记录手、脚、头的每一个动作。你还需要佩戴有视频扫描器和音频附件的护目镜，并戴上感知手套，以清晰感受计算机的反馈。

虚拟现实系统帮助波音公司的机修工人在 25 天的培训课程中学习如何处理 787“梦想”飞机上出现的各种问题，包括维修机舱内坏了的灯，以及处理飞行控制系统的主要故障。教室墙上挂有巨幅图解，波音公司的机修工人使用笔记本电脑、台式电脑在系统上接受培训，该系统可展示波音 787 驾驶舱和飞机的 3D 外形，并能与机修工人进行互动。机修工人通过点击鼠标可在飞机中到处“走动”，也可打开虚拟的维修面板，进入飞机“维修和更换部件”（Sanders，2010）。

增强现实（augmented reality，AR）是一种与提高可视化水平相关的技术。增强现实直接或间接地生动展示了物理现实环境，真实世界中的元素是由计算机生成的虚拟图像增强的。用户处于真实的物理世界，虚拟图像和真实场景合在一起形成更强的效果。数字化技术提供了额外信息，以提升用户对现实的感知，并使用户周围的现实世界更具互动性、更有意思。下面的“互动讨论：技术”专栏进一步描述了增强现实及其相关应用。

互动讨论：技术

增强现实：让现实更美好

大多数人对虚拟现实这一概念并不陌生，无论是从《阿凡达》、《黑客帝国》这样的电影中，还是从科幻小说或视频游戏中，都能有所了解。虚拟现实是计算机生成的交互式三维环境，能给人身临其境的感觉。而在过去的几年里，出现了虚拟现实的新形式——增强现实，它已成为许多公司营销工作的重点。增强现实不仅仅出现在科幻小说中，它还是一种令人兴奋的新方式，为用户和潜在客户创造更丰富、更具交互性的体验。

增强现实和传统的虚拟现实不同。在虚拟现实中，用户完全沉浸在计算机生成的环境中，并经常使用头戴式显示器消除来自现实世界的任何干扰，从而可以更加专注；而用户使用增强现实（也被称为AR）工具可以保持自身在现实世界中的存在。增强现实将现实生活中的图像与图形或其他特效混合起来了，用户可使用以下三大显示技术中的任意一种：头戴式显示器，与虚拟现实中提到的一样；空间显示器，在物理对象上显示图形信息；手持式显示器。

几乎每个人都已接触到某种形式的AR技术。体育迷熟知电视转播的足球赛中出现的黄色首攻标记，或者在冰球比赛中表示冰球位置和方向的特殊标记。这些都是增强现实的例子。另外，AR也常应用于医疗行业。比如在影像引导手术中，从电脑断层扫描（CT）和磁共振成像扫描（MRI）中获得的数据，或者从超声成像中获得的数据，都将用于手术室中的病人身上。其他一些开始应用AR的领域有军事训练、工程设计、机器人学以及消费者设计。

随着公司对增强现实技术越来越熟悉，营销人员正在开发充满创意的新方法来使用该技术。印刷媒体公司将增强现实技术视为一种能让产品激动人心的新方法。《时尚先生》（*Esquire*）杂志在2009年12月出版的刊物上大量使用AR，在杂志中添加了一些贴纸，如果拿起这些贴纸对着网络摄像头，就能触发一段由封面人物小罗伯特·唐尼（Robert Downey Jr.）主演的互动视频，将杂志转向不同的方向会出现不同的图像。又如，某时尚杂志介绍如何搭配衣着，读者通过调整杂志与网络摄像头的角度能让演员杰瑞米·雷纳（Jeremy Renner）随着季节变化穿上不同的衣服。

雷克萨斯在杂志中做了一则广告，广告页上会显示周围物体反射的“雷达波”。同样，调整杂志的角度能改变广告的内容。雷克萨斯的市场营销副总裁戴维·诺德斯特姆（David Nordstrom）说，他被AR技术深深吸引，因为他认为“市场营销工作就是通过有意思的方式与人们交流，并且这些方式要与人们有关联且有娱乐性”。用户对该杂志的反馈不错，认为AR达到了这一目标。

棒约翰也用AR来吸引和取悦客户，将AR标签添加到比萨盒上，用网络摄像头照一下这些标签，就能展示公司创始人开着车的图像。棒约翰的董事长认为，AR是“比阅读或看一则广告更具有互动性的好方法，它能让顾客参与到推销中来”。

对于AR技术不断增长的市场需求，手机应用开发者也很兴奋。大多数手机都装有摄像头和全球定位系统，具有上网和指南针功能，这使得智能手机成为手持式AR显示器的理想选择。AR的主要新市场之一是房地产，能帮助用户获取最新房地产名录和信息的应用已开始流行。Layar是一家开发程序的新公司，总部位于阿姆斯特丹，它为法国房地产机构MeilleursAgents.com开发了一款App。用户安装该App后，将手机摄像头对准巴黎的任何建筑物，只需几秒钟，手机上就能显示该房产的一张小照片和每平方米的价格。

在其他国家，已经开发出了30多个类似的应用，包括美国房地产公司ZipRealty的HomeScan，它在早期就已很成功。虽然这一技术仍然很新，有待进一步发展，但目前用户已经可以站在某些待售房屋前，将他们的手机对准建筑物，在屏幕上看到叠加在该房产上的详细信息。如果房屋距离太远，用户可以切换到手机的交互式地图，定位该房屋及其周边的待售房屋。ZipRealty因收到用户对HomeScan的反馈而大受鼓舞，计划在App中添加关于餐馆、咖啡店以及其他周边情况的信息。Wikitude是另外一个著名的应用，它能让用户在手机上看到周边情况的信息，这些信息基于网络且由用户提供。

质疑者认为AR技术不是有用的工具，而是骗人的东西。然而，Layar的应用自发布以来，下载频率达到了每周1 000多次。该应用能够获取房产信息当然不会是骗人的，它是一款能有效帮助购房者的合法工具。

营销人员发现，用户很希望他们的手机能拥有台式电脑的所有功能，而且越来越多的AR混搭应用已经发布。它们能显示旅游景点的信息，能画出地铁站点图表，能让室内设计师将家具方案叠加到房间内，让潜在客户更容易选出他们最喜欢的布置。分析师认为，AR仍将流行，手机AR市场将进一步增值。

资料来源：R. Scott MacIntosh, “Portable Real Estate Listings-with a Difference,” *The New York Times*, March 25, 2010; Alex Viega, “Augmented Reality for Real Estate Search,” Associated Press, April 16, 2010; “Augmented Reality-5 More Examples of This 3D Virtual Experience,” http://www.nickburcher.com/2009/05/augmented-reality-5-more-examples-of.html, May 30, 2009; Shira Ovide, “Esquire Flirts with Digital Reality,” *The Wall Street Journal*, October 29, 2009.

[思考题]

1. 虚拟现实和增强现实之间的区别是什么？

2. 为什么增强现实对于营销人员来说有这么大的吸引力？

3. 是什么使得增强现实对于房地产购买如此有用？

4. 请列举增强现实在其他方面的知识应用程序。

[MIS实践]

请找一些有关增强现实的视频（如果你找不到，请访问Nick Burcher的博客：http://www.nickburcher.com/2009/05/augmented-reality-5-more-examples-of.html），根据它们来回答下列问题：

1. 为什么视频中的示例是AR的一个实例？

2. 你认为它是有效的营销工具或应用程序吗？为什么？

3. 你能想出其他适合采用AR的产品或服务吗？

针对网络开发的虚拟现实应用程序采用**虚拟现实建模语言**（Virtual Reality

Modeling Language，VRML）标准。VRML 是一组基于万维网的互动性三维建模规范，它利用动画、图像、声音等多媒体形式使用户置身于模拟的真实世界环境中。VRML 独立于平台，运行于台式机，只需要很小的带宽。

杜邦公司（DuPont）开发了一种叫做“HyperPlant”的 VRML 应用程序，通过它，用户可以使用网络浏览器在互联网上访问三维数据。工程师可以身临其境般行走在工厂的三维模型中，“亲眼”看到各种物体。对细节如此关注，可以减少建造油井设备、炼油厂或其他建筑时的差错。

金融业通过使用专门的**投资工作站**（investment workstations）影响了经纪人、交易商和投资组合经理的知识与获取知识的时间。美林公司（Merrill Lynch）和瑞银金融服务公司（UBS Financial Services）等企业安装了投资工作站，将来自内外部资源的大量数据整合起来，其中包括联络管理数据、实时和历史市场数据以及研究报告。过去，金融专家要花大量时间从不同的系统中获得数据，整合所需信息。现在，工作站可以提供更快、更准确的一站式信息，简化了从选股到更新客户记录的整个投资过程。表 11—2 总结了知识工作系统的主要类型。

表 11—2　　知识工作系统实例

知识工作系统	在组织中的作用
计算机辅助设计（CAD）/计算机辅助制造（CAM）	帮助工程师、设计者和工厂管理者精确控制工业设计和制造
虚拟现实系统	为药物设计者、建筑师、工程师及医疗工作者提供精确、逼真的实物模拟
投资工作站	金融行业中使用的高端计算机，可实时分析交易情况，协助管理投资组合

11.4　智能技术

人工智能和数据库技术提供了很多智能技术，组织可以用其获取个人和集体知识，不断扩展知识库。专家系统、案例推理和模糊逻辑可用来获取隐性知识。神经网络和数据挖掘可用于**知识发现**（knowledge discovery）。它们能够从大型数据集中发现潜在模式、分类和行为，而这些单靠管理者自己或仅凭经验是很难发现的。遗传算法用于解决人类无法分析的大而复杂的问题。智能代理能自动处理常规任务，帮助公司搜索和过滤在电子商务、供应链管理等活动中需要的信息。

第 6 章介绍的数据挖掘可以帮助组织获取大型数据库中未被发现的知识，为管理者提升公司绩效提供了新思路。数据挖掘已成为管理决策的重要工具，第 12 章会详细探讨数据挖掘对管理决策的支持作用。

本章讨论的其他智能技术都是以**人工智能**（artificial intelligence，AI）技术为基础，人工智能技术由基于计算机的系统（硬件和软件）组成，力图模仿人类的行为。这种系统能学习语言，完成体力活动，使用感知型工具，以及模仿人类的技能和决策。尽管人工智能应用程序在广泛性、复杂性、原创性和普遍性方面都不及人类智慧，但是在当代知识管理中扮演着非常重要的角色。

11.4.1 捕获知识：专家系统

专家系统（expert systems）是一种智能技术，可在有限且特定的人类技能领域中捕获隐性知识。它们获取熟练员工的知识，将其转化为软件系统中的一系列规则，供组织中的其他人使用。这些专家系统中的规则会被存储到公司的记忆库或学习库中。

专家系统不像真正的专家那样知识渊博，也无法理解事物的基本原理。通常，它们专门处理有限的任务，例如诊断机器故障、决定是否批准贷款等，如果这些任务交给专业人员，他们要用几分钟或几小时来完成。在同样短的时间内，专家无法解决的问题对于专家系统来说就更困难了。然而，通过捕获人类在有限领域内的专业知识，专家系统可以帮助组织用较少的人力做出高质量的决策。如今，专家系统已广泛应用于企业的离散型、高结构化的决策制定。

专家系统如何工作

人类的知识必须被转换成模型或以计算机可以处理的其他一些形式表示。专家系统将人类知识整合成一系列规则的集合，称为**知识库**（knowledge base）。根据问题的复杂程度，专家系统包含的规则少则 200 条，多则成千上万条。这些规则之间的联系比在传统软件程序中紧密复杂得多（见图 11—6）。

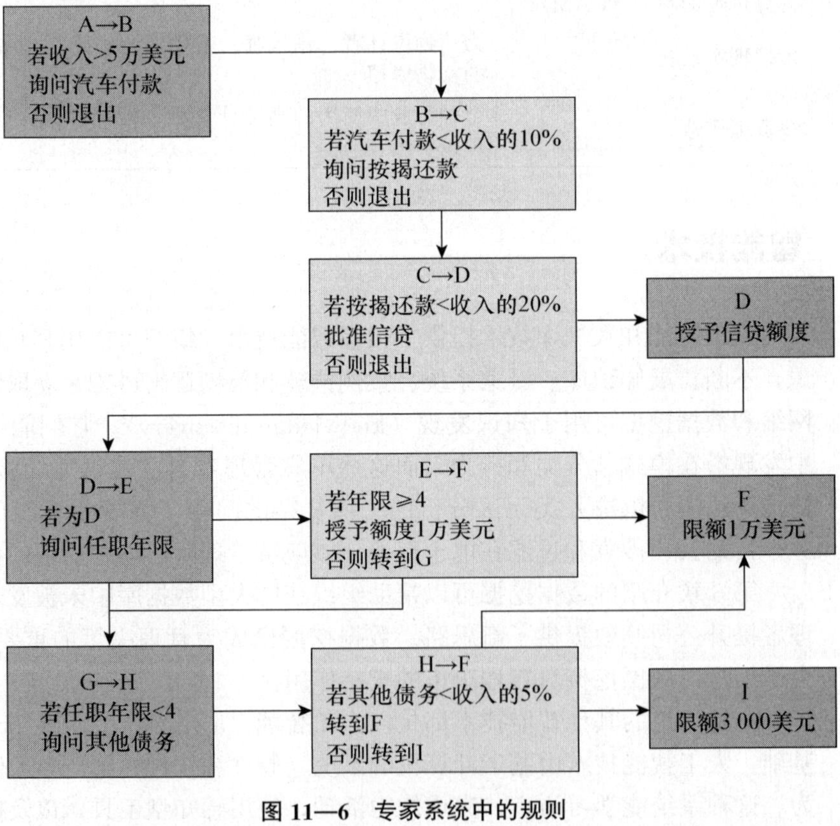

图 11—6　专家系统中的规则

说明：一个专家系统包含很多需要遵守的规则。这些规则有紧密的联系；结果的数量是已知且有限的；有多条路径通向同一结果；系统可以同时考虑多条规则。图中显示的是简单的信贷专家系统所使用的规则。

搜索知识库所用的策略叫做**推理引擎**（inference engine）。两种常用策略是演绎法（前向链）和归纳法（后向链）（见图 11—7）。

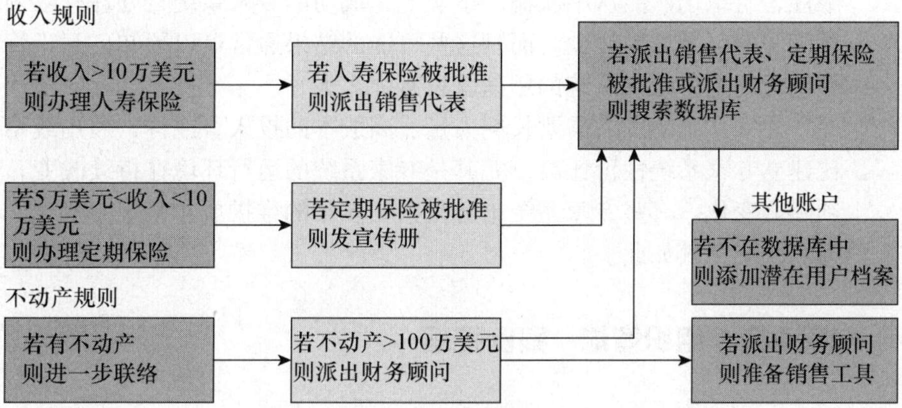

图 11—7　专家系统中的推理引擎

说明：推理引擎工作时搜索所有规则，启动那些被用户所收集和输入的事实激活的规则。这些规则与传统软件中一系列嵌套的 IF 声明类似，但是，专家系统中语句的数量级和嵌套的程度要远远高于传统软件。

在**演绎法（前向链）**（forward chaining）中，推理引擎从用户输入的信息着手，搜索规则库，得出结论。当条件为真时，系统就会启动或执行规则。在图 11—7 中，从左边开始，如果用户输入的客户姓名所对应的收入超过 10 万美元，引擎就会从左到右按顺序启动所有规则。如果用户再次输入的信息表明此用户拥有不动产，规则库中的另一条路径会被激活，那么将执行更多的规则。处理过程一直进行，直到没有任何规则可被启动。

在**归纳法（后向链）**（backward chaining）中，规则库的搜索策略是从一个假设开始，随后就选定事实向用户提出问题，直到假设被肯定或否定。在图 11—7 的例子中，问题是："我们是否应将此人加入潜在客户数据库?"搜索从图左侧向右开始工作。可以看到，如果销售代表被派出，定期保险被批准，或财务顾问拜访了该客户，则这位客户应当被加入数据库。

专家系统的成功案例

专家系统为企业带来了诸多好处，包括提高决策质量、减少失误、降低成本、缩减培训时间以及优化产品质量与服务。Con-Way 运输公司创建了名为"Line-haul"的专家系统，以实现其全国通宵货物运输路线规划的自动化和优化。专家系统捕获到一些业务规则——每晚在分配司机、卡车、拖车将 5 万船重质货物运送到美国的 25 个州和加拿大，以及绘制路线图时，调度员所遵守的规则。Line-haul 基于 Sun 平台运行，使用甲骨文数据库中的众多数据，包括每天的客户装运申请书，可用的司机、卡车、拖车空间及容重等。这一专家系统使用上千条规则和 10 万行 C++ 语言程序代码，快速处理大量数据，并为每天 95%的货物运输制定最佳路线。Con-Way 的调度员将专家系统提供的计划稍作调整，再把最终的路线说明交给负责夜间装车的现场工作人员。通过减少司机人数、增加拖车负载、降低换装损失，Con-Way 在两年内就收回了为配置专家系统而投入的 300 万美元。另外，该系统也减轻了调度员的夜间工作负担。

专家系统缺乏人类的智慧，只能解决特定类别的问题，但只要充分理解它的局限性，组织仍然能从中获益。事实上，成功的专家系统只处理有限领域的问题，这种问题的可能结果较少，而且这些可能的结果通常可以预知。至于管理者遇到的非结构化问题，专家系统的用途就没有那么大了。

专家系统的发展需要长期大量、高成本的投入。或许，雇用或培训更多专家会比建立专家系统性价比高。尤其是专家系统的运行环境在持续改变，专家系统也必须随之变化。有些专家系统十分复杂，多年的维护成本甚至不亚于开发成本，大型专家系统尤其如此。

11.4.2　组织智能：案例推理

专家系统主要获取的是专家个人的隐性知识，然而，除此之外，组织还拥有长年积累下来的集体知识和技能。这些组织知识可以通过案例推理来获取、存储。在**案例推理**（case-based reasoning，CBR）中，专业人员的经验描述以案例的形式存储于数据库中，便于用户在遇到有相似参数的新案例时检索使用。系统搜索与新问题的特征相近的案例，找到最相似的那个，将其解决方案应用于新案例。成功的解决方案会与新案例标记在一起，并与其他案例一同存入知识库。不成功的解决方案也会存入案例数据库，并附上此方案不成功的原因（见图 11—8）。

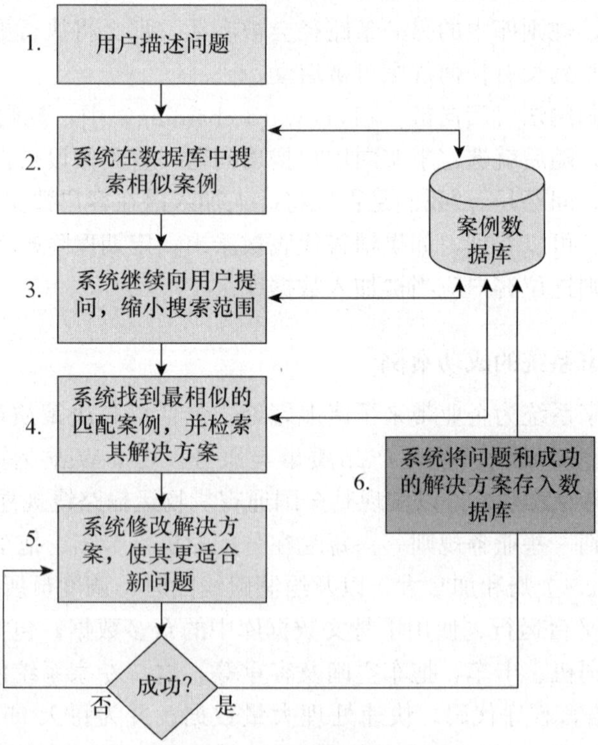

图 11—8　案例推理如何工作

说明：案例推理以过去的案例及其解决方案的数据库的形式来呈现知识。系统分六步为用户遇到的新问题提供解决方案。

专家系统通过专家总结出的一系列 IF-THEN-ELSE 规则开展工作。案例推理则以案例形式体现知识，用户会不断扩充、改进知识库。你可以在医疗或客户支持的诊断系统中发现案例推理，用户能够查询与新案例特征相似的过往案例。该系统会根据检索到的最佳匹配案例提供解决方案。

11.4.3　模糊逻辑系统

大多数人不会以传统的 IF-THEN 规则或精确数字的方式思考问题，而是应用决策规则，粗略地将事物分类，这样就可能产生许多隐含意义。例如，一个男人或女人可能是强壮的或聪明的；一家公司可能是大型、中等或小型规模的；室温可能让人感觉是炎热的、寒冷的、凉爽的或暖和的。上述这些表示的是一个取值范围。

模糊逻辑（fuzzy logic）是一种基于规则的技术，可以通过创建使用近似值或主观值的规则，来表达不精确性。它能以语言形式描述一个特定现象或过程，然后将此描述用少量灵活的规则表达出来。组织可以用模糊逻辑开发软件系统，以获取语意模糊的隐性知识。

下面我们来看看一个计算机程序要自动控制房间温度时，模糊逻辑如何表示不同的温度。在这里，术语（或称隶属函数）的定义并不精确。例如，图 11—9 中，虽然 60℉～67℉的温度最能让人明显感觉到凉爽，但人们将 45℉～70℉的温度都定义为凉爽。注意，凉爽的定义范围与寒冷或暖和有重叠。要使用模糊逻辑控制室内环境，程序员还要对湿度、户外风速和气温等其他因素给出相似的不精确定义。系统中可能会出现这样的规则：“如果室温让人感觉凉爽或寒冷，湿度低，而且户外风速大，气温低，则升高房间的温度和湿度。”计算机会用加权的方法组合隶属函数的读数，应用这些规则升高或降低室内的温度和湿度。

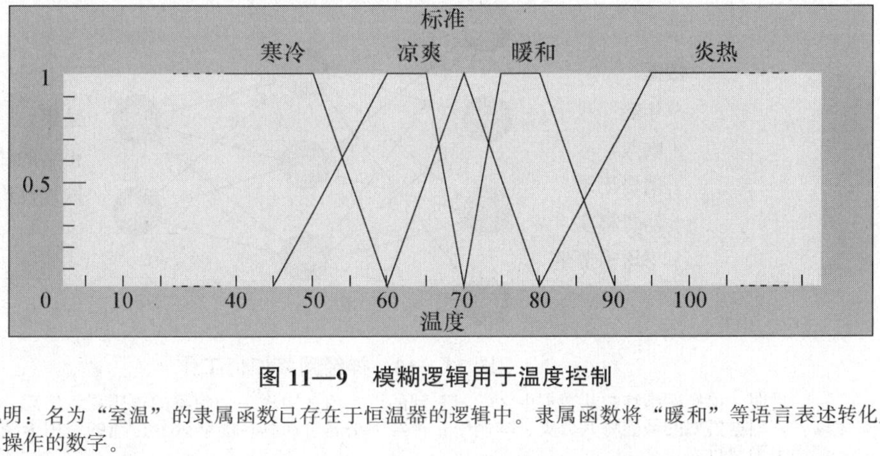

图 11—9　模糊逻辑用于温度控制

说明：名为“室温”的隶属函数已存在于恒温器的逻辑中。隶属函数将“暖和”等语言表述转化成计算机可以操作的数字。

对于所需的专业知识难以用简单的 IF-THEN 规则来表示的问题，模糊逻辑可以提供解决方案。在日本，模糊逻辑帮助仙台的地铁平稳加速，站立的乘客甚至不需要扶手。东京的三菱重工采用了运用模糊逻辑的控制软件，将其空调耗电量减少了 20%。另外，模糊逻辑使相机自动对焦成为可能。在这些例子中，模糊逻辑允许以增量变化的输入产生平滑变化的输出，而不是跳跃式变化的输出，这使得模糊逻辑对于消费类电子产品和工程应用来说很有用处。

另外，管理层还发现，模糊逻辑在决策制定和组织控制方面也很有用。华尔街的一家公司创建了一个系统，采用股票交易商能懂的语言，选择潜在收购的目标公司。在美国各地，有一种模糊逻辑系统被用于监察医疗服务机构提交的医疗索赔中可能存在的欺诈行为。

11.4.4　神经网络

神经网络（neural network）通过收集大量数据来解决一些复杂、难以理解的问题。它们从大量数据中发现模式和数据间的相关性，而这些规律和相关性太过复杂，是人类难以分析的。神经网络使用模拟生物大脑或人类大脑处理模式的硬件和软件来发现知识，通过筛选数据、搜索关联、建立模型和反复纠正模型自身错误的方法从大量数据中“学习”其模式。

一个神经网络有大量传感节点和处理节点，它们持续地互相作用、互相影响。图 11—10 展示了一种神经网络，它由一个输入层、一个输出层和一个隐藏处理层构成。为了“训练”此网络，人们会输入一组训练数据，而这些输入会生成一系列已知的输出或结论。这样，计算机可以参照案例，学习正确的解决方案。随着输入的数据越来越多，每个案例都要与已知结果进行比较。如果与结果不同，系统会在计算后修正隐藏处理层的节点。这些步骤会一直重复，直到神经网络达到某一标准，如修正数量低于某个值。图 11—10 的神经网络已学会了如何识别欺诈性的信用卡消费行为。另外，自组织的神经网络可通过接触大量数据进行训练，它们会从数据中发现模式和相关性。

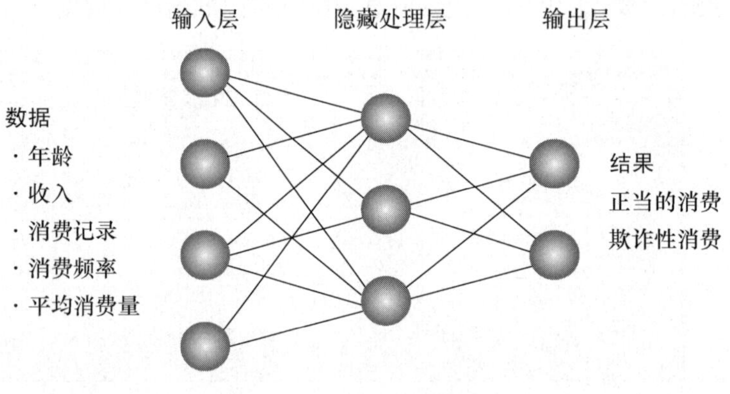

图 11—10　神经网络如何工作

说明：神经网络将它从数据中“学习”到的模式用来构建一个隐藏的逻辑层，然后，隐藏处理层会处理输入，根据模型的经验将其分类。本例中，神经网络通过训练，能够区分正当的信用卡消费行为和欺诈性的信用卡消费行为。

专家系统试图模仿人类专家解决问题的方式，而神经网络的创建者声称，他们不会通过编程提供解决方案，他们的目标也不是解决某些特定的问题。神经网络设计者试图实现硬件智能化，使其拥有全面的学习能力。相反，专家系统被专门用来解决一些特定问题，很难对其进行再培训。

在医学、科学和商业领域，神经网络已用于解决模式分类、预测、财务分析、控制及最优化等问题。在医学方面，神经网络可以为病人检查冠状动脉疾病，诊断癫痫症和阿尔茨海默病（老年痴呆症），对病理影像进行模式识别等。金融行业使用神经网络从大批数据中识别出模式，用于预测股票业绩、公司债券评级或企业破产等。维萨国际组织（Visa International）使用神经网络监视所有的 Visa 卡交易，识别持卡人消费模式的突变，监察信用卡欺诈行为。

神经网络有很多难解的问题。专家系统能为其解决方案提供解释，但神经网络有时无法说明它们为什么会得到这样的解决方案。它们甚至不能保证得到一个确定的解决方案，当输入相同时不能保证得到相同的解决方案，也不能保证得到的总是最佳解决方案。它们非常敏感，而且如果培训时数据过多或过少，都有可能影响其性能。在现阶段的大多数应用中，神经网络最适合辅助人类决策者做出决定，并不是取而代之。

与神经网络紧密相关的一种技术是**机器学习**（machine learning），其核心算法和统计方法能够让计算机从大量数据集中提取规则和模式，并对未来做出预测。神经网络和机器学习技术都被用于数据挖掘，其中，机器学习在金融业证券交易决策方面的应用喜忧参半。

互动讨论：组织

信息技术——Albassami 经营之道

如果你生活在像沙特阿拉伯（面积为 210 万平方公里）这样的国家，地理环境迥异，气候恶劣，昼夜温差极大，到处是干旱的沙漠，现在要从一个城市搬到另一个城市，距离长达几千公里。你有两种选择：开车；借助车辆运输公司将你的车空运或海运到目的地。大多数沙特人会选择第二种。正因如此，沙特阿拉伯成为中东地区最大的车辆运输市场。Albassami 公司应运而生，并成为中东地区最大的陆地运输商之一。

沙特阿拉伯境内以及其邻邦的车辆运输市场达到了约 20 亿里亚尔（沙特阿拉伯的货币单位），而且其规模每年都有显著增长，在沙特阿拉伯国内外运送 100 多万辆车。而在中东地区，Albassami 拥有规模最大的运输队。

如今，Albassami 的业务不仅遍布沙特阿拉伯，还扩展到了叙利亚、黎巴嫩和约旦等海湾阿拉伯国家合作委员会（Gulf Cooperation Council，GCC）的其他成员国。这些年来，公司专注于如何保持行业领先水平，保障安全、快捷的运输。

每天，Albassami 会处理 1 000 多份货运合同，其中，2 000～2 500 份提货单在主要分部之间传递。自 2003 年成立快运部门以来，公司为开展上门速递服务业务配备的重型、中型和轻型车辆达 170 辆，此服务遍布全国，覆盖 45 个网点。因此，强大的计算机系统成为完美处理和掌控日常工作和订单的必要条件。该系统除了要向整个集团提供信息外，还需要为组织内的特定部门提供额外服务。

该系统基于集群的 Dell 服务器，运行 Windows 2003，并与 270 多个 Windows XP 客户机相连。系统的支柱——数据库管理系统是 Sybase Adaptive 服务器，而客户机使用 SQL Anywhere。总部的服务器与分部的客户机相互复制。通过复制，分部的数据会被传送到服务器中，整合成最新的数据库版本，再被传送回分部。这样，每个分部都有最新版本的客户清单、可用车辆情况、最新货运合同等信息，任何分部在任何时候都能为所有客户服务。

自某客户来到某分部，要求将自己的车运送到服务范围内的目的地，业务流程就开始了。该分部据此创建一份货运协议。每隔30分钟，各个分部的数据库会被传送到总部汇总，然后返回给各分部。接车分部会在车辆到达时在系统中创建入库信息，并发送短消息通知客户前来取车。

Albassami 的货运信息系统会保存客户车辆、货车号、发车分部和接车分部等全部运送信息，并发送短消息告知客户车辆已到达。系统还会记录客户数据及车辆维护信息。将车辆维护中心的数据与运输服务联系起来，可以提高公司业绩和客户服务质量。该系统还能向最高管理层和高级部门提交关于每个分部工作效率的报告，以便准确识别各地区的需求，从而合理分配预算。另外，通过该系统提供的车辆跟踪信息，公司可以更好地掌握所有司机的行踪。合理的业绩监控会得到称职员工的支持，还有助于培养忠诚员工。

货运系统推动了所有业务流程的高效开展，而从中心数据库获取的知识有助于管理团队做出稳妥的投资和经营决策，这些成就了 Albassami 在沙特阿拉伯长期的成功和领导地位。

资料来源：Michael Fitzgerald，"Predicting Where You'll Go and What You'll Like，" *The New York Times*，June 22，2008；Erick Schonfeld，"Location-Tracking Startup Sense Networks Emerges from Stealth to Answer the Question：Where Is Everybody?" TechCrunch. com，June 9，2008；"Macrosense，" sensenetworks. com，accessed July 2008；Caroline McCarthy，"Meet Sense Networks，the Latest Player in the Hot 'Geo' Market，" news. cnet. com，June 9，2008.

[思考题]

1. 本案例介绍了什么系统？该系统为 Albassami 创造了哪些有价值的信息？

2. Albassami 通过投资信息技术或信息系统创造了哪些价值？

3. 货运信息系统是如何满足 Albassami 的商业需求和信息需求的？

[MIS 实践]

请访问 IBM 的网站（www. ibm. com），了解 IBM 企业资产管理软件的相关内容，回答下列问题：

1. 你认为 IBM 企业资产管理软件对 Albassami 有用吗？为什么？

2. 如果 Albassami 决定使用 IBM 的软件，它还需要进行哪些投资？

3. IBM 是否为各行业提供了专门的企业资产管理软件版本？如果是，运输业是不是其中之一？

11.4.5 遗传算法

遗传算法（genetic algorithms）可以为解决某一特定问题考察大量可能方案，以寻求最优方案。其基础是一些受到进化生物学启发的技术，如继承、变异、选择和交叉（重组）等。

遗传算法以一串 0 和 1 来表示信息。它从大量随机生成的二进制数字串中搜索代表问题最优解的一串数字。随着方案的不断改变和组合，最差的方案被舍弃，较好的方案被留下来，继续生成更好的解决方案。

图 11—11 中，每串数字都对应着问题中的一个变量。这是一个测试适合度的实验，将各数字串按其成为最优解的可能性排序。第一代数字串被检验后，遗传算法会生成下一代数字串，它们由在适合度测试中幸存的第一代数字串及第一代数字串相互组合生成的后代数字串组成。继续进行检验，直到找到一个最优解。

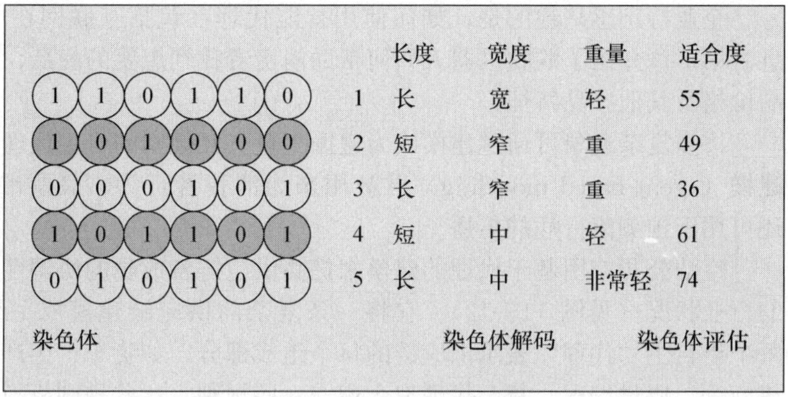

图 11—11　遗传算法的组成部分

说明：图中展示了第一代“染色体”，每个代表一种不同的解决方案。遗传算法采用迭代的过程来优化最初的解决方案，创造适合度更高、更好的方案，最后找到最优解。

遗传算法用于解决涉及成百上千个变量或公式的非常复杂的动态问题，这类问题的一系列可能方案必须能够以遗传形式表达出来，并且必须能够建立用于评估适合度的标准。由于遗传算法能快速评估许多备选方案，最终找到最优方案，因此它加快了寻找最优解的速度。例如，通用电气的工程师应用遗传算法来协助优化喷气式涡轮发动机的设计，每一次设计的修改都涉及 100 多个变量。i2 Technologies 公司的供应链管理软件使用遗传算法优化生产调度模型，此模型涵盖了有关客户订单、可用材料和资源、生产和配送能力以及交货日期等的几十万个细节。

11.4.6　混合人工智能系统

遗传算法、模糊逻辑、神经网络以及专家系统可以集成在同一应用程序中，充分利用各自的优势。这种系统叫做**混合人工智能系统**（hybrid AI system），它们在企业中的应用日趋增多。在日本，日立、三菱、理光、三洋等公司已将混合人工智能系统应用于家用电器、工厂机械、办公设备等产品中。松下开发了一种结合模糊逻辑和神经网络两种技术的“神经模糊”洗衣机。日兴证券（Nikko Securities）正在研发神经模糊系统，用来预测可转换债券的评级。

11.4.7　智能代理

智能代理技术可以帮助企业在大量数据中定位、处理重要信息。**智能代理**（intelligent agent）是在无人直接干预的情况下，为个人用户、业务流程或应用软件处理特定、重复、可预测性工作的软件程序。代理使用内嵌或习得的有限知识库代替用户完成任务或制定决策，如删除垃圾邮件、安排约会，或在互联网上寻找去加利福尼亚最便宜的机票等。

如今，智能代理应用程序在操作系统、应用软件、电子邮件系统、移动计算软件以及网络工具等方面广泛使用。比如，微软 Office 软件包工具内的向导，可以提示用户如何完成文档排版、创建图表等任务，并预测用户何时需要帮助。

企业特别感兴趣的是，如何使用智能代理在包括互联网在内的网络上搜索信息。第 7 章介绍了购物机器人如何帮助消费者找到想要的商品，并协助他们比较商品价格及其他产品特征。

许多复杂现象可通过建模成为遵循少量交互规则的自主代理系统。**基于代理的建模**（agent-based modeling）已被用来为消费者行为、股票市场和供应链建模，还可用于预测流行病的传播。

宝洁公司应用基于代理的建模来提高供应链各成员的协调性，以快速应对变化的行业状况（见图 11—12）。它将一条复杂的供应链建模成一组半自主“代理”，每个半自主“代理”表示供应链的每个组成部分，如货车、生产设备、分销商及零售商等。通过编程，每个代理都会遵守一些规则，这些规则模拟了实际的行为，如“缺货时订货”。这些应用代理的模拟使宝洁公司能在存货水平、缺货、运输成本方面进行假设分析。

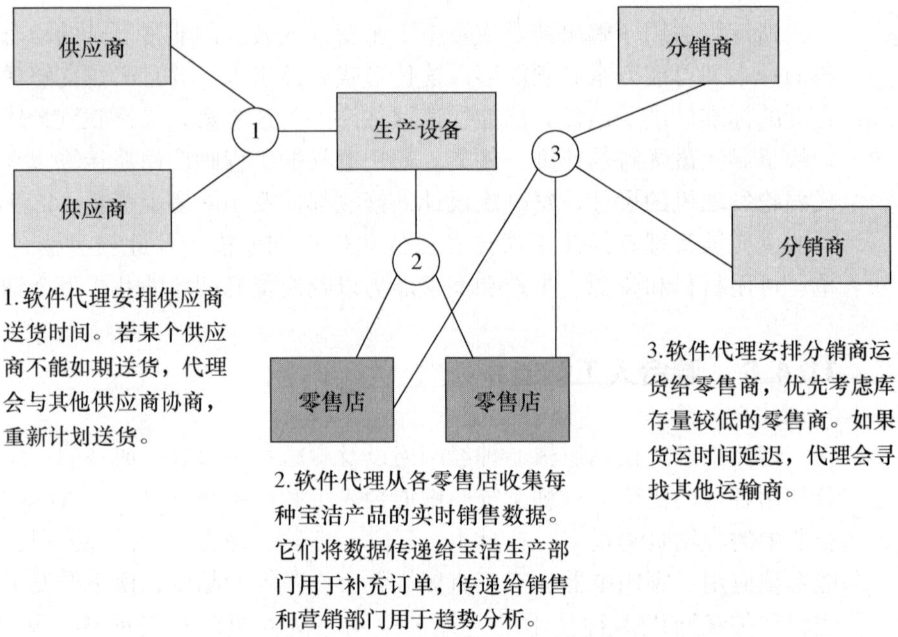

图 11—12　宝洁公司供应链网络中的智能代理

说明：智能代理帮助宝洁公司缩短产品（如汰渍洗衣粉）的补货周期。

使用智能代理模型，宝洁公司发现货车不应满载运货。货车未满载会增加运输成本，但模拟实验证明，这样会降低零售商缺货的可能性，从而减少销量损失，这将远远弥补增加的运输成本。基于代理的建模每年为宝洁公司节省 3 亿美元，而其投资还不到这一金额的 1%。

11.5　管理信息系统实践项目

本节中的实践项目涉及如下几方面：设计一个知识门户网站，应用协作工具解决保留客户问题，使用专家系统或电子表格工具创建一个简单的专家系统，利用智能代理在网络上搜索待售产品。

11.5.1 管理决策问题

1. U. S. Pharma 公司总部设在新泽西，但在德国、法国、英国、瑞士和澳大利亚都有研究所。新药品的研发是实现利润持续增长的关键，U. S. Pharma 研究并检测多种药品。公司的研究员需要与公司内外的其他人员或组织分享信息，其中包括美国食品和药品管理局、世界卫生组织以及国际药品制造商协会。此外，参与行业会议、阅读专业期刊以及访问美国国家医学图书馆这样的健康资讯网站对于 U. S. Pharma 公司来说也非常重要。请你为 U. S. Pharma 的研究员设计一个知识门户网站。设计说明中应包含相关的内部系统和数据库、外部信息资源以及内外交流与协作的工具。此外，为该门户网站设计主页。

2. Sprint Nextel 公司的客户流失率高达 2.45%，是美国移动电话行业中最高的。在过去的两年中，Sprint 失去了 700 万用户。管理层想知道为什么这么多客户会离开，怎样才能挽回这些客户。客户流失是因为客户服务差、网络覆盖不均，还是因为移动套餐价格高？公司应如何利用在线协作与交流工具来找到答案？根据从这些资源获得的信息，管理层会做出怎样的决策？

11.5.2 优化决策：为退休计划建立一个简单的专家系统

软件技能：电子表格软件的公式、IF 函数或专家系统工具

商业技能：分红资格审定

专家系统通常要使用大量规则。本实践项目已被简化，使用的规则也较少。但你仍能体验到如何使用一系列规则来开发一个应用程序。

当公司员工退休时，会得到现金分红。现金分红的数额取决于退休员工的受雇年限和年龄。获得分红的员工至少要 50 岁，并在公司工作至少 5 年。下表总结了分红标准。

受雇年限	分红
不足 5 年	无
5～10 年	当前年薪×20%
11～15 年	当前年薪×30%
16～20 年	当前年薪×40%
21～25 年	当前年薪×50%
26 年及以上	当前年薪×100%

使用以上信息建立一个简单的专家系统。在网上寻找可下载的专家系统软件工具的演示副本，或使用电子表格软件建立专家系统。（如果你使用电子表格软件，建议采用 IF 函数，这样你就可以看到规则是怎样创建的。）

11.5.3 优化决策：应用智能代理工具进行比较购物

软件技能：网络浏览器和“购物机器人”软件

商业技能：产品评估与选择

通过该实践项目，你将体验如何使用“购物机器人”在线搜索产品，寻找产品信息，找到最优价格和卖家。

假设你决定购买一部新的数码相机。选择一款你想要购买的机型，如 Canon PowerShot S95 或 Olympus Stylus 7040。为了以尽可能低的价格购入相机，你需要尝试各种提供价格比较服务的“购物机器人”网站。访问 My Simon（www. mysimon. com）、BizRate. com（www. bizrate. com）以及 Google Product Search 等网站。从易用性、搜索结果数量、搜索速度、产品和卖家信息完整性以及价格选择等各个方面比较这些购物网站。你会使用哪些站点？为什么？你会选择哪款相机？为什么？这些站点有助于你制定决策吗？

小 结

1. 在企业中，知识管理和知识管理程序扮演了什么角色？

知识管理是组织创造、存储、转换和应用知识的一系列过程的集合。企业价值高度依赖其创造和管理知识的能力。知识管理可以推进组织学习，提升组织从周围环境学习并将知识整合到业务流程中的能力。三种主要的知识管理系统包括：企业范围内的知识管理系统、知识工作系统以及智能技术。

2. 企业范围内的知识管理使用哪些系统？它们如何为企业创造价值？

公司利用企业范围内的知识管理系统收集、存储、分发、应用数字化的内容与知识。企业内容管理系统不仅为公司提供数据库，还提供用于组织和存储结构化文档以及电子邮件、富媒体等半结构化知识的工具。知识网络系统提供了人员名录及相关工具，可用于识别公司内掌握专业技能的员工，他们是隐性知识的重要来源。通常，这些系统还包括团体协作工具（如维基平台和社交书签）、简化信息访问的门户网站、搜索工具，以及按照合适的分类法将信息分类的工具。如果企业范围内的知识管理系统设计完善，就能帮助员工更高效地定位、共享和使用知识，为企业创造巨大价值。

3. 知识工作系统有哪些主要类型？它们如何为企业创造价值？

知识工作系统支持创造新知识，并将其整合到组织中。知识工作系统要能够便捷访问外部知识库，拥有功能强大的计算机硬件，能支持有绘图、分析、文件管理和交流功能的软件，并有友好的用户界面。虚拟现实系统可以创造近似真实世界的交互性模拟场景，它和计算机辅助设计以及增强现实的应用都需要强大的绘图和建模能力。财务人员使用的知识工作系统要能提供对外部数据库的访问，并有快速分析大量财务数据的功能。

4. 企业在知识管理中使用智能技术有何益处？

人工智能缺乏人类智能的灵活性、广泛性和普遍性，但可用于捕获、整理、扩展组织知识。专家系统从某些特定领域的人类技能中获取隐性知识，并以规则的形式将其表达出来。专家系统在分类或诊断问题方面最为实用。案例推理以案例数据库的方式表示组织知识，该数据库可以不断扩展和优化。

模糊逻辑是一种软件技术，它以使用近似值或主观值规则的形式表示知识。模糊逻辑已被用于控制实体装置，并开始应用于决策。

神经网络由试图模仿人类大脑思维过程的硬件和软件组成。神经网络能在没有程序设计的情况下进行学习，识别人类难以描述的模式。在科学、医学和商业领域，神经网络被用于在大量数据中辨别各种模式。

遗传算法使用诸如适合度、交叉、变异等基于基因的过程来为特定问题寻求解决方案。遗传算法被应用于最优化方案设计和产品设计，还可监测工业体系，评估各种选择或变量以生成最优方案。

智能代理是拥有内嵌或习得的知识库的软件程序，它可以为个人用户、业务流程或应用软件执行特定的、重复的、可预测的任务。通过编程，智能代理可在大量数据中确定有用信息，有时还能代表用户处理信息。

复习题

1. 在企业中，知识管理和知识管理程序扮演了什么角色？

● 给出知识管理的定义，并阐述它对企业的价值。

● 描述知识的主要维度。

● 区分数据、知识和智慧，区分隐性知识与显性知识。

● 描述知识管理价值链的各阶段。

2. 企业范围内的知识管理使用哪些系统？它们如何为企业创造价值？

● 给出企业范围内的知识管理的定义并描述其各种类型，阐述它们如何为企业创造价值。

● 描述网络门户、维基平台、社交书签和学习管理系统在促进知识管理方面所扮演的角色。

3. 知识工作系统有哪些主要类型？它们如何为企业创造价值？

● 给出知识工作系统的定义，描述知识工作系统的一般要求。

● 描述以下系统是如何支持知识工作的：计算机辅助设计、虚拟现实系统、增强现实、投资工作站。

4. 企业在知识管理中使用智能技术有何益处？

● 给出专家系统的定义，描述它是如何工作的，它对企业有何价值。

● 给出案例推理的定义，阐述它与专家系统有何不同。

● 给出神经网络的定义，描述它是如何工作的，以及企业如何从中获益。

● 给出模糊逻辑、遗传算法和智能代理的定义，并简要描述。阐述它们是如何工作的，以及它们所适用的问题。

讨论题

1. 知识管理是一种业务流程，不是一种技术。请讨论此观点。

2. 阐述知识管理系统如何为公司的销售与营销、制造与生产提供多方面的帮助。

3. 假设你的公司想进行知识管理，请描述开发知识管理程序和选择知识管理应用的必要步骤。

小组练习：评估企业内容管理系统

三四名同学一组，选择两个企业内容管理产品，如来自 Open Text、IBM、EMC 或甲骨文的产品。比较它们的特点和性能。通过阅读企业内容软件供应商的计算机杂志和网站上的文章，分析问题。如有可能，使用 Google Sites 发布网页的链接、团队沟通公告和工作任务，集思广益，合作完成项目文档。尝试使用 Google Docs 在课堂上展示成果。

章末案例

塔塔咨询服务公司的知识管理与协作

塔塔咨询服务公司（Tata Consulting Services，TCS）是一家提供信息技术服务、企业解决方案和业务流程外包的企业，它在全球范围内提供信息技术以及基于信息技术的服务组合。TCS 隶属于印度最大的公司塔塔集团，它在 47 个国家拥有 10.8 万名信息技术顾问。

1995 年，TCS 引入了知识管理（KM）理念，并于 1998 年成立了名为“Corporate Groupware”的专业知识管理团队。该团队于 1999 年年中发布了知识管理指南，该指南依次被指导委员会、Corporate Groupware 组建者、各分支机构中的佼佼者、应用程序开发部和 IT 基础设施团队采用。

当时，TCS 的 KM 几乎具备了从质量保证到人力资源管理的所有功能。TCS 在印度的 50 个办公地点由专属通信线路连接起来，海外办公地点则是通过网络和 Lotus Notes Domino Servers 连接。员工可以使用前端浏览器或 Notes 客户端，通过内联网访问存储于公司或分部服务器中的知识库。知识库也被称为 KBases，包含了大量关于业务流程、业务范围、技术范围和项目的信息。

直到 20 世纪 90 年代末，TCS 才正式开发 KM，但早在 80 年代 TCS 仅有约 1 000 名员工时，与 KM 紧密相关的实践团队就已存在。最初的“团队”以技术专家为主，随后又加入了与大型机、Unix 以及数据库应用相关的团队。这些团队包括一到两名行业专家，他们与记录最佳实践的成员一同着手制定正式的文件操作规范。回忆起最初的团队实践，当时的技术顾问阿南斯·克里希纳（K. Ananth Krishnan）说：“80 年代中期，我们开始记录问题及其解决方案。仅关于大型机的案例研究就达 1 500 多项。同样，早在 1993 年，产品质量方面就有大约 40 份经过修订的案例研究文件。”

后来，TCS 研发的 Process Asset Libraries（PALs）为项目领导者提供了技术、流程及案例研究相关的信息，且所有开发中心都可以通过内联网访问这些信息。

随后，公司又开发了 Ultimatix。它是一个基于网络的电子知识管理门户，支持全球范围内的知识共享。Ultimatix 整合了原来在内联网运行的 PAL 和 KBases，拥有质量管理系统、软件工作效率优化、培训材料和工具信息等子门户。每个实践团体和课题组都配有专门的电子知识管理员，每个组分工明确，如编辑文档、审核出版等。谈到实践团队的成功，克里希纳说：“2003 年 1—6 月，通过 Ultimatix，实践团队成员共完成了大约 1 万笔与行业实践相关的文件业务，以及 2.1 万项服务实践。仅电信实践团队就有 6 000 笔业务。这其中还不包括基于内联网的社团活动。”

为了鼓励员工之间的交流，TCS 十分重视它在全国各地开发中心的建筑结构。谈及位于金奈的 Sholinganallur 开发中心的新设计，首席财务官马哈林加姆（S. Mahalingam）说：“该中心的建筑由许多子建筑模块组成，每个子建筑模块对应于某个特定的技术、客户或行业实践。这些建筑通向庭园露台，休息时员工们可以在那里相聚，轻松、热烈地交谈……与同事交谈时，困扰他们的问题通常会迎刃而解。”

同时，TCS 还开发了一系列培训项目，如为新员工准备的入门项目，为资深员工设计的继续学习项目，以及面向工作五年以上员工的领导能力开发项目等。TCS 的综合素质与学习管理系统（iCALMS）用于全球所有分支机构，打造了学习和成长的组织文化。该系统涵盖素质定义、角色定义以及在线/课堂学习目标等数据，为每个员工量身定制学习方案。另外，为了使员工拥有跨行业经验，TCS 经常让员工在不同部门或在塔塔集团的其他公司轮岗。公司还鼓励员工加入电气与电子工程师协会（IEEE）等外部组织，参加证书考试等。

2007 年，TCS 应用微软 SharePoint 门户服务器开发了知识管理系统 Knowmax。TCS 把近 40 年的经验和最佳实践按参与类型、使用技术以及客户需求等标准分类，供公司中的顾问使用。Knowmax 支持 60 多项知识资产，TCS 的所有合作商都可通过 Ultimatix 访问。公司的任何合作伙伴都可以帮助完善知识库，知识主管负责保证其内容的质量。

为帮助员工平衡工作与生活，TCS 开展了员工讨论活动，将兴趣爱好相似的员工聚集到一起，发起读书等活动。之后，又将其发展成了每季度一次的会议和野营活动，促进了员工间的知识交流。项目层面的知识共享则是通过 LiveMeeting 应用程序实现的，所有的项目会议都被录音，并存储在项目仓库中。错过会议的小组成员或新成员可以听录音赶上其他成员的进度。另外，每周“主题专家”发起的知识交流会议可以帮助团队学习专家的经验。公司上上下下的员工几乎每天都能分享“今日妙招”邮件，其中包含技术、概念或人际关系技能方面的观点。

尽管 2002 年发布的 Ultimatix 已将整个组织彻底数字化，并提高了业务流程的效率，但它未能有效地开发员工的知识。为了优化员工之间的合作，Project Infinity 于 2007 年应运而生，它包括 IBM 的

Sametime、QuickPlace、Lotus Domino Collaboration 工具、Avaya IP 语音电话以及 Polycom IP 视频会议等一系列技术。

采用 Infinity 后，即时通信消除了电话通信中的文化、发音差异，从而大大提高了海外和本地办公的合作成效。

另外，TCS 可以全天候向世界各地的所有办公室传播公司新闻。差旅费和电子通信费用也分别下降了 40%和 6%。

除了上述渠道，公司还使用了 JustAsk 系统（嵌于 KM 中）、博客平台、点子风暴、TIP 以及 My Site。自博客流行起来后，有 4 万～5 万名 TCS 工作人员在内联网中使用博客。平时，员工可以通过 JustAsk 系统发布问题，让其他人解答。公司每年还会举办一次“点子风暴”活动，在该活动中，公司团队拟定 2～3 个主题，让员工们各抒己见。TIP 是一个有关产品创新和创意服务发布的开放门户，鼓励员工分享点子。MySite 已被嵌入 KM 门户，每个公司合作商都可以在 MySite 中创建基于 Facebook 或 Orkut 的个人页面。

资料来源：Sankaranarayanan G，“Building Communities，the TCS way，” expressitpeople. com，September 2003；Kavita Kaur，“Give and Take，” india-today. com，January 2000；Sunil Shah，“Network Wonder：Collaborative Tools Help TCS Grow，” cio. com，July 2007；Shivani Shinde，“TCS Sees Synergy in Gen X Tools，” rediff. com，July 2008.

［思考题］

1. 使用知识管理价值链模型分析 TCS 在知识管理方面的工作。哪些工具或活动是用来管理隐性知识的，哪些是用来管理显性知识的？

2. 描述 TCS 在知识管理系统方面的进步。这些系统如何提高 TCS 的业务水平？

3. TCS 使用了哪些协作工具？TCS 从中获得了哪些好处？

4. Web 2.0 工具是如何帮助 TCS 进行知识管理和员工间协作管理的？

5. 你认为知识管理工具会如何改变 TCS 的关键操作流程，例如为新项目投标、项目开发和实施、客户服务等？

第 12 章 提高决策水平

学习目标

学完本章后，你将能够回答以下问题：

1. 决策有哪些类型？决策过程是怎样的？
2. 信息系统如何支持管理者和管理层的决策活动？
3. 商务智能与商务分析是如何支持决策分析的？
4. 组织中不同的决策群体是如何使用商务智能的？
5. 信息系统如何帮助团队更加有效地制定决策？

章首案例

卖什么，怎么定价——由数据决定

如何在星巴克喝上折扣最低的早餐咖啡？如果你住在曼哈顿，可以早起一个小时，然后搭地铁去布鲁克林。那里的一杯特浓咖啡，或者一杯拿铁咖啡加一块柠檬奶酪重油蛋糕，比你住地附近的便宜 10 美分。而在马布尔希尔的住宅区，一块松饼要贵 10 美分。但无论在哪里，买一大杯的派克市场咖啡都要花 1.7 美元。

与许多零售商一样，星巴克使用先进的软件来分析各连锁店中每种产品的价格变化如何影响其需求。顾客愿意为某种产品支付多少钱，很大程度上取决于他们住在哪个地区，因为有些地方的购物者愿意多掏钱。

被沃尔格林（Walgreens）收购的杜安里德（Duane Reade）连锁药店在合理定价方面也很有一套。该连锁药店采用软件对销售模式进行分析发现，幼儿的父母比新生婴儿的父母对价格更敏感。因此，如果公司提高新生儿尿布的价格不会减少其销售量。该连锁店的信息系统也能说明如何基于地域来调整价格。与哈勒姆地区的消费者相比，位于 86 街和列克星敦大道附近的消费者一般会为一盒舒洁面巾纸多支付 20 美分，为一瓶 Pepto-Bismol（碱式水杨酸铋，助消化类药物）多付 50 美分。

通常，杜安里德使用的业务分析软件是

通过分析销售数据中的模式来创建“定价文件”的。位于大型交通枢纽附近的商店，一般会对便利商品打折以树立低成本的形象，而在有很多小孩子的家庭的社区店，则一般会给婴儿用品打折来吸引更多人光临。

分析线上店和实体店中收集的大量数字化销售数据和客户信息还能帮助零售商决定销售什么商品。时尚网站 HauteLook 认为，南方人比其他地区的消费者购买更多白色、绿色和粉红色的东西。另一个时尚网站 ShopItToMe 发现，达拉斯的女性在时尚物品方面的平均消费要低于华盛顿地区的女性，它还发现美国沿海地区的女性比内陆地区的女性更瘦，因而穿的衣服和鞋子的尺码更小。

如果没有这类知识会有很大差别吗？当然！1-800-Flowers 是一家在线销售鲜花和礼品篮的网上花店，它使用 SAS 公司的分析软件来调整网店的店面布置和营销活动。公司使用该软件快速记录和分析买家信息，从而使产品的目标市场定位更准确；在充分了解顾客需求的基础上，确定“特价”方案、预计销量和营销战略。因此，它可以每小时更新一次网站上的商品和价格。2010 年上半年，1-800-Flowers 采用目标客户定位更精准的网页和电子邮件进行促销，将网站浏览者变成买家的转化率提高了 20%。

资料来源：Anne Kadet，“Price-Point Politics，” *The Wall Street Journal*，July 24，2010；Steve Lohr，“A Data Explosion Remakes Retailing，” and Christina Binkley，“Fashion Nation：What Retailers Know about Us，” *The Wall Street Journal*，July 28，2010.

星巴克、杜安里德和 1-800-Flowers 的经验强有力地证明了信息系统能提高决策水平。对于“如何定价能提高盈利能力”、“位于不同地方的商店在不同时间段内销售哪些商品能使销量最大化”等问题，这些零售连锁店的管理者无法制定出一个好的决策。他们能获取客户的购买数据，但是无法分析数百万条记录。如果对定价和进货量做出不明智的决策，会降低销售收入，使公司无法快速响应客户需求。

星巴克、杜安里德和 1-800-Flowers 使用商务智能软件从海量数据中发现模式和趋势，来自商务智能系统的信息能够帮助这些公司的管理者在定价、货架存货和产品供给方面做出明智的决策。它们能预测何时应抬高价格或降低价格，从而使销售收入最大化，也能看出哪些商品应该进货、何时应改变商品组合。利用商务智能可以提高决策水平，让公司获得更多的收益。

下图指出了上述案例和本章的要点。

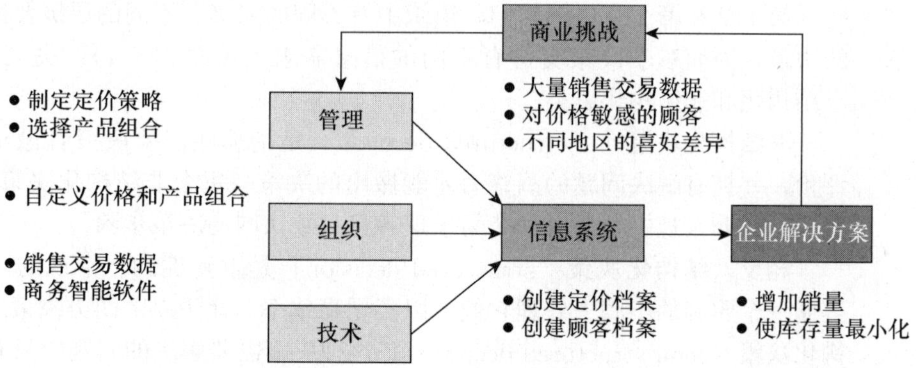

12.1 决策和信息系统

过去只有管理层才有权做出商业决策，而现在由于中层和运营层员工可以从信息系统中得到更多信息，他们也有了一定的决策权。但是我们所讲的更高的决策水平是什么呢？在企业和其他组织中，决策是怎样制定的呢？让我们深入探究一下。

12.1.1 决策优化的商业价值

对企业来说，制定更好的决策意味着什么？提高决策水平能带来什么好处？表12—1 阐明了决策优化的货币价值。以一家小型的美国制造公司为例，其年收入为 2.8 亿美元，有 140 名员工。该公司认识到，投资新系统可能大幅提高重要决策的水平。表 12—1 显示的是因某些方面的决策水平有所提高而产生的年均价值（节约的成本或增加的收入）。

表 12—1　　决策优化的商业价值

决策范例	决策人	年均决策数量	每个优化决策给公司带来的价值（美元）	年均价值（美元）
为最有价值的客户提供帮助	财务经理	12	100 000	1 200 000
预测呼叫中心的每日需求	呼叫中心管理层	4	150 000	600 000
决定每天的零部件库存水平	库存经理	365	5 000	1 825 000
识别主要供应商的竞争性投标	高级主管	1	2 000 000	2 000 000
安排生产以完成订单	生产经理	150	10 000	1 500 000
安排人力以完成工作	生产车间管理者	100	4 000	400 000

从表 12—1 可以看出，公司各层级都需要做出决策，其中，有些决策是经常性、常规且大量的。虽然提高单个决策水平的价值并不高，但是优化成千上万个“小”决策每年可以为企业带来巨大的价值。

12.1.2 决策的类型

第 1 章和第 2 章告诉我们，组织中有不同的层级。不同的层级要做出不同类型的决策，因而对于决策支持有不同的信息需求（见图 12—1）。决策分为结构化、半结构化和非结构化三类。

非结构化决策（unstructured decision）是指那些需要决策者做出判断、给予评价，并拥有解决问题的洞察力才能做出的决策。每个非结构化决策都是新颖的、重要的、非常规的，没有一个易于理解且一致认同的决策步骤。

相反，**结构化决策**（structured decision）是重复性的、常规的，决策者可以遵循一个明确的步骤去处理它们，以实现高效率。介于以上两类决策之间的是**半结构化决策**（semi-structured decision）。这种决策需要解决的问题中只有一部分可由常用的方法提供清晰的答案。总之，结构化决策一般出现在组织的中层和运营层，

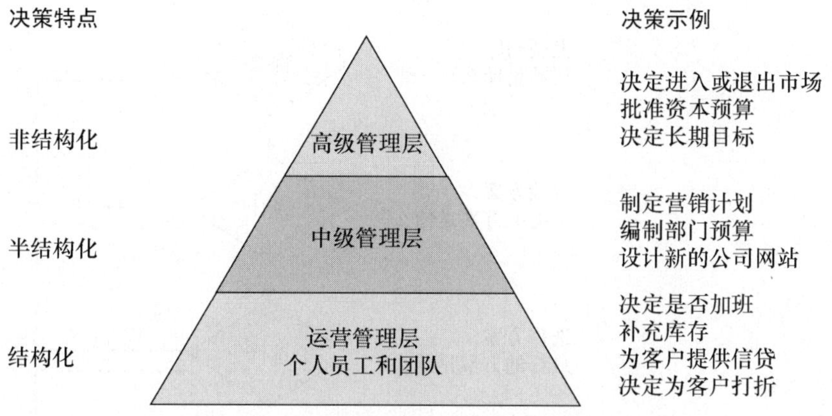

图 12—1　公司中主要决策团体的信息需求

说明：高层管理者、中层管理者、运营层管理者和普通员工有不同的决策类型和信息需求。

非结构化决策则在公司的高层更为常见。

高层主管常面对许多非结构化的决策问题，例如制定公司的 5 年或 10 年计划，或者决定开发新市场等。要回答“我们是否应该进入一个新的市场”这一问题，需要很多信息，包括新闻、政府报告、行业观点以及对公司业绩的高度总结。然而，回答这个问题还需要高层管理者自己的判断，并征求其他管理者的意见。

中层管理者遇到的更多的是结构化决策，但是也可能包括非结构化的部分。中层管理者面对的典型决策问题可能是：“订单履行报告显示，近半年来明尼阿波利斯分销中心的业绩下滑，原因是什么？”这位中层管理者将会从公司的企业系统或者分销管理系统中得到明尼阿波利斯分销中心的预订情况和运行效率报告。这是决策的结构化部分。但是在得到答案之前，这位中层管理者需要与员工交谈，收集当地的经济情况和销售趋势等外部信息，这是非结构化的部分。

运营层管理者和普通员工更多地是做出结构化决策。例如，装配线主管需要决定是否给按时计酬的工人支付加班工资。如果员工在某一天工作超过 8 小时，主管就要依据规定和记录的超出时间支付加班工资。

销售客户代表常常需要根据公司顾客数据库中的信用信息来决定是否为顾客提高信用额度。如果顾客符合公司授予信用额度的特定标准，客户代表就会给予客户完成某项交易的信用额度。在上面两个例子中，决策都是高度结构化和常规的。在大多数大型公司中，这样的决策每天都会发生上万次。决策方案已经由公司的工资单和应收账款系统预先编制好了。

12.1.3　决策制定过程

制定决策的过程包括多个步骤。西蒙（Simon，1960）认为，制定决策有四个不同的阶段：情报、设计、选择和实施（见图 12—2）。

情报（intelligence）包括发现、识别和理解组织中出现的问题——这个问题为何会存在，哪里有问题，该问题对公司有什么影响。

设计（design）包括识别和探索该问题的各种解决方案。

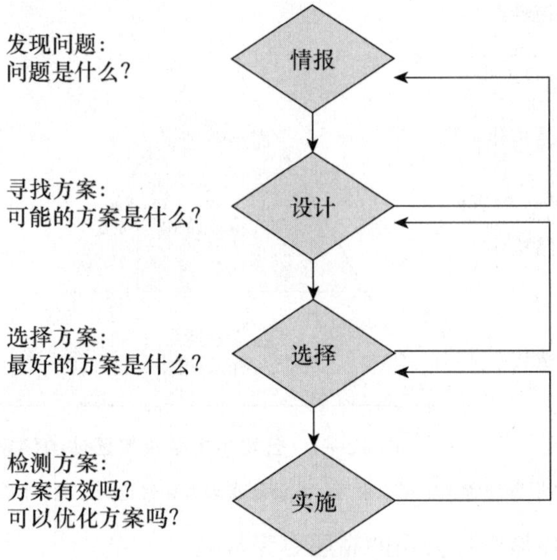

图 12—2　决策制定的各阶段

选择（choice）是指在各种解决方案中做出抉择。

实施（implementation）是指使用所选的方法，并且继续监控方案的效果如何。

如果选择的方案不能解决问题该怎么办？图 12—2 显示，你可以回到决策过程中的前一阶段，如果有必要，还可以重复这一过程。例如，在销量下降的情况下，销售管理团队可能会给销售人员更高的佣金以促进销售。如果这一举措未奏效，管理者就要调查问题是不是出在产品设计、客户服务或者其他方面，并且提出不同的解决方案。

12.1.4　现实中的管理者与决策

决策支持系统能够提高管理者和员工的决策水平，并且使公司的收益大于投资，最终产生更高的利润。然而，信息系统不能提高组织中所有类型决策的水平。让我们来研究一下管理者的角色和组织中的决策之间的关系，看看到底是什么原因。

管理者的角色

管理者在组织中扮演了关键的角色。他们的职责从制定决策、撰写报告、参加会议，到组织生日聚会，无所不包。通过研究古典和现代的管理者行为模型，我们可以更好地理解他们的作用。

古典管理模型（classical model of management）一般用于描述管理者的工作，自 20 世纪 20 年代以来很少受到质疑。亨利·法约尔（Henri Fayol）和其他早期管理学家最早描述了管理者的五项古典职能：计划、组织、协调、决策和控制。这种对管理活动的描述长期主导着管理思想，至今仍非常流行。

古典模型描述了正规的管理职能，但是没有说明在计划、决策和控制其他人的工作时，管理者的具体做法。要解决这个问题，我们必须求助于研究管理者日常行为的现代行为科学家。**行为模型**（behavioral models）显示，与古典模型相比，管理者的实际行为没有那么系统化和正规化，深思熟虑的时间少于与人互动的时间，而且也没有那么有条理。

观察者还发现，管理者的行为实际上有五种与古典模型的描述截然不同的特质。第一，管理者的工作繁多，几乎无暇停歇。有研究显示，他们每天要参与 600 多项不同的活动，中间没有任何休息。第二，管理者的工作非常琐碎，大部分活动不超过 9 分钟，只有 10%的活动持续超过 1 小时。第三，管理者喜欢当下的、具体的、即时的信息（打印出来的信息已经太陈旧了）。第四，他们更喜欢口头而不是书面形式的交流，因为口头交流更灵活，需要的精力更少，而且可以快速收到答复。第五，管理者非常重视多元的、复杂的关系网的维护，这种关系网是非正式的信息系统，可以帮助他们处理个人日程，制定长、短期目标。

明茨伯格通过分析管理者的日常行为，发现他们的管理角色可以分为 10 种。管理角色是指管理者在组织中应该从事的活动。明茨伯格将管理角色分为三类：人际关系角色、资讯角色和决策角色。

- **人际关系角色**（interpersonal roles）。管理者作为组织的名义领袖，代表公司形象，行使权力，比如给员工奖励等。管理者是领导，他们激励、支持下属，提出建议。他们还是不同组织层级之间和各个层级内部成员之间的联络人。管理者为此花费时间，提供支持，并且希望得到回报。
- **资讯角色**（informational roles）。在扮演资讯角色时，管理者就是组织的神经中枢，接收具体的新信息，并把这些信息传送到需要它们的地方。管理者也因此成为信息的传播者和组织的发言人。
- **决策角色**（decisional roles）。管理者制定决策。在扮演决策角色时，管理者就是企业家，他们发起新活动，处理组织中的不稳定状况，分配资源，解决矛盾，并调解不同团体间的冲突。

基于明茨伯格的角色分类，表 12—2 展示了系统的哪些部分可以帮助管理者，哪些不能。表中还显示了信息系统尚不能帮助管理层完成的部分重要工作。

表 12—2　　管理者的角色和提供支持的信息系统

角色	行为	支持系统
人际关系角色		
名义领袖	→	远程呈现系统
领袖	人际 →	远程呈现、社交网络、Twitter
联络	→	智能手机、社交网络
资讯角色		
信息中心	→	管理信息系统、主管支持系统
信息传播者	信息 →	电子邮件、社交网络
发言人	处理 →	网络研讨会、远程呈现
决策角色		
企业家	决策 →	不存在
处理不稳定状况	制定 →	不存在
资源分配者	→	商务智能、决策支持系统
谈判者	→	不存在

资料来源：Kenneth C. Laudon and Jane P. Laudon；and Mintzberg，1971.

真实世界中的决策

我们知道，信息系统不可能对所有的管理者角色有帮助。即便在信息系统可以起作用时，对它的投资也不是总能收到良好的效果。主要有三个原因：信息质量、管理层过滤和组织文化（参见第 3 章）。

信息质量 高水平的决策需要高质量的信息。表 12—3 描述了几个影响决策水平的信息质量维度。

表 12—3　信息质量维度

质量维度	描述
准确性	数据是否表示了实际情况？
整合性	数据结构是否一致？实体与属性之间的联系是否一致？
一致性	数据项的定义是否一致？
完备性	所有必要的数据是否都出现了？
有效性	是否所有的数据值都在定义范围内？
及时性	在需要的时候，相关数据是否可用？
易用性	数据是否可以访问？是否易用、易懂？

如果信息系统的输出达不到这些质量标准，那么决策水平就可能受到影响。第 6 章提到，公司数据库和文档中有不同程度的不准确和不完整的情况，这会使决策水平下降。

管理层过滤 即使有及时、准确的信息，有些管理者还是做出了错误的决策。像所有人一样，管理者通过一系列过滤机制获取信息，了解他们周围的情况。管理者有选择性地将注意力集中在某些特定的问题及解决方案上，与此同时，各种先入为主的观念让他们拒绝接受那些不符合“常理”的信息。

比如，华尔街有很多公司在 2008 年突然倒闭，如贝尔斯登公司（Bear Stearns）和雷曼兄弟公司（Lehman Brothers），原因是它们低估了投资按揭抵押的复杂性和风险性。很多按揭证券以次级房贷为基础，而有些次级房贷很可能无法偿付。这些公司及其他金融机构使用计算机模型进行风险管理，但计算机模型的推断过于乐观，数据过于简单化，无法预见哪里会出差错。管理层更希望公司的资本用于投资产生利润，而不仅仅是作为风险投资的缓冲。在他们的影响下，风险管理系统的设计者大大降低了系统的敏感性。一些交易平台也过度简化了有关按揭证券的信息，使它们看起来只不过是高估了级别的债券而已（Hansell，2008）。

组织惯性和政治 组织是能力受限、不能决断的官僚机构。在环境不断变化、公司需要采取新的经营模式以保证生存时，其组织内部就会出现强大的阻力来阻止变革。因此，公司的决策常常是各个利益集团互相妥协的结果，而非解决问题的最佳方案。

有关企业重组的研究发现，只有在面临外部收购者的威胁时，大部分公司才会正视自身的不良业绩，但又常常将其归咎于不能控制的外部力量，诸如经济环境、国际竞争和成本增加等，而非中高层管理人员拙劣的商业判断（John，Lang，Netter，et al.，1992）。

12.1.5 自动快速决策

如今，很多组织的决策不是由管理者人工制定的。例如，你在搜索引擎 Google

中输入一个查询，它要在平均半秒（500 毫秒）的时间内决定显示哪些 URL。Google 为约 500 亿个网页做索引，但它也不是在每次查询时都会搜索全部索引。对于其他搜索引擎来说也是如此。2010—2011 年，纽约证券交易所花 4.5 亿美元建立了一个交易平台，可以在 50 毫秒内处理完收到的订单。在电子股票交易所里，高频交易在 30 毫秒内就能完成。

高度结构化、自动化的决策的数量正在快速增长。计算机算法（明确定义了制定决策所需遵循的步骤）、大型数据库、高速处理器和优化软件使得自动、快速地制定这类决策成为可能。在这种情况下，人类（包括管理者）由于速度太慢而从决策链中淘汰出局。

这也意味着，在没有管理者监控的情况下，这些领域中的组织能更快速地做出决策。2010 年 5 月 6 日，美国股市经历了一次“闪电崩盘”，道琼斯工业平均指数（Dow Jones Industrial Average）在几分钟之内下跌了 600 多点，当天晚些时候又有所反弹，产生这种情况的主要原因是无法控制自动决策。起初，高速的、计算机化的交易程序导致几秒钟内大量抛售股票，使得整个股票市场崩溃，一些公司（如宝洁）不得不低价出售公司股份。

西蒙的“情报—设计—选择—实施”体系结构在快速决策的环境中是如何起作用的？一般地，决策过程中的情报、设计、选择和实施都依靠软件算法。编写软件的人识别出问题，设计出可以找到解决方案的方法，定义一系列可接受的解决方案并将它们予以实现。显然，由于这个循环过程中没有人类参与，因此必须采取非常谨慎的态度来确保这些系统正确操作，以免它们对组织和人类造成巨大伤害。即便如此，采用额外的保护措施仍是十分明智的，这样就可以观察这些系统的行为，调节其性能，如果有必要还可以将它们关闭。

12.2　企业中的商务智能

第 2 章介绍了用于支持管理决策的各类系统。而商务智能和商务分析的基础设施是所有这些决策支持系统的基础，它们提供用于支持决策的数据和分析工具。在本节中，我们要回答以下几个问题：

- 什么是商务智能和商务分析？
- 商务智能和商务分析的软件、硬件是由谁生产的？
- 商务智能的用户群体是哪些人？
- 商务智能/商务分析套件配备什么样的分析工具？
- 管理者如何使用这些工具？
- 哪些公司使用过这些工具？
- 开发商务智能/商务分析功能需要采用什么管理策略？

12.2.1　什么是商务智能

我们认为人类是智能生物，因为人们能从周围环境中获取数据，理解信息的含义和重要性，然后采取适当的行动。对于商业公司来说也是这样吗？答案似乎是肯定的。包括商业公司在内的所有组织，确实能从它们周围的环境中获取信息，尝试理解信息的含义并处理信息。与人类一样，有些企业做得很好，有些则做得很差。

“商务智能”是一个专业术语，软硬件供应商和信息技术顾问常用它来描述存储、整合、汇报和分析商业数据的基础设施。基础设施用以收集、存储、清理数据，并将相关信息提供给管理者。如第 6 章中提到的数据库、数据仓库和数据集市。“商务分析”也是一个由供应商定义的术语，它更关注分析、理解数据的工具和技术。如第 6 章中介绍的联机分析处理、统计、模型和数据挖掘。

从本质上来说，商务智能与分析将企业产生的所有信息流整合成一个连贯一致的企业范围内数据集，然后使用建模、统计分析工具（如正态分布、相关分析和回归分析、χ^2 分布分析、预测、聚类分析）以及数据挖掘工具（如模式发现和机器学习）来对所有这些数据做出合理的解释，从而使管理者可以制定更好的决策和计划，或至少在公司未能达到计划目标时可以马上知道。

贺曼贺卡（Hallmark Cards）是使用商务智能的企业之一。它使用 SAS 分析软件以更好地了解购买模式，使美国 3 000 多家贺曼金皇冠商店的销售额得以上升。贺曼贺卡希望加强与高频买家之间的联系，为此，通过使用数据挖掘和预测建模确定在节假日和特殊场合如何对不同的消费者群体进行营销，并对促销活动进行动态调整。贺曼贺卡能够了解到哪类消费者最容易受到直接邮件的影响，哪类消费者应该通过电子邮件联络，以及应给各类消费者发送什么具体信息。商务智能帮助贺曼贺卡将销售额提升了 5%，并使它的忠诚计划会员人数增加了 10%。

商务智能产品供应商

商务智能与商务分析产品是由技术供应商和咨询公司提供的，它们由硬件和软件套件组成，主要由大型系统供应商销售给《财富》500 强企业。SAP、甲骨文、IBM、SAS 研究所以及微软是这类产品最大的五个供应商（见表 12—4）。微软的产品针对的是中小型企业，它们都基于员工熟悉的桌面工具（如 Excel 电子表格软件）、微软的 SharePoint 协作工具以及 SQL Server 数据库软件。美国的商务智能和商务分析市场以每年高于 20%的速度增长。这使得商务智能和商务分析成为美国软件市场中增速最快和规模最大的细分市场之一。

表 12—4　　市场领导者以及顶级商务智能供应商的市场份额

供应商	市场份额	商务智能软件
SAP	25%	SAP BusinessObjects 企业绩效管理解决方案
SAS 研究所	15%	SAS 作业成本管理；财务管理、人力资本管理、盈利能力管理以及战略管理
甲骨文	14%	企业绩效管理系统
IBM	11%	IBM Cognos 解决方案
微软	7%	采用 PowerPivot 的 SQL Server

12.2.2　商务智能环境

图 12—3 概述了商务智能的环境，主要介绍主流商务智能供应商提供的软件和硬件，以及随着时间推移企业所具有的管理能力。

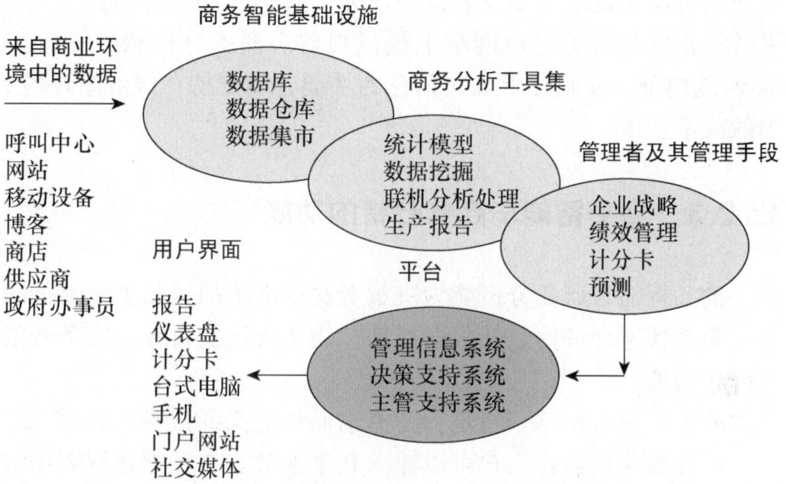

图 12—3　用以支持决策的商务智能与商务分析

说明：商务智能与商务分析需要强大的数据库基础、一系列分析工具以及能够提出疑问并分析数据的管理团队。

在商务智能环境中，有六大元素：

● 商业环境中的数据：企业必须处理结构化和非结构化的数据，它们有不同的来源，包括移动设备和互联网。这些数据要经过整合、组织，才能被决策者拿来分析和使用。

● 商务智能基础设施：商务智能的根本的基础是功能强大的数据库系统，它能捕获与经营业务有关的所有数据。这些数据可能存储在事务性数据库中，或者合并、集成到企业数据仓库或一系列相互关联的数据集市中。

● 商务分析工具集：一组软件工具，用于分析数据并生成报告，回答管理者提出的问题，采用关键绩效指标来追踪业务进度。

● 管理者及其管理手段：商务智能硬件和软件的智能程度取决于使用者。管理者采用不同的管理手段定义战略业务目标，确定度量进程的方法，开展数据分析。这些管理手段包括：企业绩效管理、平衡计分卡（关注关键绩效指标）和行业战略分析（关注整体商业环境变化，尤其是竞争对手）。如果没有高层管理者的严格监督，商务分析会产生大量信息、报告，发起在线会议，将人们的注意力从真正的问题转移到错误的问题上。请记住，到目前为止，只有人类才具有真正的智慧。

● 服务供应平台——管理信息系统、决策支持系统、主管支持系统：商务智能与分析的结果将采用不同的方式传递给管理者和员工，具体采用哪种方法取决于他们需要哪些信息来完成自己的工作。我们已在第 2 章介绍了管理信息系统、决策支持系统和主管支持系统，它们将信息和知识传递给公司中不同层次的人群——基层员工、中层管理者和高层管理者。过去，这些系统不能共享数据，只能作为独立的系统运行。如今，一套以商务智能与分析形式封装的软硬件工具能够整合所有的这些信息，并将它们传送到管理者的台式电脑或移动平台上。

- 用户界面：现在的商务人士并不总在固定地点办公。与阅读只有枯燥信息的报告相比，通常他们从可视化数据中了解信息的速度更快。现在的商务分析软件套件强调可视化技术（如仪表盘和计分卡），并且能在黑莓、iPhone 手机和其他移动手持设备以及公司门户网站上提供报告。商务分析软件添加了在 Twitter、Facebook 或内部社交媒体上发布信息的功能，以支持在线群组环境（而非面对面会议）中的决策。

12.2.3 商务智能与商务分析的功能

商务智能与商务分析能为决策者提供准确的、几乎实时的信息，分析工具能帮助决策者快速理解信息并采取行动。为实现这些目标，商务智能系统提供了以下六项分析功能：

- 生产报告：基于特定行业需求而预定义的报告（见表 12—5）。
- 参数化报告：用户可以输入几个参数，在数据透视表中过滤数据并将参数的影响分开。例如，你也许想输入不同地区和一天中的不同时段来了解产品的销量是如何因地区和时间的不同而变化的。星巴克也许会发现东部的顾客大多在早晨购买咖啡，而西北部的顾客全天都会购买咖啡。这一发现可能会导致各个地区采用不同的营销方式和推广活动（见 12.3 节中对数据透视表的讨论）。
- 仪表盘/计分卡：可视化工具，用于展示由用户定义的绩效数据。
- 即时查询/搜索/创建报告：允许用户基于查询和搜索来创建他们自己的报告。
- 向下钻取：从高层次的概述到更详细的视角的功能。
- 预测、模拟场景：包括线性预测、假设场景分析以及采用标准统计工具分析数据等功能。

表 12—5　　商务智能预定义的生产报告示例

业务功能领域	生产报告
销售	销售预测；销售团队绩效；交叉销售；销售周期
服务/呼叫中心	客户满意度；服务成本；投诉解决率；客户流失率
市场营销	活动有效性；客户保持率和流失率；购物篮分析
采购与支持	直接和间接支出；合同外采购；供应商绩效
供应链	未完成订单；完成状态；订货周期；物料清单分析
财务	总账；应付账款和应收账款；现金流；利润率
人力资源	员工工作效率；工资；劳动力人口统计；员工留任

哪些人使用商务智能和商务分析

在前面的章节中，我们已经描述了商业公司中不同的信息需求团体——高层管理者、中层管理者、分析师和运营层员工。这也适用于商务智能和商务分析系统

（见图 12—4）。在商务智能的用户中，超过 80%是一般用户，这些用户很大程度上依赖于生产报告。高层管理者往往使用可视化界面（如仪表盘和计分卡）来监控公司的活动。中层管理者和分析师更专注于数据和软件，输入查询语句，按不同维度对数据进行切片和切块。运营层员工和顾客、供应商一样，大多只阅读预包装的报告。

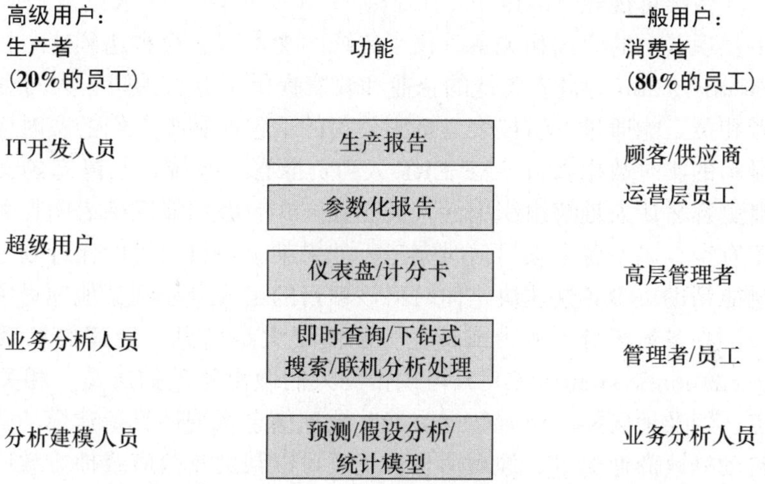

图 12—4　商务智能的用户

说明：一般用户是商务智能输出的消费者，而高级用户是新的报告、分析、模型和预测的生产者。

商务智能应用实例

商务智能工具套件的输出中使用最广泛的是预包装的生产报告。表 12—5 列举了甲骨文公司的商务智能工具套件中一些常见的预定义报告。

预测分析

第 6 章对预测分析做过介绍，它被嵌入一些主流应用，用于辅助各类员工的日常决策，尤其是财务和营销方面的决策。例如，美国第一资本金融公司（Capital One）每年会采用不同的利率、激励机制、直接邮件包装和其他变量进行 3 万多次实验，为其信用卡找到最佳的潜在客户。这些人最有可能注册使用信用卡，并偿还信用卡账户中的欠款。预测分析在信用卡行业中得到较好的应用，被用来识别可能流失的客户。

Dealer Services 公司为二手车经销商提供存货融资，正尝试使用预测分析来筛选潜在客户。许多经销商（过去是通用汽车和克莱斯勒的特许经销商）努力获得来自诸如 Dealer Services 公司的融资，以经营自己的业务。Dealer Services 公司使用 Information Builders 的 WebFOCUS 软件创建模型，可预测最佳贷款，将审阅一份融资申请的时间由 15 小时缩短到 10 小时。该模型检测的数据涉及经销商的规模、类型、地点、付款方式、银行拒收支票的历史记录和库存实践。随着条件的变化，模型会重新验证并更新。

联邦快递使用 SAS 研究所的 Enterprise Miner 和预测分析工具创建模型，预测客户对价格变化和新服务会有怎样的反应、哪些客户容易流失到竞争对手那里、新的店面和投递点会产生多少收入。该预测分析系统的准确率为 65%～90%。联邦快递在呼叫中心通过预测分析来帮助客服代表识别不满意度最高的客户，并采取必要措施让他们开心。

数据可视化与地理信息系统

数据可视化（data visualization）工具用图表展示数据，帮助用户在大量数据中发现其中的模式和关系。仅用传统的文本列表很难达到这个目的。例如，Day & Zimmermann 为世界各地的企业和政府提供工业、国防、人力资源解决方案，管理者和员工能通过一组仪表盘看到公司的承包商和工人们的实时详细信息。仪表盘上显示的实时数据来自 SAP ERP 人力资源管理系统，与静态的文件报告相比，仪表盘更容易让人理解组织中的人员配置。实时数据能准确表明在哪个岗位的哪一类员工有空，以及各个项目何时完工。如果某个项目的进度比计划要快，仪表盘上的信息能帮助决策者快速决定何时将该项目的工人分配到其他项目中。

在各地区分配人力或其他资源需要大量信息，**地理信息系统**（geographic information systems，GIS）可以帮助人们做出相关的决策。相关软件能给地图上的点、线及地区标出位置数据。某些地理信息系统还具备建模功能，能在数据改变时自动修改商业场景。地理信息系统还可以帮助州政府或地方政府计算发生自然灾害或其他紧急情况时所需的响应时间，或帮助银行找到设立新支行或 ATM 终端的最佳地点。

例如，Columbia 是 First Citizens Bank 在南卡罗来纳州的子公司，它使用 MapInfo 的 GIS 软件来决定哪个市场应将重点放在客户保留上，哪个市场应注重获取新客户。MapInfo 还可以深挖各银行分支机构的详细信息，并为每个分支机构制定目标。各分支机构能了解到，它们获得最高收入的机会是来源于从现有客户数据库中挖掘出的信息，还是寻找新客户。过去，该银行的销售电话态度冷淡，而随着分支机构的细分更清晰、服务目标更明确，各分行的服务质量有所提高，销售代表更有礼貌。

公共部门中的商务智能

商务智能也被应用于公共部门。下面的“互动讨论：组织”专栏讲述了某学区将学生的表现进行量化并加以分析，从而就如何分配资源以改善学生和老师的表现做出更好的决策。

互动讨论：组织

数据驱动的学校

越来越多的报告表明，美国的学生比其他国家的学生要差，因此，提升学校的教育水平成为美国日益迫切的使命。事实上，这是一项非常艰巨的任务。逐渐占据主导地位的一种方法是：更多地使用信息系统来衡量个人和学区的教育绩效，并识别出需要额外资源和外界干预的问题。

蒙哥马利郡公立学校位于马里兰州洛克

威尔，有 13.9 万名学生，是推动数据驱动的决策支持系统在学校应用的先驱。学区共同责任办公室（Office of Shared Accountability）的 40 位员工要对多少学生参加中学的代数课或者上低年级的课生成报告。该学区的 Edline 和 M-Stat 系统能提醒校长关注那些可能考试不及格的学生，让他们获得额外的资源，如课后辅导、补习班、家长会。

21 世纪初，蒙哥马利郡公立学校的负责人杰里·沃斯特（Jerry Weast）预测，在所谓的“绿色地带”（富裕的白种人学生）和“红色地带”（贫困学生和少数族裔学生）之间日趋严重的层级分化，会使整个学区垮掉。在用尽其他办法后，管理者启动了一项计划，创建数据采集系统，收集考试成绩、所属年级和其他有用的数据，以识别问题学生，并快速采取干预措施，帮助他们提高学习成绩。

在一整年的时间里，校长都可以访问和分析学生的成绩数据，帮助做出教学决策，而不是只在得到年度标准化测试数据时才这样做。这样，教师就可以帮助那些需要额外指导或其他类型干预的学生，以免他们掉队。考试成绩、所属年级和其他数据都被实时输入该系统，供实时访问。以前，学校的数据是杂乱无章的，因而个别学生和整体学生的表现趋势都难以判断。

现在，幼儿园教师能在手持设备（如 Palm Pilot）上记录每个学生没有掌握哪些词，以监督学生成功读出单词。该手持设备能够检查学生朗读每个段落的准确性，一段时间后，它能显示该学生经常遇到哪类问题。而当学生开始偏离他们平时的学业模式时（如突然出现多门课成绩下滑的情况），系统会向家长和学校管理人员发送通知。在多数情况下，这种快速响应足以帮助学生在成绩不及格之前学好课程。

然而，蒙哥马利郡的多数家长表示，他们担心这个新系统花费过多不必要的开支。在短期内，奥巴马总统的经济刺激计划会增加对学校的拨款。类似的项目会越来越多，这是因为数据驱动的方案能产生可量化的结果。但是它们会成为美国学校的标准吗？这些系统的长期可持续性仍然不确定。

在蒙哥马利郡，实施数据驱动系统的主要目标之一是缩小低年级中白种人学生和少数族裔学生之间的成绩差距。老师和管理人员会使用由决策支持系统整理的不同信息，较早识别出天资聪明的学生，给他们设计更合适的课程以及先修课程。为每个孩子收集的数据能让教师了解到，每个个体采用哪些相应的方法才奏效。

该系统的应用效果显著。在蒙哥马利郡，90%的幼儿园孩子都能达到标准化测试要求的阅读水平，不同种族和社会群体在这方面的差异是最小的。而在七年前，只有 52%的非裔美国学生、42%的拉美裔学生和 44%的低收入家庭孩子能通过上述测试。另外，该系统能在早期有效识别有能力的学生。蒙哥马利郡的非裔美国学生中，能通过至少一门先修课程考试的人数从 10 年前的 199 增至 1 152，而拉美裔学生人数从 218 增至 1 336。

某些批评者认为，将重心放在缩小不同学生群体的成绩差异上，是欺骗天资聪明的学生和有能力学生的行为。“绿色地带”的学生家长质疑他们的孩子是否得到足够的重视，校方是否将过多的资源和工作重心都放在了提升“红色地带”的水平上。在蒙哥马利郡的“绿色地带”，每位学生的培养费是 13 000 美元，而在“红色地带”学生的培养费是 15 000 美元。在“红色地带”，幼儿园每个班有 15 名学生，一年级和二年级每班 17 人，而在“绿色地带”每班有 25 或 26 人。学校的管理人员则反对上述说法，他们认为，该系统不仅为表现不佳的学生提供了适当的帮助，而且为有资质的孩子提供了额外的挑战，这对于天资聪明学生的发展来说至关重要。

另有证据表明，在童年早期缩小成绩差距所获得的收益，会随着孩子年龄的增长而减少。蒙哥马利郡的八年级学生中，约90%的白种人和亚洲学生在州统考的数学测试中成绩优良，而非裔美国人和西班牙人中只有一半。非裔美国人和西班牙人的SAT成绩比白种人和亚洲人低300多分。然而，过去的统计数据表明，实施数据驱动系统能使某些方面有所进步。“红色地带”中的一些学校在考试成绩和毕业率方面有显著提高。

数据驱动系统在许多方面是基于标准化测试信息构建而成的，这些信息源于布什总统任期内出台的《有教无类法案》（No Child Left Behind Act）。一些家长和教育家对标准化测试的数量和频率不满，认为孩子们应该花更多的时间参与项目和创造性活动。但是，很难提出其他可行的备选策略来促进学区的发展。

除了学生受到这一数据驱动方案的管制外，蒙哥马利郡的老师也参与了一个类似的项目，它能识别出努力工作的老师并提供数据帮助他们提高自己。在多数情况下，合同与任期使得解雇低效的教师很困难。为了解决这个问题，教师工会和管理人员联手开发了一个同行审查程序，将表现不佳的教师和一位导师组成团队，由导师提供指导和支持。

两年后，毫无成效的老师要去见由校长和众多老师组成的专门小组，由他们决定是终止合同，还是再聘用一年以观表现。然而，老师极少被解雇，通常被告知他们做得较好，以及某些方面可加以改进，而这些都是基于他们的日常表现、学生达标率和其他度量标准所收集的数据。

并不是所有老师都接受这一数据驱动方案。蒙哥马利教育协会是美国主要的教师工会，他们估计，如果老师需要持续记录学生的成绩，如查看评估和进行其他考试，每周会增加3～4小时的工作量。位于银泉的Highland Elementary学校的校长雷蒙德·默特尔（Raymond Myrtle）认为：“这是一项辛苦的工作，许多老师不想参与。对于那些不喜欢这样做的人，我们建议他们干些别的。”至今，Highland Elementary学校已有1/3的教师离开了该学区，或者在蒙哥马利的其他学校任职。

资料来源：www.montgomeryschoolsmd.org，accessed October 15，2010；www.datadrivenclassroom.com，accessed October 15，2010；John Hechinger，“Data-Driven Schools See Rising Scores，” *The Wall Street Journal*，June 12，2009；and Daniel de Vise，“Throwing a Lifeline to Struggling Teachers，” *Washington Post*，June 29，2009.

[思考题]

1. 本案例中讨论了什么问题？
2. 商务智能系统如何为该问题提供解决方案？这些系统的输入和输出各是什么？
3. 这一方案必须解决哪些管理、组织和技术问题？
4. 该方案的成效如何？请详细解释。
5. 所有学区都应在教学中使用这种数据驱动方案吗？为什么？

[MIS实践]

请访问马里兰州蒙哥马利郡学区的网站，并回答下列问题：

1. 选择该学区中的一所小学、初中或高中，该学校有哪些可用数据？这些数据支持什么类型的决策？它们是如何帮助学校管理者提高教育绩效的？
2. 选择该学区中的一所学校，找到“学校问卷调查结果”（School Survey Results）。这些问卷调查是如何帮助决策者提高教育质量的？

12.2.4　开发商务智能和商务分析功能的管理策略

在组织中，采用商务智能和商务分析功能有两种不同的策略：一站式综合解决方案和多个最佳供应商解决方案。硬件公司（如 IBM、惠普以及甲骨文）想要将集成的硬件/软件解决方案卖给你的公司，这些软件只能在它们的硬件上运行，是完全集成的解决方案，被称为“一站式购物”。而软件公司（如 SAP、SAS 和微软）鼓励各公司采用“最佳”的软件，它们可以在任何硬件上运行。在这一策略中，你可以采用最好的数据库和数据仓库解决方案，并可以从你认为最好的供应商处选择最佳的商务智能和分析软件包。

第一种解决方案有一定的风险，即单一供应商为你的公司提供硬件和软件整体解决方案，会使你的企业依赖于该供应商的定价权。但这种方案也具有优势，这类单一供应商能够在全球范围内供货。第二种解决方案更加灵活和独立，但是也有风险，即软件和硬件平台或软件和软件之间在整合过程中有潜在的问题。供应商总是声称它们的软件能与其他软件“兼容”，但事实上，要将来自不同供应商的软件集成在一起是十分困难的。微软特别重视桌面界面、操作系统的构建，以及运行在微软局域网上的服务器应用程序的开发。但是，如果要让第二种策略成功，则来自不同供应商的软件和硬件产生的数据必须无缝地传入微软工作站。这对于《财富》500 强公司来说不太合适，它们需要的是全球性的网络解决方案。

无论你的公司采用哪种策略，所有的商务智能和商务分析系统都为公司锁定了一系列供应商，而且更换成本很高。一旦让遍布全球的众多员工学会使用一组特定的工具，想要再更换工具会非常困难。当你采用这些系统时，实际上引入了一位新的合作伙伴。

如今，商务智能和商务分析的市场竞争非常激烈，供应商往往夸大其词。某商务智能供应商声称：“我们的工具融合了服务、软件、硬件和相关技术，以创建商务智能解决方案。通过对公司各级信息的充分利用，您将获得竞争优势，创造新的商业机会。”作为一名管理者，你应该批判性地评价这些说法，充分了解这些系统是如何提升公司业务的，并判断它们是否物有所值。

12.3　商务智能的用户群体

现代化企业是由许多不同的群体组成的。在本章开头，我们已识别出三个管理层级：低级（运营）管理层、中级管理层和高级管理层（副总裁及以上级别，包括执行官或称为“C 级”管理者，如首席执行官、首席财务官和首席运营官）。每个管理团体具有不同的职责，对信息和商务智能有着不同的需求。随着管理层级的上升，决策的结构化程度越来越低（见图 12—1）。

12.3.1 对运营管理层和中级管理层的决策支持

运营管理层和中级管理层主要负责监控业务的关键绩效，比如工厂车间里机器的停工时间、食品连锁店每天甚至每小时的销量、公司网站每天的访问量。他们所做的决策大多数都是结构化的。通常，中层管理者使用管理信息系统来支持这类决策的制定。管理信息系统的输出主要是一系列日常生产报告，报告基于公司底层事务处理系统获取的数据进一步总结生成。如今，越来越多的中层管理者在公司门户网站上在线获取这类报告，并能交互式地查询数据以找出某些事件发生的原因。为了节省分析的时间，管理者会查看例外报告。例外报告仅强调例外情况，比如某个区域的销售额低于预期水平，或者某个员工的牙科保健保险费用超额。表 12—6 提供了管理信息系统应用的一些实例。

表 12—6　管理信息系统应用实例

公司名	管理信息系统应用
加州比萨厨房	“库存快递”应用软件记录每家餐馆的订单模式，并能将每种菜品的用料与管理层预定义的用量进行比较。该系统能识别出不符合标准的餐馆，并通知餐馆的相关管理者采取措施。
PharMark	外联网管理信息系统能识别可能危及病人健康的不良用药模式。
Black & Veatch	内联网管理信息系统能跟踪遍及全美的各工程成本。
Taco Bell	全自动公司运营系统（TACO）为每家餐馆提供关于食物、人员和时间段的信息。

对半结构化决策的支持

某些管理者是系统的“超级用户”，也是敏锐的商务分析师，他们想自己创建报告，使用更复杂的分析方法和模型来发现数据中的模式，为其他商务场景建模，或者检验某些假设是否成立。决策支持系统是这类用户的商务智能服务平台，能支持半结构化的决策制定。

决策支持系统比管理信息系统更依赖于建模，采用数学模型或分析模型来进行假设分析或其他类型的分析。假设分析从已知条件或假设条件出发，使用户可以看到多个可能的值，之后检验这些值，并预测这些值的变化带来的影响。如果将产品价格提高 5%，或者把广告预算提高到 100 万美元会怎样？**灵敏度分析**（sensitivity analysis）模型通过反复回答假设问题，发现某一方面或多个方面发生变化后的结果（见图 12—5）。倒推灵敏度分析能够帮助决策者找到目标：如果希望在明年卖出 100 万件产品，需要降价多少？

在第 6 章，多维度数据分析和联机分析处理被视为商务智能的关键技术之一，本节介绍的电子表格也有类似的多维分析功能，称为**数据透视表**（pivot table）。“超级用户”管理者和分析师使用数据透视表来识别、理解业务信息中的模式，辅助半结构化决策的制定。

图 12—6 展示了一张 Excel 数据透视表，其中列出了一家在线出售管理培训视

总固定费用	19 000					
单位可变成本	3					
平均销售价格	17					
边际收益	14					
盈亏平衡点	1 357					
				单位可变成本		
销售	1 357	2	3	4	5	6
价格	14	1 583	1 727	1 900	2 111	2 375
	15	1 462	1 583	1 727	1 900	2 111
	16	1 357	1 462	1 583	1 727	1 900
	17	1 267	1 357	1 462	1 583	1 727
	18	1 188	1 267	1 357	1 462	1 583

图 12—5　灵敏度分析（美元）

说明：本图展示了灵敏度分析的结果：领带的销售价格和单位成本的变化对盈亏平衡点的影响。它回答了如下问题："如果销售价格和单位生产成本发生变化，盈亏平衡点会如何变化？"

频和图书的公司的订单交易记录。它揭示了客户订单中销售区域和接触源（网站横幅广告或者电子邮件）这两个维度之间的关系，回答了以下问题：除了销售区域这一因素外，客户来源是否也带来影响？图中的数据透视表显示，大部分客户来自西部地区；在所有地区中，大部分客户都是被网站横幅广告吸引来的。

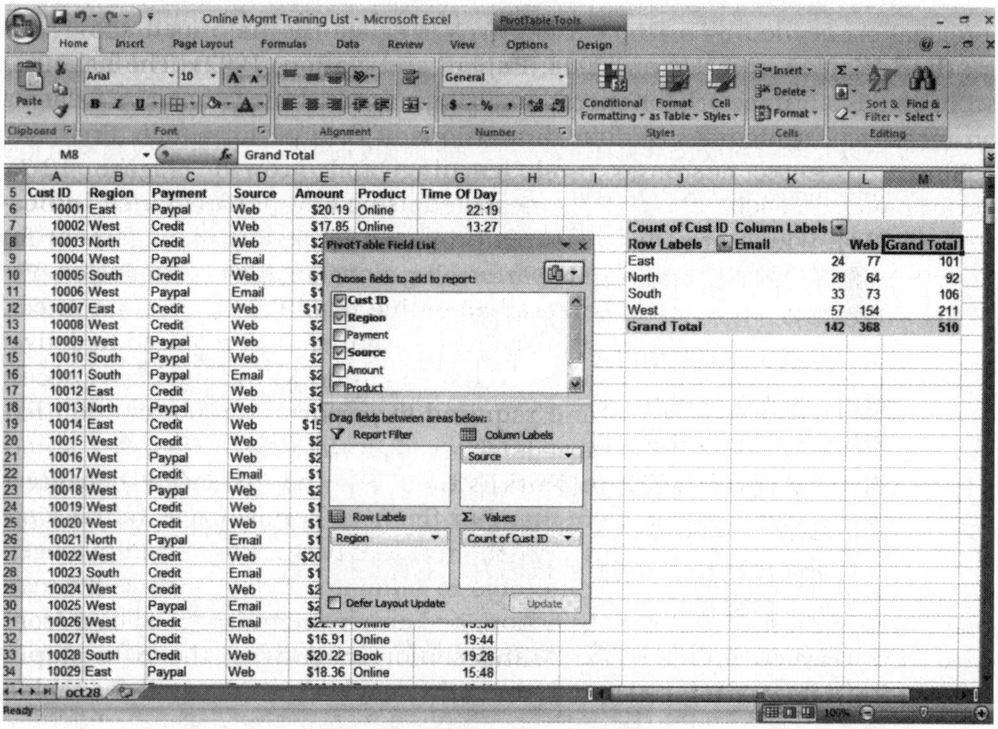

图 12—6　使用数据透视表检验客户地区分布和广告来源

说明：在该数据透视表中，我们可以看到 Online Management Training 公司（OMT Inc.）的客户来自哪些地区，主要被哪类广告吸引。

本章的一个 MIS 实践项目要求读者使用上述公司的交易数据生成数据透视表，来找到其他问题的答案。MyMISLab 网站上提供了这些交易数据的完整 Excel 文件，还提供了使用 Excel 2010 创建数据透视表的方法。

过去，大多数类似的建模是采用电子表格和独立的小型数据库完成的。如今，这些功能已整合到大型的企业商务智能系统中，可以对大型的企业级数据库中的数据进行分析。商务智能分析包括用于建模的工具，这在前文中已提到。这类功能帮助前进保险公司（Progressive Insurance）识别出最佳客户。前进保险公司使用易得的保险行业数据，定义客户分类（或称为“小组”），如 30 岁及以上有大学学历的摩托车手，没有发生过事故，且信用评分超过一定水平。前进保险公司对每个小组进行回归分析，以确定与每个小组的典型保险损失关系最密切的因素。随后，为每个小组定价，并使用仿真软件测试这一定价能否让公司获利。这些分析技术使前进保险公司能在其他保险公司不愿涉足的传统高风险领域为客户承保并且盈利。

12.3.2　对高级管理层的决策支持：平衡计分卡和企业绩效管理方法

我们在第 2 章介绍过主管支持系统，它的目的是帮助高层管理者关注真正重要的、影响公司盈利能力和成功的信息。建立主管支持系统需要具备以下两个条件：第一，你要有一套方法，能够确切了解在某个公司中“真正重要的业绩信息”是什么；第二，你需要建立一个系统，将这些信息及时传递给相关人员。

目前，**平衡计分卡法**（balanced scorecard method）是让公司高层辨别什么是真正重要的信息的主流方法（Kaplan and Norton，2004；Kaplan and Norton，1992）。平衡计分卡着眼于四个维度来测量公司的业绩，包括财务、业务流程、客户以及学习和成长（见图 12—7）。每个维度的业绩用**关键绩效指标**（key performance indicator，KPI）衡量，这些指标由高层管理人员提出，旨在了解公司在各个方面的表现。比如，对于网上零售公司来说，将包裹送达客户所需的平均时间就是一个客户满意度指标。对于一家银行来说，业务流程的一个关键绩效指标就是办理基本业务（比如开户）所需的时间。

平衡计分卡架构应该是“平衡”的，因为它让管理者看到了除财务绩效之外的东西。根据这一观点，财务绩效已经是过去时，因为它是过去行动的结果，而管理者应该注意那些当下可以改变的部分，比如业务流程的效率、客户满意度和员工培训。一旦顾问和高管建立起平衡计分卡，下一步就是针对每个关键绩效指标自动地把信息流传递给行政人员和其他管理者。许多咨询和软件公司可以提供这些功能。一旦系统开始运行，它们就被称为“主管支持系统”。

另一种紧密相关的流行的管理方法是**企业绩效管理**（business performance management，BPM），这一概念最初是在 2004 年由一个行业组织定义的（该行业组织由销售企业级数据库的公司如甲骨文、SAP 和 IBM 领导）。企业绩效管理力图将公司战略（如差异化、低成本生产、市场份额的增长以及经营范围）系统地转化为经营目标。一旦定义好公司战略和经营目标，就能生成一系列关键绩效指标，以衡量努力的成效。公司的绩效则由企业数据库系统中获取的信息衡量。企业绩效管理的理念与平衡计分卡相同，但具有更强的战略意义（BPM Working Group，2004）。

如今，大部分主管支持系统依靠的是公司已有的企业应用（企业资源计划、供应链管理和客户关系管理），它们能让很多管理者接收新闻、金融市场数据、经济信息和他们所需的任何其他外部数据。如果管理者需要更详细地解读数据，主管支

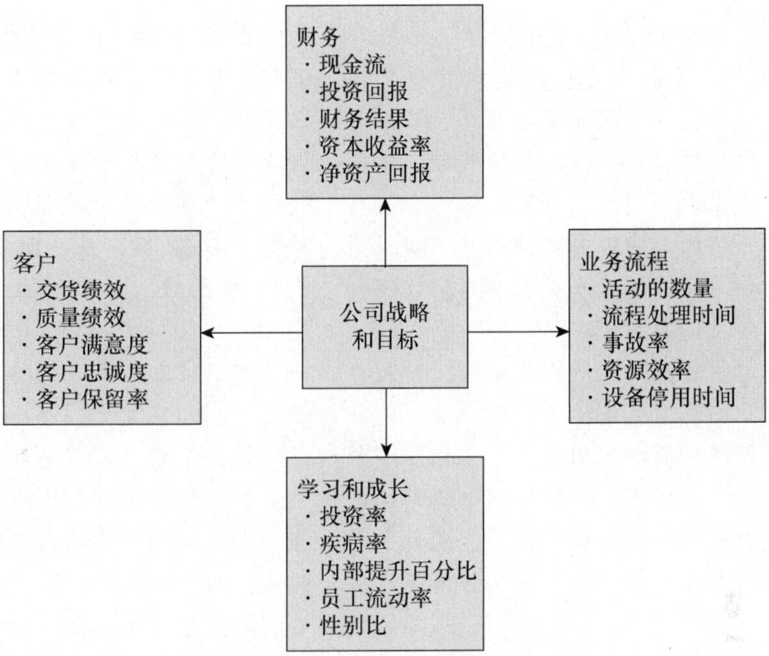

图 12—7　平衡计分卡框架

说明：在平衡计分卡框架下，公司的战略目标沿着四个维度——财务、业务流程、客户、学习和成长展开。每一个维度都由若干关键绩效指标衡量。

持系统还具有向下钻取（drill-down）功能。

设计良好的主管支持系统能够协助高管监控组织绩效，了解竞争者的动向，认清不断变化的市场环境，识别问题和机遇，从而提高管理的有效性。主管能对数据进行即时访问，这增强了主管监控下层单位活动的能力。这样的监控能力使决策去中心化，把决策权下放到较低的运营层，扩大了管理层的控制范围。

当今的商务智能与分析技术令一种被称为“信息驱动的管理”或“基于事实的管理”的全新管理方式和文化成为可能。从车间层（或销售层）获取信息后，立即输入公司的系统和数据库，然后传输到总部管理层的仪表盘上用于分析。在实时管理中信息传输以小时和秒而不是月、周或天作为时间单位。你可以看到有数百家公司启用了实时管理，同时有更多的公司正在建设这种新的决策支持环境。下面的“互动讨论：管理”专栏中介绍的瓦莱罗（Valero）就是一个很好的例子。

互动讨论：管理

数字仪表盘实时领导瓦莱罗

如果你没有听说过瓦莱罗，请不要担心。虽然投资者认为它是美国最大的炼油企业之一，但并不为公众熟知。瓦莱罗能源公司（Valero Energy）的总部位于得克萨斯州圣安东尼奥市，年收入达 700 亿美元，是一家在《财富》500 强中排名前 50 的公司。瓦莱罗在美国、加拿大和阿鲁巴岛上有 16 家炼油厂，生产汽油、馏分油、喷气燃料、沥青、石油化学产品和其他炼油产品。在美国中西部，它还拥有 10 家乙醇工厂，乙醇的年生产能力达到110亿加仑。

2008年，瓦莱罗的首席运营官提出要开发炼油仪表盘，用来展示与工厂、设备可靠性、库存管理、安全、能源消耗相关的实时数据。总部运营中心的墙上有一组监视器，其中一个巨大的中央监控屏幕上实时显示的就是公司的炼油仪表盘，首席运营官和工厂管理者可以看到16家炼油厂的情况。

首席运营官及其团队根据每家工厂执行公司生产计划的情况来检查每家炼油厂的业绩。对于任何偏离计划的情况，无论是超额完成还是未完成，工厂的管理者都要给出一个解释，并详述将要采取的措施。总部团队可以从领导层深入探究工厂甚至系统操作员的绩效。

位于偏远地区的工厂的管理者可在互联网上使用炼油仪表盘，其数据每五分钟更新一次。可以从仪表盘直接点击进入公司的SAP生产集成和智能应用，其中存储着各工厂当前和历史的生产数据。瓦莱罗的管理层估计，仪表盘每年可为投产使用的16家炼油厂节省2.3亿美元。

瓦莱罗的炼油仪表盘成效显著，因此公司开发了独立的仪表盘，可以显示公司每个部门、每家工厂功耗的详细统计数据。通过共享数据，管理者能互相分享各自的最佳实践，在保持生产目标不变的前提下，改进设备以减少能源消耗。该仪表盘系统获得了意想不到的效果，它帮助管理者更加了解公司的实际运作情况，并让他们知道应如何进一步改进。

然而，瓦莱罗的高级仪表盘真的起到作用了吗？实时管理的风险之一是没有抓住正确的事情。仪表盘展示的信息与企业战略目标无关，虽然看上去很不错，但在很大程度上说是不重要的。瓦莱罗的目标和业绩考核基于在石油和天然气行业中采用的所罗门基准性能研究。那么这样的仪表盘能帮到瓦莱罗吗？

2008年6月，瓦莱罗的股价高达80美元，到2010年11月却跌到20美元。事实证明，瓦莱罗的利润与炼油效率的微小改变之间并无很强的关联。其盈利能力绝大部分取决于炼油产品和原油价格之间的差价，这被称为“炼油产品利润”。全球经济增速放缓始于2008年，并一直持续到2010年，它使对精炼石油产品的需求下降，这对2009—2010年炼油产品的利润产生了压力。需求减少，加上库存增加，使得柴油和喷气燃料的利润空间大幅缩小。

原油价格以及对石油的总需求并不在瓦莱罗管理层的控制范围之内。随着时间的推移，提炼原油的成本只在一个很小的范围内变化。而且在炼油技术方面，预计不会有技术上的突破。虽然瓦莱罗的仪表盘关注了某个在极小范围内管理层可以控制的问题（即提炼原油的成本），但是，它没有显示很多超出其控制范围的战略因素，而这些因素对公司绩效产生了重要影响。我们得到的结论是：强大的仪表盘系统并不能让一家不盈利的公司赚钱。

实时管理的另一个局限性在于它适用于流程工业（如石油精炼），这些工业的流程是相对不变的，易于熟悉和理解，生产的产品是公司的主要收入来源。但是仪表盘系统并未显示任何关于产品、市场营销、销售或其他方面的创新，而对于公司来说，创新是十分重要的。苹果公司并没有使用绩效仪表盘来开发iPhone手机，虽然现在它可能使用这样的仪表盘来监控iPhone手机的生产和销售。管理者必须对企业的成功因素十分敏感，并仔细思考这些因素，即使它们没有出现在公司的仪表盘上。

资料来源：Chris Kahn, “Valero Energy Posts 3Q Profit, Reverses Loss,” *Business Week*, October 26, 2010; Valero Energy Corporation, Form 10K Annual Report for the fiscal year ended December 31, 2009, filed with the Securities and Exchange Commission, February 28, 2010; and Doug Henderson, “Execs Want Focus on Goals, Not Just Metrics,” *Information Week*, November 13, 2009.

[思考题]

1. 开发瓦莱罗的仪表盘时，应解决哪些管理、组织和技术问题？

2. 仪表盘展示了哪些绩效标准？列举几个能从瓦莱罗的仪表盘上获取信息的管理决策。

3. 瓦莱罗需要哪种类型的信息系统来维护、运行其炼油仪表盘？

4. 瓦莱罗采用仪表盘协助管理层领导公司的效果如何？请详细解释。

5. 瓦莱罗是否应该开发一个用来检测不可控环境因素的仪表盘？为什么？

[MIS 实践]

1. 访问 Valero.com，在“投资关系”(Investor Relations) 板块中点击查看其年报。在年报的第 2 页，你能找到瓦莱罗的企业愿景说明。阅读企业愿景说明的战略目标部分(特别是愿景说明＃2)。基于公司的愿景，其他哪些公司仪表盘适合高级管理层使用？

2. 阅读年报并列出报告中提到的一系列因素，可用于解释过去两年里该公司的不佳业绩。设计一种衡量这些盈利能力因素的方法，并采用电子演示软件为高层管理者创建公司盈利能力仪表盘。

12.3.3　群体决策支持系统

我们之前谈到的决策支持系统主要涉及个体决策制定。然而，由于大部分公司内部的工作是由团队完成的，**群体决策支持系统**（group decision-support systems，GDSS）应运而生，帮助团队和组织制定决策。

帮助一群决策者（无论他们是否在同一地点）解决非结构化问题的交互性计算机系统，就是群体决策支持系统。本章提到的协作系统和基于网络的电视会议工具都是帮助群体决策的手段，但是它们的主要目的是沟通，群体决策支持系统则为团队决策提供了专门的工具及技术。

如果要召开由群体决策支持系统支持的会议，会议室需要配备专门的硬件和软件工具，以帮助团队完成决策。硬件包括计算机、网络设备、高架式投影仪和投影屏。同时，采用专门的电子会议软件收集、记载、排列、编辑和存储决策会议上提出的想法。群体决策支持系统比以往的工具更加复杂，需要专业的协同和支持人员。协同人员挑选软件工具，帮助组织、举办会议。

高级的群体决策支持系统为每个与会者提供专用笔记本电脑，由他们自己控制。在准备好交流信息之前，没有人能看到其他人在电脑上的操作。他们输入的信息通过网络传送到存储所有会议信息的中央服务器上，并展示给全体与会人员。人们还可以在会议室的大投影屏上看到数据。

群体决策支持系统既扩大了会议规模，又提高了会议效率。与会的每个人可以同时提交信息，不必依次进行。由于可以匿名提出建议，群体决策支持系统增进了会议的协作性，因为在这种情况下与会者可以将精力集中在想法上，而不用担心个人遭到批评，或者建议会因为提供者的身份而遭到否决。群体决策支持系统的软件工具使用结构化方法组织和评价想法，并保存会议的结果，没有参加会议的人也可以找到所需信息。群体决策支持系统的效率取决于问题的性质和团队的类型，以及会议的计划和召开情况。

12.4 管理信息系统实践项目

本节中的实践项目涉及以下几个方面：分析决策支持系统的机遇，使用电子表格的数据透视表分析销售数据，使用在线退休规划工具制定财务计划。

12.4.1 管理决策问题

1. 苹果蜂（Applebee）是全球最大的休闲食品连锁餐厅，在美国有 1 970 家分店，在其他 20 个国家也有分店。主要经营牛肉、鸡肉和猪肉菜肴，以及汉堡、意大利面和海鲜。虽然汽油和农产品等成本有所增加，但是苹果蜂的 CEO 希望通过升级菜单，增加更美味和更受顾客欢迎的菜品来增加利润。管理层如何应用信息系统来实施这一策略呢？苹果蜂需要收集哪些数据？为了帮助管理层在优化菜单和增加利润方面制定决策，需要什么样的报告？

2. 20 世纪 90 年代，加拿大太平洋铁路公司（Canadian Pacific Railway）为了节省开支而采用基于吨位的运营模式，只有当货物满载时才发车。这个模式主要是为了尽可能地减少列车的总数，并使每辆车的承载量达到最大。然而，由于没有有效利用人员、机车和设备，导致运输时间和班次不一致。公路运输公司抢走了加拿大太平洋铁路公司和其他铁路公司的生意，因为它们可以提供更灵活、更适应客户需求的运输时间。决策支持系统如何帮助加拿大太平洋铁路和其他铁路公司提高效率，与公路运输公司竞争？

12.4.2 优化决策：使用数据透视表分析销售数据

软件技能：数据透视表

商业技能：分析销售数据

本项目能让你学会如何使用 Excel 的数据透视表功能来分析数据库或数据列表。

使用本章前面提到的在线管理培训公司 OMT 的数据列表。这是 OMT 公司一天的销售交易清单。你可以在 MyMISLab 网站上找到这一电子表格文件。

使用 Excel 的数据透视表帮助自己回答下列问题：

- 哪些地区的平均购买量更大？这个问题的答案可以帮助管理者了解应将营销和销售资源重点放在哪些地区，并在不同地区传递不同信息。
- 最常用的支付方式是哪种？可以用广告推广最常用的支付方式。
- 哪个时段是购买高峰期？人们通常在工作时间（白天）还是非工作时间（晚上）购买产品？
- 地区、所售产品和平均销售价格之间有什么联系？

12.4.3　优化决策：使用基于万维网的决策支持系统进行退休规划

软件技能：互联网软件

商业技能：财务规划

CNN Money 和 MSN Money Magazine 网站的共同特点是，使用基于万维网的决策支持系统进行财务规划和决策制定。选择其中任何一个网站进行退休规划。判断你需要存多少钱才能保证退休后有足够的收入。假定你现在 50 岁，计划在 16 年后退休。你有一个需要抚养的家人和 10 万美元存款。目前，你的年收入是 8.5 万美元，你的目标是退休后有 6 万美元的年收入，其中包括社会保障福利金。

- 可使用社会保障管理局网站上的快捷计算器来预估社会保障福利金。
- 使用你选择的网站，计算需要存多少钱才能达成这一目标。
- 从以下几个方面评价这个网站：易用性、清晰度、所得结论的价值，以及帮助投资者了解自身财务需求和金融市场的深入程度。

小　结

1. 决策有哪些类型？决策过程是怎样的？

组织中的不同层级（战略层、管理层、运营层）有不同的决策需求。决策分为结构化、半结构化和非结构化三类，结构化的决策集中于运营层，非结构化的决策则集中于战略层。决策可由个人或团体制定，无论是运营层、中层还是高层的员工都可以参与到决策中。决策有四个阶段：情报、设计、选择和实施。由于信息质量、管理层过滤和组织文化等问题，辅助决策系统无法保证制定出可以提升公司业绩的优质决策。

2. 信息系统如何支持管理者和管理层的决策活动？

早期的古典管理模型强调计划、组织、协调、决策和控制。现代研究通过观察管理者的实际行为，发现他们的活动十分琐碎且多样，过程极为短暂，而且尽量不做决定性的重大决策。

信息技术为管理者承担传统角色和新角色提供了新工具，使他们监控、计划和预测的速度和精确度有了前所未有的提高，同时加快了对瞬息万变的商务环境的响应速度。信息系统对管理者最大的帮助是，它可以发布信息，在组织各层级间建立联系、分配资源。不过，信息系统在支持非结构化决策方面就不那么奏效了。在信息系统可支持的决策过程中，信息质量、管理层过滤和组织文化都可能降低决策的质量。

3. 商务智能与商务分析是如何支持决策分析的？

商务智能与商务分析旨在为决策者提供几乎实时的准确信息，分析工具能协助他们快速理解信息并采取行动。商务智能环境由业务环境中的数据、商务智能基础设施、商务分析工具集、管理者及其管理手段、商务智能服务平台（管理信息系统、决策支持系统、主管支持系统）和用户界面组成。为了达成目标，商务智能系统提供了六种分析功能：预定义的生产报告、参数化报告、仪表盘/计分卡、即时查询/搜索、向下钻取获取详细信息、模拟场景和预测。

4. 组织中不同的决策群体是如何使用商务智能的？

运营管理层和中级管理层主要负责监控公司绩效，他们所做的决策大多数是结构化的。管理信息系统能生成日常生产报告，通常用来支持这类决策的制定。而对于非结构化决策的制定，中层管理者和分析师会使用决策支持系统中强大的分析和建模工具，包括电子表格和数据透视表。高层管理者在制定非结构化决策时使用仪表盘和可视化界面，上面展示的是影响整个企业盈利、成功和战略的关键绩效信息。在设计主管支持系统时，使用的是平衡计分卡和企业绩效管理这两种方法。

5. 信息系统如何帮助团队更加有效地制定决策？

群体决策支持系统可以帮助团队更有效地制定

决策。群体决策支持系统拥有特殊的会议室功能，与会者可以通过联网的计算机和软件工具提出建议、汇总想法、收集信息、给议题排序和记录会议内容。

复习题

1. 决策有哪些类型？决策过程是怎样的？

● 列出并详述制定决策的不同层级，以及组织中制定决策的不同群体，说明他们对制定决策的需求有什么不同。

● 非结构化决策、半结构化决策和结构化决策有什么不同？

● 列出并详述决策中的各个阶段。

2. 信息系统如何支持管理者和管理层的决策活动？

● 比较古典模型和行为模型中对管理行为的不同描述。

● 信息系统可以支持哪些管理角色？

3. 商务智能与商务分析是如何支持决策分析的？

● 给出商务智能和商务分析的定义，并加以描述。

● 列出并详述商务智能环境的组成要素。

● 列出并详述商务智能系统提供的分析功能。

● 比较开发商务智能和商务分析功能分别采用的管理策略。

4. 组织中不同的决策群体是如何使用商务智能的？

● 列出组织中主要的决策群体，并详述每个群体的决策类型。

● 描述管理信息系统、决策支持系统和主管支持系统是如何支持各群体做出决策的。

● 给出平衡计分卡和企业绩效管理的定义，并加以描述。

5. 信息系统如何帮助团队更加有效地制定决策？

● 给出群体决策支持系统的定义。它与决策支持系统有什么区别？

● 群体决策支持系统如何运作？它怎样为企业贡献价值？

讨论题

1. 如果你是信息系统的管理者或使用者，要参与设计并使用决策支持系统或主管支持系统，你需要了解什么？为什么？

2. 如果企业更广泛地使用决策支持系统、群体决策支持系统和主管支持系统，管理者和员工能否制定出更好的决策？为什么？

3. 商务智能和商务分析能帮助企业将经营战略优化到什么程度？请给出解释。

小组练习：为大学设计群体决策支持系统

三四名同学一组，找出几个学校中可以从群体决策支持系统中获益的团体。为其中一个团体设计群体决策支持系统，详述它的硬件、软件和人员构成。如有可能，使用 Google Sites 发布网页的链接、团队沟通公告和工作任务，集思广益，合作完成项目文档。尝试使用 Google Docs 在课堂上展示成果。

章末案例

CompStat 能否减少犯罪

CompStat（COMPuter STATistics 或 COMParative STATistics 的缩写）于 1994 年由纽约市警察局（NYPD）创建，当时的警察局局长是威廉·布拉顿（William Bratton）。CompStat 是一个综合数据库，

能记录全市 76 个警区中的所有接警或举报、拘留情况以及发出的传票。当时，市政府官员认为，先进的信息和分析工具不能防止犯罪活动的发生，但通过在社区中增加徒步巡逻，且秉持“努力促进社会团体参与”的社区警务观念，能够起到一定的作用。但是，两任纽约市市长布拉顿（Brantton）和鲁迪·朱利亚尼（Rudy Giuliani）认为，如果各警区有权力制定执行层决策，而且决策者掌握的信息质量更高，警方就可以更有效地减少犯罪。与警察总部相比，警区指挥官能更好地了解所在社区的具体需求，并能更有效地指挥他们管理的 200～400 名警员。CompStat 授予警区指挥官更多的权力，而他们的责任也随之增大。

在每周会议上，来自纽约市警察局各个警区、服务区和地铁服务区的代表们在警察总部总是觉得坐立不安，他们必须对本周内发生的犯罪、逮捕和传唤活动，以及重大案件、犯罪模式和维持治安的活动，进行统计汇总。指挥官对降低其管辖区域的犯罪率负有直接责任，他们必须解释采取了哪些措施，如果犯罪率上升，他们也必须给出理由。而在过去，主要是根据指挥官的行政管理技能（如费用不超出预算、高效分配资源）来对他们进行评估。

这些指挥官提供的数据包括犯罪活动和执法活动的具体时间和地点，它们将被传输到纽约市警察局的 CompStat Unit，在那里被加载到一个全市范围的数据库中。该系统分别在巡逻区、警区和全市范围各层级上分析这些数据，生成一份关于犯罪举报和逮捕活动的 CompStat 每周报告。数据按每周、前 30 天和年初至今分别计算总和，并与前一年的活动数据进行对比，以预测未来趋势。CompStat Unit 每周会发布指挥官分析报告来衡量警区指挥官的业绩。

指挥官分析报告包括指挥官的委任日期、任职以来的年度排名、教育和专业培训水平、最近的绩效评价等级、曾负责的部门、其麾下警员的加班工时、缺勤率、社区人口统计数据和公众投诉。

采用 MapInfo 地理信息系统软件，能将 CompStat 的数据展示在地图上，显示案发地点和逮捕嫌疑人的地点、案件多发地和其他相关信息。同时，还可以呈现对比表格、图像和图表。这些可视化展示能帮助警区指挥官和纽约市警察局的高层管理者快速识别模式并预测趋势。根据系统收集的情报，警察局局长和警区指挥官制定了有针对性的战略来打击犯罪，比如派遣更多警力去犯罪率较高的地区徒步巡逻，或当某种型号的车容易被盗时向公众发出警示。

在布拉顿任职的 27 个月中，纽约市的重大案件发生率下降了 25%，命案发生率下降了 44%。在过去的 12 年里，纽约市的犯罪率下降了 69%。质疑者认为，这些结果与 CompStat 的使用无关。他们指出，犯罪率下降的原因是：贫困的年轻人数量减少；经济状况有所好转；政府出台方案，减少领取社会救济金的人数，同时让穷人有更好的住房条件；纽约市警察部队的规模逐渐增大；警区指挥官对决策制定负有更多的责任，并可被问责。

然而，布拉顿确信，CompStat 是纽约犯罪率下降的催化剂，该系统在洛杉矶的实施进一步证明了他的观点。自引进 CompStat 后，洛杉矶的暴力犯罪和财产犯罪总数连续六年下降。而洛杉矶警务人员与居民之比是纽约和芝加哥的一半。费城、奥斯汀、旧金山、巴尔的摩以及温哥华、不列颠哥伦比亚省都采用了 CompStat 系统。

质疑者指出，自 1990 年以来，无论是否使用 CompStat 系统，美国所有市区的犯罪率都下降了。实际上，警察基金会（Police Foundation）对 CompStat 系统所做的一项重要研究发现，CompStat 系统使得警察在打击犯罪时只是被动响应，而不是主动出击。如果犯罪活动已发生，再派出警力就为时已晚。CompStat 促使警方在维持治安中采用警察基金会（Police Foundation）所谓的“打鼹鼠”理论，这与游乐场的游戏相似。警察基金会发现，与改变警察局的组织架构、建立更能打击犯罪的机构相比，在警察局的传统组织中建立数据库并不能使犯罪率下降。

由于建立 ComStat 系统的主要目的是减少犯罪，而且犯罪统计数据对于警官的仕途越来越重要，因此 ComStat 系统形成了隐形的压力，迫使一些警区指挥官篡改犯罪统计数据以生成对自己有利的结果。不论是通过缩减预算还是削减人员，警官们都必须不断“修饰美化”他们的犯罪统计数据。2009 年开展的一项研究对 1 200 名退休警官和高级官员进行了问卷调查，结果表明，近 1/3 的被调查对象知道犯罪数据中存在不道德的篡改行为。

100 多名被调查对象说，由于降低年犯罪率的压力很大，某些主管和警区指挥官会篡改犯罪统计数据。比如，众所周知，官员们会在 Catalog、易趣及其他网站上查找与失窃物件类似的东西，寻找更低的价格，以便降低记录在案的被盗物品价值。当被盗物品的价值在 1 000 美元及以上时，量刑时就会被定为盗窃罪，这是一项重罪；当被盗物品的价值低于 1 000 美元时，只被定为轻罪。警区采用上述方法来减少重大盗窃案的数量，这一数字作为“犯罪指数”由 CompStat 追踪。还有调查证据表明，某些地区的警察不太愿意接案，可能是想减少曝光案件的数量。

一些受访者表示，有时派到犯罪现场的警区指挥官或助手会劝说受害人不要起诉，或者让他们改变对犯罪事实的证词以减轻嫌疑人的罪行。

纽约市警察局对以往关于 CompStat 系统的研究不太配合，他们不愿意透露相关数据及其处理方法。有位教授开展了一项研究，最终结论称赞 CompStat 系统对纽约市犯罪情况有积极影响，他就能充分利用纽约市警察局的犯罪数据；而纽约市警察局并没有和警察反腐委员会（CCPC，一个独立的委员会，其职责是监督警察的腐败行为）合作。该委员会请求传唤权，要求纽约市警察局移交其数据，说明数据收集过程，以揭露警方潜在的错误行为。遗憾的是，在警察局的强烈反对下，该委员会的这一请求被拒绝了。

另一方面，不同版本的 CompStat 系统在美国各地众多警察局中使用，在很多城市中，该系统被认为有助于警方的工作。在纽约市，绝大多数人认为，犯罪率下降了，城市变得更加安全宜居。

资料来源：William K. Rashbaum, “Retired Officers Raise Questions on Crime Data,” *The New York Times*, February 6, 2010；A. G. Sulzberger and Karen Zraick, “Forget Police Data, New Yorkers Rely on Own Eyes,” *The New York Times*, February 7, 2010；Luis Garicano, “How Does Information Technology Help Police Reduce Crime?” TNIT Newsletter 3 (December, 2009)；and New York City Police Department, “COMPSTAT Process,” www.nyc.gov/html/nypd/html, accessed October 9, 2006.

[思考题]

1. 哪些管理、组织和技术因素使得 CompStat 系统能够运作？

2. 如果没有 CompStat 系统，警方能有效地打击犯罪吗？社区警务与 CompStat 系统相互矛盾吗？请给出解释。

3. 为什么官员们会谎报 CompStat 系统的某些数据？应该采取什么措施来加以防止？如何进行检测？

第 4 篇 系统建设与管理

building and managing systems

第4篇主要介绍组织中系统的开发与管理。这一部分主要回答了以下几个问题：开发一个新的信息系统涉及哪些活动？开发系统解决方案有哪些方法？如何管理信息系统项目才能确保新系统提供真正的商业价值，并且在组织中成功运作？开发和管理全球系统时，必须注意哪些问题？

第 13 章 信息系统建设

学习目标

学完本章后，你将能够回答以下问题：

1. 新系统的开发会带来哪些组织上的变化？
2. 系统开发过程中的核心活动有哪些？
3. 系统建模与设计有哪些主要方法？
4. 信息系统的开发有哪些方法？
5. 数字化企业时代，系统开发有哪些新方法？

章首案例

联昌国际集团对开户流程进行重新设计

联昌国际集团（CIMB Group）的总部位于吉隆坡，是马来西亚的第二大金融服务机构和马来西亚证券交易所的第三大上市公司。它提供一系列金融产品和服务，包括个人银行、企业及投资银行、保险和资产管理，它拥有东南亚最大的零售银行网络，旗下有1 100 多家分支机构。

这一切有什么问题吗？没有，但是管理层希望做得更好。该公司自 2008 年起开始启动一项历时 5 年的信息技术转型计划，希望能够使其信息技术投资更有效地利用企业的资源。联昌国际集团使用 IDS Scheer 公司的 ARIS 业务流程管理（BPM）工具来识别 25 个不同的领域，从而提高技术、人员和流程水平。ARIS 系统可以帮助识别现有流程中的缺口和低效率工作。

银行网点原有的开户流程既烦琐又耗时，需要在四个不同的数据输入页面填写用户、账户、姓名和地址信息，以及在自动柜员机（ATM）上所用卡的详细信息。新技术为简化这类流程创造了机会。马来西亚公民和永久居民都拥有一张政府多用途卡（MyKad），它是世界上第一个智能身份证，内置一个微型芯片，具有识别信息（比如姓名、地址、性别、宗教信仰等），进行用户身份验证，享受政府服务、电子支付、教育、客户忠诚度计划、移动应用程序等功能。

联昌国际集团的系统开发团队对客户账户体系进行了修改，以减少在不同界面输入数据的次数，并使其前端能够通过扫描MyKad来获得客户数据。通过自动从卡中提取开户所需的身份信息，新的开户流程只需要在一个数据输入界面填写信息。因此，联昌国际集团得以大幅简化开户流程，并将开户所需时间缩短了56%。这使得整个过程对银行职员和顾客来说都变得非常人性化，生产力也得到了极大的提高，仅此一项，联昌国际集团每年的成本可降低8%～9%。

资料来源：Avanti Kumar，"Reaching for the Skies，" MIS Asia，April 16，2010；www.ids-scheer.com，accessed October 5，2010；and www.cimb.com，accessd October 5，2010.

联昌国际集团的经历佐证了那些需要设计和建立新的信息系统的流程。建立一个新的系统意味着要分析企业在使用现有系统时遇到的问题，获取人们的信息需求，选择合适的技术，以及重新设计业务流程和工作。管理者要监控整个系统的建立过程，并对其成本收益进行分析。新的信息系统代表着一系列有计划的组织变革。

联昌国际集团的开户流程过去是纯手工的并且效率十分低下，不仅影响了企业的经营，而且增加了成本。同时，也有损企业打造的提供高质量服务公司的品牌形象。管理层抓住了利用信息技术和MyKad中的信息来简化并再造这一流程的机会。

联昌国际集团的系统开发团队对不同的系统方案进行了评估，最终选择了一个可以通过刷MyKad来获取以前需要用户手工输入的信息的方案。这一解决方案并没有完全取代联昌国际集团原有的银行系统，只是用更加精简高效的用户界面对其进行了提升。这一改变极大地提高了企业经营水平，不仅缩短了在联昌国际集团旗下银行开户所用的时间，而且改善了用户的服务体验。

下图指出了上述案例和本章的要点。

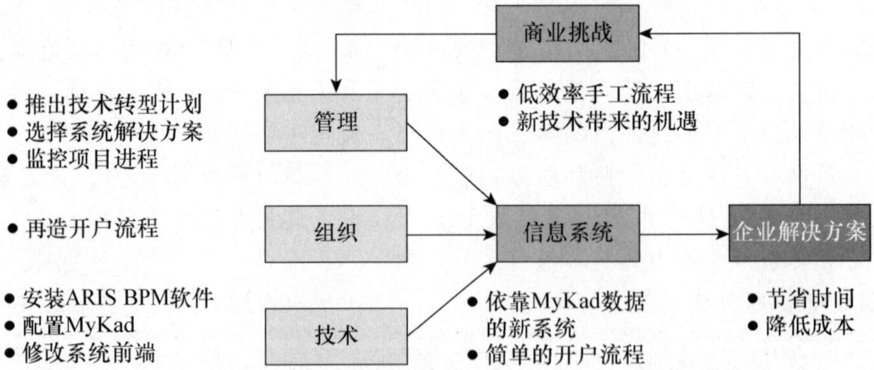

13.1 系统：为有计划的组织变革服务

建立新系统可以说是一种有计划的组织变革。导入一套新系统不仅仅是引入新的软硬件，还包括工作岗位、技能、管理和组织的变化。我们设计一套新的信息系统时，也在重新设计组织。系统建立者必须了解一套系统在整体上如何影响具体的业务流程和整个组织。

13.1.1　系统开发与组织变革

信息技术能够促成不同程度的组织变革，从小幅变动到影响深远的变化。图 13—1 显示了信息技术带来的四种组织结构变化：(1) 自动化；(2) 程序合理化；(3) 业务流程再造；(4) 范式转换。每种变化都有不同的回报和风险。

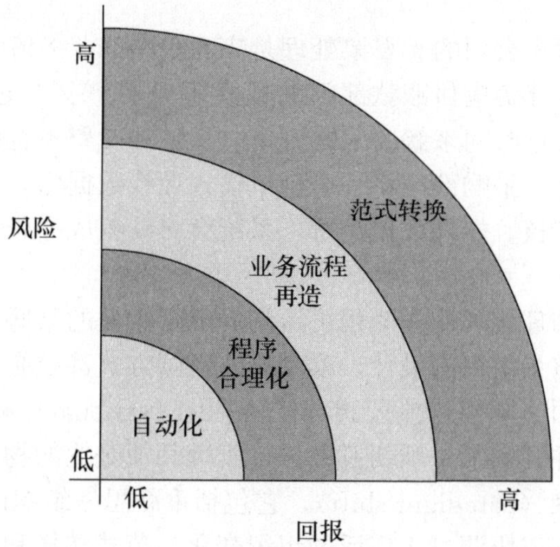

图 13—1　组织变革带来的风险和回报

说明：最常见的组织变革是自动化和合理化，其行动相对缓慢，变化不大，同时回报和风险都较低。业务流程再造和范式转换的改变快速且更全面，会带来较高回报，但失败的几率也相当高。

自动化（automation）是信息技术推动的最常见的组织变革形式。信息技术最早的应用就是协助员工更有效地完成任务。计算薪资并编制工资表，帮助银行职员即时查询客户存款记录，为航空服务代理开发一个全国范围的航空订票终端网络等，都是自动化的例子。

紧随自动化之后的更深一层的组织变革是**程序合理化**（rationalization of procedures）。自动化经常引发新的生产瓶颈，并使现有程序及结构显得笨拙。程序合理化使标准作业程序更合理。没有程序合理化，新的网络服务软件和相关技术将无法发挥作用。举例来说，联昌国际集团的银行系统在处理零售银行业务时如此高效，不仅因为它使用了计算机技术，而且因为它简化了顾客开户的流程。由于简化了业务流程，因而能很好地与系统的新用户界面和软件进行整合，从 MyKad 中提取数据。

在一系列持续提升产品、服务和操作的质量的项目中，会经常涉及程序合理化，例如全面质量管理和六西格玛。**全面质量管理**（Total quality management, TQM）使组织内所有职能部门和人员都以质量为先。TQM 源于质量管理的概念，W·爱德华兹·戴明（W. Edwards Deming）和约瑟夫·朱兰（Joseph Juran）等美国质量专家提出的这些概念在日本得到了广泛的应用。**六西格玛**（Six Sigma）是质量的一个具体量度，代表每 100 万件产品中可能存在 3.4 件不合格产品。多数公司达不到这个质量标准，但可以以此为目标，应用整套方法和技术改善质量、降低成本。

业务流程再造（business process redesign，BPR）是更强有力的组织变革，此时要分析、简化、重新设计业务流程。通过使用信息技术，组织可以重新思考并理顺它们的业务流程以提高速度、服务水平和质量。业务流程再造重新组织工作流程，整合步骤以避免浪费，消除重复及大量文书工作（有时这种新变化也会取消一些岗位）。与程序合理化相比，业务流程再造更具挑战性，要求对流程的组织有新构想。

福特汽车公司的无发票处理是广为人知的业务流程再造的例子，它将由 500 人组成的福特北美应付账款部门的规模缩减了 75%。过去从事应付账款处理工作的员工要花大量时间来解决采购订单、文件和发票不符的问题。福特对应付账款流程进行了再造。采购部门将一个订单输入在线数据库，在接到所订货物后，即可用此数据库来校核。如果数据相符，系统会自动生成一张支票给供应商，不需要让供应商送发票。

程序合理化和业务流程再造均局限于企业的某些方面。新的信息系统则能从根本上影响整个组织的设计，改变企业经营方式甚至企业性质。例如，长途卡车和运输公司美国施奈德物流公司（Schneider National）利用新信息系统改变了它的业务模式，并开创了一项新业务——管理其他企业的物流。这种更彻底的企业变革称为**范式转换**（paradigm shift），它包括重新思考组织的业务和性质。

由于难以协调过于广泛的组织变化，范式转换和业务流程再造往往会失败（见第 14 章）。为什么有这么多的企业在考虑如此激进的变革？因为回报相对较高（见图 13—1）。许多情况下，追求范式转换和业务流程再造策略的公司实现了投资回报率（或生产率）的大幅提高。本书会介绍许多成功和失败的例子。

13.1.2 业务流程再造

正如章首案例中提到的联昌国际集团一样，许多公司都在建立可以改善业务流程的新信息系统。一些系统项目进行了业务流程的彻底重构，另一些则进行了增量型流程变革。**业务流程管理**（business process management，BPM）提供一系列的方法和工具来对现有流程进行分析，设计新的流程，优化已有流程。BPM 是永远不会结束的，因为流程改进是一个持续的过程。实施业务流程管理的公司需要遵循下列步骤：

1. 识别需要改进的流程：公司做出的最重要的战略决策之一不是确定如何利用信息系统改进业务流程，而是确定哪些业务流程需要改进。一旦系统被用来强化错误的企业模式或业务流程，那么企业可能做了更多本不应该做的事。因此，如果竞争对手采用了恰当的业务模式，那么该企业在竞争中就会处于劣势。虽然公司投入了大量的时间和资金来改进业务流程管理，但实际上很多业务流程对公司的整体表现和收益影响甚微。应用新信息技术时，管理者应当知道该关注哪些最重要的业务流程，以及如何改进这些流程才能帮助企业实现其战略目标。

2. 分析现有流程：管理者应该了解并衡量目前的流程，标示输入、输出、资源和一系列活动。由流程设计团队来找出冗余步骤、文书密集型任务、工作瓶颈和其他低效率工作。

图13—2显示了一个实体书店的传统购书流程。顾客到达书店后先去书架上寻找想要买的书，如果找到了书，就拿着书到柜台去用现金、支票或者银行卡付账。如果顾客找不到书，就会找到店员请求帮助，如果店员找到了书，那么顾客购买这本书，然后离开。如果现在店里没有这本书，那么店员就会跟顾客协商，从书店仓库调书或者从分销商或出版商那里订购这本书。一旦这本书到店，店员就会通知顾客。而顾客需要再去一次书店，拿书并付钱。如果书店没有办法为顾客订购这本书，顾客就需要去另外一家书店寻找。整个过程有很多步骤，而且要求顾客多次往返书店。

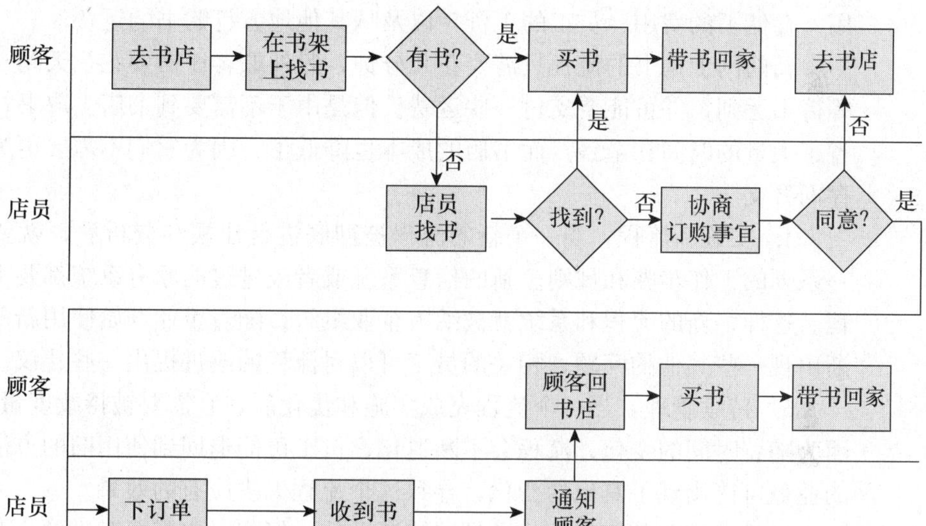

图13—2　实体书店的传统购书流程

说明：从实体书店购书，顾客和店员需要执行多个步骤。

3. 设计新流程：在对现有流程进行建模和时间、成本度量后，流程设计团队就会尝试设计新的流程。经过简化的新流程也需要进行建模和度量，并与旧的流程进行比较。

图13—3显示了购书流程在利用互联网再造后的情况。顾客可以登录在线书店，并在其书目中寻找自己需要的书。如果有这本书，顾客可以直接在网上下订单，并提供信用卡和邮寄地址信息，然后书就会被送到顾客家中。如果网上书店没有这本书，那么顾客可以去其他的网上书店寻找。这个流程要比在实体书店购书的流程简单得多，既减少了顾客的“工作量”，也减少了所需的员工人数。新的流程更加高效且成本更低。

新的流程设计需要通过展示其减少的时间和成本，或者提高的顾客服务水平来体现自身的价值。管理者首先用现有流程花费的时间和成本作为基线进行度量。本例中，在实体书店购买一本书可能需要15分钟（顾客能够立即找到这本书）到30

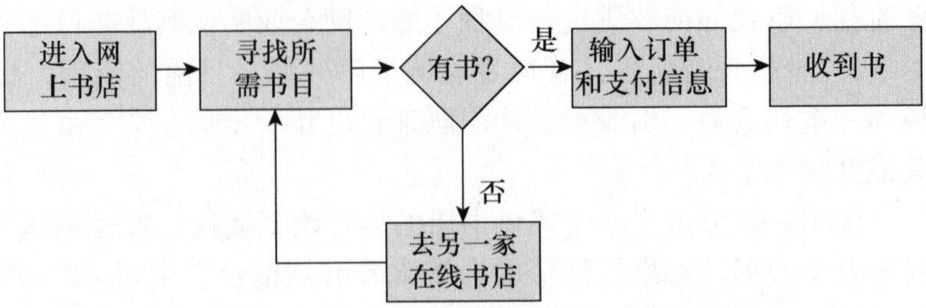

图 13—3　再造流程——网上购书

说明：互联网技术使得再造购书流程成为可能，这样，买书就只需要很少的几个步骤，以及很少的一些资源。

分钟（这本书有存货，但是需要店员的帮助才能找到）。如果这本书需要从其他地方订购，那么这个过程可能耗时一到两周，并需要顾客再去一次书店。如果顾客家离书店很远，那么顾客到书店的往返时间也要算进来。书店需要支付维护店面的费用、存储书的费用、员工的工资，以及从其他地方订购书的运费。

新的网上购书的流程只需要花几分钟，此外顾客还需要花几天到一周的时间来等待书运到，并可能要支付一些运费。但是由于不需要到书店去取书，顾客依然节省了大量的时间和金钱。而书店的成本也降低了，因为它们不需要再为店面或者库存而开支。

4. 实施新流程：当一个新的流程被彻底进行建模和分析后，就要把它转换为一系列的工作步骤和规则。新的信息系统或者改进过的原有系统都要支持再造的流程。这样，新的流程和系统就被纳入企业组织。随着企业开始使用新的流程，会逐渐出现一些其他的问题，相关的员工可以对流程的改进提出一些建议。

5. 持续管理：当一个流程完成实施和优化后，它需要被持续度量。为什么呢？因为随着时间的变化，流程会不断退化，员工可能退回到使用旧的方法，或者公司的业务可能出现了其他的变化，导致这个流程失去应有的效果。

虽然很多业务流程的改进是持续渐进的，但有时也需要激进的变革。本例中的实体书店再造购书流程以实现网上购书就是一个激进的意义深远的变革。新的信息系统不仅能够极大地提高企业的效率和生产力，还能从根本上影响整个组织的设计，改变企业经营方式。这种范式转换在某些情形下可能改变企业的性质。

亚马逊用在线营销模式代替传统的实体书店销售形式就是这样的变革。通过对购书和售书流程的进一步分析，亚马逊和其他在线书店极大地提高了效率，降低了成本，并拥有了一种全新的经营方式。

BPM 也会带来挑战。管理人员称，成功的业务流程变革最大的障碍就是组织文化。员工不喜欢陌生的方式并且经常会抵制变革。当组织变革十分宏大和深远时，这一现象就会更加明显。管理变革既不简单也不直观，因此致力于广泛变革的公司需要一个良好的管理变革策略的指导（见第 14 章）。

业务流程管理工具

包括 IBM、甲骨文和 TIBCO 在内，有超过 100 家企业提供各种 BPM 工具。这些工具能够帮助企业识别需要改进的流程，编制文档，建立完善的流程模型，捕捉和实施业务规则，并与现有系统整合在一起以支持新的流程或重新设计流程。BPM 软件工具也可以检验再造流程性能，测量流程变化对关键业务性能指标的影响。

一些 BPM 工具能够监控业务流程并编制文档，以帮助企业识别效率低的流程；使用软件与公司用于特定流程的系统相连接，以确定故障点。加拿大互惠基金公司 AIC 使用 Sajus 的 BPM 监控软件来检查客户交易后账户更新进程中的不一致问题。Sajus 专门从事“基于目标的”过程管理，其重点是通过过程监控，应用工具来发现组织之前产生的问题的原因。

另一类工具则是将一个业务流程的某些部分自动化，使其按照业务规则自动执行，从而使员工能够更加一致且高效地工作。

举例来说，美国国家保险公司（American National Insurance Company）提供人寿保险、医疗保险、财产意外保险和投资服务等多种服务，它使用 Pegasystems 公司的 BPM 工作流软件在四个业务部门简化客户服务流程。该软件通过内置规则来指导客户服务代表利用单一视图处理保存在多个系统中的客户信息。由于改进后的工作流程无须同时兼顾多种应用程序来处理客户和代理请求，客户服务代表的工作能力提高了 192%。

第三类工具能够帮助企业整合现有的系统来支持流程改进。它们会自动管理整个业务流程，从各种来源和数据库中提取数据，并在多个相关系统中进行交易。例如，星空联盟（Star Alliance）就通过整合现有系统使其 15 道工序能够被所有成员共享。其中一个项目通过整合横跨九大航空公司的 90 个独立的业务流程和 27 个遗留系统创造了针对航空联盟常客的新服务。BPM 软件记录了每个航空公司飞行常客的信息，帮助航空公司管理人员构建新的业务流程模型，以共享不同系统的数据。

在下面的“互动讨论：组织”专栏中，介绍了几家使用类似的工具进行业务流程管理的公司。当你阅读这些案例时，思考一下这些公司使用 BPM 工具后对经营方式产生了哪些影响。

互动讨论：组织

业务流程管理有用吗

如果你想成功经营一个大型企业，那么业务流程管理应该是你最需要的。美源伯根（Amerisource Bergen）和迪堡（Diebold）就是两个很好的例子。美源伯根是全球最大的医药服务公司之一，并在 2009 年以 70 亿美元的收益跻身《财富》25 强。该公司提供药物配送以及相关的服务来降低成本并改善患者的治疗效果，其服务对象包括制药商和药品供应渠道中的服务提供商。

由于公司规模极大，美源伯根与制药商、药店以及医院之间的关系网极其庞大而复杂。经营环境的频繁变化容易引起合同价格的波动。当这些变化发生时，分销商和生产商都需要对这些变化进行分析，并确保它们遵守自己的业务规则和联邦法规。管理这些合同以及与每个业务关系相关联的定价细节都需要耗费大量的时间和纸张，并且高度依赖于电子邮件、电话、传真和信件。更重要的是，许多类似的流程都是冗余的。

美源伯根的管理层认为公司有很多老旧且低效率的业务流程。在对 BPM 的供应商进行深入分析后，公司选定了 Metastorm 的 BPM 软件。Metastorm BPM 提供了一个可以进行业务分析、管理和再造的完整工具包。业务专家、经理和信息系统专家可以为业务流程构建丰富的图形模型，以及新的用户界面和业务规则。Metastorm 有一个用于部署再造流程及其能力并将其与外部系统进行整合的引擎。在第一个 BPM 项目中，美源伯根决定建立一个在线的自动化合同订立和退款程序，这个程序要负责每年 100 亿美元的现金流。这个流程负责推动在考虑不同制药商生产条件的情况下进行定价，并制定恰当的定价条款，以及当公司出于竞争的目的被迫以低价出售产品时制药商的回扣。任何纠纷和不准确的定价数据都会延迟公司获取退税。

Metastorm BPM 允许将所有的合同变化都记录到系统中，并检查其是否符合公司的规定，此外，它还可以将美源伯根与其贸易伙伴连接起来，构建一个协作 BPM。所有合同信息都存储在一个单一的数据库中，这使得调查退款以及与贸易伙伴之间、企业部门之间交流合同和定价信息变得更加容易。

这个 BPM 项目非常成功，不仅降低了员工数量、减少了纠纷，而且提高了价格信息的准确度和投资回报率。这一成功推动了公司将 Metastorm BPM 扩展到其他业务领域的进程，并决定用它来支持一个更广泛的业务转型计划。美源伯根使用 BPM 建立了六个新的专门的流程来管理与其 SAP 企业系统相连接的大量高度专业化的供应商信用，并逐步实现自动化。

为了满足联邦法规和特定行业的规定，美源伯根必须仔细跟踪和匹配所有与相应的产品输入、输出流相关的直接、间接和第三方信用。该公司用 Metastorm BPM 建立专门的流程来与 SAP 相连接，能够接收、跟踪、协调和尽快判断出所有的信用差异，如发票和采购订单的差异。SAP 系统识别差异之后，将信用信息传递给 Metastorm BPM 进行异常处理，并与主信用数据进行校正，然后将校正后的数据返回到 SAP 系统中。超过 120 万份信用卡/借记卡调整文档和纸质信用记录采用了 Metastorm 和 SAP 之间的这种无缝传递方式。

至今，美源伯根已经对近 300 个流程进行了自动化，并受益于更高效、更准确的记录跟踪，更快的周转时间，对关键绩效指标的更好的管理，以及对所有活动的在线审计追踪。由于美源伯根的 BPM 项目的成效十分显著，该公司在 2009 年赢得了全球卓越 BPM 和工作流程奖（Global Excellence in BPM and Workflow Award）。

迪堡公司是另一个进行业务流程管理的例子。迪堡是综合自助服务交付和安全系统及服务领域的全球领导者，在 90 多个国家有 17 000 多家联营公司。该公司生产、安装自动柜员机、货币处理系统，以及其他应用于金融、零售和政府部门的安全设备，并提供相关的服务。为了了解并改善其订单处理流程，该公司选择了 Progress Savvion 的 BusinessManager BPM 解决方案。

BusinessManager 提供了用于定义组织的业务流程和将这些流程转变成可以通过 Web 访问的应用程序的平台。该平台使得管理人员可以进行实时监控、分析、控制，并将流程与现有业务系统整合在一起。BusinessManager 从多个来源接收并组织数据，来为迪堡订单流程提供一个更完整的视图。迪堡的管理人员能够实时地跟踪流程中的任何订单，并根据过去的数据预测未来的表现。由于该工具使管理人员能够了解每一个步骤通常需要花费的时间，他们可以预测订单的进程并与系统显示的订单所在流程进行比较。BusinessManager 可以检测某项目的生产是否完成并确定特定项目的具体位置。

迪堡对初次实施的结果十分满意，于是立即决定在其他流程（例如问题解决流程）应用 BM。该系统的输入来自各种不同的来源，例如在现场和工厂里的工人。迪堡现在可以迅速识别由员工和客户提出的问题，并确定解决这些问题需要多长时间。

资料来源：Judith Lamont，“BPM，Enterprisewide and Beyond，” *KMWorld*，February 1，2010；“Customer Success Story：AmerisourceBergen，” www. metastorm. com，accessed November 4，2010；and www. progress. com，accessed November 4，2010.

[思考题]

1. 为什么像美源伯根和迪堡这样的大型公司适合实施业务流程管理？

2. 这两家公司从再造和管理业务流程中分别获得了哪些好处？

3. BPM 如何改变了这些公司的运营方式？

4. 在将 BPM 扩展到大量业务流程的过程中可能会遇到哪些问题？

5. 什么样的公司可以从实施 BPM 中获益最多？

[MIS 实践]

在网上搜索“BPM 软件提供商”或者“企业 BPM”，并访问一个本案例中没有提到的主要的 BPM 提供商的网站，然后回答下列问题：

1. 哪种类型的公司已从这个软件中受益？

2. 该 BPM 产品提供哪些主要的功能？

3. 这家公司的产品会比 Metastorm 的产品更适合美源伯根吗？或者比 BusinessManager 的产品更加适合迪堡吗？为什么？

13.2 系统开发概述

解决组织问题的过程中形成了新的信息系统，若组织遇到某类问题，其解决办法可能是建立一套新的信息系统。这类问题可能是：管理者和员工认为组织的绩效低于预期，或者组织应利用新的机会取得更优异的成绩。

系统开发（system development）指产生信息系统方案，以便解决组织问题或提供可能性的一切活动。系统开发是一种结构化的解决问题的方法，它包括不同的活动，如系统分析、系统设计、编程、测试、切换、运行和维护。

图 13—4 展示了系统开发的过程。这里描述的系统开发活动通常按顺序进行，但某些活动可能同时或重复进行，这取决于所使用的系统开发方法（见 13.4 节）。

13.2.1 系统分析

系统分析（systems analysis）是指分析组织要利用信息系统来解决的问题。它包括定义问题，确定原因，确认解决方案，以及识别满足系统解决方案的信息需求。

系统分析员构建一个现有组织和系统的路线图，识别主要的数据所有者和用户，以及现有的硬件和软件，然后细化现有系统的问题。通过考察文件、工作底稿和程序，观察系统运行，与系统的主要用户访谈，系统分析员就可识别问题和

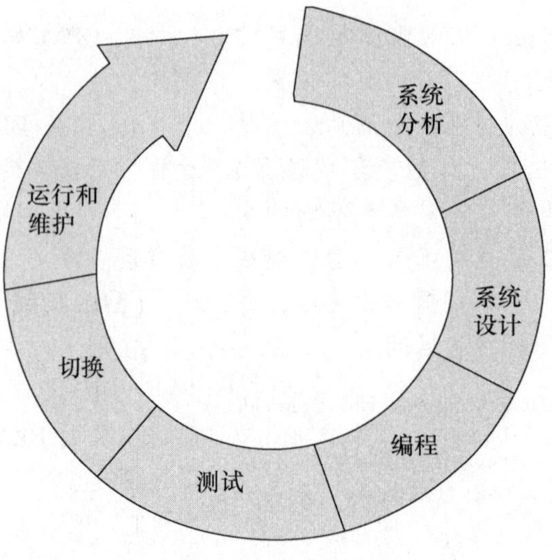

图 13—4　系统开发的过程

说明：建立一个系统有六项核心活动。

解决方案可实现的目标。解决方案通常要求建立一个新的信息系统或改进现有系统。

系统分析应包括**可行性研究**（feasibility study），它从财务、技术和组织视角确定解决方案是否可行，或能否达到目标。通过可行性研究分析，可看清是否值得对拟建的系统进行投资，系统所需的技术是否可以应用且能被公司的信息系统专家掌控，以及组织能否应对系统引发的变革。

通常的做法是，系统分析过程要确定几个可供组织采用的解决方案，然后评价每一个方案的可行性。书面的系统建议报告说明了每个方案的成本、收益和优缺点。由管理层综合判断成本、收益、技术特性和组织影响，以选择最优方案。

确定信息需求

或许系统分析中最具挑战性的任务就是确定所选信息系统解决方案必须满足的具体信息需求。就基本层面而言，一个新系统的**信息需求**（information requirements）包括确认何人、何时、何地需要何种信息。需求分析谨慎地定义了新系统或修改后系统的目标，详细说明了新系统应具备的功能。有缺陷的需求分析是导致系统失败和开发成本高的主要原因（见第 14 章）。围绕一组错误的需求设计的系统要么因表现不佳遭淘汰，要么需要大幅修改。13.3 节将讲述提取需求的备选方法，以最大限度地减少该问题的影响。

有些问题并不需要借助信息系统解决方案，可以通过管理的调整、额外的培训或完善现有组织流程得以解决。如果问题与信息系统相关，系统分析师就要诊断这个问题，并找到恰当的解决方案。

13.2.2　系统设计

系统分析描述了一个系统应怎样满足信息需求，**系统设计**（systems design）

则说明了系统如何完成这个目标。信息系统设计是对系统的整体规划或建模。就像一栋建筑物或房子的设计图那样，它包括对系统形式与架构的所有说明。

系统设计师详细描述了系统的说明，以实现系统分析所确定的功能。它们应当阐述系统解决方案中管理、组织、技术方面的所有问题。表 13—1 给出了系统设计期间产生的说明类型。

表 13—1 系统设计的说明

输出	**处理**	**文档编制**
媒介内容	计算	运行文档
时间	程序模块	系统文档
	所需报告	用户文档
输入		输出时机
起点	**操作程序**	
数据流	活动内容	**切换**
数据输入	操作人员	转换文件
	时间	启动新程序
用户接口	步骤	选择测试方法
简单性	地点	切至新系统
效率		
逻辑	**控制**	**培训**
反馈	输入控制（字符、限制、合理性）	选择培训技术
错误	处理控制（一致性、记录数量）	开发培训模块
	输出控制（总数、输出范例）	确认培训设施
数据库设计	过程控制（密码、特殊格式）	
逻辑数据模型		**组织变革**
容量和速度要求	**安全**	任务再设计
文件组织和设计	存取控制	岗位再设计
记录说明	灾难计划	流程设计
	审计途径	组织结构设计
		汇报关系

就像房子或建筑物一样，信息系统也可有多种设计。每种设计都代表着技术与组织元素的独特融合。易用性和效率决定了设计的优劣，优良的设计满足了用户对技术、组织、财务及时间的一系列具体的要求。

最终用户的作用

用户的信息需求驱动整个系统的构建。用户必须有足够的能力控制设计过程，以保证系统反映他们的业务优先性和信息需求，不至于轻信信息技术人员。参与设计工作能增进用户对系统的了解，利于他们接受系统。如第 14 章所述，用户对系统设计参与不足是系统失败的主要原因。然而，有些系统要求更多的用户参与，13.3 节将展示各种系统开发方法中用户的参与问题。

13.2.3 完成系统开发流程

系统开发流程余下的步骤是将系统分析及设计后的说明转换成完全运行的信息系统，包括编程、测试、切换、运行和维护。

编程

在**编程**（programming）阶段，在设计阶段准备的系统说明被转换成软件程序代码。现在，许多组织很少自己为新系统编程，而是从外部购买符合新系统要求的软件，例如商业软件供应商的软件包、应用服务提供商的软件服务或外包公司为顾客开发的定制应用软件（见 13.3 节）。

测试

必须进行详细全面的**测试**（testing），以确定系统是否产生了理想的结果。测试可以回答以下问题："系统是否产生了在已知条件下要求的结果？"正如第 5 章中提到的，一些公司已经使用云服务来开展这项工作。

在制定系统开发项目的计划时，回答该问题所需的时间经常被低估（见第 14 章）。测试很费时，因为必须细心准备测试数据，核查结果，校正系统。有时部分系统需要重新设计。省略这个步骤的风险很大。

系统的测试活动可分为三种：单元测试、系统测试和验收测试。**单元测试**（unit testing）或程序测试，分别测试系统中的每个程序。一般认为，此测试的目的是保证程序没有错误，但实际上是无法达到的。测试的目的是找出程序中的错误，努力发现任何导致程序失效的可能性。问题一旦找出，即可得到解决。

系统测试（system testing）从整体上测试信息系统的功能，确定离散的模块是否会按计划共同运作，并确定系统的实际工作方式与设想的方式之间是否存在矛盾。检查范围包括执行时间、文件存储能力和最大负荷承载力、恢复和重启能力以及手工操作程序。

验收测试（acceptance testing）提供最终的认证，确保该系统可用于生产环境。系统测试由用户评估，管理层复审。当有关各方均认为新系统符合标准时，便可安装。

系统开发团队与用户共同设计系统测试计划。**测试计划**（test plan）包括前述一系列测试准备工作。

图 13—5 是一个测试计划实例。所要测试的是修改一条记录后发生的情况。该文档包括存储在一个数据库（可能是个人计算机数据库）中的一系列测试计划目录，它们可以很好地契合此类应用程序。

切换

切换（conversion）指由旧系统转换成新系统的过程。四种主要的切换策略是：并行策略、直接切换策略、试点研究策略和阶段性策略。

并行策略（parallel strategy）是指旧系统及其潜在替代者共同运行一段时间，直至每个人都确信新系统的各项功能均正确无误。这是最安全的切换过程，因为当新系统有错误或无法运行时，旧系统会作为一个后备系统继续运行。然而，这种方法成本过高，因为新增的系统需要额外的人员或资源来运作。

直接切换策略（direct cutover strategy）是指由新系统在指定日期内完全取代旧系统。这是一个很冒险的计划。如果在新系统中发现严重问题，潜在的危险和需

程序	请求与维护的 "连续修改记录"			第二段测试	
	负责人：		日期：	版本：	
测试参考	测试的状态	特殊需求	期望结果	输出开启	下一界面
2.0	修改记录				
2.1	更新目前记录	关键字段	不许可		
2.2	更新不存在的记录	其他字段	"无效"指令		
2.3	更新已删除记录	已删除记录必须可用	"删除"信息		
2.4	备份	改变上述 2.1	有效	交易文件	V45
2.5	加入记录		有效	交易文件	V45
2.6	放弃更新	放弃 2.5	不改变	交易文件	V45

图 13—5 修改一项记录的测试计划例子

说明：开发一项测试计划时，必须测试各种可能发生的情况、每一个测试条件的需求以及测试期望的结果。测试计划必须有最终用户和信息系统专家的共同参与。

要的花费可能比并行策略更大。因为没有备用系统，所以可能会出现系统错乱、系统停机，修正成本也会变得很高。

试点研究策略（pilot study strategy）中，引入新系统仅限于组织的某个有限领域，如一个单一部门或操作单元。当这个试点模型完成或系统运行顺畅时，同时或分阶段对组织的其余部分进行安装。

阶段性策略（phased approach strategy）中，新系统按功能或组织单元分阶段引入。例如，如果系统按功能引入一个新的工资系统，应先用于按周计算工资的小时工，6 个月之后再将固定员工（按月发工资）纳入其中。若按组织单元引入，公司总部可能先进行切换，4 个月后其他营运单元再切换。

从旧系统移至新系统需要培训最终用户，以配合使用新系统。从技术和最终用户两个角度说明系统如何运行的详细文档在切换期定稿，以用于培训和日常运行。培训不足或**文档编制**（documentation）不详尽，会导致系统运行失败，因而系统开发流程中相关的工作十分重要。

运行和维护

新系统安装并完成切换后，该系统即被认为投入**运行**（production）。在此阶段，用户和技术专家检查评审系统，并确定其预期目标的实现情况，从而决定是否要安排修改或修正。有时需要准备一份**事后审计**（postimplementation audit）文档。系统经过微调后，在运行时必须进行维护，以修正错误、满足要求、提高处理效率。**维护**（maintenance）是指更改所实施系统的软硬件、文档和程序，从而修正错误、满足新要求或提高工作效率。

维护过程中约 20%的时间用于调试或校正紧急的试行问题，20%用于更改数据、文件、报告及系统软硬件，剩余的 60%用于提高用户能力、改进文档和记录系统组件，从而达到更高的处理效率。通过更好的系统分析和设计，第三类维护工作的工作量可显著减少。表 13—2 综述了系统开发活动。

表 13—2　　系统开发

核心活动	描述
系统分析	识别问题 提出解决方案 确定信息需求
系统设计	创建设计规格
编程	将设计规格转换为程序代码
测试	单元测试 系统测试 验收测试
切换	计划切换 准备文档 培训用户和技术人员
运行和维护	系统运行 系统评估 系统修正

13.2.4　系统建模与设计：结构化方法与面向对象开发的方法

系统建模和设计有多种方法，其中，最著名的是结构化方法和面向对象开发的方法。

结构化方法

20 世纪 70 年代以来，结构化方法开始用于验证、分析和设计信息系统。**结构化**（structured）是指技术是一步步发展的，每一步总是建立在前一步的基础上。结构化是自上而下的运行模式，由最高、最抽象的层级到最低、最详细的层级，也就是由一般到具体。

结构化开发方法是基于过程的，主要集中于为信息流经系统时收集、存储、加工和分配信息的流程或活动建模。这些方法从过程中分离出数据。每当有人想用一段特殊的数据时，必须单独编写一个程序，这些程序作用于数据。

描述系统的组成过程和它们之间数据流的主要工具是**数据流程图**（data flow diagram，DFD）。数据流程图提供了信息流的一个逻辑图解模型，将一个系统分解为可表明管理的详细程度的模块，严格地指明在每一模块内和接口处发生的处理和转换。

图 13—6 给出了一个简单的数据流程图，用于大学课程的邮件注册系统。圆角的方块表示流程，负责数据的转换。直角的方块表示一个外部实体，它是一个数据的发起者或接收者，位于模拟系统的边界外。开口的虚线矩形表示数据存储，它可以是手工的或自动的数据仓库。箭头线表示数据流，它们显示数据在流程、外部实体和数据存储区之间的流动。它们包含数据包，每个数据流的名字和内容标注在箭头旁。

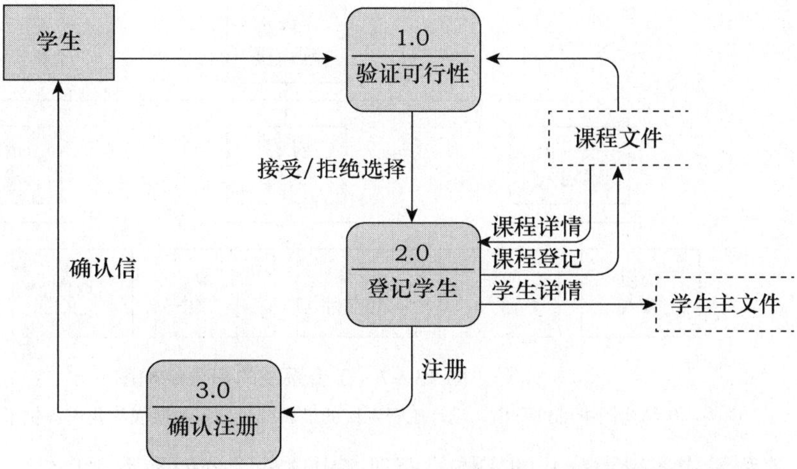

图 13—6　大学课程的邮件注册系统数据流程图

说明：系统分为三个流程：验证可行性（1.0）、登记学生（2.0）以及确认注册（3.0）。每个数据流的名称和内容都会标注在每个箭头旁。系统中有一个外部实体：学生。有两个数据存储区：学生主文件和课程文件。

这个数据流程图展示了学生提交的申请登记表，表中填有学生的姓名、学号和想要学的课程的编号。在流程模块 1.0 中，系统用大学的课程文件验证所选的每一门课是否仍处于开放状态。此文件区分了开放课程和被取消或已选满的课程。然后，流程模块 1.0 确定接受或拒绝学生所选的某些课程。流程模块 2.0 登记学生成功选择的课程。它用学生的姓名和学号更新大学的课程文件，并计算班级人数。如果登记人数已达最大值，课程状态就会显示为“关闭”。流程模块 2.0 还会根据新生地址变更等信息更新学生主文件。然后，流程模块 3.0 将选课确认信发给学生，列出其选上的课程，同时告知其未能选上的课程。

此图既可用于描述高层处理，也可用于描述低层细节。通过分层数据流程图，一个复杂的问题可以分解成一系列不断细化的层次图。整个系统可通过高层数据流程图分解为子系统。一个子系统可通过第二层数据流程图将其分解为附加子系统，较低层的子系统仍可以再细分，直至达到最细、最低的层次。

结构化分析的另一个工具是数据字典，它包括一个系统中数据或数据组的单个片段的信息（见第 6 章）。数据字典定义了数据流和数据存储的内容，因此，系统构建者能准确地了解它们包含哪些数据片段。**流程规范**（process specifications）描述了发生在数据流程图最底层的转换，说明了每一个程序的逻辑。

在结构化方法中，软件设计利用层次结构图实现模型化。**结构图**（structure chart）是自上而下的图标，显示设计的每一层、该层和其他层的关系以及该层在总体设计中的位置。该设计首先考虑一个程序或系统的主要功能，然后将该功能分解为子功能，再分解子功能直至达到最细、最低的层次。图 13—7 显示了一个工资系统的高层结构图。一个结构图可以记载一个程序、一个系统（即一个程序的集合）或一个程序的一部分。

面向对象开发的方法

结构化方法对于流程建模很有用，但对于数据建模的效果不佳。它们把数据和

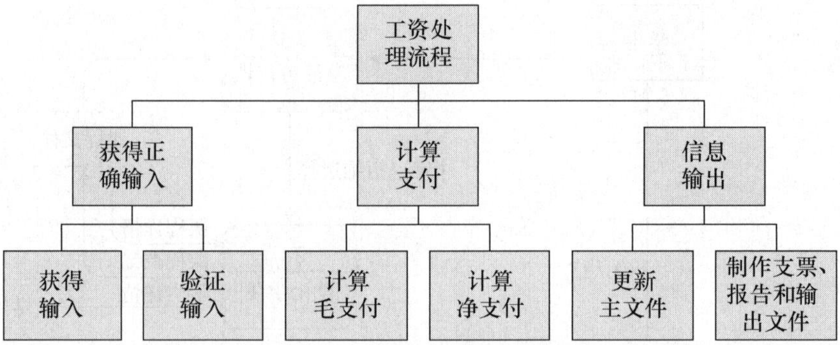

图 13—7　工资系统的高层结构图

说明：从结构图中可以看出，设计工资系统的最高或最抽象的层次为我们提供了整个系统的概况。

流程看作逻辑上分开的实体，而现实中这种区分似乎不太自然。不同的建模规则被用于分析数据流程图和设计结构图。

面向对象开发（object-oriented development）试图解决上述问题。它把**对象**（object）作为系统分析和设计的基本单位。一个对象把数据和作用在这些数据上的特定流程结合在一起，对象中囊括的数据仅能通过与对象相关联的操作或方法存取和修改。程序会将一条消息发送给对象去执行一个已包含于其中的操作，而不是将数据传输到作业程序。建模后的系统类似于由对象和它们的关系组成的一个集合。由于对象中存在处理逻辑，而分开的软件程序没有，因此对象必须相互合作推动系统工作。

面向对象建模是基于类和继承的概念。若属于某一类或相似对象的一般类别，则该对象拥有该类的特性。对象类可以依次继承所有上层类的结构和行为，并将独特的变量和行为添加至每一个对象。通过选择一个现有的类，并明确新的类与现有的类有何不同，可以创建由对象组成的新的类，而不用每次都从头做起。

从图 13—8 中我们可以看出类和继承是如何工作的，它显示了与员工及其如何支付薪资相关的类之间的关系。对于其他三种类来说，“员工”是常见的原型或超类。“薪金制”、“小时制”和“临时制”等子类有共同的特性，可以归纳至“员工”超类。

面向对象开发比传统的结构化开发更具迭代性和增量性。在系统分析阶段，系统构建者记录系统的功能需求，指出它最重要的性质并向拟建系统发出指令，对系统和用户的交互活动进行分析，识别包括数据和流程的对象。面向对象的设计阶段描述了对象将如何行动以及它们将如何交互。相似的对象被分在一起，形成一个类，多个类划分成组，形成层次，子类继承了超类的特性。

通过将设计转换成程序码，重新使用在可重复使用的软件对象库中已有的类，并加入面向对象设计阶段中新创建的类，信息系统得以实施。实施过程中还可能需要创建一个面向对象的数据库。最后开发的系统必须经过测试和评估。

由于对象可重复使用，面向对象开发能潜在地减少编程的时间和成本，因为组织可以重新应用其他系统已建的模块。创建新系统时可以使用一些现存对象，改变某些对象，并加入少量新的对象。面向对象的框架一旦开发出来，就可用来提供可重复使用的、部分完成的应用系统，组织可把它们进一步定制为成品应用系统。

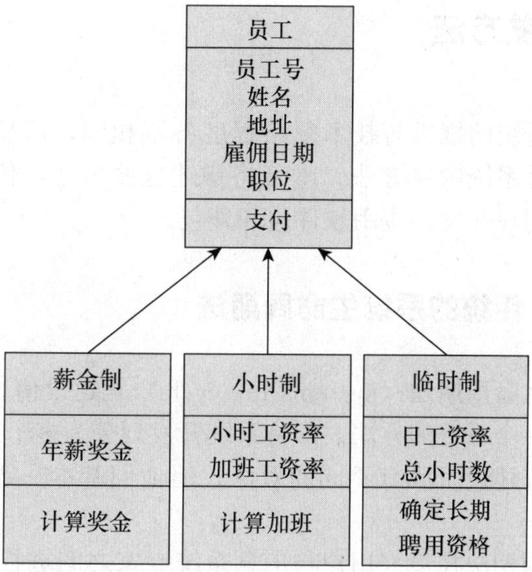

图 13—8　类与继承

说明：图中显示了类是如何继承超类的普通特性的。

计算机辅助软件工程

计算机辅助软件工程（computer-aided software engineering，CASE），有时也称计算机辅助系统工程，它提供软件工具，将前文描述的方法自动化，以减少开发者需要做的重复性工作。CASE 工具也可用来创建清晰的文档，协调团队开发进度。通过交换各自的文件来评价和改进已做的工作，队员可以轻松实现共享。如果工具应用得当，生产率可适度提高。

CASE 工具提供了自动化图形设备，支持生成图表和图形、屏幕界面和报告生成器、数据字典、扩展报告设备、分析和校验工具、代码生成器以及文档生成器。一般而言，CASE 工具试图采取以下方式来提高生产率和质量：

- 强化标准开发方法和设计规则；
- 改善用户和技术专家之间的沟通；
- 组织和协调设计部门，利用设计资料档案库提供快速存取；
- 对于分析与设计中单调、易错的部分，将其自动化；
- 生成和测试自动化代码，并控制其展示。

CASE 工具还包括验证设计图和设计规格。通过自动进行修改和变更以及提供原型化设施，CASE 工具可以支持迭代设计。CASE 信息档案库存储了分析师在项目中定义的所有信息，包括数据流程图、结构图、实体关系图、数据定义、流程规格、屏幕和报告格式、注解和注释以及测试结果。

为有效使用 CASE 工具，需要严格执行组织纪律。开发项目的每个成员必须坚持同一套命名惯例和标准以及同一种开发方法。最好的 CASE 工具都采用了共同的方法和标准，缺乏组织纪律会影响它们的使用。

13.3 系统开发方法

每个系统的规模与技术复杂程度各不相同，所要解决的组织问题也不同。为此，有多种系统构建方法。本节将描述这些方法：传统的系统生命周期法、原型法、最终用户开发、应用软件包和外包。

13.3.1 传统的系统生命周期法

系统生命周期法（systems life cycle）是建设信息系统最古老的方法。它是分阶段建设一个系统的方法，即将系统开发划分为多个正式阶段。系统开发专家对如何划分系统建设阶段有不同的看法，但他们基本一致同意我们在前面介绍的几个阶段。

生命周期法在最终用户与信息系统专家之间进行正式的劳动分工。技术专家，如系统分析师和程序员，更多地负责系统分析、设计和实施工作；最终用户仅限于提供需求和评审技术人员的工作。生命周期法还强调正式的规格和日常文书工作，所以在系统项目实施过程中会产生很多文档。

系统生命周期法目前仍常用于开发大型且复杂的系统，需要严格和正式的需求分析、预先定义清楚的规范以及对系统建设过程的紧密控制。然而系统生命周期法成本高昂、耗时长且缺乏弹性。虽然系统构建人员可以在系统生命周期的不同阶段来回调整，然而它仍以“瀑布式”开发方法为主，也就是在下一阶段工作开始前完成本阶段的任务。活动可以重复，但若需修改要求与说明，则必须生成大量新的文档，并要重新执行各个步骤。因此，应尽量在开发过程的早期就定下规则。生命周期法不适合小型的桌面系统，因为它们欠结构化，而且更强调个性化。

13.3.2 原型法

原型法（prototyping）快速建立低成本的实验性系统供最终用户评估。通过与系统原型互动，用户更加熟悉信息需求。用户认可的原型可作为创建最终系统的一个模板。

原型（prototype）是信息系统或其某一部分的一个可用版本，但它只是一个初步的模型。一旦运行，它将进一步得到完善，直至完全与用户需求相一致。设计最终确定后，原型将转换成正常操作的系统。

进行初步设计、尝试并评估原型、改善原型并再次评估，这样的系统开发循环构成**迭代**（iterative）过程，因为构建系统的多个步骤可以不断重复进行。原型法的重复性较生命周期法高得多，而且它积极地促进系统设计发生变化。也就是说，原型法通过有计划的反复作业取代无规划的重复设计，使得每个版本都能更准确地反映用户真正的需求。

原型法的步骤

图 13—9 给出了原型法的四步模型，具体步骤如下：

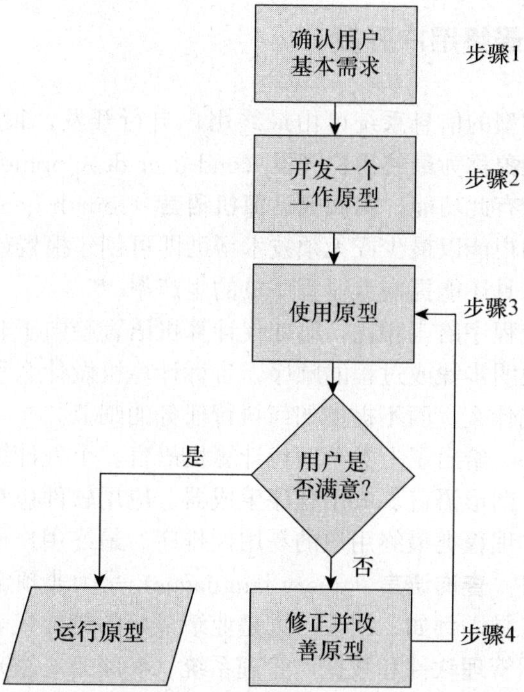

图 13—9　原型法的流程

说明：开发一个原型的过程可分为四个步骤。由于原型可以快速且低成本地开发出来，开发者可以重复数次同样的步骤，步骤 3 和步骤 4 可以重复用来修正及强化原型的功能，从而得到可以最终运行的系统。

步骤 1：确定用户基本需求。系统设计者（通常为一个信息系统专家）与用户共同工作，以采集用户的基本信息需求。

步骤 2：开发一个初始原型。系统开发者利用快速生成软件工具，快速创建一个工作原型。

步骤 3：使用原型。鼓励用户利用系统判断原型是否符合其需求，并提出改善建议。

步骤 4：修正并改善原型。系统构建者根据用户提出的要求来修改原型系统，在修改完成后，返回到步骤 3。重复步骤 3 和步骤 4，直到用户满意为止。

没有进一步迭代要求时，被认可的原型就会转换为运行原型，提供应用程序的最终规格说明。有时这个原型被用作系统的完成版本。

原型法的优缺点

当需求或设计方案不确定时，原型法最有用，尤其是在设计**最终用户接口**（end-user interface）（系统的一部分，可以用来与用户交互，如在线展示和数据输入界面、报告、网页）时。由于原型法鼓励最终用户参与整个系统开发生命周期，因此，所开发的系统更可能符合用户的需求。

然而，快速原型法可能掩盖了系统开发的重要步骤。如果完成的系统运行良好，管理层可能会感觉没有必要为了建立一个完善的运行系统去重新编程、重新设计或进行充分的文档编制和测试。一些仓促构建的系统可能不容易适应拥有大量数据或众多用户的真实环境。

13.3.3 最终用户开发

某些类型的信息系统可由最终用户自行开发，很少或无须技术专家的正式协助。这种现象称为**最终用户开发**（end-user development）。第四代计算机语言类的软件工具皆有此功能。**第四代计算机语言**（fourth-generation languages）是软件工具，它使用户能以最少或无须技术帮助即可创建报告或开发软件应用程序。某些第四代软件工具还能提高专业程序员的生产率。

与传统程序语言相比，第四代计算机语言趋向于非过程化或缺少过程。过程化语言要求说明步骤或过程的顺序，告诉计算机做什么和如何做。非过程化语言仅指出必须完成什么，而不提供如何执行任务的细节。

表 13—3 给出了七类第四代计算机语言：个人计算机软件工具、查询语言、报告生成器、图形语言、应用程序生成器、应用软件包和高级编程语言。该表显示的工具按照非编程类最终用户的易用性排序。最终用户最喜欢用个人计算机软件工具和查询语言。**查询语言**（query languages）是为非预定义信息需求提供及时在线回答的软件工具，例如，回答“谁是业绩最好的销售代表”之类的问题查询语言通常连接着数据管理软件和数据库管理系统（参阅第 6 章）。

表 13—3　　第四代计算机语言的类别

第四代计算机语言工具	描述	例子	
个人计算机软件工具	个人计算机通用应用软件包	WordPerfect Microsoft Access	面向最终用户 ↑
查询语言	检索数据库和文件中存储的数据的语言，支持未定义的信息需求	SQL	
报告生成器	从文件或数据库中抽取数据，创建多种格式的定制化报告，而不是由信息系统常规生成报告；与查询语言相比，它提供对数据的形成、组织和显示方式的更强控制力	Crystal Reports	
图形语言	检索文件和数据库中的数据，并以图形形式显示；某些图形软件也可对数据执行算术和逻辑运算	SAS/GRAPH Systat	
应用程序生成器	包括预编程的模块，可以生成整个应用程序，包括网站，大大加快了开发速度；用户规定需要做什么，应用程序生成器就可以生成输入、核准、更新、处理和报告的应用程序码	WebFOCUS QuickBase	
应用软件包	有供应商销售或出租的软件程序，不必编写定制的内部软件	Oracle PeopleSoft HCM mySAP ERP	↓
高级编程语言	与传统语言（如 COBOL 或 FORTRAN）相比，用更少的指令生成程序代码，主要充当专业程序员的生产力工具	APL Nomad2	面向信息系统专业人士

总体来说，最终用户开发系统的速度比传统的生命周期法更快。允许用户确定自己的业务需求，改善了需求采集工作，并带动用户更多地参与其中，提高了对系统的满意度。然而，第四代工具在某些应用上仍不能代替传统工具，因为它们不易进行大批量业务的处理，也难以应对带有大量过程逻辑和更新需求的应用程序。

最终用户计算还存在组织风险，因为它处于信息系统管理和控制的传统机制之外。当系统快速创建时，因为没有正式的开发方法，测试和文档编制可能不够充分，对传统信息部门之外的系统可能会失去数据控制力。为了帮助组织实现最终用户应用开发的收益最大化，管理层应当对最终用户信息系统项目进行成本评估，并为最终用户开发应用程序建立硬件、软件和质量标准，从而控制最终用户应用程序的开发。

13.3.4　应用软件包和外包

第 5 章指出，如今多数系统的软件不是企业自行开发的，而是从外部购买的。公司可以从软件服务提供商处租用软件，也可以从商业供应商处购买软件包，还可以使用外包公司开发的定制应用软件。

应用软件包

在过去的几十年里，许多系统都建立在应用软件包的基础上。一些应用程序普遍应用于企业组织，如工资、应收账款、总账和库存控制等程序。这些具有标准流程的通用功能在很长时间内都不会改变，一个通用化的系统可以满足许多组织的要求。

如果一个软件包可以满足组织的多种需求，公司就没必要编写自己的软件，可以通过重写、重新设计和重新测试软件程序来节省时间和金钱。软件包供应商提供系统售后的维护和服务，包括改进系统以使其与技术和业务发展相一致。

如果一个组织有该软件包不能满足的特殊要求，可利用其他软件包的客户定制功能。**定制**（customization）特性允许修改一个软件包以适应组织的特殊需求，却不破坏软件包的整体性。如果需要大量客户定制，附加的编程和定制化工作可能会成本高昂且耗时，以至于削弱了软件包的许多优势。

使用应用软件包开发系统时，系统分析工作将涉及对软件包的评估。最重要的评价标准包括软件包所提供的功能、灵活性、用户友好性、硬件和软件资源、数据库需求、安装和维护难易程度、文档编制、供应商资质以及成本等。软件包的评价过程通常基于一份**征询建议书**（request for proposal，PRF），它是提供给软件包供应商的一份详细问题列表。

软件包解决方案选定后，组织不再对系统设计过程进行全面控制。设计活动不是修正系统设计规格来满足用户的要求，而是影响用户需求以符合软件包的特性。如果组织的需求和软件包的工作方式之间存在矛盾，而软件包又不能定制，组织必须适应软件包并改变其作业流程。

在下面的“互动讨论：技术”专栏中，描述了软件公司 Zimbra 的例子，它为新的营销自动化系统选择了一个软件包解决方案。在选择一个合适的新软件包解决方案时，需要考虑管理、技术和组织因素。

互动讨论：技术

OneView助力Zimbra

Zimbra是一家软件公司，主打产品是Zimbra协作套件（ZCS）——一个开放源代码的消息和通信软件包，它在很大程度上依赖于Ajax来提供各种业务功能。Zimbra于2007年被雅虎收购，现在拥有500万付费邮箱的用户。除了电子邮件之外，ZCS将联系人列表、共享日历、即时通信、文件托管、搜索和VOIP整合到一起，并允许任何手机网页浏览器使用。

作为一个开源软件公司，Zimbra使用病毒式营销模式、口碑营销和开放标准来发展其业务。顾客可以自由地对Zimbra和ZCS加以批评或表扬。到目前为止，在大多数情况下这个战略对公司的发展都是十分有用的。

Zimbra通过其网站销售产品，同时提供免费版和商业版两种版本的产品。Zimbra的商业模式是吸引大量的潜在用户来访问网站，并允许他们免费试用最基本的软件，然后努力说服这些用户购买一个功能齐全的商业版本的软件。Zimbra的网站每周拥有超过20万个访问者。

当一周内20万个访问者中有一个下载了60天试用版软件时，Zimbra的销售流程就开始了。销售人员尝试从下载免费版软件的人中识别出最有可能升级至某个商业版软件的用户，然后通过电子邮件和电话联系这些用户，从而试图把软件销售出去。为了完成这项工作，Zimbra的销售团队要能从大量网站访问者中挖掘出潜在的有兴趣的用户。正如Zimbra的营销总监格雷·阿特马尼尼（Greg Atmanini）所指出的，销售团队将因大量不合格的线索而不堪重负，除非销售和营销自动化工具能够帮助销售人员将精力集中在能够产生利润的线索上。

Zimbra通过其网站来追踪用户行为，并将其绑定到Salesforce.com的客户关系管理系统中的销售线索信息上。识别经常访问网站的潜在消费者并在这些潜在消费者访问网站时提醒销售人员，可以帮助销售团队确定要联络的用户以及联络的时间。

Zimbra最初使用了Eloqua的营销自动化软件，这款软件有很多功能，但是对于市场营销人员和销售人员来说都过于复杂。举例来说，Eloqua系统要求销售人员为他们需要收集的任何数据的字段编写条件逻辑。虽然这是可行的，但这项工作无疑会不合理地占用Zimbra的销售人员的时间。Eloqua只支持微软IE浏览器，而2/3的Zimbra销售部门用的都是Mozilla Firefox。此外，Eloqua的价格也十分高昂，Zimbra只能支付其最初级的软件包，而且只能供5名销售人员和1名市场营销人员使用。

Eloqua的许多功能对Zimbra来说是不必要的，但是Zimbra确实需要一个更精简的解决方案来聚焦于营销战略的核心领域：线索生成、电子邮件营销和网络分析。新的营销自动化软件必须易于安装和维护。许多可行的方案都需要几个经过良好训练的管理员，但是Zimbra连一名全职管理员都不需要。

在研究了一些软件产品后，Zimbra决定选择OneView——一个来自LoopFuse的按需营销自动化解决方案。LoopFuse是一家专门从事销售和市场营销自动化的格鲁吉亚软件公司。OneView比Eloqua针对性更强。不仅如此，OneView的大部分功能拥有自动化流程，可以让Zimbra快速实施解决方案，同时又不需要专门的全职人员来管理。OneView的核心功能包括网站访客追踪、自动化营销方案的沟通、客户的活动提醒和CRM整合。

LoopFuse 灵活的定价方案也让 Zimbra 感到很满意，它的“无限使用付费”和“按需使用付费”选项使得 Zimbra 可以只依据用户人数来购买所需服务。由于这些选项，Zimbra 可以在其包括 30 人的销售团队中配置 LoopFuse。

此外，使用 OneView 还可以方便地与 Zimbra 的 CRM 解决方案进行快速集成，并简化报告流程。由于有更多的销售人员在开发需求方面投入了更多的精力，因此其线索大幅增加，而 OneView 为其提供了管理大量线索的能力。此外，OneView 支持包括 Firefox 在内的很多浏览器。旧的解决方案提供了过多的处理和组织数据的方式，以至于产生数据报告需要很长时间。而使用 OneView 的简化的报告流程，销售人员只需要花少量时间就可以生成报告。

OneView 提高了 Zimbra 的盈利水平吗？OneView 帮助 Zimbra 把用在使用和维护市场营销系统上的时间减少了 50%。Zimbra 的报告指出，更换供应商以来，其优质线索的销售成功率从 10%升至 15%。所以，答案显然是肯定的。

资料来源：Jessica Tsai，“Less is More,” *Customer Relationship Management*，August 2009，www. destinationCRM. com；and “LoopFuse OneView helps Zimbra Raise Sales and Marketing Efficiency by 50 Percent,” www. loopfuse. com，May 2009.

[思考题]

1. 描述 Zimbra 销售流程的步骤。它原有的营销自动化软件在支持销售流程方面做得怎么样？其中有什么问题？这些问题对业务有什么影响？

2. 列举并描述 Zimbra 对新的营销软件包的要求。如果你在为 Zimbra 的新系统准备 RFP，你会问哪些问题？

3. 新的营销系统如何改变了 Zimbra 运营业务的方式？它取得了多大程度的成功呢？

[MIS 实践]

访问 LoopFuse 网站，并回答下列问题：

1. 列举并描述 LoopFuse OneView 的主要功能特征。

2. 选择其中两个主要功能，并描述它们是怎样帮助了 Zimbra 的销售团队。

外包

如果一个公司不想应用内部资源构建或运行信息系统，它可以将这项工作外包给一个擅长提供此类服务的外部组织。第 5 章提到的云计算和软件即服务（SaaS）供应商就是一种外包形式，发包公司使用软件和计算机硬件作为系统的技术平台。另一种外包形式是：公司聘请外部供应商来设计和创建系统软件，但该公司会在自己的计算机上运行系统。外包供应商可以来自国内或国外。

国内外包的首要驱动力是外包公司拥有客户所没有的技术、资源和资产。大型公司安装一套新的供应链管理系统或许需要额外雇用 30～50 人，他们必须在由供应商许可的供应链管理软件方面具有专长。将这项工作外包出去 12 个月是更合理、成本更低的方法，既不必雇用新员工，也不用对他们进行软件包方面的培训，避免新系统建完后的人员冗余。

在**离岸外包**（offshore outsourcing）的情况下，决策更趋于成本驱动型。一个来自印度或俄罗斯的技术娴熟的程序员每年约挣 9 000 美元，而在美国同等水平的程序员能挣 6.5 万美元。互联网和低成本通信技术大大降低了远距离全球团队相互协助的成本和难度。除了节约成本外，许多离岸外包公司还可以提供世界级的技术资产和技能。近年来美国本土外的员工工资上涨某种程度上削弱了这些优势，导致一些岗位又重新回到美国。

不过，你仍然很可能在某些时候需要跟离岸外包商和全球团队一起工作。如果有足够的时间评估所有风险，确定外包适合其特殊要求，公司很可能从外包中获益。任何采用外包方式的公司必须全面了解外包项目，包括其特殊要求、实施方法、预期收益、开支和测量绩效的标准。

很多公司低估了下列活动的相关费用：确认和评估信息评估技术服务提供商，转换至新的服务提供商，监督厂商以确保其履行合约义务。公司需要为以下活动分配资源：为需求编制文档说明，发布征询建议书，支付差旅费，洽谈合同，以及管理项目。专家声称，将任务完全转给外包伙伴并确保供应商完全了解公司业务需要 3 个月到 1 年。

应对那些可能影响生产力的文化差异及处理人力资源问题（例如辞退或调派国内员工），都会增加离岸外包的额外成本。所有这些隐性成本都会削减外包带来的部分预期收益。雇用外包人员开发或操作有某种竞争优势的应用程序时，公司应十分谨慎。

图 13—10 说明了一个离岸外包项目总成本的最佳和最差情况。从中可以看出隐性成本在多大程度上影响项目总成本。最佳情况反映了额外成本的最低估值，最差情况则反映了这些成本的最高估值。如图所示，隐性成本使一项离岸外包项目的额外成本增长 15%～57%，但即使在最差的情况下，一个公司仍能节省约 15%的总成本。

离岸外包总成本				
外包合同成本	1 000 万美元			
隐性成本	最佳情况	额外成本（美元）	最差情况	额外成本（美元）
1. 选择供应商	0	2 万	2%	20 万
2. 过渡成本	2%	20 万	3%	30 万
3. 解雇和保留	3%	30 万	5%	50 万
4. 生产率降低/文化差异	3%	30 万	27%	270 万
5. 改善开发流程	1%	10 万	10%	100 万
6. 管理合同	6%	60 万	10%	100 万
额外成本总计		152 万		570 万
	未完成的合同（美元）	额外成本（美元）	总成本（美元）	额外成本（百分比）
最佳情况下的外包总成本（TCO）	1 000 万	152 万	1 152 万	15.2%
最差情况下的外包总成本（TCO）	1 000 万	570 万	1 570 万	57.0%

图 13—10　离岸外包的总成本

说明：如果一个公司在离岸外包合同上花费 1 000 万美元，那么即使在最佳情况下，公司仍会额外消耗 15.2%的成本。在最差情况下，生产率显著下降，而过渡成本和解雇成本都极高，公司在离岸外包合同 1 000 万美元支出的基础上额外支付 57%的成本。

13.4　数字化企业的应用系统开发

数字化企业环境中，组织需要快速引入、改变和淘汰技术，以迅速抓住新机遇。公司开始采用步骤少、非正式的开发流程，使问题得到快速解决。除了应用软件包和外部服务提供商外，企业正越来越依赖短周期技术，如快速应用系统开发、联合应用设计、敏捷开发以及可重复使用的标准化软件组件（这些组件可以装入一套完整的电子商务与电子化企业服务系统中）。

13.4.1　快速应用系统开发

使用面向对象的软件工具、可重复使用的软件、原型法及第四代计算机语言工具，能帮助系统开发者比使用传统系统构建方法与软件工具更快地构建系统。**快速应用系统开发**（rapid application development，RAD）描述在非常短的时间内构建可运行的系统的过程。RAD 包括使用可视化编程及其他工具来建立图形用户界面，生成主要系统组件的迭代原型，自动化生成程序代码，以及用户与信息系统专家间密切合作。简单的系统通常由事先构建的组件组装而成。流程无须按序推进，并且开发的关键部分可同时推进。

一种名为**联合应用设计**（joint application design，JAD）的方法有时可用来加速信息需求的生成和开发初始的信息设计。JAD 把最终端用户和信息系统专家聚集起来，互动地讨论系统设计。只要有适当的准备和良好的协助，JAD 会议就可以明显加速设计阶段并使用户积极地参与其中。

敏捷开发（agile development）主要指通过将一个大项目拆成一系列利用迭代和持续反馈在短时间内完成的小型子项目，实现工作软件的快速交付。每个迷你项目都由一个团队开发，就像一个包含规划、需求分析、设计、编码、测试和文档编制的完整项目。开发人员明确需求后，下一代迭代会对项目进行改进或增添新的功能。这样一来，总的风险可以降到最低，项目也可更快地适应变化。敏捷方法强调通过书面文档进行面对面交流，鼓励人们快速有效地合作并做出决定。

13.4.2　基于组件的开发与网络服务

我们已经介绍了为建设系统而进行的面向对象开发所带来的好处，比如可以快速响应变化的企业环境，包括网络应用程序。为了进一步促进软件的开发，汇总分组对象并提供拥有相同功能的软件组件，如图形用户界面或在线订单能力，可进一步组合形成大规模的企业应用软件。这种软件开发方法称为**基于组件的开发**（component-based development），它通过汇总和集成现有软件组件的方法来创建系统。企业在利用基于组件的开发创建电子商务应用程序时，将购物车、用户验证、搜索引擎和目录等可买到的组件与满足自身独特业务需求的软件相结合。

网络服务与面向服务的计算

第 5 章介绍了网络服务是松散的、可重复使用的软件组件，它们利用可扩展标记语言和其他开放协议及标准传送，实现应用软件之间的沟通，无须编写定制程序即可共享数据和服务。除了支持系统内部和外部集成外，网络服务还可以作为构建新信息系统应用程序或提高现有系统能力的工具。由于这些软件服务应用一套通用的标准，它们比专用的组件更便宜且更容易结合在一起。

网络服务不仅能自己执行一定的功能，还能与其他网络服务一道完成更复杂的业务，如审核信用、采购或订购产品。通过开发可在各种操作系统中利用编程语言和客户设备传输和共享数据的软件组件，网络服务在系统构建中可以节约大量成本，并找到与其他公司合作的新机会。

13.5 管理信息系统实践项目

本节中的实践项目涉及以下几个方面：分析业务流程问题，为汽车销售设计并建设一套顾客系统，以及为有意网购的企业重新设计业务流程。

13.5.1 管理决策问题

1. 只要支付一笔额外费用，购买了西尔斯·罗巴克（Sears Roebuck）出售的电器（例如洗衣机）的顾客可获得一份为期三年的服务合同。合同约定，提供免费维修服务和部件，由西尔斯的授权服务提供商来完成。持有西尔斯服务合同的人，在需要维修电器时可打电话给西尔斯维修部门，预约维修时间。由该部门确定具体时间并通知顾客。维修技师按时到达维修地点并诊断问题。如果问题是由部件故障引起的，技师会更换部件（如果他随身携带的话）或从西尔斯预订此部件，并在到货时通知顾客。部件会直接送到顾客手中，然后顾客必须致电西尔斯进行第二次预约，以便安排维修技师替换故障部件。这一流程实在过长。

预约第一次上门维修需要两周，预订和接收维修部件需要两周，预订部件到达后再次预约上门还需一周。

- 绘制现有流程图。
- 现有流程对西尔斯的运作效率及其与顾客之间的关系有何影响？
- 若要使流程更加有效，应做出哪些变革？信息系统如何支持这些变革？绘制改进后的流程图。

2. 某农药公司管理层对生产计划并不满意。生产计划是依据对每种产品需求量的最佳预测来制定的，并且是基于以前的订货量。现有订单确定后，如果顾客改变订货需求，则公司无法调整生产计划，公司可能不得不告知顾客无法满足其需求，或只能追加额外的成本来增加库存以避免缺货。

每月末，公司都会汇总所有订单并人工将其输入生产计划系统。从上月生产和库存系统中调出的数据由人工输入公司订单管理系统。销售部门和生产部门的分析师分析来自各自系统的数据，决定下个月的销售和生产目标。通常，评估结果不尽相同。分析师一起参加高层计划会议，修订销售和生产目标，同时将高层管理者对市场份额、收益和利润的期望考虑在内。会议生成最终的生产主时间表。

完成整个生产计划的流程需要 17 个工作日。其中，9 天用来输入、核准数据，其余时间则用来制定与调整生产和销售目标，确定最终的生产主时间表。

- 绘制现有生产计划流程图。
- 分析此流程图给公司带来的问题。

● 一个企业系统如何解决这些问题？怎样降低成本？如果公司使用企业软件，生产计划的流程会是怎样的？绘出图形。

13.5.2 优化决策：应用数据库软件设计一套汽车销售客户系统

软件技能：数据库设计、查询、报告、表格

商业技能：销售意向和客户分析

本项目需要你进行一次系统分析，然后用数据库软件设计一个系统解决方案。

Ace 汽车代理商专门销售斯巴鲁的新车型。公司在当地投放广告，并且作为授权经销商出现在斯巴鲁网站和主要的售车网站上。得益于在当地广为人知的好口碑，公司成为俄勒冈州波特市的斯巴鲁汽车主要供应商。

当一位潜在客户进入样车展厅时，他会受到 Ace 业务代表的热情欢迎。业务代表需要填一张表格，信息包括潜在客户的姓名、地址、电话号码、来访日期及感兴趣的车型。业务代表还要询问客户通过何种渠道——报纸广告、网络还是朋友介绍——获知 Ace 相关信息，这些信息也要填入表格。如果客户决定购买一辆汽车，业务代表要填一份销货单。

Ace 认为自己还不够了解客户。它不能轻易判断哪些潜在客户已经买过汽车，也不能分辨哪一个客户接触点带来最多的销售意向或实际销量，从而可以把广告和营销集中在带来最多利润的地方。是报纸广告还是口碑或网络带来了购买行为？

准备一份系统分析报告，详细列出 Ace 存在的问题和可利用个人计算机数据库管理软件实施的系统解决方案。然后用数据库软件开发一个简单的系统解决方案。你的系统分析报告需要有以下内容：

● 描述存在的问题以及它对组织和业务的影响。

● 提出建议的解决方案、解决方案的目标以及可行性。

● 列出所选解决方案的成本和效益。公司配有可以访问互联网的个人计算机以及整套微软办公软件。

● 解决方案中要处理的信息需求。

● 说明该解决方案在管理、组织和技术方面需要处理的问题，包括业务流程的改变。

在识别需求的基础上设计数据库，并且在每张表中至少填入 10 条记录。考虑一下，你的设计能否应用或修改 Ace 现有的客户数据库。你可以在 MyMISLab 上找到这个数据库。打印数据库设计方案，然后运用你创建的数据库生成令管理层最感兴趣的查询和报告。为系统创建几个原型数据输入形式，与你的导师一起对它们进行修改，然后校审原型。

13.5.3 实现卓越运营：为网络采购重新设计业务流程

软件技能：网络浏览器软件

商业技能：采购

此项目要求你考虑当业务转向网络之后，应该如何重新设计业务流程。

你负责公司的采购，希望利用 Grainger. com（www. grainger. com）这一 B2B 电子商务网站完成这项工作。通过该网站的目录、订单表格和维修部件订单向供应商发一份涂料订单。不要在网站上注册。你的公司需要利用该系统，在线发出 30 加仑的绘画涂料订单，描述所有这些步骤。绘制一张图，说明你所设想的公司的采购流程以及其中所需信息项。

传统采购流程中，任何负责采购的人员都要填写采购申请单，并且按照公司的规定在提交之后等待批准。经批准后，每份采购单都会生成唯一的采购单号，再送至供应商。采购人员或许想要浏览供应商的产品目录，从而可以在发出订单前对比价格和性能；或许想要确定所采购产品是否有货。如果采购公司是经过核准的老客户，那么它可以赊购，在货物发出后收到记有购买和运输货物的全部成本的账单。如果采购公司必须提前支付订货款，或者用信用卡付款，可以选择多种支付方式。应如何改变此流程才能在 Grainger 网站上进行电子化采购？

小 结

1. 新系统的开发会带来哪些组织上的变化？

建立新的信息系统是一种有计划的组织变革。技术带来的改变有四种：（1）自动化；（2）程序合理化；（3）业务流程再造；（4）范式转换。最后一种深远的变革会带来极高的风险与报酬。许多组织借助业务流程再造来重新设计工作流与业务流程，希望显著提高生产率。信息系统也可以用来支持业务流程管理、全面质量管理、六西格玛和其他逐步改善流程的创新方法。

2. 系统开发过程中的核心活动有哪些？

系统开发的核心活动包括系统分析、系统设计、编程、测试、切换、运行和维护。系统分析是指研究和分析现有系统的问题，并确定其解决方案。系统设计则是详述信息系统解决方案，显示如何使技术要素和组织要素相互契合。

3. 系统建模与设计有哪些主要方法？

信息系统建模和设计的两种主要方法是结构化方法和面向对象开发的方法。结构化方法主要是分别为流程和数据建模。数据流程图是结构化分析的主要方法，结构图则是展示结构化软件设计的主要工具。面向对象开发把一个系统建模为连接流程和数据的对象的集合。面向对象建模是基于类和继承的概念。

4. 开发信息系统有哪些方法？

系统生命周期法是最古老的是系统构建方法，其信息系统在多个正式阶段中开发，这些阶段必须循序渐进，各自有定义好的输出；并且在下一个阶段开始前，需要获得正式的认可。系统生命周期法适用于大型项目，在系统构建的每一阶段都要求规格正式、管理严谨，但这种方法非常死板且成本高。

原型法可以快速、低成本地建立试验系统，供最终用户与其互动并进行评估。原型法鼓励最终用户参与系统开发与设计的迭代，直到原型得到准确确认。原型法的快速开发导致无法完整地测试系统、编制文档，可能使系统与实际作业环境有技术上的落差。

使用软件包开发系统，减少了建立系统所需的设计、编程、测试、安装和维护工作。应用软件包对于缺乏内部信息系统技术人员或者缺乏财务资源开发系统的公司很有帮助。为满足组织独特的需求，软件包可能需要大量修改，导致开发成本明显上升。

最终用户开发是由最终用户自行开发信息系统，或在最少的专家的协助下完成系统开发。第四代计算机语言工具有助于快速、非正式地开发出最终用户系统。然而，最终用户开发会产生无法确定质量标准且难以用传统方法控制的系统。

外包则引入了外部承包商来构建（或运作）公司的信息系统，不再由组织内部信息系统人员来完成。外包可以节省应用程序开发成本，使企业不依靠内部信息系统人员就可以开发应用程序。然而，风险在于企业丧失了对信息系统的控制，且过于依赖外部厂商。外包还产生了“隐性”成本，在离岸外包中尤为明显。

5. 数字化企业时代，系统开发有哪些新方法？

公司依赖快速应用系统开发、联合应用设计、敏捷开发和可重复使用的软件组件来加快系统开发的过程。快速应用系统开发将面向对象的软件、可视化程序设计、原型法与第四代计算机语言工具应用于快速系统开发。敏捷开发将一个大项目拆成一系列小型子项目，运用迭代和不断反馈，在短时间内完成开发。基于组件的开发可以加快应用程序的开发，通过把对象分组为可以相互结合的成套软件部件，创建大规模的企业应用软件。网络服务提供一组通用标准，允许组织以即插即用的方式来连接它们的系统，而无须考虑所用的技术平台。

复习题

1. 新系统的开发会带来哪些组织上的变化？

● 分别描述四种可以借助信息技术进行的组织变革。

● 给出业务流程再造的定义，解释它与业务流程管理的区别。描述有效再造所需的步骤。

● 解释信息系统如何支持组织为提高质量采取的流程变革。

2. 系统开发过程中的核心活动有哪些？

● 系统分析和系统设计的区别是什么？分别进行描述。

● 给出信息需求的定义，解释其难以准确定义的原因。

● 解释系统开发的测试阶段之所以重要的原因。列举并描述信息系统测试的三个阶段。

● 描述系统开发过程中编程、切换、运行和维护的作用。

3. 系统建模与设计有哪些主要方法？

● 比较系统建模和设计时所采用的面向对象的方法和传统的结构化方法。

4. 信息系统开发有哪些方法？

● 给出传统的系统生命周期法的定义，描述其步骤，以及对系统构建的益处与不利之处。

● 给出信息系统原型法的定义，描述它带来的好处和存在的局限。列出并描述原型法流程的步骤。

● 给出应用软件包的定义，并简述基于软件包的信息系统开发的优劣势。

● 给出最终用户开发的定义，说明其优缺点。列举一些管理最终用户开发的策略和程序。

● 构建信息系统时，使用外包所带来的好处和不利各是什么？

5. 数字化企业时代，系统开发有哪些新方法？

● 给出快速应用系统开发和敏捷开发的定义，并解释它们可以加速系统构建的原因。

● 基于组件的开发和网络服务如何帮助企业建立和完善信息系统？

讨论题

1. 为什么选择系统开发方法是企业的一项重要决策？谁应当参与这个选择过程？

2. 有人说，降低系统开发成本的方法是采用应用软件包或第四代计算机语言工具。你同意这种观点吗？请说明理由。

3. 为什么在开发新的信息系统时了解一个业务流程的工作方式很重要？

小组练习：编写网站设计说明

三四名同学一组，在本书中选择一个使用万维网的系统。浏览所选系统的网站。利用你从网站中所得的信息及从本书中所学的知识，编写一份报告，对你所选系统进行设计说明。如有可能，使用 Google Sites 发布网页的链接、团队沟通公告和工作任务，集思广益，合作完成项目文档。尝试使用 Google Docs 在课堂上展示成果。

章末案例

电子病历是医疗保健行业未来的出路吗

几十年来，在美国建立更有效的医疗保健系统一直是一个迫切的医疗、社会和政治问题。尽管有15%的美国人没有保险，有 20%的人保险不足或者没有能力支付必要的医疗保健费用，美国的人均医疗保健成本依然高于其他任何一个国家。2009 年，美国在医疗保健上花费了 2.5 万亿美元，占 GDP 的17.6%。其中有大约 12%为行政成本，而且大部分与病历的保存相关。

美国的高额医疗保健支出主要是由于效率低下、错误和欺诈行为导致的。好消息是，信息技术也许能够帮助医疗保健提供者在降低成本的同时提高服务水平。在政府的催促下，许多医疗保健提供商已经开始创建电子病历（EMR），以消除许多效率低下的基于纸张的备存记录。许多保险公司也开始支持 EMR 系统的发展。

电子病历系统包含了一个人所有的重要医疗数据，包括个人信息、完整的病史、检查结果、诊断和治疗情况。医生能够直接访问电子病历并获取需要的信息，而无须查阅纸质文件。如果患者去了医院，那么他在医院里所做的任何检查的记录和结果都将立即出现在网上。

许多专家认为电子病历可以减少医疗错误，提高医疗质量，减少文书工作，以及提高服务速度，所有的这些都会在将来极大地减少开支：据估计，每年大约节约 778 亿美元。政府的短期计划是在2015 年之前使美国所有的医疗保健提供商都有可用的 EMR 系统，并能够达到一定的功能标准；长期计划则是在全美范围内构建一个功能齐全的电子病历网络。

当前 EMR 系统的使用情况表明，医生和医院的确可以从中获取一定的益处，但是构建独立的系统要面对十分艰巨的挑战，更何况是建立全国性的系统。尽管有补贴资金，但是许多小规模的实践已发现，难以负担过高的资金和时间成本来升级医疗记录保存系统。到 2010 年，80%的医生和 90%的医院依然在使用纸质的病历。

此外，我们现在还不清楚在 2010 年开发和实施的系统能否和 2015 年及以后的系统相互兼容，是否会影响建设所有医疗服务提供者都可以共享信息的国家系统的目标。另外，医疗保健提供商、医疗 IT开发者和保险公司在建立全国电子病历的道路上还面临很多的小障碍，例如病人的隐私保护、数据质量问题以及来自医护人员的阻力。

政府决定把由《美国复苏与再投资法案》（American Recovery and Reinvestment Act）提供的补贴资金通过两种方式提供给医疗保健提供商。其一，将 20 亿美元提供给一线的医院和医生，以帮助他们建立电子档案。其二，将 170 亿美元在 2015 年奖励给成功实施电子病历的提供商。补贴政策规定，有资格获得这些补贴的提供商必须证明它们对电子健康记录系统进行了“有意义的使用”。该法案对成功实施电子记录的产品做了如下定义：至少有 40%的处方是电子方式的，并能够向政府卫生机构报告数据。如果成功实施，个人最多可以得到 64 000 美元，医院则可获得 115 亿美元。

但是，在实施补贴资金政策的同时，政府还决定对没有能够执行新的电子档案标准者进行惩罚。在 2015 年无法达标的提供商的医疗保险和医疗报销将逐年减少 1%，到 2018 年，如果使用电子病历的提供商数量不够多，那么它们将会面临更加严厉的惩罚。

电子病历系统的成本为每个医生 3 万～5 万美元。即使补贴资金最终能够满足这些资金需求，用于“一线”的资金只是很少的一部分。对许多提供商，特别是医生数量少于 4 人、病床数量少于 50 张的机构而言，这是一个很严重的问题。维护记录保存系统的开支会导致规模较小的医疗保健提供商的短期预算和工作量明显增加。而规模较小的提供商与规模更大的同行相比，也不太可能已经着手对记录进行数字化。

许多小型提供商在转而使用电子病历系统的过程中由于这些原因而停滞不前，但是有证据表明这一举措是非常值得的。目前正在使用的电子病历系统中最著名的就是 Veterans Affairs（VA）。VA 系统早在数年前就切换到了数字记录，其预防性服务和慢性病护理的质量远远超过了私营部门和医疗保险机构。1 400 多台 VA 设施都使用了 VistA——一款由政府开发的允许医生和护士交流患者病史的记录共享软件。自患者开始通过 VA 进行治疗时起，一个典型的 VistA 记录可以列出病人的健康问题、体重和血压、患者的 X 光片、化验结果、其他检查结果、用药清单，以及即将到来的预约提醒。

但 VistA 不仅仅是一个数据库，它还有很多其他可以帮助提高医护质量的功能。举例来说，护士可以通过扫描病人和药品的标签来确保对病人用药的准确性。这一功能可以有效降低用药失误率，并加快治疗速度。用药失误是最常见的也是花费最多的医疗失误之一。该系统还可以根据指定条件自动发出警告。当病人的血压超过一定水平，或者没有按时参加医疗活动（比如，打流感疫苗或进行癌症筛查）时，系统就会对服务提供商进行提醒。测量病人体征的仪器也可以将数据自动传输到 VistA 系统里，从而可以让医生及时了解病人的治疗情况，并在情况进一步恶化前及时采取措施。

事实表明，电子病历系统对医生和患者都有很大的帮助。参与 VA 家庭监控项目的 4 万名患者所需的医院行政管理减少了 25%，而他们待在医院的时间也减少了 20%。越来越多的患者根据 VA 系统接受必要的定期治疗（接种流感疫苗的患者从 27% 增至 83%，进行结肠癌筛查的病人从 34% 增至 84%）。

患者们也认为依靠 VA 系统进行治疗要比传统的治疗方式方便得多，因为他们的付款和索赔流程都可以通过 EMR 系统进行即时处理。一般情况下，即使病人在拿到医疗索赔声明后立即进行保险索赔，保险公司也会在受理两周后再进行付款。此外，基于传统纸质流程的医疗保健提供商必须为索赔流程提供相应的诊断代码和流程代码。而这些代码往往有成千上万条，导致索赔过程更加缓慢，而且大多数提供商完全以手工的方式来执行这项任务。电子系统则可以进行及时处理，就像使用信用卡支付一样——数据会立即被发送出去，而诊断和流程代码也会由系统自动录入。

VistA 并不是医院和医生更新数据的唯一选择，许多医疗 IT 企业都在热切期待未来市场对它们的电子病历产品有更大需求，并且已经开发出了多种不同的健康记录的结构。Humana、Aetna 和其他医疗保险公司也在帮助医生和医院支付一部分建立电子病历系统的资金。Humana 已经与 Athenahealth 联手资助了其合作伙伴中的大约 100 家医疗机构安装 EMR 系统。为此，Humana 支付了大部分费用，并承诺给达到政府标准的医疗机构一定的奖励。另一方面，Aetna 和 IBM 已经开发了一个基于云的系统，可以存储病人的记录并将其开放给所有 Aetna 内部和外部的医生。

然而，过多可用的系统也会带来很多问题。首先，不同系统之间的医疗数据共享可能会引发一些问题。虽然大多数电子病历系统都达到向政府机构报告数据的指定条件，但它们未必能给出一致的数据报告，这就是全国性系统的关键问题。许多新开发的系统都以 VistA 为指导进行设计，但也有很多系统不是这样的。即使医疗数据可以实现共享，还要考虑另一个问题：如何让医生快速、轻松地找到他们需要的信息。许多电子病历系统有没有能力深入分析更具体的数据，这就迫使医生通过搜索大量的信息库来寻找所需的数据。电子病历提供商正在开发用于医疗领域的记录搜索引擎。只有在电子病历系统的应用变得更加广泛后，数据共享和访问扩展中存在的问题才会变得更加清晰。

其次，参与构建健康记录系统的保险公司存在潜在利益冲突。保险公司经常被指责试图避免为生病的人提供护理服务。虽然大多数保险公司都坚持，只有医生和患者能够访问这些系统中的数据，但是许多潜在的患者对此持怀疑态度。2009 年，美国国家公共广播电台（National Public Radio）进行的一项民意调查发现，59%的受访者表示，他们怀疑在线医疗记录未保密，即使系统是安全的，患者对隐私保护的疑虑也可能会影响护理的质量和整个系统的成功。1/8 的美国人曾经缺席过医生门诊或定期测试，或者要求改变测试结果，私下进行测试，其中大多数人都是因为对隐私的担忧。设计不当的电子病历网络很有可能会放大这些问题。

资料来源：Katherine Gammon，“Connecting Electronic Medical Records,” *Technology Review*, August 9, 2010; Avery Johnson，“Doctors Get Dose of Technology From Insurers,” *The Wall Street Journal*, August 8, 2010; David Talbot，“The Doctor Will Record Your Data Now,” *Technology Review*, July 23, 2010; Tony Fisher and Joyce Norris-Montanari，“The Current State of Data in Health Care,” Information-Management. com, June 15, 2010; Laura Landro，“Breaking Down the Barriers,” *The Wall Street Journal*, April 13, 2010; Jacob Goldstein，“Can Technology Cure Health Care?”, *The Wall Street Journal*, April 13, 2010; Deborah C. Peel，“Your Medical Records Aren't Secure,” *The Wall Street Journal*, March 23, 2010; Jane E. Brody，“Medical Paper Trail Takes Electronic Turn,” *The New York Times*, February 23, 2010; and Laura Landro，“An Affordable Fix for Modernizing Medical Records," *The Wall Street Journal*, April 30, 2009.

[思考题]

1. 哪些管理、组织、技术问题会对建立电子病历系统造成阻碍？请给出解释。

2. 在建立电子病历系统时，哪个阶段是最难的？请给出解释。

3. 不对病历进行数字化会造成哪些商业和社会影响（对个体医生、患者、医院、保险公司而言）？

4. 数字化病历有哪些商业和社会影响？

5. 针对医生、患者和医院，各列举两项可以由电子病历系统达成的信息需求。

6. 分别画出 EMR 系统建立之前和之后的治疗过程。

第 14 章 项目管理

学习目标

学完本章后，你将能够回答以下问题：

1. 项目管理的目标是什么？为什么说它对信息系统的开发至关重要？
2. 如何筛选和评估信息系统项目并把它们与企业的业务目标结合起来？
3. 企业怎样评价信息系统项目的商业价值？
4. 信息系统项目面临的主要风险有哪些？
5. 管理项目风险和系统实施有哪些策略？

章首案例

新的项目管理系统助力可口可乐瓶装公司

可口可乐公司是全球领先的非酒精饮料品牌的所有者和营销商，也是全球最大的用于生产非酒精饮料的浓缩糖浆的制造商、分销商和营销商。可口可乐公司将它生产的浓缩原液出售给 200 多个国家的独立瓶装公司。毫无疑问，可口可乐是全球最有价值的品牌。

可口可乐瓶装公司（Coca-Cola Bottling）是可口可乐在美国第二大的瓶装公司，主要经营范围是美国东南部的 11 个州，收入达 15 亿美元。公司通常要同时管理几百个项目。可口可乐瓶装公司一直使用一个老的项目管理软件工具来协调这些项目，但是到 2010 年，该软件已无法满足许多优秀项目管理经理想要实现的功能。由于并不是公司所有的项目都采用这一系统，因此那些未采用项目管理软件的项目的信息就分散在许多遗留系统里。该软件不能在一个数据库中跟踪各种成本，比如人力成本和物料成本。因此常常发生下面的情形：高级管理人员想要了解那些无法完成的项目的详细成本和资金需求信息；项目团队通常需要向高级管理人员要求追加更多的资金，因为项目经常超出最初的预算。这样，大部分的时间和金钱就都花费在了从不同地方搜集数据和对电子表格进行分析上。此外，该软件也无法对是否遵守了各联邦法律条款（例如，《萨班斯-奥克斯利法案》）进行检测。

因此，管理者想要一个新的项目管理工具，希望它既可以跟踪公司里的所有项目，可利用现有的SAP数据库和报表工具，又能与Microsoft Server环境相融合。可口可乐瓶装公司选择了Microsoft Office Enterprise Project Management（EPM）解决方案，它包括Microsoft Office Project Portfolio Server 2007、Microsoft Office Project Server 2007和Microsoft Office Project Professional 2007。这一项目希望精简公司的软件种类，主要是SAP和微软的产品，从而降低维护成本。

通过EPM与Windows SharePoint Services的整合，用户可以利用普通的SharePoint站点（即项目工作区）来更新项目信息、管理文档、跟踪风险和问题。围绕这一项目的员工培训和系统实施工作，可口可乐瓶装公司聘请了位于马萨诸塞州马尔伯勒的一家咨询和培训企业——Project Solution Group公司。

选择这一项目管理软件后，给企业带来了诸多收益。首先，针对现金流和资金需求，企业有了一个集中的数据库，有助于降低企业的财务成本。借助EPM解决方案，管理者可以在项目开始的时候就准确地提出他们想要的明确的资金数。企业也可以更有效地管理人力资源和时间表，因为公司现在可以清楚地知道谁在哪个项目组工作。依据员工花费在任务上的小时数，人力资源经理可以检查该员工是否合理利用了资源，同时可以通过观察员工所用的时间采取果断明智的调整行动。

可口可乐瓶装公司还依据项目关卡管理方法来实施项目，以确保项目实施过程中五个方面的一致性：项目质量需求、项目定义、项目设计、项目开发/测试以及项目部署/措施。过去，管理者仅仅使用检查清单来管理项目，无法在整个项目和管理者之间达成一致。借助项目关卡管理方法，可以确保所有项目都执行相同的项目管理流程。为了确保新的EPM解决方案在整个企业顺利实施，可口可乐瓶装公司设立了新的项目管理办公室，来从组织架构上支持项目的实施，并保证项目实施的一致性。

资料来源：Microsoft Corporation，"Microsoft Case Studies. Coca-Cola Bottling Co. Improves Project Cost Reporting，" August 2009，www. microsoft. com/casestudies，accessed November 5，2010；Microsoft Corporation，"Microsoft Enterprise Project Management（EPM）Solution." www. microsoft. com/project.，accessed November 5，2010；and The Coca-Cola Company，Form 10K for the Fiscal Year Ending December 31，2009，filed with the Securities and Exchange Commission，February 26，2010.

信息系统带来的主要挑战之一是，确保它们会带来实实在在的收益。许多信息系统之所以没有成功，是因为企业错误地评估了它们的商业价值，或者没有围绕新技术的采用进行相应的组织变革。

可口可乐瓶装公司的管理层在实施企业项目管理系统时就意识到了这一点。新系统除了谨慎引进整个软件工具包外，还促使整个企业在管理和组织行为方面进行变革。可口可乐瓶装公司很好地做到了必要的管理、组织和技术变革的平衡，最终成功地实施了这一项目。

可口可乐瓶装公司每年管理着数百个项目。现有的软件不能满足公司跟踪各项成本、预测财务需求、检测是否符合联邦法规和尽职调查的要求，也不能有效地分配资源。这些因素增加了项目失败的可能性，也增加了企业运营成本。通过实施与现有企业数据库环境和桌面软件整合在一起的项目管理软件工具，企业可以提高项目库存管理水平。同时，管理层非常明智地通过设立项目管理办公室来推进组织变革，通过一系列新颖的管理实践来确保软件达到预期效果。

下图指出了上述案例和本章的要点。

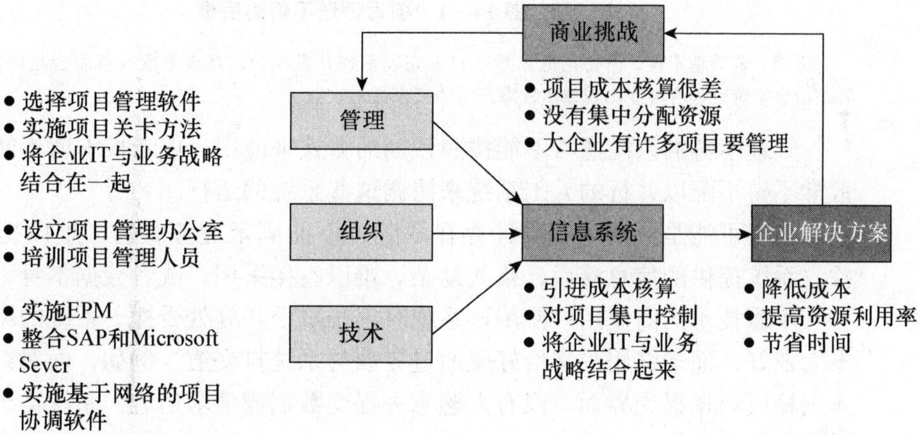

14.1　项目管理的重要性

信息系统项目的成功率都很低。几乎任何一家企业的信息系统项目所花的时间和资金都会比最初预期高得多，或者会出现系统完成后不能达到预期效果的情况。当某个信息系统不能达到预期效果，或者使用成本过高时，企业就不能实现任何收益，而且系统也不能解决它本应处理的问题。在新系统的开发过程中必须悉心管理，精心策划。项目执行的方法可能会成为影响系统成果的最重要因素。所以，了解一些管理信息系统项目的知识及它们成败的原因是十分必要的。

14.1.1　项目失控与系统失败

项目管理的现状有多糟糕呢？一般情况下，私人企业对信息系统的资金和时间的预算，大概只有应投入资金和时间的一半，从而导致许多项目缺失了应有的功能(承诺在以后的版本中实现这些功能)。Standish 咨询公司专注于跟踪 IT 项目的成功率，它发现，所有技术投资中，只有 29%的项目能按时完成，不超出预算，达到所有的预期功能和特点（Levinson，2006)。一份 Tata 服务咨询公司的 IT 效率研究报告得出了相似的结论（Blair，2010)。有 30%～40%的软件项目的完成时间和成本大大超出了预期，且功能大打折扣。

正如图 14—1 所显示的那样，管理不善的信息系统项目最有可能出现下列问题：

- 成本大幅超出预算；
- 时间拖延；
- 技术缺陷影响性能；
- 未能获得预期收益。

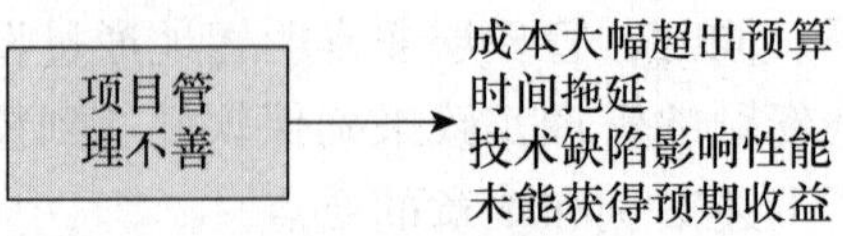

图 14—1　项目管理不善的后果

说明：若管理不善，需要花更多的时间去完成系统开发项目，且成本很有可能会超出预算。计划完成后，信息系统也很有可能出现技术故障，不能带来任何收益。

管理不善的系统通常不能按照预期的方式来使用，或者根本就不能使用。用户常常不得不配以并行的人工系统来协调这些系统的运行。

事实可能是，系统的设计存在缺陷，不能满足业务所需，难以提高企业的效益。系统提供的信息滞后，格式复杂，难以直接采用，或者数据本身不正确。

不懂技术的商业用户使用该系统时困难重重，处处受挫。系统的用户界面可能不大友好，而最终用户又恰好要通过界面与系统打交道。例如，面对杂乱的在线输入表格或数据提交界面，没有人愿意去提交数据或请求信息。系统输出所呈现的形式可能让人费解。

如果网页的排版不合理且过于混乱，用户不能快速地查找到所需的信息，或者网页的响应速度过慢，人们就不愿再访问该网页。

此外，系统的数据很有可能不准确，或者不一致。某些字段的信息可能是错误的、不明确的，或者难以实现业务目标。特定商务功能所需的信息因数据不完善而无法获得。

14.1.2　项目管理目标

项目（project）是指为实现特定业务目标的一系列安排有序的相关活动。信息系统项目包括开发新的信息系统，强化现有系统，升级或更换公司的 IT 设备。

项目管理（project management）即运用知识、技能、工具和技术，在特定的时间和财务预算范围内实现特定的目标。项目管理的具体活动包括规划工作、评估风险、估计完成工作所需的资源、组织工作、获得人力和物力、分配任务、指导活动、控制项目的实施、汇报进度以及分析结果。与企业的其他领域一样，信息系统的项目管理必须把握五个方面：范围、时间、成本、质量和风险。

范围（scope）规定了项目包含的工作。例如，一个新的订单管理系统可能包括新的订单模块，并把订单信息传递给生产和财务部门，且不影响相关应收账款，也不影响生产、分销、库存控制系统的正常运行。项目管理必须确保项目的范围不会超出最初的界定。

时间，即完成项目所需的时间。项目管理规定了完成一个项目所包括的主要工作的时间，每项工作都进一步分解成不同的活动和任务。项目管理也规定了完成每个任务所需的时间，并给出了完成工作的计划表。

成本的高低取决于完成项目所花的时间和所需的人力资源。信息系统项目的成本也涵盖了硬件、软件和工作场所的开支。项目管理为项目制定了预算并监控项目的运行费用。

质量，即一个项目的最终成果满足公司管理需要的程度。信息系统项目的质量可以通过组织业绩和决策的改进来衡量。新系统提供的信息越准确，越及时，易用性越高，则说明该项目的质量越好。

风险，即影响项目成功的潜在问题。这些潜在问题可能导致时间的拖延和成本的增加，降低项目产出的质量，或使项目的细化目标不能一起实现。14.3 节描述了信息系统面临的最大风险因素。

14.2　项目的选择

企业通常可以选择许多不同的项目来解决问题，提高绩效。虽然系统项目有许多设想，但资源是有限的。企业需要筛选其中能带来最大利益的项目。显然，这应由公司整体的发展战略来决定。

14.2.1　信息系统项目的管理架构

图 14—2 展示了一个大型企业里信息系统项目的管理架构是什么样的，它有助于确保最重要的系统项目得到优先考虑。

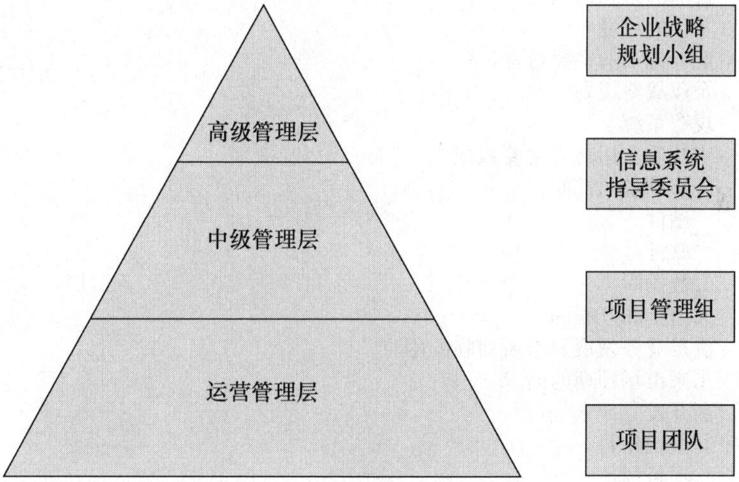

图 14—2　系统项目的管理控制

说明：金字塔中的各级管理层负责各自特定的系统项目，这种结构能确保企业中最重要的项目得到优先考虑。

企业战略规划小组和信息系统指导委员会位于这类架构的最顶端。前者制定公司的战略规划，指出需要开发什么样的新系统。后者由资深管理人员组成，包括最终用户和信息系统部门的经理，主管系统的开发和运行。该委员会负责审批各部门的信息系统计划，致力于协调各系统的工作并加以整合，有时也参与筛选特定的信息系统项目。

项目管理组监管项目团队，前者由信息系统管理人员和最终用户管理人员组成，负责监督具体的项目。项目团队则对单个系统项目直接负责。团队成员包括系统分析师、与最终用户的业务领域相关的专家及应用程序员，有时数据库专家也会加入进来。系统解决方案的特性决定了项目的规模和人才的选用。

14.2.2　将系统项目和业务规划相关联

为了辨别何种信息系统能给企业带来最大化的商业利益，企业需要制定**信息系统规划**（information systems plan），来支持企业整体战略规划，而且采用的战略系统应该能够与企业的顶层规划相契合。这个规划如同地图，指引着系统的未来应用（这也正是其目的所在），解释采用的理由，说明现有系统的状况、未来的发展态势、管理策略、新系统的实施方案，并给出预算（见表 14—1）。

表 14—1　信息系统规划

1. 规划的目的
   - 规划内容概要
   - 目前企业组织状况和未来组织规划
   - 核心业务流程
   - 管理策略
2. 战略性业务规划制定的依据
   - 现在的形势
   - 目前的组织情况
   - 变化的环境
   - 业务规划的主要目标
   - 企业战略规划
3. 现有系统
   - 支撑业务运转的主要系统
   - 现有设备的性能
     - 硬件
     - 软件
     - 数据库
     - 通信和互联网
   - 满足业务发展要求所面临的困难
   - 未来市场预期的需求
4. 新开发
   - 新系统项目
     - 项目描述
     - 发展业务的依据
     - 应用系统在战略中的角色
   - 需要的新设施的性能
     - 硬件
     - 软件
     - 数据库
     - 通信和互联网
5. 管理策略
   - 采购计划
   - 重要节点和时间表
   - 机构改组
   - 内部重组

管理控制
主要的培训活动
人员策略
6. 实施方案
实施过程中可预见的困难
进度报告
7. 预算要求
所需要求
可能节省的资金
资金需求
采购周期

在这样一个规划中，应包括企业目标，以及信息技术帮助企业实现目标的具体方法。这份报告显示了全局性目标如何在具体的项目系统中得以实现。它确定了具体的目标期限和里程碑，方便后期对规划进展（如在规定的时间内实现了多少目标）的评估。规划中列出了诸如硬件购买、通信设备、集权或分权的方式、数据的处理、硬件的分配等问题的重要管理决定。通常也涉及机构改革事项，包括培训管理人员和普通员工、招募人才，变更业务流程、权力、结构或管理行为。

为了使规划得以有效实施，企业需要清查所有的信息系统应用程序和IT设备，并把结果记录下来。针对所有对决策改进有用的项目，管理者应选择能带来最大附加价值的项目，并制定相应的评价标准来量化更及时和准确的信息给决策带来的价值（更多内容详见第 12 章）。

14.2.3　关键成功因素

要制定行之有效的信息系统规划，公司必须充分了解自己短期和长期内的信息需求。战略分析法或关键成功因素分析法认为，企业的信息需求由为数不多的管理层的**关键成功因素**（critical success factors，CSF）决定。如果能实现这些目标，公司的成功就有保障（Rockart，1979；Rockart and Treacy，1982）。关键成功因素对不同的企业而言会有所不同，主要受行业、企业自身、管理者和外部环境的影响。例如，汽车行业的关键成功因素可能包括汽车款式、质量以及扩大市场占有率和提升利润的成本。新的信息系统应致力于给企业提供能帮助其实现这些目标的解决方案。

关键成功因素分析中主要采用的研究方法是个人访谈，即采访公司的多位高管，让他们说出各自的目标和关键成功因素。这些个人因素整合到一起，便形成了一家企业的关键成功因素，然后，基于这些因素来决定采用何种信息系统。企业中应用的关键成功因素分析法见图 14—3。

采访只针对企业高管，而没有广泛地探究企业所采用的信息。此类采访尤其适用于高层管理人员，可用于开发决策支持系统和主管支持系统。关键成功因素分析法侧重于关注企业应如何处理信息。

该方法的主要不足是，没有特别精准的方法可用来将个人关键成功因素整合成一个明确的企业关键成功因素的模式。此外，采访者和受访者常常不能区分个人的

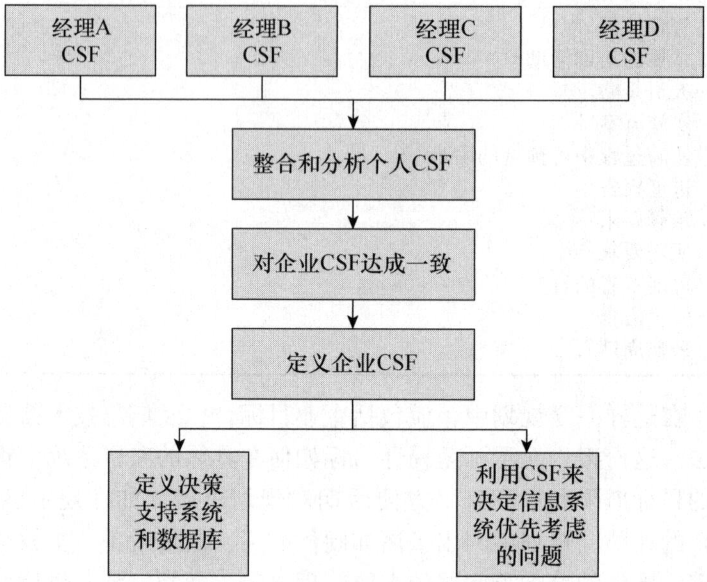

图 14—3　利用 CSF 来开发系统

说明：关键成功因素分析法通过采访主要管理者，把他们的关键成功因素整合在一起，便形成了公司的关键成功因素。基于这些，可开发系统。

关键成功因素和企业的关键成功因素。这两类因素不一定等同。对管理者至关重要的因素可能对企业整体而言并不重要。关键成功因素分析法显然侧重于企业高管，尽管它也可以为中低层管理人员和员工所用，以获得有关引进何种系统的好建议。

14.2.4　投资组合分析

战略分析决定了系统开发的总体方向后，投资组合便可用于评估备选的系统项目。**投资组合分析**（portfolio analysis）查清企业所有的信息系统项目和资产，包括基础设施、外包合同和许可证。信息系统的投资组合如金融投资组合一样，有一定的风险，但同时能带来一定的收益（见图 14—4）。

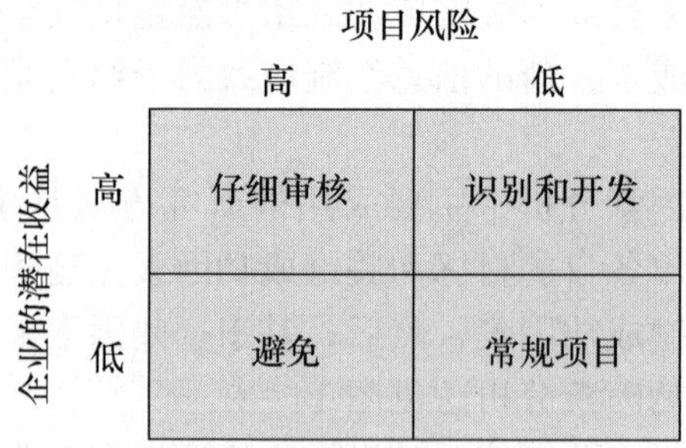

图 14—4　系统投资组合

说明：企业应从潜在收益和风险方面去仔细审核项目投资组合。有些项目应完全不予考虑，有些项目则越早上马越好。很难有完全理想的项目。不同行业的企业情况不同。

任何信息系统项目都有各自的风险和收益。（14.4 节描述了增加系统项目风险的因素。）通过权衡系统投资的风险和回报，企业努力提高 IT 资产的投资组合回报率。虽然没有对所有企业放之皆准的理想投资组合，但信息密集型产业（如金融业）应采用一些高风险高收益的项目，以确保在技术上与时俱进。信息密集型产业之外的其他企业应注重高收益低风险的项目。

高收益低风险的系统最为理想，因为这类系统的投资回报来得很快而且风险低；位居其次的是高收益高风险的系统，上马前应考虑清楚；低收益高风险的系统则应完全不予考虑；至于低风险低收益系统则应慎之又慎，因为过不了多久就可能需要更新或被能带来高收益的系统取代。投资组合分析方法能帮助管理者在投资风险和投资回报中找到最佳的结合点，以及在高风险高收益的项目和低风险低收益的项目中做出选择。把投资组合分析与企业战略结合起来的公司，会得到更高的信息技术资产回报率，信息技术资产与企业目标更一致，信息技术投资在组织范围内更协调。

14.2.5　计分模型

项目的选择需要考虑许多因素，而**计分模型**（scoring model）有助于做出选择。它给一个系统的多种性能分配权重，然后计算所有权重的总和。表 14—2 中，企业必须在两类企业资源计划（ERP）系统中做出选择。第一列列出了决策者在评估系统时要考虑的准则。这些准则通常是决策群体通过长时间的讨论制定的。计分模型最重要的不是用来算分，而是得出一致认定的准则，用于评估一个系统。

表 14—2　　ERP 系统计分模型示例

判断依据	权重	系统 A（%）	系统 A 得分	系统 B（%）	系统 B 得分
1.0　订单处理					
1.1　在线订单输入	4	67	268	73	292
1.2　在线定价	4	81	324	87	348
1.3　库存校验	4	72	288	81	324
1.4　顾客信用校验	3	66	198	59	177
1.5　开发票	4	73	292	82	328
订单处理小计			1 370		1 469
2.0　库存管理					
2.1　生产预测	3	72	216	76	228
2.2　生产计划	4	79	316	81	324
2.3　库存控制	4	68	272	80	320
2.4　报告	3	71	213	69	207
库存管理小计			1 017		1 079
3.0　仓储					
3.1　收货	2	71	142	75	150
3.2　挑拣/包装	3	77	231	82	246
3.3　运货	4	92	368	89	356
仓储小计			741		752
总计			3 128		3 300

由表14—2可以看出，该企业最重视订单处理、库存和仓库管理能力。表14—2的第二列列出了决策者对每项决策标准的重视程度。第三列和第五列列出了备选的企业资源计划系统提供的每种功能满足需求的百分比。把每项功能所能满足需求的百分比和对每项功能的重视程度相乘，便得到了供应商的分数。企业资源计划B得分最高。

与所有"客观"的技术一样，使用计分模型时还有许多定性判断。这就需要已掌握这种方法和技术的专家来帮忙。为了了解评估结果对准则的合理变动有多敏感，需要反复利用计分模型，应用不同的准则并改变对它们的重视程度。计分模型常常用于帮助决策并证明其合理性，而不决定系统的最终选择。

14.3 明确信息系统的商业价值

系统项目除了要能满足一家企业的战略目标和用户的信息需求之外，还要能给企业的投资带来回报。从财务角度来看，系统的价值由资本投资回报率决定。某个信息系统所带来的收益回报能抵消对该系统的投资吗？

14.3.1 信息系统的成本和收益

表14—3列出了系统的一般性花费和能带来的收益。**有形收益**（tangible benefits）可被量化，折算成金钱收入。**无形收益**（intangible benefits），如更有效的客户服务或改进的决策方式，虽不能即刻以量化形式显现出来，但从长远来看，能转换成可量化的收益。交易系统和文书系统能代替人力、节约空间，总是能比管理信息系统、决策支持系统和计算机支持协同工作系统带来更多有形的、可衡量的收益（见第2章和第11章）。

表14—3　　信息系统的成本及其能带来的效益

成本	**无形收益**
硬件	资产利用率的提高
通信	资源控制的加强
软件	组织计划的改进
服务	组织灵活性的提高
人员	更及时的信息
有形收益（成本的节约）	更丰富的信息
生产率的提升	组织学习氛围的形成
运营成本的降低	达到法规要求
人员的减少	员工信誉的增强
计算机开支的降低	工作满意度的提高
外部供应商成本的降低	决策方式的改进
文书和专业人员成本的降低	运营效率的提升
开支增长率的降低	客户满意度的提高
设备成本的降低	更好的企业形象

第 5 章介绍了整体拥有成本的概念，它可用于计算购买和安装软硬件的最初成本以外的花费。然而，整体拥有成本只提供了用于评估信息技术投资的部分信息，并不完整，因为它通常没有涉及收益、成本类别（如复杂性成本）及“软性”因素和战略性因素（这些将在本章后面加以讨论）。

信息系统的资本预算

要了解某个项目能带来的收益，需计算出总收益和总成本。显然，人们不会采纳成本超出收益的项目。但即便收益超出成本，仍有必要从财务角度来进行分析，看看该项目能否给企业带来较高的投资回报。有许多方法可衡量长期资本投资项目的价值，**资本预算**（capital budgeting）便是其中之一。

资本预算方法依赖于对进出公司的现金流数额的测算，而资本项目生成这些现金流。信息系统项目的投资成本会引发企业瞬间的现金流出，这些钱花在了软硬件和人员上。随后几年，这些投资可能会导致更多的现金流出，但会被投资带来的现金流入所抵消。现金流入表现在：产品的销量上升（归因于新产品的推出、质量的提高和市场份额的增加）或企业的运营成本下降。现金流出和流入的差额可用于计算一项投资的财务价值。现金流一旦确定，就有一些备选办法可用于比较不同的项目，从而帮助投资决策。

评估信息技术项目的主要资本预算模型有回收年限法、投资回报率法、净现值法和内部报酬率法。

14.3.2 实物期权定价模型

某些信息系统项目具有很高的不确定性，特别是对信息技术基础设施的投资。它未来的收入流不明确，预付成本较高。设想一家企业正考虑投资 2 000 万美元来升级信息技术基础设施——软硬件、数据管理工具和网络技术。如果该计划得以实施，该企业便有了技术上的保障来更轻松地应对未来的问题，并能更好地把握未来的机遇。虽然该投资的成本可以计算出来，但不能预知投资带来的收益。然而，如果该企业先不投资，等上几年，直至原计划投资项目能带来的潜在收入越来越清晰时才行动，则为时已晚。在这种情况下，管理者可利用**实物期权定价模型**（real options pricing model，ROPM）来评估信息技术投资的价值。

实物期权定价模型借用了金融学的期权价值的概念。期权本质上是一种权利，而不是义务，这种权利将在以后某日实现。通常所说的买入期权是一种金融期权，个人有权利（而不是义务）在未来某个给定日期（或之前）以固定价格（执行价格）购买某基础资产（通常是股票）。

例如，2010 年 10 月 15 日，你可以花 14.25 美元购买一份买入期权，在特定日期里以 50 美元购买宝洁公司普通股一股。这份期权的到期日在 12 月。如果到 12 月底，宝洁的股票价格没有超过 50 美元，你就可以不执行这个权利，这个期权的价值在执行日将降为零。但是如果宝洁股票涨到 100 美元一股，你可以以执行价格 50 美元购买该股票，减去期权购买成本后，就是获得的收益。（如果你买了 100 份期权，成本将是 100×14.25 美元，你能获得宝洁 100 股股票的收益。）股票期权使所有者可以从上涨的潜在机会中获利，而且锁定了下跌的风险。

实物期权定价模型对信息系统项目的价值评定类似于股票期权，技术上的一个初始消耗创造一种权利，而不是义务，它能获得与未来技术开发和部署相联系的利益，同时管理者还可以自由地取消、延迟、重启、扩展这个项目。实物期权定价模型使管理者能灵活地筹划信息技术投资，或者用小型的实验项目或原型先尝试一下，以便在整个项目实施之前获得更多关于项目风险的知识。这个模型的缺点主要在于，需要预估所有重要的变量，尤其是来自基础资产的预期现金流与实施成本的变动额。目前，用于确定信息技术平台的期权价值的模型正在开发中（Fichman，2004；McGrath and MacMillan，2000）。

14.3.3 财务模型的局限

传统做法只注重信息系统的财务和技术维度，而忽视了其可能影响到投资的真实成本以及收益的社会和组织维度。许多公司的信息系统投资并未充分考虑到新系统的采用会引发组织上的断层，要使组织重新有条不紊地运转，需要付出代价，如培训最终用户的成本、新系统的员工学习曲线对生产率的影响，以及管理人员监管与新系统相关的变化所需的时间。同时，传统的财务分析方法也会忽视新系统在使决策更加及时、提高员工的专业技能方面的作用，而这些都能给企业带来收益的提升（Ryan，Harrison and Schkade，2002）。

14.4 项目管理风险

我们在第8章介绍了信息系统的风险及风险评估。本章我们将介绍信息系统项目的具体风险和有效管理这些风险的具体方法。

14.4.1 项目风险的维度

不同的系统，其规模、范围、复杂程度、组织和技术组成差别很大。一些系统开发项目更有可能产生我们前面谈及的问题，或者不能按时完成，因为它们的风险程度要高出许多。项目的风险程度受项目规模、项目结构以及信息系统人员和项目团队的技能高低的影响。

- 项目规模。从费用支出、实施人员的数目、实施的时间长短和受影响的组织单元的数量可看出项目的规模。项目的规模越大，风险也越大。规模巨大的系统项目非常复杂，不易掌控，失败率比其他项目高出50%～75%。系统的行为特性（有多少单元和团体使用系统及系统如何影响业务流程），会使大型系统的复杂度增加；技术特性，如程序代码行数、项目起止时间和预算，也会增加系统的复杂度（Xia and Lee，2004；Concours Group，2000；Laudon，1989）。此外，很难找到可靠的技术来估算研发大规模信息系统的时间和成本。
- 组织结构。一些项目高度结构化。完成这些项目所要求的条件清晰明确，所以能预测项目的产出，把握其运作流程。用户非常清楚地知道他们想要得到什么以及为实现这一目标系统应怎样运行。用户几乎不会改变他们的想法。此类项目风险较小，而那些界定不明、捉摸不定和不断改变所需条件的项目，它们的产出因用户一再改变主意或各有所求而难以预测。

- 技术经验。项目团队和信息系统工作人员若缺乏一定的技术技能，项目风险就会增加。若团队对项目所需的硬件、系统软件、应用软件或数据库管理系统的使用不甚熟悉，则该项目很有可能会遭遇技术困难或因需要掌握新的技能而延期完成。

技术上的困难是信息系统项目的风险因素之一，其他的因素主要是组织上的，如管理不善、没把握好信息需求的复杂性和项目的范围，以及未弄清楚新信息系统的采用会影响机构的哪些部门，这些都会给信息系统项目带来风险。

14.4.2　变革管理和实施

引进或变更信息系统项目会产生巨大的行为和组织影响。定义、访问和使用信息方式的改变以及管理组织资源方式的改变，会带来职责和权力的重新分配。这种内部组织上的变革会遭到阻力和反对，有可能导致一个在其他企业运行良好的系统在本企业却无法使用。

相当多的信息系统项目由于没有处理好与系统建设相关的组织变革而进展不顺利。成功的系统开发需要谨慎的**变革管理**（change management）。

实施的概念

为了有效地应对因信息系统的采用而带来的组织上的变革，必须审查实施过程。**实施**（implementation）涵盖所有与某一项创新（如新的信息系统）有关的采用、管理和常规化方面的组织活动。在实施过程中，系统分析员是**变革推动者**（change agent）。他们不仅解决技术难题，还重新定义不同组织团队的配置、交互、岗位活动和权力关系。他们是整个变革的催化剂，负责确保所有参与方能应对新系统带来的挑战。系统分析员与用户交流，协调不同利益群体的关系，确保为应对这些变革而做的组织上的调整工作顺利完成。

最终用户的角色

一般而言，系统实施顺利得益于用户的热情参与和管理层的鼎力支持。用户参与信息系统的设计和运作能带来几个好处：第一，让用户在系统设计阶段参与进来，他们便有更多的机会根据自己的战略重点和业务需求来塑造系统，从而更好地控制结果。第二，他们自身积极地参与了变革，因而更有可能对最终的系统做出积极的回应。把用户的知识和专家的技能结合起来，可以更好地解决问题。

一直以来，人们认为用户和信息系统专家之间的关系是信息系统的实施中最容易出问题之处。用户和信息系统专家有着各自不同的背景、利益和优先考虑的问题，这被称为**用户—设计者沟通障碍**（user-designer communications gap）。

这些不同点导致了各方在对组织的忠诚度、解决问题的方式和沟通语言方面有差异。

例如，信息系统专家在解决问题方面往往着眼于技术或设备。他们寻求高深的、复杂的技术手段，借助这些技术手段，软硬件的运行效率得到了优化，但牺牲了易用性和组织的有效性。而用户偏好着眼于解决商业问题或协助完成组织任务的系统。很多时候，用户和专家的着眼点不同，所以他们似乎在讲不同的事情。

表 14—4 描述了这些差异，即在一个新信息系统的开发中最终用户及技术专家（信息系统设计者）的主要关注点。最终用户和设计者之间的交流障碍，是用户的需求没有在开发新信息系统时加以考虑及用户不积极参与实施过程的主要原因。

表 14—4　　用户和设计者的沟通鸿沟

用户关心的问题	设计者关心的问题
系统能传递我工作所需的信息吗？	主文件需要多少存储空间？
我能多快地获取数据？	为执行某一功能需要多少行程序代码？
我检索数据是否方便？	如何减少运行某一系统的 CPU 调用时间？
把数据输入系统，我需要多少文书工作支持？	最有效地存储这些数据的方式是什么？
系统的运行能满足我的日常业务计划吗？	应该采用哪种数据库管理系统？

如果用户和技术专家都各行其是，追逐自身的目标，系统开发项目就很有可能会失败。遇到这类情况，用户常常会索性离开项目，因为他们不明白技术专家的意思。于是用户会得出结论：整个项目交给专家最好不过了。

管理层的支持和许诺

如果一个信息系统项目能得到各级管理层的支持和许诺，那么用户和信息技术服务人员都会认同此项目。他们都相信，自己参与到开发过程中，会得到高层的关注和优先考虑，在执行过程中所做出的努力和花费的时间会得到认可和回报。管理层的支持还能确保系统项目得到充足的经费和资源支持。此外，为了实施起来更加有效，在工作习惯和流程方面以及同新系统相联系的组织协调中发生的所有变革，都需要管理层的支持。如果一名经理把某一新系统看成是需要优先考虑的事项，那么他的下属也会这样看。

业务流程再造、企业应用软件和并购中因变革管理而面临的挑战

创新和实施系统要面临许多挑战，企业软件应用项目和业务流程再造项目的失败率很高不足为奇。要想成功，需要进行大范围的组织变革，更新技术，更换深植于许多相互联系的业务流程中的遗留系统。大量研究表明，70%的业务流程再造不能产生预期的收益。同样，很多企业应用软件的使用没能取得真正意义上的成功，甚至直到三年后仍难以实现用户的目标。

如果系统实施情况和变革管理处理不当，未能解决好员工关心的问题，就会

导致许多企业软件应用和再造项目运转状况不佳。面对组织上下的担忧，顶着高层管理人员的反对，加上工作职能、职业轨迹和招聘及培养方式的改变，再造项目面临更大的考验，这比企业努力在业务流程中取得突破要棘手得多。所有的企业软件应用项目要求职能不同的部门加强协作，进行更广泛的变革（见第 9 章）。

与并购有关的项目的失败率也不相上下。并购深受并购公司的组织结构和 IT 基础设施的影响。要把两家公司的信息系统加以整合，需要管理好许多复杂的系统项目并大力改革组织。如果整合不当，不同企业的系统叠加到一起，会使得遗留系统杂乱无章。整合一旦失败，对并购的收益期望就无法实现，更糟的是，并购后的企业不能有效地开展经营活动。

14.4.3　控制风险因素

针对特定种类的系统实施问题，多种项目管理、条件分析和策划方法应运而生。为了确保用户在实施时能始终起到适当的作用并管理好组织变革活动，需要制定相关战略。当然，并不是执行活动的方方面面都能轻松掌控或策划。但是，预测潜在的执行问题，使用恰当的解决方法，能提高系统的成功率。

管理项目风险的第一步是认识风险的性质和程度（Schmidt et al.，2001）。执行人员可用与不同风险程度相适应的工具和风险管理方法来应对（Iversen，Mathiassen，and Nielsen，2004；Barki，Rivard，and Talbot，2001；McFarlan，1981）。

管理技术的复杂性

内部集成工具（internal integration tools）帮助用户掌握技术上有挑战性且复杂的项目，从而确保收益。这些项目能否成功，取决于人们对其复杂技术的掌握程度。项目经理需要有娴熟的技术和丰富的管理经验。他们必须能预测可能发生的问题，确保技术团队中的每个成员保持良好的工作关系。该团队应由具备深厚技术背景和项目管理经验的经理以及经验丰富的员工组成。团队成员应经常开会碰头，相互交流。如果企业没有基本的技术经验和专业知识，则应寻求外部支持。

正式规划工具和控制工具

大型项目常常利用**正式规划工具**（formal planning tools）和**正式控制工具**（formal control tools）来计划和监控项目，从中获益。甘特图和 PERT 图是两类把项目计划变成文件的常用方法。**甘特图**（Gantt chart）显示了项目的各种活动和相应的起止时间。从甘特图中可以看到开发一个项目的起止时间和完成任务所需的时间及人力资源需求（见图 14—5）。如图所示，水平条越长，完成每项任务所需的时间就越多。

结合人力资源计划的人力资源信息系统	数据	谁	2010 年			2011 年												2012 年		
			10 月	11 月	12 月	1 月	2 月	3 月	4 月	5 月	6 月	7 月	8 月	9 月	10 月	11 月	12 月	1 月	2 月	3 月
数据管理安全																				
QMF 安全审查/建立	20	EF TP																		
安全性	2	EF JA																		
QMF 安全维护	35	TP GL																		
数据录入安全概况	4	EF TP																		
数据录入安全估计视图	12	EF TP																		
数据录入安全概况	65	EF TP																		
数据字典																				
定向会话	1	EF																		
数据字典设计	32	EFWV																		
数据字典结果协调与询问	20	GL																		
数据字典结果记录	40	EF GL																		
数据字典清除	35	EF GL																		
数据字典维护	35	EF GL																		
程序修改																				
设计准备																				
工作流程(旧)	10	PK JL																		
工资数据流	31	JL PK																		
人力资源信息系统的 P/R 模型	11	PK JL																		
P/R 界面	6	PK JL																		
P/R 界面 1	15	PK																		
P/R 界面 2	8	PK																		
利益界面(旧)	5	JL																		
利益界面(新流)	8	JL																		
利益沟通策略	3	PK JL																		

(a)

新工作流程模型		15	PK JL																		
人员数据录入流		14	WV JL																		
资源汇总																					
Edith Farrell	5.0		EF	2	21	24	24	23	22	22	27	34	34	29	26	28	19	14			
Woody Vinton	5.0		WV	5	17	20	19	12	10	14	10	2							4	3	
Charles Pierce	5.0		CP		5	11	20	13	9	10	7	6	8	4	4	4	4	4			
Ted Leurs	5.0		TL		12	17	17	19	17	14	12	15	16	2	1	1	1	1			
Toni Cox	5.0		TC	1	11	10	11	11	12	19	19	21	21	21	17	17	12	9			
Patricia Knopp	5.0		PC	7	23	30	34	27	25	15	24	25	16	11	13	17	10	3	3	2	
Jane Lawton	5.0		JL	1	9	16	21	19	21	21	20	17	15	14	12	14	8	5			
David Holloway	5.0		DH	4	4	5	5	5	2	7	5	4	16	2							
Diane O'Neill	5.0		DO	6	14	17	16	13	11	9	4										
Joan Albert	5.0		JA	5	6			7	6	2	1				5	5	1				
Marie Marcus	5.0		MM	15	7	2	1	1													
Don Stevens	5.0		DS	4	4	5	4	5	1												
Casual	5.0		CASL		3	4	3			4	7	9	5	3	2						
Kathy Mendez	5.0		KM		1	5	16	20	19	22	19	20	18	20	11	2					
Anna Borden	5.0		AB					9	10	16	15	11	12	19	10	7	1				
Gail Loring	5.0		GL		3	6	5	9	10	17	18	17	10	13	10	10	7	17			
未赋值的	0.0		X										9			236	225	230	14	13	
带薪实习	5.0		CO		6	4				2	3	4	4	2	4	16			216	178	
临时的	5.0		CAUL																		
总天数				49	147	176	196	194	174	193	195	190	181	140	125	358	288	284	237	196	12

(b)

图 14—5　甘特图

说明：甘特图显示了具体的任务、完成每项任务的期限和负责人姓名。通过此类资源汇总图表，管理者可掌握项目中每个月和每个人的总人·日。此处描述的是一个数据管理项目。

尽管甘特图显示了项目活动的起止日期，但未表明各项任务之间的依赖关系、一项任务的延期对另一任务的影响，以及该怎样为任务排序。要解决这些问题，就要用到 **PERT 图**（PERT chart）。PERT 即计划评审技术，由美国海军在 20 世纪 50 年代开发，用于管理北极星潜艇导弹项目。PERT 图以图表的形式描绘了项目任务和不同任务间的相互联系，以及一个项目包括的各种活动和某一特定活动开始前要完成的另一活动（见图 14—6）。

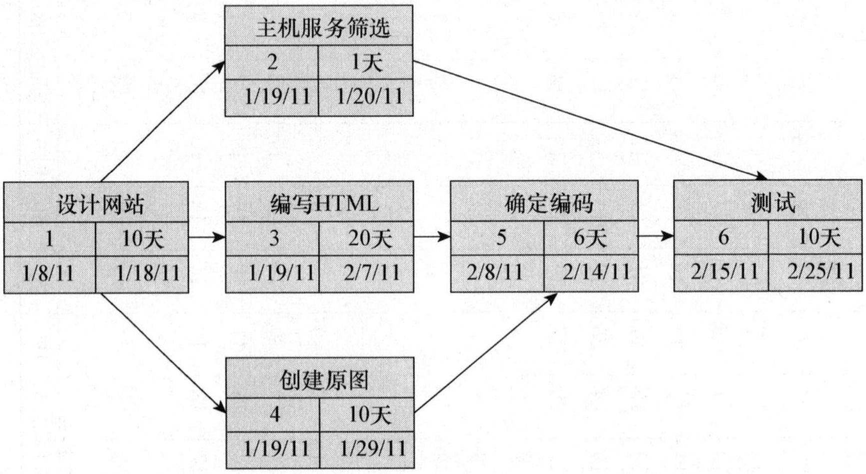

图 14—6　PERT 图

说明：这是简化了的 PERT 图，用于创建小型的网站。它显示了项目任务的先后顺序及某个任务与其之前和之后任务的关系。

PERT 图把一个项目描述成由带标号的节点（用圆圈或长方形标示，代表项目任务）组成的网状图。每个节点都能看出对应的任务和完成任务的时限。线上的箭头方向指明了完成任务的先后顺序，新活动开始前要完成前面的活动。在图 14—6 中，节点 2、节点 3 和节点 4 并不相互依赖，可以同时进行，但都要在完成第一项任务后才能开始。复杂项目的 PERT 图很难看懂，项目经理常常要应用两种技术。

这些项目管理技术可帮助经理们识别瓶颈并确定其对项目完成时间的影响，还能帮助系统开发人员把项目细分成易于管理的较小部分，便于定义和量化产出。根据预算和目标日期，标准控制技术可成功地画出项目的进度，从而指出项目的偏差。

增加用户的介入和克服用户的抵制

结构化程度低并具有许多未定义的要求的项目需要用户的全程介入。用户必须被动员起来，以支持许多可能的设计方案中的一个，并进行某一项设计。**外部集成工具**（external integration tools）包括在所有组织层次上连接系统实施团队和用户的方式。例如，用户可以成为实施团队的积极成员，扮演领导角色，负责安装和培训。实施团队要对用户迅速响应，及时答疑，综合用户的反馈，让用户了解实施团队乐于助人的一面（Gefen and Ridings，2002）。

参与实施活动可能不足以消除用户对组织变革的阻力。不同的用户可能会受到系统的不同影响。有些用户乐于接受新的系统，因为该系统带来的变革对他们来说可能是有利的，其他人则反对这一变革，因为他们认为这种改变会损害他们的利益。

如果使用系统是自愿的，用户可能选择逃避它；如果使用系统是强制的，阻力的表现方式多种多样，如错误率上升、系统中断和对系统蓄意破坏。因此，系统实施策略不仅鼓励用户参加和介入，而且必须处理好反实施的问题（Kenn，1981）。**“反实施”**（counterimplementation）是反对信息系统的实施和组织创新的策略，是一种故意行为。

克服用户阻力的方法主要有用户参与（赋予责任和改进系统的设计）、用户教育和培训、颁布管理规定和政策，以及对合作较好的用户给予更多的奖励。新系统可以通过改进最终用户界面变得更加易用。如果在新系统引进前就已解决了组织问题，用户会更好地合作。

下面的“互动讨论：组织”专栏说明了工作中出现的这些问题。软件公司 DST Systems 遇到了管理问题，因为它的技术复杂度很高，并且需要功能更强大的工具来计划和控制。DST 也需要最终用户的支持。当你阅读这个案例时，尝试分析 DST 选择的软件开发方法是如何解决这些问题的。

互动讨论：组织

DST Systems 使用 Scrum 改进管理

像 DST Systems 这样的企业已经意识到 Scrum 开发方法对于增加公司利润的价值，但是将传统开发方法转换成 Scrum 开发方法依然具有很大的挑战。DST Systems 是一家软件开发企业，公司旗舰产品——Automated Work Distributor（AWD）可以提高后台效率，帮助企业实现无纸化办公。DST 公司成立于 1969 年，总部位于密苏里州堪萨斯城。公司目前大概有 10 000 名员工，其中 1 200 人是软件开发人员。

公司开发团队曾经使用的开发工具、开发流程以及源代码混合控制系统五花八门，没有统一的代码库，也没有标准化的开发工具集。企业中的开发团队各自使用不同的软件开发工具，比如 Serena PVCS、Eclipse 或者其他源代码软件包。开发流程通常是手工操作的，而且很费时。管理层通常很难确定资源应如何分配，也很难了解他们的员工参与了哪些特定的项目，以及公司特定资产的状态如何。

所有这一切都说明，DST 很难对其最重要的产品 AWD 进行及时的更新。该产品的更新周期是，一般每两年发布一次新版本，但公司竞争对手发布新版本的速度要快得多。DST 意识到，传统的“瀑布式”开发方法是经过设计、编码、测试，最后整合产品，而现在，公司需要一种更好的开发方法。采用瀑布式开发方法，必须按照预先设计的步骤，一步步按部就班地进行，必须在上一步完成后才能开始下一步。尽管 DST 以前使用这种方法取得了很大的成功，但现在，DST 不得不开始寻找可行的替代方案。

开发团队开始探索 Scrum 方法，这是一种用于敏捷软件开发的框架，通过一系列称为冲刺的迭代过程来实施项目。Scrum 项目在一系列冲刺中取得进展，这些冲刺是不超过一个月的迭代。在一个冲刺开始时，团队成员承诺交付一定数量的列在项目产品订单上的功能，这些功能要能在每个冲刺结束时完成，即这些功能要经过编码、测试，并集成到不断变化的产品或系统中。在每个冲刺结束时，都要召开一次冲刺回顾会议，让开发团队向产品负责人和其他利益相关者展示新功能，当然他们也会提供一些关于冲刺的反馈。

Scrum方法依赖于由Scrum主管和产品负责人支持的自我管理、跨职能的团队。Scrum主管是这个团队的教练，而产品负责人代表的是企业、客户或者指导团队开发正确产品的用户。

DST公司尝试将Scrum方法与现有的软件开发工具结合在一起，取得了很好的成效。DST公司的软件开发周期从原来的24个月缩短到6个月，开发速度提高了20%。但是Scrum方法与现有的开发工具的结合，并没有像DST公司所期望的那样好。DST公司所使用的开发工具和开发流程缺乏标准，妨碍了Scrum方法为企业带来最大的效益。DST公司需要一个能够统一其软件管理环境的应用程序生命周期管理（application life cycle management，ALM）产品。

DST公司成立了一个项目评价团队来为公司寻找合适的开发环境，评价的关键因素包括成本效益、易用性以及功能效益。DST公司希望达到的目的是，开发人员不需要培训就能使用新软件，能快速采用软件而不会影响AWD的开发周期。经过对多款ALM产品进行考察和运行测试，DST公司最终选择了CollabNet公司的产品TeamForge作为自己的ALM平台。

CollabNet的专长是使设计的软件能和Scrum之类的敏捷软件开发方法很好地结合起来。公司的核心产品是TeamForge，这是一个基于网页的集成套件，也是为敏捷软件开发集中管理用户、项目、进程和资产的协调工具。DST公司还采用了CollabNet的Subversion产品来帮助管理和控制项目文档、程序和其他存储在电脑上的信息。DST公司采用CollabNet公司产品的速度很快，只用了10周时间，并且DST公司的开发人员能在ALM平台上完成所有的工作。DST公司在部署TeamForge产品时并没有强制开发人员使用它，由TeamForge打造的ALM平台比DST公司以前的开发环境更具有吸引力，所以公司的开发人员很快就接受了它。

DST公司的系统开发经理杰里·塔布斯（Jerry Tubbs）表示，DST公司的成功在于，公司善于根据特定的因素对所采用的软件组合进行一定的修正。首先，公司追求的是简单的而不是复杂的产品。简单的产品不仅对DST公司更有利，而且比一些替代品更便宜。公司还让开发人员参与到决策制定过程中，以确保软件的改变能被开发人员热情地接受。此外，公司允许开发人员自主决定是否采用ALM软件，从而避免了因强制的、不受欢迎的变化而招致员工抱怨。DST公司从瀑布式开发方法转换成Scrum开发方法是一次成功的实践，因为DST公司选择了合适的开发架构和软件来实现改变，并对变革过程进行了巧妙的管理。

资料来源：Jerry Tubbs，"Team Building Goes Viral，" *Information Week*，February 22，2010；www.collab.net，accessed August 2010；Mountain Goat Software，"Introduction to Scrum-An Agile Process，" www.mountaingoatsoftware.com/topics/scrum，accessed August 2010.

[思考题]

1. DST公司原来的软件开发环境有哪些问题？

2. Scrum开发方法是如何帮助解决这些问题的？

3. DST公司做了哪些调整使得在项目中使用Scrum更有效？什么样的管理、组织和技术问题必须得到解决？

[MIS实践]

在网上搜索介绍Scrum开发方法和敏捷开发方法的视频或网页，然后回答下列问题：

1. 描述Scrum开发方法的优点和缺点。

2. Scrum开发方法和其他软件开发方法有何不同？

3. 企业采用Scrum开发方法有什么潜在价值？

14.4.4　组织设计

由于新系统的目的是改善组织的业绩，因此信息系统项目必须清楚地说明在安装新系统（包括内联网、外联网和万维网应用系统）时组织将发生的变化。工作流程、岗位职能、组织结构、权力关系和工作环境都会发生变化，对此应谨慎规划。

在设计与系统相关的用户界面时应特别用心，要符合人体工程学原理。**人体工程学**（ergonomics）关注在工作环境中人和机器的交互问题，涉及岗位设计、健康问题和信息系统最终用户界面。表 14—5 列出了规划和实施信息系统时必须注意的组织维度。

表 14—5　　系统规划和实施中的组织因素

员工参与和介入
岗位设计
标准和业绩监控
人体工程学（包括设备、用户界面和工作环境）
员工申诉解决程序
健康和安全
对政府法规的遵守

尽管系统分析和设计活动应包括**组织影响分析**（organizational impact analysis），但一直被忽略。组织影响分析能够解释一个系统会怎样影响组织结构、人员态度、决策和运行状况。把信息系统成功地与组织整合在一起，需要在进行系统开发时评估其对组织的影响，并以文件的形式详细完整地记录下来。

社交化技术设计

解决人员和组织问题的方法之一是把**社交化技术设计**（sociotechnical design）融入信息系统项目。设计者想出技术设计和社交设计的两套不同方案。社交方案用于解决工作组结构、任务分配和个人工作设计方面的问题。然后，把技术方案同社交方案相比较。最有利于实现社交和技术这两个目标的方案会作为最终方案被采纳。设计人员希望选出的社交化技术设计方案能生成理想的信息系统，它既能利用技术上的效率优势，又能及时反馈组织和人员需求，以提高员工对工作的满意度，从而提高生产力。

14.4.5　项目管理软件工具

商业化软件工具使得项目管理的许多方面无须人工干预，项目管理过程更加顺畅。项目管理软件通常能定义和分配任务，给任务提供资源，确定任务的起止时间，跟踪进程，协调对任务和资源的调整。许多软件能自动生成甘特图和 PERT 图。

其中有些工具比较复杂，具备企业级的功能，用于管理庞大的项目、分散的工作组。这些高端工具可以管理大量的任务和活动，协调复杂的关系。

微软办公软件 Project 2010 是如今应用范围最广的项目管理软件。它基于个人计算机，能生成甘特图和 PERT 图，支持关键路径分析、资源分配、项目跟踪和状态报告。该软件还可跟踪项目的某一方面的变化对其他方面的影响。Project Professional 2010 可与微软办公软件 Project Server 2010 联用，助力项目管理。Project Server 把项目数据存储于中央 SQL Server 数据库，获得授权的用户可通过互联网访问和更新这些数据。Project Server 2010 和 SharePoint Services 协同工作平台高度整合。这能帮助大型企业在许多不同的地点管理项目。EasyProject. NET 和 Vertabase 之类的产品对需要基于网络的项目管理工具的企业来说同样重要。

展望未来，项目管理软件作为一种软件即服务（SaaS）发布后将会使更多的企业（尤其是小企业）使用这一技术。像 Project Workbench 和 Openproj 这类开源版的项目管理软件将进一步降低使用成本，也将吸引更多新用户。由于 Facebook 和 Twitter 等社交媒体的广泛使用，项目管理软件也有可能变得更加灵活、更加友好。

项目管理软件帮助企业跟踪单个项目、分配的资源以及耗用的成本。而项目组合管理软件帮助企业管理项目的组合和它们之间的依赖关系。

14.5 管理信息系统实践项目

本节中的实践项目涉及以下几个方面：评估信息系统项目，用电子表格软件对新信息系统投资进行资本预算分析，以及利用 Web 工具对买房进行财务分析。

14.5.1 管理决策问题

1. 2001 年，麦当劳上马了一个名为“Innovate”的项目，创建了一个内联网，把位于 120 个国家的 3 万家连锁店与总部连接起来，希望获得详尽的实时运营信息。例如，如果伦敦的一家连锁店销量下降，或明尼苏达州罗切斯特市一家连锁店里的烤炉温度不够，该系统会第一时间把情况报告给总部（位于伊利诺伊州橡溪镇）的经理。这个想法着眼于全球性的企业资源计划，以将每家麦当劳餐馆的运营情况尽收眼底。有些连锁店所在的国家缺乏互联网基础设施。几年内此项目耗资超过 10 亿美元，其中 1.7 亿美元花在咨询和初期筹划上。麦当劳最终被迫终止了此项目。为避免这个结局，麦当劳的管理层在启动项目前应了解什么或应该做些什么？

2. 卡特彼勒（Caterpillar）是世界领先的运土机械制造商和农业设备供应商。卡特彼勒不想继续对其经销商业务系统（DBS）提供支持，而经销商可借助该系统经营企业。系统软件十分陈旧，高层管理者想把该“托管”版软件的支持工作转给埃森哲咨询公司，这样卡特彼勒能够专注于公司的核心业务。卡特彼勒从未要求过经销商使用 DBS，但该系统却成为与卡特彼勒做生意的实际标准。北美 50 家卡特彼勒的代理商大都在使用 DBS，世界其他地区约 200 家代理商中也有一半在使用。

在将该产品移交给埃森哲前，卡特彼勒应考虑哪些因素？它应该考虑什么问题？其经销商又应该考虑什么问题？

14.5.2　优化决策：利用电子表格软件对新的计算机辅助设计系统进行资本预算

软件技能：电子表格软件的公式和函数

商业技能：资本预算

此项目能帮助你利用电子表格软件对计算机辅助设计系统进行资本预算并分析投资回报率。

设想公司打算投资新的计算机辅助设计系统，这就需要购买软硬件和网络技术，同时需要在安装、培训和后续服务上投资。MyMISLab 网站上提供了包含新系统每个组成部分的花费和五年内每年维护成本的表格。新系统可以减少用于设计的人力开支，从而增加公司年现金流量。

- 利用这些表格里的数据，创建可计算五年内投资的成本和收益的工作表，然后运用资本预算模型进行分析。
- 这项投资是否可行？为什么？

14.5.3　优化决策：Web 工具助力新房购买和融资决策

软件技能：基于互联网的软件

商业技能：财务计划

此项目可提高你利用网络软件的技能，本例中利用基于网络的软件来搜索房源和计算按揭贷款。

设想你在科罗拉多州的丹佛市找到了工作，想在那里买房。理想的家庭住房至少要有三间卧室和一个卫生间，价格在 15 万～22.5 万美元之间，贷款利率固定，30 年按揭。你能承受 20％的首付。买房前，你会查找所有价格合意的房源信息，然后计算每月的支付额。你很想知道每月还款额中多少是归还的本金，多少是支付的利息。用 Yahoo！Real Estate 网站来帮你完成下列工作：

- 在科罗拉多州丹佛市确定价格合意的房子的位置，并尽可能多地收集有关那套房子的信息，包括卖房经纪人、房子的状况、房间的数量和周边的学校。
- 房子标价的 80％按揭。至少在三个网站上比较利率（这次不用 Yahoo!，换用别的搜索引擎）。
- 确定按揭方式后，计算房子最终的花费。
- 计算此按揭方式下的月供。
- 计算每月还款额中的本金和利息，不考虑提前还款等情况。

完成后，评估整个过程。例如，评估网站的易用性，你寻找房源信息和按揭机构的能力，所得信息的准确度，以及房子和按揭的选择空间。虽然这只是一个设想的项目，但你如果真要按揭买房的话，你会发现上述流程非常有用。

小 结

1. 项目管理的目标是什么？为什么说它对信息系统的开发至关重要？

良好的项目管理对于确保系统应用的及时性和把成本控制在预算范围之内至关重要，可带来实实在在的收益。项目管理活动包括规划工作、评估风险、估算完成工作所需的资源、组织工作、指导实施和分析结果。项目管理必须处理五个方面的问题：范围、时间、成本、质量和风险。

2. 如何筛选和评估信息系统项目并把它们与企业的业务目标结合起来？

组织需制定一个信息系统规划。该规划应该对信息技术如何才能确保商业目标的实现做出说明，并对所有系统应用和 IT 基础设施组成部分编制文档。大型企业的管理结构应确保最重要的系统项目能得到优先考虑。关键成功因素、投资组合分析和计分模型可以用来评估备选的信息系统项目。

3. 企业怎样评价信息系统项目的商业价值？

想要弄清楚某一信息系统项目的投资是否可行，需计算它的成本和收益。有形收益可以被量化，无形收益虽不能即刻衡量，但未来的收益可以量化。超出成本的收益可用资本预算方法来分析，以确保该项目能取得良好的投资回报。实物期权定价模型对考虑高度不确定的 IT 投资非常有用，它把与评估金融期权相同的技术运用到系统投资上。

4. 信息系统项目面临的主要风险有哪些？

系统项目的风险程度取决于：（1）项目规模；（2）项目结构；（3）技术经验。如果用户参与不够或参与的方式不正确，管理层的支持不够或实施过程中管理不当，信息系统项目很有可能会失败。业务流程再造、企业应用软件和并购需要广泛的组织变革，这些项目的失败率都非常高。

5. 管理项目风险和系统实施有哪些策略？

实施是指围绕着新信息系统引进而产生的组织变革的整个过程。用户的支持参与以及管理层对实施过程的支持和控制都很重要，应对每个新系统项目风险的机制也不例外。项目管理中的权变方法可以在一定程度上减少风险因素。项目的风险程度决定了内外部整合工具、正式规划工具和正式控制工具的组合应用方式。

复习题

1. 项目管理的目标是什么？为什么说它对信息系统的开发至关重要？

● 谈谈项目管理不善给信息系统带来的问题。

● 定义项目管理。列出项目管理活动和需应对的环境变量，并加以描述。

2. 如何筛选和评估信息系统项目并把它们与企业的业务目标结合起来？

● 哪些人员应对信息系统项目的管理负责？

● 描述信息系统规划的目标并列出规划中的主要类别。

● 谈谈关键成功因素、投资组合分析和计分模型对信息系统项目的重要性。

3. 企业怎样评价信息系统项目的商业价值？

● 列出信息系统的主要成本和收益。

● 区分无形收益和有形收益。

● 谈谈实物期权定价模型如何帮助经理评估信息技术投资。

4. 信息系统项目面临的主要风险有哪些？

● 识别并描述信息系统项目的主要风险。

● 谈谈为什么新信息系统创建人员需要关注系统实施问题和变革问题。

● 为什么取得管理层和最终用户的支持对信息系统项目的实施至关重要？

● 为什么涉及企业应用软件、业务流程再造和并购的系统的实施活动的失败率都很高？

5. 管理项目风险和系统实施有哪些策略？

● 谈谈控制项目风险的策略。

● 列举项目规划和实施时要考虑的组织方面的问题。

● 项目管理软件如何助力项目管理？

讨论题

1. 项目管理对一个新的信息系统的成功有多大的影响？

2. 有人认为，多数系统的失败是因为系统创建人员忽视了组织行为问题。为什么这个观点有一定道理？

3. 最终用户在信息系统管理项目中的角色是什么？

小组练习：认识实施问题

两三名同学一组，记录自己预计在书中的互动讨论专栏或章末案例提到的某个系统实施过程中可能会遇到的困难。同时写下你会采取何种策略来防止这些问题的发生，分析的每一步都要写清楚。如有可能，使用Google Sites发布网页的链接、团队沟通公告和工作任务，集思广益，合作完成项目文档。尝试使用Google Docs在课堂上展示成果。

章末案例

捷蓝航空和西捷航空：两家公司同一个故事——项目

近些年，航空业一些低成本、高效率的运营商崭露头角，凭借的是公司极具竞争力的票价和出色的客户服务。捷蓝航空和西捷航空（West Jet）就是这一类商业模式的最佳实践者。这两家航空公司都是最近20年内才成立的，然后快速成为行业巨头。不过，当这些公司需要对其IT系统进行全面升级时，任何一丁点的失误都有可能导致公司的客户关系以及品牌形象受到损害。2009年，两家航空公司都对它们的机票预订系统进行了升级，其中一家的教训十分深刻。

捷蓝航空是1999年由戴维·尼兰（David Neeleman）创立的，其总部位于纽约皇后区。公司的目标是为客户提供低成本的旅行，同时提供独特的服务，比如每个座位上有电视，而其最先进的贯穿整个企业的IT开发是实现这一目标的一个关键因素。捷蓝航空在早期获得了成功，也是在“9·11”恐怖袭击后仍然保持盈利的少数几家航空公司之一。自公司上市以来，捷蓝航空就持续快速地扩张并一直保持盈利，直到2005年第一季度首次出现亏损。但公司在实施了“恢复盈利”计划后，很快就在下一年又开始实现盈利，随后在美国航空公司客户满意度调查中始终排名靠前。

总部位于加拿大卡尔加里市的西捷航空，是由一群航空业资深人士在1996年建立的，其中就包括尼兰，他在离开西捷航空后不久就建立了捷蓝航空公司。西捷航空建立之初只有40名员工和3架飞机。现在，公司有7 700名员工，每天运营380个航班。进入21世纪的头10年，公司在早期成功的鼓舞下进行快速的扩张，公司的航班时刻表上的目的地开始添加更多的加拿大城市，随后是美国各城市。到2010年，西捷航空几乎占据了加拿大航空市场40%的份额，但在加拿大航空公司的市场占有率下降到55%。

与西捷航空公司拥有88架飞机相比，捷蓝航空公司的规模略大，拥有151架飞机。但两家公司都采用了降低成本、提高服务水平的模式来帮助公司在竞争激烈的航空市场中获利。公司的快速增长使得它们原来的信息系统都不再适用，其中就包括公司的机票预订系统。

升级一个机票预订系统有一定的风险。从客户角度来看，其结果只有两种可能：要么航空公司成功完成了系统的改造，而客户没有发现订票功能有任何变化；要么系统改造失败，引发客户不满，进而损害公司的品牌形象。

两家公司都到了必须升级它们的机票预订系统的时候，它们以前使用的都是专为规模较小、刚起步的航空公司打造的系统，但现在都需要系统有更强的处理能力来满足更大的客户需求。同时，系统还需要具备将价格和剩余座位信息与同公司合作的其他航空公司共享的能力。

捷蓝航空和西捷航空都与 Sabre 控股公司签订了合约，来升级它们的机票预订系统，Sabre 控股公司是目前使用最广泛的航空 IT 系统的供应商之一。捷蓝航空和西捷航空实施 Sabre 公司的 SabreSonic CSS 预订系统的不同结果，揭示了在任何大型 IT 系统升级中都存在固有风险。同时它也提醒我们，如何成功地制定项目计划并实施新技术，与技术本身的价值同样重要。

SabreSonic CSS 系统可以为航空公司提供诸多服务：出售机票，选择付款方式，允许客户在航空公司的网站上购买机票，以及提供与预订代理交流的接口。客户可以使用这一系统进行机票查询，选择特定座位，办理托运行李手续，办理登机，重新预订，以及在航班取消时办理退票业务。这些交易事务产生的数据都集中存储在系统里。捷蓝航空选择了 SabreSonic CSS 系统来升级原来由 Sabre 的竞争对手 Nabitaire 开发的遗留系统，西捷航空则是升级原来使用的 Sabre 预订系统。

两家航空公司中最先实施 SabreSonic CSS 的是西捷航空。当西捷航空在 2009 年 10 月开始使用它的新系统时，客户很难通过新系统进行机票预订，而且公司网站经常瘫痪。西捷航空的呼叫中心苦不堪言，机场客户流量也减少了。这对于一家基于良好客户服务开展业务的公司来说，简直就是噩梦。西捷航空怎么能容忍它发生呢？

系统升级中的关键问题是，要将西捷航空的 840 000 份文件从位于卡尔加里市的原来的预订系统的服务器中，迁移到位于俄克拉何马州的 Sabre 服务器中，这些文件包含西捷航空的客户过去预订机票的交易数据。这一迁移过程需要西捷航空的机票代理通过复杂的步骤来处理数据。西捷航空没有料到，在系统转换后迁移文件需要的时间会这么长，导致客户无法及时查询航班信息。由于 Sabre 使用新系统后必须调整航班，因此之前的预订信息在文件迁移时以及迁移后的一段时间内都无法获得。

这种延迟引起了很多客户的不满，这对西捷航空来说很罕见。除了客户的投诉电话增多外，客户也在网上表达了他们的不满。大量的不满言论不仅充斥在 Facebook 上，而且淹没了西捷网站，导致不断出现网络崩溃。该事件一发生，西捷航空就迅速地在其网站上向客户表达了歉意，并解释了出现错误的原因。西捷航空的员工在系统升级之前就针对新系统的使用进行了长达 150 000 小时的培训，但是西捷航空的负责人罗伯特·帕尔梅（Robert Palmer）说，公司在实际实施阶段遇到了一些在测试阶段根本没有出现的问题，其中最主要的就是大量文件的迁移问题。

尽管西捷航空成功地平息了这场风波，并依然保持着盈利，但是这个事件也迫使公司缩减了其扩张计划。除了与其他航空公司（如 Southwest、KLM 和 British Airways 等）推动代码共享计划外，公司还实施了它的飞行常客奖励计划和联名信用卡计划。这些计划允许一家航空公司在其他航空公司运营的飞机上推销自己的航班。西捷航空希望在推行这些措施前，公司能回到扩张的轨道上来。

相对而言，捷蓝航空更有优势，因为它见证了之前西捷航空的系统实施，所以能够避免许多西捷航空所遇到的错误。比如，公司建立了一个备用网站来防范最糟的情况。公司还雇用了 500 名临时的呼叫中心员工，来应对可能出现的客服电话满线情形。（西捷航空实际上最终也雇用了临时的呼叫中心员工，不过是在问题发生之后。）捷蓝航空确保将文件迁移到 Sabre 服务器的时间是在周五晚上，因为周六的客流量通常很低。捷蓝航空还尽可能地减少当天起飞的航班机票的销量。

捷蓝航空也遇到了一些小麻烦：呼叫等待时间增加了，并不是所有的航班查询和机票打印都能马上完成。此外，捷蓝航空需要增加一些预订功能。但是与西捷航空所经历的相比，公司已经为处理问题做了相当好的准备。捷蓝航空备用的网站最终只使用了几次。

不过，捷蓝航空过去也曾遇到客户服务系统瘫痪的情况。2007 年 2 月，捷蓝航空在暴风雪期间试图运营，此时其他航空公司都取消了它们的航班。这最终被证明是个错误的决定，由于天气情况影响了航班起飞，乘客因此被困长达 10 小时。随后，捷蓝航空不得不持续取消了之后几天的航班，一共有 1 100 个航班被取消，损失达 3 000 万美元。捷蓝航空在危机之后意识到：公司的 IT 基础设施尽管在正常情况下是充足的，但在处理这种程度的危机时是不够稳定的。这次经历和西捷航空的教训都让捷蓝航空在实施自己的新系统时十分谨慎。

资料来源：Susan Carey, "Two Paths to Software Upgrade," *The Wall Street Journal*, April 13, 2010; Aaron Karp, "WestJet Offers 'Heartfelt Apologies' on Res System Snafus; Posts C $ 31 Million Profit," *Air Transport World*, November 5, 2009; Ellen Roseman, "WestJet

Reservation Change Frustrates," thestar. com, December 2, 2009; Calgary Herald, "WestJet Reservation-System Problems Affecting Sales," Kelowna. com; "JetBlue Selects SabreSonic CSS for Revenue and Operational Systems," Shepard. com, February 17, 2009; "Jilted by JetBlue for Sabre," Tnooz. com, February 5, 2010.

[思考题]

1. 对像捷蓝航空和西捷航空这样的航空公司而言，机票预订系统有多重要？

2. 评估捷蓝航空和西捷航空升级预订系统项目的关键风险因素。

3. 识别并描述每个航空公司在实施其新的预订系统时面临的问题，哪些管理、组织和技术因素导致了这些问题？

4. 说明你会在这些项目中采用哪些步骤来控制风险。

第 15 章 全球信息系统的管理

学习目标

学完本章后，你将能够回答以下问题：

1. 驱动企业国际化的主要因素有哪些？
2. 发展全球化企业的战略有哪些？
3. 信息系统如何支持不同的全球化企业战略？
4. 全球信息系统带来的挑战以及管理者的解决方案是什么？
5. 开发全球信息系统时，应考虑什么问题和技术方案？

章首案例

3M：贴膜和防刮擦用品帝国

3M 是在国际市场上占有一席之地的多元化的科技公司。它的产品遍布全球 200 个国家，在 62 个国家设有运营机构，产品多达 55 000 种。公司拥有 76 000 名员工。3M 的总部位于明尼苏达州圣保罗，是美国公司的杰出代表：其收入的 63%（146 亿美元）来自海外，国际员工比例达 58%。

历史上，3M 的核心竞争力一直体现在贴膜和砂纸上，并且，自 1902 年成立以来的新产品开发一再表明这两种核心产品的重要性。3M 由六大独立分部组成：工业和运输部（生产条带、研磨材料和黏合剂）；医疗产品部（生产从医用胶带到牙科镶嵌用品）；消费和办公用品部（生产从壁炉过滤器到便利贴以及百洁布）；安全、保险设备和防护服务部（生产从防尘面具到新雪丽纤维产品和 RFD 设备）；图形和显示产品部（生产从液晶显示器到高速路反光带）；电镀和通信产品部（生产从隔绝材料到磁盘驱动润滑剂）。对于 3M 所服务的许多市场来说，它都是领导品牌。

3M 公司拥有极大的全球市场份额，并且许多海外机构是收购进来的，但该公司直到最近才开始清理全球的遗留系统。3M 沿用了被兼并公司的硬件和软件，从车间生产到供应链、销售、办公管理和汇报系统。即使 3M 通过进军新的国家而有组织地扩展业务，但它的六大分部以及它们各自数以千计的较小的业务机构，开发了各自的信息报告系统，几乎没有相互合作以及全球性的监管。正如一位经理所说，如果 3M 继续通过如此分散的解决方案来运营业务，将无法在经济衰退的形势下有效运转，也将无法支持其未来的成长。

2008 年，3M 开始了一系列的运营调整，包括对全球系统的改组。2010 年，3M 采用了 SAP 的商务套件软件来替代其全球所有的遗留系统。其目的是在全球范围内改变业务流程，促使独立部门采用相同的软件工具，更重要的是，实现相同的业务流程。其代价必然很大，据报道，付给 SAP 的软件使用许可费为 3 500 万～7 500 万美元。

Business Suite 7 是 SAP 企业系统的品牌产品。它包括五个整体模块，可以在各种硬件平台上运行，并且与其他供应商的软件相互兼容。其核心业务流程和软件模块是客户关系管理（CRM）、企业资源管理（ERP）、产品生命周期管理、供应链管理（SCM）以及供应商关系管理。每个模块有预定义的业务流程，软件需要支持这些流程。公司使其业务流程适应这些“工业最优方法模块”，或改变 SAP 软件来适应其自身业务模块。商务套件是建立在面向服务的架构（SOA）上的，也就是说，它可以处理遗留数据库系统的数据并花费更少的执行费用。

在实施 SAP 的商务套件的过程中，3M 没有重蹈其他《财富》500 强企业全球信息系统失败的覆辙，而是对原来的软件采取“选择、复制、替代”的策略，3M 将 SAP 的企业软件延伸到不同阶段的模块。采用逐步推进的方式，它首先在欧洲应用需求预测和供应计划模块，一旦得到验证，便在全球上线使用。在亚太地区，3M 会在接下来的几年里实施 ERP 系统。过去，美国的总经理没有办法得到及时、准确、一致性的关于公司各业务单元、地区和产品业绩的信息。过去的 3M 公司并不容易管理和控制，如今使系统得到改进后，情况大为改观。SAP 商务智能（BI）软件的解决方案可以帮助 3M 的管理部门获得准确及时的所有分部的经营绩效数据，以支持决策的制定。SAP 软件协议可以使 3M 将其获得的最优方法与现存的 BI 部署（该部署来自美国和其他地区的 SAP 商业目标投资组合）整合到全球体系中。拥有完整的全球体系的好处之一是获得举一反三的转换能力，可以将某地区所学到的内容应用到另一地区。更进一步来看，3M 的管理者敏锐地洞察了公司结构和策略，公司计划很大程度上保持六大分部的独立性，因为各分部的历史和产品大不相同。公司不会强制各分部去采用 SAP 的某一产品，而是允许各分部之间存在差异，有人称之为软件的“虚拟实例”，它反映的是不同分部所服务的客户的需求。

资料来源：Chris Chiappinelli，“3M Selects SAP Business Suite in Effort to Unify Its Core Processes,” *Managing Automation*，April 4，2010；Doug Henschen，“SAP ERP Software Tapped by 3M,” *Information Week*，March 1，2010；“SAP Gains 3M as New Customer,” www.sap.com，March 1，2010；3M，Form 10K For the Fiscal Year Ended December 31，2009，filed with the Securities and Exchange Commission February 16，2010.

3M 公司努力建立全球 IT 基础架构的例子显示出卓越的全球化组织为全球运转所需考虑的内容。与许多大型跨国公司一样，3M 公司通过海外收购、将国内业务拓展到海外得到了快速增长。在此过程中，3M 整合了数以百计的遗留软件系统，并开发了新系统，但系统之间很难共享信息或向公司总部报告一致性信息。3M 的遗留信息系统的确无法支持全球框架下的及时的决策管理。

为应对全球管理和商业挑战，3M 采用了 SAP 提供的完整的软件应用套件。3M 需要设计出灵活的、模块化的实施策略来整合现存的遗留系统，以及保护公司的根基——其六大分部的一定程度的自治性。现在，3M 有能力应对全球性、全天候的商业控制上的挑战。

下图指出了上述案例和本章的要点。

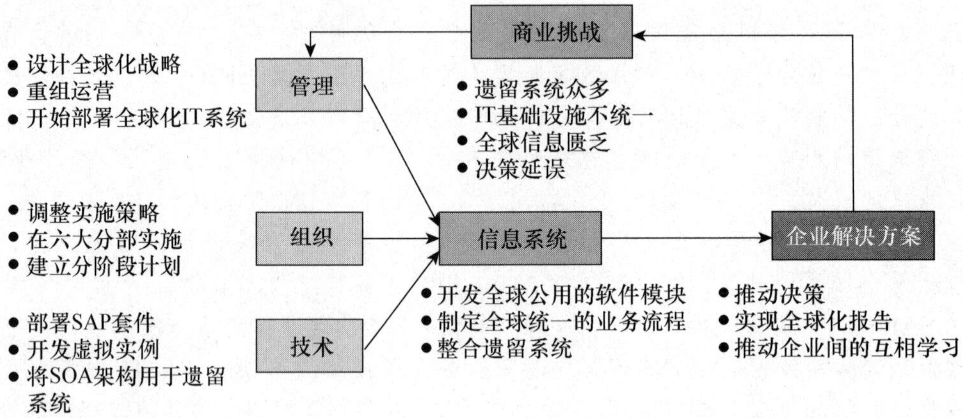

15.1 国际信息系统的发展

在前面的章节中，我们描述了由先进的网络和信息系统驱动的全球经济系统与世界新秩序的产生。全球化的新秩序将横扫由各国政府各自掌控的国内公司、国内产业和国内经济。由于互联网的应用，许多本地企业将被跨国公司取代，国际贸易的增长将大幅改变世界各国的国内经济体系。

现在许多电子产品的生产和设计被分包给不同的国家和地区。我们来看一下惠普笔记本电脑的上市路径（见图 15—1）。这个产品的创意和最初设计来自美国的惠普设计团队，得到位于休斯敦的惠普总部的批准。图形处理器由加拿大设计，在中国台湾生产。中国台湾和韩国提供液晶显示屏和各种内存芯片，日本提供笔记本硬盘，中国大陆、日本、新加坡、韩国和美国提供其他配件，之后在中国大陆组装。由中国台湾的承包商做产品工程设计，并与中国大陆的制造商合作。

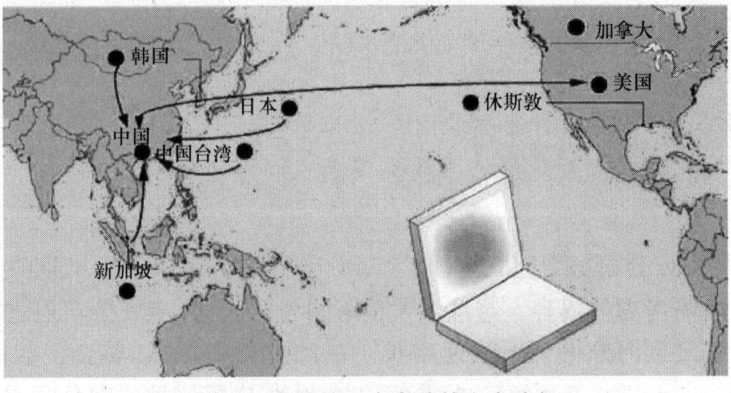

图 15—1　惠普笔记本电脑的上市路径

说明：惠普公司与其他电子公司将产品的生产分包给不同的国家和地区。

15.1.1　开发国际信息系统架构

本章描述如何建立适合国际化战略的国际信息系统架构。**国际信息系统架构**（international information systems architecture）由组织统筹世界各地贸易及其他活动所需的基本信息系统组成。图 15—2 显示了本章所遵循的原则，并描述了国际信息系统架构所涉及的主要层面。

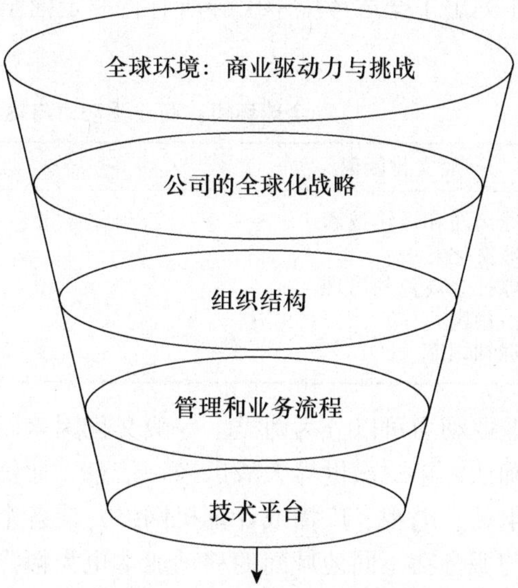

图 15—2　国际信息系统架构

说明：发展国际信息系统架构的主要层面包括全球环境、公司的全球化战略、组织结构、管理和业务流程以及技术平台。

建立国际信息系统应遵循的基本战略是，必须了解公司运作的全球环境，即了解推动企业全面走向全球竞争的市场力量，也可称为企业驱动力。**企业驱动力**（business driver）是指市场中企业必须响应的并会影响企业发展方向的一种力量。除了了解企业驱动力，同时还要细心地检查造成管理挑战的障碍或负面原因，这些因素可能会导致企业全球化发展失败。企业评估了全球环境之后，需要进一步思考在此环境下所需的竞争战略。企业将如何响应？企业可能忽略全球市场，而专注于国内市场竞争；或是由国内生产，向国外销售；或是安排全球化的生产与分销。企业有多种选择。

一旦决定了企业发展战略，公司必须进一步思考其组织结构能否适应这样的战略。如何安排跨越全球环境的人力分工？公司的生产、管理、会计、营销及人力资源等部门应怎样设置？谁来掌控系统的运作？

其次，实施战略和实现组织设计时，需考虑相关的管理议题，主要是业务流程的设计。如何发现和管理客户需求？如何推动本地化业务单元的转变以符合国际化的需要？如何以全球化的观点来重新进行设计，以及如何协调系统的开发？

最后，必须考虑技术平台的问题。虽然不断变革的技术是促使企业朝全球化市场发展的主要动力，但首先仍需思考企业的发展战略及架构，这样才能理性地选择合适的技术。

基于这样的思考发展起来的企业，能建立最合适的国际信息系统架构，从而达到公司的目标。让我们先来看企业的全球环境。

15.1.2 全球环境：商业驱动力与挑战

表 15—1 列出了全球环境中引导所有行业走向全球市场、参与国际竞争的商业驱动力。

表 15—1 全球环境：商业驱动力与挑战

一般文化因素	具体商业因素
全球沟通和运输技术	全球市场
全球文化发展	全球产品和运营
全球社会规范的出现	全球协调
政治稳定	全球劳动力
全球知识库	全球经济规模

全球商业驱动力可以分为两类：一般文化因素以及具体商业因素。一般文化因素比较容易确认，第二次世界大战以来，信息、通信、运输技术创造了“地球村”，全球通信（电话、电视、广播或计算机网络）使各个地区间的联络更简单，费用也更低。产品与服务在不同地域间的移动成本也大幅降低。

全球通信的发展创造了另一种意义上的“地球村”：电视、互联网以及其他全球性媒体（如电影）让不同文化、不同种族形成了对是非、美丑等相同的期望，因而产生了**全球文化**（global culture）。

最后要考虑的因素是全球知识库的发展。第二次世界大战结束以后，知识、教育、科学及工业技术等高度集中于北美、西欧和日本，其余国家则被称为第三世界。现在情况已有了很大的改变。拉丁美洲、中国、印度、南亚和东欧已建立了强大的教育、工业和科技中心，从而催生出了更多的知识库。

这些一般文化因素引领了国际化的潮流，也加快了影响大多数产业实现企业全球化的具体因素的形成。通信技术的发展以及世界文化的出现，为全球市场创造了条件——全球性的消费群体倾向于消费获得本土文化认同的类似产品。如可口可乐、美国运动鞋（由韩国制造，洛杉矶设计）以及 CNN 节目均能在拉丁美洲、非洲以及亚洲拥有消费群体。

为了满足此需求，全球性生产和运作需要生产厂家与相距千里的总公司之间能准确地进行在线协调。例如，总部位于新泽西州纽瓦克市的全球航运公司——海陆运输公司（Sealand Transportation），在纽瓦克的船运管理者能在线查询船只在鹿特丹装货的情况，检查船只倾斜度和压舱物，以及追踪货物具体的运输位置等。借助国际卫星，这些均成为可能。

新的全球市场及全球化生产与运作的压力催生出了全新的信息系统，它能进行全球化协调。生产、会计、营销和销售、人力资源、系统开发（企业所有的主要业务职能）都可以在全球范围内加以协调。

例如，Frito-Lay 可在美国开发一套市场销售自动化系统。该系统一旦开发成功，相同的技术将应用到西班牙。微市场营销——对非常小的地理单元和社会单元进行营销——意味着销售区域不仅仅是美国的各个街区，而是世界的各个街区！全球化的协调能力第一次允许企业根据相对优势来确定业务范围。设计工作必须在最佳地点完成，营销、生产及财务等活动也同样如此。

最后，全球化的市场营销、生产及管理带来了强大而持续的全球规模经济。受全球需求的驱动，生产可以集中在最容易完成的地方，固定资源可分配给规模较大的生产活动，而对大规模的生产可以做更好的规划和更精确的设计。任何地方出现更低成本的生产要素，都能加以利用。最终，公司可以通过全球化安排来实现更佳的战略利益。这些普遍适用的以及具体到各个企业的驱动力，大大拓展了世界贸易与业务。

并非所有行业都受到这种趋势的影响。制造业相对于服务业受到的影响显然更大一些。服务业仍集中在国内，并且效率极其低下。然而，在通信、娱乐、运输、金融服务以及包含法律在内的一般商务服务中，服务业的区域性已被打破。因此，能了解所处行业国际化趋势并适时做出反应的公司，将在生产力提高与企业稳定方面有巨大的收获。

商业挑战

虽然全球化对企业的成功很重要，但基本的力量仍在发挥作用，这种力量会抑制全球经济，瓦解国际企业。表 15—2 列出了企业在开发全球系统时最常遇到的巨大挑战。

表 15—2　全球企业系统面对的障碍与挑战

全球性的	具体的
文化排他主义：宗教主义、国家主义、语言差异	标准：不同的电子数据交换、邮件、电信标准
社会期望：品牌期望、工作时间	可靠性：电话网络不一定都可靠
政治法律：跨界数据和隐私法、商业法规	速度：不同的数据传输速度，许多比美国慢
	人员：缺乏技术顾问

在文化层面上，**排他主义**（particularism）的判断和行动均基于狭隘的个人的人格特性，以各种不同形式（宗教、国家主义、种族、地区主义、地缘政治）拒绝全球文化共享的概念，并反对国外产品与服务向国内渗透。在不同的文化背景下会产生不同的社会期望、政治以及法律。例如，美国消费者期待国内的品牌产品在本国制造，当得知许多“国货”竟是在国外制造时，会感到相当失望。

不同文化产生不同的政体。世界上不同的国家有不同的法律来规范信息的流动、公民的信息隐私权、系统中软件和硬件的来源以及无线电与卫星通信等，甚至工作时间长短、贸易条件在不同的政治文化背景下都有很大不同。这些不同的法律与政治实体使全球商业变得更复杂，企业若要建立全球系统，必须将这些因素考虑在内。

例如，欧洲国家对跨边界数据流及隐私权的规定非常严格。**跨边界数据流**（transborder data flow）是指国与国之间传输的任何形式的信息。有些欧洲国家严禁在国外处理财务信息，同时禁止个人信息流向国外。欧洲各国关于个人信息的立法相当严格，于 1998 年 10 月生效的《欧洲数据保护法》（European Union Data Protection Directive）限制任何信息流向不符合其法律规定的国家（如美国）。这直接影响了金融服务、旅游、医疗保健等领域的公司。为了应对这种情形，大多数跨国公司在欧盟各国内开发信息系统，以避免因跨国信息流动而带来的成本增加与风险的不确定性。

文化和政治的差异极大地影响了组织业务流程和信息技术的应用。文化差异会形成一系列壁垒，例如电话网络的可靠性不同、缺乏优秀顾问等。

各国的法律与传统形成了不同的会计惯例，从而影响企业利润的分析方式。德国公司通常要到项目完成并收到付款后才确认获利与否。相反，英国公司一旦确信其将得到款项，在项目完成前就会公布利润。

这些会计惯例与各个国家的法律系统、企业哲学与税务法规紧密相关。英国、美国与荷兰公司共享盎格鲁-撒克逊人的思想，分开税务计算与股东的报告，以便向股东集中展现其快速的利润增长。欧洲大陆的会计惯例不太偏向于投资者，而是聚焦于遵守严格规则和实现税务法律责任最小化。这些不同的会计惯例，使得大型国际公司很难评价设于不同国家的各个分公司的绩效。

语言仍旧是一个重要的障碍。虽然英语已成为标准的商务语言，但在公司中除了较高层级的员工能熟练使用英文外，中低层级尚不能如此。要想成功地实施新的信息系统，公司的界面往往会使用本国语言。

汇率的波动会破坏规划模型与预测。一种产品看似在墨西哥或日本盈利，但由于外币汇率的改变，实际上可能产生亏损。

在设计和开发公司的国际化系统时，必须将这些阻碍因素考虑在内。例如，公司尝试建设一个跨越国界的“精益生产”系统时，常常会低估产品与信息在不同国家间自由流动所面临的时间、成本及物流上的困难。

15.1.3 当前发展水平

人们或许认为，鉴于上述获取竞争优势的机遇与对未来应用的兴趣，大多数国际公司已开发出令人惊叹的国际信息系统架构，但实际情况并非如此。大多数公司的全球系统都由过去的系统拼凑而来，通常基于 20 世纪 60 年代开发的信息处理概念——子公司的资料分批送到总部进行处理，从一个陈旧的系统将手工输入的数据传到另一个陈旧的系统，很少利用实时控制和通信技术。处于此种状况的公司将面临来自已经合理构建了国际信息系统的公司的强大挑战。此外，一些公司新建了国际系统技术平台，但由于缺乏合理的全球战略统筹而举步维艰。

如前所述，要建立合适的国际信息架构并非易事。困难包括：规划适合公司全球化战略的系统、确定系统与业务单元的组织结构、解决实施问题以及选择正确的技术平台。接下来，我们将深入探讨这些问题。

15.2　构建国际信息系统

公司谋求全球定位时将面临三个组织性议题：战略的选择、企业的组织与系统管理领域的确定。前两个议题紧密相关，因此在这里一并讨论。

15.2.1　全球战略及企业组织

全球性公司的组织结构是基于四种主要的全球战略：国内输出型、多国型、特许经营型与跨国型。每一种战略都有自己特殊的企业组织结构（见表 15—3）。为简单起见，我们描述三种组织结构或治理结构：集权式（母国）、分权式（在国外当地）及协调式（所有单位都平等地加入）。其他管理模式可出现于具体的公司（例如，由一个单位独裁支配、平等地位的联盟、在重要单位中平衡权力的联邦结构等）。

表 15—3　全球性公司的战略及结构

企业职能	国内输出型	多国型	特许经营型	跨国型
生产	集权式	分权式	协调式	协调式
财务/会计	集权式	集权式	集权式	协调式
销售/市场	混合式	分权式	协调式	协调式
人力资源	集权式	集权式	协调式	协调式
战略管理	集权式	集权式	集权式	协调式

国内输出型（domestic exporter）战略将与公司相关的活动高度集中在母公司。几乎所有的国际化企业都是这样开始的，不过有些已转为其他类型。生产、财务/会计、销售/营销、人力资源及战略管理活动均在母公司做资源优化的规划。有时跨国界的产品销售则委托代理商或子公司来进行，但即使在国外市场，也完全依赖于总公司的市场销售战略。卡特彼勒公司及一些重型设备制造商属于这一类型。

多国型（multinational）战略主要将财务管理及控制集中于母公司，而将企业的生产、销售和营销活动分给国外子公司。产品及售后服务根据不同国家的当地市场条件进行调整，由位于不同国家的生产与营销单位组成联合体。许多金融服务公司与制造公司，如通用汽车、克莱斯勒以及英特尔皆属此类。

特许经营型（franchisers）战略是一种新旧混合的战略类型。一方面，产品的开发、设计、融资以及最初的生产均在母公司进行，但由于产品本身的原因，必须大量依赖国外人员做进一步的生产、营销与人力资源工作。食品特许经营商如麦当劳和肯德基均属于这种模式。以麦当劳为例，其在美国及世界各地开设快餐连锁店，所有的连锁店都依赖于美国总公司进行新产品的研发、战略管理及财务调度。因为产品易腐，必须在当地进行生产，所以要求广泛协调生产、区域营销并雇用当地人员。

一般而言，各国被授权的子公司与母公司非常相似，但全面协调全球化生产以求生产最优化并不可行。例如，马铃薯与牛肉不能在全球市场中价格最低的国家采购，其产地必须在靠近消费地合理的范围内。

跨国公司是无国界的、真正全球化管理的公司，可能是未来国际企业的主流。它没有单一的总部，而是由许多区域总部（有时还包括一个全球总部）共同管理。在**跨国型**（transnational）战略中，几乎所有的增值活动都基于全球视角，而不考虑国家边界，以最优化供应源和需求，充分利用当地的一切竞争优势。跨国公司以全球而非母国作为其管理的参考框架，公司的管理类似联邦体制，有一个强有力的核心决策集团，但执行权及财务权被授予各国的分公司。目前很少有公司能达到这种状态，但花旗集团、索尼、福特和其他公司正朝这个方向努力。

信息技术及全球通信的发展给予国际公司更多的灵活性以促进全球战略的形成。保护主义以及为当地市场提供更好服务的需求鼓励公司分散生产设备，至少要跨越国界。同时，在形成规模经济与利用短期地方优势的驱动下，跨国公司将转向全球管理视角，权力和权威也将逐渐集中。因此，跨国公司不但有分权和分散的力量，还有中央集权和全球协调的力量。

15.2.2　与战略相匹配的全球系统

信息技术及全球通信的发展，使跨国企业得以弹性地建立自己的全球战略。全球系统的构建、管理和开发都需要配合全球战略。图 15—3 显示了一些典型系统。借助系统可知，建设信息系统的所有活动包括战略规划的构思与调整、系统开发及持续运行与维护。为简便起见，我们只考虑四种类型的系统架构。集中式系统，是指系统的开发与运行均在母公司进行。重复式系统，是指系统的开发在母公司，但开发完成后的系统分别由不同地区的自治单位独立操作。分散式系统，是指每个国外单位设计其独特的解决方案和系统。网络式系统，是指系统的开发与运行在所有单位中进行整合与协调。

系统构成	战略			
	国内输出型	多国型	特许经营型	跨国型
集中式	X			
重复式			X	
分散式	x	X	x	
网络式		x		X

图 15—3　全球战略及其系统构成

说明：图中 X 表示主要模式，x 表示新兴模式。例如，国内输出型主要依靠集中式系统，但存在压力，在本地市场区域开发了分散式系统。

由图 15—3 可以看出，国内输出型战略有高度集中的系统，在其内部，由一个国内系统开发团队完成企业全球应用软件。多国型战略则截然相反，区域性公司可依照自己的需求开发系统，很少与总公司用同样的系统（财务报表与一些电信应用系统除外）。特许经营型战略采用最简单的结构，如同其销售的产品一般，只要在母公司开发出一套系统，世界各地的子公司便使用同一套复制系统，各个地区的应用无任何差异。最后，跨国型战略有着最有发展前景的系统开发方式：网络式系统具有一个完整且单一的全球环境供系统开发及运作。这通常假设已有一个强而有力的通信主干线路，一种共享应用系统开发的企业文化，以及一种跨越不同文化的相同的管理风格。网络式系统结构最常见于金融服务公司，因为其同质性产品——货币及货币工具——似乎可以克服文化障碍。

15.2.3　企业重组

公司应如何组织以在全球范围内开展业务？要建立一个全球性公司的信息系统来支持企业结构，公司必须遵循以下原则：

1. 依据比较利益来组织增值活动。例如，营销/销售部门应设在绩效最好、成本最低且最具影响力的地区；同样，生产、财务、人力资源与信息系统也应如此。

2. 依照公司活动的各个层级来建立和运行系统单位，这些层级包括区域的、国家的以及国际的。为服务本地需求，应采用某种东道国系统单位。区域性系统单位用来控制国与国之间的通信及系统开发，在主要地理区域（如欧洲、亚洲、美洲）内进行。跨国性系统单位应建立跨主要区域的连接，以协调国际通信与系统开发。

3. 在全球总部建立单一的中心来开发国际系统，并由一个全球首席信息官来掌管。

许多成功的公司都是遵循这三大原则来建立组织系统结构的。这些公司的成功不仅依靠对各项活动的适当组织，还有一个关键因素是管理团队确切了解国际系统的风险与利益所在，并制定出恰当的战略来规避风险。

15.3　管理全球系统

表 15—4 列出了开发国际系统主要的管理问题，有趣的是管理者在开发国内系统时也遇到过这些问题，但在国际环境里它们变得更加复杂。

表 15—4　　开发全球信息系统所面临的管理挑战

认同用户共同的需求
在业务流程中引入变革
协调应用程序的开发
协调软件的发布
鼓励本地用户支持全球系统

15.3.1　典型情况：全球规模下的组织无序

有一家总部位于美国的跨国公司，以生产消费品为主，除了在欧洲运营外，还计划向亚洲扩展市场。为达到该目的，公司必须开发一种支持跨国型战略的信息系统。与其他跨国公司一样，它在美国设立全球总部进行战略管理，并在各个国家和地区建立产品的营销中心和制造中心。过去，它让每个子公司自行开发所需的系统，唯一集中开发的是财务控制及报表信息系统。在美国总部的中央系统小组只专注于美国国内的功能及生产。

这种做法导致各地的硬件、软件及通信系统异常杂乱。美国与欧洲国家之间的电子邮件系统无法兼容。每个生产工厂使用不同的制造资源计划系统（或相同企业资源计划系统的不同版本），以及不同的营销、销售和人力资源系统。硬件与数据库平台也有很大差异。不同站点的通信极不畅通，在欧洲不同国家之间的沟通成本较高且质量较差。最近，总部的中央系统小组又被解散以支持美国各个站点，希望能为用户提供更好的服务，同时降低成本。

这家公司的高层管理人员希望制定跨国型战略以及开发信息系统架构，以支持一个高度协调的全球环境系统，你对此有什么建议呢？我们依据表 15—4 来思考这些问题。不同地区的子公司可能会排斥系统用户的共同需求，区域性的用户只关心自己的需求。美国各地最近才扩充的系统开发小组希望专注于自己的需求，很难接受跨国型战略的指导和建议。同样，很难说服遍布世界各地的管理者改变自己的业务流程来与其他的子公司保持一致，尤其是当这种改变会影响区域的经营绩效时。毕竟，区域经理如果完成了其部门或者工厂的地区目标，就会获得回报。最后，由于缺乏强有力的电信网络，全球范围内的项目开发亦是很大的难题，很难鼓励各子公司参与系统开发。

15.3.2　全球系统战略

图 15—4 显示了解决方案的主要维度。首先，并非所有系统都要按跨国系统来协调；从成本与可行性角度来看，只有一些核心系统需要以跨国系统的形式来建设。**核心系统**（core system）是指支持组织中绝对关键功能的系统。其他系统只需

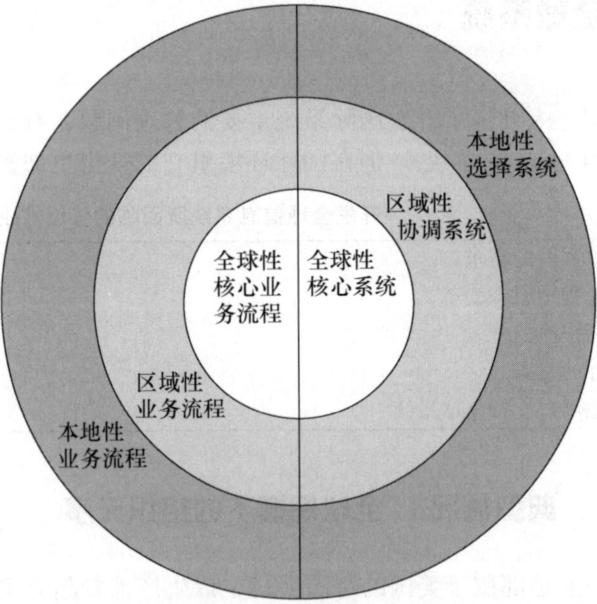

图 15—4　本地性、区域性以及全球性系统

说明：随着公司从本地性选择系统走向区域性和全球性系统，将逐渐提高代理成本及其他协调成本。不过，企业可能因全球系统的开发而降低参与全球市场的成本。一个明智的选择是仅开发一些对全球运营有重要影响的核心全球系统，让其他的系统保留在地区或当地单位的手中。

资料来源：From *Managing Information Technology in Multinational Corporations* by Edward M. Roche, © 1993. Adapted by permission of Prentice Hall, Inc., Upper Saddle River, N. J.

要部分协调，因为它们共享一些主要元素，但不需要在不同国家完全一致，这种系统可能也有必要存在大量的地区差异。最后一组是外围的、真正本地化的系统，只需要适合本地需求。

定义企业的核心业务流程

我们该如何确定企业的核心系统呢？首先必须定义企业关键的核心流程，业务流程在第 2 章中已有明确定义，这里就不再详述。简单地说，业务流程就是逻辑上相关的一些任务的组合，例如正确的出货或新产品的开发上市，每个业务流程都涉及许多不同职能领域间的沟通与协调工作、信息与知识的共享。

要识别企业的核心流程必须首先分析企业的工作流程。例如，客户如何下订单？接下订单后该做什么？谁来履行订单？货品如何运送给客户？供应商又该做些什么？供应商是否可访问制造资源计划系统来实现自动供货？企业必须至少确认十个对其有重要影响的流程，并依优先级排列出来。

其次，你能识别这些流程的卓越中心吗？你是否认为，美国满足订单的能力较强，德国以生产过程控制领先，而亚洲以人力资源胜出？你能否指出各单位的业务职能中绩效较好的领域？

了解了公司的业务流程后，就可以依序排列。你可以确定哪些是核心应用，必须集中协调、集中设计以及在全球范围内使用，哪些是区域性应用。找出企业关键流程的同时，你必须定义其未来的远景并全力以赴地予以实现，这才是最重要的。

确认核心系统以统一运作

核心业务流程一经确认，便可寻求建立跨国型系统的良机。第二个战略步骤即透彻地了解真正的跨国型信息系统并为其下定义。定义与实施跨国型信息系统的财务及政治成本相当高，因此，要尽可能减少核心流程的数目，多利用经验，以尽量减小犯错几率。划分出绝对领导小组，使反对跨国型战略的人无话可说；同时，当有些人反对由跨国系统带来的全球中央协调时，企业应对这些人做出让步，允许其继续开发外围系统，但对技术平台有所要求。

选择一条路径：增量式、全面设计式、演化式

第三个步骤是选择恰当的方法。一点点零打碎敲注定要失败，因为缺乏可见性，反对力量会逐渐凝聚，而且会难以说服高层管理人员接受跨国系统。同时，应避免全面设计，即一次性把所有事情做完。此举也注定会失败，因为难以集中大量的资源。若由于资源问题不能顺利完成目标，会使反对组织变革的人有借口。可选的方法是演化式，即以现有的系统为基础，准确清楚地界定组织在未来五年内预计达到的跨国运作能力。这有时也被称作“香肠的策略”，即一次只做一件事。

彰显利益

彰显利益具体是指什么？最糟的情形是为了建设而建设的全球系统。一开始就要让总部及各地区的管理者了解全球信息系统将为整个公司及各个子公司带来的利益。虽然各个系统所带来的利益有所不同，但对公司整体而言，其贡献不外乎四个领域。

第一，全球信息系统是整合性、分布性及跨国性的系统，能提升管理及协调功能，其价值不能简单地用价格来衡量，其利益也无法由任何资本预算模型来表达。全球信息系统能在发生危机时迅速转换供应商，在发生自然灾害时转移生产地，以及利用某地过剩的产能去满足其他地区的需求。

第二，它可以大幅提高生产、作业、供给与分销效率。设想一个全球价值链如果具有全球供应商及分销网，那么高层管理者可以将增值活动真正调配到其最具经济效益的地区。

第三，全球系统意味着全球范围内的客户与市场。固定成本可分摊到更大的客户群，使生产设施获得真正的规模效益。

第四，全球系统有能力让企业的资金得到最佳利用，这意味着资本剩余地区的资本可有效地转移，并以此来扩充资本匮乏地区的设备产能，从而可以更有效地管理与运用资金。

这些战略自身不会创造全球系统，必须通过实施自身的战略才能发挥效用。

15.3.3 管理者的解决方案

表 15—4 列出了管理者在建设全球信息系统时所面临的最难解决的问题，下面将进一步讨论其解决方式。

认同用户共同的需求

制作核心业务流程及核心支持信息系统的简表，由公司的众多部门进行理性比较，并用同一种语言讨论，从而达成对于共同元素（以及必须保留的独特地域性）的一致认同。

在业务流程中引入变革

能否成功地发起变革，取决于企业的合法性、实际权力以及鼓励用户参与变革设计过程的能力。**合法性**（legitimacy）是指根据能力、远景及其他性质决定的对权威的接受程度。选择可行的战略改变，即前面所讨论的远景的演化方式，可以协助你说服大家“变革是可行的，也是必需的”。让人们都参与变革，使其相信变革符合总公司及各子公司的最佳利益，是非常关键的。

协调应用程序的开发

选择好的变革策略对协调系统开发相当重要。在全球层面，若尝试全盘的变革策略则太过复杂。从小处着手，继而发展为较大的远景反而容易成功。制定五年行动计划比仅仅制定两年行动计划更可行，同时应尽量缩小跨国系统的规模，以减少协调所需的成本。

协调软件的发布

建立流程，确保所有的业务部门都在同一时间进行软件升级，以便每个部门的软件能相互兼容。

鼓励本地用户支持全球系统

这个问题的关键是要促进本地用户参与设计，同时确保对项目开发的控制不受制于局部利益。全球性公司的各子公司应将增选作为应对抵制的策略。**增选**（cooptation）是指引导反对者参与设计过程并实现解决方案，但仍然掌控变革的本质与方向。在此过程中，尽可能避免强制执行。不过，最低限度的要求是，子公司须共同确定并列出所需的跨国系统，而且有时也要强力捍卫这一观点：某些类型的跨国系统是必需的。

如何进行增选？有几种可选方案。其中一种是给分布在各个国家的子公司提供机会开发一种跨国应用程序，这种应用程序首先要适用于本国，之后再适用于全球。这种情况下，各国主要的系统团队有开发跨国系统的权利，各子公司也会因此有“主人翁”意识。而这也有不利的一面，即这种方式假定各国有开发高质量的系统并将其应用到全球范围的能力，例如，一个德国团队能够成功地在法国与意大利实施其系统，然而情况并非总是如此。

第二种方案是开发一种新型的跨国人才中心，或者单一的人才中心。全球可能设有若干中心专门处理具体业务流程，这些基于跨国小组的中心很大程度上依赖于各国子公司，它们还必须向国际管理层汇报。这些人才中心制定最初业务流程的标准与说明，定义信息需求，进行业务分析与系统分析，并完成设计与测试工作。而且，试点项目在世界其他地方实施。跨国人才中心广泛地招募各地区的人才，这意味着所有重要群体都被囊括进来，共同设计并影响整个项目。

即使有了合适的组织结构与管理策略，也仍有可能遇到技术层面的难题。如何选择技术平台、网络、硬件以及软件，是最终影响跨国信息系统架构的重要因素。下面的“互动讨论：管理”专栏介绍了恒天然公司的例子。

互动讨论：管理

恒天然：管理全球的牛奶贸易

尽管在过去 20 年里国际贸易每年以 9%的速度扩张，但仍有许多国际公司依赖于过时的手工程序和纸质单证来指导其国际贸易业务。2010 年，全球的货物与服务贸易总额达到惊人的 15 万亿美元，这一规模略大于整个美国经济（14 万亿美元）。在全球范围内管理企业对管理者来说是一个复杂的挑战。挑战中的一个主要部分是管理进出口业务流程。进出口业务的管理主要涉及三个流程：遵守国外和国内法律，办理报关手续，进行风险管理。每一个国家拥有不同的管理进口产品的法律和海关程序。跨国贸易增加了财务和契约风险。如果你出口产品到一家外国公司，而它不付钱给你该怎么办呢？如果你的物品因为文件手续不全而被扣押在外国港口该怎么办呢？合适的文件又包括哪些？潜在陷阱数不胜数。

过去，耗时且容易出错的手工方法无法处理复杂的国际贸易挑战。为了在其他国家开展业务，你的公司必须遵守当地法律，满足贸易安全措施，符合文件要求，理解复杂的关税，并协调所有参与者。手工处理这些流程会增加发生错误的风险。根据美国的一项调查，对海关规章和文件的低效的行政管理占用了国际贸易成本的 7%。低效地处理海关文件在全球范围每年会造成 1 万亿美元的损失。对合规性和风险缺乏管理将造成更大的损失。

国际企业越来越多地转向采用企业软件和商务智能应用程序来管理其全球的进出口业务流程。一个企业在世界不同地区使用同一套预定义了业务流程的软件工具，是企业的愿望。在这方面，恒天然公司（Fonterra）为企业（实际上是合作性企业）实施进出口流程控制系统做出了表率。

恒天然公司是全球领先的奶制品出口商。它是由11 000个新西兰乳牛场场主共同拥有的一家合作性企业，其产品的95%出口到全球140个国家——其生产的所有产品中，只有5%在国内市场消费。恒天然公司本质上属于出口企业。公司拥有100亿美元资产，年收入121亿美元，每年生产36亿加仑牛奶。如果你要问这是怎么做到的，答案就在于恒天然公司拥有的430万头新西兰奶牛和超过15 000名员工的贡献。恒天然公司的贸易额占新西兰出口贸易额的25%，占全球乳类和乳制品贸易额的30%。

恒天然公司在运营中产生大量交易数据。"不论从交易额还是交易量来看，这个平台上的交易数据都相当重要。"恒天然公司单证中心经理克莱德·弗莱彻（Clyde Fletcher）说，"但我们不仅仅依赖新西兰，我们从多个国家获取产品来分散风险。我们也将产品出口到澳大利亚、美国、拉丁美洲、欧洲和亚洲。"这一数据需要从企业数据库中获取，然后传到数据仓库中，以便管理者监督企业运营。为处理更加复杂的进出口数据，恒天然公司向SAP公司寻求解决方案，采用了SAP BusinessObjects的全球贸易服务解决方案（GTS）。

借助SAP GTS，公司可以使进出口流程自动化，同时确保相关交易符合所有海关的要求和安全规程。SAP GTS可以帮助企业在全公司范围内以及所有的业务单元中，实现贸易流程的标准化和合理化。并且，它鼓励使用共享数据和共享协作知识，以此取代难以维护的手工流程。

使用SAP GTS，恒天然公司得以使国际业务降低成本、减少风险。迄今为止，SAP GTS已经帮助恒天然公司完成了整个企业和业务单元的标准化和合理化，同时还推动了数据共享、更好的合作和整个公司的知识共享。SAP GTS能够管理复杂的国际贸易业务，并且确保所有规章得到遵守。借助该解决方案，可以在所有合作伙伴（包括货运代理人、保险机构、银行和监管机构）间共享跨边界的贸易信息，通过提高供应链的透明度来减少缓冲库存。在SAP GTS的帮助下，恒天然公司避免了供应链瓶颈问题、代价极高的生产中断，以及可能引起极高处罚的错误——有些错误甚至会影响进出口优惠的享有。

资料来源：David Barboza，"Supply Chain for iPhone Highlights Costs in China，" *New York Times*，July 5，2010；Lauren Bonneau，"Mastering Global Trade at Fonterra，" CustomProfiles，SAP. com，July 1，2010；Kevin Keller，"iPhone Carries Bill of Materials of $187.51，" iSuppli. com/Teardowns，June 28，2010.

[思考题]

1. 描述SAP GTS的各种功能。该软件是如何帮助恒天然公司管理出口贸易的？该系统产生了哪些量化收益？

2. 你会如何描述恒天然公司的国际贸易策略和结构特征（结合图15—3）？它属于哪种类型的国际商务？恒天然公司的结构和策略是否对其使用SAP GTS有影响？跨国公司会选择其他解决方案吗？

3. 全球商业环境如何影响像恒天然这样的企业，以及如何影响其系统的选择？

[MIS实践]

访问恒天然公司的网站，并回答以下问题：

1. 访问SAP的网站并搜索"GTS."，阅读标题为"SAP GRC Global TradeServices：Streamline and Secure Your Global SupplyChain"的文章。SAP许诺会为国际贸易公司带来哪些好处？列表概述。

2. 访问 SAP 最大的竞争对手甲骨文公司的网站，找出甲骨文提供的类似应用。你认为在甲骨文和 SAP 之间进行选择时要考虑的最重要的管理和商业因素是什么？查找应用甲骨文的国际贸易解决方案的全球性公司，与恒天然进行比较。

15.4 全球价值链的技术问题与机遇

一旦公司确定了全球化的商业模式与系统策略，则必须选择硬件、软件、网络标准以及关键系统应用程序来给予支持。硬件、软件以及网络在国际化环境中面临着特殊的技术挑战。

其中一个主要挑战是如何找到一种方法将公司的计算机硬件平台标准化，因为不同业务单元、不同国家使用的平台各不相同。另一个主要挑战是如何找到一种具体的软件应用系统，既易于使用，又能真正提高跨国团队的生产力。互联网在全球的普及大大降低了网络方面的难度。但仅有互联网并不能保证信息在全球组织间无缝流动，因为并非所有业务单元都使用同一套应用系统，并且互联网的服务质量极不稳定（类似于电话服务）。例如，德国的企业可能会用一种开源合作工具来共享文档并进行交流，但这种方式与美国总部的团队不兼容，他们使用的是 Lotus Notes 工具。要克服这些困难，需要在全球进行系统的整合与连通。

15.4.1 计算平台与系统集成

若以核心系统为基础来建立跨国信息系统的基础架构，将会产生一些问题，主要是新建立的核心系统如何与昔日各地区不同部门、不同人员、不同的计算机硬件所建立的系统整合在一起。然而，企业的目标是建立具有全球性、整合性的分布式的信息系统，使业务流程能够跨越国界。其所面临的问题与本国的大型系统开发有共同之处，但因为处于国际环境中，所以更复杂。想象一下，如果某个公司在不同国家、不同运营单元的 Windows、Linux、Unix 或专有操作系统运行 IBM、Sun、惠普或其他硬件，要整合这样的系统谈何容易！

此外，即使所有站点使用相同的硬件与操作系统，也不能保证其最终能够整合。公司的权威部门必须建立数据与其他技术标准，并规定各个站点必须遵守这些标准。例如，会计年度起讫必须标准化，系统的界面、通信速度和架构以及网络软件也必须标准化。

15.4.2 连通性

真正整合的全球系统必须具有连通性，即能将一个全球化公司的人员与系统整合进单一的网络，就如同电话系统一般。此外，还要能进行声音、数据、影像的传输。互联网能提供强大的基础，为分散在全球各地的公司各单元提供连通性。然而，互联网并不能解决所有问题。公共互联网不能保证在任意层次上均有优良的服务（即使是在美国）。很少有全球性公司相信互联网的安全状况，它们通常使用私人网络来交流敏感信息，而用互联网虚拟专用网络（VPN）进行安全性要求不太高的沟通。并不是所有的国家都支持最基础的互联网服务，它要求具有可信的线路，能够对不同壁垒与地区的电信机构进行协调，能以共同的货币标准来收取账单，并能提供有关电信服务水平的标准协议。表 15—5 列出了国际网络的主要挑战。

表 15—5　　国际网络面临的挑战

服务质量	安装延误
安全	国际服务质量低
成本和关税	法规限制
网络管理	网络容量

现在较具吸引力的方案是创建基于互联网与互联网技术的全球网络。公司可以创建内联网来进行内部通信，或创建外联网以便更快捷地与供应链业务伙伴交换信息。它们能用互联网服务提供商提供的 VPN 来创建全球网络，VPN 能通过公共网络提供许多专用网的性能（见第 7 章）。然而，在网络特别繁忙时，尤其是白天，VPN 并不能提供与专业网络一样的快速、可预测的反应。此外，它不支持大量的远程用户。

许多发展中国家的收入低，个人计算机的价格较高，从而限制了其互联网访问服务的发展（见图 15—5）。欠发达国家的互联网基础设施通常欠缺带宽能力，并常出现电网问题。发展中国家大部分人的购买力不足，使得互联网服务的普及成本很

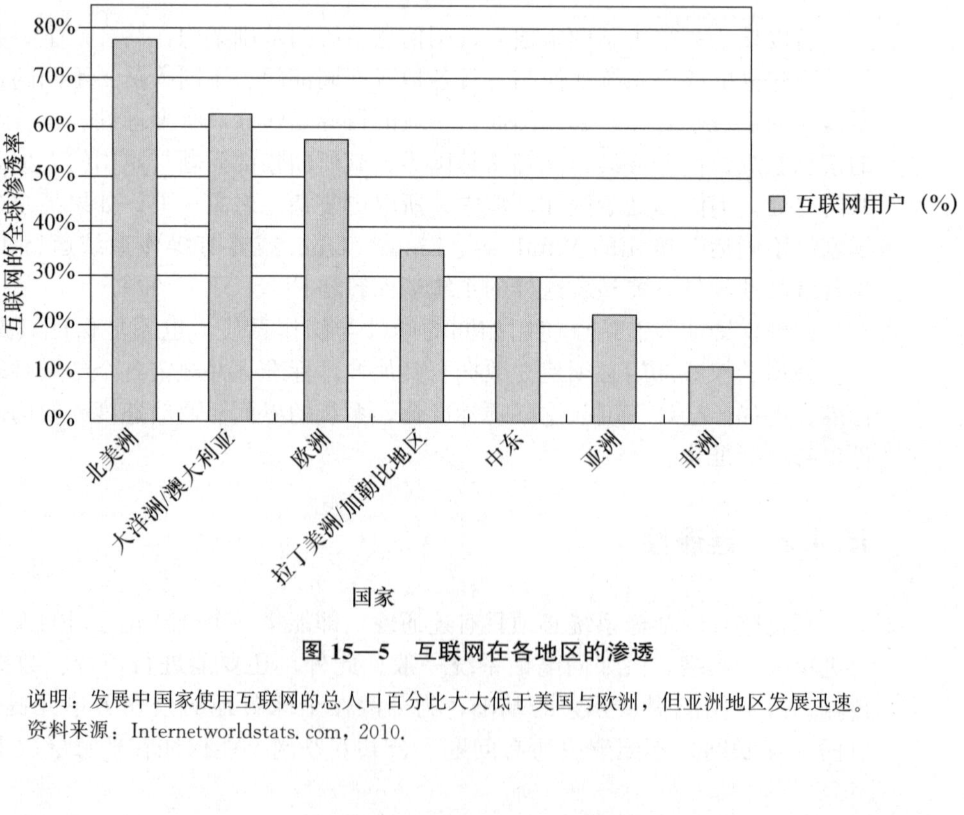

图 15—5　互联网在各地区的渗透

说明：发展中国家使用互联网的总人口百分比大大低于美国与欧洲，但亚洲地区发展迅速。
资料来源：Internetworldstats.com，2010.

高。此外，许多国家还监管信息传输，像新加坡、伊朗、沙特阿拉伯等国家的政府会对网站进行监管，设置一些访问障碍，以排除其认为不道德或对政府不利的信息。另一方面，在亚洲、欧洲以及中东地区，互联网用户的增长速度远远高于北美与欧洲地区，北美与欧洲的增速十分缓慢。互联网未来将会在世界欠发达地区拥有更广泛、更可靠的连通性，也必将在当地经济与世界经济的融合中发挥更显著的作用。

下面的“互动讨论：组织”专栏讲述了移动电话是怎样部分地解决此问题的。移动电话在发展中国家迅速普及，为经济发展提供了动力。

互动讨论：组织

移动电话能否跨越全球数字鸿沟

移动电话、互联网、高速网络连接以及其他信息和通信技术越来越普及，越来越多的人感受到了各项技术带来的好处。但这些技术并未填补世界上发达国家与欠发达国家之间的数字鸿沟。例如，美国有着世界上最先进的技术，但贫穷国家的大多数人仍未能获得稳定的供电，深陷困境。移动电话设计的趋势与消费者调查的结果表明，移动电话即将填补数字鸿沟，并成为一项普及技术，从而提高数百万人的生活质量，促进全球经济的发展。

发展中国家拥有全世界 68%的手机用户，其互联网用户占全球的 20%，移动电话集合了一系列功能：手机、闹钟、照相机、摄像机、立体声音响、电视等，因为移动银行的普及，移动电话甚至具备了钱包的功能。其价格不断下降，功能却逐渐增多。最重要的是，移动电话逐渐变成最便利、最能负担得起的上网工具，可用来做些以往需要在计算机上完成的工作。

移动电话极大地提高了人们的效率与生活质量，全球经济也因此受益良多。许多经济学家认为，移动电话在发展中国家的普及将对其社会的经济福利产生深远的、革命性的影响，而这可能是依赖国外援助的传统方式所无法达到的。

一些移动电话公司正在进行一项叫做“人类行为研究”或“用户人类学”的工作，来收集尽可能多的关于消费者习惯与潜在用户生活状况的信息。它们将收集到的信息反馈给电话的设计师与技术专家。这个过程代表了一种全新的手机设计方法：“以人为本的设计”。以人为本的设计对于高科技公司来讲尤其重要，这些公司致力于生产出既美观大方又使用方便的手机，来刺激消费者的购买欲。

一些公司在非洲和亚洲最贫困地区的手机销售面临着严峻挑战。其主要障碍包括：许多地区缺乏电力供应；人们收入过低而负担不起移动电话费用；在农村地区没有售后服务。现在印度开发了人们能买得起的移动电话，用户有 2.26 亿（占人口总数的 19%），但仍有许多国家的手机使用率与互联网访问率都远远低于印度。例如摩洛哥，它是非洲电话与网络使用的“引领者”，有 610 万互联网用户，占其人口总数的 18.1%。而美国有超过 1.8 亿互联网用户，占其人口总数的 73%。

尽管如此，对非洲和亚洲最贫穷国家的移动电话公司与普遍用户来说，前景仍一片光明。移动电话以非同寻常的速度迅速普及，丝毫没有减缓的迹象。移动电话的销售量达到第一个 10 亿部花了 20 年，达到第二个 10 亿部花了 4 年，而达到第三个 10 亿部只花了 2 年。现在移动网络覆盖了全世界 80%的人口居住地，而 2000 年的比例仅为这个数字的一半。

世界资源协会（World Resources Institute）发布了一份报告，议题是发展中国家的穷人如何分配其收入。报告显示，即使是最贫穷的家庭，也会将其微薄收入的一部分用于通信，例如移动电话。若是碰上战乱、旱灾、其他自然灾害，拥有一部移动电话则是极大的优势，它可以使人们随时保持联系。在这些国家，移动电话被用于就医，患者更容易联系上医生，医生也能更方便地获取疾病的相关信息，从而方便治疗。

除了能方便人们与他人保持联系外，移动电话还是一种实用的商业工具。有证据表明，拥有移动电话在个人层面上也能增加盈利，可使人们更易抓住和利用商机。经济政策研究中心的一项研究表明，一个国家内，若每 100 个人增加 10 部移动电话，则该国的国民生产总值会上升 0.5 个百分点。

一些发展中国家在使用移动电话方面别出心裁，比如：孟加拉国的“电话夫人”通过贷款购买手机，借给乡亲们接打电话，收取少量费用；在乌干达，预付费通话时间被用做交易货币；加纳的 Tradenet. biz 使一些西非国家能够通过移动电话交换文本信息并达成交易。哈佛大学的经济学教授罗伯特·詹森（Robert Jensen）发现，在印度南部喀拉拉海岸从事渔业的渔民，自从通过移动电话联系潜在买主后，其利润平均提高了 8%，而与此同时，在当地市场上交易价格下跌了 4%。

许多拥护者鼓励欠发达国家通过发展商业来促进经济的发展，反对单纯地提供资金而不改变其内在的经济体系。正因为如此，他们支持移动电话的普及。通过移动电话来访问互联网也给发展中国家带来了社会及政治方面的变革，而这些国家以往通常是由专制政府控制所有形式的媒体。

资料来源：Worldwide Worx，“Businesses Across Africa Are Expecting a Revolution in Internet Access，Technology and Costs as a Result of the Rush of New Undersea Cables Connecting the Continent，” Telecom Trends in Africa Report 2010，September 16，2010；Jenny C. Aker and Isaac M. Mbiti，“Mobile Phones and Economic Development in Africa，” Center for Global Development，June 1，2010；Jenny Aker and Isaac Mbiti，“Africa Calling：Can Mobile Phones Make a Miracle，” *Boston Review*，March/April 2010；“Top 20 Countries—Internet Usage，” Internetworldstats. com，November 2010.

[思考题]

1. 移动电话公司采用何种策略来“跨越数字鸿沟”，以及怎样将其产品销售到世界最贫穷的地区？

2. 为什么经济学家预言移动电话在发展中国家的广泛使用会对其经济发展产生空前影响？

3. 移动电话会提高发展中国家居民的生活质量，哪些例子可以体现这一点？

4. 你认为移动电话会在非洲与亚洲国家大量普及吗？为什么？

[MIS 实践]

仔细研读网站 One Laptop Per Child（www. laptop. org）上的信息，回答以下几个问题：

1. XO 便携式电脑能做哪些事情？它适合发展中国家吗？

2. XO 便携式电脑怎样缩小全球数字鸿沟？比较 XO 便携式电脑与移动电话在发展中国家的潜在影响。

15. 4. 3 软件本地化

核心系统的开发给软件带来了巨大挑战：新旧系统如何衔接？如果旧系统在当地予以保留（这种情况十分常见），则必须建立及测试全新的界面。建立这类界面通常成本极高且十分烦琐。如果必须开发新软件，将会遇到一个新的挑战，即新开发的软件必须被分布在各国的业务单元真正采用，因为这些业务单元习惯用各自的业务流程及数据定义。

除了新旧系统的整合问题外，人机界面的设计、系统的功能等都会产生许多问题。举例来说，设计一个能用来提升全球生产力的系统，软件界面必须易懂且方便人们快捷地操作。图形用户界面是比较理想的选择，但必须采用同一种语言，通常是英语。若只有知识工作者使用全球信息系统，英语可以被设为国际通用的标准语言。但当全球信息系统向下推行时，对管理及办事人员而言，并无通用的语言，人机界面必须适合不同的语言甚至传统习惯。因此，要转换软件以使其可用除英语之外的语言进行操作，这个过程称为**软件本地化**（software localization）。

什么样的软件应用程序是最重要的？许多全球信息系统都偏重于基本的业务与报表管理系统。现在正逐渐转向供应链管理与企业系统来使其业务流程标准化，希望在全球化的基础上建立一个协调的全球供应链。然而，跨功能的系统并不总是包容其他国家在语言、文化传统及业务流程上的差异（Martinons，2004；Liang et al.，2004；Davison，2002）。因此，位于技术落后国家的公司分支机构在处理企业应用软件的复杂技术问题时，可能遇到困难。

电子数据交换系统与供应链管理系统广泛应用于制造公司与分销公司，以连接全球的供应商。对基于数据和知识的公司，例如广告公司、研究型医药与工程公司以及绘图和出版公司来说，协同作业系统、电子邮件、电视会议是尤为重要的全球性协作工具。针对此目的，互联网工具将得到更加广泛的应用。

15.5 管理信息系统实践项目

本节中的实践项目涉及以下几个方面：对国际市场进行调研，为一家不断发展的企业分析全球系统问题，以及为国际公司建立职位发布数据库与网页。

15.5.1 管理决策问题

1. 联合包裹服务公司（UPS）已将其包裹快递与物流服务拓展到了中国，它不仅为跨国公司服务，也为地方公司服务。UPS 进军中国市场需要利用 UPS 系统与工具，例如借助 DIAD（Drive Information Acquisition Device）手持机以获取包裹快递的数据。UPS 试图将其 WorldShip、CampusShip 以及其他货运服务通过网络渗透到中国以及其他跨国用户中去。UPS 必须考虑哪些与全球系统有关的问题以成功地在中国运作呢？

2. 假如你的公司制造并销售网球拍，你现在要将产品销往美国以外的国家。为此，你就面临开发全球网络系统的挑战，首先你将目标国家定位于巴西、中国、德国、意大利以及日本。利用 CIA World Factbook 的统计数据，你打算先从哪个国家开始呢？你会有怎样的评判标准呢？在应用万维网策略时，你是否有其他考虑？为了吸引目标国家的买家，你会如何设计网站呢？

15.5.2 实现卓越运营：为国际咨询公司建立工作数据库与网页

软件技能：数据库与网页设计

商业技能：人力资源内部职位发布

在海外设立分支机构的公司需要某种途径让员工知晓这些地区的空缺职位。在此项目中，你将使用数据库软件来创建公司内部工作机会的数据库与显示该信息的网页。

KTP 咨询公司在全球有许多分公司，专为大中型公司设计、开发与实施企业系统。KTP 为其员工提供在美国、欧洲各国与中国旅行、居住以及工作的机会。公司的人力资源部门有一个简单的数据库，使得员工能够随时跟踪空缺职位。若一名员工有意愿改变工作地点，则可与人力资源部门联系，索要一份 KTP 空缺职位的清单。KTP 也会将招聘信息放在公司的网页上。

那么，KTP 空缺职位数据库应涵盖哪些信息呢？什么样的信息是不允许出现的呢？请找出这些问题的答案，并为 KTP 创建一个空缺职位数据库，其中至少包括 20 项记录。之后再建立一个简单的网页，其中应包括你新建数据库的空缺职位信息。将关于 KTP 数据库与网页的报告发给你的教授。

15.5.3 优化决策：国际营销与定价研究

软件技能：基于互联网的软件

商业技能：国际营销与定价

若公司决定将产品销往海外，那么产品的合理定价尤为重要。在此项目中，利用网络研究海外分销商与海关法规问题，并使用基于互联网的软件来计算以外币标定的价格。

假设你负责一家美国办公家具制造公司的市场营销，公司已决定进军国际市场。现在你只知道一家意大利大型办公家具零售商 Sorin SRL 的名称，除此以外没有其他有用信息。你想调查市场状况，因此计划向该公司提供你公司的办公椅样品。你初步打算对其定价为 125 美元/把。你要通过互联网找到联系该公司所需的资料，并确定按当前的外汇汇率，这把座椅折合成欧元的价格。查找欧洲公司的一个途径是欧洲黄页企业名录。另外，还可以使用通用货币转换器网站（www.xe.net/ucc）来查询外汇汇率。你现在已掌握了所需信息，即联系该公司和以当地货币计算的座椅售价等信息。之后，获取关于该产品由美国出口到意大利的海关和法规限制的相关信息。最后，找一家公司做你的报关代理人并收集有关海运成本的资料。

小 结

1. 驱动企业国际化的主要因素有哪些？

价格低廉的国际通信与交通造就了共同的世界文化，并具有稳定的期望值与标准。政治的稳定以及日渐发展的共享的世界知识库也对世界文化有所贡献。这些一般因素为全球市场、全球化生产、协调、分配和全球规模经济创造了条件。

2. 发展全球化企业的战略有哪些？

有四项基本的国际性战略：国内输出型、多国型、特许经营型及跨国型。在跨国型战略中，所有的生产都需要基于全球化的规模来协调；然而，战略的选择是基于业务与产品类型。

3. 信息系统如何支持不同的全球化企业战略？

企业战略与信息系统的设计存在密切联系，跨国型战略需要建立网络型的系统架构，并允许系统开发与操作有适度的分权；特许经营型战略在各地均为重复的系统，但集中控制财务；多国型战略一般依赖于分散在各国的独立单元，但也有朝网络技术发展的趋势；国内输出型战略是典型的集中控制系统，但也允许一些分散操作。

4. 全球信息系统带来的挑战以及管理者的解决方案是什么？

全球信息系统面对较大挑战，由于文化、政治与语言不同，扩大了组织文化与业务流程的差异；迥然不同的地区信息系统很难整合，但全球信息系统鼓励其发展扩张。一般情况下，全球系统在不知不觉中演化发展，解决办法为定义一小部分核心业务流程，并集中力量建立可行的系统来支持此流程。通常情况下，管理者需劝说分散在国外的各分支机构参与这些系统的开发与操作，并谨慎地维持其整体控制。

5. 开发全球信息系统时，应考虑什么问题和技术方案？

实施全球系统需要一个切实可行的战略，此战略需考虑业务设计与技术平台两个方面。主要的硬件与通信问题是系统整合与连通性。整合有两种选择，要么应用私有网络结构，要么应用开放系统的技术，而全球性的网络是很难建立与运行的。各公司可以建立自己的全球网络，或者创建基于互联网（内联网或虚拟专用网络）的全球网络。主要的软件问题是创建现有系统的接口和选择应用程序，使其可在多种文化、语言以及组织框架中运行。

复习题

1. 驱动企业国际化的主要因素有哪些？

- 列举并描述发展国际信息系统架构需要的五大因素。
- 描述促使全球企业成长的五大文化因素与四大特殊企业因素，并描述各因素之间的关系。
- 开发全球系统的主要挑战有哪些？
- 解释为什么许多公司并未计划开发全球系统。

2. 发展全球化企业的战略有哪些？

- 描述全球企业与组织结构的四大主要战略。

3. 信息系统如何支持不同的全球化企业战略？

- 描述四种用于支持不同全球战略的系统配置。

4. 全球信息系统带来的挑战以及管理者的解决方案是什么？

- 列出开发全球系统时遇到的主要管理问题。
- 组织全球化运营时，应遵循哪三大原则？
- 开发并实施全球系统时管理上的三大步骤是什么？
- 什么是增选？怎样利用增选构建全球系统？

5. 开发全球信息系统时，应考虑什么问题和技术方案？

- 描述所遇到的主要技术议题。
- 列出能帮助企业开发全球系统的几项技术。

讨论题

1. 如果你是一家跨国公司的总经理，如何判定一个应用系统是全球应用程序还是本地应用程序？

2. 描述互联网应用于国际信息系统的各种方式。

小组练习：鉴别全球企业战略技术

与一组学生一起，确定信息技术的使用领域，并探究这种技术是如何支持全球企业战略的。例如，你可以选择数字电信领域（如电子邮件、无线通信以及虚拟专用网络）、企业系统领域、合作软件领域以及万维网领域等。有必要选择一种企业情境来讨论这种技术。你可以选择一家汽车零部件特许经营公司或一家服装特许经营公司（如 Express）作为研究对象，你会采用哪些全球系统软件，会选择哪些核心业务流程，以及该技术将如何发挥作用？如有可能，使用 Google Sites 发布网页的链接、团队沟通公告和工作任务，集思广益，合作完成项目文档。尝试使用 Google Docs 在课堂上展示成果。

章末案例

格雷斯公司强化财务总账系统

美国格雷斯公司（WR Grace）是一家总部位于马里兰州哥伦比亚的化学制品制造商。公司成立于 1854 年，其研制并销售的独特的化学制品及建筑业产品处于世界领先地位。公司主要由两大事业部组成：格雷斯戴维森公司（Grace Davison）专注于独特的化学制品和制剂技术，格雷斯建筑产品公司（Grace Construction Products）专注于独特的建筑材料、系统和服务。此外，格雷斯旗下还有超过 200 家独立的子公司和众多不同的法人实体。格雷斯公司在全球 45 个国家都有业务。

尽管格雷斯是一家成功的大公司，但像它这样含有独立部门的全球化公司经常为统一公司的信息系统而烦恼。格雷斯并不是一个单一的、紧密结合的业务单元，它旗下许多的运营部门、子公司和业务单元都在使用不同的财务数据、报表和协调方法。尽管这种“分散”的组织结构在全球化企业中很常见，但也给公司的总账带来了问题。公司的总账是公司最主要的会计记录。总账采用复式记账方式，这意味着公司完成的所有交易需要分别记入两个不同的科目：借方科目和贷方科目。总账科目包括：流动资产、固定资产、负债、营业收入和成本项、毛利和净利润。

一个营业额达数十亿美元的全球化公司拥有一个复杂的总账系统并不令人意外。但是格雷斯公司的财务系统的复杂程度超乎想象——包括多重账簿、多余数据、效率低下的流程。该公司有三个独立的 SAP 财务系统：一个服务于需要提供法务相关报告的团队，另外两个分别由两个事业部使用。但是每个系统的上线时间前后间隔数年，所以它们之间的差异性很大。三个财务系统具有各不相同的结构、不同的报表功能，并且由不同的数据源驱动。

传统的总账系统用于汇报各子公司、账户、商务领域的营业额和成本。格雷斯戴维森公司的账目信息记录公司编码（子公司 ID 数字）、账目、利润中心、工厂和交易方，格雷斯建筑产品公司的账目信息记录公司编码、账目、商务领域、利润中心、交易方和目标国家。格雷斯戴维森公司的利润中心账目用于管理报告，格雷斯建筑产品公司则使用专门的账目去收集这些财务数据。这样的安排令人难以理解。

在两个事业部和这么多的子公司中统一这些数据是非常困难的。编制公司的财务报表成为一项非常艰难又耗时的任务。协调这些财务数据将造成财务关账周期过长，且耗费大量员工的工作时间和资源。格雷斯公司的财务总监迈克尔·布朗（Michael Brown）曾说：“从财务的角度看，我们是三家公司。”格雷斯管理层决定解决财务报表的诟病，建立一个统一的系统来服务于全公司。

格雷斯希望为财务系统建立一个全球的财务标准，使整个公司按照标准执行。SAP 的总账系统对于格雷斯公司完成目标起到了至关重要的作用。SAP 总账系统之所以引起格雷斯的关注是因为其许多独特有效的功能。该系统有能力自动、同时地在相应的账户中公布所有子账目，同步更新总账和成本数据，实时评估并报告当前的会计数据。格雷斯公司也很欣赏 SAP 总账集中的接口，它可以为公司所有的部门了解财务情况提供最新的参考数据。

整合多套账目是项艰巨的任务。SAP 总账系统帮助格雷斯公司简化了流程。SAP 咨询顾问和 SAP 总账系统定制团队负责协助格雷斯公司实现这一目标。该 SAP 项目的实施由一位 SAP 团队负责人和项目经理负责，会用到“迁移驾驶舱”功能。“迁移驾驶舱”是 SAP 项目实施方法中的一个功能，它能够提供迁移过程的图形化展示和概述，按顺序显示变更的每一步并管理日志、附件和其他对于系统有意义的资源。“迁移驾驶舱”帮助确保对总账系统的整合流程，以及实施统一的总账系统所需的业务流程变化和技术变更有足够的规划。

SAP 和格雷斯公司将该项目划分成两个主要的部分：总账数据迁移和业务流程测试。总账数据迁移包括从三个独立的账目中抓取所有相关数据，整合、消除冗余并提供给 SAP 总账系统。一个小型团队负责这一部分的项目。格雷斯公司决定使公司的报告流程标准化并建立标准化的总账设计。业务流程测试由一个全球化的 SAP 团队负责，进行了多重完整周期的测试。也就是说，SAP 的测试人员远程登录系统并测试所有的 SAP 总账系统的功能，以确保系统按照计划运行。SAP 总账系统的项目经理负责对项目的这两个部分进行审查。

在测试流程时，SAP 的测试人员使用了一种名为“单元测试”的技术，与这种类型的系统升级类似。测试人员建立一个标准版本的“虚拟”系统并用它测试不同类型的会计文档。格雷斯公司希望更改总账的结构以使其更适应公司独特的需求和环境，并且确保那些熟知需求的人参与到系统的建立和规范中。由于这些调整，要使总账结构的变化不影响整个系统的完整性，单元测试就显得尤为重要。

SAP 测试人员也同时实施基本的情景测试、复杂的情景测试以及特殊会计文档的测试，以确保系统能够处理格雷斯公司面临的所有任务。他们也测试了内部财务界面，如人力资源界面、银行报表、上传程序和这些接口所使用的特殊类型文档。SAP 和格雷斯都知道，正确的测试意义重大，而 SAP 拥有类似的升级经验，这可以确保 SAP 安排合适的测试量。

在数据迁移结束后，格雷斯需要弃用原有的记账系统。原有的记账系统中仍有重要的作为公司生产基础的定制报表资源，例如，报表自动生成的指定账目，或者报表包含过去几年内在一个特定的国家发生的全部交易，等等。为了弃用原有的记账系统，格雷斯需要消除尽可能多的定制报表，并将基本的报表转移到新的总账系统。格雷斯召集了财务部门各个领域的员工来识别重要报表。

随着总账系统数据迁移的完成，格雷斯所有的员工将共享一个会计平台，管理层可以迅速看到公司财务状况的概述，并且大多数的账目可以实时查看或更新。在每个报告期结束时财务整合程序被彻底消除，现在格雷斯可以投入更少的精力来管理账目，将更多的精力放在实际的业务运营上。最终各业务领域节省下来的资源将足以补偿系统短期的实施成本。格雷斯的会计人员和财务计划人员会更加高效地工作。经理们得到他们想要的信息将花费更少的时间。维护一个 IT 系统的花费将大大少于维护三个系统的费用，总账系统的错误也比原来少。最重要的是，整个项目按照预定的时间和成本预算完成了。

格雷斯公司希望使用总账系统平台与 SAP 继续合作，做其他一些方面的改进。格雷斯计划将其财务合并系统、财务计划系统和财务分析系统都升级为 SAP 系统。格雷斯已经与 SAP 建立了牢固的合作关系。1997 年，格雷斯第一次安装 SAP 的软件。在总账系统迁移之前，格雷斯已在全球使用了 SAP 的 Business Information Warehouse 和 Nerweaver Portal 系统。之前的合作关系使得总账项目的实施更加容易。这也是格雷斯公司相信在其他业务问题上寻求 SAP 的解决方案会取得良好的效果的原因。

资料来源：Christ Maxcer，“Global Enterprise Unites as One：W. R. Grace Migrates to SAP General Ledger，” insiderPROFILES 5，no. 1，January 2，2009；SAP AG，“One Grace Project Builds Single Source of Truth Using SAP General Ledger，” 2008；and Ed Taylor，“The Business Benefits of a General Ledger Migration at W. R. Grace & Co.” May 6，2008.

［思考题］

1. 为什么格雷斯的总账系统需要全面升级？

2. 是什么促成了 SAP 成为格雷斯系统升级的合作伙伴？

3. SAP 和格雷斯在尝试整合格雷斯账目时面临什么障碍？

4. 总账迁移有多么成功？使用单一供应商提供的单一总账系统来管理全球业务会有哪些风险？

术语表

第三代网络（3G networks） 使用现有的蜂窝网络基础设施提供的，传输速度从移动用户的 144Kbps 到固定用户的超过 2Mbps 的网络。

第四代网络（4G networks） 实现数据包交换，并提供 1Mbps～1Gbps 高质量和高安全性的网络，比第三代网络快 10 倍。

可接受使用策略（acceptable use policy，AUP） 规定企业信息资源和计算设备（包括台式电脑和便携式电脑、无线设备、电话以及互联网）的可接受使用情况，并详细说明不服从的结果的策略。

验收测试（acceptance testing） 提供最终的认证，证明系统已经准备就绪，可用于生产过程的测试。

责任机制（accountability） 为所做出的决定和所采取的行动评定责任的机制。

合作盈利模式（affiliate revenue model） 一种获取盈利的方式，网站（称为“关联网站”）向访问者发送其他网站的链接，获得介绍费或部分销售收入作为回报。

基于代理的建模（agent-based modeling） 将许多复杂现象建模成遵循少量交互规则的自主代理系统。

代理理论（agency theory） 一种理论，指公司是由自利的个体组成的“契约集合体”，而不是统一的利益最大化的实体。

敏捷开发（agile development） 通过将一个大项目拆成一系列利用迭代和持续反馈在短时间内完成的小型子项目，实现工作软件的快速交付。

Ajax 允许客户端和服务器在后台交换少量数据，从而让整个网页在用户要求变更时无须每次都重新载入的网络编程语言。

分析型客户关系管理（analytical CRM） 分析由操作型客户关系管理系统得到的客户资料的应用，为提高企业绩效提供信息。

Android 由安卓公司（被谷歌收购）开发的移动操作系统，并在之后成为一个灵活、可升级的开源手持设备操作系统平台。

杀毒软件（antivirus software） 专门设计用于探测、排除计算机系统的病毒的软件。

应用控制（application controls） 针对具体的计算机应用（如工资结算或订单处理）的特定控制活动。

应用服务器（application server） 处理基于浏览器的计算机与公司后台的企业应用或数据库之间的所有应用操作的软件。

应用软件包（application software package） 一套预先写好的、预编码的可供商业出售或租赁的应用软件程序。

应用软件（application software） 为特定应用而编写的程序，以执行由最终用户指定的任务。

应用程序（apps） 可以在互联网、电脑、手机上运行的小型软件，并通常通过互联网传输。

人工智能（artificial intelligence，AI） 开发的行为表现像人的基于计算机的系统，具有学习语言、完成物理任务、使用感知仪器以及模仿人的专门技术和决策等能力。

属性（attribute） 所描述的某一特殊实体的特征或性质。

增强现实（augmented reality） 一种与提高可视化水平相关的技术，直接或间接地生动展示了物理现实环境。

认证（authentication） 在交易中一方确定另一方的身份的活动。

授权策略（authorization polices） 确定一个组织内不同级别的用户访问信息资产的不同级别的权限的策略。

自动化（automation） 由信息技术推动的最常见的组织变革形式。

自主计算（automatic computing） 有待进一步开发的一种不需要用户介入就可以自己控制的系统。

后向链（backward chaining） 规则库的一种搜索策略：从一个假设开始，随后通过对选定事实向用户提出问题而继续进行，直到假设被肯定或否定。

平衡计分卡法（balanced scorecard method） 公司高层辨别真正重要的信息的主流方法，着眼于四个维度来测量公司的业绩，包括财务、业务流程、客户以及学习和成长。

带宽（bandwidth） 某个通信信道可以传输的最高频率和最低频率之间的差值，用于度量该通信信道的传输能力。

横幅广告（banner ad） 在网页上以图形显示的广告，被链接到广告商的网站，以便人们点击它时跳转到广告商的网站。

行为模型（behavioral models） 基于现代行为科学家的观察，研究管理者日常行为的模型。

行为定向（behavioral targeting） 追踪客户在众多网站上的点击流（历史点击行为），以更好地了解客户行为习惯和兴趣，进行有针对性的广告宣传。

标杆管理（benchmarking） 为产品、服务和活动设立严格的标准，并用这些标准来衡量组织的绩效。

最佳实践（best practices） 由一个特定的组织或行业开发出来的最成功的解决方案或解决问题的方法。

生物认证（biometric authentication） 将一个人的指纹、脸型、视网膜图像等特征与这些特征的存储资料进行比较，以此来鉴别系统用户的技术。

刀片式服务器（blade server） 在标准高度的机架式机箱内可插装多个卡式服务器单元，具有实用性强、密度高等特点的服务器。

博客（blog） 一种受欢迎的日志专用语，指一种个人网站，有一系列作者按时间顺序记录的内容（由最新到最旧）和连接到其他网站的链接。

博客圈（blogsphere） 所有与博客有关的网站。

蓝牙（bluetooth） 无线个人空间网络标准，可以在方圆 10 米的范围内每秒传输 772 个字节。

僵尸网络（botnet） 在用户不知情的情况下被僵尸病毒感染的一组计算机，使得黑客可以使用这些计算机中的大量资源来进行分布式拒绝服务攻击、网络钓鱼或发送垃圾邮件。

宽带（broadband） 一种高速传输技术，也指可以同时传输多个渠道的数据的单个传输媒介。

错误（bugs） 程序代码中存在的缺陷。

牛鞭效应（bullwhip effect） 一种现象，指当一种产品从供应链中的一个实体转移到另一个实体时，有关它的需求信息会失真。

总线形拓扑结构（bus topology） 以太网常用的拓扑结构。在此结构中，计算机发出的信号在一条总线上双向传输，所有的信号均沿两个方向向整个网络传递。

业务持续计划（business continuity planning） 关于企业在遭受灾难后如何恢复商业运营的计划。

企业驱动力（business driver） 企业必须响应并且会影响企业发展方向的环境中的驱动力。

商业生态系统（business ecosystem） 由供应商、分销商、外包公司、物流服务公司和技术开发商组成的结构松散却又相互依赖的网络。

业务职能（business functions） 在一个商业组织中专门执行的任务，包括：制造和生产、销售和营销、财务和会计以及人力资源。

商务智能（business intelligence） 帮助用户做出更好的商业决策的应用和技术。

商业模式（business model） 一家企业生产、配送、出售产品和服务，进而创造利润的方式。

企业绩效管理（business performance management） 力图将公司战略（如差异化、低成本生产、市场份额的增长以及经营范围）系统性地转化为经营目标的方法。

业务流程管理（business process management，BPM） 企业持续改进业务流程的方法。

业务流程再造（business process redesign） 企业变革的一种类型，需要分析、简化、重新设计业务流程。

业务流程（business processes） 企业协调和组织工作活动、信息和知识以生产产品或者提供服务的独特的方式。

企业对企业的电子商务（business-to-business（B2B）electronic commerce） 企业之间用电子方式销售产品和提供服务的一种商务活动。

企业对消费者的电子商务（business-to-consumer（B2C）electronic commerce） 企业用电子方式直接向个体消费者零售产品和提供服务的一种商务活动。

字节（byte） 一个字符串，通常是 8 个，用于在一个计算机系统存储一个数字或字符。

有线网络连接（cable Internet connections） 使用同轴数字电缆线给家庭和企

业提供高速互联网接入的网络连接。

呼叫中心（call center） 一个通过电话和其他渠道负责处理客户服务问题的组织部门。

资本预算（capital budgeting） 分析和选择不同资本的支出计划的过程。

腕管综合征（carpal tunnel syndrome，CTS） 重复性劳损（RSI）的一种。症状是压力作用于腕关节的骨组织的中央神经而引发疼痛。

案例推理（case-based reasoning，CBR） 一种人工智能技术，将知识表示成案例和解决方法的数据库。

手机（cell phone） 传输语音或数据的一种设备，通过无线电波与设置于附近地理区域的被称为无线接收塔的装置进行通信。

变革推动者（change agent） 他们不仅解决技术难题，还重新定义不同组织团队的配置、交互、岗位活动和权力关系。他们是整个变革的催化剂，负责确保所有参与方能应对新系统带来的挑战。

变革管理（change management） 恰当考虑采用新系统或变更现有系统对组织改革带来的影响的一种策略。

聊天（chat） 通过公共网络进行的即时的、互动的交谈。

首席信息官（chief information officer，CIO） 公司中负责信息系统运行的高级管理人员。

首席知识官（chief knowledge officer，CKO） 公司中负责知识库管理项目的高级管理人员。

首席隐私官（chief privacy officer，CPO） 负责确保公司遵守有关数据隐私的法律的高级管理人员。

首席安全官（chief security officer，CSO） 领导组织中正式的安全部门，负责实施公司的安全策略的高级管理人员。

选择（choice） 西蒙的决策制定四阶段中的第三个阶段，在此阶段，个体在各种解决方法中做出选择。

Chrome OS 一款谷歌正式宣布处于开发中的基于 PC 的操作系统。

流失率（churn rate） 反映企业客户数量变化的一个重要指标，用于衡量停止使用或购买本企业产业或服务的客户的数量。

古典管理模型（classical model of management） 该模型最早描述了管理者的五项古典职能：计划、组织、协调、决策和控制。

点击欺骗（click fraud） 个人或计算机程序点击在线广告，却不想进一步了解广告商信息或无购买意向的欺骗行为。

客户机（client） 是从客户机/服务器计算中用户输入所需功能的角度来说的，通常是指台式计算机、工作站或便携式计算机。

客户机/服务器计算（client/server computing） 在网络上把客户机和服务器的处理分开的计算模型，每台机器被分配了最适合执行的功能。

云计算（cloud computing） 企业或个人通过网络获得计算资源和软件应用服务的一种计算模式。

同轴电缆（coaxial cable） 由厚的绝缘的粗铜线组成的能快速传输大量数据的

传输介质。

码分多址（Code Division Multiple Access，CDMA） 在美国传输多个频率的主要蜂窝传输标准，占据了整个频谱，并随机地将用户分配给一个频率范围。

协作（collaboration） 和别人一起工作来达到共同而明确的目标。

协同计划、预测和补货（collaborative planning，forecasting，and replenishment，CPFR） 企业与它的供应商和买家合作来共同预测需求，制定生产计划，协调运输、仓储和储存活动。

主机代管（co-location） 企业购买或租赁一台网络服务器（这样就可以完全控制网站的运营），却将服务器放在供应商处的一种管理方式。

社区提供商（community provider） 提供一个网上碰面的地点，让拥有共同兴趣爱好的人们可以相互交流和分享有用的信息的机构。

竞争力模型（competitive forces model） 一种分析模型，用来描述一个组织的外部影响的交互作用，这些外部影响具体地说就是影响一个组织的战略和竞争能力的威胁和机遇。

辅助性资产（complementary assets） 为实现主要投资的价值而需要的额外资产。

基于组件的开发（component-based development） 将先前存在的软件组件结合起来创建一个大的软件系统。

计算机（computer） 将数据作为一种输入，通过执行存储的指令来转化数据，并将生成的信息输出到一些设备上的物理设备。

计算机滥用（computer abuse） 使用计算机时合法的但被视为不道德的行为。

计算机犯罪（computer crime） 使用计算机或针对计算机系统的违法行为。

计算机取证（computer forensics） 科学地收集、审查、鉴定、保存和分析取自计算机存储媒介的数据，这样的信息可以作为法庭上的证据。

计算机硬件（computer hardware） 信息系统中用于输入、处理和输出活动的物理设备。

计算机文化（computer literacy） 关于信息技术的知识，重点在于了解基于计算机的技术如何工作。

计算机软件（computer software） 信息系统中控制和协调计算机硬件的详细的、预先编好的程序指令。

计算机病毒（computer virus） 流氓软件程序，附加在其他的软件程序或数据文件中以得到执行，经常会引发硬件和软件的故障。

计算机视觉综合征（computer vision syndrome，CVS） 长时间使用计算机显示屏导致的眼睛疲劳，症状包括头痛、视物模糊、眼睛干涩和疼痛。

计算机辅助设计（computer-aided design，CAD） 使用复杂的制图软件自动创建和修改设计的信息系统。

计算机辅助软件工程（computer-aided software engineering，CASE） 一种工具，可以使软件和系统的开发方法逐步自动化，从而减少开发人员的重复工作。

基于计算机的信息系统（computer-based information systems，CBIS） 依赖计算机硬件和软件来处理和传播信息的系统。

连通性（connectivity） 计算机和基于计算机的设备可以在一个没有人为干扰的有意义的方式下相互交流和共享信息的能力。

消费者对消费者的电子商务（consumer-to-consumer（C2C）electronic commerce） 消费者用电子方式向其他消费者销售产品和提供服务的一种商务活动。

控制（controls） 确保组织资产安全、会计记录精确可靠、管理标准严格执行的方法、策略和程序等。

切换（conversion） 从旧系统到新系统的转变过程。

cookies 用户访问特定网站时存储在计算机硬盘上的小文件，被用来识别访问者并跟踪其对网站的访问。

增选（cooptation） 引导反对者设计过程并实现解决方案，但仍掌控变革的本质与方向。

版权（copyright） 法律赋予知识产品所有者的，保护其知识产品不因任何目的被复制的权利，法律保护期限为作者的一生及其死后70年。

核心竞争力（core competency） 影响一个公司成为世界级领导者的因素。

核心系统（core systems） 支持组织中绝对关键功能的系统。

成本透明（cost transparency） 使消费者拥有发现产品的实际成本的能力。

反实施（counterimplementation） 反对信息系统的实施和组织创新的策略，是一种故意行为。

关键成功因素（critical success factors，CSFs） 决定企业的信息需求从而保障企业成功的因素，主要受行业、企业自身、管理者和更广阔的外部环境的影响。

交叉销售（cross-selling） 向顾客推销互补性产品的营销方式。

众包（crowdsourcing） 通过大量互联网用户来提出建议、市场反馈、新创意以及商业问题解决方案的做法。

文化（culture） 已经被组织中的大多数成员接受的基本的假设、价值观和做事的方式。

客户终身价值（customer lifetime value，CLTV） 某一特定客户在客户关系周期中为企业带来的收益与企业为获得该客户及为其服务所支付的费用之间的差额，用货币表示。

客户关系管理系统（customer relationship management（CRM）system） 跟踪企业与客户的所有交互活动并分析这些活动，以使收入、利润、客户满意度及客户保留率最大化的信息系统。

定制（customization） 修改一个软件包以满足组织的独特需求，但不破坏该软件包的完整性。

破坏网络（cybervandalism） 故意破坏、损毁甚至摧毁一个网站或公司的信息系统。

数据（data） 在被转换成人们可以理解和使用的形式之前，在组织或其周围环境中产生的一系列原始素材。

数据管理（data administration） 管理组织数据资源的专门的组织功能，涉及信息政策、数据规划、数据字典维护和数据质量标准。

数据清洗（data cleansing） 检查并修正一个数据库或文件中不正确、不完整、格式不规范或冗余的数据的活动，也称数据净化。

数据定义（data definition） 定义数据库中数据的结构的功能。

数据字典（data dictionary） 存储和组织一个数据库中需要维护的数据的一种自动化的或者人工操作的工具。

数据驱动的决策支持系统（data-driven DSS） 允许使用者提取和分析那些之前隐藏在大数据库中的有用信息的决策支持系统。

数据元素（data element） 一个字段。

数据流程图（data flow diagram，DFD） 一种以图形表示系统的组成过程以及它们之间数据流的基本的结构化分析工具。

数据管控（data governance） 管理公司数据可用性、完整性和安全性的政策和过程。

数据混乱（data inconsistency） 一种现象，指相同的数据存储在不同地方时，同样的属性有不同的值。

数据管理软件（data management software） 用来制作和控制列表，创建文件和数据库以存储数据，以及为完成报告而整合信息的软件。

数据操纵语言（data manipulation language） 一种与数据库管理系统相关的语言，被最终用户和程序员用来操纵数据库中的数据。

数据集市（data mart） 仅仅包含特定功能或者特定用户所拥有的一部分组织数据的一个小数据库。

数据挖掘（data mining） 分析大量的数据找出其中的模型和规律，用以指导决策的制定和预测未来的行为。

数据质量审核（data quality audit） 为确定信息系统中数据的准确性和完整性而对文件和文件样本进行的调查。

数据冗余（data redundancy） 多个数据文件中存在相同的数据。

数据可视化（data visualization） 用图形来表示数据以帮助用户看清大量数据的模式和关系的技术。

数据仓库（data warehouse） 具有报告和查询工具，存储从各种操作系统中获取的当前数据和历史数据并且作为管理报告和分析的基础的一个数据库。

数据工作者（data workers） 处理组织的文书工作的人，如秘书或职员等。

数据库（database） 一组相关的文件。

数据库（严格定义）（database） 通过集中和控制冗余数据，有效地为多个地方应用程序服务的数据集合。

数据库管理（database administration） 专注于管理数据的技术性和操作性方面，包括物理数据库的设计和维护。

数据库管理系统（database management system，DBMS） 用于建立、使用和维护数据库的专业软件，可使单个企业无须建立单独的文件或在它们的计算机程序中定义数据就可以获取数据。

数据库服务器（database server） 客户机/服务器环境中的计算机，负责运行 DBMS 以处理 SQL 请求和执行数据库管理任务。

决策角色（decisional roles） 明茨伯格对于管理角色的分类，包括管理者发起活动、处理干扰、分配资源和谈判冲突。

决策支持系统（decision-support systems，DSS） 组织中处于管理层次的信息系统，用复杂的分析模型或数据分析工具对数据进行分析，支持半结构化的和非结构化的决策制定。

专线（dedicated lines） 由承租方提供的可以连续用于传输的电话线。一般条件下为大容量应用高速传输数据。

深度包检测（deep packet inspection，DPI） 一种对网络通信量进行控制的技术，检查网络上传输的数据文件，整理出那些优先级别低的在线材料，而赋予关键业务文件更大的优先权。

需求计划（demand planning） 确定企业需要生产多少产品来满足所有客户的需求。

拒绝服务攻击（denial-of-service（DoS）attack） 向网络服务器或站点发送成千上万的虚假通信或服务请求，以使网络崩溃。

笛卡儿变化规则（Descartes'rule of change） 此规则说明，如果一种行为不能反复做，那么在任何时候都不应该做。

设计（design） 西蒙的决策制定四阶段中的第二个阶段，在此阶段，个体构思解决问题可能的方案。

数字资产管理系统（digital asset management systems） 分类、存储和管理非结构化的数字数据的系统。

数字证书（digital certificates） 电子信息的一个附件，能够验证发送者的身份并向接收者提供把回复译成密码的方法。

数字仪表盘（digital dashboard） 以图表的形式展示公司所有的关键绩效指标，并对制定重要的行政决策所需的关键衡量指标加以概述的一种工具。

数字鸿沟（digital divide） 不同社会群体和地区在使用计算机和互联网方面的巨大差距。

数字化企业（digital firm） 指这样一种企业，其几乎所有显著的商业过程以及与顾客、供应商和员工的关系都可以以数字化方式实现，并且关键的企业资产也是通过数字化方法来管理的。

数字化商品（digital goods） 可以通过数字网络传输的商品。

数字市场（digital market） 由连接众多买家和卖家的计算机和交流技术所创造的市场。

《千禧年数字版权法案》（Digital Millennium Copyright Act，DMCA） 一部调整版权法以适应网络时代的法规，它规定：制作、分销或使用规避版权保护的技术设备都是违法的。

数字信号（digital signal） 一个离散的波形传送被编码成两个离散状态为 1 位和 0 位的数据，这被表示成开关电子脉冲，并用于数据交流。

数字用户线路（digital subscriber line，DSL） 通过现有的铜电话线提高传输能力的一组技术。

直接切换（direct cutover） 在指定的某一天用新系统完全替换旧系统的一种冒险的转换方法。

灾难恢复计划（disaster recovery planning） 计算机和通信服务遭到破坏后的修复计划。

消除中介（disintermediation） 在一个价值链中，将组织或者业务流程层次的某些中间环节取消。

颠覆性技术（disruptive technologies） 新技术的到来有时就像一场海啸，会破坏一切，这样的新技术就是颠覆性技术。

分布式拒绝服务攻击（distributed denial-of-service（DDoS）attack） 利用大量的计算机从众多发射点涌向网络并将其淹没。

分布式处理（distributed processing） 使用通过通信网络连接在一起的多台计算机来处理问题。

文档编制（documentation） 从技术或最终用户的角度详细说明系统如何工作的一种活动。

域名（domain name） 与每台连接到网络的计算机的唯一 32 位数字 IP 地址相对应的英文名称。

域名系统（Domain Name System，DNS） 服务器的一个层次系统，维护能够将域名转换成数字 IP 地址的数据库。

国内输出型（domestic exporter） 公司权利被最大化地集中于国内的一种战略。

停机时间（downtime） 信息系统无法运行的时间段。

向下钻取（drill-down） 从概括性的数据向越来越低层次的详细数据探索的功能。

法定诉讼程序（due process） 确保法律被广泛知晓和理解，允许人们向更高层的权威机构申诉以保证法律正确运用的程序。

动态定价（dynamic pricing） 买卖双方基于实时交易的物品定价，在任何特定的时刻决定一件物品的价格。

电子政务（e-government） 利用互联网及相关技术来改善政府及公共部门与公民、企业和其他政府组织的关系的一种方式。

有效客户反应系统（efficient customer response system） 将确定的行为直接与分销、生产及供应链相连接的系统。

电子商务（electronic business（e-business）） 利用互联网和数字技术来处理企业中所有的业务流程，包括电子贸易和企业的内部管理过程、与供应商及其他业务伙伴协调的过程。

电子数据交换（electronic data interchange，EDI） 使得两个进行正常交易的组织之间可以通过计算机交换订单、装运说明或付款等的技术。

电子支付系统（electronic payment system） 使用数字技术以电子化方式支付产品和服务的系统，例如信用卡、智能卡和基于互联网的支付系统。

电子邮件（e-mail） 计算机之间交换信息的一种方式。

员工关系管理（employee relationship management，ERM） 处理目标制定、员工绩效管理、基于业绩的报酬及员工培训等与客户关系管理密切相关的员工问题的软件。

加密（encryption） 对信息进行编码和干扰以阻止他人未经授权而阅读或获取信息的技术。

最终用户开发（end-user development） 在只有很少或几乎没有技术专家的正式帮助的情况下，由最终用户开发信息系统的方法。

最终用户接口（end-user interface） 信息系统的一部分，用它可以与最终用户交互，如在线展示和指令。

最终用户/终端用户（end users） 信息系统部门以外的部门的代表，他们使用信息系统部门为其开发的系统。

企业应用（enterprise applications） 连接企业中很多不同的职能、层级、业务单元间的活动、决策和知识的系统，包括企业系统、供应链管理系统、客户关系管理系统和知识管理系统。

企业内容管理系统（enterprise content management system） 管理企业的半结构化和非结构化数据的系统，具有获取、存储、检索、发送和维护知识的功能。

企业门户（enterprise portal） 网站界面为访问组织的信息和服务提供了一个单一的入口点，包括从不同企业应用程序和原有系统得到的信息，所以这些信息看起来来自同一资源。

企业软件（enterprise software） 用于销售和营销、财务和会计、投资管理、材料管理、生产计划、厂房维修及人力资源等方面的一套集成的模块，允许数据被多个职能部门和业务流程使用。

企业系统（enterprise systems） 协调企业内部关键流程的集成的企业信息系统。

企业范围内的知识管理系统（enterprise-wide knowledge management systems） 收集、存储、分配和应用数字内容与知识的通用企业系统。

实体（entity） 必须保存信息的一个人、一个地方、一件东西或一个事件。

实体—关系图（entity-relationship diagram） 将描述不同实体之间关系的数据库文档化的一种方法。

人体工程学（ergonomics） 关注工作环境中人与机器的交互作用的学科。它考虑了职业设计、健康问题以及信息系统的最终用户界面。

网络零售商（e-tailer） 在网上直接向消费者或企业出售实体商品的公司。

伦理上的“无免费午餐”原则（ethical “no free lunch” rule） 该原则假设所有有形的和无形的物品都归他人所有，除非有特殊声明，并且假设创造者希望他所做的工作能有回报。

伦理（ethics） 作为自由道德代理者的个体用以做出选择、指导自己的行为的是非标准。

双子星病毒（evil twins） 伪装成合法的 Wi-Fi 网络的无线信号，诱使使用者登录而暴露其密码或信用卡号码的电脑病毒。

交易所（exchanges） 主要以交易为目的的第三方网络市场，为众多买方和卖方的即时交易服务。

主管支持系统（executive support systems，ESS） 在一个组织战略层中通过采用先进的图形和通信方式来进行非结构化决策制定的信息系统。

专家系统（expert systems） 捕捉人类在有限的知识领域内的专业知识的知识密集型的计算机程序。

显性知识（explicit knowledge） 已经形成文件的知识。

外部集成工具（external integration tools） 将所有组织层次上的用户与实施团队联系起来的项目管理技术。

外联网（extranets） 获得授权的外部人可以进入的专用内联网。

公平信息惯例（Fair Information Practices，FIP） 于 1973 年提出的管理收集和使用个人信息的一系列原则；它是美国和欧洲绝大多数隐私保护法的基础。

容错计算机系统（fault-tolerant computer system） 包含特别的硬件、软件和电源供应元件的系统，能够支持备份和避免系统故障以维持系统的运行。

可行性研究（feasibility study） 系统分析过程的一部分，确定解决方案能否在给定的组织资源和限定条件下实现。

反馈（feedback） 将输出返回给组织的相应成员以帮助他们评估和改进输入。

光纤电缆（fiber-optic cable） 由细的发亮的玻璃光纤捆绑成束构成的一种快速、轻便、耐用的传输介质；数据作为光脉冲被传输。

字段（field） 一组字节构成的一个词、一组词或者一个完整的数值，例如一个人的名字或者年龄。

文件传输协议（file transfer protocol，FTP） 从远程计算机检索并传输文件的工具。

文件（file） 一组相同类型的记录。

防火墙（firewalls） 设置在组织内联网和外联网之间的硬件和软件，防止局外人侵入私人网络的设施。

通俗分类（folksonomies） 社会化书签中，用户为共享的书签和社会标记所创建的分类方法。

外部关键字（foreign key） 数据表中的一个字段，能够使用户找到另一个数据表中的相关信息。

正式控制工具（formal control tools） 可以帮助我们监控任务进展情况和目标实现过程的项目管理技术。

正式规划工具（formal planning tools） 组织和安排任务，以及预计时间、金钱和完成任务所需技术资源的项目管理技术。

前向链（forward chaining） 推理引擎从用户输入的信息着手，搜索规则库，得出结论的方法。

第四代计算机语言（fourth-generation languages） 一种编程语言，可以被最终用户和技术水平不高的程序员直接用来开发计算应用，比传统的程序语言要快得多。

特许经营（franchiser） 一种公司经营方式，将产品开发、设计、融资、最初的生产放在母国进行，而将以后的生产、营销、人力资源等分散于其他各国。

免费/免费增值盈利模式（free/freemium revenue model） 企业免费提供基本的服务或内容，但对高级或特别的功能收取额外的费用的模式。

模糊逻辑（fuzzy logic） 一种基于规则的技术，使用被称为从属函数的不确定性条件解决问题，以忽略不精确性。

甘特图（Gantt chart） 表示项目任务的开始时间、持续时间和资源需求的图形。

一般控制（general controls） 贯穿整个组织信息技术基础设施，为确保计算机程序的设计、安全和使用，以及一般数据文件安全而进行的控制活动。

遗传算法（genetic algorithms） 利用生物有机体适应环境的模型，促进特定问题解决方案演变的问题解决方法。

全球文化（global culture） 共同的期望、共享的人工产品和不同文化、民族的社会规范的发展。

全球定位系统（global positioning system，GPS） 全球卫星导航系统。

图形用户界面（graphical user interface，GUI） 操作系统的一部分，用户使用图标和计算机鼠标来执行命令和进行选择，并与它进行交互。

《金融服务现代化法案》/《格里姆-里奇-比利雷法案》（Gramm-Leach-Bliley Act） 一部要求金融机构确保客户数据安全和保密的法规。

绿色计算（green computing） 通过设计、生产、使用和处置计算机、服务器以及相关设备（如显示器、打印机、存储设备、网络和通信系统）来减少对环境的不利影响的实践和技术。

网格计算（grid computing） 使用网络中的多台计算机来解决一个问题。

群体决策支持系统（group decision-support system，GDSS） 一个基于计算机的交互系统，便于一群决策者在相同或不同的地点共同解决非结构化的问题。

黑客（hacker） 出于个人利益、违法损害或幸灾乐祸的目的，未经授权而进入一个计算机网络的人。

赫兹（hertz） 每秒电子脉冲频数的度量单位，1 赫兹相当于每秒 1 个周期。

高可用性计算（high-availability computing） 使系统崩溃后能够快速恢复的工具和技术，包括备份硬件资源。

《健康保险流通与责任法案》（HIPAA） 一部描述医疗安全和个人隐私保护的规则，旨在简化医疗账单管理，并使医疗数据在医疗保健服务提供方和付款人之间自动传递。

热点（hotspots） 在专门的地理位置设置的访问点，提供公开的 Wi-Fi 网络服务。

集线器（hubs） 连接网络组件的一种简单设备，可以向与其连接的所有设备传输数据包。

混合人工智能系统（hybrid AI system） 将多种人工智能系统集成在一个应用程序中以充分利用各自优势的系统。

超文本标记语言（hypertext markup language，HTML） 制作网页和其他超媒体文件所用的网页描述语言。

超文本传输协议（hypertext transfer protocol，HTTP） 一种用来在万维网上传送网页的通信标准，定义了信息是如何被格式化和传送的。

身份管理（identity management） 将业务流程和软件工具用于识别一个系统的有效用户，并控制他们进入系统资源的路径。

身份盗用（identify theft） 盗窃关键个人信息（如信用卡号、社会保险号），从而以被盗者的名义购买商品或服务或者获得虚假身份。

康德的绝对律令（Immanuel Kant's Categorical Imperative） 该原则表述为：如果一种行为每个人都不能做对，那么任何人做出这种行为都不对。

实施（implementation） 西蒙的决策制定四阶段中的最后一个阶段，在此阶段，个体实施决策并报告该方案的进展情况。

推理引擎（inference engine） 在一个专家系统中用于搜索规则集的战略，可以正向链接，也可以反向链接。

信息（information） 以对人类有意义和有用的形式存在的数据。

信息不对称（information asymmetry） 在一次交易中双方相对的讨价还价能力取决于哪一方比对方拥有更多的重要信息的现象。

信息密度（information density） 所有的市场参与者（包括消费者和商家）所能获得的信息的数量和质量。

信息政策（information policy） 在一个组织中控制信息的维护、发布和使用的正式规则。

信息需求（information requirements） 对一个新系统必须满足的信息需要的详细陈述，明确谁需要何种信息，在何时、何地、如何需要这些信息。

信息权利（information rights） 个体和组织拥有的涉及其自身的信息的权利。

信息系统（information system） 由一系列相互关联的组件构成的系统，这些组件用于收集、处理、存储和发送信息，以支持组织的决策、协同、控制、分析和可视化。

信息系统部门（information systems department） 负责执行组织中信息系统功能的正式的组织单元。

信息系统文化（information systems literacy） 对信息系统的广泛了解，包括在了解关于计算机的技术知识的同时，还要了解关于使用信息系统的组织和个人行为的知识。

信息系统管理员（information systems managers） 信息系统部门众多专家的领导者。

信息系统规划（information systems plan） 指出信息系统开发的目的、基本原理、目前的情况、管理战略、实施计划以及预算的文件。

信息技术（information technology，IT） 企业为实现目标而需要使用的所有硬件和软件技术。

信息技术基础设施（information technology（IT）infrastructure） 为组织提供大量的共享信息技术资源的计算机硬件、软件、数据、管理技术和网络。

资讯角色（informational roles） 明茨伯格对于管理角色的分类，包括管理者作为其组织的核心，接受及传播关键信息。

知情同意（informed consent） 在了解制定合理决策所需的所有事实之后表示同意。

输入（input） 从组织内部或外部环境中获取或采集原始数据以在信息系统中进行处理。

即时通信（instant messaging） 一种允许参与者创建他们自己的专用聊天渠道的聊天服务，不论何时，当用户的列表上的某个人在线时，该系统就会通知该参与者，这样他就可以和那个人开始聊天。

无形收益（intangible benefits） 不容易量化的收益，包括更有效的客户服务或得到改进的决策制定。

知识产权（intellectual property） 由个人或公司创造的隐性资产，它受商业机密、版权和专利法的保护。

情报（intelligence） 西蒙的决策制定四阶段中的第一个阶段，在此阶段，个体收集信息来确定组织中出现的问题。

智能代理（intelligent agent） 使用一个内置的或丰富的知识库，为个人用户、业务流程或软件应用完成特定的、重复的和可预测的任务的软件程序。

内部集成工具（internal integration tools） 可以确保执行团队作为一个有凝聚力的整体来行动的项目管理技术。

国际信息系统架构（international information systems architecture） 组织协调全球贸易和其他活动所需的基础信息系统。

互联网（Internet） 使用全球通用的标准来连接数百万个不同网络的全球网络。

互联网协议地址（Internet Protocol（IP）address） 表示一台计算机在网络中位置的由四部分构成的数字地址。

互联网服务提供商（Internet service provider，ISP） 一个与互联网永久相连，并向用户提供临时的网络连接服务的商业组织。

网络电话（Internet telephony） 使用互联网协议的分组交换连接来提供声音服务的技术。

第二代互联网（Internet2） 一个具有新协议和传送速度，为支持高带宽的互联网协议提供基础设施的研究网络。

跨组织系统（interorganizational systems） 使信息流跨组织界限自动流动，把公司和其顾客、分销商以及供应商连接起来的信息系统。

人际关系角色（interpersonal roles） 明茨伯格对于管理角色的分类，管理者对于组织来说扮演名义领袖和领导者。

内联网（intranet） 基于互联网和万维网技术及标准的内联网络。

入侵检测系统（intrusion detection systems） 监控网络中最脆弱的节点以发现并制止未经授权的入侵者的工具。

投资工作站（investment workstations） 财务专家使用的功能强大的台式计算机，被优化以获得和处理大量财务数据。

信息技术治理（IT governance） 一个组织内使用信息技术的策略和政策，明确了决策权问责制框架，以确保信息技术支持组织的战略目标。

迭代（iterative） 一次又一次地重复建立系统的过程。

Java 一种程序语言。只能够提供特殊任务（如从网络中下载小程序）所需的软件功能。能在任何计算机和操作系统上运行。

联合应用设计（joint application design，JAD） 通过让最终用户和信息系统专家一起参与一个互动的会议，加速信息需求的产生的过程。

准时生产（just-in-time）　零件在正好需要时到达，产成品也可以在刚离开生产线时就转运出去的最小化库存的调度系统。

关键字段（key field）　在记录中唯一标识该记录的字段，使记录可以被检索、更新或分类。

关键绩效指标（key performance indicators）　由高层管理人员提出的一系列指标，旨在了解公司在各个方面的表现。

击键记录器（keyloggers）　可记录计算机上每一次击键的间谍软件。

知识（knowledge）　提供一个创造、评估和使用信息的框架的概念、经历和见解。

知识库（knowledge base）　被专家系统使用的人类知识模型。

知识发现（knowledge discovery）　在大型数据库中发现新的有价值的模式的过程。

知识管理（knowledge management）　在组织中形成的创造、存储、传递和应用知识的一组企业流程。

知识管理系统（knowledge management systems）　支持企业专业技能和知识的创造、获取、存储和传播的系统。

知识网络系统（knowledge network system）　在划分明确的知识领域中寻找公司专家目录的系统。

知识型员工（knowledge workers）　为组织设计产品或服务以及创造知识的人，例如工程师和设计师。

学习管理系统（learning management system，LMS）　为管理、开展、跟踪以及评估各类员工的学习和训练活动提供工具的系统。

遗留系统（legacy system）　已经使用了很长时间，并继续被使用，以避免因替换或重新设计而支付高额费用的系统。

合法性（legitimacy）　一个人的权威在能力、视野和其他品质上被接受的程度。强调在有限的或者个人的特点的基础上做出判断和采取行动。

法律责任（liability）　法律做出的允许人们要求其他行为人、系统或组织对他们造成的损害予以赔偿的规定。

Linux　UNIX 的衍生物，一种可以在许多不同的硬件平台上运行的可靠、简洁的操作系统，可以免费或者以很低的成本获得。被作为 UNIX 和 Windows NT 的替代物。

局域网（local-area network，LAN）　需要专门渠道并覆盖有限的地理范围的通信网络，通常在一幢建筑物或距离很近的几幢建筑物的范围内搭建。

长尾营销（long tail marketing）　针对大量的微小市场占据着市场中的一定份额等情况开展的营销活动。

大型主机（mainframe）　最大的计算机，用于进行大批量的业务处理。

维护（maintenance）　对一个生产系统的硬件、软件、文档或者程序进行修改，以纠正错误、满足新的需求或提高处理效率。

恶意软件（malware）　有恶意的软件程序，如计算机病毒、蠕虫、特洛伊木马。

安全管理服务提供商（managed security service provider，MSSP） 为客户提供安全管理服务的公司。

管理信息系统（management information systems，MIS） 着重研究信息系统在企业和管理中的使用情况，也指向组织提供中级管理层的日常绩效报告的信息系统。

管理角色（managerial roles） 对管理者在一个组织中应该表现的行为的期待。

市场创造者（market creator） 提供购买者与销售者交流、搜寻产品、展示产品和为这些产品标明价格的数字环境的公司。

市场空间（marketspace） 一个超越了传统市场的界限，不受时空限制的市场。

糅合（mashups） 一种复杂的软件应用，依赖于高速的网络、通用的通信标准和开源代码，其功能大于各部分加总的功能。

大规模定制（mass customization） 一种大批量提供定制的产品和服务的能力。

兆赫（megahertz） 一种循环速度的测量，或者是在一台计算机中事件的起搏；一兆赫等于一百万次循环每秒。

菜单成本（menu costs） 经销商为改变价格需要花费的成本。

度量标准（metric） 行为的一种标准度量。

城域网（metropolitan-area network，MAN） 覆盖一个城市所在的区域，即一个城市中心及其主要郊区的网络，它的地理范围介于广域网和局域网之间。

微支付（mircopayment） 一笔总额很小的支付，通常少于 10 美元。

微处理器（microprocessor） 将计算机的内存、逻辑和控制集成在一个芯片上的大规模集成电路技术。

微波（microwave） 一种大容量、长距离和点对点的传输，高频率的无线电信号通过大气层从一个陆地传输站传送到另一个陆地传输站。

中级管理层（middle management） 处于组织层次的中部、负责执行高级管理层制定的计划和目标的人群。

中型计算机（midrange computer） 可以支持更小规模组织的计算需求和管理其他计算机网络的中等型号计算机。

小型计算机（minicomputer） 在大学、工厂或研究机构的系统中使用的中档电脑。

管理信息系统审计（MIS audit） 查明管理个人信息系统的所有控制并评估其效果。

移动商务（mobile commerce（m-commerce）） 使用手机、个人数字信息应用等无线设备，通过互联网进行的企业对企业电子商务和企业对消费者电子商务交易。

模型（model） 对某个现象的组成或关系的抽象表示。

调制解调器（modem） 把计算机的数字信号转换成能在普通的电话线中传输的模拟信号，或者把模拟信号转换成能被计算机接收的数字形式的设备。

模块（module） 一个表现出一个或多个功能的程序的逻辑单元。

摩尔定律（Moore's Law）　该定律断言：一款芯片上的组件数量每年翻一番。

多核处理器（multicore processor）　为了提高效率、减少能耗和有效同步地进行多任务处理而将两个或更多个处理器连接在一起的技术。

多媒体（multimedia）　两种或更多类型的媒体，由诸如文本、图像、声音、全动态视频或者一个电脑应用程序中的动画集成。

多国型（multinational）　将财务管理和控制权集中于母国，但是将生产、销售和营销分散到各国的公司组织形式。

多层（N-层）客户机/服务器架构（multitiered（N-tier）client/server architecture）　在多层次的服务器上协调整个网络的工作的客户机/服务器。

纳米技术（nanotechnology）　用单个原子和分子来建造构件和处理器的技术。

网络市场（net marketplace）　以互联网技术为基础的连接众多买方和卖方的数字市场。

上网本（netbook）　特别适合无线交流和互联网接入的低成本、轻巧的小型笔记本电脑。

网络（network）　将两台或多台计算机连接起来以共享数据或资源（如打印机）的系统。

网络经济学（network economics）　在产业层次上建立的基于网络的战略系统模型，增加一单位的投入的边际成本为零，但能创造非常大的边际收益。

网卡（network interface card，NIC）　插在计算机上的一种扩展卡，计算机通过它连接到网络上。

网络操作系统（network operating system，NOS）　传送和管理网络上的通信并协调网络资源的专用软件。

网络与通信技术（networking and telecommunications technology）　连接各种硬件并将数据从一个物理位置传递到另外一个位置的物理设备和软件。

神经网络（neural network）　试图模拟生物大脑的处理模式的硬件或软件。

模糊关系认知（nonobvious relationship awareness，NORA）　通过分析很多不同来源的信息，发现人们或其他实体间的模糊的、隐藏的关联，并连接这些关系。

规范化（normalization）　在设计一个关系数据库时，由复杂的数据组创建小的、稳定的数据结构的过程。

对象（object）　将数据和作用于数据的程序结合起来的软件模块。

面向对象的数据库管理系统（object-oriented DBMS）　一种数据管理方式，把数据和数据操作作为对象存储，这样就可以自动进行查询和共享。对象可以包含多媒体。

面向对象开发（object-oriented development）　一种系统开发方法，使用对象作为系统分析与设计的基本单位。系统被模块化为对象以及对象之间关系的一个集合。

对象—关系型数据库管理系统（object-relational DBMS）　将存储传统信息的关系型数据库管理系统和存储图形及多媒体的面向对象的数据库管理系统的功能结合起来的一个数据库管理系统。

离岸外包（offshore outsourcing） 将系统开发工作或维护现有系统的工作外包给其他国家的公司。

按需计算（on-demand computing） 在需求达到顶峰时将计算能力转移给远距离、大范围的数据处理中心，这样，公司就可以通过足以处理平均任务量的投资，并根据市场的需求随时为使用的额外的计算能力支付一定的费用来减少其技术费用。也称效用计算。

联机分析处理（online analytical processing，OLAP） 从多个角度处理和分析大量数据的能力。

联机事务处理（online transaction processing） 一种事务处理模式，在该模式中，进入网络的事务会被计算机及时处理。

开源软件（open-source software） 一种免费公开其程序代码的软件，允许用户修改程序代码以改进程序或改正错误。

操作系统（operating system） 管理和控制计算机活动的系统软件。

操作型客户关系管理（operational CRM） 面向客户的应用，例如，销售自动化工具，提供呼叫中心和客户服务支持，以及实施营销自动化。

运营管理层（operational management） 监督组织日常活动的人。

选择加入（opt-in） 一种知情同意模型，组织不允许收集任何个人信息，除非消费者明确地表示同意信息的收集和使用。

选择退出（opt-out） 一种知情同意模型，允许收集个人信息，除非消费者明确地要求数据不被收集。

组织（行为定义）（organization） 权利、特权、义务和责任的集合体，各要素经过冲突和调解在一定时期内达到微妙的平衡。

组织（技术定义）（organization） 一个从环境中获取资源并通过处理它们而得到产出的稳定的、正式的、社会的结构。

组织和管理资本（organizational and management capital） 在组织和管理方面的投资，例如新的业务流程、管理方式、组织文化或者培训。

组织影响分析（organizational impact analysis） 对一个拟建系统怎样影响组织结构、态度、决策和运行状况的研究。

组织学习（organizational learning） 组织根据学到的经验调整自己的行为，或者创造新的业务流程，或者改变决策管理方式的过程。

输出（output） 将处理后的信息传递给需要这些信息的人或活动。

外包（outsourcing） 将一个组织的计算机中心、远程通信网络或者应用软件开发承包给外部供应商的过程。

隐私偏好平台（P3P） 为电子商务网站及其访问者提供关于隐私声明的自动通信平台。

分组交换（packet switching） 一种把信息分解为小的、固定的数据包，并以最经济的方式通过任何可用的路径发送出去的技术。

范式转换（paradigm shift） 重新思考组织的业务和性质的一种彻底的变革形式。

并行策略（parallel strategy） 一种安全且保守的转换方法，旧系统和潜在的替换系统同时运行一段时间，直到所有人都确认新系统运行正常。

排他主义（particularism） 基于一切形式的狭隘的或个人的特性（如宗教、国家主义、种族、地区主义、地缘政治）进行决策和采取行动。

合作伙伴关系管理（partner relationship management，PRM） 自动化管理企业与销售伙伴的关系，利用客户数据和分析工具改进合作并提高销售额。

补丁（patch） 修补程序缺陷而不打断程序的正常运行的小软件。

专利权（patent） 法律赋予专利所有者对其发明享有20年的专有权；在推广新机器或新方法时，确保其发明者因付出的劳动而得到报酬。

对等（peer-to-peer） 使网络上的所有的计算机拥有相同功能的网络体系结构，主要用于小型网络。

个人区域网（personal-area network，PAN） 用于个人的数字设备之间交流的计算机网络，包括电话和个人数字助理。

个人数字助理（personal digital assistant，PDA） 带有可以完成数字通信传输的内置无线通信功能的小型触控式掌上电脑。

个性化（personalization） 商家根据顾客的姓名、兴趣和过去的购买经历调整信息，以使他们的营销信息针对具体的客户。

计划评审技术（PERT charts） 一种图形化地描述项目任务和它们之间的内部关系的方法。

域欺骗（pharming） 诱导用户到假网页的“网络钓鱼”技术，即使用户在他的浏览器中输入了正确的网页地址。

阶段性策略（phased approach strategy） 一种按功能或者按组织单元分阶段引入新系统的策略。

网络钓鱼（phishing） 一种电子骗术，通过建立虚假网站或发送看似来自合法企业的电子邮件，来骗取用户个人的机密资料。

试点研究策略（pilot study strategy） 一种策略，仅在组织的某个领域引入新系统直到它被证明是功能齐全的；只有这样才可以将新系统在整个组织内实施。

数据透视表（pivot table） 一张以一种简便的格式显示二维或更高维度数据的表格。

播客（podcasting） 通过网络发布音频资料的方法，允许订购的用户将音频文件下载到他们的个人电脑或便携式播放器中。

弹出式广告（pop-up ad） 自动打开并且只有使用者点击它才会消失的广告。

门户（portal） 展示多个来源的集成个性化内容的网站界面，也指提供网站的初始进入点的一个网站服务器。

投资组合分析（portfolio analysis） 对公司内的潜在应用的组合进行分析，以确定风险和效益，并为信息系统选择应用。

事后审计（postimplementation audit） 由独立的机构和人员对被审单位已发生的财务收支和其他经济活动进行的审查和评价。

博彩市场（prediction market） 一个对等的赌博市场，参与者针对特定事件（比如说新产品的季销量、新产品设计或政治选举等）的结果下赌注。

预测分析（predictive analysis） 使用数据挖掘技术、历史数据和对未来情况的假设来预测事件的结果。

价格歧视（price discrimination） 将相同或非常相似的产品以不同的价格卖给不同的目标群体的做法。

价格透明（price transparency） 企业让消费者在市场上能容易地发现产品的不同价格的做法。

基本活动（primary activities） 与一个公司的产品或服务的生产和分销直接相关的活动。

主关键字（primary key） 数据表中任意一行的所有信息的唯一标识。

隐私权（privacy） 个人拥有独立空间，不受其他个体、组织或国家的监视或干涉的权利。

私有云（private cloud） 一个专有的网络或者数据中心，它将多个服务器、存储设备、网络、数据以及应用程序连接起来作为一系列虚拟化服务，从而可以被一个企业的用户共享。

专用交易所（private exchange） 专用行业网络的另一种表达方式。

专用行业网络（private industrial networks） 连接一个行业中多家企业的系统以促进跨组织业务流程的协调的网络。

流程规范（process specifications） 对出现在数据流程图最低层次的流程逻辑的描述说明。

处理（processing） 对原始输入的转换、操作和分析，使其成为对人类有意义的形式。

产品差异化（product differentiation） 一种竞争策略，它通过发展不易被竞争对手复制的全新的、独特的产品和服务而建立品牌忠诚度。

运行（production） 新系统安装完毕且转换完成之后的阶段，在该阶段，用户和技术专家检查系统来判断它实现原定目标的程度。

生产或服务工作者（production or service workers） 组织中实际生产产品或提供服务的人。

概况分析（profiling） 使用计算机对来自多渠道的数据进行整合，创建包含个体详细信息的电子档案。

程序—数据依赖（program-data dependence） 存储在文件中的数据和更新、保存这些文件的软件程序之间的关系。当文件和程序需要更新与维护时，存储在其中的数据也需要更新与维护。

程序员（programmers） 受过高级培训的为计算机编写软件指令的技术人员。

编程（programming） 将在设计阶段准备好的系统规范翻译成程序代码的过程。

项目（project） 一系列有计划的为了实现某个具体的商业目标的相关活动。

项目管理（project management） 在时间、预算约束下应用知识、经验、工具和技术实现特定的目标的活动。

协议（protocol） 用来管理网络节点之间的信息传输的一套规则和流程。

原型（prototype） 一个出于演示和评估目的开发的信息系统的初步工作版本。

原型法（prototyping） 一种快速、低成本地建立一个用以演示和评估试验系统的方法，使用户可以更好地决定信息需求。

公共云（public cloud） 由外部服务提供者维护，任何用户都可以通过互联网来获取其服务。

公钥加密（public key encryption） 一种加密方法，使用两种密钥：一种共享的密钥（或称为公共密钥）和一种私人的密钥。

公钥基础设施（public key infrastructure，PKI） 使用证书颁发机构和权威的数字证书来制作公共的和私人的密钥的系统。

拉式模型（pull-based model） 一种供应链运营模型，供应链由客户的实际预订和购买所驱动，只生产和发送客户已订购的产品。

推式模型（push-based model） 一种供应链运营模型，供应链由产品生产者根据其对产品需求的预测或最佳估计制定的计划所驱动，产品被“推向”客户。

查询语言（query languages） 一种软件工具，对预先未定义的问题提供在线即时回答。

射频识别（radio frequency identification，RFID） 一种技术，使用内嵌了包含项目数据和位置信息的微型芯片的小标签，在短距离内将无线信号传输到专门的RFID阅读器，然后将数据传给计算机处理。

快速应用系统开发（rapid application development，RAD） 通过使用原型法、第四代工具以及用户和系统专家之间密切合作，在非常短的时间内开发系统的过程。

程序合理化（rationalization of procedures） 精简标准作业程序，消除明显的瓶颈，从而通过自动化使运营程序更有效率。

实物期权定价模型（real options pricing models） 通过使用评价金融期权技术来评估带有不确定性的信息技术投资的模型。

记录（records） 一组相关联的字段。

面向恢复的计算（recovery-oriented computing） 出现故障时能够快速恢复的计算机系统。

参照完整性（referential integrity） 关系型数据模型中用以确保相互连接的实体保持一致的规则。

关系型数据库（relational database） 一种逻辑数据库模式，将数据看成是存储在一个二维的表中的。它可以将两个拥有相同数据元素的数据表中的数据联系起来。

重复性劳损（repetitive stress injury，RSI） 当肌肉组织被迫重复做高强度的动作或重复做大量的低强度动作时引发的职业病。

征询建议书（Request for Proposal，RFP） 提交给软件销售商或者其他服务提供商的详细的问题清单，以确保销售商的产品能够更好地满足该组织的特定需求。

资源分配（resource allocation） 在一个系统开发项目的不同阶段对成本、时间和人力的分配。

责任（responsibility） 接受你所做出的决定带来的潜在成本、责任和义务。

盈利模式（revenue model） 一种经营模式，反映企业如何获得收入、创造利润并得到比投资更多的回报。

丰富程度（richness） 一种指标，用于衡量企业为客户收集和提供的信息的深度和详细程度。

环形拓扑结构（ring topology） 一种网络拓扑结构，其中所有的计算机被连接在一个闭环中，数据沿着一个方向从一台计算机传送到另一台计算机。

风险评估（risk assessment） 一种评估方法，能够确定一个问题的潜在发生频率和真正发生时的潜在损失，用于决定一项控制的成本或收益。

风险规避原则（Risk Aversion Principle） 该原则表明：一个人应该做那些危害最小或潜在成本最低的事。

路由器（router） 从一个网络向另一个网络转发数据包的专门的通信处理器。

标准程序（routine） 明确的规定、程序和惯例，用来应对几乎所有可预见的状况。

聚合内容（RSS） 使用整合软件从网站上获得内容并自动发送到订阅用户的计算机上的技术。

软件即服务（software as a service，SaaS） 企业软件和其他复杂的企业功能可以从主要商业软件提供商处作为一种服务来获得的模式。

安全港（safe harbor） 符合政府管理者和立法宗旨的一种私人的自我调节政策和执行机制，但又不涉及政府强制执行规则。

《萨班斯-奥克斯利法案》（Sarbanes-Oxley Act） 美国国会2002年通过的一部法案，规定公司及其管理者在内部使用或向外部投资者公布财务信息时，要保护这些信息的准确性和完整性以保护投资者的利益。

可扩展性（scalability） 计算机、产品或系统成功地扩张后向更多的用户提供服务的能力。

范围（scope） 定义了一个项目包含的工作。

计分模型（scoring model） 基于对所选目标的评分机制，在备选系统中快速做出选择的一种方法。

搜寻成本（search costs） 为找到合适的产品并确定它的最优惠价格而花费的时间和金钱。

搜索引擎（search engine） 一种在互联网上寻找具体网站或信息的工具。

搜索引擎营销（search engine marketing） 一种营销方式，使用搜索引擎在搜索结果中提供赞助链接，由广告商来付费。

搜索引擎优化（search engine optimization，SEO） 当人们在搜索框内敲入特定的关键字和短语时，企业为了自己的网站能得到主要搜索引擎的较靠前的排位，而利用一系列技巧来提高网站流量的质量和容量的过程。

安全超文本传输协议（Secure Hypertext Transfer Protocol，S-HTTP） 加密互联网上数据流的协议，仅限于个人信息。

安全套接层协议（Secure Socket Layer，SSL） 使客户和服务器计算机在一个安全的网络通信环境中进行交流时，可以管理加密和解密活动的协议。

安全（security） 用于阻止对信息系统未经授权的访问、修改、盗窃或物理破坏的政策、程序和技术措施。

安全策略（security policy）包括给信息风险分级、确定可接受的安全目标以及实现这些目标的机制。

语义网（Semantic Web）让网络更加智能的一种方式，由于信息都被赋予了明确的含义，机器能够自动地处理和集成网上可用的信息。

半结构化决策（semistructured decisions）一种决策类型。在这种决策中，问题的一部分可以由既定的程序提供明确的答案。

高级管理层（senior management）处于组织的顶层、负责制定长期决策的人。

灵敏度分析（sensitivity analysis）为了确定一个或多个变量的变化对结果的影响而反复进行假设分析的模型。

服务器（server）经过专门优化的在网络上为其他计算机提供软件和其他资源的计算机。

服务器群（server farm）由一个商业供应商拥有的大规模服务器，它可以向电子商务的订购者和其他大量需要服务器的机构提供服务器。

服务等级协议（service level agreement，SLA）客户与服务提供商之间签署的正式合同，规定了服务提供商承担的特殊责任和客户想要的服务。

服务平台（service platform）一个集成了多个企业职能、业务单元、企业伙伴之间的应用，在顾客、员工、管理者、企业伙伴之间提供无缝连接的平台。

面向服务的架构（service-oriented architecture）建立在软件程序集合之上的企业软件体系，这些软件程序相互交流以执行分配的任务，创建一个工作性的软件应用。

购物机器人（shopping bot）一种具有不同层次的内置智能工具的软件，可以帮助电子商务购物者寻找和评价他们想要购买的产品或服务。

简单对象访问协议（Simple Object Access Protocol，SOAP）允许一个 Web 服务应用程序将数据和说明传递到另一个的规则。

六西格玛（Six Sigma）质量的一个具体度量，代表了每 100 万个机会中出现 3.4 个失误，用来设计一组方法和技术以提高质量和降低成本。

智能卡（smart card）一个存储了数字信息的信用卡大小的塑料卡，可代替现金进行电子支付。

嗅探器（sniffer）一种监控网络上传输的信息的窃听程序。

社交书签（social bookmarking）允许用户将书签保存到公共站点的网页中，并用关键字对这些书签进行标记，从而使用户更容易搜索和分享信息。

社会工程（social engineering）通过伪装成公司的合法用户或成员，以工作需要为由骗取其密码的做法。

社交网站（social networking sites）通过用户的业务或人脉关系的连接来扩大其商业或社会联系的在线社区。

社交购物（social shopping）利用用户创建的网页与其他人分享关于某物品的喜好的网上购物方式。

社交化技术设计（sociotechnical design）为了生产组织和人类需要的融合技

术效率与灵敏度的信息系统而进行的设计。

社会技术视角（sociotechnical view） 将系统看作技术和社交元素的结合的一种观点。

软件本地化（software localization） 将软件转变成第二语言操作的过程。

软件包（software package） 一组预先写好的商业上可用的程序，不必为了获得某些功能而另外编写程序。

垃圾邮件（spam） 未经用户许可强行发送到用户邮箱中的电子邮件。

SQL 注入攻击（SQL injection attack） 利用网络应用程序中的编程漏洞，将恶意的程序代码植入企业系统和网络。

星形拓扑结构（star topology） 一种网络拓扑结构，其中所有的计算机和其他设备都与一个中央主机相连，网络设备之间的所有的通信都必须通过该主机。

存储区域网络（storage area network，SAN） 用于存储的高速网络，连接不同的存储设备（例如磁带库和磁盘阵列），以使它们能被多个服务器共享。

存储技术（storage technology） 在一个信息系统中，用物理介质和软件来掌控数据的存储和组织的技术。

战略信息系统（strategic information systems） 在任何组织层次上改变目标、运作、产品、服务或者环境关系都能帮助组织获得一个竞争优势的计算机系统。

战略转型（strategic transitions） 从一个社会技术系统层次转移至另一个层次的运动。当一个组织的社会和技术元素需要改变而采用战略系统时，经常需要战略转变。

流媒体（streaming） 一种将音频文件以稳定连续流的形式传送给用户的方式，这种方式不要求用户将音频下载到当地设备上。

结构图（structure chart） 一个系统文档，指明了设计的每一个层次、该层次与其他层次的关系以及在整体设计结构中的地位；可以记载一个程序、一个系统或者一个程序的一部分。

结构化（structured） 技术被按部就班地实施，每一个步骤都建立在前面步骤的基础之上的过程。

结构化决策（structured decisions） 不断重复的、常规的、有明确的程序的决策。

结构化知识（structured knowledge） 结构化的文档和报告形式的知识。

结构化查询语言（Structured Query Language，SQL） 关系数据库管理系统的标准数据操纵语言。

供应链（supply chain） 关于企业部门和业务流程的一个网络，其作用是采购原材料，将原材料转化为中间产品和产成品，以及将产成品销售给客户。

供应链执行系统（supply chain execution systems） 通过销售中心和仓库来管理产品流动的系统，确保以最有效的方式将产品运送到正确的地点。

供应链管理系统（supply chain management systems） 使企业和供应商之间的信息自动流动，以使产品和服务的计划、采购、制造和运送最优化的信息系统。

供应链计划系统（supply chain planning systems） 使企业能对产品的需求进行预测并制定采购和生产计划的系统。

支持活动（support activities）　使企业的基本活动的实施成为可能的活动，包括组织的结构、人力资源、技术和采购。

交换机（switch）　比集线器更智能的网络连接设备，可以根据特定目的过滤和提交数据。

转换成本（switching cost）　当从一个供应商或系统转换成另一个供应商或系统时，一个顾客或公司在时间和资源方面的花费。

系统测试（system testing）　把信息系统作为一个整体进行测试，试图判定离散的模块能否如计划的那样一起运行。

系统分析（systems analysis）　对组织试图使用信息系统来解决的问题的分析。

系统分析员（systems analysts）　将商业问题和需求转换成信息需求和系统的专家，作为信息系统部门和组织其他部门的联络人。

系统设计（systems design）　对一个系统如何满足根据系统分析确定的信息需求的详细描述。

系统开发（system development）　形成信息系统方案以解决组织问题的活动。

系统生命周期法（systems life cycle）　一种开发信息系统的传统方法，它将系统开发过程划分为一系列正式的阶段，这些阶段必须在最终用户和系统专家之间有了非常正式的分工后才能有序地完成。

T1 线路（T1 lines）　从通信提供商处租来的高速数据线路，传输能力为1.544Kbps。

隐性知识（tacit knowledge）　没有正式用文献资料表示出来的组织成员的专业知识和经验。

有形收益（tangible benefits）　可以用一个货币价值来量化和分配的效益，包括降低的操作成本和增加的现金流。

分类法（taxonomy）　根据预先确定的系统区分事务的方法。

团队（teams）　一种正式的群体，它的成员一起合作来完成特定的目标。

技术标准（technology standards）　能够实现产品兼容和网络传输的规范标准。

技术压力（technostress）　使用计算机所引发的压力，症状包括易怒、对人的敌视、缺乏耐心和疲劳。

通信系统（telecommunications system）　一个被安排好从一个位置到另一个位置进行信息交流的软硬件兼容的集合。

电话会议（teleconferencing）　利用电话或者电子邮件群交流软件进行沟通的一种方式。

远程呈现（telepresence）　一种能够让远在其他地方的人实时地参加会议，给人亲临实境的感觉的技术。

远程登录（Telnet）　允许一个人在一台计算机上工作的同时，登录到另一个计算机系统的网络工具。

测试计划（test plan）　由开发团队和用户一起制定的计划，其中包括要在系统上进行的一系列测试的所有准备工作。

测试（testing）　确定系统在已知条件下能否产生所期望的结果的全面而彻底

的检测过程。

文本挖掘（text mining） 从大量非结构化的数据集中提取关键信息，发现隐藏的模式和关系，并总结信息中规律的技术。

令牌（token） 类似于身份证的物理设备，用来证明单个用户的身份。

接触点（touch point） 企业与客户交流的途径，例如电话、电子邮件、客户服务台、普通信件、零售店等。

拓扑结构（topology） 网络中各组成部分相连接的方式。

整体拥有成本（total cost of ownership，TCO） 拥有技术资源的总成本，包括初始采购成本、硬件和软件的升级成本、维护成本、技术支持成本以及培训成本。

全面质量管理（total quality management，TQM） 一种使质量控制成为一个组织中所有人的职责的管理方法。

商业机密（trade secret） 对不以公共领域的信息为基础的、用于商业目的的著作或知识产品的统称。

交易成本（transaction costs） 当一个公司在市场上购买它不能自己生产的产品时所发生的成本。

交易成本理论（transaction cost theory） 一种经济理论，该理论认为公司会变得越来越大，因为它们可以在内部进行的交易比与外部机构交易成本更低。

交易费盈利模式（transaction fee revenue model） 企业通过提供或执行交易来收费的在线电子商务盈利模式。

事务处理系统（transaction processing systems，TPS） 一个基于计算机的系统，它可记录和处理企业开展业务所必需的日常交易；它们服务于组织的运营层次。

跨边界数据流（transborder data flow） 以任何形式跨国界流动的信息。

传输控制协议/互联网协议（Transmission Control Protocol/Internet Protocol，TCP/IP） 实现不同网络之间连接的主要模型。提供一种全球公认的方法，将数字信息打成包，传送到恰当的地点，然后将它们重新组织成连贯的信息。

跨国型（transnational） 真正全球性的企业组织形式，从全球的层面来进行价值增值管理而不考虑国界，优化资源供应和需求以及充分利用当地的竞争优势。

特洛伊木马（Trojan horse） 看似合法实则隐藏着另一个会带来损害的功能的软件程序。

元组（tuple） 一个关系型数据库中的一行或者一条记录。

双绞线（twisted wire） 由几股铜线相互绞合而成的传输介质，用来模拟电话通信，也可以用于传输数据。

统一通信（unified communications） 将截然不同的通信模式（语音通信、数据通信、即时通信、电子邮件和电话会议）合并成一个利用统一通信技术让使用者可以完美地在不同通信模式之间来回切换的通用服务。

统一威胁管理（unified threat management，UTM） 将大量的安全工具，包括防火墙、虚拟专用网络、入侵检测系统、网站内容过滤及反垃圾邮件软件，集成到单个复杂的安全管理产品中。

统一资源定位器（uniform resource locator，URL） 一种描述互联网上一个具体资源的地址的标识方法。

单元测试（unit testing） 独立地测试系统中的每一个程序的过程，又称程序测试。

Unix 适用于所有类型计算机的操作系统，独立于机器并支持多用户、多任务和网络，用于高端工作站和服务器中。

非结构化决策（unstructured decisions） 非常规决策，决策者必须对问题定义进行判断、评价和深入研究；不存在一致认可的制定决策的程序。

用户界面（user interface） 信息系统的一部分，通过最终用户与系统进行交互；一种硬件，指屏幕上的一系列命令以及使系统正常工作所需的用户响应。

用户—设计者沟通障碍（user-designer communications gap） 最终用户和信息系统专家在背景、兴趣和关注重点等方面的差异阻碍了沟通和问题解决的现象。

实用原则（Utilitarian Principle） 假设你能够将价值按大小排序，并且知道各种行为会带来的后果的原则。

效用计算（utility computing） 公司在一个特定时间段为其实际使用的信息技术资源支付费用的计算模式。也称按需计算或基于使用量的定价。

价值链模型（value chain model） 关注那些能够增加产品或服务附加值的基本活动或支持活动的模型，利用信息系统可获得竞争优势。

价值网（value web） 独立公司的由客户驱动的网络，这些公司共同使用信息技术来协调价值链，为一个市场生产产品或提供服务。

视频会议（videoconferencing） 与会各方可以通过视频画面看到彼此的会议形式。

虚拟企业（virtual company） 一种新的企业形式，通过网络来连接员工、资产和想法，使它与其他企业结成联盟来创造并分销产品和服务，而不受传统的组织边界或物理位置的限制。

虚拟专用网络（virtual private network，VPN） 在互联网上两个点之间传输企业数据的安全连接，是专用网络的低成本的替代品。

虚拟现实建模语言（virtual reality modeling language，VRML） 万维网上交互式的三维模型的一套规范说明。

虚拟现实系统（virtual reality systems） 用于制造由计算机生成的近似现实活动的模拟图的交互式的制图软件和硬件。

虚拟世界（virtual world） 基于计算机构建的模拟环境，供其用户通过被称为虚拟化身的图形表示来居住和互动。

虚拟化（virtualization） 让计算机元件在虚拟的而不是真实的基础上运行的过程。

IP电话（voice over IP，VoIP） 通过互联网协议传输语音信息的设备。

战争驾驶（war driving） 一种窃听技术，窃听者在建筑物或公园外窃取无线网络的通信流量。

Web 2.0 更注重用户的交互作用，可以让人们合作、共享信息并在线创建新服务和内容的二代交互式的、基于网络的服务。

Web 3.0 以统一的通信协议，通过更加简洁的方式为用户提供更为个性化的互联网信息资讯定制的一种技术整合。

网络信标（Web beacons） 无形地嵌入电子邮件信息和网页的微小物件，被用来监控使用者浏览一个网站或发送电子邮件的行为。

网络浏览器（Web browsers） 进入万维网和互联网的常用的软件工具。

网络爬虫（Web bugs） 一种嵌入电子邮件信息和网页的小的图形文件，被用来监控在线互联网用户的行为。

网络主机服务（Web hosting service） 拥有大的 Web 服务器的公司为付费的客户提供的维护其网站的服务。

网络挖掘（Web mining） 一种分析来自万维网的信息并发现隐藏在其中的有用模式的技术。

网络服务器（Web server） 管理计算机用户对网页的需求并将网页传送到用户的计算机上的软件。

Web 服务（Web services） 利用互联网技术整合不同来源的不同应用而避免了费时自行编码的一套通用标准。用于连接不同组织的系统或连接同一个组织内的不同的系统。

网站（Web site） 由一个组织或个人维护的所有的网页。

无线保真度（Wi-Fi） 802.11 家庭无线网络标准。

广域网（wide area network，WAN） 覆盖范围很广的通信网络，可能包括各种电缆、卫星和微波技术。

维基（wiki） 一个自由、免费、内容开放的百科全书协作计划，参与者来自世界各地。

WiMax IEEE 802.16 标准的流行术语，能在 31 英里的范围以高达 75Mbps 的速率传输。

Windows 微软公司为网络服务器和客户端计算机开发的操作系统。

无线传感器网络（wireless sensor networks，WSNs） 相互连接的无线设备构成的网络，这些设备带有内置的处理、存储和射频传感器及天线，它们被植入物理环境中来提供覆盖大范围的多点监测。

智慧（wisdom） 集体和个人应用知识解决问题时所积累的经验。

群体智慧（wisdom of crowds） 通过网络大量了解消费者的意见和想法，从而对产品进行改进。

万维网（World Wide Web） 运用被广泛接受的标准在网络环境中对信息进行存储、搜索、格式化以及显示的系统。

蠕虫（worms） 可以自动传播的破坏计算机网络运行或毁坏数据及其他程序的独立的软件程序。

可扩展标记语言（eXtensible Markup Language，XML） 描述一个文件的结构，支持多文件之间的连接，并允许数据被计算机操纵的通用语言。既可用于网络应用，也可用于非网络应用。

Pearson

尊敬的老师：

您好！

为了确保您及时有效地获得培生整体教学资源，请您务必完整填写如下表格，加盖学院的公章后以电子扫描件等形式发给我们，我们将会在 2～3 个工作日内为您处理。

请填写所需教辅的信息：

采用教材			□ 中文版 □ 英文版 □ 双语版
作　者		出版社	
版　次		ISBN	
课程时间	始于　　年　月　日	学生人数	
	止于　　年　月　日	学生年级	□ 专科　□ 本科 1/2 年级 □ 研究生　□ 本科 3/4 年级

请填写您的个人信息：

学　校			
院系/专业			
姓　名		职　称	□ 助教 □ 讲师 □ 副教授 □ 教授
通信地址/邮编			
手　机		电　话	
传　真			
official email（必填） （eg：×××@ruc. edu. cn）		email （eg：×××@163. com）	
是否愿意接受我们定期的新书讯息通知：　□ 是　□ 否			

系/院主任：______________（签字）

（系 / 院办公室章）

___年___月___日

资源介绍：

——教材、常规教辅资源（PPT、教师手册、题库等）：请访问 www. pearson. com/us/higher-education。　（免费）

——MyLabs/Mastering 系列在线平台：适合老师和学生共同使用；访问需要 Access Code。　（付费）

地址：北京市东城区北三环东路 36 号环球贸易中心 D 座 1208 室（100013）

Please send this form to：copub. hed@pearson. com

Website：www. pearson. com

教师教学服务说明

中国人民大学出版社工商管理分社以出版经典、高品质的工商管理、财务会计、统计、市场营销、人力资源管理、运营管理、物流管理、旅游管理等领域的各层次教材为宗旨。

为了更好地为一线教师服务，近年来工商管理分社着力建设了一批数字化、立体化的网络教学资源。教师可以通过以下方式获得免费下载教学资源的权限：

在中国人民大学出版社网站 www.crup.com.cn 进行注册，注册后进入“会员中心”，在左侧点击“我的教师认证”，填写相关信息，提交后等待审核。我们将在一个工作日内为您开通相关资源的下载权限。

如您急需教学资源或需要其他帮助，请在工作时间与我们联络：

中国人民大学出版社　工商管理分社

联系电话：010-62515735，82501048，62515782，62515987

电子邮箱：rdcbsjg@crup.com.cn

通讯地址：北京市海淀区中关村大街甲 59 号文化大厦 1501 室（100872）